Elfriede Wiltschnigg

»Das Rätsel Weib«
Das Bild der Frau
in Wien um 1900

Reimer

Gedruckt mit freundlicher Unterstützung
des Bundesministeriums für Bildung, Wissenschaft
und Kultur in Wien, des Fonds zur Förderung der
wissenschaftlichen Forschung, des Landes Steiermark
und der Stadt Graz

Die Deutsche Bibliothek – CIP-Einheitsaufnahme

Ein Titeldatensatz für diese Publikation ist bei
Der Deutschen Bibliothek erhältlich

© 2001 by Dietrich Reimer Verlag GmbH
   Zimmerstraße 26–27
   10969 Berlin

Einbandgestaltung: Bayerl & Ost, Frankfurt am Main
unter Verwendung der Abbildung von Fernand Khnopff
Die Kunst oder *Die Zärtlichkeiten* oder *Die Sphinx,* 1896,
Royal Museum of Fine Arts, Brussels, Belgium,
siehe Farbtafel 6

Alle Rechte vorbehalten
Gedruckt auf alterungsbeständigem Papier
Printed in Germany

ISBN 3-496-01239-0

Une lutte éternelle en tout temps, en tout lieu,
Se livre sur la terre, en présence de Dieu,
Entre la bonté d'Homme et la ruse de Femme
Car la Femme est un être impur de corps et d'âme.
Alfred de Vigny, *La Colère de Samson*

Inhaltsverzeichnis

1. Vorwort   9

2. Einleitung   11

3. Frauenbilder im Lauf der Geschichte   15
   Von der Urzeit bis zur französischen Revolution   16
   Das Frauenbild während der Französischen Revolution   23
   Das Bild der Frau im 19. Jahrhundert   29
   Das Frauenportrait in der österreichischen Malerei des 19. Jahrhunderts   34

4. Der Einfluß der Literatur des 19. und beginnenden 20. Jahrhunderts   57
   Allgemeines   57
   Ehefrau auf Abwegen   58
   Die femme fatale   63
   Die Kurtisane   68
   Österreichische Varianten   70
   Die erotische Literatur   72
       Frankreich   74
       Österreich   75
   Varianten bzw. sexuelle Spielarten   77

5. Bedeutung und Einfluß der Religion auf das Bild der Frau in der Kunst   101

6. Die wissenschaftlichen Erkenntnisse der Medizin
   und Psychoanalyse um 1900   121

7. Die Frauenbewegungen in Europa und ihr möglicher Einfluß
   auf die Darstellung der Frau in der Kunst   139

8. Musik, Theater und Tanz   157

9. Das Bild der Frau - zwischen Historismus und Moderne   171
   Hans Makart (1840–1884)   177
   Anton Romako (1832–1889)   180

10. Das Bild der Frau in der Wiener Moderne	199
Literaten	200
Peter Altenberg	200
Ludwig Hevesi	202
Karl Kraus	203
Maler	205
Gustav Klimt (1862–1918)	205
Richard Gerstl (1883–1908)	213
Egon Schiele (1890–1918)	218
Alfred Kubin (1877–1959)	223
Oskar Kokoschka (1886–1980)	227
11. Wiener Künstler der Jahrhundertwende und ihr Frauenbild	259
12. Wichtige Frauentypen der Wiener Moderne	269
Wo sind die »süßen Mädel«?	269
Die femme fatale	272
»Die schöne Jüdin«	274
13. Abschließende Betrachtung	281
14. Anhang	291
15. Literatur	337
Allgemeine Literatur	337
Primärliteratur	341
Frauen-Literatur	345
Kataloge	347
16. Abbildungsverzeichnis	349
17. Namenregister	355

1. Vorwort

Die vorliegende Studie über »Das Rätsel Weib« entstand im Rahmen des Spezialforschungsbereiches (SFB) *Moderne, Wien und Zentraleuropa um 1900*, der 1994 an der Karl-Franzens-Universität Graz eingerichtet wurde. Sieben universitäre Fächer (Österreichische Geschichte, Zeitgeschichte, Kunstgeschichte, Musikgeschichte, Germanistik, Philosophie und Soziologie) sind darum bemüht, in interdisziplinärer Zusammenarbeit den Eigenheiten der »Wiener Moderne« nachzuspüren. Daß dem Bild der Frau, das wohl als eines der verbreitetsten Kunstmotive jener Zeit bezeichnet werden kann, in diesem Rahmen ein eigenes Projekt gewidmet wurde, verweist nachdrücklich auf dessen Bedeutung für die Untersuchung der künstlerischen, kulturellen und gesellschaftlichen Phänomene Wiens um 1900.
Der Blick des Mannes auf die Frau, manifest geworden in den unzähligen Kunstwerken, die seit den frühesten Tagen der Menschheit bis in unsere Gegenwart geschaffen wurden, ist Ausgangspunkt und zugleich wichtigster Leitfaden der vorliegenden Untersuchung über das Bild der Frau. Daraus resultiert auch der Titel des Buches, denn »Das Rätsel Weib«, dem sich der ›Mann‹ – Mediziner gleichermaßen wie Philosoph oder Künstler – an der Wende zur Moderne ausgesetzt sah, gab Anlaß zu einer Fülle von Frauenbildern, die ihrerseits wiederum nicht nur die künstlerischen Intentionen ihrer Erschaffer, sondern auch gesellschaftliche und philosophische Tendenzen widerspiegeln.

Die Bilder der Frau und ihres Körpers, dargestellt und lesbar als das Andere, das Fremde und das Unheimliche, geben in ihren mannigfaltigen Formen Zeugnis von den Bemühungen, sich dieser ›Bedrohungen‹ durch das Objektivieren und Bannen in Bilder zu erwehren. Über die fiktive Weiblichkeit, die der Frau zugeschrieben wird, hinaus lassen diese Bilder jedoch auch noch Raum für das verdrängte Andere des Mannes, seine »Anima«, die auf die Frau projiziert wird.

Dem Blick des Mannes auf die Frau wird jedoch nicht nur anhand von Werken der bildenden Kunst gefolgt – mittels exemplarischer Auszüge aus Werken der Literatur, Philosophie, Medizin und Musik wird vielmehr ein Konnex hergestellt, der einerseits auf die Dominanz männlicher Bild-Produktion verweist, andererseits darüber hinaus die Auswirkungen dieser Realität vor Augen führen will.

2. Einleitung

> *Das Beste, was die Wiener besitzen, sind ihre Frauen. Daß sie schön sind, die Wiener Frauen, und am schönsten in der Bewegung: im Gespräch, im Gehen und Tanzen, das weiß jeder, dem der Sinn für Auffassung des Schönen und Anmutigen nicht ganz versagt ist. In dem »Besten« möchten wir aber neben dem Guten auch das Schöne mit eingeschlossen wissen, und indem wir nach einem Ausdruck suchen, der das Wesen der Wiener Frauen erschöpft, bietet sich uns ein glückhaftes griechisches Wort, das die beiden höchsten Begriffe der Welt zusammenbindet, und so sagen wir, daß die Wienerinnen des guten Schlages das »Schön-und-Gute« in einer Person darstellen.*
>
> Ludwig Speidel[1]

Wien, das um 1901 entstandene Plakat von Anton Kling (Farbtafel 1), zeigt drei Frauen, deren Körper wie ausgeschnitten wirken und nur durch die Umrißlinien bzw. isolierte Details (Augen, Nase und Mund sowie Haare und große Hüte) erkennbar werden. Dahinter sind, ebenso schattenhaft, Männer und Häuser zu erahnen.

Diese weiblichen Figuren stehen als Zeichen für die Stadt Wien; die Wienerin[2] wird damit zum Symbol ihrer Stadt. Erich Felder beschreibt sie in seinem Buch *Die Wienerin*:

Wenn Harmonie ein Kennzeichen der Meisterschöpfung ist, dann reiht sich das Köpfchen der Wienerin nicht gerade den akademischen Leistungen unseres Herrgotts an. Es ist ein impressionistisches Kunstwerk ohne Spuren jener süßlichen Lasur, welche die Frauenbilder des galanten Genres so geleckt erscheinen läßt.[3]

Zwischen dem Bild, das sich die Künstler der Jahrhundertwende von der Frau gemacht haben, und jenem, das Felder beschreibt, liegen unzählige Erscheinungsformen des Weiblichen. In der vorliegenden Arbeit wird versucht, dieses ›typisch Wienerische‹ im Frauenbild der österreichischen Maler der Jahrhundertwende – so es sich festmachen läßt – aufzuzeigen.

Eine Studie, die sich mit dem Bild der Frau im allgemeinen und dem Bild der Frau in Wien um 1900 im besonderen befaßt, erfordert, außer der spezifisch kunstgeschichtlichen Betrachtung, auch eine intensive Auseinandersetzung mit anderen geisteswissenschaftlichen Disziplinen. Dies bedingt sowohl die Beschäftigung mit Primärliteratur als auch mit deren aktueller Aufarbeitung. Religion, Literatur, Philosophie und Geschichte sind dabei jene Wissenschaftszweige, die mit dem Arbeitsthema in einem besonderen Zusammenhang stehen.

Hans H. Hofstätter erkennt, in welchem Ausmaß sich das Frauenbild zum Ende des 19. Jahrhunderts hin zu vervielfältigen beginnt:

Die ganze Empfindungsskala von Ehrfurcht und Angst, von Vergötterung bis Haß schlägt sich in diesen weiblichen Symbolfiguren nieder, die der Tradition entnommen sind und jetzt eine spezifische, tiefenpsychologische Bedeutung erhalten. Das Weib wird zur Göttin, zur Personifikation höchster Tugend, zur Priesterin, zur Märtyrerin, aber auch zur Hexe, zur Nymphe, zur Bajadere, zur Sphinx, zur »femme fatale«, zur »Belle Dame sans Merci«, zur Salome und Messalina, zur Sklavin.[4]

In dieser Definition Hofstätters sind Hinweise auf Religion, Psychologie, Gesellschaft, Mythologie, Literatur und Musik enthalten; sie sind aufs engste mit der bildenden Kunst, die diese Frauenbilder ›anschaulich‹ macht, verknüpft.

Von grundlegender Bedeutung für das Thema sind nicht nur die Untersuchungen der einzelnen Künstler und ihrer Werke, sondern auch die Betrachtung der künstlerischen Strömungen der Jahrhundertwende in Europa insgesamt. Durch die unterschiedliche Ausprägung des Frauenbildes in einem bestimmten Zeitabschnitt (um 1900) in Städten wie Wien, Paris und Berlin, beziehungsweise durch das zeitliche Nebeneinander von ähnlichen Ausformungen des Frauenbildes (Frankreich, Deutschland und Österreich) kann durch Vergleiche auf Einflüsse und Nachwirkungen, aber auch auf eigenständige, regionale Darstellungsweisen geschlossen werden. Ergänzt man diese Erkenntnisse noch mit den Frauenbildern, wie sie uns zum Beispiel in der Literatur entgegentreten, lassen sich – unter Beachtung der zeitlichen Abfolge – Schlüsse über die gegenseitige Beeinflussung von Malerei und Literatur ziehen.

Interessant in diesem Zusammenhang sind auch die Reaktionen der Kunstkritiker auf die diversen Frauendarstellungen, denn sie geben Aufschluß über den Zeitgeschmack und sind in gewisser Weise ein Spiegel der Gesellschaft. Über den Künstler selbst sagen Vorlieben für bestimmte Bildgattungen – wie etwa das Portrait – oder mythologische und religiöse Inhalte eines Themas viel aus; die jeweilige Wahl gibt aber nicht nur Hinweise über die Entstehungszeit der Werke, ihre Auftraggeber und Käufer, sondern auch über die Stellung der Frau in Familie und Staat.

Der vielfältigen Literatur zum Thema ›Frau‹, die seit einigen Jahren einen immer wichtigeren Teil der jährlichen Publikationen einnimmt und sich mit verschiedenen Aspekten von Weiblichkeit befaßt – von der Behandlung der Archetypen bis hin zur Diskussion über Frauenarbeit und politisches Engagement –, wird große Bedeutung zugemessen. Denkanstöße und neue Sehweisen können aus der Tatsache gewonnen werden, daß sie in unterschiedlicher Weise die Frau in Verbindung mit Kunst, Philosophie, Politik und Religion behandeln.

In der vorliegenden Studie wird nur auf Arbeiten von männlichen Künstlern eingegangen. Es muß aber natürlich an dieser Stelle darauf hingewiesen werden, daß um die Jahrhundertwende eine Vielzahl begabter österreichischer Künstlerinnen tätig war; deren Werke, die ausgeführten Bildthemen und ihre Wirkung auf die Öffentlichkeit bedürfen jedoch einer speziellen Untersuchung mit besonderer Berücksichtigung aller jener Faktoren, die für das Kunstschaffen von Frauen in der Zeit um 1900 als von besonderer Bedeutung anzusehen sind.

Anmerkungen

1 Ludwig Speidel, *Fanny Elßlers Fuß*. Wiener Feuilletons. Hg. Joachim Schreck, Wien–Köln 1989, S. 26.
   Vgl. Anhang I.
2 »Der Begriff der Wienerin ist als eine bestimmte Vorstellung, mehr vom Gefühl als vom Verstand her lebendig. Denn er steht im Wandel der Zeit. [...] Einschlägige Literatur war verhältnismäßig spärlich vorhanden.« Ann Tizia Leitich, *Die Wienerin*, Stuttgart 1939, S. 7.
3 Erich Felder, *Die Wienerin*. Mit 20 Reproduktionen nach Originalen Wiener Meister, Wien [o. J.], S. 14.
4 Hans H. Hofstätter, Die Bildwelt der symbolistischen Malerei. In: Ausst.Kat. *Symbolismus in Europa*, Staatl. Kunsthalle Baden-Baden 1976, S. 16.

3. Frauenbilder im Lauf der Geschichte

Die Geschichte der Frau ist die Geschichte des Mannes, ...
Valie Export[1]

Es ist unmöglich, im Rahmen dieser Untersuchung die Entstehung der einzelnen unterschiedlichen ›Frauenbilder‹ bis hin zum Anfang des 20. Jahrhunderts zu verfolgen.[2] Die nachstehenden Beispiele wurden ausgewählt, weil sie die wesentlichen Bildtypen und deren Auftreten in der Kunst illustrieren und – zumindest in den meisten Fällen – für die Kunst der Jahrhundertwende und die Moderne in Wien von Einfluß sind.

Die Fähigkeiten der Frau und ihre Bedeutung für die europäische Geschichte sind aus intellektuellen und künstlerischen Zeugnissen meist nicht abzulesen.[3] Der Platz, der ihr eingeräumt wurde (und wird), zeigt sie als für die geistige Entwicklung der Menschheit völlig bedeutungslos; sie scheint vielmehr – als statische Figur – die geistige und körperliche Aktivität des Mannes zu betonen und unterliegt in ihrer Deutung und Bewertung einem permanenten Abschiebungsprozeß.[4]

Wie viel von diesem Denken noch immer lebendig ist, demonstriert uns beispielsweise ein Lesezeichen, das zur Einnahme eines Hormonpräparates für Frauen anregen soll.[5] Auf diesem sind – unter dem Titel *Der Rhythmus des Lebens* (Abb. 1) – fünf attraktive Frauen in verschiedenen Stadien der Menschheitsgeschichte dargestellt. Sie nehmen jedoch keinen Bezug auf historische Persönlichkeiten, sondern zeigen lediglich eine klischeehafte Reduzierung der Frau auf Sexualität und Fortpflanzung. Dabei wird – sowohl bei der weiblichen Neandertalerin, die bemerkenswerterweise bereits mit einem Lendenschurz dargestellt ist, als auch bei den anderen vier Figuren – Wert auf die Betonung der bloßen Körperlichkeit gelegt, vor allem der Brüste. Von der niederen Menschheitsform (schwarze Haare) über die Blondine im neckischen Negligé à la Doris Day, der sportlichen Brünetten bis hin zur dominanten Rothaarigen im Astronautenlook ist in dieser ›geschichtlichen‹ Darstellung nichts enthalten, was auf eine andere – als äußerlich modische – Entwicklung der Frau hinweisen würde; sie ist zum bloßen Sexualobjekt reduziert. Werbung für dieses Produkt wird auch mit den fünf Einzelszenen betrieben, indem sie seitenfüllend in medizinischen Fachzeitschriften abgedruckt werden, so zum Beispiel *Die Frau mit der Schale und dem Mörser*, hinter der ein muskelbepackter Mann mit Keule erscheint. Der Text dazu lautet: »Die Ursache mancher Begegnung,«[6] und soll der Konsumentin wohl klarmachen, daß sie bei Einnahme des Präparates – und somit bei Erhaltung der körperlichen Attraktivität – noch auf so manche ›Begegnung‹ mit dem anderen Geschlecht hoffen darf.[7]

Man muß allerdings bei der Betrachtung von Frauenbildern immer bedenken, daß der Großteil dieser Werke von Männern produziert wurde. Nur wenige Künstlerinnen haben sich in der Kunstgeschichte einen Platz erobert. Die künstlerischen Fertigkeiten, die man den Mädchen und Frauen aus Adel und Bürgertum zugestand, waren Sticken, Zeichnen, Aquarellieren und Musizieren, zur Freude und zum Stolz von Eltern und Gatten im Familienkreis. Eine Karriere als Künstlerin aber – abgesehen von den Ausbildungsschwierigkeiten und der Unmöglichkeit des Besuches etwa einer Kunstakademie – war unabdingbar mit dem Verlust des ›guten‹ Rufes und der Aufgabe definierter gesellschaftlicher Positionen verbunden. Mit den meisten Frauenbildern sehen wir also eigentlich Imaginationen vor uns, die sich Männer von Frauen und der Weiblichkeit gemacht haben.[8]

Was uns diese Werke aber vermitteln können, sind Aussagen über Kleidung, Schmuck und Arbeit der Frau sowie ihre Stellung in der Gesellschaft – eben aus männlicher Sicht.[9] Und somit dürfen wir auch in der äußeren Erscheinung der Damen der vornehmen Gesellschaft keine primär subjektive ästhetische Äußerung der Frau annehmen.[10]

Man sollte bei der Betrachtung von Frauenbildern grundsätzlich nicht außer acht lassen, welche Gesellschaftsschichten sie repräsentieren, und damit allgemeine Schlüsse über die Lebenssituation, das Aussehen und die Kleidung der Frau in einer Epoche ohne Hinterfragen der künstlerischen Absichten des Malers unbedingt vermeiden.

[…] diese zahllosen Bilder, dieser überreiche dokumentarische Fundus lassen die drei Archetypen hervortreten, die sich immer wieder in männliche Vorstellungen von der Frau eingeschlichen haben: die Figur der Partnerin in den Liebesspielen, die der schützenden und tröstenden Mutter […] und schließlich, gleichsam als Abwehrreaktion, die Figur der unerläßlichen Stütze im Leben, die freilich rigoros in einer subalternen Stellung gehalten wird.[11]

Von der Urzeit bis zur französischen Revolution

Die gesellschaftliche Unterwerfung der Frauen wird notwendigerweise bis in alle Ewigkeiten andauern, da sie direkt auf einer natürlichen Unterlegenheit beruht, die nichts wird beseitigen können.

Auguste Comte[12]

Die frühesten Zeugnisse von künstlerischer Betätigung des Menschen sind weibliche Figuren.[13] In diesen verehrte der Künstler nicht nur die Frau, sondern vor allem ihre Fortpflanzungsfunktion, der in der Darstellung des weiblichen Körpers auch besondere Bedeutung zukommt.[14] Dies erkennt Wörmann bereits 1900, wenn er in der *Geschichte der Kunst aller Zeiten und Völker* schreibt, daß »das Weib am Anfang der Kunst steht«.[15] Ottokar Nahodil vermerkt in seinen *Mysterien heiliger Mutterschaft*:

In der Religions-, Mythologie- und überhaupt Kulturgeschichte gibt es kein so wunderbares, unendliches und begeisterndes Thema wie das der Mutterkulte. Es widerspiegelt Gedankengänge, Sorgen und Hoffnungen, die die Menschheit seit dunkelster Urzeit beschäftigen, zumal es mit den Mysterien des Lebens verbunden ist, mit dem Mysterium der ewigen Erneuerung des Lebens der Menschen, der Tiere, der Natur, der Erde, ja, des ganzen Kosmos. Die Mutterschaft wird mindestens seit 32.000 Jahren kultisch verehrt und bildet damit die älteste Tradition de longue durée, eine Tradition, in der auch die Grenze zwischen dem Religiösen und Künstlerischen kaum feststellbar ist. Da die Mutterkulte offensichtlich universal sind, erklingt in ihnen eine phantasiereiche Symphonie [...] aller bekannter und anonymer Völker aller Hautfarben und aller Kontinente.[16]

Die *Venus von Willendorf* ist eines jener Kunstwerke, bei dem offensichtlich ganz besonderer Wert auf die Betonung der Fruchtbarkeit gelegt wurde.[17] Hingegen ist der *Weibliche Kopf von Brassempouy* (Abb. 2), ohne jegliche Attribute dieser Art, ein schlichtes Zeugnis für die Darstellung der Frau in frühester Zeit. Die kleinen, sogenannten ›Venus‹-Statuen zeigen »nicht eine bestimmte Frau [...], sondern eine Idee: die Idee von Geburt und Wiedergeburt, von Leben und Tod!«[18] Sie sind jedoch nicht als Hinweis auf eine Herrschaft der Frau auf politischer Ebene anzusehen.[19]

Die »Mutter« gehört zu den Archetypen.[20] Sie spielt als gute oder böse Mutter eine wichtige Rolle in den Märchen und ist für die Psychoanalyse Freuds und Jungs von wesentlicher Bedeutung.[21] Zu diesen Müttern muß Faust in *Der Tragödie zweiter Teil* hinabsteigen, um »das Urbild des Schönen, Helena, in der irdischen Welt zur Erscheinung zu bringen«.[22] Auguste Rodin hat den »Müttern« einen Platz in seinem *Höllentor* eingeräumt. Nach Schmoll

[...] darf der Entschluß Rodins, in die Basis des zentralen *Höllentor*-Reliefs die Vision von den Müttern im Erdinneren, im Ungestalteten, dem Schoß »aller Kreatur«, einzufügen als organische Abrundung seiner Gesamtdarstellung vom Werden, Heraufkommen, Vergehen und wieder Werden des Menschengeschlechts verstanden werden.[23]

Die *Drei Muttergöttinnen* (Stein aus Vertault, 1.–2. Jh.) zeigen drei verschiedene Aufgaben der Frau:

Priesterin, Kriegerin und Amme. [...] Alle drei haben Macht über das Schicksal (*fatum*), daher ihr Name *fatae*, aus dem später das Wort Feen entsteht. Die Göttinnen des Schlachtfelds, ob Morgane oder Brigitte, entblößen selten ihre Brust, denn Nacktheit würde auf den kriegerischen Furor des Mannes verführerisch und lähmend wirken. Die Gruppe verweist auf die weiblichen Fähigkeiten: Wissen, Macht, Lust.[24]

Mit diesen wäre die Frau für bedeutende Positionen in der Gesellschaft prädestiniert; das Patriarchat jedoch negiert die Kenntnis solcher Fähigkeiten und versucht, die Unterlegenheit des ›Weibes‹ zu beweisen. Im 19. Jahrhundert, als mit dem Beginn des Kampfes um die Emanzipation der Frau auch eine Rückbesinnung auf ihr uraltes Wissen und Können einsetzt, sieht sich der Mann erneut auch mit ihrer Sexualität und der damit verbundenen Macht, die die Frau über ihn ausübt, konfrontiert. Die Angst, die dadurch in ihm ausgelöst wird, ist einer der wesentlichen Faktoren für die endgültige Ausprägung des Bildes der femme fatale um 1900.[25]

Die »Große Mutter« erscheint auch als

[...] jugendlich-schöne Göttin der Geburt (weiß), die reife, dem Vollmond zugeordnete Göttin der Fruchtbarkeit und Ernährung (rot) und die furchterregende Todesgöttin (schwarz). Die dreifache Göttin umfaßt alle Aspekte des Lebendigen von der Geburt bis zum Tode.[26]

Und auch der Mond, der mit seiner wechselnden Gestalt und seinem Einfluß auf das Wachstum, auf Ebbe und Flut und auf den Zyklus der Frau in den romanischen Ländern weiblich ist – *la luna* –, wird mit seinen Phasen als Symbol der Großen Mutter gedeutet: »Als Neumond oder Frühling war sie das Mädchen; als Vollmond oder Sommer war sie die Frau; als Altmond oder Winter war sie die alte Vettel.«[27] An diese Dreiheit der großen Göttin erinnern auch Sagen und Märchen, in denen mythische Frauen – Feen, Nornen, Parzen, Grazien etc. – zu dritt auftreten.

Hans Baldung, gen. Grien, hat in seinem Werk *Die sieben Lebensalter des Weibes* (Abb. 3) die Frau auf ihrem Weg von der Geburt bis ins hohe Alter gemalt. Die »Lebensalter des Weibes«, zumeist auf »Jugend«, »Reife« und »Alter« beschränkt, sind ein Bildthema, das Ende des 19. Jahrhunderts von den Künstlern vermehrt wieder aufgegriffen wird. Gustav Klimts *Die drei Lebensalter* von 1905 ist als ein solches Beispiel für dessen Weiterführung bis in die Moderne anzusehen. Wie bei Grien steht auch bei Klimt ein kleines Kind für die erste Lebensstufe (Griens ›kleines Mädchen‹ spielt bereits mit einer Halskette und verweist damit auf seine Zukunft als Frau).

»Das immergleiche Menschenschicksal«,[28] wie es Ludwig Hevesi nennt, ist auch am Anfang des 20. Jahrhunderts in seiner Unabwendbarkeit untrennbar mit Geburt und Tod verflochten, mit Geben und Nehmen, wofür Frauengestalten als Symbole benutzt werden.

Das Christentum hat viele Elemente matrizentrischer Religionen übernommen. [...] Mehr noch (als übernommen) wurde jedoch verteufelt, in das Reich des Bösen, der Dämonen, der Götzen verwiesen, wobei insbesondere das einst mächtige, universale und fruchtbare Weibliche dieses Schicksal erlitt. [...] Denn wenn auch das Alte Testament seinen, allerdings bereits verstümmelten, pervertierten und verzerrten Mutterboden nicht verleugnen kann [...] stellt es insgesamt betrachtet den bemerkenswerten und unser gesamtes abendländisches Bewußtsein prägenden Versuch dar, altes, matrizentrisches Gedankengut auf geradezu brutale Art und Weise auszurotten.[29]

Ausschlaggebend für den Sieg des Vaterrechts ist in der griechischen Geschichte das Urteil Apolls über den Mord Orests an dessen Mutter Klytämnestra. Dabei wird die Entscheidung zuungunsten der Mutter gefällt: [Apoll]: »Nicht ist die Mutter ihres Kindes Zeugerin, / Sie hegt und trägt das auferweckte Leben nur; / Es zeugt der Vater, aber sie bewahrt das Pfand.«[30] Mit diesem Urteil Apolls wird der Wandel vom Mutter- zum Vaterrecht vollzogen, und es ist eine Frau, eine Göttin – Pallas Athene –, die durch ihre Entscheidung für Orest dessen Freispruch herbeiführt.

Das Weib selbst erkennt des Mannes höhere Berechtigung. In Athene erscheint das stoffliche Muttertum zu mutterloser Geistigkeit durchgeführt. Auch sie ist [...] durch das Licht von den Schlacken des Stoffes gereinigt und selbst in das höhere männliche Gottheitsprinzip übergegangen.[31]

Durch ihre Geburt ohne Mutter – sie entsprang dem Kopf des Zeus – stellt sie das diesem Denken entsprechende, weibliche Ideal dar. Von Gustav Klimt stammt das Werk *Pallas Athene* (Abb. 4), und allein durch die Aufnahme dieses Bildthemas in sein Werk bestätigt er die positive Bewertung des Patriarchats um 1900 in Wien. Der Kopf der Gorgone Medusa, mit herausgestreckter Zunge auf ihrem Brustpanzer abgebildet, folgt antiken Vorbildern wie beispielsweise der *Laufenden Gorgo* vom Westgiebel des Artemis-Tempels auf Korfu (um 590 v. Chr.). Diesem Ungeheuer, dessen Anblick die Helden zu Stein erstarren ließ, war von Perseus ein Spiegel vor das Gesicht gehalten worden, worauf es selbst versteinerte – damit war die Gefahr für die Männerwelt gebannt.[32] Freud formulierte: »Dies Symbol des Grauens trägt die Göttin Athena an ihrem Gewand. Mit Recht, sie wird dadurch zum unnahbaren, jedes sexuelle Gelüste abwehrenden Weib. Sie trägt doch das erschreckende Genitale der Mutter zur Schau.«[33]

Das Mutterrecht, das mit Bachofen quasi wiederentdeckt wurde, ist für die Bildfindungen der Maler der Jahrhundertwende von großer Bedeutung. Der Mann mußte sich mit dem Gedanken auseinandersetzen, daß das Patriarchat keineswegs die natürliche und einzige Form der Gesellschaft darstellt, sondern daß davor – und das vermutlich für lange Zeit – eine Herrschaft der Frau anzunehmen ist. »Das Mutterrecht verbleibt dem Tiere, die menschliche Familie geht zum Vaterrecht über«[34], erklärt Bachofen im Abschnitt über das mutterrechtliche Lykien, und er setzt fort: »Zugleich wird die Sterblichkeit auf den Stoff beschränkt, der in den Mutterschoß, aus welchem er stammt, zurückkehrt, während der Geist, durch das Feuer von des Stoffes Schlacken gereinigt, zu den Lichthöhen, in denen Unsterblichkeit und Unstofflichkeit wohnt, sich emporschwingt.«[35]

Im antiken Rom ist die Frau, die sich um ihre Nachkommen kümmert, ihrem Haushalt vorsteht und somit zur Festigung und Sicherung der Gesellschaft dient, für den Staat von großer Bedeutung. Es ist diese Beschränkung auf die Fortpflanzung und Versorgungsarbeit, die es noch den ›Vätern der Revolution‹ daran gelegen sein läßt, ihr Ideal der Mutterschaft den französischen Bürgerinnen mit Darstellungen von hehren Frauen der Antike vor Augen zu führen und sie zur Nachahmung zu animieren. Wie Schmölzer meint, war es »der Mann, der zur Sicherung seiner Nachkommenschaft die Frau im [...] Patriarchat zum Eigentum erklärte, in das Haus einschloß und rigorosen sexuellen Einschränkungen unterwarf.«[36]

Mit der christlichen Religion ändert sich auch die Vorstellung von Weiblichkeit.[37] Neue Frauenbilder entstehen.[38] Die christliche Ehe bringt ein neues Idealbild der Frau mit sich; und Maria,[39] zugleich Jungfrau[40] und Mutter, wird als Madonna zu einem der wichtigsten Frauenbilder in der Kunst.[41] Simone Martinis *Madonna mit Kind* (Teil eines Polyptychons, frühes 14. Jh.) beispielsweise versinnbildlicht einerseits durch Jugend und Zartheit ihrer Erscheinung die Jungfrau; andererseits sind die Arme, die das Jesuskind umfangen, Symbole für die schützende Hand der Mutter.[42]

Gleichzeitig mit der verstärkt auftretenden Marienverehrung erfährt die weltliche ›Herrin‹ Bewunderung – durch Troubadoure und Minnesänger. Die von ihnen besungene Frau ist durch ihre gesellschaftliche Stellung von vornherein für eine Liebesbeziehung unerreichbar[43]:

Maria, die der Geistliche anbetete, und die Geliebte, die der Minnesänger – ohne die letzte Erfüllung im Beischlaf zu suchen – leidenschaftlich begehrte, garantierten beide, daß der Liebesbeweis nicht angetreten werden durfte bzw. mußte. Doch während die mythologische Gestalt der Maria *per se* unerreichbar war, erlegte sich der Minnesänger die Unerreichbarkeit der verehrten Frau selbst auf.[44]

Neben der jungfräulichen Mutter Maria gewinnen auch die christlichen Märtyrerinnen, die verschiedene katholische Tugenden repräsentieren, an Bedeutung, und viele der Frauen des Alten und Neuen Testamentes werden im Mittelalter von den Künstlern bildlich wiedergegeben; entweder in Bibelillustrationen oder aber als Gemälde oder Plastiken, entsprechend den Vorstellungen der Auftraggeber und geschaffen im Hinblick auf die gewünschte religiöse Aussage und den Anbringungsort. *Susanna* aus dem Alten Testament ist als Vorbild für die Keuschheit der Frau beliebt. Sie wird – der Geschichte nach – im Bad von zwei alten Männern beobachtet.⁴⁵ Weil sie sich ihnen verweigert, wird sie von den beiden des Ehebruches bezichtigt. Aber Gott selbst, als gewissermaßen höchste Instanz, rettet und rehabilitiert Susanna in ihrer Keuschheit durch das Einschreiten des jungen Propheten Daniel. (Siehe Daniel 13,1–64.) »Diese biblische Geschichte war der Ursprung eines frühchristlichen Susannenkults. Die Kirche sorgte für seine Verbreitung, um Germanen und Römer daran zu hindern, ihre Frauen unter dem Vorwand des Ehebruchs zu verstoßen, damals eine gängige Praxis.«⁴⁶

Aus den teils jüdischen, teils christlichen Bildern des Alten und Neuen Testaments entstand eine Vielzahl von Frauentypen, die Unschuld, Treue, Fruchtbarkeit und Empfängnis verkörpern sollen und denen, diesen Tugenden entsprechend, positive äußerliche Eigenschaften gegeben werden.

Es ist durchaus bemerkenswert, daß die biblischen Figuren, die im Mittelalter ihre Ausbildung finden, auch das Kunstschaffen um 1900 prägen. Judith, Eva, Salome, Susanna, Delila etc. werden als Bildtypen im 19. Jahrhundert verstärkt wieder aufgenommen, bis sie zur Jahrhundertwende eine neue Ausformung erhalten. Die biblischen Inhalte, die sie einst vermittelt haben, treten zurück und machen einer veränderten Botschaft Platz: sie sind schön, sie sind weiblich, sie sind gefährlich.⁴⁷ Daß ihre Bilder so großen Anklang bei Künstlern wie Auftraggebern finden, ist verständlich: durch die katholische Bildtradition sind sie allgemein bekannt und vielschichtig interpretierbar.⁴⁸

Den Frauenfiguren wurden aber im Mittelalter nicht nur positive Eigenschaften zugeordnet; je stärker die Kirche die Lasterhaftigkeit der Frau betonte, desto vielfältiger wurden dahingehend ihre bildlichen Ausformungen. Dies führte dazu, daß sowohl die Sünden und Laster der Menschen als auch der Tod ihre Personifizierung in der Frau fanden. Dabei hatten die Künstler nicht zuletzt Gelegenheit, mit Bildthemen wie Hochmut, Eitelkeit oder Lust schöne – oft nackte oder kaum bekleidete – Frauen darzustellen.⁴⁹

In der Renaissance kommen zu den bereits vorhandenen weiblichen Bildtypen vor allem jene der Mythologie und Emblematik hinzu. Sie bieten ein weites Feld für weibliche Darstellungen.⁵⁰ Botticellis *Geburt der Venus* (um 1485) ist ein anschauliches Beispiel für diese Entwicklung.⁵¹ Die Festlegung der Allegorien und Personifikationen durch Ripa schafft einen Codex, an dem sich die Künstler jahrhundertelang orientierten.

Auch das Bildnis erlangt jetzt Bedeutung – es zeigt die Frau in ihrer festgelegten Rolle als Mitglied der Gesellschaft. Die Portraits sind mit all dem Können und allen Möglichkeiten der Darstellung, welche die Maler beherrschten, gefertigt. Sie demonstrieren den Wandel in der Bedeutung des Individuums, das nicht mehr als kleine Stifterfigur demütig zu Füßen eines Heiligen oder der Madonna kniet, sondern als Person absolut bildwürdig erscheint. So zeigt etwa Leonardo da Vincis Bild *Die Dame mit dem Hermelin* (um 1484) vermutlich Cecilia Gallerani, die Geliebte Lodovico Sforzas, des Regenten von Mailand. Der Künstler betont die körperlichen Vorzüge der weiblichen Gestalt und zeigt ihre prächtige Kleidung, wobei Norbert Schneider auf die »offenkundige Sexualsymbolik«⁵² der geschlitzten Ärmel hinweist, während das Tier, das die Frau im Arm hält – ein Hermelin – als Sinnbild für Keuschheit und Reinheit gilt.

Nahm die Frau im Mittelalter in Stadt und Land durch Ausübung verschiedener Berufe am Alltagsleben unter Umständen noch aktiv teil, so wird sie nun immer stärker aus diesem verdrängt. Die Hebammen und sogenannten »weisen Frauen«[53] geben dabei einen besonderen Angriffspunkt für die männlich dominierte Gesellschaft ab. Sie sind es auch, die von Staat und Kirche der Hexenverfolgung ausgesetzt werden.

Sogar Albrecht Dürer konnte sich des Hexenthemas nicht entziehen. *Die vier Hexen* von 1497 (Abb. 5) ist jedoch weniger die den von der Inquisition heraufbeschworenen Greueln folgende Illustration eines Hexensabbats, sondern zeigt einfach vier stehende nackte Frauen.[55] Ein Apfel hängt genau über der als Jüngste gekennzeichneten Figur – zu ihren Füßen liegt ein Totenschädel. Dürers Bild zeigt

> [...] das neue menschliche Selbstverständnis. Die Göttinnen der Antike sind mit ihren Eigen- und Leidenschaften zum Spiegel der sich emanzipierenden Menschen geworden. Sie sehen den Tod nicht mehr als der »Sünde Sold«, also nicht mehr als Folge der Sünde, sondern messen am Begriff Tod (dem Naturgesetz) ihr Tun und Lassen.[56]

Je stärker die Frau von öffentlichen Positionen ins ›Innere‹ der Gesellschaft, in den Familienbereich, gedrängt wird, desto intensiver tritt ihr Bild in den Kunstschöpfungen zutage. Als Bildthemen werden jene mythologischen Szenen und Histörchen aus der Geschichte besonders beliebt, die reichlich Möglichkeit zur Darstellung des schönen, nackten, weiblichen Körpers bieten. Die von Jacob Jordaens dargestellte Szene aus der Geschichte des *Königs Kandaules* (1646) wird vom Künstler auf raffinierte Weise dazu benützt, einen üppigen weiblichen Rückenakt ins Bild zu bringen. Der kokett wirkende Blick der sich entblößenden Frau – um ihre Gestalt eindrucksvoller zeigen zu können, hat sie ein Bein auf einen gepolsterten Hocker gestellt – läßt ahnen, daß sie um ihren Beobachter, der seinen Kopf zwischen einem Vorhang durchreckt und sie anstiert, weiß.[57]

Rubens' Frauengemälde legen deutliches Zeugnis ab von den Wünschen und diesbezüglichen Idealvorstellungen der Männer im Zeitalter des Barocks. Sein Bild *Das Pelzchen* (Portrait Hélène Fourment, um 1638) läßt offen, ob die wohlgerundete junge Frau gerade dabei ist, den Pelz von ihrem unbekleideten Körper gleiten zu lassen, oder ob sie ihn – in einer ›verspäteten‹ schamhaften Geste – um ihren nackten Leib schlingt. Da sie mit der rechten Hand den Mantel auf der linken Schulter fixiert, drückt ihr rechter Arm gleichzeitig ihre Brüste betont nach oben.

Großen Gefallen fand man im Barock auch an Rollenportraits, d. h. Frauen ließen sich als Göttin – zumeist als Flora oder Venus – abbilden. Die Mitglieder der sogenannten ›feinen‹ Gesellschaft erfreuten sich an dieser Darstellungsweise, denn durch die Rolle, die sie übernahmen, wollten sie sich auch die damit verbundenen Eigenschaften zuweisen. Das Portrait historié bleibt auch noch in der ersten Hälfte des 18. Jahrhunderts als Kunstgattung erhalten. Das Bildnis der *Marquise de Baglian als Flora* (1746) von Jean-Marc Nattier beispielsweise ist typisch für dieses Genre.

Die Gegenreformation brachte wiederum eine Fülle von Bildwerken mit religiöser Thematik hervor, die den Klerus dabei unterstützten sollten, die Gläubigen wieder in den Schoß der katholischen (Mutter) Kirche zurückzuführen. Auch die Gestalt der Jungfrau und Gottesmutter Maria erfuhr eine neue Aufwertung, und die weiblichen Heiligen wurden in unzähligen Bildern und Statuen gefeiert. Sie sind mit ein Teil der barocken Kircheninszenierung. Die geschwungenen Formen, die üppigen Körper und ekstatischen Gesichtsausdrücke lassen jedoch nicht nur den Eindruck religiöser Verzückung entstehen, sondern suggerieren durchaus ›weltliche‹ Lust. Es sind vornehmlich die nackte, büßende Maria Magdalena und die in ihren Visionen versunkene Theresa von Ávila, die durch die Art ihrer Darstellung diesen Aspekt des Körperlichen vermitteln. Gian Lorenzo Bernini hat für sein Werk *Die Verzückung der heiligen Theresa* (1644–1651) eine Textstelle aus den Visionen der Heiligen Theresa[58] bildhaft umgesetzt: ein Engel mit dem Pfeil in der Hand sinkt nieder zur Heiligen, deren Körper – hingestreckt im Augenblick der höchsten religiösen Verzückung – Lust und Schmerz zugleich ausdrückt.[59] 1860 dagegen betont Félicien Rops in seiner Darstellung der *Heiligen Theresa* (Abb. 6) nur mehr die körperliche Lust und weist damit auf die Doppelbödigkeit oder sogar Heuchelei der katholischen Kirche hinsichtlich ihrer Beziehung zur Sexualität hin.

Das Portrait, an dem man die reine Wiedergabe der Natur nur gering schätzte und das erst durch Veränderungen der Dargestellten im Sinn einer Vervollkommnung an Bedeutung gewinnt, ist eines der wichtigsten und meistbesprochenen Bildthemen des 18. Jahrhunderts. Die heftige Diskussion um die Portraitähnlichkeit wirkte sich aber auf weibliche Portraits nicht in dem Ausmaß aus wie auf jene der Männer,[60] denn es genügte beispielsweise Roger de Piles, den »Frauenzimmerbildnissen« das als angenehm und schön Empfundene hinzuzufügen und die Dargestellten »unschuldig« und »bescheiden« erscheinen zu lassen.[61]

Die Auftraggeber im 18. Jahrhundert waren Adel und Kirche sowie das aufstrebende Bürgertum. Den jeweiligen Intentionen und Interessen entsprechend wird das Frauenportrait somit im 18. Jahrhundert und auch noch später der Forderung, daß das Bildnis in einer möglichst euphemistischen Darstellungsweise ausgeführt werde, unterworfen. Die Frau behält die ihr zugewiesene soziale Rolle als schöne Begleiterin an der Seite des Mannes (sei es als tugendhaftes Vorbild oder lasterhaftes Übel) und als schmückender Teil seines Heimes das ganze 19. Jahrhundert und darüber hinaus bei.

Kenneth Clark meint, daß durch die von Frauen geführten Salons im Frankreich des 17. und 18. Jahrhunderts ein ganz spezieller Diskussionsrahmen geschaffen wurde.[62]

Viele Frauen waren bestrebt, einen eigenen Salon zu führen. Das war Ausdruck ihrer Freiheit, da sie empfangen konnten, wen sie wollten, und zugleich konnten sie überprüfen, wie weit ihr Einfluß und das Interesse an ihrer Person ging.[63]

Die zahlreichen Bildnisse von Damen der Gesellschaft, die beispielsweise von Perronneau und Maurice Quentin de la Tour gemalt wurden, zeigen aber die Portraitierten nicht nur als reizvolle Frauen, sondern geben auch zarte Hinweise auf Geist und Charakter der Dargestellten. Jean-Baptiste Perronneaus Gemälde von *Madame Sorquainville* (1749) etwa präsentiert die – zwar offensichtlich nicht mehr ganz junge, aber dennoch äußerst reizvolle – Frau in einer eleganten Robe und entspannter Haltung. Ihre Pose und die Kleidung lassen sie eindeutig als Mitglied der gehobenen Gesellschaft erscheinen.

Der Akt (als Spezialtypus der Bildgattungen) war – als Studie für ein Kunstwerk oder als Kunstwerk selbst – in der europäischen Tradition einem Wandel unterworfen. Waren in der Antike – in Griechenland und dem Römischen Reich – der Männer- wie der Frauenakt üblich[64] und für die Ausprägung ästhetischer Kriterien notwendig, wurde der Akt nach der Christianisierung Europas zurückgedrängt. Dies hängt mit dem Versuch zusammen, das ›heidnisch‹ Nackte auszurotten. Der weibliche Körper, der als Quelle der Sünde und Versuchung angesehen wurde, stellte plötzlich eine ständige Bedrohung für die männliche Gesellschaft dar. Trotzdem wurde er für Bildthemen aller Art bemüht – Allegorien, mythologische Darstellungen, religiöse Szenen, geschichtliche Vorgänge –; die nackte gemalte Frauengestalt (oder Skulptur) sicherte dem Künstler das Interesse von Auftraggebern und Publikum. Vor allem die Salonbilder des 19. Jahrhunderts zeigen in unzähligen Variationen den unbekleideten weiblichen Körper, der aber, noch immer akademisch ›geschönt‹, in »idealer« Nacktheit erscheint. Alexandre Cabanels Bilder, etwa die *Geburt der Venus* sind Paradebeispiele für diese Zurschaustellung des Frauenleibes.[65]

In der durchschnittlichen europäischen Aktmalerei ist die Hauptperson niemals dargestellt worden. Gemeint ist der als Mann vorausgesetzte Betrachter vor dem Bild. An ihn richtet sich alles. Und alles soll als das Ergebnis seiner Anwesenheit erscheinen. Für ihn sind die Figuren zum Akt geworden. Aber er bleibt – genaugenommen – ein Fremdling, er behält seine Kleider an.[66]

Nicht nur die Salonmaler bedienten sich des weiblichen Aktes als Bildmotiv. Während sie ihre Frauendarstellungen jedoch im allgemeinen nach antiken Vorbildern ausrichteten, beschäftigten sich zahlreiche andere Künstler des 19. Jahrhunderts mit einer neuen Form der Wiedergabe des weiblichen Körpers, versuchten, ihn der Wirklichkeit anzunähern. Die Konsequenz der stärkeren ›Lebensnähe‹ dieser Werke ist im besonderen im Wegfallen der traditionellen Idealisierung und dem Verlust der akademischen Schönheit des unbekleideten Frauenkörpers zu sehen, die zugunsten einer erhöhten Expressivität und der damit verbundenen Verstärkung der Aussagekraft aufgegeben werden.

Das Frauenbild während der Französischen Revolution.

La Femme naît libre et demeure égale à l'homme en droits.
Olympe de Gouges[67]

In der ersten Hälfte »des Jahrhunderts der Frau«, wie das 18. Jahrhundert zum Beispiel von Nietzsche bezeichnet wurde,[68] ist auf vielen Frauenbildern die verführerische, schöne Frau des Adels dargestellt. Sie war es vor allem, die portraitiert, skizziert, gezeichnet wurde. Erst mit den Genremalern und der Hinwendung ihrer bürgerlichen Auftraggeber zu den neuen demokratischen Gesellschaftsidealen fand ein neues Frauenbild auch Eingang in die Malerei.

Bereits in den vor der Französischen Revolution entstandenen Bildwerken zeichnet sich die von Rousseau[69] ausgehende Forderung nach einem neuen Ideal der

Weiblichkeit ab,[70] das sich in vielen Punkten mit der Vorstellung von »Müttern« der Revolution deckte. Rousseau[71] meinte im *Emile*:

Die ganze Erziehung der Frauen muß daher auf die Männer Bezug nehmen. Ihnen gefallen und nützlich sein, ihnen liebens- und achtenswert sein, sie in der Jugend erziehen und im Alter umsorgen, sie beraten, trösten und ihnen das Leben angenehm machen und versüßen: das sind zu allen Zeiten die Pflichten der Frau, das müssen sie von ihrer Kindheit an lernen.[72]

Viele der Revolutionsgemälde zeigen Szenen aus der Geschichte, an Hand derer den Frauen Ideale der Weiblichkeit vor Augen geführt wurden; besonders häufig finden sich Episoden aus der römischen Antike, die auf die Beziehung von Mensch (Frau) und Staat hinweisen und somit den Betreibern der Revolution in zweifacher Hinsicht entgegenkamen.

Cornelia, die »Mutter der Gracchen«, entsprach in idealer Weise ihren Anforderungen, denn diese ›Heldenmutter‹ erzog nach dem Tod des Mannes die gemeinsamen Söhne im Sinne der Staatsinteressen und ist somit ›natürlich‹ als ein Idealbeispiel und Vorbild für die Frauen der Revolutionszeit anzusehen.

Aber nicht nur an Hand von Figuren der Vergangenheit wurde die neue Moral dargestellt: In den Genreszenen von Malern wie Jean-Baptiste Greuze, in dem Diderot den »Maler der Tugend und Erretter der Sittenverderbnis«[73] erkannte, wurden die Familie, die Mutter und vor allem die – bis zur Ehe zu erhaltende – Unschuld junger Mädchen als Ideale gepriesen. Unter dem Deckmantel der Moralität entstanden Bilder von jungen, halbbekleideten Mädchen, die beispielsweise die verlorene Liebe – wie in *Die Klagen der Uhr* (um 1775) – oder den Verlust der Jungfräulichkeit – dargestellt durch einen zerbrochenen Krug – betrauern. *Der zerbrochene Krug* (um 1772) verdeutlicht die Meisterschaft von Greuze, wenn es darum ging, weibliche Figuren in der Entwicklung vom Mädchen zur Frau abzubilden. Dem Schmelz der Jugend, den der noch unentwickelte Körper und die Weichheit der Gesichtszüge andeuten, scheinen die Sinnlichkeit der Bewegungen und die wissende Weiblichkeit des Gesichtsausdruckes gegenüber zu stehen.

Die Mutter,[74] die Kinder gebiert und sie zu guten Bürgern der *Grande Nation* erzieht, ist die Frau der französischen Revolution schlechthin.[75] Chardins Bild *Das Tischgebet* von 1740 macht diese Vorstellung bereits ersichtlich. Die bürgerliche Frau, in ihrer kleinen, geordneten Umgebung, versorgt ihre Kinder sowohl mit Nahrung für den Körper als auch mit Speise für die Seele.[76] In diesem Zusammenhang wurde besonders das Ammenwesen kritisiert, das sich in den gehobenen Gesellschaftsschichten großer Beliebtheit erfreute. Wegen der unzureichenden Pflege der Kinder und der daraus resultierenden hohen Säuglingssterblichkeit wurden die Frauen dazu aufgerufen, ihre Kinder selbst zu stillen.[77]

Im 17. und vor allem im 18. Jahrhundert verläuft die Erziehung eines Kindes durchweg nach einem Ritual, das sich kaum ändert und sich aus drei verschiedenen Phasen zusammensetzt: Erst wird das Kind in Pflege gegeben, dann kehrt es ins Elternhaus zurück, schließlich kommt es in ein Kloster oder ein Pensionat.[78]

Jean-Baptiste Greuzes Bild *Glückliche Mutter* (Farbtafel 2) trifft insofern den Zeitgeschmack, als es versucht, die Einheit von Mutter und Kind als natürlich und wünschenswert darzustellen; der Akt des Stillens wird dabei zu einer Tat für den Staat selbst: Die Mutter, bequem in einem Sessel sitzend, hat wohl soeben ihr Mieder geöffnet und hält nun dem nur mit einem Hemdchen bekleideten Kind, das schon sehnsüchtig die Arme danach ausstreckt, ihre linke Brust entgegen.

Michelet ist es, der in seinem Werk *Die Frauen der Revolution* von 1854 immer wieder auf diese neue Mütterlichkeit hinweist. Dort heißt es im Hinblick auf die Zeit davor:

Die Macht der Salons, der Reiz der Konversation spielte damals, was man auch dagegen gesagt hat, nur die zweite Rolle im Einfluß der Frauen. Das waren ihre Mittel im Zeitalter Ludwigs XIV. gewesen. Was sie vielmehr im achtzehnten Jahrhundert besaßen, was sie unüberwindlich machte, das war die enthusiastische Liebe, die einsame Schwärmerei für die großen Ideen und der Wille, *Mutter zu sein* in der umfänglichen Bedeutung und dem Ernst dieses Wortes.[79]

Von der Mutter des einzelnen Individuums zur »Mutter Erde« und zur »Mutter der Nation« ist es nur ein kleiner Schritt. Auch die Verkörperung der Freiheit ist eine Frau. Sie stürmt in Delacroix' *Die Freiheit führt das Volk auf die Barrikaden* (1830) den Aufständischen voran. Dabei handelt es sich allerdings nicht um eine mütterliche Gestalt, sondern um ein Mädchen aus dem Volk, ausgewiesen durch seine Kleidung und die Jakobinermütze.[80]

Vaterland, Freiheit, das Glück der Menschheit ergriffen die Herzen der Frauen. Die Tugend der Römerzeit lebt nicht in den Sitten, aber in der Vorstellung der Seele, im edlen Begehren. Sie blicken um sich und suchen nach den Helden Plutarchs, auf diese richtet sich ihr Wille, diese wollen sie hervorbringen.[81]

Trotz der Verherrlichung traditioneller Frauenbilder ist die französische Revolution auch die Geburtsstunde des Feminismus. Obschon es die Diskussion um gleiche Rechte von Frauen und Männern bereits vorher gegeben hatte, waren die Forderungen, die von den Frauen jetzt öffentlich ausgesprochen wurden, konkret und umfangreich.

Der Erklärung der Menschenrechte folgte zwei Jahre später die berühmt gewordene *Déclaration des Droits de la Femme* von Olympe de Gouges; zur gleichen Zeit beginnen sich Frauen in eigenen Klubs und Gesellschaften zu organisieren, um ihre Emanzipationsbestrebungen in politisches Handeln umzusetzen.[82]

Bevor diese Frauenclubs wieder verboten wurden, versammelten sich in ihnen die französischen »Bürgerinnen«, um die geforderten Frauenrechte zu diskutieren.[83] Illustrationen wie etwa *Un Club de Femmes* (Ende 18. Jh.) zeigen, daß es den Mitgliedern ein Anliegen war, ganz in der Manier von Männerclubs oder Parlamenten zu agieren: die Präsidentin thront rechts im Bild, während die Rednerin vor ihr am Pult mit leidenschaftlichen Armbewegungen ihr Publikum von ihren Forderungen zu überzeugen sucht. Darstellungen wie diese sind vor der Französischen Revolution undenkbar.

Dieser Geburtsstunde des Feminismus folgt allerdings bald darauf der Einbruch, mit allen Verboten und Gesetzen, die die bürgerliche Gesellschaft für die in ihr lebende Frau aufstellt, denn »in der Folge wurden die Frauenklubs, die sich während der Revolution überall gebildet hatten, aufgelöst, den Frauen das Versammeln bei Gefängnisstrafe verboten und viele hingerichtet.«[84] Napoleon setzte 1804 mit dem *Code civil*, der die Frauen wieder aller öffentlichen Rechte beraubte, den klaren Schlußpunkt – von Seiten der Männer – hinter die Emanzipationsbestrebungen der Frauen der Revolution.[85]

Es war Olympe de Gouges, die mit ihrer 1791 publizierten *Deklaration der Rechte der Frau und Bürgerin* vehement die Gleichstellung von Mann und Frau forderte. Damit hatte sie die Menschenrechtsdeklaration von 1789 »als Deklaration der Männerrechte, nicht jedoch der Menschenrechte« entlarvt.[86] Durch ihre mutige Stellungnahme gegenüber Robespierre fiel sie in Ungnade, wurde verhaftet und 1793 hingerichtet. Ihr Tod wurde im *Moniteur* mit folgenden Worten kommentiert: »Sie wollte ein Staatsmann sein, und es scheint wohl, daß das Gesetz diese Verschwörerin dafür bestraft, die Tugenden vergessen zu haben, die ihrem Geschlechte zukommen.«[87] Über ihre Festnahme berichtet Michelet:

> Die in der Öffentlichkeit stehenden Frauen wagen, wenn sie den Parteien Trotz bieten, viel mehr als die Männer. [...] Eines Tages wurde Olympe in einer Gruppe Menschen ergriffen und beim Kopf gepackt, ein roher Patron preßte den Kopf unter den Arm und riß ihr die Mütze ab; ihre Haare öffnen sich, armselige graue Haare, obgleich sie nur achtunddreißig Jahre alt war; Talent und Leidenschaft hatten sie verzehrt.[88]

Bei weiblichen Portraits, die nicht dem Zeitgeschmack entsprechen, sondern vielmehr die Dargestellten in einer besonderen Weise ehren oder zur Verehrung anregen, handelt es sich meist um die Bilder von Frauen, die aktiv an der Französichen Revolution teilgenommen haben, wie etwa Madame de Méricourt oder Madame Roland. Beide gehörten jenen unerschrockenen französischen Kämpferinnen der Revolution an, die durch ihre Aktivitäten wesentlich zum Gelingen des Umsturzes beitrugen. Als aber die ›Revolution ihre Kinder mit sich riß‹, ereilte sie in ebenso entsetzlicher Weise ihr Schicksal.

Die Heldinnen der Revolution erfahren für kurze Zeit Würdigung in Bildnissen, die an jene von Männern erinnern – in Münzenform mit Profildarstellung, in Uniform unter der Fahne, etc. Diese am Höhepunkt der Revolution entstandenen Werke versuchen, auch die Frauen mit einiger Portraittreue zu zeigen. Ein Beispiel für die ›heroischen‹ Bilder von Frauen der Revolution ist etwa das von *Mme Roland* (Abb. 7). In einem Oval ist ihr Gesicht fast in Profilansicht ausgeführt. Das Bildnis entstand, wie die Inschrift zeigt, in der Conciergerie und erinnert an Portraits auf Medaillen und Münzen, wie sie für berühmte Männer oder Herrscher üblich waren. Das *Bildnis der Mme Roland* (Ende 18. Jh.), gemalt von Adélaide Labille-Guiard, legt dagegen viel mehr Gewicht auf die Betonung des Weiblichen. Damit bleibt das Gemälde in der Art der Wiedergabe der Revolutionärin dem Schema der weiblichen Portraits des 18. Jahrhunderts verhaftet.

Auch Charlotte Corday ist auf den Kunstwerken der Revolutionszeit häufig dargestellt: Die Arbeit eines unbekannten Künstlers zeigt sie beispielsweise beim Erwerb jenes Messers, mit dem sie später Marat töten wird (Ende 18. Jh.). Sie ist ein junges, gut gekleidetes Mädchen, das, mit dem aufwärts gerichteten Messer in der abgewinkelten Hand, den Worten des Verkäufers zu lauschen scheint, der seine Rede mit Gesten der rechten Hand begleitet. Das einzig Unübliche an diesem Bild ist wohl nur der Erwerb eines großen, spitzen Messers selbst. *Charlotte Corday, die Mörderin von Marat* ist der Titel des Gemäldes eines anonymen Malers aus dem 18. Jahrhundert. In unschuldiges Weiß gekleidet, steht Charlotte, das Messer in der rechten Hand, neben ihrem toten Opfer. Michelet schreibt später über sie:

Man darf in Fräulein Corday kein wildes Mannweib erblicken wollen, dem es auf Blut nicht ankam. Ganz im Gegenteil: um Blutvergießen zu verhüten, entschloß sie sich, den Dolch zu führen. Sie glaubte, eine ganze Welt zu retten, wenn sie den Würger erwürgte. Sie hatte ein weibliches, ein zartes und mildes Herz. Die Tat, die sie unternahm, war eine Tat des Mitleids.[89]

Diese Beweggründe, die Michelet für Corday als »mildernde Umstände« anführt,[90] sind in Munchs *Marat* (Abb. 8) nicht mehr nachzuvollziehen. Der tote Mann in der Badewanne ist schwarz gezeichnet, die Frau, aufrecht, nackt, schön, in Rot. Sie ist die Siegerin in einem Kampf auf Leben und Tod.[91]

Das Portrait *Théroigne de Méricourt* (Abb. 9), das die berühmte Kämpferin der Französischen Revolution zeigt, ist ein absolut ungewöhnliches Frauenbildnis. Die Heldin, in Uniform, den Federhut keck auf den Kopf gedrückt, wird von einem achteckigen Bilderrahmen umfangen. Daran hängt zu ihrer Rechten ein Degen; über dem Bild hängen zwei Fahnen, die leicht über den Rahmen des Bildes zu fallen scheinen. Die ganze Aufmachung des Werkes würde für einen ›Helden des Vaterlandes‹, einen Heerführer oder Kriegshelden, passen.[92] Auch über Mlle Méricourt hat Michelet ein Kapitel verfaßt, wo er schreibt:

Es ist ein sehr guter Kupferstich vorhanden von der schönen, tapferen, unglücklichen Frau aus Lüttich, [...] die am 10. August unter den ersten der Kämpfenden mit dem Degen in der Hand das Schloß betrat und aus der Hand der Sieger eine Krone empfing. – Unglücklicherweise gibt dieses Bild, das in der Salpêtrière gezeichnet wurde, als sie schon geistesgestört war, nur eine schwache Vorstellung von der heroischen Schönheit, die das Herz unserer Väter entzückte, und sie in einer Frau sogar das Ebenbild der Freiheit erblicken ließ.[93]

Sogar den unbekannten Heldinnen der Revolution sind Darstellungen gewidmet. Eine Illustration vom Ende des 18. Jahrhunderts zeigt eine weibliche Gestalt, die ihre getötete Mitkämpferin im Arm hält, während vor ihr zwei tote Soldaten liegen. Der Text darunter lautet: »Qu' il est doux de souffrir pour la Patrie«.

Das kurze Aufflackern einer allgemeinen Gleichberechtigung – bis hin zur Exekution von Revolutionärinnen – fand jedoch rasch ein Ende, als offensichtlich wurde, welche Folgen die Emanzipation der Frau für den französischen Staat nach sich ziehen würde. Wesentliche patriarchale ›Grundrechte‹ wie Besitz von Land, Ehescheidung und höhere Bildung schienen massiv bedroht.

Nur wenige Männer schlossen sich den Forderungen nach allgemeiner politischer Freiheit und der Öffnung von Bildung und Wissenschaft für Frauen an. Das bekannteste Beispiel ist Condorcet[94], ein anderes De La Fontaine, der 1791 einen Bildungsplan entwarf, in dem es keinen Unterschied des Geschlechts mehr geben sollte: »die Frauen haben die gleichen Rechte auf den öffentlichen Unterricht wie die Männer«.[95]

Condorcet und La Fontaine waren mit ihrer Meinung über die Erziehung der Frau jedoch in der Minderheit, und »die Reaktionen anderer Männer weisen auf eine fast paranoide und hysterische Angst vor der emanzipierten Frau hin«[96]. So stellt Henriques im AN III in seinen *Histoires et morales choisies, pour chaque mois de l'année républicaine* ganz entschieden fest, daß »es [...] für einen Staat keine größere Plage als eine politische, schöngeistige und philosophische Frau [gibt]. Dieses Ungeheuer, denn einen anderen Namen kann man einem solchen Wesen nicht geben, wird der Zerstörer der sozialen Gemeinschaft.«[97]

Auf politisch-juristischer Ebene folgte die Restriktion im bereits erwähnten *Code civil* Napoleons.[98] Dieser war auch »eine Reaktion auf das Nachlassen der ›öffentlichen Moral‹, den Bruch mit der Tradition und den Zerfall der Familie durch die Leichtigkeit, mit der man sich nach der Revolution scheiden lassen konnte.«[99] Eine Karikatur, die sich mit den Torheiten der Mode und dem Mangel an gutem Benehmen während der Zeit des Konsulates beschäftigt, illustriert dies mit der Darstellung einer Gruppe von Menschen beim *Pariser Tee* (Fulchran Jean Harriet, um 1800). Die ›Kämpferinnen‹ der Französischen Revolution sind verschwunden; in tiefdekolletierten Toiletten gesellen sich die ›Damen‹ zu den in hochmodische Kleidung gewandeten ›Herren‹, deren Aussehen und Benehmen allerdings sichtlich auf den Verfall des ›guten‹ Tons hinweisen.

Das 18. Jahrhundert mit der Französischen Revolution hat für das Bild der Frau eine Reihe von Veränderungen mit sich gebracht – vom Bild der adeligen, reichen Dame über das idealisierte Mutterbild Rousseaus bis zur Mitstreiterin in den Kämpfen der Revolution. Nachdem aber die Schlachten geschlagen waren, die Freiheit aller männlichen Bürger ausgerufen worden und eine neue Gesellschaftsform entstanden war, ging man daran, die – zu selbständig denkenden und handelnden Frauen – wieder in die alte Knechtschaft, in ihre völlige Abhängigkeit vom Mann zurückzuführen.[100] Sogar Napoleons Gattin Josephine war von der Ordnung des *Code civil* betroffen: Malmaison, das sie käuflich erworben hatte, fiel an ihren Mann, denn es war den Frauen nunmehr wieder verboten, eigenes Land zu besitzen.[101]

Zu den naturwissenschaftlichen und pragmatischen Komponenten bei der Entstehung der Geschlechterrollen gesellt sich in der zweiten Hälfte des 18. Jahrhunderts ein neuer kunsthistorischer Aspekt, wie Ellen Spickernagel aufzeigt: jegliche Darstellung des männlichen und des weiblichen Körpers wurde nun von symbolischen Formen überlagert.

Diese Vorstellungen zu verinnerlichen, um sowohl die eigene Geschlechteridentität als auch die psychische Repräsentanz des anderen aufzubauen, war eine historische Aufgabe, von der das Gelingen des bürgerlichen Staates weitgehend abhing.[102]

Am Ende des 18. Jahrhunderts bilden sich in der Kunst neue Darstellungsformen von Mann und Frau heraus, die »symbolischen Geschlechterrollen entstehen.«[103] Als Beispiel dafür wäre Davids 1784 entstandener *Schwur der Horatier* anzusehen, in dem sich Männliches und Weibliches gegenüberstehen – wobei das Maskuline als heldenhaft, aktiv, ausgreifend und dominierend, das Feminine dagegen als passiv, hingebend, fügsam, wartend und leidend dargestellt wird.[104] Das Gutheißen der passiven Rolle der Frau drückt sich besonders darin aus, daß zum Beispiel jene Eigenschaften, die an einem Mann positiv bewertet werden – Mut, Neugier, Interesse – an einer Frau als unerwünscht gelten. Poulain de La Barre hat dies klar ausgedrückt:

Will man einen Mann spöttisch tadeln, daß er zuwenig Mut und Entschiedenheit habe, nennt man ihn weibisch, als wollte man sagen, er sei ebenso feige und weichlich wie eine Frau. Will man im Gegenteil eine Frau für ihren Mut, ihre Stärke oder Geist loben, so sagt man, sie sei ein Mann![105]

Das Bild der Frau im 19. Jahrhundert

> *Die Wahl des Gegenstandes läßt im 19. Jahrhundert tiefe Einsichten in die Persönlichkeit des Wählenden zu, denn anders als in den früheren Jahrhunderten wird dieser Akt in einem Zeitalter der Künstlerkunst vom Einzelnen getragen. Was immer er malt, er malt sich selbst: er beschwört sein Schicksal, seine Sehnsüchte und Ängste, seine Vorstellungen von der Rolle der Kunst und von den Aufgaben des Künstlers.*
>
> Werner Hofmann[106]

Im 19. Jahrhundert ist die Frau als Bildmotiv äußerst beliebt. Die Mythologie, die seit der Renaissance ununterbrochen Künstler zu Darstellungen angeregt hatte, wird zu einem wesentlichen Bestandteil der Bilder von Salonmalern wie Alexandre Cabanel, etwa der *Geburt der Venus*. Die auf den Wellen ruhende Göttin ist in ›akademischer‹ Schönheit dargestellt. Kritik an dieser Art der Wiedergabe des weiblichen Körpers kam unter anderem von Zola, der meinte, »die in einem Milchstrom ertrinkende Göttin sieht aus wie eine entzückende Nixe, aber nicht aus Fleisch und Blut – das wäre unanständig –, sondern aus einer Art rosa-weißem Marzipan.«[107]

Topoi wie dieser wurden aber nicht nur von den typischen »Salonmalern« künstlerisch umgesetzt; auch Arnold Böcklin nutzte die Möglichkeiten, die sie ihm motivisch boten, und verlegte die Darstellung der Geschlechterdiskussionen seiner Zeit in die Mythologie. Seine Bilder mit Meeresgeschöpfen zeigen die Frau in ihrem (vermeintlichen) Element, dem Wasser.[108] Hofmann sagt über Böcklin:

[...] er malt nicht die Nachkommen mythologischer Wesen, sondern diese selbst, er umkleidet das Weibliche mit äußerer Bedeutsamkeit, um seinen Symbolgehalt zu legitimieren. Seine Najaden und Nereiden haben etwas von einer »Allégorie réelle«: ihre pralle Tatsächlichkeit schlägt sich mit der imaginären Welt, der sie angehören.[109]

Ist die Frau bei Böcklin noch ein dem Wasser verbundenes Naturwesen,[110] wird sie in weiterer Folge dann selbst zur Welle, zur Woge (etwa bei Kupka, oder Maillol).

Eine zusätzliche Verflechtung von Frau und Wasser zeigen jene Bilder, die den Titel »Badende« tragen, wobei der Darstellung des weiblichen Aktes dabei besondere Bedeutung zukam. Die berühmteste Badende ist wohl die biblische Susanna, aber schon früh hält das Motiv in profane Darstellungen Einzug. Beliebt war der Akt beim oder im Bade im Rokoko; Boucher malte zahlreiche Bilder mit Frauen bei der Toilette oder im Bad. Nicolas-René Jollains *Das Bad* (Abb. 10) zeigt, wie eine junge nackte Frau von einer Gehilfin abgetrocknet wird. Von Ingres stammt das Gemälde die *Badende von Valpincon* (1808). Ihr Kopf ist vom Betrachter abgewandt und läßt den Rückenakt in voller Länge sehen, wobei der Maler zugunsten der schönen Linie auf anatomisch genaue Wiedergabe verzichtet. In Courbets *Les Baigneuses* (1853) sind die beiden weiblichen Gestalten in die freie Natur eingebunden; die Figuren sind nicht in ›akademischer Schönheit‹ wiedergegeben, und besonders seine Aktdarstellung stieß auf heftige Kritik. Delacroix entsetzte sich 1853, als Courbet seine »Badenden« im Salon ausstellte, über die Vulgarität der Figuren und die vermeintliche Sinnlosigkeit der Idee.[111] Hofmann hingegen äußert sich über Courbets Frauengestalten:

Die breithüftige Frau, die aus dem Wasser (dem befruchtenden Lebenselement) kommt, ist die konkrete Naturkraft par excellence. Courbet vertauscht also die Rollen der christlichen »Verkündigung«. Aus dem (»männlichen«) Himmelsboten, der die Intervention des Heiligen Geistes zu lenken scheint, wird eine Frau, die mit ihrem Körper das organische Lebensprinzip offenbart.[112]

Degas fertigte eine ganze Reihe von Aktdarstellungen von Frauen, die bei verschiedenen Tätigkeiten der Toilette – waschen, abtrocknen, kämmen oder gekämmt werden – abgebildet sind. Ihm war daran gelegen, das Wesentliche der Bewegung festzuhalten. Cézannes *Die großen Badenden* (1898–1905) sind dagegen in verschiedenen Posen in der freien Natur dargestellt. Die Figuren wirken klobig und haben nur vage angedeutete Gesichtszüge.

In der Verbindung von Frau und Bad entstanden auch viele Bilder, die das Motiv der weißen Haremsdame, der Odaliske, aufnahmen und dem damals in Mode kommenden *exotisme* entsprachen.[113] Obwohl nur wenige der Maler jemals den Orient bereisten, begeisterten sie sich an der Idee des Harems als Ansammlung von sexuell jederzeit verfügbaren Frauen.[114] Vor allem die Darstellung von Szenen im Frauenbad ließ unzählige Varianten von weiblichen Akten entstehen. Die häufigste ist die Pose der auf einem Diwan oder Kissen ruhenden Frau, die durch verführerische Körperdrehungen der Vorstellung des Harems als eines Orts der zügellosen Leidenschaften dienen sollte. Haremsdamen waren das ganze 19. Jahrhundert hindurch ein beliebtes Bildthema; auch Henri Matisse hat es mehrfach ausgeführt.[115]

Edouard Manets *Olympia* rief 1863 einen Skandal hervor. Der Akt, in Anlehnung an Tizians *Venus von Urbino* (1538) gemalt, entsetzte das Publikum durch die direkte Präsentation der Nacktheit. Es fehlt der allegorische oder mythologische Bezug, der eine Darstellung dieser Art akzeptabel gemacht hätte, und es scheint eindeutig keine Göttin zu sein, die Manet hier gemalt hatte, sondern ein Mädchen aus Paris, das den Betrachtern arrogant in deren entsetzte Augen sah. Zola meinte, Olympias Fehler bestünde darin,

[…] so manchem Fräulein ähnlich zu sehen, das Sie kennen. Und außerdem, welch befremdende Manie, anders als die anderen zu malen, nicht wahr? Wenn Edouard Manet sich wenigstens Alexandre Cabanels Puderquaste ausgeliehen hätte und die Wangen und Brüste der *Olympia* ein wenig geschminkt hätte, wäre das junge Mädchen vorzeigbar gewesen. Es ist auch eine Katze darauf zu sehen, die das Publikum sehr amüsiert hat.[116]

Auch für die Allegorie bedienten sich Künstler des Frauenkörpers. Runges Bild *Die Lehrstunde der Nachtigall* (1804/05) zeigt in dem Vogel und seinem Jungen nicht nur Psyche, die inspirierende Muse, und Amor, sondern auch Pauline, die Frau seiner Sehnsucht. Puvis de Chavannes (Abb. 11) versuchte in seinem Gemälde *Die Hoffnung* durch den Gegensatz von verwüsteter Landschaft (mit den Holzkreuzen eines Soldatenfriedhofes) und jungem Mädchen (mit einem Ölzweig) das Gefühl der Hoffnung bildlich darzustellen. Gauguin hingegen hätte, um etwa Reinheit zu verdeutlichen, »eine Landschaft mit durchsichtigem Wasser […], das noch von keinem zivilisierten Menschen verdorben ist […]«[117] gemalt. Hier verdeutlicht sich der Unterschied zwischen der traditionell ausgeführten Allegorie (Puvis de Chavannes) und jener des Symbolismus, der fordert, daß man den Bildinhalt durch Andeutungen und Stimmungen, aber nicht durch konventionell gebrauchte Allegorien zu verdeutlichen habe. Khnopff drückt seine *Erinnerungen* (1889) dadurch aus, daß er seine Schwester Marguerite in sieben verschiedenen Posen darstellt, wobei ein Tennisschläger – als sich wiederholendes Element – eine vage Verbindung zwischen den Figuren herstellt.[118]

Viele Bildwerke des 19. Jahrhunderts waren von der Literatur angeregt. Shakespeare, Goethe und Dante hatten in ihren Werken weibliche Gestalten geschildert, deren Übersetzung ins Bildliche eine künstlerische Herausforderung darstellte. Besonders die Romantiker fanden an Ophelia, Gretchen oder Beatrice weibliche Eigenschaften, die sie faszinierten. Shakespeare, der von den Franzosen durch das Gastspiel einer englischen Schauspieltruppe in Paris neu entdeckt worden war, hat mit der Figur der Ophelia einen Frauentyp beschrieben, der durch seine tragische Geschichte Künstler des ganzen 19. Jahrhunderts zu Bildfindungen angeregt hat. Delacroix war von der Figur so gefangen, daß er dieses Thema mehrere Male behandelte. Auch die englischen Präraffaeliten erkannten die Tragik der jungen unglücklichen Frau; sie waren es jedoch, die in diese Figur ein dämonisches, Faszination hervorrufendes Element einbrachten. Wenn Delacroix den Kampf der weiblichen Gestalt gegen das Ertrinken darstellt (*La mort d'Ophélie*, 1838), geht Millais' *Ophelia* (Abb. 15), ohne sich gegen den Tod zu wehren, ins Wasser – »Wie ein Geschöpf, geboren und begabt/Für dieses Element.«[119] Diese Zuordnung – Frau und Wasser – wird durch das *Mutterrecht* Bachofens noch verstärkt, und Kubins *Sumpfpflanzen* (Abb. 13) scheinen eine legitime Weiterführung des Ophelia-Motivs zu sein; die reglose Frau, die am Grund eines Gewässers ruht, dient der aus ihr sprießenden Vegetation als Nährboden.[120]

Das Portrait erfährt im 19. Jahrhundert tiefgreifende Veränderungen. Durch Théodore Géricaults Bildnisse von Geisteskranken (siehe beispielsweise *Monomane de l'Envie*, Abb. 14), sein Interesse an ihnen als Menschen, verschob sich in seinen Werken die Darstellung der äußeren Erscheinung zu jener des seelischen Ausdrucks. Diese Gemälde stehen am Beginn einer Entwicklung, die in den Arbeiten von Schiele und Kokoschka einen Höhepunkt finden wird. Als ein frühes Beispiel für das 19. Jahrhundert soll hier das Portrait der Mme Récamier stehen.

Juliette Récamier führte einen Salon, in dem sich die Elite der literarischen Gesellschaft von Paris versammelte. Sainte-Beuve bezeichnete ihren Salon als ein »Asyl der Schöngeister«[121], und Juliette Récamier selbst charakterisierte er folgendermaßen: »Verführerisch verstand sie es, zuzuhören.«[122] David malte sie in einem weißen Kleid, barfuß, auf einem eleganten Ruhemöbel hingelagert (1800). Da Juliette Récamier mit diesem Portrait jedoch unzufrieden war, beauftragte sie Gérard mit ihrem Bildnis (Abb. 15). Sie selbst meinte später, daß auf dessen Werk ihr Wesen besser zum Ausdruck komme, und in der Tat wirkt die Dargestellte lebendiger und verführerischer, jedoch ohne die enigmatische Ausstrahlung, die Davids Portrait vermittelt.

Das *Bildnis der Marchesa Florenzi* (Abb. 16) von Heinrich Maria von Hess macht im Vergleich mit Gérards Werk das neue Ideal der romantischen Menschendarstellung sichtbar.[123] Der dekadent-freizügig gewandeten Französin Récamier steht – trotz der Ähnlichkeiten in der Wiedergabe der räumlichen Umgebung – die betont vornehm bekleidete Marchesa Fiorenzi als Verkörperung des nazarenischen Frauenbildes gegenüber: der leicht zur linken Schulter gesenkte Kopf, die Blüte in der Hand und vor allem ihr verträumter, scheinbar nach innen gerichteter Blick könnten auch zu einem Madonnenbildnis gehören.

Claude Monets[124] Bildnis seiner Frau *Camille* (1866) hält den Moment fest, als sie sich – beim Verlassen seines Ateliers – noch einmal halb zu ihm umwendet. Es ist zugleich ein Standesportrait der ›Dame‹ seiner Zeit wie auch das Festhalten der vertrauten Erscheinung seiner Gattin; das Werk entspricht sowohl öffentlichen als auch privaten Vorstellungen.[125]

Das Gemälde, das Winterhalter von *Mme Rimsky-Korsakow* (1864) fertigte, entsprach hingegen genau dem Geschmack und den Anforderungen der vornehmen Gesellschaft. Was man in diesen Kreisen von einem Bildnis erwartete, war der Ausdruck des Standesgemäßen und der damit verbundenen, sozusagen selbstverständlichen Eleganz.[126] Wilhelm Leibl malte 1893 das *Bildnis der Frau Apotheker Rieder*, das hinter der anmutigen Erscheinung und dem erotischen Reiz, aber auch in Haltung und Blick, Sehnsucht nach persönlichem Glück und Selbstverwirklichung zu verbergen scheint.[127]

Van Gogh und Gauguin waren es, die wesentlich zur Entwicklung eines modernen Portraits beitrugen. Van Gogh verwendete als Modelle die Menschen aus seinem engsten Lebenskreis, wobei Frauenbildnisse seltener sind; jenes von Madame Ginoux, *L'Arlésienne*, zeigt deutlich den Einfluß Gauguins auf Van Goghs Handhabung der Form. Gauguin selbst war stark von japanischer und primitiver Kunst beeinflußt: seine anonymen bretonischen Bäuerinnen haben ebensowenig individuelle Persönlichkeit wie die von ihm gemalten Inselfrauen Tahitis, die bestimmten Bildthemen untergeordnet werden.

Auch in der Genremalerei des 19. Jahrhunderts ist die Frau ein beliebtes Bildmotiv. Im Bild *Gratulation zu Großvaters Geburtstag* (1845) von Waldmüller ist sie in allen Altersstufen dargestellt: das kleine Kind, das heranwachsende Mädchen, die junge Frau, die ihren Säugling stillt, deren Mutter sowie die Großmutter. Obwohl die Hauptperson ein Mann ist, wird die Bedeutung der Frau für die ländliche Großfamilie angedeutet. Richter dagegen zeigt im Blatt *Das Lob des Weibes* (Abb. 17) die Rolle der Frau in der bürgerlichen Familie. Der Spruch, der den Bildinhalt erklären soll, lautet: »Wem ein tugendhaft Weib bescheret ist, die ist viel edler denn köstliche Perlen. Ihres Manes [!] Herz darf sich auf sie verlassen u. Gewin [!] wird ihm nicht mangeln. Sie thut ihm Liebes u. kein Leides ihr Leben lang.« Text und Bild – es sind verschiedene Tätigkeiten der Frau dargestellt – weisen darauf hin, daß die Frau nur dann zu loben ist, wenn sie sich der Autorität des Mannes und den Regeln der Gesellschaft, in der sie lebt, unterwirft. Ursächlich eng verknüpft mit dem Familienbild ist auch jenes der Mutter, das aus dem Bild Marias mit dem Jesusknaben hervorgegangen ist; die Vorstellungen über Mütter ändern sich dabei – geschichtlich gesehen – mit der jeweiligen Rolle, die die Gesellschaft der Frau zugedacht hat.

Erst um die Mitte des 19. Jahrhunderts beginnt sich mit der »Arbeit« ein neues Bildmotiv zu entwickeln, die ›unbedeutende Proletarierin‹ wird bildwürdig.[128] Dies geschieht im gleichen Zeitraum, in dem Marx sein *Kommunistisches Manifest* verfaßt, die europäische Arbeiterbewegung entsteht und Frauen- und Kinderarbeit zu einem vieldiskutierten Thema wird. Das Interesse der meisten Künstler an dem Motiv der ›arbeitenden Frau‹ ist jedoch nicht sozial motiviert bzw. findet keine sozial engagierte Ausformung.

Daumiers *Wäscherin* (Abb. 18) ist gerade dabei, mit einem Bündel zusammengerollter Wäsche unter dem linken Arm und einem kleinen Mädchen an der rechten Hand die Stufen, die vom Gewässer im Hintergrund auf eine höher gelegene Straße führen, hinaufzusteigen. Die Situation ist eindeutig realistisch und zeigt die doppelte Belastung der Frau als Arbeiterin und Mutter. Sie wird aber nicht als erkennbares Individuum gezeigt; sie fungiert vielmehr als Typus ihres Standes. Hofmann meint dazu, daß »die analytische Einzeldarstellung der sozialen Typen – der Arbeiter, der Bauer, der Trinker, die Wäscherin, die Prostituierte – [...] in den großen Würfen der Epoche in mächtige Sinnbilder des Lebens über[geht]«.[129] Dabei erhalte der alltägliche Vorgang eine symbolische Dimension, und die Wäscherin trage in diesem Sinne »auf ihren Schultern die Bürde der Mutterschaft und das Gewicht des Ausgestoßenseins, dessen Würde der biblischen Hagar zustünde.«[130] Auch Millet hat sich der arbeitenden Frau in Bildern angenommen; das Gemälde *Waschfrauen* (um 1855) etwa zeigt Frauen, die nach getaner Arbeit ihre Wäsche nach Hause tragen. Wo aber Daumier eher kritisch auf die Situation der arbeitenden Proletarierin eingeht, drückt Millets Darstellung der arbeitenden Frau keinerlei Unzufriedenheit mit der vorgefundenen Situation der weiblichen Bevölkerung aus.

Ebenso wie die Kleinbauern und Häusler, das Landproletariat, fand auch das Industrieproletariat Eingang in die Kunstproduktion. Von Hans Baluschek stammt das Bild *Proletarierinnen* (1900), das aus einer Fabrikshalle herausströmende Frauen zeigt. Diese Arbeiterinnen, die für Niedriglohn arbeiten, sind emotional nicht miteinander verbunden – jede steht für sich, es scheint keine Solidarisierung zwischen den ausgebeuteten Frauen stattzufinden. Friedrich Gross meint, daß diese Darstellung nichts von der Kraft der zeitgenössischen proletarischen Frauenbewegung spüren läßt.[131] Constantin Meuniers Bild *Bergarbeiterin, in die Grube hinabsteigend* (um 1882) verweist ebenso nicht auf das Elend der unter Tage Arbeitenden: die aufrecht am Schachteingang stehende Frau scheint jedoch mit ihrer Körperhaltung das wachsende Selbstbewußtsein der Arbeiterschaft auszudrücken.

Ein neues Medium, in dem die Frau sich schnell eine Vorrangstellung als Bildmotiv eroberte, war das Plakat. Die zur Werbung für Theater, Gebrauchsartikel und Lebensmittel bestimmten Blätter fanden im weiblichen Körper die ideale Möglichkeit, Kunden zum Kauf anzuregen. Es waren die französischen Künstler Grasset, Chéret und Toulouse-Lautrec, die das Plakat zum Kunstwerk erhoben. Jules Chérets berühmtes Plakat für das *Zigarettenpapier Job* (1895) zeigt deutlich, daß die Frau – der das Rauchen in der Öffentlichkeit natürlich untersagt war –, nur als Motiv dient, das den Käufer – auch in erotischer Hinsicht – anregen soll.[132] Die Theaterplakate von Toulouse-Lautrec, beispielsweise *Le Divan Japonais* (1893), stehen unter dem Einfluß des *japonisme*. Auch Lautrecs Plakat-Motive sind zumeist Frauen – ob die Tänzerin Loïe Fuller oder La Goulue. Alfons Mucha wurde durch seine Plakate für Sarah Bernhardt berühmt, wie etwa *Medea* (Farbtafel 3).[133] Seine Plakate trugen wesentlich zum Erfolg dieser zur »idealen Schönheit« stilisierten Schauspielerin bei; seine Frauenbilder zeigen die Symbole von Schönheit und ewiger Jugend, sie sind »die Engel des Konsums, die Vertreterinnen eines neuen Zeitalters, die hochstilisierten Botinnen höheren Lebensgenusses.«[134]

Weite Verbreitung fanden die Frauenbilder durch die neuen Möglichkeiten der Reproduktion und Vervielfältigung für den Wanddruck.[135] Den einzelnen Räumen einer Wohnung wurden dabei ganz bestimmte Bildthemen zugewiesen; in einem Herrenzimmer etwa fanden sich Trinkszenen oder pikante Liebesdarstellungen. Für jene Gemächer, die der Frau des Hauses zur Verfügung standen, wurden »liebliche und einschmeichelnde Genreszenen«[136], aber auch Madonnen empfohlen.[137] Beliebt waren auch Mutter-Kind-Bilder, von denen viele wie ins Profane übertragene Mariendarstellungen wirken. Daß in den Wanddrucken aber auch die femme fatale präsent ist, zeigt beispielsweise ein Exemplar mit dem Titel *Salome* (um 1925).

Das Frauenportrait in der österreichischen Malerei des 19. Jahrhunderts

> *Es gibt keinen weiblichen Schlag auf der Erde, in dem sich Frohsinn, Klugheit und fraulicher Reiz so glücklich vereint fänden wie bei der Wienerin; die Römerin mag schöner, die Petersburgerin wissender sein, die Pariserin vielen Männern begehrenswerter erscheinen, was aber die Wienerin von allen Frauen auszeichnet, ist ihre Anmut, die sie selbst im Schmerz nicht verliert, gleichgültig, ob sie nun fürstlichen oder bürgerlichen Geblütes ist.*
>
> Karl Joseph Fürst von Ligne[138]

Erst seit dem Biedermeier[139] kann man in Österreich von einer selbständigen bürgerlichen Kultur, die nicht nur in der Literatur, sondern auch in der bildenden Kunst ihren Niederschlag gefunden hat, sprechen, wobei der Durchsetzung bürgerlicher Moralvorstellungen besondere Bedeutung zukam. Ab der Märzrevolution beteiligte sich das Bürgertum auch am politischen Leben. Es bildete von nun an eine Art Mittelschicht zwischen der Aristokratie und dem Bauernstand.

Ein Ausdruck dieses neu erworbenen Selbstbewußtseins war die Anlehnung an aristokratische Vorbilder in der Portraitkunst. Dabei wurde versucht, das Individuum einem Idealtypus anzupassen. Die im 19. Jahrhundert in Österreich schaffenden Künstler waren hauptsächlich von internationalen Strömungen geprägt. An der Wende vom 18. zum 19. Jahrhundert herrschten in der österreichischen Malerei sowohl italienische, niederländische als auch französische Einflüsse vor, wobei vor allem der Einfluß der englischen Maler auf das österreichische Portrait im neunzehnten Jahrhundert von besonderer Bedeutung war.

Thomas Gainsborough und Sir Joshua Reynolds prägten die britannische Bildnismalerei im 18. Jahrhundert; ihre Arbeiten beeinflußten aber bald auch die Künstler des Kontinents.

Die Darstellungen von Frauen in der Kunst sind fast immer auch ein Spiegel der Zeit, in der sie leben, und der Gesellschaft, in der sie sich bewegen. So erwartet man auch vom Portrait, daß es dem Zeitgeist Ausdruck verleiht. Im Österreich des 19. Jahrhunderts bis hin zur Jahrhundertwende ist dies jedoch nicht unbedingt der Fall, denn das idealisierte und auf den skizzierten traditionellen Aufgabenkreis beschränkte Frauenbild wurde von den meisten Künstlern (auch im Sinne der Auftraggeber) beibehalten und nicht den wirtschaftlichen, gesellschaftlichen und technischen Umwälzungen des Jahrhunderts entsprechend verändert. In die Zeit des Biedermeier fällt auch die Erfindung der Photographie, und so wie in der Malerei dominiert auch im maschinell hergestellten Bild der Mensch als Bildgegenstand.[140]

Amerlings *Mädchen mit gelbem Strohhut* (Abb. 19) zeigt ein junges hübsches Mächen, das sein Gesicht in die Hand stützt und sinnend in die Ferne zu blicken scheint. Die Darstellung wirkt ruhig und entspricht damit der Haltung der Portraitierten. Amerlings Mädchen und Frauen entspringen einem Idealtypus; sie entsprechen mehr oder weniger alle derselben Vorstellung von Schönheit. Amerling ist von Lawrence beeinflußt, der in der Nachfolge Reynolds' arbeitete und dessen Werk er während einer Londonreise kennengelernt hatte. Lawrence betonte in seinen Bildern Würde und gesellschaftliche Stellung der Dargestellten, worin ihm Amerling ähnelt. In den Frauen- und Mädchenbildnissen führte diese Intention dazu, daß er wie genormt wirkende Details in seine Bilder einbrachte: Schleier, Spitzen, Ringellöckchen. Auch das *Porträt der Julie von Woyna-Benedek* (1832) – die träumerisch in die Ferne blickende Frau ist elegant gekleidet und trägt kostbaren Schmuck – läßt keinerlei Schlüsse auf das Wesen der jungen Adeligen zu.

Die Portraits von Waldmüller dagegen zeigen keine idealisierten weiblichen Geschöpfe, sondern analysieren die Dargestellten, ohne ihnen zu schmeicheln.[141] Da sie zumeist Auftragswerke sind, kann man sie noch nicht als echte »Seelenportraits« bezeichnen, da die Auftraggeber eine andere Darstellung der Portraitierten erwarteten. *Mädchen mit Strohhut* (Abb. 20) ist die Wiedergabe eines Mädchengesichts mit vollen Wangen und rötlichen Haaren, das durch seine Frische und Jugend Lebensfreude zu vermitteln scheint. Der große Strohhut, der auch auf dem Bildnis von Amerlings *Mädchen mit gelbem Strohhut* (siehe oben) ein wichtiges Requisit des Gemäldes ist, verweist auf den Einfluß der englischen Portraitkunst.[142] Noch konkreter als im *Mädchen mit Strohhut* zeichnet Waldmüller die Dargestellte im *Bildnis der Elisabeth Waldmüller* (1830), der Mutter des Künstlers. Exakt gibt er die Beschaffenheit der Kleidung wieder und arbeitet Details wie Schatten, Falten und erschlaffte Gesichtspartien fast liebevoll heraus, die auf das Alter der Portraitierten hinweisen.[143]

Franz Eybls Vorbild war Waldmüller. Auch ihn, dessen Schaffen alle Gesellschaftskreise umfaßte, interessierte die wahre Physiognomie der Abgebildeten. Sein *Mädchenbildnis* (1852) zeigt ein noch fast kindlich wirkendes Mädchen im Profil. Ihr Haar ist im Nacken zusammengefaßt und mit einem breiten rosa Band geschmückt; nur neben den Ohren ringelt sich eine kleine Strähne. Der Künstler betont durch die ›Weichzeichnung‹ der bloßen linken Schulter, der Nackenpartie und des Gesichts den Ausdruck von Jugend, ohne deshalb dem Gesicht ideale Züge zu verleihen.

Die beiden großen österreichischen Portraitisten des 19. Jahrhunderts, Makart und Romako (auf die später noch Bezug genommen wird), bereiten mit ihren Werken bereits den Weg für die österreichische Moderne.

Anmerkungen

1 Valie Export, Woman's Art. Aus: »Neues Forum«, Wien Jänner 1973, in: Wetterleuchten! Künstlermanifeste des 20. Jahrhunderts (o. Hg.), Hamburg 2000, S. 99–101, hier S. 99.
»Denn Mann galt durch die Jahrhunderte hindurch gleich ›Mensch‹, und die einer autonomen Selbstbestimmung beraubte Frau hatte sich dazu in Beziehung zu setzen. Unser Geschichtsbild, mit dem wir ständig konfrontiert sind und das an jede neue Generation weitergegeben wird, ist daher einseitig und verzerrt, weil es keinesfalls die von Mann und Frau in gleicher Weise geformte und geschaffene Wirklichkeit in allen ihren Dimensionen wiedergibt, sondern lediglich die eindimensionale Wirklichkeit des Mannes.« Hilde Schmölzer, *Die verlorene Geschichte der Frau*. 100.000 Jahre unterschlagene Vergangenheit, Mattersburg–Bad Sauerbrunn 1990, S. 9.

2 »Sie heißt Eva und Maria, Lulu und Nana, Jeanne d'Arc und Carmen, Pandora und Caritas, Griseldis und Circe, Lolita und Beatrice, Gretchen und Madame O. Sie ist Jungfrau und Mutter, Dienstmagd, Hure und Femme fatale, ist Grisette und Diva, Kokotte und Groupie, Grand Dame und Nymphe, Mater dolorosa, Hexe und Vamp – viele Namen. Sie hört immer auf den, mit dem Mann sie gerade ruft, wie Wedekind gesagt hat. Jede Frau kennt sie, kennt ihre zahllosen Bilder, keine entkommt dem Vergleich mit ihr.« Gisela Breitling, *Der verborgene Eros*. Weiblichkeit und Männlichkeit im Zerrspiegel der Künste. Aufsätze, Frankfurt/M. 1990, S. 132.

3 Dora Russel bemerkt: »Die erstaunliche Wirklichkeit der menschlichen Geschichte besagt, daß Religion, Philosophie und Politik, gesellschaftliches und wirtschaftliches Denken den Männern vorbehalten wurden. Unsere Welt ist das Produkt männlichen Bewußtseins.« Zit. nach: Rosalind Miles, *Weltgeschichte der Frau*. Aus dem Englischen von Sonia Mikich und John Rayner, Düsseldorf–Wien–New York 1990, S. 14.

4 »Der bis in die jüngste Zeit nahezu unverändert gültige programmatische Auftrag für die Geschlechter lautete: Der Mann sorgt für die Errechnung und Bemächtigung der Natur. Er okkupiert ›raison‹ und ›volonté‹. Die Frau begleitet ihn in emotionaler Ergebenheit. Ihr verbleibt das »cœur«, aber gewissermaßen im Sinne einer potentiell jederzeit abrufbaren Dienstleistung.« Horst-Eberhard Richter, *Der Gotteskomplex*. Die Geburt und die Krise des Glaubens an die Allmacht des Menschen. 20. – 23. Tsd, Reinbek bei Hamburg 1988, S. 100.

5 *Der Rhythmus des Lebens*, Werbung für Femoston-Filmtabletten: Zulassungsinhaber: Solvay Pharma Ges.m.b.H., 3400 Klosterneuburg. Dieses Präparat soll »als zyklische Hormonersatztherapie […] vor allem für Frauen in der Prä- und Peri-Menopause geeignet« sein.

6 Zit. nach: *Medical Tribune*, Nr. 25 vom 20. Juni 1997, S. 11.

7 »Die Frau, reduziert auf ihre Weiblichkeit, wird zum ausschließlich geschlechtlichen Wesen, während der Mann neben seiner Geschlechtlichkeit auch noch ein durch Sozialisation und Erziehung geformtes Individuum vorzeigen kann, das allein dazu berufen ist, vollwertige Kulturarbeit zu leisten.« Schmölzer, *Die verlorene Geschichte der Frau*, a.a.O., S. 294.

8 »Als eine Kombination aus Wunsch- und Fluchtbildern ist das chimärische und ewig rätselhafte Gebilde Frau nicht nur mehr, als jede einzelne Frau zu leisten imstande ist, sondern zugleich auch weniger: Wenn wir dieses Ungeheuer genauer analysieren, so bemerken wir, daß es sich aus lauter Teilfiguren zusammensetzt, von denen jede eine Abstraktion darstellt. Als solche sind sie aber nicht nur ideelle Maximierungen, sondern auch vom Leben abgezogene Bilder, die unverbindlich sind, weil keine persönlichen Ansprüche von ihnen ausgehen. Die Nixe und die Teufelin in der Gestalt des Vamp, die Puppe und die Dame als Repräsentationsfiguren, das Ewig-Weibliche als die göttliche Seelenführerin und die Mutter als die selbstlos Sich-Aufopfernde – sie alle haben einen gemeinsamen Nenner: […] Auf keinen dieser Teilaspekte muß sich der Mann wirklich persönlich beziehen […].« Carola Meier-Seethaler, *Ursprünge und Befreiungen*. Die sexistischen Wurzeln der Kultur, Frankfurt/M. 1992, S. 366f.

9 »Die Inszenierung und Präsentation weiblicher Schönheit geschieht in erster Linie für den männlichen Blick – als Anreiz für das aktive Werben des Mannes.« Irene Dölling, *Der Mensch und sein Weib*. Frauen- und Männerbilder. Geschichtliche Ursprünge und Perspektiven, Berlin 1991, S. 65.

10 »Es ist ein wirkliches Verdienst für ein Frauenzimmer, sich gut zu putzen. Da es zu den Endzwekken, welche die Natur sich mit diesem Geschlecht vorgesetzt hat, gehört, daß es gefallen soll, so

ist jede Bemühung, die es anwendet, sich wirklich zu verschönern, seiner Bestimmung gemäß. […] Dieses Verdienst nun kann sich kein Frauenzimmer erwerben, welches strenge der Mode folgt. Ihm ist alles pünktlich vorgeschrieben. Alles, was die Vornehmsten oder die Galantesten seines Geschlechts tragen, ist ein Gesetz, welches es befolgen muß, es mag dadurch verunstaltet oder verschönert werden. Die Modetörin *urteilt* nicht über ihren Putz, sie *wählt* nicht: sie ässt nur nach. Sie schmückt sich nicht selbst – sie übergibt sich nur ihrem Coiffeur und ihrem Schneider, sie auszustaffieren.« Christian Garve, *Über die Moden* [1792]. Hg. Thomas Pittrof. Mit farbigen Illustrationen, Frankfurt/M. 1987, S. 138f.

11 Georges Duby – Michelle Perrot, *Geschichte der Frauen im Bild*, Hg. Georges Duby, Frankfurt/M. 1995, S. 18f.
»Denn für alle Männer, die gemalt, gemeißelt, gestochen oder einfach nur skizziert und gekritzelt haben, sowie für alle, die erwarteten, daß man ihnen das Bild der Frau zeige, war deren Körper – Gegenstand der Begierde wie Anlaß des Schreckens – natürlich das Thema schlechthin. […] Ob schematisiert, auf wenige sich kreuzende Linien reduziert wie auf den bescheidensten Amuletten […], auf die sich die Obsessionen spontan projizierten, oder im Gegenteil liebevoll in allen Einzelheiten ausgeführt mit Hilfe der raffiniertesten Kunstgriffe der großen Kunst zur Verherrlichung der gerundeten weiblichen Formen: Der Faden zieht sich kontinuierlich durch die gesamte Geschichte hindurch. Dennoch wurden diese Formen im Laufe der Epochen von den Künstlern unter stets wechselnden Aspekten imaginiert und dargestellt, denn jede Epoche hat ihre eigenen Regeln, ihren eigenen Kanon, ihr eigenes Ideal körperlicher Vollkommenheit.« Ebda., S. 19f.
So stark die Einflüsse des Kunstgeschmackes einer Epoche auch auf die Bildproduktion einwirken, können sie doch nie gänzlich die Grundstimmung eines Künstlers zur ›Frau‹ überdecken.

12 Auguste Comte, zit. nach: Benoîte Groult, *Ein Tier mit langen Haaren. Frauenbilder – Männersprüche.* Aus dem Französischen von Sabine Schwenk c/o Texte, München 1996, S. 83.

13 »Am Ursprung allen Bildens steht die Urform der weiblichen Gestalt, ungegliedert und unbegrenzt wie der weite Erdenraum in der Vorstellung des altsteinzeitlichen Menschen. Die Figuren haben keinen Stand, sind achsenlos, alterslos und unvergänglich. Der lebendig fließende und ungebändigte Lebensstrom ist in ihnen eingefangen.« Hans Walter, *Die Gestalt der Frau*. Bildwerke von 30.000 bis 20 v. Chr. Anthropologische Betrachtungen, Stuttgart 1985, S. 10.

14 Diese Statuen sind jedoch kein Beweis für eine Herrschaft der Frau auf politischer Ebene; sie werden unter anderem auch auf eine rein sexuell-erotische Aussage hin interpretiert.

15 Zit. nach: Carl Heinrich Stratz, *Die Rassenschönheit des Weibes*. Mit 271 in den Text gedruckten Abbildungen und 1 Karte in Farbendruck. Sechste Aufl., Stuttgart 1907, S. 33.

16 Zit. nach: Almut Bockemühl, *Selbstfindung und Muttersein im Leben der Frau*, Stuttgart 1989, S. 69. Es handelt sich bei den zahlreichen Frauendarstellungen, vor allem Statuen, dabei nach Nahodil »nicht, wie früher irrtümlich angenommen wurde, um erotische Wunschfiguren, auch nicht um ›Fruchtbarkeitsidole‹ oder Göttinnen, weder um die ›große Göttin‹ noch um die ›große Mutter‹, sondern einfach um Mütter: schwangere Frauen, Mütter der Mütter, Großmütter, Urmütter, Sippen-, Klan-, Stammesmütter, mythische weibliche Ahnen und Urahnen, die als ständig Anwesende betrachtet wurden.« Ebda., S. 70.

17 »In ihr und in späteren Göttinnengestalten kommt der sowohl schützende wie fruchtbare Aspekt des Archetypus [der »Großen Mutter«] durch die schwellenden Formen und die überdimensionalen Brüste zum Ausdruck. Andere Figuren wiederum signalisieren die weiblichen Eigenschaften durch Betonung der Genitalien, der Körperhaltung oder durch die Darstellung bestimmter Motive, wie die umarmende oder die stillende Frau.« Götz Pochat, *Der Symbolbegriff in der Ästhetik und Kunstwissenschaft*. Aus dem Schwedischen von Märta Pochat, Köln 1983, S. 121.
Die Kleinheit dieser Venus-Statuetten und ihre betont weiblichen Formen vermitteln Weiblichkeit, Fruchtbarkeit und Erotik im tatsächlichen ›Begreifen‹.

18 Schmölzer, *Die verlorene Geschichte der Frau*, a.a.O., S. 18.

19 »Seit Urzeiten hat der Mensch in Bildern und Plastiken seinen Gedanken und Gefühlen Ausdruck zu verleihen gewußt. Als Bestandteile magischer Riten oder als erhöhte totemistische

Zeichen geben sie Auskunft über Vorstellungen von Leben und Tod, Fruchtbarkeit und Fortbestand, dienen sie als Beschwörung der guten und bösen Mächte des Daseins. Das Bild spricht in seiner Totalität den Betrachter an, weckt seine Gefühle und berührt oft dem Bewußtsein entzogene, tiefer liegende Schichten der Psyche. Erst nachträglich wird das Erlebnis des Werks in sprachlich diskursiver Form erfaßt und rational nachvollzogen.« Götz Pochat, *Geschichte der Ästhetik und Kunsttheorie*. Von der Antike bis zum 19. Jahrhundert, Köln 1986, S. 12.

20 »Daß die Erde die gemeinsame Mutter ist, die die Menschenkinder ans Licht bringt, und der sie nach ihrem Tode zurückgegeben werden, um im Kreislauf des Werdens von neuem zum Leben zu erstehen, ist noch eine Grundansicht griechischen Glaubens, die sich in den Choephoren des Äschylos in Elektras Gebet an Agamemnons Grabe unmittelbar ausspricht. Ja noch im Platonischen Menexenos findet sich der Satz, daß nicht die Erde die Frauen nachahme in Schwangerschaft und Geburt, sondern daß es die Frauen hierin der Erde nachtun.« Ernst Cassirer, *Philosophie der symbolischen Formen. Zweiter Teil: Das mythische Denken*, Berlin 1925, S. 235.

21 »Die Trägerin des Archetypus ist in erster Linie die persönliche Mutter, weil das Kind zunächst in ausschließlicher Partizipation, das heißt in unbewußter Identität mit ihr lebt. Die Mutter ist nicht nur die physische, sondern auch die psychische Vorbedingung des Kindes. Mit dem Erwachen des Ichbewußtseins wird die Partizipation allmählich aufgelöst, und das Bewußtsein fängt an, in einen Gegensatz zum Unbewußten, zu seiner eigenen Vorbedingung, zu treten. Daraus entsteht die Unterscheidung des Ich von der Mutter, [...]. Damit fallen von ihrem Bilde alle fabulosen und geheimnisvollen Eigenschaften ab und verschieben sich auf die nächstliegende Möglichkeit, zum Beispiel auf die Großmutter. Sie ist als Mutter der Mutter ›größer‹ als diese. Sie ist recht eigentlich die ›große Mutter‹. Nicht selten nimmt sie die Züge der Weisheit sowohl wie die der Hexenhaftigkeit an. [...] Indem die Distanz zwischen bewußt und unbewußt größer wird, wandelt sich die Großmutter durch Rangerhöhung zur Großen Mutter, wobei häufig die inneren Gegensätze dieses Bildes auseinanderfallen. Es entsteht einerseits eine gütige Fee und andererseits eine böse, oder eine wohlwollende, helle und eine gefährliche, dunkle Göttin.« C.G. Jung, Die psychologischen Aspekte des Mutterarchetypus, in: C.G. Jung, *Archetypen*. Hg. Lorenz Jung. 7. Aufl., München 1997, S. 98f.

22 Bockemühl, *Selbstfindung und Muttersein im Leben der Frau*, a.a.O., S. 61.
Vgl. Anhang II.

23 Zit. nach: Ausst.Kat. *Auguste Rodin*. Eros und Leidenschaft. Hg. Wilfried Seipel, Kunsthistorisches Museum Wien im Palais Harrach, Wien 1996, S. 94.

24 Duby – Perrot, *Geschichte der Frauen im Bild*, a.a.O., S. 44.
»Die erste Funktion druid (gallisch: sehr weise) ist in der Mitte durch die zwischen den Händen ausgebreitete Schriftrolle symbolisiert, die zweite, kriegerische und königliche Funktion, rechts durch Himmelsschlüssel und Reichsapfel (Erdkugel) in den Händen der Königin. Die dritte Funktion links zeigt die Amme, wie sie ein Wickelkind stillt; sie hat die Beine übereinandergeschlagen und die Schenkel zusammengepreßt, denn es handelt sich nicht um die Mutter.« Ebda.

25 »In der Angst vor der Frau hat das Patriarchat seinen Ursprung.« Kaari Utrio, *Evas Töchter*. Die weibliche Seite der Geschichte, Hamburg 1987, S. 16.

26 Bockemühl, *Selbstfindung und Muttersein im Leben der Frau*, a.a.O., S. 64.
»Das Mutterrecht kann also mit gleicher Wahrheit dem Mond und der Nacht wie das Vaterrecht der Sonne und dem Tag beigelegt werden. Mit andern Worten: in der Gynaikokratie beherrscht die Nacht den Tag, den sie aus sich gebiert, wie die Mutter den Sohn; in dem Vaterrecht der Tag die Nacht, welche jenem sich anschließt wie die Negation der Bejahung. Ausdruck jenes Systems ist die Zeitrechnung, welche vor Mitternacht, dieses diejenige, welche von dem Tage ihren Ausgangspunkt nimmt. Jenem entspricht das Monat-, diesem das Sonnenjahr. Der Monat ist Juno geweiht und dreiteilig, wie die stofflich weibliche Kraft. Das Jahr wird Zeus zugeschrieben.« Johann Jakob Bachofen, *Das Mutterrecht*. Eine Untersuchung über die Gynaikokratie der alten Welt nach ihrer religiösen und rechtlichen Natur. Eine Auswahl herausgegeben von Hans-Jürgen Heinrichs, 8. Aufl., Frankfurt/M. 1993, S. 100.

27 Robert von Ranke-Graves, *Die weiße Göttin*. Sprache des Mythos. Ins Deutsche übertragen von Thomas Lindquist unter Mitarbeit von Lorenz Wilkens. 15. – 17. Tsd, Reinbek bei Hamburg 1992, S. 463.
An die Verflechtung von Frau und Mond wird auch in Wildes *Salome* erinnert. »[Herodes:] Wie der Mond heute nacht aussieht! Es steckt Seltsames in ihm. Ist es nicht ein seltsames Bild? Es sieht aus wie ein wahnsinniges Weib, ein wahnsinniges Weib, das überall nach Buhlen sucht. Und nackt ist, ganz nackt. Die Wolken wollen seine Nacktheit bekleiden, aber das Weib läßt sie nicht. Es stellt sich nackt am Himmel zur Schau, wie ein betrunkenes Weib, das durch die Wolken taumelt ... Gewiß es sucht nach Buhlen [...].« Oscar Wilde, *Salome*. Tragödie in einem Akt mit den Zeichnungen von Aubrey Beardsley. Nachwort von Gabriele Sterner. Die bibliophilen Taschenbücher Nr. 85, 4. Aufl., Dortmund 1988, S. 29.

28 »Drei nackte Figurinen jenes sehr besonderen Klimtschen Gepräges; eine weinende alte Frau und eine junge Mutter mit ihrem Säugling. Jugend und Alter, Aufblühen und Absterben. Das immergleiche Menschenschicksal, still und ergreifend, in eine knappste Formel zusammengefaßt.« Ludwig Hevesi, *Altkunst – Neukunst*. Wien 1894–1908. Wien 1909. Wiederherausgegeben und einbegleitet von Otto Breicha, Reprint: Klagenfurt 1986, S. 211.

29 Schmölzer, *Die verlorene Geschichte der Frau*, a.a.O., S. 34.

30 Bachofen, *Das Mutterrecht*, a.a.O., S. 145.

31 Ebda., S. 141.

32 Auch Warner sieht den Grund für die Popularität des Athenamythos im 19. Jahrhundert in der patriarchalischen Bedeutung – die halbmännliche Erscheinung, die Beteiligung an Kriegen und ihre Geburt aus dem Kopf des Vaters. Vgl. Maria Warner, *In weiblicher Gestalt*. Die Verkörperung des Wahren, Guten und Schönen, Reinbek bei Hamburg 1989, S. 181.

33 Zit. nach: Ebda., S. 164.
»Freud sah das Medusenhaupt als Symbol der zivilisierenden, sexuellen Kastration [...].« Ebda.

34 Bachofen, *Das Mutterrecht*, a.a.O., S. 72.
Vgl. Anhang III.

35 Ebda.

36 Schmölzer, *Die verlorene Geschichte der Frau*, a.a.O., S. 22.

37 »Der hebräische Gott wird als alleiniger M[Maskulinum]-Elternteil dargestellt, er figuriert gleich von Anfang an als der Große Vater.« Athalya Brenner, in: Carolyne Larrington [Hg.], *Die mythische Frau*. Ein kritischer Leitfaden durch die Überlieferungen. Hg. der deutschsprachigen Ausgabe Charlotte Zwiauer. Aus dem Englischen übersetzt von Niteen Gupte u.a., Wien 1997, S. 68.

38 »Auch die hierarchische Organisationsform der Kirche hatte letztlich zur Fixierung der Vereinzelung der Gemeindemitglieder beigetragen, wobei sich das Hierarchieprinzip ja durchgängig bis in die Familien hinein fortsetzte. Die Normierung des Unterordnungsverhältnisses der Frauen unter die Männer und der Kinder unter die Eltern hatte durch Tabuisierung jede Chance einer sich in Gruppen vollziehenden Emanzipierung unmöglich gemacht. Nicht die horizontale Eingliederung in eine Gruppe von Gleichgestellten, sondern allein die Einordnung in ein Unten-Oben-Verhältnis prägte das Selbstverständnis.« Richter, *Der Gotteskomplex*, a.a.O., S. 36f.

39 431 wurde auf dem Konzil von Ephesos die Gottesmutterschaft Marias zum Dogma erhoben, »die Lateransynode vom Jahre 649 unter Papst Martin I. definierte erstmals die immerwährende Jungfräulichkeit [...]: Maria hat ohne menschliche Zeugung vom Heiligen Geist empfangen, Jesus ohne Verletzung ihrer Jungfräulichkeit zur Welt gebracht und auch nach der Geburt ihre Jungfräulichkeit unversehrt bewahrt.« Georg Denzler, *2000 Jahre christliche Sexualmoral*. Die verbotene Lust, Weyarn 1997, S. 273.

40 Kenneth Clark meint, daß die Jungfrau »eine sehr geringe Rolle im Geist der Menschen des ganzen 9. und 10. Jahrhunderts [spielte]. Sie erscheint natürlich bei Ereignissen wie der Verkündigung und der Anbetung der Heiligen Drei Könige, aber Darstellungen der Jungfrau mit dem Kind als Gegenstand besonderer Verehrung sind in der ottonischen Kunst äußerst selten. Die früheste Kultstatue der Jungfrau mit Kind von einiger Größe ist eine bemalte Holzstatue in Saint-Denis, die etwa um 1130 entstanden sein muß. Die großen romanischen Kirchen waren

den Heiligen geweiht, deren Reliquien sie besaßen […], aber keine der Jungfrau.« Kenneth Clark, *Glorie des Abendlandes »Civilisation«. Von den Gedanken, Bauten, Büchern, Kunstwerken und Genies unserer Zivilisation*. Deutsch von Thomas Monrad, Reinbek bei Hamburg 1977, S. 72.

41 Bruce Bernard weist darauf hin, daß »in Italien […] die Madonna allgemein idealisiert oder romantisiert [wird], wie bescheiden ihre Ursprünge auch gezeigt werden. Im Norden gleicht sie oft eher einer einfachen Frau aus dem Volke, die ihre Gedanken ernst auf den ungewohnten Glanz richtet, der sie umgibt, während sie hofhält oder die Kirche auf Erden vertritt, und sie ist erfüllt von schlichter Zufriedenheit, wenn sie allein mit ihrem Kind dargestellt wird.« Bruce Bernard, *Maria – Himmelskönigin*. Eine Auswahl von Gemälden der Jungfrau Maria vom zwölften bis zum achtzehnten Jahrhundert. Mit einer Einführung von Abt Odilo Lechner OSB. Übersetzung aus dem Englischen von Winfried Hofmann, München 1988, S. 7.

42 ›Heidnische‹ Mutter-Kind-Darstellungen finden sich bereits um 6.000 v. Chr. in der Türkei, auf Zypern und Kreta. Vgl. Ekkehart und Gernot Rotter, *Venus, Maria, Fatima*. Wie die Lust zum Teufel ging, Düsseldorf 1996, S. 124.

43 »Es nimmt nicht wunder, daß in dieser Zeit, parallel zum Minnesang, Bernhard von Clairvaux Maria, die Mutter Gottes, als besonders zu Verehrende entdeckt hat. Marias Beziehung zum Sohn Gottes galt als Urbild der reinen, asexuellen Liebe. (Diese ist nicht das Vorbild für den Minnesang, der im arabischen Raum auch ohne Maria entstand!) Die entsexualisierte Liebe im Minnesang ist jedoch nur möglich, wenn eine einschränkend-verbietende Instanz verinnerlicht wurde, die den Zustand des Mangels, der Nicht-Wunscherfüllung als selbst zu leistenden Verzicht hoch bewertet und belohnt. Üblicherweise sind es die Gebote des Vaters, die den Verzicht erzwingen; der Lohn ist die Liebe des Vaters.« Renée Meyer zur Capellen, Die Hohe Frau im Minnesang und im Parzival. Ihre verborgene Funktion in einer Zeit sozialen Wandels, in: Renée Meyer zur Capellen – Annelore Werthmann – May Widmer-Perrenoud, *Die Erhöhung der Frau*. Psychoanalytische Untersuchungen zum Einfluß der Frau in einer sich transformierenden Gesellschaft, Frankfurt/M. 1993, S. 101.

44 Rotter, *Venus, Maria, Fatima*, a.a.O., S. 215.

45 »Das Mädchen weiß – im Gegensatz zum Betrachter – nichts davon, daß sie beobachtet wird; sie ist verängstigt, und ihre Scham darüber, nackt gesehen zu werden, wurde benutzt, um die sexuelle Erregung des Betrachters zu steigern.« Edward Lucie-Smith, *Erotik in der Kunst*. Aus dem Englischen von Käthe H. Fleckenstein, München 1997, S. 174.

46 Duby – Perrot, *Geschichte der Frauen im Bild*, a.a.O., S. 52.

47 »Bereits frühjüdische Schriften haben unter Einfluß des Hellenismus biblische Frauengestalten und -geschichten systematisch erotisiert und verteufelt.« Luise Schottroff – Silvia Schroer – Marie-Theres Wacker, *Feministische Exegese*. Forschungserträge zur Bibel aus der Perspektive von Frauen, Darmstadt 1995, S. 96.

48 Die Geschichte der Judith wurde bereits im frühen Mittelalter in der germanischen Dichtung nacherzählt. »In diesen Dichtungen steht Judit im Mittelpunkt, Holophernes ist nur Objekt, der verhaßte Feind und Judits Opfer.« Herbert Haag [u.a.] [Hg.], *Große Frauen der Bibel in Bild und Text*. Vorwort Herbert Haag, Freiburg–Basel–Wien 1993, S. 215.

49 »Howard Bloch […] zeigt auf, daß dieses Bild einer verführerischen Eva, die den Sündenfall verursacht, den Ursprung des mittelalterlichen Frauenhasses bildet und ihm über die Jahrhunderte hinweg Nahrung gibt. Der gesamte weibliche Körper wird so zum Ausgangspunkt und zur bevorzugten Zielscheibe der Verachtung. Da sich mit dem Christentum ein teuflisches Bild der Sexualität durchsetzt, verkommt auch das Bild der Frau immer mehr, wodurch sie gezwungen wird, ihren Körper als etwas zu erleben, zu dem man sich nicht bekennen darf, als etwas Schmutziges, Unreines, dem etwas Mysteriöses und damit für den Mann Gefährliches anhaftet.« Groult, *Ein Tier mit langen Haaren*, a.a.O., S. 19f.

50 »Die Wiedereroberung der antiken Stoffe war schon deshalb unendlich wichtig, weil durch sie die Darstellung des Nackten legitimiert wurde. Die Bibel hatte ja nur das Adam-und-Eva-Thema geboten. Nun konnten Fürsten sich sogar mit ihrer nackten Geliebten malen lassen. Denn

die Schöne galt, trotz aller Porträthaftigkeit ihrer Züge und ihres Körpers, als Venus.« Reinhard Piper, *Das Liebespaar in der Kunst*. Mit 140 Abbildungen. 24. – 33. Tsd, München [1916], S. 28.

51 Zum Thema der »Geburt der Venus« wurde Botticelli von einem zeitgenössischen Dichter namens Angelo Poliziano angeregt. Dieser »gehörte zu einer Gruppe feinsinniger Florentiner, die sich den späten griechischen Philosophen, den Neuplatonikern, verwandt fühlten. Es war ihr Ehrgeiz, diese heidnischen Philosophen mit dem Christentum zu versöhnen, und so hat Botticellis Venus nichts mit der liebestollen Dirne des Heidentums zu tun, sondern verschmilzt, blaß und in sich gekehrt, mit dem Bild der Jungfrau Maria.« Clark, »*Civilisation*«, a.a.O., S. 126f.
52 Siehe Norbert Schneider, *Portraitmalerei*. Hauptwerke europäischer Bildniskunst 1420–1670, Köln 1994, S. 55.
53 Im Französischen ist die Bezeichnung für Hebamme »sage-femme«, was wörtlich übersetzt »weise Frau« bedeutet.
54 Schwarze Katzen galten als Tiere des Teufels und seiner Dienerinnen, der Hexen, und wurden wie diese verfolgt und getötet.
55 Dieser Bildtitel ist nicht von Dürer. »Erika Simon ist es gelungen, die drei nackten Frauen als die antiken Göttinnen zu identifizieren, zwischen denen Paris die schönste bestimmen sollte, um ihr den Apfel mit der Aufschrift ›Der Schönsten‹ als Preis zu übergeben.« Marianne Halbey, *66 Hexen*. Kult und Verdammung. Die bibliophilen Taschenbücher Nr. 518, 2. Aufl., Dortmund 1989, S. 48.
56 Ebda.
»Der Höhepunkt der Hexenprozesse lag in der Zeit von 1580 bis 1640. Der in den Anklageschriften immer wieder auftauchende Vorwurf, an einem Hexensabbat teilgenommen zu haben, drückt das größte Vergehen aus: Denn indem – wie es der Volksglauben will – der Sabbat die dunklen Kräfte einer unstillbaren Begierde weckt, setzt er auch zerstörerische und tödliche Energien frei, die einer Hexe durch ihren neuen und einzigen Gebieter, den Teufel, verliehen werden.« Duby – Perrot, *Geschichte der Frauen im Bild*, a.a.O., S. 130.
57 Kandaules, der König von Lydien, ließ einen seiner Günstlinge, der an der Schönheit der Königin zweifelte, diese ohne deren Wissen in voller Nacktheit sehen. Vgl. Roger-Adolf d' Hulst, *Jacob Jordaens*. Aus dem Niederländischen übersetzt von Karl Jacobs, Stuttgart 1982, S. 232.
58 Vgl. Anhang IV.
59 »Das Christentum mit seiner Gottesmutterlehre hat […] der brünstigen, sexuell-schwülstigen Ekstase viel mehr Tür und Tor geöffnet als das Judentum, trotzdem dieses durch seine Moralgesetze und seine Charakterveranlagung der Wollust viel mehr Rechte einräumte. Das Judentum, das dem Manne im Verkehr mit Weibern kaum eine Schranke auferlegte, die Heirat mehrerer Frauen, die Scheidung von der mißliebig gewordenen Frau ohne besonderen Grund durch einfachen Scheidebrief gestattete, hat aus dem Kult selbst die wollüstige Hingabe viel mehr ferngehalten. Das Christentum, das Keuschheit verlangte, die Ehescheidung, sofern sie nicht wegen Ehebruches erfolgte, verwarf und ein sittliches und einwandfreies Leben forderte, hat durch die Siedehitze der religiösen Hingabe doch den innigsten Zusammenhang zwischen Religion und Sexualität geschaffen.« Rudolf Quanter, *Das Weib in den Religionen der Völker, unter Berücksichtigung der einzelnen Kulte*. Mit vielen zeitgenössischen Illustrationen, Berlin [o.J.], S. 7.
60 Die Diskussion um die Portraitmalerei wurde von den theoretischen Schriften Roger de Piles beeinflußt, der auf Charles Alphonse du Fresnoy zurückgriff und sich wie dieser für die Bedeutung der Ähnlichkeit im Portrait einsetzte.
61 Vgl. Werner Busch, *Das sentimentalische Bild*. Die Krise der Kunst im 18. Jahrhundert und die Geburt der Moderne, München 1993, S. 391.
62 Vgl. Clark, »*Civilisation*«, a.a.O., S. 281.
63 Verena von der Heyden-Rynsch, *Europäische Salons*. Höhepunkte einer versunkenen weiblichen Kultur, Reinbek bei Hamburg 1995, S. 58.
64 Margaret Walter schreibt: »Doch fast 2000 Jahre lang, […] hat der männliche Akt den weiblichen in den Schatten gestellt: Die nackten Götter und die Athleten der Antike, der leidende Christus, entblößt am Kreuz, Michelangelos sinnlich-geistige Männergestalten.« Zit. nach: Wil-

helm von Gloeden, *Akte in Arkadien*, Hg. und mit einem Nachwort versehen von Hans-Joachim Schickedanz. Die bibliophilen Taschenbücher Nr. 506, 4. Aufl., Dortmund, 1992, S. 5.
65 Parallel dazu beginnen die Künstler aber auch, den Akt naturalistisch abzubilden.
66 John Berger [u.a.], *Sehen. Das Bild der Welt in der Bilderwelt*. Deutsch von Axel Schenck, Reinbek bei Hamburg 1996, S. 51.
67 Olympe de Gouges, *Œuvres*. Présenté par Benoîte Groult, Paris 1986, S. 102.
68 »Das 18. Jahrhundert ist vom *Weibe* beherrscht, schwärmerisch, geistreich, flach, aber mit einem Geiste im Dienst der Wünschbarkeit, des Herzens, libertin im Genusse des Geistigen, alle Autoritäten unterminierend; berauscht, heiter, klar, human, falsch vor sich, viel Kanaille au fond, gesellschaftlich [...].« Zit. nach: Jürgen Wertheimer, *Ästhetik der Gewalt*. Ihre Darstellung in Literatur und Kunst, Frankfurt/M. 1986, S. 283.
69 »Das erste Moment (um 1760) ist der Aufstieg Rousseaus, der Beginn seines Einflusses bei der ersten mächtigen Wirkung des *Emile*, die neue Bewegung unter den Müttern, die selbst stillen wollen und sich über die Wiege ihrer Kinder beugen. (Rousseaus *Emile* erschien 1761.) Das zweite Moment ist der Triumph der Ideen des Jahrhunderts, nicht nur durch das allgemeine Bekanntwerden Rousseaus, sondern auch durch den vorausgesehenen Sieg seiner Gedanken in den Gesetzen, durch die großen Prozesse Voltaires, [...]. Die Frauen wurden still und verinnerlichten sich unter diesen mächtigen Erregungen, sie brüteten über dem Heil der Zukunft.« Jules Michelet, *Die Frauen der Revolution*. Hg. und übersetzt von Gisela Etzel. Mit zahlreichen Abbildungen, München 1984, S. 12.
70 Rousseau schreibt in *Emile*: »Leser, ich berufe mich hierin auf euch selber. Seid ehrlich! Von welcher Frau habt ihr einen besseren Eindruck und welcher Frau nähert ihr euch mit größerer Ehrfurcht, wenn ihr das Zimmer betretet: wenn ihr sie mit Arbeiten ihres Geschlechts, mit den Sorgen ihres Haushaltes und beim Flicken der Kindersachen beschäftigt seht, oder wenn sie auf ihrem Putztisch Verse schreibt, umgeben von allen möglichen Drucksachen und von Briefchen in allen Farben? Wenn es nur vernünftige Männer auf der Welt gäbe, so bliebe jedes gelehrte Mädchen ihr Leben lang alte Jungfer.« Jean-Jacques Rousseau, *Emil oder Über die Erziehung*. Vollständige Ausgabe. In neuer deutscher Fassung besorgt von Ludwig Schmidts. 7. unveränderte Aufl., Paderborn 1985, S. 447f.
71 1878 schrieb Ludwig Speidel in einem Artikel über Rousseau: »Bei uns am bekanntesten ist wohl Rousseaus Erziehungsroman *Emile*, der [...] mit den Grundansichten des Verfassers gleichfalls innig zusammenhängt. Auch in deutschen Landen wie in der ganzen gebildeten Welt hat dieses Buch vielfach gewirkt. Wenn gebildete Mütter ihre Kinder wieder selbst stillen, wenn die Kinder nicht mehr gewickelt werden, wenn man sie frei kriechen läßt, so verdanken wir das der Anregung Rousseaus.« Speidel, *Fanny Elßlers Fuß*, a.a.O., S. 337.
72 Rousseau, *Emil*, a.a.O., S. 394.
73 Zit. nach: Michael Schwarz, *Das Zeitalter der galanten Malerei*. Europäisches Rokoko. Meisterwerke der bedeutendsten Maler des 18. Jahrhunderts. 40 Farbtafeln, 40 einfarbige Reproduktionen berühmter Gemälde und 40 Graphiken, Braunschweig 1969, S. 73.
74 Im *Damen-Conversations-Lexikon* heißt es 1834: »Jedes Weib, das ein Kind geboren, wird edler, erhabener, vollkommener und klarer in seiner Seele. Es ist erst als ›Mutter‹ vollendetes Weib.« Peter Kaeding [Hg.], *Damen-Conversations-Lexikon*. Hg. im Verein mit Gelehrten und Schriftstellerinnen von Carl Herloßsohn. Mit Illustrationen nach Kupferstichen aus der zehnbändigen Original-Ausgabe von 1834 bis 1836. Neu vorgestellt und mit einer Nachrede versehen von Peter Kaeding. 2. Aufl., Berlin 1989, S. 163.
75 »[...] es [sollte] Aufgabe der Frauen sein, die Kinder zu guten Republikanern heranzuziehen und in ihnen die Liebe zu Freiheit und Gleichheit zu erwecken. Eben deshalb war es Frauen auch gestattet, wenn schon nicht aktiv an den Debatten teilzuhaben, so doch die politischen Versammlungen zu besuchen, um dort die Prinzipien der Revolution zu erlernen.« Dominique Godineau, Töchter der Freiheit und revolutionäre Bürgerinnen, in: Georges Duby – Michelle Perrot, *Geschichte der Frauen* (4). 19. Jahrhundert. Hg. Geneviève Fraise – Michelle Perrot, Frankfurt/M. 1994, S. 40f.

76 Es ist erwähnenswert, daß der Mutter vor allem die Obsorge für die weiblichen Nachkommen zukam; die Knaben wurden von einem gewissen Alter an von männlichen Vorbildern geleitet – Hauslehrern, Priestern und dem Vater.
77 Friedrich Gross weist darauf hin, daß bereits vor Rousseau von Schweizer Literaten zu Beginn des 18. Jahrhunderts die Versorgung der Babys durch die eigene Mutter gefordert wurde. Vgl. Ausst.Kat. *Eva und die Zukunft. Das Bild der Frau seit der Französischen Revolution*. Hg. Werner Hofmann. Mit Beiträgen von Werner Hofmann, Sigrun Paas und Friedrich Gross, München und Hamburger Kunsthalle 1986, S. 223.
78 Elisabeth Badinter, *Die Mutterliebe*. Geschichte eines Gefühls vom 17. Jahrhundert bis heute. Aus dem Französischen von Friedrich Griese, München 1984, S. 91.
79 Michelet, *Die Frauen der Revolution*, a.a.O., S. 13.
Und weiter: »Jedermann ist die außergewöhnliche Fruchtbarkeit der Jahre 1768, 1769 und 1770 aufgefallen, die so reich an Genies waren. [...] Ein anderer, zehn Jahre früher liegender Zeitpunkt (um 1760) ist nicht weniger erstaunlich. Es ist die Epoche der heroischen Generation, die mit ihrem Blut die erste Furche der Freiheit düngte, die Epoche, welche mit ihrem fruchtbaren Blut das Vaterland geschaffen und begabt hat [...].« Ebda., S. 11.
Der Mutterkult, der während der Französischen Revolution betrieben wurde, fand seine Neuaufnahme in der Zeit der Nationalsozialisten.
80 Heine schrieb in *Der Salon I* über dieses Bild: »Eine Volksgruppe während der Juliustage ist dargestellt, und in der Mitte, beinahe wie eine allegorische Figur, ragt hervor ein jugendliches Weib, mit einer roten phrygischen Mütze auf dem Haupte, eine Flinte in der einen Hand, und in der anderen eine dreifarbige Fahne. Sie schreitet dahin über Leichen, zum Kampfe auffordernd, entblößt bis zur Hüfte, ein schöner, ungestümer Leib, das Gesicht ein kühnes Profil, frecher Schmerz in den Zügen, eine seltsame Mischung von Phryne, Poissarde und Freiheitsgöttin. Daß sie eigentlich die letztere bedeuten solle, ist nicht ganz bestimmt ausgedrückt, diese Figur scheint vielmehr die wilde Volkskraft, die eine fatale Bürde abwirft, darzustellen. Ich kann nicht umhin zu gestehen, diese Figur erinnert mich an jene peripatetischen Philosophinnen, an jene Schnelläuferinnen der Liebe oder Schnelliebende, die des Abends auf den Boulevards herumschwärmen; [...].« Heinrich Heine, *Sämtliche Werke in sieben Bänden*. Vierter Band. Der Salon I – Der Salon II, Wien [o.J.], S. 20.
81 Michelet, *Die Frauen der Revolution*, a.a.O., S. 21.
82 Elke und Hans-Christian Harten, *Frauen – Kultur – Revolution 1789–1799*, Pfaffenweiler 1989, S. 3.
83 Vgl. Anhang V.
84 Schmölzer, *Die verlorene Geschichte der Frau*, a.a.O., S. 348f.
85 Bereits am 15. Juli 1791 vermerkte Madame Roland: »Wir haben nicht mehr das Jahr 1789: man hat uns Ketten vorbereitet.« Zit. nach: Benoîte Groult, *Gleiche unter Gleichen*. Männer zur Frauenfrage. Aus dem Französischen von Gabriele Krüger-Wirrer, München 1995, S. 54.
86 Zit. nach: Schmölzer, *Die verlorene Geschichte der Frau*, a.a.O., S. 350.
In Art. 6. der *Erklärung der Rechte des Menschen und des Bürgers* hieß es noch: »Das Gesetz ist Ausdruck des Gemeinwillens. Alle Bürger haben das Recht, persönlich oder durch ihre Vertreter an seiner Schaffung mitzuwirken. Es muß für alle das gleiche sein, mag es nun beschützen oder bestrafen. Alle Bürger sind vor seinen Augen gleich. Sie sind in der gleichen Weise zu allen Würden, Stellungen und öffentlichen Ämtern zugelassen, je nach ihrer Fähigkeit und ohne andere Unterschiede als ihre Tüchtigkeit und Begabung.« Zit. nach: Walter Markov – Katharina und Matthias Middell [Hg.], *Die französische Revolution*. Bilder und Berichte 1789–1799. Mit 220 zeitgenössischen Abbildungen, Berlin 1989, S. 68.
87 Schmölzer, *Die verlorene Geschichte der Frau*, a.a.O., S. 350.
Dr. Guillois in *Über die Frauen der Revolution*, 1904: »Es ist nur natürlich, als Paradebeispiel mit all seinen physischen und psychischen Mängeln gerade eine jener Frauen untersuchen zu wollen, die unter ihren Geschlechtsgenossinnen einen ebenso herausragenden wie interessanten Platz eingenommen hat – Olympe de Gouges hat Mut und Phantasie bewiesen –, jedoch verdor-

ben war durch einen maßlosen Drang nach Originalität, durch absonderliche feministische Ideen und eine regelrecht verrückte Eitelkeit. [...] von der Pubertät an muß sie einen abnorm ausgeprägten Sexualtrieb besessen und während ihrer Periode, die sehr stark war, häufig über Beschwerden geklagt haben. [...] sie nahm täglich Fußbäder oder Vollbäder, was auf einen anormalen Narzißmus hindeutet [...]. Olympe de Gouges läßt sich einer Kategorie von Irrsinnigen zuordnen, die von der ›Paranoia Reformatoria‹ [...] oder der revolutionären Hysterie befallen sind.« Zit. nach: Groult, *Ein Tier mit langen Haaren*, a.a.O., S. 95.

88 Michelet, *Die Frauen der Revolution*, a.a.O., S. 93.
    »D'après Sanson, le bourreau, elle aurait dit, après avoir respiré un bouquet de violettes et demandé un miroir: ›Fatal désir de la Renommée, pourquoi ai-je voulu être quelque chose?‹« Catherine Marand-Fouquet, *La Femme au temps de la Révolution*, Paris 1989, S. 189.

89 Michelet, *Die Frauen der Revolution*, a.a.O., S. 167.
    Über die Frau (*La femme*, 1859) schrieb Michelet: »La femme est une religion [...]. Il faut aimer, vouloir qu'elle souffre moins de son sacrifice [...]. Cet ange adoré, souriant, florissant de vie, souvent à la terre il ne tient que du bout de l'aile; l'autre déjà l'emporte ailleurs [...]. Elle, combien noble et poétique! C'est la poésie du ciel qui est tombée chez toi. Puisses-tu le sentir et l'entourer d'un digne culte! [...] Cette frêle et ravissante émanation d'un meilleur monde, elle t'est remise [...]. À cet amour si pur, tu sanctifieras le dedans [...] te voilà avec ta jeune sainte, ta vierge, ta charmante sibylle, qui sait, comprend, devine toute chose [...] quelle foi sans limite, quelle passion d'obéissance, elle apporte aux commencements [...]. Elle est divine, comme fille et sœur de la nature [...] la femme, le vase fragile de l'incomparable albâtre où brûle la lampe de Dieu, il faut bien le ménager, le porter d'une main pieuse ou le garder au plus près dans la chaleur de son sein! [...] elle te verse la jeunesse, te rend un flot sacré de vie, et te refait Dieu, d'un baiser [...].« Zit. nach: Renate Baader [Hg.], *Das Frauenbild im literarischen Frankreich. Vom Mittelalter bis zur Gegenwart*, Darmstadt 1988, S. 25.

90 Charlotte Cordays Schreiben an ihren Vater macht deutlich, daß sie den Mord an Marat unter Berücksichtigung der Folgen geplant hat: »Vergeben Sie mir, daß ich, ohne Sie zu fragen, über mein Leben verfügte, und daß ich Sie hinterging [!], indem ich, unter dem Vorwand nach London zu reisen, den ruchlosen Marat ermordete. Ich habe mein Vaterland von diesem Ungeheuer befreit. Sie wissen, daß nur das Verbrechen, nicht aber das Schaffott beschimpft. O ihr unglücklichen Republikaner! muß euch ein Weib den Weg zu erhabenen Handlungen zeigen. Ich danke Ihnen für alle Wohlthaten. Freuen Sie sich, daß Sie einer Tochter das Leben gaben, die edel zu sterben weiß.« Zit. nach: Petra und Uwe Nettelbeck, *Charlotte Corday. Ein Buch der REPUBLIK. Mit einer Portraitgalerie der Revolution nach Levacher und Duplessis-Bertaux*. 2. Aufl., Salzhausen-Luhmühlen 1987, S. 12.

91 David hat in seinem Gemälde *Der Tod des Marat* auf eine Darstellung Charlotte Cordays gänzlich verzichtet. Auf die Täterin weist nur noch das neben der Badewanne am Boden liegende, blutige Messer hin.

92 »Der runde, starke Kopf [...], das schwarze, ein wenig vorstehende, ein wenig harte Auge hat sein Feuer nicht verloren. Die Leidenschaft lebt noch darin [...]. Das Auge des armen Mädchens ist dennoch keineswegs irr, [...]. Mit Ausnahme der schwarzen Haare, die von einem Tuch zusammengehalten werden, ist alles vernachlässigt, der Busen nackt, ein Überrest ihrer Schönheit, [...].« Michelet, *Die Frauen der Revolution*, a.a.O., S. 96f.

93 Ebda.

94 Marie Jean Antoine Nicolas Caritat de Condorcet: »Die Menschenrechte leiten ihre Berechtigung jedoch allein daraus ab, daß Menschen sinnliche Wesen sind, sich moralische Ideen aneignen und mit diesen Ideen umgehen können. Da nun die Frauen die gleichen Fähigkeiten aufweisen, haben sie notwendigerweise die gleichen Rechte. Entweder hat kein Glied des Menschengeschlechts wirkliche Rechte, oder sie alle haben die gleichen, und derjenige, der gegen das Recht eines andern stimmt, mag er auch einer anderen Religion, einer anderen Hautfarbe oder dem anderen Geschlecht angehören, hat damit seine Rechte verwirkt. Es dürfte schwer sein zu beweisen, daß Frauen unfähig sind, das Bürgerrecht auszuüben. Warum sollte eine Gruppe

von Menschen, weil sie schwanger werden können und sich vorübergehend unwohl fühlen, nicht Rechte ausüben, die man denjenigen niemals vorenthalten würde, die jeden Winter unter Gicht leiden und sich leicht erkälten?« Zit. nach: Stopczyk [Hg.], *Muse, Mutter, Megäre*, a.a.O., S. 102.
95 Harten, *Frauen – Kultur – Revolution*, a.a.O., S. 6.
96 Ebda.
97 Zit. nach: Ebda.
98 »Le Code Civil, édité par Napoléon en 1804, a définitivement entériné l'infériorité et l'inégalité de la femme, instaurant entre l'homme et la femme un rapport de force où celle-ci, déclarée mineure à vie, n'a d'autre choix que la soumission ou la révolte.« Liana Levi – Sylvie Messinger [Hg.], *Les Reporters de L'Histoire*. La Femme au 19e siècle. Textes réunis par Nicole Priollaud, Paris 1983, S. 10.
99 »Es handelte sich auch um den Versuch, gestützt auf das reiche Bürgertum und durch dessen Stärkung, wirtschaftliche Stabilität zurückzugewinnen.« Luigi Roma, *Napoleon und seine Zeit*, Klagenfurt 1987, S. 28.
100 »Die Natur hat die Frauen dazu bestimmt, unsere Sklavinnen zu sein. Sie sind unser Eigentum. Sie gehören uns wie ein Baum, dessen Früchte dem Gärtner gehören.« Napoleon I., zit. nach: Groult, *Ein Tier mit langen Haaren*, a.a.O., S. 129.
101 Der Code Civil »garantierte die Freiheit der Rede, der Religion, die unternehmerische Freiheit und die Gleichheit aller Bürger vor dem Gesetz. Da er jedoch dem römischen Recht nachgebildet war, legte er der Familie die ›patria potestas‹ des Vaters zugrunde und bedeutete folglich eine Einschränkung des Rechtes von Ehefrauen, über ihr eigenes Vermögen zu verfügen, und der Rechte von Kindern, die auch bei ihrer Verheiratung der väterlichen Gewalt unterworfen blieben.« Roma, *Napoleon und seine Zeit*, a.a.O., S. 28.
Somit widersprach der Code Civil ganz eindeutig Art. 16 der Verfassung vom 24. Juni 1793, der Erklärung der Menschen- und Bürgerrechte, wo es heißt: »Das Eigentumsrecht ist dasjenige, nach welchem jeder Bürger seine Güter und seine Einkünfte, die Früchte seiner Arbeit und seines Fleißes genießen und nach eigenem Gutdünken darüber verfügen kann.« Zit. nach: Markov – Middell [Hg.], *Die französische Revolution*, a.a.O., S. 233.
102 Zit. nach: Susanne Deicher [Hg.], *Die weibliche und die männliche Linie. Das imaginäre Geschlecht der modernen Kunst von Klimt bis Mondrian*, Berlin 1993, S. 9.
103 Deicher, in: Ebda., S. 10f.
104 »Strength and weakness are understood to be the natural corollaries of gender difference. Yet it is more accurate to say, in a work like David's *Oath of the Horatii*, that it is the representation of gender differences – male versus female – that immediately establishes that opposition between strength and weakness which is the point of the picture.« Linda Nochlin, *Women, Art and Power and Other Essays*. [1989], London 1994, S. 3.
105 Zit. nach: Groult, *Gleiche unter Gleichen*, a.a.O., S. 21f.
106 Werner Hofmann, *Das irdische Paradies*. Motive und Ideen des 19. Jahrhunderts, München 1974, S. 384.
107 Emile Zola, *Schriften zur Kunst*. Die Salons von 1866–1896. Mit einem Vorwort von Till Neu. Aus dem Französischen von Uli Aumüller, Frankfurt/M. 1988, S. 85.
108 Angelika Lorenz schreibt: »Böcklins Meerfamilien sind bildhaft gewordene Wünsche wider ein in Konventionen und Widersprüchen verstricktes menschliches Leben, wobei die Traditionskette ähnlicher Transponierungen des Themas Familie in die Tier- oder Fabelwelt von seiner vitalen Farben- und Ideenkunst gesprengt wird.« Angelika Lorenz, *Das deutsche Familienbild in der Malerei des 19. Jahrhunderts*, Darmstadt 1985, S. 273f.
109 Hofmann, *Das irdische Paradies*, a.a.O., S. 301.
110 Emma Jung schreibt über *Die Anima als Naturwesen* [1955]: »Die Nixe, als im Wasser, d.h. im Unbewußten wohnend, stellt das Weibliche in einem halbmenschlichen und kaum bewußten Zustand dar.« Zit. nach: *Märchenforschung und Tiefenpsychologie*. Hg. Wilhelm Laiblin. Vorwort von Verena Kast. 5. Aufl., Darmstadt 1995, S. 257.
111 »Ich habe mir die Gemälde von Courbet angesehen. Ich war erstaunt über die Kraft und den ungestümen Schwung seines Hauptbildes; aber was für ein Bild, was für ein Thema! Die Vulga-

rität der Formen würde nichts ausmachen; es ist die Vulgarität und Bedeutungslosigkeit des Gedankens, die so abscheulich sind. Und wenn, bei alledem, die Idee, welche auch immer, wenigstens verständlich wäre. Was sollten diese beiden Figuren? Eine dicke Bürgersfrau, von hinten gesehen und ganz nackt bis auf einen nachlässig gemalten Fetzen, der den unteren Teil des Gesäßes bedeckt, steigt aus einer kleinen Wasserfläche, die nicht einmal tief genug für ein Fußbad wäre. Sie macht eine Bewegung, die nichts ausdrückt, und eine andere Frau, von der man annimmt, sie sei ihre Dienerin, sitzt auf der Erde, damit beschäftigt, sich Schuh und Strümpfe auszuziehen. Es existiert zwischen diesen beiden Figuren ein Gedankenaustausch, den man nicht versteht.« Eugène Delacroix, *Journal*. Hg. und mit einem Vorwort von Hans Platschek. Mit zahlreichen Abbildungen, Frankfurt/M.–Leipzig 1991, S. 71.

Auf »das große Schreckgespenst der Originalität« verweist Emile Zola in seinen *Schriften zur Kunst* und kritisiert: »[...] jeder neue Weg macht uns Angst, [...]. Wir brauchen immer den gleichen Horizont.« Zola, *Schriften zur Kunst*, a.a.O., S. 71.

Vgl. Anhang VI.

112 Zit. nach: Ausst.Kat. *Courbet in Deutschland*, Hamburger Kunsthalle, 1978, S. 607f.

113 »All jene ägyptischen Sklavinnen, türkischen Sängerinnen, dunkel-leichtfertigen Venezianerinnen, träumerisch-passiven Spanierinnen, trotzigen Zigeunerinnen, welche in ungezählten Exemplaren, sei es als Staffage für südliche Landschaft und Architektur, sei es als verhangenkokette oder auch verführerisch-leidende Personen in Genre-Dramen, zu München, Düsseldorf, Berlin und allerorten gemalt und ausgestellt wurden – sie sind ebenso viele Traumobjekte einer ›freien‹ Liebe, die sich in der so gern und so oft betonten Idealität der Kunst ein Betätigungsfeld und ein Alibi zugleich verschaffte. Erotik und Exotik wurden beinahe Synonyma.« Dolf Sternberger, *Panorama oder Ansichten vom 19. Jahrhundert* [1938], Düsseldorf–Hamburg 1974, S. 57.

114 Interessant ist, daß sowohl Schopenhauer als auch Nietzsche auf den Orient hinweisen, wenn sie von der Art, »wie man Frauen zu halten habe«, sprechen.

115 »The fantasy of absolute possession of women's naked bodies, a fantasy which for the nineteenth-century artist was at least in part a reality in terms of specific practice – the constant availability of studio models for sexual as well as professional needs – lies at the heart of less-inspired pictorial representations of Near Eastern or Classical themes, [...].« Nochlin, *Women, Art and Power*, a.a.O., S. 11.

116 Zola, *Schriften zur Kunst*, a.a.O., S. 28.

117 Zit. nach: Maly und Dietfried Gerhardus, *Symbolism and Art Nouveau*, Oxford 1978, S. 48.

118 Marguerite, seine Schwester, die Frau mit den »ebenmäßigen, harten« Zügen und dem »Mona Lisa-Lächeln« war lange Zeit sein einziges Modell; man findet sie in seinen »herben, schlafwandelnden und jünglingshaften Frauengestalten« wieder. Vgl. Ursula Bode, *Kunst zwischen Traum und Alptraum. Phantastische Malerei im 19. Jahrhundert*, Braunschweig 1981, S. 157.

119 William Shakespeare, *Werke in zwei Bänden*. Bd. I. Hg. I. E. Walter, Salzburg [o.J.], S. 311.

120 Inhaltlich gibt es zwischen dem Ophelia-Mythos und Bachofens »Sumpfpflanzen« jedoch keine Entsprechung.

121 Zit. nach: Heyden-Rynsch, *Europäische Salons*, a.a.O., S. 128.

122 Ebda.

123 »In der deutschen Romantik gewann das Bild der Frau tatsächlich eine wichtige Rolle. Aber bei genauerem Hinsehen stellt sich heraus, daß es sich genau um diejenige männliche narzißtische Verklärung des Frauenbildes handelte, die gerade nicht dazu geeignet war, den realen Status der Frau zu ändern.« Richter, *Der Gotteskomplex*, a.a.O., S. 106.

124 Nur wenige Impressionisten sind auch wirkliche Portraitmaler, denn die meisten von ihnen geben in ihren Werken den Menschen den gleichen Stellenwert wie der sie umgebenden Landschaft oder Wohnung.

125 Vgl. Erich Waldmann, *Das Bildnis im 19. Jahrhundert*, Berlin 1921, S. 168ff.

Emile Zola schrieb über Monets *Camille*: »Ich gestehe, daß das Bild, vor dem ich am längsten stehengeblieben bin, die *Camille* (*Camille* oder *Das grüne Kleid*) von Claude Monet war. Das ist ein entschiedenes, lebendiges Gemälde. Ich hatte diese kalten, leeren Säle durchwandert und war es müde, keinem einzigen neuen Talent zu begegnen, als ich diese junge Frau in ihrem schleppenden langen Kleid erblickte, die sich in die Wand hineinbohrt, als wäre dort ein Loch. Sie können sich nicht vorstellen, wie schön es ist, ein wenig zu bewundern, wenn man es leid ist, zu lachen und die Achseln zu zucken. [...] Sehen sie nur das Kleid. Es ist geschmeidig und fest. Es fällt weich, es lebt, es sagt laut, wer diese Frau ist. Es ist kein Puppenkleid, keiner jener Musselinfetzen, in die man Träume kleidet. Es ist aus solider, kein bißchen abgetragener Seide, die auf Edouard Dubufes Schlagsahnegebilden zu schwer wäre.« Zola, *Schriften zur Kunst*, a.a.O., S. 32.

126 Vgl. Waldmann, *Das Bildnis im 19. Jahrhundert*, a.a.O., S. 242.

127 Leibl selbst äußerte sich über seine Portraits: »Ich male den Menschen, wie er ist, da ist die Seele ohnehin dabei«, und weiter: »Ich will nur malen, was wahr ist, und das hält man für häßlich, weil man nicht mehr gewohnt ist, etwas Wahres zu sehen«. Zit. nach: Hans Joachim Neidhardt, *Deutsche Malerei des 19. Jahrhunderts*, Leipzig 1990, S. 59.

128 »Frauen erhielten weitaus weniger Lohn als Männer. Begründet wurde dies mit dem ständigen Hinweis, Frauen hätten weniger Bedürfnisse, sie seien weniger anspruchsvoll und daher auch mit weniger zufrieden. Außerdem, so hieß es weiter, hätten sie auf Grund einer fehlenden Ausbildung gar kein Recht auf gleiche Bezahlung, und schließlich und endlich würden sie ohnedies von ihrem Mann erhalten werden. [...] Die Folgen dieser miserablen Bezahlung waren für Frauen, die häufig auch noch allein ein Kind durchbringen mußten, verheerend. [...] so trieb man sie, wenn sie nicht durch Eltern oder andere Angehörige abgesichert waren, in jenes jahrtausendealte Gewerbe, das für Frauen im Patriarchat schon immer eine – häufig die letzte – Verdienstmöglichkeit darstellte. Der Verkauf des weiblichen Körpers erreichte demnach auch vor allem gegen Ende des Jahrhunderts erneut gewaltige Dimensionen. In Berlin beispielsweise gab es 1870 etwa 16.000 Prostituierte, 1909 waren es schon 40.000. Die meisten boten sich auf der Straße an, nur wenige arbeiteten in geschlossenen Bordellen. Diese, von der bürgerlichen Welt verurteilte ›Lasterhaftigkeit‹ der Unterschichtfrau war allerdings kaum ein Beweis für fehlende Moral, sondern für Hunger und Armut.« Schmölzer, *Die verlorene Geschichte der Frau*, a.a.O., S. 314.

129 Hofmann, *Das irdische Paradies*, a.a.O., S. 85.

130 Ebda., S. 209.

131 Vgl. Ausst.Kat. *Eva und die Zukunft*, a.a.O., S. 412f.

132 Eine Frau, die in der Öffentlichkeit rauchte – wie es George Sand tat – wurde als Provokation betrachtet. »Wie sehr speziell das Thema Frauen und Tabakkonsum die Gemüter der Zeit bewegt hat, belegen zahlreiche Karikaturen der 1840er und 50er Jahre. [...] Noch bewegen sich die Frauen – rauchend zwar, aber immerhin – in männlicher Gesellschaft. Noch tragen sie Korsett und Krinoline. Weitsichtige Betrachter sehen allerdings schon jetzt in der ›Tabacomanie‹ den Vorboten einer sehr viel weiter reichenden Entwicklung« – der Frauen-Emanzipation. Koetzle – Scheid, *Feu d'Amour*, a.a.O., S. 9.

133 Das Plakat war für das Théâtre de la Renaissance bestimmt, und es heißt, »[...] Mucha sei kurzfristig eingesprungen, nachdem Sarah Bernhardt am Nachmittag des Heiligen Abends einen Plakatentwurf der Druckerei Lemercier für ihre Aufführung von Sardous Drama *Gismonda* am 4. Januar 1895 abgelehnt hatte.« Renate Ulmer, *Alfons Mucha*, Köln 1993, S. 20.

134 Bode, *Kunst zwischen Traum und Alptraum*, a.a.O., S. 184.

135 »Die kunstgeschichtliche Forschung arbeitet mit dem Begriff Reproduktionsgraphik. Damit ist das druckgraphische Blatt gemeint, das als Wiedergabe von Zeichnungen und Gemälden zum Zwecke der größeren Verbreitung durch Verleger und Drucker nach den Originalen beziehungsweise ihren Kopien herausgegeben worden ist. Im weitesten Sinne fallen damit alle Wandbilddrucke, auch die trivialsten, unter den Begriff Reproduktionsgraphik. Hiervon ist die Originalgraphik abzusetzen, für die der Künstler von sich aus das graphische Medium wählte, – Kupferstich, Radierung, Holzschnitt oder Lithographie.« Christa Pieske, *Bilder für jedermann*. Wandbilddrucke 1840–1940. Mit einem Beitrag von Konrad Vanja, München 1988, S. 15.

136 Ebda., S. 41.
137 1914 ordnete der Schweizer Theologe Ernst Buß den Räumen einer Wohnung religiösen Bilderschmuck zu – dem Salon und Wohnzimmer unter anderem das *Abendmahl* von Leonardo da Vinci, dem ›Damenzimmer‹ etwa *Lob des tugendsamen Weibes* von Richter. Siehe ebda., S. 43f.
138 Karl Joseph Fürst von Ligne, zit. nach: Ausst.Kat. *Bitter süßes Wien*. Glanz und Elend einer Kaiserstadt. Neuhofen/Ybbs 1989, Wien 1989, S. 36.
139 »Das schöne heitere Biedermeier hat beim näheren Hinsehen einen verkrampften Zug im Gesicht: Es trägt verheimlichtes Leid. Seine Blüte war teuer bezahlt. […] Im Lachen des Biedermeier schimmerte die unterdrückte Träne. Seine Enge war nicht Wahl, sondern Zwang, Resignation.« Leitich, *Die Wienerin*, a.a.O., S. 158.
»Das typische Biedermeierbild ist das (Einzel- oder Familien-)Porträt, die beschauliche Genreszene und das Landschaftsbild.« Hans Schaumberger [Hg.], *Kunst und Genie in Österreich*. Das Zeitalter des Biedermeier. Text von Günter Treffer. Mit 71 Abbildungen, Wien 1992, S. 21.
140 »Porträts waren in der Regel kleinformatig, um das Aufhängen nicht zu komplizieren; sie verfolgten denselben Zweck wie Familienphotographien.« Geraldine Norman, *Die Maler des Biedermeier 1815–1848*. Beobachtete Wirklichkeit in Genre-, Porträt- und Landschaftsmalerei. Mit 113 Abbildungen, davon 80 in Farbe, Freiburg im Breisgau 1987, S. 24.
141 1898 schreibt Hevesi über Waldmüller: »Im Künstlerhause, wo man auf die jetzige Sezession so schlecht zu sprechen ist, feiert jetzt Ferdinand Georg Waldmüller einen Triumph, der Sezessionist von anno dazumal. Waldmüller ist nämlich der Ur-Sezessionist von Wien. Vor so vielen Jahrzehnten hat er mit schneidiger Stimme Grundsätze verkündet, die von denen unserer Jungen nicht wesentlich abweichen. Überhaupt regte sich in jenem Ver Sacrum, das man seither Vormärz nennt, unter anderen Frühlingstrieben auch der der künstlerischen Freiheit. Man suchte die verlebten Schulstile zu überwinden und wurde dafür Romantiker gescholten. Man empörte sich gegen zwei Zöpfe, den bureaukratischen und den akademischen.« Ludwig Hevesi, *Acht Jahre Sezession* (März 1897 – Juni 1905). Kritik – Polemik – Chronik. Wiederherausgegeben und einbegleitet von Otto Breicha, Wien 1906. Reprint: Klagenfurt 1984, S. 58.
142 Vgl. Ausst.Kat. *Wiener Biedermeier*. Malerei zwischen Wiener Kongreß und Revolution, München 1992, S. 81ff.
143 Übers Waldmüllers Malkunst erklärte Grimschitz: »[Sie] verklärte die Wirklichkeit durch das Ethos ihres Darstellungsziels: auch im Geringsten die Wahrheit des Seins mit schöpferischer Vollmacht anzuerkennen und zu verewigen.« Zit. nach: Neidhardt, *Deutsche Malerei des 19. Jahrhunderts*, a.a.O., S. 151.

Abb. 1 [Anon.], *Der Rhythmus des Lebens*, Werbung für Femoston-Filmtabletten

Abb. 2 [Anon.], *Weiblicher Kopf*, etwa 25.000 v. Chr.

Abb. 3 Hans BALDUNG, gen. Grien, *Die sieben Lebensalter des Weibes*, 1544

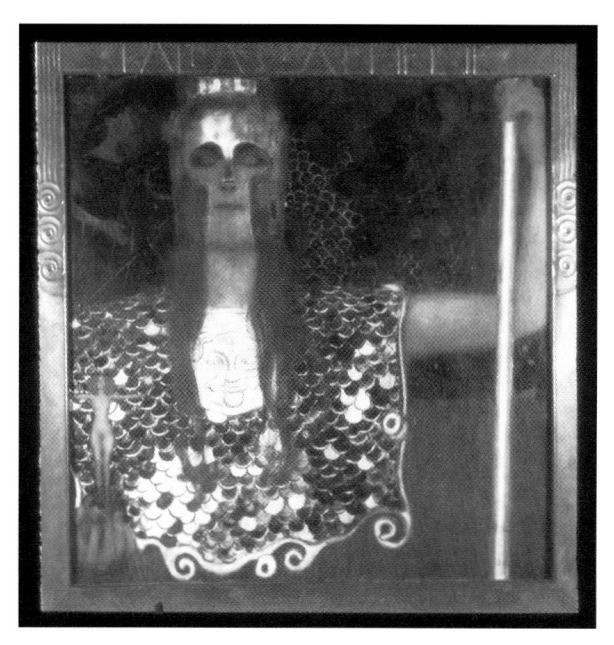

Abb. 4   Gustav KLIMT, *Pallas Athene*, 1898

Abb. 5   Albrecht DÜRER, *Die vier nackten Frauen* (*Die vier Hexen*), 1497

Abb. 6   Félicien ROPS, *Heilige Theresa*, um 1860

Abb. 7 [Anon.], *Manon Phlipon, Mme Roland de La Platière, dite Mme Roland*, Ende 18. Jh.

Abb. 8 Edvard MUNCH, *Der Tod des Marat*, 1906/07

Abb. 9 [Anon.], *Théroigne de Méricourt*, Ende 18. Jh.

Abb. 10 Nicolas-René JOLLAIN, *Das Bad*, um 1780

Abb. 11 Pierre Cécile PUVIS DE CHAVANNES, *Die Hoffnung*, 1872

Abb. 12 Sir John Everett MILLAIS, *Ophelia*, 1851/52

Abb. 13 Alfred KUBIN, *Sumpfpflanzen*, 1903 - 06

Abb. 14 Théodore GÉRICAULT,
Monomane de l'envie, 1819 - 22

Abb. 15 Baron François Pascal Simon
GÉRARD, *Mme Récamier*, 1802

Abb. 16 Heinrich Maria von HESS,
Bildnis Marchesa Florenzi, 1824

Abb. 17 Adrian Ludwig RICHTER,
Das Lob des Weibes, 1851

Abb. 18 Honoré DAUMIER, *Die Wäscherin*,
um 1863

Abb. 19 Friedrich von AMERLING, *Mädchen
mit Strohhut*, um 1835

Abb. 20 Ferdinand Georg WALDMÜLLER,
Junges Mädchen mit Strohhut (*Bildnis
der Phillipine Böhmer*), um 1824

4. Der Einfluß der Literatur des 19. und beginnenden 20. Jahrhunderts

Macht des Weibes

Mächtig seid ihr, ihr seids durch der Gegenwart ruhigen Zauber;
Was die stille nicht wirkt, wirket die rauschende nie.
Kraft erwart ich vom Mann, des Gesetzes Würde behaupt er;
Aber durch Anmut allein herrschet und herrsche das Weib.
Manche zwar haben geherrscht durch des Geistes Macht und der Taten,
Aber dann haben sie dich, höchste der Kronen, entbehrt.
Wahre Königin ist nur des Weibes weibliche Schönheit:
Wo sie sich zeige, sie herrscht, herrschet bloß, weil sie sich zeigt.
Friedrich Schiller[1]

Allgemeines

Auf Verschränkungen zwischen der bildenden Kunst und der Literatur in bezug auf das Frauenbild wurde bereits oft hingewiesen. Dabei handelt es sich aber keinesfalls nur um reine Illustrationen, sondern es sind Typen von Weiblichkeit, die in der Literatur entworfen werden und dann durch Malerei und Plastik bildhaften Ausdruck finden.[2] Es ist an dieser Stelle unmöglich, die ganze Breite der Literatur des 19. Jahrhunderts im Hinblick auf Frauendarstellungen zu behandeln; die ausgewählten Beispiele sind vielmehr auf den Aspekt der unterschiedlichen Erscheinungen punktuell herausgegriffen – sie können und wollen keinen Anspruch auf Vollständigkeit erheben.

Am Beginn des 19. Jahrhunderts – in den romantischen Dichtungen – ist es die Frau, die durch ihren Opfertod den Helden rettet oder zumindest zu retten versucht – ist er verloren, geht sie freiwillig mit ihm in den Tod. Im französischen und russischen Realismus werden die Frauen selbst zu handlungsbestimmenden Protagonistinnen. Sie stehen im Zentrum der literarischen Texte, bilden aber in der Vergeblichkeit ihrer Suche nach Identität und Selbstbestimmung den Gegensatz zum positiv besetzten aktiven männlichen Helden. Die Heldinnen der Romane von Flaubert oder Tolstoi sind Emotionen unterworfen, die sie in der ihnen zugehörigen Gesellschaftsschicht nicht ausleben dürfen; die Verletzung dieser Gebote und Richtlinien macht sie zu Außenseitern oder führt zu ihrem Tod. Die Verstöße gegen die von der Gesellschaft aufgestellten Regeln werden mit drastischen Strafen – von der Gesellschaft und Gott – geahndet, und Romane, in denen die »gefallene« Frau in die Prostitution abgleitet oder sich selbst das Leben nimmt, sind zahlreich.[3]

Ehefrau auf Abwegen

> *The death of a beautiful woman is without doubt the* most *poetic subject in the world.*
>
> Edgar Allan Poe[4]

Die Frau in der Literatur sieht sich immer gewissen moralischen und gesellschaftlichen Forderungen unterworfen – je nachdem, wie sie als ›Typ‹ angelegt ist, wird sie ›gut‹ oder ›böse‹[5] dargestellt. Die ›gute‹ Frau im 19. Jahrhundert ist jene, die getreu den Konventionen der herrschenden Gesellschaftsstruktur ihre Rolle als Ehefrau und Mutter einnimmt. Sie ist dabei viel mehr Mutter als Ehefrau; ihre Funktionen in dieser Rolle sind eher begrenzt, da das Sexuelle fast gänzlich ausgegliedert ist. Die Partie der Geliebten wird in der Literatur des 19. Jahrhunderts nicht mit der Ehefrau, sondern mit einer entweder vom Ehemann ausgehaltenen Dauergeliebten oder einer sporadischen Affäre besetzt.[6]

Die Geschlechterproblematik, welche die europäische Literatur des 19. Jahrhunderts thematisch entscheidend prägt, ist bereits in den Werken von Stendhal und Constant vorherrschend.

Mit *Le rouge et le noir* hat Stendhal einen Roman geschaffen, der die gesellschaftliche Situation Frankreichs (und der Frau) in der ersten Hälfte des 19. Jahrhunderts schildert;[7] darüber hinaus enthält er auch die Beschreibungen zweier vollkommen unterschiedlicher weiblicher Figuren, die mit dem Schicksal des Helden Julien Sorel verbunden sind. Baader bezeichnet Stendhals Werk als

> […] Bestandsaufnahme all dessen, was die Frühsozialisten radikal zu überwinden begehrten: der zu lebenslänglicher Unmündigkeit verurteilenden Mädchenerziehung, einer von Familien und Notaren ausgehandelten Interessenehe, in der die Frau als Ware und Erfolgsgarantie figuriert, einer Religion, die ihre intellektuelle Entfaltung und ihr natürliches Recht auf Glück, Gefühl und Leidenschaft unterbindet […].[8]

Nach Obermayr ist es besonders Louise de Rênal, auf welche Baaders Beschreibung zutrifft.[9] Ihrer emotional bestimmten Figur steht die intellektuell geprägte Mathilde de la Mole gegenüber. Beide Frauen werden von Sorel benützt, um seinen gesellschaftlichen Aufstieg voranzutreiben.

Benjamin Constants Roman *Adolphe*, erschienen 1816, beschreibt die unterschiedlichen Erwartungen, die Mann und Frau an die Liebe stellen, sodaß es auf »ganz natürliche Weise« zur Disharmonie zwischen den Geschlechtern kommen muß. »Diese der Antike entlehnte Idee, daß die Liebe eine Antinomie sei, ist der verwitterte Sockel, auf dem die französische Belletristik des neunzehnten Jahrhunderts thront.«[10]

Die ›anständige‹ Frau geht vollkommen in ihrer Rolle für die Familie auf. Ihre Wünsche sind die Wünsche ihres Mannes. Ihre Vorstellungen von der Welt sind jene ihres Mannes, der ihr aus der Zeitung vorliest oder ihr von den Geschehnissen in der Gesellschaft erzählt. Begeht die Frau bewußt einen Verstoß gegen diese Regeln, wird sie aus der Gesellschaft ausgestoßen und muß mit Verachtung und Verlust ihrer Kinder rechnen. Die – zumindest in der ›besseren‹ Gesellschaft – nach wie vor arrangierten Ehen haben vor allem finanzielle Interessen als Basis. ›Individuelle‹ Wünsche, vor allem die erotischen Wünsche der Frau, werden dabei völlig außer acht gelassen.

Zu diesen literarischen Heldinnen gehören Tolstois *Anna Karenina*, Flauberts *Madame Bovary*,[11] aber auch Stefan Zweigs Irene in *Angst*. Anna Karenina sühnt ihre Verfehlungen gegen die Regeln der Gesellschaft mit dem Tod. Sie wählt diesen – so wie auch Madame Bovary – als letzten Ausweg.[12] Jedoch ist auch mit ihrem Tod der Fehltritt nicht gesühnt, wie es die Gräfin Wronskij ausdrückt.

»Ja, sie endete so, wie ein solches Weib enden muß. Selbst die Todesart, die sie sich erwählte, war niedrig und ordinär. [...] Abends, [...], erzählte mir meine Mary, daß sich auf der Station eine Dame unter den Zug geworfen habe. Es traf mich wie ein Donnerschlag, und ich begriff sofort, daß es das sein müsse. [...] Nein, sagen Sie, was Sie wollen, ein schlechtes Weib. Was für maßlose Leidenschaftsausbrüche! Immer nur, um zu zeigen, daß sie etwas Besonderes sei. Nun, sie hat es auch bewiesen; sie hat sich selbst und zwei vortreffliche Männer, Karenin und meinen unglücklichen Sohn, vernichtet. [...] Für ihn, für den Gatten, war es doch noch leichter, denn sie hat ihm durch ihren Tod die Freiheit zurückgegeben. Aber mein armer Sohn, der ihretwegen alles aufgab. ... Und sie hat ihn überhaupt nicht geschont, sondern mit Berechnung vollständig erledigt. Nein, nein, da kann man sagen, was man will, aber selbst ihr Tod war der einer schlechten Frau ohne Religion und Gewissen. Möge Gott mir verzeihen, aber ich muß ihr Andenken hassen – hat sie doch meinen Sohn zugrunde gerichtet.«[13]

Auch Madame Bovarys Tod ist kein plötzliches Dahinscheiden in Schönheit; sie büßt für ihren Ehebruch mit furchtbaren Schmerzen und der langsamen Zerstörung ihrer körperlichen Schönheit.[14]

Die Reaktion auf den Verstoß gegen die Regeln der bürgerlichen Moral treibt noch ein halbes Jahrhundert später eine untreue Romanheldin beinahe in den Selbstmord. Stefan Zweig schildert in seiner Novelle *Angst* (1910) den Ehebruch einer an sich zufriedenen Frau, Mutter zweier Kinder, die aus Langeweile eine Affäre mit einem jungen Musiker beginnt. Der Ehemann inszeniert ein grausames Spiel, in dessen Verlauf er seine Gattin zum seelischen Zusammenbruch und beinahe in den Selbstmord treibt, um sie für sich bzw. für seine Kinder zurückzugewinnen. Die Heldin aus Zweigs *Angst* verläßt ihren Liebhaber und kehrt zur Familie zurück – vor allem um die Beziehung zu ihren Kindern nicht zu gefährden. Irene muß ihren Fehltritt nicht mit dem Leben bezahlen, der Ehemann in Zweigs Novelle nimmt seine Gattin in ›Gnaden‹ wieder auf. »So weit wollte ich dich nicht treiben ... ich habe ja mehr gelitten, alles das zu sehen ... jeden Schritt habe ich dich beobachtet ... nur wegen der Kinder, weißt du, wegen der Kinder mußte ich dich doch zwingen ...«[15]

»Ehebrecherinnen verließen die schützende Rolle der ›anständigen Frau‹; sie beschmutzten ihre ›Geschlechtsehre‹ und mit ihr den Namen und die Familienehre des Mannes; [...].«[16] Wie treffend Zweig die Situation einer bürgerlichen Frau erkennt und die Reaktion eines betrogenen Ehemannes erfaßt, wird durch den Vergleich mit einer historischen Liebesgeschichte aus Wien deutlich. Mathilde Schönberg, die Gattin des berühmten Musikers, unterhielt eine Affäre mit dem Maler Richard Gerstl; sie verließ sogar – um dem Geliebten zu folgen – Mann und Kinder. Als sie nach Intervention von gemeinsamen Freunden zu ihrer Familie zurückkehrte, soll Schönberg geäußert haben: »Meine Frau ist hier [...]. Wegen der Kinder bleiben wir beisammen.«[17]

Guy de Maupassant schreibt am Beginn seiner Kurzgeschichte *Pariser Abenteuer* über die Frau an sich:

Ist irgend etwas bei Frauen so fein und scharf entwickelt wie die Neugierde? Was gäben sie doch nicht darum, das zu erleben, kennenzulernen und zu fühlen, was sie erträumt haben? Was würden sie nicht alles dafür tun? Ist die Neugier der Frauen einmal erregt und wach geworden, dann begehen sie jede Tollheit, jede Unvorsichtigkeit und Kühnheit und schrecken vor nichts mehr zurück. Ich spreche natürlich von den echten Frauen, die von der Natur jene dreifache Seele mitbekommen haben, die bei flüchtiger Begegnung vernünftig, vielleicht sogar kühl erscheint, in deren geheimen Falten sich aber allerlei verbirgt: einmal die Unruhe, die allen Frauen eigen ist; dann die List, die sich den Anschein von Ehrbarkeit und Frömmigkeit zu geben weiß, aber desto spitzfindiger und furchtbarer ist; und endlich diese reizende Teufelei, ausgemachte Betrügerei und köstliche Falschheit, kurz, alle jene verruchten Eigenschaften, die einfältige und leichtgläubige Liebhaber zum Selbstmord treiben, die andern aber beglücken und entzücken.[18]

Die Heldin dieser Geschichte, »eine kleine Frau aus der Provinz, die bis dahin durchaus ehrbar war«[19] und die ihre Pflichten als Mutter tadellos erfüllte, reist nach Paris, um in die »Flut rauschender Pariser Bacchanale«[20] zu tauchen. Maupassant stellt jedoch nicht die Frage nach dem moralischen Handeln der jungen Frau oder einer möglichen Strafe für ihren Ehebruch, wenn sie ihr nächtliches Abenteuer mit einem Schriftsteller erklärt: »Ich habe das ... das ... Laster ... kennenlernen wollen ... nun aber ... finde ich ... gar nichts Besonderes daran.«[21]

Auch Ludwig Thoma nimmt sich des Themas des Ehebruches an; in seinem Roman *Münchnerinnen* beginnen zwei Ehefrauen aus dem Bürgertum Affairen mit jüngeren Männern. Anders jedoch als in *Angst* bemerken die an ihren Gattinnen uninteressierten Ehemänner nichts von deren Treuebruch, und die Liebesbeziehung Paulas zum Studenten Franz zerbricht erst, als sie von diesem verlassen wird, und nicht etwa unter dem Druck ihres Mannes. An den Romanen Zweigs und Thomas wird der Unterschied zwischen den Städten Wien und München in den Figuren der handelnden weiblichen Figuren deutlich. Thoma bettet sein Ehedrama in die Modernisierung der Stadt München ein, läßt den Wandel hin zur Großstadt deutlich werden; Zweig hingegen beschränkt sich in seinem Werk im wesentlichen auf die Schilderung der seelischen Zustände, die seine handelnden Figuren bewegen. Thomas Romangestalten gehören zwar verschiedenen Gesellschaftsschichten an – dem Landadel, dem Bürgertum; sind Künstler und ›leichte‹ Mädchen – und wohnen in unterschiedlichen Stadtteilen Münchens, bewegen sich aber gänzlich frei in denselben Lokalen und Stätten des Amusements. Die Arroganz der höheren Schichten tritt dabei offen zutage, ebenso die der Modernisierung der Stadt entsprechende Verachtung für das alte, ›gemütliche‹ München, dem nur noch die bejahrten Einheimischen nachzutrauern scheinen. Wenn Thoma Frauen und deren Wesen beschreibt, scheint jedoch auch ihm keine Verallgemeinerung zu plump: »Das weibliche Gemüt neigt sich dem Ungewöhnlichen zu und ist dankbar für alles, was die Phantasie anregt.«[22] Seine beiden ehebrecherischen Heldinnen, besonders Frau Resi, geben sich über ihre unerfreuliche Lebenslage keinen Illusionen hin:

»[...] ärgern kann ich mich doch, was sich die Männer immer noch für ein Ding geben, für ein Ansehn gegen uns. Immer sind s' noch die Überlegenen, die Herrn der Schöpfung, und mir sin die Schwächern, die Dümmern, die Halbfertigen. Wenn der Meinige so erhaben dahockt und mir kaum a Wörtel gunnt, und wenn er scho allergnädigst amal was sagt, mir nacha ganz kalt merken läßt, daß er mei Meinung gar net beacht, da kann i mi scho wirklich gift'n. Mit was für an Recht tun s' denn gar so dick?«[23]

Wiewohl Ibsens *Nora* ihren Mann nicht körperlich betrügt, entspricht auch sie nicht der gesellschaftlichen Konvention.[24] Sie verläßt ihren Mann, um sich selbst zu finden bzw. um ihren eigenen Weg aus dem »Puppenheim« heraus zu gehen. Die Irritation äußert sich in Empörung. Möbius schreibt dazu:

Daß ein wirklicher Zorn mich erfaßte, das war bei Gelegenheit von Ibsen's Nora. In diesem Stücke handelt es sich darum, daß die Nora, die als kleines dummes Frauenzimmer geschildert wird, schließlich auf und davon geht, weil ihr Mann sie ihrer Meinung nach als Puppe behandelt hat. [...] In der That kann die tiefe Unsittlichkeit des Individualismus gar nicht treffender gezeichnet werden, als durch Noras Weglaufen geschieht. Einem Weibe, das der Mutterpflicht durch wilde Leidenschaft untreu wird, mag man verzeihen, eine Mutter aber, die ihre Kinder verläßt, weil sie sich nicht gebildet genug vorkommt, ist ein Scheusal oder, wenn man den Gesichtspunkt wechselt, eine Geisteskranke.[25]

Möbius, der in seinem pseudowissenschaftlichen Werk *Über den physiologischen Schwachsinn des Weibes* versucht, mithilfe medizinischer Diagnosen die Unterlegenheit der Frau zu beweisen, spricht deutlich aus, was man der Frau am wenigsten verzeiht: wenn sie »ihre Kinder verläßt, weil sie sich nicht gebildet genug vorkommt«[26], das heißt, wenn sie sich auf die Suche nach ihrer eigenen Persönlichkeit macht. Blinde Leidenschaft kann man hingegen entschuldigen, weil diese lediglich als ein Beweis für die Triebhaftigkeit der Frau angesehen wird.[27]

Strindberg nannte eine seiner Erzählungen nach Ibsen *Ein Puppenheim*. Eine Frau sendet ihrem Mann ein Buch:

Lies dieses Buch, das ich Dir schicke. Es wird Dir auf all die Fragen Antwort geben. Es offenbart, was Jahrhunderte hindurch auf dem Herzensgrunde des ganzen Frauengeschlechts verborgen gelegen hat. Lies es und sage mir dann, ob unsere Ehe eine rechte Ehe gewesen ist. [...] Er riß das Kreuzband auf und las auf dem Umschlag eines broschürten Buches: ›Ein Puppenheim von Henrik Ibsen‹. Ein Puppenheim! Ja! Und was weiter? Sein Heim hatte einer hübschen kleinen Puppenstube geglichen, sein Frauchen war seine kleine Puppe und er ihre große Puppe gewesen. Sie waren über die scharfkantige Schotterstraße des Lebens hingetändelt, und sie waren glücklich gewesen! Was fehlte ihnen also? Was für ein Unrecht hatten sie begangen? Er mußte nachlesen, da das ja in diesem Buche stehen sollte.[28]

In Strindbergs Kurzgeschichte gibt es keine Trennung des Ehepaares; der Mann schafft es mit List, seine Frau davon zu überzeugen, daß jenes Wissen, das ihr so wichtig erscheint, um gleichberechtigt sein zu können, unnötig ist, um eine ›zufriedenstellende‹ Ehe zu führen.

Schildern Ibsen und Strindberg in ihren Werken die Beziehungen von Mann und Frau in der bürgerlichen Gesellschaft, so thematisiert Kokoschka in seinem Drama *Mörder Hoffnung der Frauen* schon den Kampf der Geschlechter; bildlich umgesetzt in seinen Zeichnungen, von denen eine 1910 im *Sturm*, der *Wochenschrift für Kultur und Künste*, abgedruckt wurde.

In Henrik Ibsens *Peer Gynt* ist die passive Frau ein wesentlicher Bestandteil des Geschehens. Ibsen schrieb 1882: »In Peer Gynt habe ich [...] meine eigenen Kindheitsverhältnisse und -erinnerungen als eine Art Modell benutzt«[29], und er weist auch auf Übereinstimmungen zwischen seiner Mutter und der Mutter der Hauptgestalt des Dramas hin: »In Ase hat, mit den nötigen Übertreibungen, meine eigene Mutter Modell gestanden«[30]. Solvejg, die Peer Gynt beständig liebt, wird am Ende des Dramas zugleich Mutter und Gattin.

Die enge Verbindung mit der Doppelgestalt von Mutter und Gattin regte begreiflicherweise mehrere pychoanalytisch orientierte Untersuchungen in der Schule Freuds und Jungs an. Peer Gynt erscheint dann unter diesem Blickwinkel als ein erotischer Typus eigener Prägung, der als »ewiger Jüngling« häufig wirbt, vor einer festen Bindung aber flieht. Die Trennung von der Geliebten wird durch die Imagination einer wartenden, den direkt-sexuellen Wünschen unzugänglichen Mutter-Geliebten kompensiert, eine normale Liebesbeziehung kann aber wegen einer prä-ödipalen Fixierung an die Mutter auf oral-narzißtischer Basis nicht zustandekommen. Ein Blick auf das Ende des dramatischen Gedichts zeigt jedoch, daß der Dichter für Peer einen erlösenden Weg aus dem phantastischen Bereich der Psychoanalyse gefunden hat.[31]

Kokoschka hat sich mit der Literatur Ibsens beschäftigt, und es mag wohl auch dessen Darstellung der Verflechtung von Mutter und Geliebter sein Interesse geweckt haben; der versöhnliche Schluß, daß im Zusammenkommen von Mann und Frau auch die Erlösung für diesen zu suchen ist, hat jedoch nichts mit seiner negativen Sicht der Geschlechterbeziehung gemein.[32] Edvard Munch hat eine Zeichnung zu *Peer Gynt* (1896) angefertigt, die die beiden Frauen zeigt: Solvejg, mit gelöstem Haar in die Ferne blickend, und die Mutter mit verhärmten gealterten Gesichtszügen.[33]

Thomas Mann zeichnet in seiner Novelle *Tristan* aus dem Jahr 1901 ein Bild der Frau, das wir als solches auch in den Gemälden der Jahrhundertwende finden. Es handelt sich um den Typ der jungen, schönen und kranken Frau, wie ihn auch Oskar Kokoschka im Portrait von *Bessie Bruce* (Abb. 21) darstellte.[34] Eine kräftige schwarze Kontur faßt die rechte Körperseite der weiblichen Gestalt, die sich entlang des linken Unterarmes fortsetzt, um im rechten Bilddrittel in eine große schwarze Fläche einzumünden, auf die sich der Blick der Kranken zu richten scheint.

Bereits Alexandre Dumas hat mit der Beschreibung von Marguérite Gautier in *La Dame aux Camélias* die bezaubernde, dem Tod geweihte Frau als Romanheldin berühmt gemacht; dem selben Typ entspricht auch Mimi in *La Bohème* von Puccini.

Die Schwindsucht ist ›die‹ literarisierte Krankheit des 19. Jahrhunderts – sie wird um die Jahrhundertwende geradezu zum Symbol für den Untergang einer bestimmten Gesellschaftsschicht.[35] Das langsame Dahinsiechen der Erkrankten, die Auszehrung und der körperliche Verfall werden beispielsweise in Manns *Zauberberg* in Gespräche über Weltanschauung, Philosophie und Menschlichkeit eingebunden, die von Patienten der verschiedensten Herkunft geführt werden.

In der Erzählung *Tristan* finden sich nur ganz dezente Hinweise auf die Erkrankung von Gabriele Klöterjahn; diese sind sowohl in der Beschreibung ihres Äußeren als auch in ihrem Verhalten zu suchen: »Manchmal hüstelte sie. Hierbei führte sie ihr Taschentuch zum Munde und betrachtete es alsdann.«[36] Gabriele – ihr Wesen wird bestimmt von ihrer Hinwendung zur Kunst auf der einen Seite und dem Bezug zur Realität in Form ihres Mannes auf der anderen – ist die Verkörperung des ästhetischen Menschen der Jahrhundertwende: ihre Hinwendung zur Musik, zur Kunst – man hatte ihr verboten, Klavier zu spielen – besiegelt ihr Ende.

Sie trug das Kleid vom Tage ihrer Ankunft: die dunkle, gewichtige Taille mit den plastischen Sammetarabesken, die Haupt und Hände so unirdisch zart erscheinen ließ. Ihr Gesichtsausdruck veränderte sich nicht beim Spiele, aber es schien, als ob die Umrisse ihrer Lippen noch klarer würden, die Schatten in den Winkeln ihrer Augen sich vertieften. Als sie geendigt hatte, legte sie die Hände in den Schoß und fuhr fort, auf die Noten zu blicken.[37]

Gabriele trägt an diesem entscheidenden Tag dasselbe Gewand wie an dem Tag, als sie zusammen mit ihrem Mann im Sanatorium eingetroffen ist. Das Musizieren und ihre Neigung zur Kunst, die sie zum Dichter als deren Vertreter zieht, führt nicht zum ›körperlichen‹ Ehebruch, ist aber in letzter Konsequenz als solcher zu verstehen. Sie betrügt ihren Mann, der dem Leben, der Kraft und der Wirklichkeit angehört, mit der Kunst. Vergleichbar der »tiefen Unsittlichkeit des Individualismus'« Noras begeht sie einen Treuebruch und bezahlt ihn – anders als diese – mit dem Leben. In einem Brief an Gabrieles Ehemann, Herrn Klöterjahn, schreibt der Dichter Spinell:

Sie führen sie aus dem verwucherten Garten in das Leben und in die Häßlichkeit, sie geben ihr Ihren ordinären Namen und machen sie zum Eheweibe, zur Hausfrau, machen sie zur Mutter. Sie erniedrigen die müde, scheue und in erhabener Unbrauchbarkeit blühende Schönheit des Todes in den Dienst des gemeinen Alltags und jenes blöden, ungefügen und verächtlichen Götzen, den man die Natur nennt, und nicht eine Ahnung von der tiefen Niedertracht dieses Beginnens regt sich in Ihrem bäuerischen Gewissen. Nochmals: Was geschieht? Sie, mit den Augen, die wie ängstliche Träume sind, schenkt Ihnen ein Kind, sie gibt diesem Wesen, das eine Fortsetzung der niedrigen Existenz seines Erzeugers ist, alles mit, was sie an Blut und Lebensmöglichkeit besitzt, und stirbt. Sie stirbt, mein Herr! Und wenn sie nicht in Gemeinheit dahinfährt, wenn sie dennoch zuletzt sich aus den Tiefen ihrer Erniedrigung erhob und stolz und selig unter dem tödlichen Kusse der Schönheit vergeht, so ist das meine Sorge gewesen.[38]
Nehmen Sie das Geständnis, mein Herr, daß ich Sie hasse, Sie und Ihr Kind, wie ich das Leben selbst hasse, das gemeine, das lächerliche und dennoch triumphierende Leben, das Sie darstellen, den ewigen Gegensatz und Todfeind der Schönheit.[39]

Romanheldinnen wie diese haben zwar explizit keine direkte Umsetzung in Malerei oder Plastik gefunden, sie trugen aber wesentlich zu einem Bild von Weiblichkeit bei, das – vor allem in seiner negativen Ausprägung – in vielen Werken der Künstler der Wiener Moderne wiederzufinden ist.[40]

Die femme fatale

O triste, triste était mon âme
A cause, à cause d'une femme.
Paul Verlaine [41]

Das Klischee der »zerstörerischen« Frau, die als eine Bedrohung des männlichen Systems an sich gesehen wird, bringt neue Facetten des Zusammenlebens der Geschlechter zur Sprache. In Flauberts *Salammbô* und Wildes *Salome*, in Zolas *Nana* und Wedekinds *Lulu* ist sie es, die für den mit ihr befaßten Mann den völligen Ruin wie den Tod bedeutet. Diese Frau, sexuell aktiv und gewillt, ihre erotischen Wünsche auszuleben – wie *Messalina* oder *Cleopatra* –, ist nicht mehr durch Gesellschaftszwänge in den Suizid zu treiben. Diese Urfrau auszulöschen, bedarf es des Mordes. So wird Salome ebenso getötet wie Lulu. Wird Nana noch von Gott gerichtet und bestraft – durch die entsetzliche Entstellung ihrer Gesichtszüge im Zuge einer Krankheit –, ist es der Mann (selbst), der Lulu richtet.

Diese permanente Furcht vor dem Weiblichen wird in zahlreichen Romanen und Theaterstücken angesprochen, und auch Hermann Bahr nimmt immer wieder Bezug auf die »Angst vor der Frau«.

Ich bin gestern in den *Rosen von Tyburn*, A. Fitgers neuestem Drama, gewesen. Das ist ein seltsames Gedicht. [...] Das eigentlich Weibliche ist sein Vorwurf, jenes schaurige Geheimnis, das den Mann immer wieder zum Weibe zieht, weil er es als ein Elementares niemals begreifen vermag: Die Ausschließlichkeit seiner unersättlichen Liebesbegierde, die nichts neben sich duldet und sich in furienhafte Rachsucht verwandelt. »Wird ein Weib das Haupt begehren,/Eines Mannes, den sie nicht liebt.« Zu diesem Heineschen Motiv ist es eine schaurige Variation. Und es ist wirklich die alte Geschichte von dem ewigen Fluche, den das Weib über den Mann bringt: denn das liebende Weib verdirbt den, der sich ihm nicht bedingungslos ergibt, und der, der sich ihr bedingungslos ergibt, der verdirbt schon von selber.[42]

Das Buch Monelle[43] von Marcel Schwob[44] ist gewissermaßen eine Anthologie personifizierter Begriffe, die Frauen zugewiesen und sexuell unterlegt sind: »Die Egoistin«, »Die Wollüstige«, »Die Perverse«, »Die Betrogene«, »Die Wilde«, »Die Getreue«, »Die Auserwählte« – die stirbt, weil sie sich zu ihrer Identität bekennt[45], »Die Träumerin«, »Die Erhörte«, »Die Gefühllose«, »Die Geopferte«. Monelle selbst, die Titelfigur, ist hingegen schwer zu fassen.[46]

Wollte man die *Monelle* umstandslos den Registraturen wohlmeinender Psychopathologie überlassen, würde man genau das verfehlen, was an Schwobs Buch unabgegolten und in Frankreich auch heute noch unter dem Stichwort *érotisme* virulent ist: die literarische Auseinandersetzung mit den unauslotbaren Verfangenheiten des Eros, die sich von den proklamierten Abgrenzungen, so sehr sie nötig sein mögen, spezifisch weiblicher gegen männliche Erotik nicht einengen läßt, [...].[47]

So Peter Krumme im Nachwort zu *Monelle*; Michel Leiris hingegen

[...] versteht das Buch als »Suche nach einer Reinheit, die sich nur am Ende einer unbegrenzten Reihe von Negationen erlangen ließe« und gesteht, daß ihn »diese wirklich behexenden Gestalten«, die Schwob unter dem Titel »Die Schwestern der Monelle« versammelt hat, jene »mehr oder minder träumerischen oder perversen Frauen und Mädchen«, noch lange verfolgt haben.[48]

Im Bildnerischen verbindet Gustav Klimt auf ähnliche Weise sexuell belegte Begriffe, im speziellen Fall negative, vor allem auch in bezug auf Frauen, mit abschreckend ästhetisierten weiblich-allegorischen Gestalten wie etwa *Wollust*, *Unkeuschheit* und *Unmäßigkeit* im Beethovenfries.

Flauberts *Die Versuchung des Heiligen Antonius*[49] ist für viele Künstler eine Herausforderung, sich an der Illustration dieses Buches zu versuchen. Die Vorstellung, daß der Teufel dem keuschen Heiligen in Visionen die reizvollsten Frauen vor Augen führt, um ihn zur Sünde zu verführen, beflügelte die Phantasie der Maler.[50] Der von den Gläubigen sehr verehrte asketische Heilige wurde aber bereits viel früher zum beliebten Bildthema.[51] Auch Albrecht Dürer hat sich der *Versuchung des Heiligen Antonius* (1515) angenommen und nutzt die Möglichkeit, eine gutgebaute, nackte und junge Frau neben dem enthaltsam lebenden Einsiedler darzustellen. Über seine *Versuchung des Heiligen Antonius* (Farbtafel 4) schreibt Félicien Rops: Das Sujet der

[...] Versuchung ist leicht verständlich. Der gute Heilige Antonius wirft sich, von seiner geilen Vision verfolgt, auf seinen Betstuhl, aber Satan, ein Kerl wie ein roter Mönch, spielt ihm einen Streich; er nimmt ihm den Christus vom Kreuz und ersetzt ihn mit einem hübschen Kind, wie es Teufel, die etwas auf sich halten, immer bei der Hand haben.[52]

Auguste Rodin, der mit Rops bekannt war, hat das Thema der Versuchung des Heiligen Antonius ganz anders umgesetzt. *La Tentation de Saint Antoine* von 1889/1902 zeigt den Heiligen, der sich in seiner Verzweiflung zu Boden geworfen hat – auf seinem Rücken räkelt sich aufreizend eine nackte Frau. Sie erscheint einerseits als reale Verführerin, kann aber andererseits auch als Verkörperung der Sehnsüchte des Asketen angesehen werden.

Joris-Karl Huysmans ließ sich von den Illustrationen Rops inspirieren und beschrieb sie mit leidenschaftlichen Worten.[53] Auch Fernand Khnopff hat dieses Thema (siehe Farbtafel 5) bildlich umgesetzt. Dort stehen sich der Heilige Antonius und die Königin von Saba gegenüber; die Szene erinnert aber fast an Salome-Darstellungen, denn der Heilige Antonius ist kein alter, asketischer Heiliger, sondern erinnert vom Typus her eher an den Heiligen Johannes mit nacktem Oberkörper, langem Haar und Bart. Dieser der Sünde widerstehende Heilige entspricht einem Wunschbild der Jahrhundertwende – er ist jener Mann, der angesichts der sexuellen Verführungskraft der Frau unbeeindruckt bleibt und dadurch dem ›Verderben‹ entgeht. Diesen Typus verkörpert auch der Ritter, der in den Gemälden um 1900 ein beliebtes Bildmotiv ist.[54] (Etwa bei Max Slevogt, *Der Ritter und die Mädchen*.) Dessen reinste Ausprägung findet sich in der Musik: es ist Wagners Figur des *Parsifal*; sein Widerstand gegen die sexuellen Reize der Blumenmädchen und die zauberische Verführerin Kundry verweist auf Standhaftigkeit und Reinheit.

Als Teil der Natur wird die Frau für Baudelaire zum Symbol des immerzu präsenten Todes, der wie ein Schatten auf dem Heute lastet;[55] er sieht sie als das Instrument, dessen sich die Natur bedient – das Symbol für Leben und Tod schlechthin.[56] In seinen *Fleurs du mal* beschreibt er die Bedrohlichkeit des Weiblichen, wie zum Beispiel im Gedicht *La Destruction*, wo er den Dämon, der ihn bedrängt, zu fühlen meint: »So manches Mal – er kennt den Hang zum Schönen –, Verbirgt er sich verführerisch in Frauen; […].«[57]

Kontrapunktisch zu den beschwichtigenden Blüten- und Blumenlesen seiner parnassischen Zeitgenossenschaft postuliert er eine provokante Anti-Moral: Kainsmal, Blutbrunnen, Kadaver und verstümmelte Märtyrerleiber sind ihre poetischen Embleme. In der Dissonanz zwischen Sujet und Form liegen die Prämissen der revolutionären Ästhetik; schockierende Gegenperspektiven dominieren, das Heilige wird mit dem Obszönen, das Sexuelle mit dem Tödlichen konfrontiert […].[58]

Als beispielhaft für diese Züge in Baudelaires Schaffen ist das Gedicht *Une Martyre*[59] anzuführen, dessen Titel auch eine weibliche Bronzefigur Rodins trägt. Durch die Haltung des Kopfes, der in den Nacken gesunken ist, und die Spannung des Körpers suggeriert die Figur Schmerz wie Lust.

In den *Fleurs du mal* definiert Baudelaire aber auch seine Vorstellung von Schönheit.[60] *Je suis belle* (auch *Sinnliche Liebe* bzw. *Katze* genannt) nennt Rodin in Anspielung auf das Gedicht *La Beauté* von Baudelaire ein Figurenpaar aus Bronze: der Mann preßt – anscheinend unter äußerster Anstrengung – mit seinen erhobenen Armen den zusammengekauerten Körper einer Frau an sich, die ohne Reaktion auf seine Bemühungen zu bleiben scheint.

[…] die Psyche der beiden Figuren von *Ich bin schön* [ist] vor allem triebhaft-emotional bestimmt. Der Mann ist ganz Ausdruck des erotischen Dranges zur Frau hin, die er zu seinem Ideal(-Ich) beziehungsweise zur Anima ›erhebt‹, während sie in sich selbst zurückgezogen ist.[61]

Durch die abgewandte Gesichtshaltung der beiden Menschen von *Je suis belle* wird auch die Unmöglichkeit einer echten Begegnung von Mann und Frau ausgedrückt. Diese Auffassung der Geschlechterproblematik wiederholt sich in den Akten Egon Schieles, dessen in leidenschaftliche Umarmungen versunkene Menschenpaare trotz äußerster körperlicher Verbundenheit durch das Aneinander-Vorbeigehen ihrer Blicke keine seelische Intimität zu teilen scheinen.

Rodins *Je suis belle* weist aber auch auf die Idealisierung der Frau im 19. Jahrhundert hin, die parallel zu ihrer Dämonisierung verläuft. Einem solchen Ideal entspricht Flauberts *Salammbô*.[62] Sie gehört zum Typ der schönen Orientalin, der – verschmolzen mit dem der »schönen Jüdin« – die Künstler des Symbolismus zu einer ungeheuren Menge von Bildern inspiriert hat.[63] Salammbô ist schön, und ihre Schönheit bringt ihrem Bewunderer den Tod.[64] Die Schlange, schon in der Bibel das Symbol für Sünde und Sexualität, wird ihr Attribut.

> Der Python sank in sich zusammen, schlang die Mitte seines Körpers um ihren Nacken und ließ Kopf und Schwanz zu beiden Seiten wie ein zerbrochenes Halsband herabhängen, dessen Enden bis auf den Boden reichten. Salammbô wand den Schlangenleib um ihre Lenden, unter ihren Armen und ihren Knien hindurch.[65]

Wie Salome hat auch Salammbô viele Künstler zu Werken angeregt. Die kleine Plastik von Théodore Rivière, *Salammbô chez Mathô* (Abb. 22), zeigt die Szene, in der Mathô zu Füßen Salammbôs kniet: »Zertritt mich, wenn ich nur deine Füße spüre! Verfluche mich, wenn ich nur deine Stimme höre! Geh nicht fort! Hab' Erbarmen! Ich liebe dich! Ich liebe dich!«[66] In dieser Figurengruppe verdeutlicht Rivière die Macht der Frau über den Mann und schafft damit ein »perfektes Beispiel für die Angst des Mannes vor seinen eigenen Leidenschaften am Ende des 19. Jahrhunderts.«[67] Wie Flaubert in *Salammbô* verbindet auch Baudelaire Frau und Schlange zu einer untrennbaren Einheit, wenn er in dem Gedicht *Le Serpent qui danse* in der Gestalt der Geliebten eine tanzende Schlange wiedererkennt.[68]

L'Eternelle Idole[69] (Abb. 23) nennt Rodin ein Figurenpaar (1889), das in der Komposition an *Salammbô chez Mathô* erinnert. Der Mann, auf den Knien, zu Füßen der Frau, hat den Kopf geneigt, während die Frau ihren Oberkörper zurücknimmt und somit Distanz schafft. Sie ist das angebetete Idol, das Baudelaire in seinen *Fleurs du Mal* beschwört, sie erinnert an Flauberts Salammbô; es sind besonders diese beiden Schriftsteller, die mit ihren Frauenbildern Einfluß auf das Schaffen Rodins genommen haben.

Das Thema der verhängnisvoll-schönen Frau wird in Oscar Wildes *Salome* von 1893 fortgeführt; die Figur wandelt sich jedoch insofern, als sie vom Opfer zur Täterin wird.[70]

> [Salome] Jochanaan!
> [Jochanaan] Wer spricht hier?
> [Salome] Ich bin verliebt in deinen Leib, Jochanaan. Dein Leib ist weiß wie die Lilien auf einem Felde, das nie die Sichel berührt hat. Dein Leib ist weiß wie der Schnee, der auf den Bergen Judäas liegt und in die Täler herabkommt. Die Rosen im Garten der Königin von Arabien sind nicht so weiß wie dein Leib. Nicht die Rosen im Garten der Königin von Arabien, im Gewürzgarten der Königin von Arabien, nicht die Füße der Dämmerung, wenn sie auf die Blätter herabsteigt, nicht die Brüste des Mondes, wenn er auf dem Meere liegt … Nichts in der Welt ist so weiß wie dein Leib … Laß mich ihn berühren, deinen Leib!
> [Jochanaan] Zurück, Tochter Babylons! Durch das Weib kam das Übel in die Welt. Sprich nicht zu mir. Ich will dich nicht anhören. Ich höre nur auf die Stimme des Herrn meines Gottes![71]

Dazu Wertheimer in *Ästhetik der Gewalt*:

> Auch in diesem Text steht die Figur der lasziv-naiv gewalttätigen Salome im Vordergrund des Interesses. Die dubiose, moralisierende Figur des Herodes dient dabei keinesfalls dazu, die Tat der Protagonistin einer kritischen Beleuchtung auszusetzen. Sie dient weit eher dazu, die absolut kompromißlose, unverstellte Persönlichkeit der Prinzessin kontrastiv erfahrbar zu machen. Ungehindert bricht das erotische Bedürfnis der Protagonistin sich Bahn.[72]

Die dämonische Schönheit Salomes hat Gustave Moreau[73] bereits 1876 in der *Erscheinung* (Abb. 24) so beeindruckend gezeigt, daß Joris-Karl Huysmans in seinem Roman *A Rebours* (1884) dieses Bild fasziniert beschreibt:[74]

> In der gefühllosen Statue ohne Mitleid, im unschuldig-gefährlichen Idol hatte sich die verkörperte Erotik, der Schrecken des Menschen ans Licht gekämpft; die große Lotosblume war verschwunden, die Göttin dahin, ein entsetzenerregender Alp erstickte die Histrionin, die der wirbelnde Tanz in Ekstase gebracht, die Kurtisane, die das Grauen hypnotisiert und versteinert hatte. Jetzt war sie wirklich Hetäre; sie gehorchte ihrem flammenden, grausamen, weiblichen Temperament, sie war zum Leben erweckt, raffinierter und wilder, abscheulicher und köstlicher; stärker belebte sie die lethargischen Sinne des Mannes, verzauberte, bändigte seinen Willen: eine verführerische Liebesblume, die auf gotteslästerlichem Boden gewachsen und in ruchlosen Treibhäusern gezogen ist.[75]

Huysmans liefert damit eine Beschreibung der femme fatale, wie sie für ihre Darstellungen in den Bildern der Jahrhundertwende Gültigkeit hat:

> Sie steht verschwommen, geheimnisvoll und schmachtend im fernen Nebel der Jahrhunderte, unfaßlich für die Genauen und Phantasielosen, zugänglich nur den Erschütterten, Verfeinerten, durch die Neurose gleichsam visionär gewordenen Geistern.[76]

Mit diesem Buch, das für die Décadence zu einer Art ›Bibel‹ werden sollte, hat Huysmans auch die Figur des Ästheten stilisiert, der – übersättigt von den Eindrücken der Wirklichkeit – in seiner selbstgeformten Scheinwelt zu ekstatischen Visionen findet.

Die Verbindung des Phänomens der Gewalt mit Momenten der Sexualität wird zu einem zentralen Wesensmerkmal der Dekadenz-Poetik. In Figuren wie Salome verdichtet sich diese Erfahrung in poetischen Wunschbildern bizarrer Art.[77]

Auch Théophile Gautier hat die Figur der schönen, grausamen Orientalin behandelt. In *Eine Nacht der Kleopatra* heißt es etwa:

> Kleopatra selbst erhob sich von ihrem Thron, warf ihren königlichen Mantel weg, setzte statt des Sternendiadems einen Blumenkranz auf, befestigte goldene Kastagnetten an ihren Alabasterhänden und begann vor Meiamun, der sich in Entzücken verlor, zu tanzen. Ihre schönen, wie Vasengriffe gebogenen Arme erschütterten Kaskaden glänzender Rhythmen und die Kastagnetten plauderten mit immer wachsender Schnelligkeit. Aufrecht auf den rosigen Zehenspitzen ihrer Füßchen, bewegte sie sich schnell und streifte Meiamuns Stirn mit einem Kuß. Dann begann sie von neuem, flatterte um ihn her, bald sich zurückbiegend, das Haupt nach hinten geworfen, das Auge halb geschlossen, die Arme tot herabhängend, die Locken gelöst, wie eine von ihrem Gotte erregte Bacchantin; bald war sie behende, lustig, lachend, unermüdlich und erfinderischer in ihren Bewegungen als die honigsammelnde Biene. Alles drückte sie aus, die Liebe des Herzens, die Lust der Sinne, feurige Leidenschaft, unerschöpfliche frische Jugend, die Verheißung kommenden Glücks.[78]

Diese Verführungsszene endet für den jungen Mann tödlich und erinnert deutlich an den Tanz der Salome.

Die Kurtisane

> *Alle Weiber sind Ware, mehr oder weniger kostet*
> *sie den begierigen Mann, der sich zum Handel entschließt.*
> *Glücklich ist die Beständige, die den Beständigen findet,*
> *Einmal nur sich verkauft und auch nur einmal gekauft wird.*
> Johann Wolfgang von Goethe[79]

Realer, aber darum nicht weniger verderbenbringend ist die femme fatale, die in Zolas *Nana* (1880) oder Wedekinds *Lulu* beschrieben wird.[80] Diese weiblichen Gestalten sind insofern ›angsterregend‹, als sie sich in der unmittelbaren Umgebung (der Stadt, dem Haus), sozusagen als hautnahe Bedrohung für jeden männlichen Leser, aufhalten könnten.[81] Zola beschreibt schon in der Skizze zu *Nana* das Wesentliche des Romans:

Die Dichtung von der Geilheit des Männchens, dem großen Hebel, der die Welt bewegt ... Der Sexus als der große Zerstörer ... Die Grundidee ist: Eine ganze Gesellschaft stürzt sich auf Nanas Geschlecht. Eine Meute ist hinter einer Hündin her, die gar nicht heiß ist und ihren Spott treibt mit den Hunden, die ihr nachlaufen ... Die wirkliche Dirne ohne Leidenschaft; sie macht sich die Dummheit aller zunutze und zieht eine Lust daraus, alles zu besudeln ... Ich muß also Nana zeigen als im Mittelpunkt stehendes Götzenbild, zu dessen Füßen sich alle Männer wälzen, [...]. Nana ist die Fäulnis, die von unten her kommt [...] und bringt die oberen Klassen zur Verwesung.[82]

Zola läßt diese Fäulnis sichtbar werden, denn erst im Tod enthüllt sich Nanas ›wahres‹ Wesen:[83]

Das weibliche Prinzip erscheint als das Böse, als Verlockung zu Selbstaufgabe und Tod, ein Gedanke, in dem sich die Lyriker des Symbolismus mit den Romanciers des Naturalismus seltsam treffen: Der Schnittpunkt der beiden von Grund auf entgegengesetzten Richtungen liegt in der décadence als gemeinsamem Zeitgefühl, dem Untergangspathos der Epoche.[84]

Manet malt seine *Nana* (1877) bei der Toilette; sie steht vor einem Spiegel und ist gerade im Begriff, sich mit einer großen Puderquaste das Gesicht zu pudern. In aufreizender Haltung – der Rücken durchgedrückt, was Brust und Hüften betont – dreht sie den Kopf zu ihrer linken Schulter, wodurch sie aus dem Bild auf den Betrachter zu blicken scheint. Hinter ihr, auf einem bequemen Sofa, sitzt ein elegant gekleideter Herr mit Zylinder, der anscheinend Nanas Bewegungen mit interessiertem Blick verfolgt.[85]

1876 erschien der Roman *Marthe, Geschichte einer Dirne* von Joris-Karl Huysmans, der unmittelbar nach seinem Erscheinen in Frankreich wegen »Verletzung der öffentlichen Moral« beschlagnahmt wurde.[86] *Nana* wie *Marthe* verweisen auf das Interesse der Künstler an der Welt der Prostituierten, denn wie die Künstler ist auch die Dirne eine Außenseiterin der Gesellschaft.[87] Es handelt sich bei der Hure jedoch nicht nur um eine femme fatale in der Art Nanas. Arnold Hauser etwa meint, sie sei »die Rebellin, die sich nicht nur gegen die institutionalisierte, bürgerliche Form der Liebe, sondern auch gegen ihre ›natürliche‹ seelische Form empört«.[88] Henri de Toulouse-Lautrecs *Au Salon de la Rue des Moulins* (1894) zeigt eine Bordellszene, die an die Beschreibung des Freudenhauses in *Marthe* denken läßt:

Glanzlose und vulgäre Schönheiten, nervtötende Schnattergänse, Mannweiber und schmächtige Dinger lagen, den Kopf in die Hände gestützt, auf dem Bauch, kauerten wie Hündinnen auf einem Hocker, hingen wie Flitterkram in einer Sofaecke, das Haar in allen erdenklichen Formen hergerichtet: in gedrechselten Spiralen, gekrausten Löckchen, schwungvollen Wellen, riesigen Knoten, mit weißen und roten Margariten oder falschen Perlenbändern garniert, pomadisiert oder aber puderbestäubt.[89]

Abbé de Prévost greift mit *Manon Lescaut* bereits 1731 das Thema der Kurtisane auf, und mit den Prostituierten beschäftigt sich auch Honoré de Balzac in seinem Roman *Glanz und Elend der Kurtisanen*. Es ist dies »eine umfassende Studie der Pariser Unterwelt, [...] die detaillierte Schilderung der verschiedenen Typen und Charaktere, die Prostitution, aber auch die Methoden der Justiz und der Polizei«.[90]

In Toulouse-Lautrecs Gemälde *A Montrouge – Rosa la Rouge* (Abb. 25) verkörpert sein Modell Carmen Gaudin die Hauptfigur aus den 1886 veröffentlichten *Refrains* von Bruant:[91]

Es ist Rosa ... weiß nicht, woher sie kommt
Sie hat rotes Haar, einen Schopf wie ein Hund ...
Wenn sie vorübergeht, heißt's: hier kommt die »Rote«,
In Montrouge.
Wenn sie an einer Ecke einen Typen kriegt
Dann bin ich dort ... gar nicht weit ...
Und der Flic findet am nächsten Tag was »Rotes«
In Montrouge.[92]

»Rosa« ist eine Straßendirne; sie entstammt der untersten Gesellschaftsschicht, was durch die unverblümten Verse Bruants klar ausgedrückt wird.

Der Roman *La Dame aux camélias* von Dumas dagegen beschäftigt sich in eher romantischer Weise mit dem aufregenden Leben und tristen Sterben einer großen Kurtisane. Er ist aber keine Lebensbeschreibung einer femme fatale, sondern weist in sentimentaler Art auf das Außenseiterdasein der Prostituierten hin. Auf welches Interesse dieses Thema stieß, macht die Adaptierung des Stoffes für die Oper deutlich. *La Traviata*[93] von Verdi/Piave ist nach dem Schauspiel *La Dame aux camélias* entstanden; die heroisch ihrer Liebe entsagende Lebedame Violetta wurde zu einer Paraderolle für alle großen Tragödinnen und Sopranistinnen.

Emile Zolas *Nana* dagegen bringt außer der Darstellung des Lebens einer Prostituierten auch das Psychogramm einer Frau, die sich ihres Körpers und ihrer Sexualität erfreut. Diese Charakterzüge Nanas hat Wedekind auch für seine Figur der *Lulu* übernommen, die in *Erdgeist* und *Die Büchse der Pandora* zum Verderben für eine ganze Reihe von Männern wird.[94] Mit Lulu hat Wedekind

[...] die »Urgestalt des Weibes« geschaffen. Diese ist »unmöglich mit den Begriffen der bürgerlichen Gesellschaft« zu bewerten, und deswegen ist auch der Maler Schwarz, der die bürgerlichen Moralbegriffe verkörpert »nicht derjenige, um über sie zu Gericht zu sitzen«. [...] Lulus positiv zu verstehende »Schamlosigkeit« gründet in ihrer Freiheit von bürgerlicher Moral, [...].[95]

Ungekünstelt, ohne Verstellung, natürlich, so beschreibt Wedekind Lulu am Beginn der Tragödie.[96] »Schlange«, »süßes Tier«, »Engelskind«, »Eva«, »Teufelchen«, »Melusine«, »Bestie«, [...] – auf diese Weise zitiert er alle Frauenmythen der Jahrhundertwende.[97] Solange Lulus Ehemann nicht weiß,

[...] daß er mit der gleichsam schönsten und bezauberndsten »Dirne« der Weltgeschichte (Eva, Nelly-Helena, Mignon, Lulu) verheiratet ist, schwelgt er in berauschendem Liebesglück und überwältigendem Berufserfolg. Als er dann erfahren muß, wem er in Wahrheit Glück und Erfolg verdankt, bricht sein bürgerlich geprägtes Moralbewußtsein zusammen, das an die ethisch-moralische Vorstellung und Wertschätzung fixiert ist, er sei mit einem reinen, unschuldigen, jungfräulichen »Engelskind« verheiratet.[98]

Lulu muß sterben, damit die Ordnung der Gesellschaft aufrecht bleibt. Eine Frau, die unabhängig davon agiert, wird auch über ihren Tod hinaus zur Bedrohung für das patriarchale System, denn (wie es Manfred Hahn nennt) das »ewige Prinzip Lulu«[99] »triumphiert, wenn auch tragisch, über alle illusionäre Geistigkeit – die Verleugnung des Elementaren, Ursprünglichen der vitalen Untergründe menschlicher wie aller Natur muß mißlingen.«[100]

Mérimées *Carmen* ist keine Prostituierte. Sie widersetzt sich jedoch der patriarchalen Gesellschaftsstruktur insofern, als sie ihr individuelles Recht auf sexuelle Freiheit in Anspruch nimmt. Der Mann, José, den sie wegen eines anderen verläßt, wird damit nicht fertig und tötet die andalusische Zigeunerin, damit auch kein anderer sie besitzen kann.[101] Vor die Wahl gestellt, José zu folgen oder zu sterben, entscheidet sich Carmen selbst im Angesicht des Todes für ihre Freiheit: »Comme mon rom, tu as le droit de tuer ta romi; mais Carmen sera toujours libre. Calli elle est née, calli elle mourra.«[102] Auch in Bizets Oper *Carmen*, das Libretto von Meilhac und Halévy folgt dem Text von Mérimée, ist die Heldin nicht gewillt, Don José zu folgen:

Jamais Carmen ne cédera,
Libre elle est née et libre elle mourra.[103]

Österreichische Varianten

Wie schön sie war! Die bräunlich blonden Flechten
Bedeckt vom Strohhut mit dem breiten Rand,
Ging sie allein, – doch nein! zu ihrer Rechten
Ging Unschuld, wie ein Kind sie leitend an der Hand.
Franz Grillparzer[104]

Auch in der österreichischen Literatur der zweiten Hälfte des 19. Jahrhunderts und der Jahrhundertwende hat die weibliche Romanfigur eine wesentliche Position inne; Grillparzer, Stifter und Schnitzler haben die Frauenbilder dabei wesentlich mitgeprägt.

Vermutlich hat Stifter, um den zerstörerischen Turbulenzen einer Passion zu entgehen, die er weder vor sich noch vor der Gesellschaft verantworten konnte, das Bild der schönen jungen Frau in seinen Werken [...] weitgehend neutralisiert.[105]

In Stifters *Nachsommer* beispielsweise wird die Figur der Natalie wie folgt beschrieben:

Nach dieser Frau kam eine zweite Frauengestalt aus dem Wagen. Sie hatte auch einen Schleier um den Hut und hatte ihn auch zurückgeschlagen. Unter dem Hute sahen braune Locken hervor, das Antlitz war glatt und fein, sie war noch ein Mädchen. Unter der Stirne waren gleichfalls große, schwarze Augen, der Mund war hold und unsäglich gütig, sie schien mir unermeßlich schön.[106]

Die Töchter einer befreundeten Familie werden nicht wesentlich anders beschrieben.[107] Stifters Frauenfiguren ähneln sich; Sebald meint, das ideale Frauenbild Stifters sei eine »Muse des Zölibats«[108]; dies wird gedanklich nachvollziehbar, wenn er etwa im *Nachsommer* schreibt:

Ich besuchte zuweilen auch den einen oder den anderen dieser jungen Leute außer der Zeit, in der wir in Begleitung unserer Eltern zusammenkamen, und da war ebenfalls öfter von Mädchen die Rede. Sie sagten, wie sie diese oder jene lieben, sich vergeblich nach ihr sehnen oder von ihr Zeichen der Zuneigung erhalten hätten. Ich dachte, das sollten sie nicht sagen; und wenn sie eine mutwillige Bemerkung über die Gestalt oder das Benehmen eines Mädchens ausdrückten, so errötete ich, und es war mir, als wäre meine Schwester beleidigt worden.[109]

Auch in der Erzählung *Brigitta* sind die sexuellen Beziehungen zwischen den Geschlechtern von Problemen überlagert; erst in der Freundschaft finden Frau und Mann das Lebensglück, so wie es der Major in *Brigitta* erlebt:

»[…] ich bin oft in meinem Leben heiß begehrt worden, ob auch so geliebt, weiß ich nicht; aber die Gesellschaft und die Achtung dieser Frau ist mir ein größeres Glück auf dieser Welt geworden, als jedes andere in meinem Leben, das ich für eines gehalten habe.«[110]

Der Schriftsteller Emil Kuh schreibt in seinem Buch *Zwei Dichter Österreichs* 1872 über Stifter und Grillparzer und betont darin Stifters »Angst, vom Rätsel des Lebens umstrickt zu werden«.[111]

Grillparzers weibliche Romanfiguren weisen bereits charakterliche Anlagen auf, die später im Frauenbild der Jahrhundertwende konkret angesprochen werden. Mit *Medea* schafft er das Seelenbild einer Frau, die aus Verzweiflung und dem Erkennen der eigenen Ohnmacht gegen das Handeln ihres Mannes zur femme fatale wird – sie löscht die Existenz ihres Gatten aus, indem sie seine männlichen Nachkommen tötet.

Mit der *Jüdin von Toledo*[112] hingegen zeigt Grillparzer die zerstörerischen Kräfte, die die Gesellschaft einer Liebe, die sich über Religion, Gesellschaft und die Pflichten, die dem Einzelnen auferlegt werden, hinwegsetzt, entgegenstellt. Die ›Gefährlichkeit‹ der Frau besteht in der Tatsache, daß sie – über die Beziehung der Geschlechter hinaus – auch Einfluß auf den Staat selbst nehmen kann.

Einen gänzlich anderen Frauentyp hat Grillparzer in *Libussa* geschaffen. Libussa ist mit ihren seherischen Fähigkeiten und ihrem Wissen um geheimen Zauber wie Medea ganz der Natur verhaftet. Im Sinne einer allgemeinen Gleichheit regiert sie das vom Vater ererbte Land; durch ihre Bindung an den Mann Primislaus verliert sie jedoch sowohl die Macht als Führerin ihres Volkes als auch ihre prophetische Gabe; die Zeit der Herrschaft der Frau ist beendet, und Libussa stirbt. Es ist der Wechsel vom Matriarchat zum Patriarchat, der jedoch – bei Grillparzer – mit dem Verlust der Kräfte des Gefühls und der Poesie einhergeht.

Grillparzers Heldinnen sind zum größten Teil der Geschichte oder Sage entnommen (eine Ausnahme ist etwa Barbara im *Armen Spielmann*). Um die Jahrhundertwende wird die Darstellung der Gegenwart in den Werken der Literatur immer dominanter, wie dies beispielsweise für Schnitzlers literarische Figuren gilt. Er hat um die Jahrhundertwende in seinen Werken die Frauen dieser Zeit dargestellt, was ihn zum schriftstellerischen Pendant des medizinischen Analytikers Freud macht. Seine Tagebücher und Briefe zeigen, daß er in seiner Beziehung zu Frauen eine durchaus konventionelle Einstellung vertrat[113], die Grenzen der bürgerlichen Moral überschritt er jedoch in seinem literarischen Oeuvre. »Unter den verschiedenen Verfahren zur Adaption des Sexus kommt der Hysterisierung des weiblichen Körpers eine offensichtlich zentrale Bedeutung zu.«[114] Sebald meint, Schnitzler sei es wichtig zu zeigen, »wie die Hysterisierung der Frau im realen gesellschaftlichen Leben auf diese sich auswirkt, um das hoffnungslose stille Leidwesen der domestischen Hysterie.«[115]

Andics stellt fest, daß, bevor Arthur Schnitzler seine Romane schuf, »die zeitbezogene Dichterpersönlichkeit« fehlte, denn

[...] weder die ländlich-sozialkritische Marie von Ebner-Eschenbach noch der melancholisch der Vergangenheit verhaftete Ferdinand von Saar setzten sich mit der Ringstraßengesellschaft auseinander. Der literarische Niederschlag dieser Jahrzehnte war unterm Strich zu finden.[116]

Die Portraits von Klimt und Kokoschka zeigen Damen jener Gesellschaft, über die Schnitzler geschrieben hat, wie zum Beispiel Klimts *Fritza Riedler* (Abb. 26) und Kokoschkas *Martha Hirsch I* (1909). 1910 beschrieb Kurt Hiller den Kopf der *Martha Hirsch*, in einer Ausstellungsbesprechung in der Zeitschrift *Sturm*, als den einer unglücklichen »Frau, bleich, nervious, abgehärmt, mit dämonischen Kuhaugen von depressiver Geschlitztheit«.[117]

Settele weist in seiner Arbeit über *Das Bild der Frau im Frühwerk Alfred Kubins* auf die Parallelen zwischen der Figur der *Nana* und jener Melittas aus Kubins Roman *Die andere Seite* (1909) hin, wobei er auch Vergleiche zwischen dem Werk Kubins und dem Schaffen Baudelaires zieht.[118]

Die erotische Literatur

Du reizend Schöne, Holde, Wilde,
Laß mich umschlingen deinen Leib;
Ich küsse deinen Hals, Mathilde,
Du wundersames süßes Weib!
Arthur Schnitzler[119]

Die erotische Literatur nimmt eine eigene Stellung ein.[120] In diesen Texten, die für einen kleinen, ausschließlich männlichen Leserkreis bestimmt sind, werden sowohl sexuelle Wünsche als auch Ängste des Mannes, die sich aus diesen herleiten, thematisiert. Es ist – da nicht für die Öffentlichkeit gedacht und oft unter einem Pseudonym oder anonym gedruckt – an diesen Werken schon früh jenes Frauenbild abzulesen, das wir in den Bildern des 19. Jahrhunderts und besonders der Jahrhundertwende finden.

Die Pornographie ist als Gattung und als literarisches Wagnis unberechenbar. Aus der vermeintlichen Sicherheit einer Obsession heraus geschrieben, erstarrt sie zur Monotonie (Sade) oder zerfließt im Kitsch (Sacher-Masoch); im verzweifelten Versuch, den Geschlechtsakt zum Lebensinhalt hochzustilisieren (Walter), muß sie ebenso ermüden wie im Dienste einer These, zum Beispiel des Antifeminismus der Goncourts.[121]

Diese Bücher, die bislang vielleicht zuwenig in die Betrachtung über die Entstehung von Frauenbildern aus oder in Zusammenhang mit der Literatur einbezogen wurden,[122] waren zwar lange Zeit nur einer begrenzten Bevölkerungsschicht zugänglich, doch darf man aus Biographien und Briefen von Künstlern schließen, daß sie bekannt waren und auch gelesen wurden. Gerade diese erotischen Schriften wurden vielfach auch mit Illustrationen berühmter Maler versehen. Sie beweisen, daß Künstler, wie etwa Peter Fendi, dessen genrehafte Gemälde sehr beliebt waren, in der Beschäftigung mit dem Thema Erotik durchaus eine gänzlich andere Seite ihres künstlerischen Schaffens zum Ausdruck bringen konnten. Die *Sequenz von erotischen Szenen* (Abb. 27) von Fendi zeigt einen – sehr freien, wenn auch dem Geschmack der Zeit entsprechend eindeutigen – Umgang mit weiblichen Körpern und verschiedenen Positionen, die diese einnehmen.

Auch Aubrey Beardsleys *Illustration für Juvenal und Lucian* (1897) läßt an der Eindeutigkeit der Darstellung nichts zu wünschen übrig.[123] Die erotische Literatur hat aber auch über die bloße Bildfindung in der Illustration hinaus Anregungen für die bildende Kunst geliefert. Werke wie de Sades *Justine* oder Mirbeaus *Der Garten der Qualen* haben durch ihre Darstellung von Frau und Mann und der Art, wie diese Befriedigung suchen und finden, unzweifelhaft Einfluß auf das Frauenbild in der Malerei genommen.

So wie erotische Romane nur für ein beschränktes Publikum gedacht waren und in relativ kleinen Auflagen gedruckt wurden, waren auch manche Bilder nicht für die breite Öffentlichkeit bestimmt. Gustave Courbets *Der Ursprung der Welt* (Abb. 28) ist eines jener Werke; der Eigentümer Khalil-Bey hielt es hinter einem grünen Vorhang verborgen und zeigte es nur zu besonderen Anlässen seinen Freunden.[124] Wenn Mitte des 19. Jahrhunderts das weibliche Geschlecht für Courbet noch den Ursprung der Welt darstellt, wird es bei Alfred Kubin zum Ziel des *Todessprungs* (Abb. 29). *Vor der Zeugung* (Abb. 30) ist der Titel eines Frauenaktes von Rodin, der – wie die beiden vorgenannten Werke – durch die weit geöffneten Schenkel das weibliche Geschlecht sehen läßt. Anders als bei Kubin ist dieser empfängnisbereite Leib jedoch nicht auf eine abwertende Weise dargestellt, sondern vermittelt durch die Weichheit der Formen und die passive Haltung von Armen und Beinen Lustbereitschaft und Fruchtbarkeit.[125] Der Körper der Frau wird bei diesen Künstlern einmal mehr zum Symbol für Leben, Geburt und Tod. Auch Rodins Bronzefigur *Iris, Botin der Götter* entblößt durch ihre gespreizte Beinhaltung das Geschlecht. Für Michael Kausch ist sie

[…] keineswegs obszön, sondern eine Darstellung des weiblichen Schoßes als der Quelle von Lebens(kraft). Im Sinne Rodins handelt es sich also um ein sakrales Bild der Frau als Lebensspenderin, der *natura naturans*.[126]

Frankreich

> ... was war die Metze denn als Kind?
> Da war sie rein und tugendsam
> und frei von jeder Schmach und Scham.
> Und so beginnt's beinahe immer,
> daß anfangs so ein Frauenzimmer
> mit einem Liebhaber charmiert,
> ganz gleichgültig, wen sie erwischt,
> die heißen Liebesflammen lischt,
> und dann zum Schlusse Metze wird.
> François Villon[127]

Der Roman *Gamiani*, 1833 erstmalig erschienen und Alfred de Musset zugeschrieben,[128] beginnt im Hause der Gräfin Gamiani, wo der Erzähler an einem Ball teilnimmt. Als er zufällig vernimmt, daß sie eine Tribade sei, beschließt er sie zu belauschen und versteckt sich in ihrem Schlafzimmer. Im Verlauf der Handlung entdeckt er sich jedoch der Gräfin und einem jungen Mädchen – die Unterhaltung der drei nimmt einen großen Teil des Romans ein. In der zweiten Nacht verführt die Adelige die junge Frau und tötet sie nach dem Liebesakt, wobei die Erzählung »mit der [...] sadistischen Schilderung ihres gemeinsamen Todeskampfes«[129] endet. Von Achille Devéria gibt es *Illustrationen zu »Gamiani«* (Abb. 31), wobei der Künstler dabei vor allem an der Darstellung der erotischen Szenen zwischen den beiden Frauen interessiert war. *Gamiani* zeigt eine literarische Form des Voyeurismus, wie sie auch Klimt und Schiele[130] in ihren Akten bildlich ausgedrückt haben. Ein Beispiel dafür ist Schieles *Sapphisches Paar* (Abb. 32).

Bereits Mitte des 19. Jahrhunderts hat Courbet sein Gemälde *Der Schlaf* (Abb. 33) geschaffen.[131] Die beiden aneinandergeschmiegten nacken weiblichen Körper sind in den Schlaf gesunken; achtlos haben sie sich ihres Schmuckes entledigt: ein goldener Steckkamm und eine Perlenkette liegen auf den weißen Laken. Durch die Verschränkung der zwei unbedeckten Leiber macht Courbet das Geschehene offensichtlich. Anregungen für diese Darstellung kann er von verschiedenen Quellen bezogen haben; so könnte etwa *Lélia* von George Sand als literarische Inspiration angeführt werden. Illustrationen von Achille Devéria zu Walter Scotts Novelle *Der Pirat* (*Minna et Brenda*, 1837, Abb. 34) sowie zu Shakespeares Drama *Richard III.* (*Les enfants d'Édouard*, 1837) werden als mögliche Vorbilder für Courbet angeführt.[132] In diesen beiden Arbeiten werden die beiden schlafenden Paare von einer dritten Person entdeckt – wobei sich das Motiv des Zurückschlagens des Vorhangs wiederholt. Dasselbe Motiv hat Devéria auch in der Illustration zu *Gamiani* verwendet. In Courbets *Schlaf* hingegen übernimmt der Betrachter die Rolle des Entdeckers und wird zum Voyeur.

Auch Baudelaires Gedichte zum Thema der weiblichen Homosexualität, die wiederum in weiterer Folge zahlreiche Künstler zu Bildfindungen inspirierten, verraten das lebhafte Interesse, auf das die »lesbische« Liebe im 19. Jahrhundert stieß – beispielsweise geht George de Feures Gemälde *Die Stimme des Bösen* direkt auf die erste Version von Baudelaires *femmes damnées* aus den *Fleurs du Mal* zurück.[133]

Die Darstellungen von lesbischen Paaren machen deutlich, wie sehr das Interesse des Mannes an der eigenen sexuellen Entfaltung der Frau in einem Zeitalter, in dem sie sich mühsam von der Unterdrückung durch das Patriarchat befreien will, zunimmt.

In den Männerphantasien des 19. Jahrhunderts, lange vor Freud, ist die Frau dadurch gekennzeichnet, daß ihr etwas fehlt. Sie braucht den Mann, den männlichen Phallus, um körperlich vollständig zu sein. Zur Ganzheit gelangt sie also nur in der sexuellen Vereinigung mit dem Mann. Das Revoltierende an der Lesbierin ist, daß sie sich mit ihrer Unvollständigkeit begnügt. Sie löst die Vorstellung einer unermeßlichen, sich ewig verzehrenden, unfruchtbaren Lust aus, die den Männern und der Gesellschaft als ihren bestimmungsgemäßen Adressaten entwendet wird.[134]

Carmilla, der weibliche Vampir[135] ist homosexuell, und ihre Unersättlichkeit wird durch ihr Vampirwesen verdeutlicht. Während in der ersten Hälfte des 19. Jahrhunderts der Vampir in der Regel ein Mann ist – »sicherlich unter dem Einfluß der Byronschen Helden«[136] – erscheint er in der zweiten als Frau.

Österreich

> *… was auch fremde Dichter singen,*
> *Ich bin davon nicht abzubringen:*
> *Die Liebe einer Wienerin*
> *Ist aller Freuden Dienerin.*
> Homunculus[137]

Auch in der österreichischen Literatur finden sich erotische Werke. Dem Romancier Felix Salten wird der Roman *Josefine Mutzenbacher oder Die Geschichte einer Wienerischen Dirne von ihr selbst erzählt* zugeschrieben.[138] Josefine, die – im Wiener Dialekt – von ihrem Werdegang als Freudenmächen erzählt, schildert auf eindringliche Weise das Milieu, aus dem sie stammt. In ihrem Lebensbericht »überkreuzen sich mehrere Dimensionen: die sexuelle Freiheit gegen die unterdrückte Sexualität, die Vorstädte gegen das Zentrum, die Sexualität als Mittel sozialen Aufstiegs.«[139]

Ich bin frühzeitig zur Hure geworden, ich habe alles erlebt, was ein Weib im Bett, auf Tischen, Stühlen, Bänken, an kahle Mauerecken gelehnt, im Grase liegend, im Winkel dunkler Haustore, in chambres séparées, im Eisenbahnzug, in der Kaserne, im Bordell und im Gefängnis überhaupt nur erleben kann, aber ich bereue nichts von alledem, […].[140]

Pollak meint, daß

[…] nach der Idealisierung der Frau einerseits, ihrer Verachtung wegen ihrer angeblichen Minderheit andererseits, […] die Pornographie das Gleichgewicht durch einen ganz lapidaren Schluß [wiederherstellte]. Die elementarste Reduktion auf die Position des Mannes und der Frau während des Geschlechtsakts, das macht den ganzen Unterschied aus.[141]

Der Skandal von Graz ist ein erotischer Roman, dessen einzelne Episoden durch die handelnden Personen miteinander verbunden werden. Die Frauen, fast durchwegs Mitglieder der sogenannten guten Grazer Gesellschaft, suchen und finden ihre erotische Erfüllung einerseits durch Vermittlung eines Zimmerkellners, andererseits durch geheime Zusammenkünfte, wo sie ihrer Leidenschaft frönen. In ein

Hotel kommt ein Adeliger; der Zimmerkellner, dem er bestens bekannt ist, bringt ihm ein Album mit Photographien von Frauen, die für eine Stunde der Liebe zur Verfügung stehen:

> Das Album enthielt Fotografien von Damen aus der Gesellschaft, von mehreren Dutzend Damen, welche zum Zimmerkellner so viel Vertrauen hatten, daß sie sich von ihm Genüsse zubringen ließen, welche direkt zu begehren ihnen ihr Geschlecht nicht erlaubte.[142]

Die ansonsten den ›anständigen‹ Frauen abgesprochene Freude an Sexualität, die Leidenschaft bzw. die eigene Initiative, um Befriedigung zu erlangen, ist das Hauptthema dieses Romans. Es sind aber keine dämonischen Frauen, sondern gesunde, schöne, weibliche Wesen, die sich und den dafür benötigten Männern reine körperliche Lust bieten.

So wie *Josefine Mutzenbacher* und *Der Skandal von Graz* ist auch der Roman *Die Weisheiten der Aspasia* im Vergleich zu den Werken de Sades oder *Gamiani* eher harmlose Pornographie. In *Die Weisheiten der Aspasia* von Fritz Thurn, einem weiteren Beispiel für erotische österreichische Literatur der Jahrhundertwende, wird die Welt der Erotik bewußt als gewissermaßen anti-moralistischer Entwurf skizziert. Die amourösen Szenen der Handlung führen ins antike Griechenland; das Buch ist in »Vorträge« gegliedert und im Vorwort meint der Autor:

> [...] nicht ein spiritueller Leckerbissen für Gourmets soll dies Buch sein, noch ein exakt wissenschaftliches Werk, nicht einmal ein Lehrfaden der Liebe für höhere Töchter, so segensreich solche Ausnützung seines Inhaltes mir auch erschiene; [...]. Es ist in Wirklichkeit ja doch nur die buchstäbliche Zusammenfassung alter, gewonnener und meist wieder verlorengegangener erotischer Erfahrungen, die – mag man sie als Niederschlag einer Kunst oder als solche reiner Wissenschaft ansprechen – für die Menschheit, wenn auch für die künftige, doch immer von gewisser Bedeutung sind. Die moderne Menschheit nähert sich ja – es ist nicht zu leugnen – in gewisser Hinsicht wieder der klassischen Antike. Seit den Tagen der Perikles wurde für die Körperkultur, die Ausbildung und Hochzüchtung des menschlichen Leibes nicht so viel getan wie in den letzten zwei Jahrzehnten. [...] Woran es aber noch fehlt, insbesondere zur Erreichung der höchsten Körperschönheit, ist der Geist der Antike, die helle reine Freude an der untadeligen Form und das Streben nach ihr. Darum zeigen sich auch nirgends die Spuren einer erneuten geistigen Renaissance. Noch liegt brutale Stumpfheit über der Jugend, noch fehlt es an dem ästhetischen Maßhalten und dem göttlichen Maßstabe, zumal eben die bildende Kunst der Moderne bedauerliche Irrwege wandelt und sie daher als Lehrmeisterin des Volksauges versagt.[143]

1907 erschienen Lukians *Hetärengespräche* in der Übersetzung von Franz Blei zusammen mit erotischen Zeichnungen von Gustav Klimt.[144] Im VI. Kapitel drängt eine Mutter ihre Tochter dazu, dem Gewerbe einer Hetäre nachzugehen. Da der Ehemann und Vater tot ist, muß das Mädchen für seine Mutter sorgen, die erklärt: »Wie? Nun, indem du mit den jungen Leuten ziehst, mit ihnen trinkst und schläfst und dafür Geld bekommst.«[145] Eine gute Hetäre hat – wie die Mutter weiter ausführt – die Fähigkeit, »sich den Mann zu unterwerfen und aus ihm einen Liebhaber zu machen«[146]. Sie versteht es, sich ihre Verehrer untertan zu machen, und gewinnt – nicht nur durch ihre Schönheit und sexuelle Freizügigkeit, sondern auch durch ihre Persönlichkeit – Macht über diese. Damit steht sie in krassem Gegensatz zu den Mädchenkörpern Klimts, mit denen Blei den Roman illustriert hat und die – durch das unverhohlene Anbieten des Frauenkörpers – nicht den Eindruck von sexueller Befreiung und Stärke des Weiblichen vermitteln, sondern im Gegenteil dessen grenzenlose körperliche Verfügbarkeit betonen. So berichtet Franz Servaes nach einem Atelierbesuch bei Klimt:

[…] hier war er von geheimnisvoll-nackten Frauenwesen umgeben, die, während er vor seiner Staffelei stand, in seiner Werkstatt auf und nieder wandelten, sich räkelten, faulenzten und in den Tag hinein blühten – stets auf den Wink des Meisters bereit, gehorsam stillzuhalten, sobald dieser eine Stellung, eine Bewegung erspähte, die in rascher Zeichnung flüchtig festzuhalten seinen Schönheitssinn reizt.[147]

Nebehay weist darauf hin, daß sowohl die Bilder in Lukians *Hetärengesprächen* als auch die Klimt-Zeichnungen in der Ausgabe von Verlaines *Femmes* nicht als Illustrationen anzusehen sind. Es handle sich dabei lediglich um Blätter, die den Herausgebern zum Thema zu passen schienen.[148] (Siehe Gustav Klimt, *Weiblicher Akt*, Abb. 35.)

Varianten bzw. sexuelle Spielarten

»*Du gehst zu Frauen? Vergiß die Peitsche nicht!*«
Friedrich Nietzsche[149]

»Die Wende des 19. zum 20. Jahrhundert bringt einen Höhepunkt der Darstellung gewalttätiger Aktionen als Sujet der Kunst.«[150] De Sade hat mit der Schilderung von Folterungen und Qualen in seinem Roman *Justine oder die Leiden der Tugend* quasi den Grundstein für diese Entwicklung gelegt. Das Buch erzählt die Geschichte zweier ungleicher Schwestern; Justine ist die personifizierte Tugend und Juliette die Verkörperung des Lasters.[151] Während im Sinne einer bürgerlich-moralischen Erziehung des Menschen das Gute belohnt und das Übel bestraft wird, kehrt de Sade in seinem Werk dieses Schema um.[152] Justine, die »Gute«, erleidet unendliche Qualen, bis sie schließlich durch einen Blitz getötet wird; Juliette, die »Böse«, wird für ihr lasterhaftes Treiben am Ende noch belohnt.[153] Dieser Roman wurde schon früh mit Bildern versehen, die die brutalen Szenen wiedergeben, wie zum Beispiel die Illustration zur holländischen Ausgabe von *Juliette oder die Wonnen des Lasters*.[154]

Die dämonisierte Venus – als femme fatale – ist in der Literatur bereits bei Keats in seinem Gedicht *La Belle Dame sans Merci* erkennbar; bei Swinburne ist die Venus in *Laus Veneris* »einst der Welt Entzücken, […] in den christlichen Jahrhunderten zu einem dämonischen Vampir herabgesunken, […].«[155] Auch Mérimée hat mit seiner Geschichte der *Vénus d'Ille* einen Beitrag zur Ausbildung des Typs der verderbenbringenden Liebesgöttin geleistet. Diese ergreift, nachdem ein junger Mann, bezaubert von ihrer Schönheit in Form einer antiken Statue, einen Ehering an deren Finger gesteckt hat, in seiner Hochzeitsnacht Besitz von ihm, was zu seinem Tod führt.[156]

In Eichendorffs Erzählung *Das Marmorbild* bildet die dämonisierte heidnische Venus das Gegenbild zur katholischen Maria. Die Göttin, vom Frühling neu erweckt, versucht »junge, sorglose Gemüter«[157] zu verführen, »die dann vom Leben abgeschieden, und doch auch nicht aufgenommen in den Frieden der Toten, zwischen wilder Lust und schrecklicher Reue, an Leib und Seele verloren, umherirren […]«.[158] Dieses Motiv ist auch das Thema von Wagners Oper *Tannhäuser*; der von irdischer Lust verführte Sänger wird nur durch die ›opferbereite‹ Liebe einer jungen Frau und die Anrufung Mariens (»Mein Heil ruht in Maria!«[159]) vor der ewigen Verdammnis gerettet.

Der Roman *Die Venus im Pelz* von Sacher-Masoch hingegen ist nicht auf moralisierende Tendenzen im romantisch-katholischen Sinn ausgerichtet.[160]

Sacher-Masochs Roman *Venus im Pelz* gibt schon im Titel zu erkennen, daß der Leser auf eine »Pelzdame« treffen wird. Wiederholt wird die Venus mit einem kleinen possierlichen Pelztier verglichen. Auch Thomas Manns weibliche Hauptfiguren bevorzugen Pelzwerk. Sie kommen als Katzen dahergeschlichen.[161]

Kokoschka malt die Katze als Symbol für die Frau (siehe etwa *Liebespaar mit Katze*, 1917). Bereits sieben Jahre früher hat er das Bild *Die Katze* (Abb. 36) geschaffen. Der Kopf des Tieres soll die Züge von Alma Mahler tragen, die er quasi in einer Vision (er kannte Alma damals noch nicht) gesehen haben wollte. Auch Baudelaire setzte in mehreren Gedichten die Katze als tierhafte Imagination von Weiblichkeit ein,[162] und Renoir soll geäußert haben: »[...] Katzen sind die einzig wahren Frauen, und sie lassen sich so hübsch malen.«[163]

Die Pelzdamen sind die Herzdamen ihrer männlichen Gegenspieler. Friedemann, der Zauberlehrling Hans Castorp, der keusche Joseph und der Hochstapler Felix Krull – sie alle haben amouröse Abenteuer mit Frauen zu bestehen, denen eine Katzennatur nachgesagt wird. Nicht von Frauen handeln diese Geschichten, sondern von deren Bild. Sie präsentieren sich als das, was die männlichen Figuren an Wünschen und Ängsten auf sie projizieren; sie werden zu Imaginationen des Weiblichen.[164]

Fernand Khnopff stattet in seinem Gemälde *Die Kunst* oder *Die Zärtlichkeiten* oder *Die Sphinx* (1896, Farbtafel 6) die schöne junge Frau mit dem Körper eines Geparden aus.[165] Der geschmeidige Leib, das seidig schimmernde Fell und die geschlossenen Augen können nicht über die Bedrohung hinwegtäuschen, die von dieser Sphinx ausgeht, der sich der neben ihr stehende Jüngling nur schwer zu entziehen scheint – liegt doch ihre Pranke als verbindendes Bildelement vor ihrer beider Gestalten.[166] Diese Betonung des Animalischen und Bedrohlichen im Körper der Frau findet sich nicht nur in der bildenden Kunst, sondern auch in der Literatur: Vom »gefährlich-schönen Katzentier« über die Schlange spannt sich der Bogen bis zur Spinne, ja zur Fliege.[167] In seinem Roman *L'Ange et la Sphinge* schrieb Schuré 1897: »Schreckliche Sphinx, Weib-Vampir. Ja, Sphinx, Sphinx, Sphinx ist Dein Name! Furchterregende Zauberin. [...] Alle Frauen scheinen sich Zug um Zug in Dir zu verkörpern [...].«[168]

Die Sphinx[169] – eine Kombination aus edlem Frauenkopf und Löwenkörper – ist eine der künstlerischen Formen, in welchen die femme fatale im 19. Jahrhundert auftritt. In seiner Vorrede zur dritten Auflage zum *Buch der Lieder* beschreibt Heine 1839 die verheerende Zwiespältigkeit einer Sphinx:

Dort vor dem Tor lag eine Sphinx,
Ein Zwitter von Schrecken und Lüsten,
Der Leib und die Tatzen wie ein Löw,
Ein Weib an Haupt und Brüsten.
[...]
Entzückende Marter und wonniges Weh!
Der Schmerz wie die Lust unermeßlich!
Derweilen des Mundes Kuß mich beglückt,
Verwunden die Tatzen mich gräßlich.[170]

Dieses Mischwesen, das in der Literatur von Heine bis Ibsen vertreten ist, hat auch die Phantasie der bildenden Künstler stark beschäftigt: Ingres und Moreau setzen das antike Thema von *Ödipus und der Sphinx* noch formal im traditionellen literarischen Kontext um (wobei Moreau die sexuelle Komponente zwischen den Geschlechtern durch die direkte körperliche Konfrontation von Ödipus und Sphinx stärker betont); zur Jahrhundertwende hin wird die Sphinx das beherrschende Bildmotiv, wobei sie in ihrer Erscheinung von der oben beschriebenen Frau-Tiergestalt (wie bei Khnopff in *Die Kunst*) bis zur rein menschlichen weiblichen Figur (beispielsweise in Stucks *Die Sphinx*; die Frau verdeutlicht den Bildtitel nur mehr durch ihre Körperhaltung) in unterschiedlichen Formen erscheint (siehe etwa auch Redons *Die rote Sphinx*).

Grausamkeit mit Lust gemischt, wie sie Heine in seiner *Vorrede zum Buch der Lieder* beschreibt, nimmt in der Literatur, aber auch in der bildenden Kunst der Jahrhundertwende einen bedeutenden Platz ein. Die Entwicklung von de Sade zu Sacher-Masoch kommentiert Mario Praz folgendermaßen:

Es ist interessant, das Nebeneinander der Geschlechter im 19. Jahrhundert zu verfolgen: Die Vorliebe für den androgynen Typus gegen Ende des Jahrhunderts beweist deutlich, daß sich Funktionen und Ideale in einem Zustand trüber Verwirrung befinden. Der anfangs zum Sadismus tendierende Mann neigt am Ende des Jahrhunderts zum Masochismus.[171]

Venus selbst rechtfertigt in Sacher-Masochs Werk die Entwicklung zur Grausamkeit:

Ja, ich bin »grausam« – […] – und habe ich nicht recht, es zu sein? Der Mann ist der Begehrende, das Weib das Begehrte, dies ist des Weibes ganzer, aber entscheidender Vorteil, die Natur hat ihm den Mann durch seine Leidenschaft preisgegeben, und das Weib, das aus ihm nicht seinen Untertanen, seinen Sklaven, ja sein Spielzeug zu machen und ihn zuletzt lachend zu verraten versteht, ist nicht klug.[172]

Der Erzähler in Octave Mirbeaus *Garten der Qualen* schildert seine Begegnung mit einer Frau, die sein ganzes Leben verändert hat:

»Hören Sie mich an. Die Wechselfälle des Lebens – und was für ein Leben war das meine! – führten mich in die Hände einer Frau, nein, nicht einer Frau ... der Frau. Ich habe sie gesehen, frei von aller Künstlichkeit, frei von aller Heuchelei, mit der die Zivilisation ihre wahre Seele wie mit Lügenschmuck verhüllt ... Ich habe sie gesehen, nur ihrer Lust, oder wenn sie es vorziehen, nur der Macht ihrer Triebe verfallen, in einer Umgebung, wo nichts diese zügeln konnte, wo sich vielmehr alles dazu verschwor, sie noch anzustacheln ... Nichts, weder Gesetz noch Moral, weder religiöse Weltanschauung noch gesellschaftliche Konvention verbarg sie mir ... Inmitten von Gärten und Qualen, von Blut und Blumen habe ich sie in ihrer Wahrheit, ihrer urspünglichen Nacktheit geschaut!«[173]

Durch diese Frau, so der Mann, habe er das ›wahre‹ Wesen der Frau erkannt:

»Die Frau birgt in sich, gleich der Natur, eine elementare kosmische Kraft, einen unbezwinglichen Destruktionstrieb ... Sie ist die Natur selbst! ... Indem sie Leben gebärt, gebärt sie auch den Tod ... denn nur durch den Tod entsteht unablässig neues Leben ... und den Tod unterdrücken hieße, die Fruchtbarkeitsquelle des Lebens zerstören ...«[174]

»Aber ich kann sie nicht verfluchen, verfluche ich doch auch nicht das Feuer, das Städte und Wälder verschlingt, das Wasser, das Schiffe versenkt, oder den Tiger, der im Dickicht des Dschungels die blutige Beute in seinem Maul davonschleppt.«[175]

Mit diesen Worten könnte man auch Alfred Kubins Blatt *Unser aller Mutter Erde* (Abb. 37) beschreiben: die schwangere, nackte Frau, die mit erhobenen Armen Samen streut, bewirkt das Wachsen von Totenschädeln. Kubin hat mit diesem Bild seine Imagination vom Wesen der Mutter bildhaft umgesetzt.

Gut und Böse einschließend, gebärt sie Leben, das zum Tod bestimmt ist. Das Schicksalhafte ihrer Bestimmung kommt in der Unbekümmertheit zum Ausdruck, mit der die Frau voranschreitet, ohne einen Blick zurück zu werfen.[176]

Auguste Rodin hat für den *Garten der Qualen* Mirbeaus[177] Illustrationen geschaffen, über die Michel Delon sagt, daß sie

[…] sich aus der Dankbarkeit, die er dem Schriftsteller entgegen brachte [erklären], aber auch aus der Begegnung zweier Temperamente, die von denselben sexuellen Bildern, denselben körperlichen Obsessionen heimgesucht werden. Man braucht nur, nachdem man Mirbeau gelesen hat, die erotischen Zeichnungen von Rodin durchzublättern, die erst vor wenigen Jahren entdeckt worden sind, um sich davon zu überzeugen.[178]

Anmerkungen

1 Friedrich von Schiller, zit. nach: [o.Hg.], *Dein Lächeln weint in meiner Brust.* Deutsche Liebesgedichte, Wels o.J., S. 182.

2 Trude Polley schreibt in ihrem Buch *Kampfabsage*: »Die Literatur, dieses Ventil für Männerschmerzen, ist von der Tragödie bis zur Posse voller Beschwerden über die Frau, die typischen Männergespräche sind es ebenso.« Trude Polley, *Kampfabsage*. Frauen in der Männerwelt, Wien–Hamburg 1977, S. 214.

3 Adolph von Knigge meint 1788 über die Verletzung der ehelichen Treue: »Nichts erschüttert so heftig das Glück unter Gatten und Gattinnen, als die Verletzung ehelicher Treue. Der Moralität nach und unsern religiösen und politischen Grundsätzen gemäß, ist die Übertretung der ehelichen Pflichten von einer Seite so unedel als von der andern! In Rücksicht auf die Folgen hingegen ist freylich die Unkeuschheit einer Frau weit strafbarer, als die eines Mannes. Jene zerreißt die Familien-Bande, vererbt auf Bastarte [!] die Vorzüge ehelicher Kinder, zerstöhrt die heiligen Rechte des Eigenthums, und wiederspricht den Gesetzen der Natur, nach welchen immer Vielweiberey weniger unnatürlich als Vielmännerey seyn würde – Man hat nicht einmal in irgend einer Sprache einen üblichen Ausdruck für das Letztere. Der Mann ist das Haupt der Familie; Die schlechte Aufführung seiner Frau wirft zugleich Schande auf ihn, als den Haus-Regenten – nicht umgekehrt also!« Zit. nach: Herrad Schenk, *Frauen und Sexualität*. Ein historisches Lesebuch, München 1995, S. 202.

4 E. A. Poe, zit. nach: Philippe Jullian, *Dreamers of Decadence*, Oxford 1969, S. 43.

5 Polley sieht den gravierenden Unterschied in der literarischen Darstellung eines verderbenbringenden Mannes und einer mit ebensolchen Eigenschaften ausgestatteten Frau darin, daß »die Darstellung eines Mannes von fragwürdigem Charakter […] immer auf den Individualfall [zielt], an dem menschliche – nicht spezifisch männliche – Unzulänglichkeiten demonstriert werden. Mit der destruktiven oder moralisch defekten Frau ist jedoch meist das ganze Geschlecht gemeint.« Polley, *Kampfabsage*, a.a.O., S. 217f.

6 1848 formulierte der Freiherr von Gaffron die Unterschiede zwischen dem Ehebruch von Mann und Frau: »Ich gebe zu, daß der Mann durch den Ehebruch nicht so tief fällt als die Frau, weil ihm andere Gebiete des Wirkens und Strebens offen stehen. Die Frau fällt aber tiefer als der Mann, weil ihr Beruf als Mutter und Gattin ihr höchster ist.« Zit. nach: Ute Frevert, *»Mann und Weib, und Weib und Mann«.* Geschlechter-Differenzen in der Moderne, München 1995, S. 183.

7 »Eine Odaliske im Harem kann den Sultan rückhaltlos lieben; er ist allmächtig, es wäre aussichtslos, wenn sie sich durch allerlei Winkelzüge seiner Herrschaft entziehen wollte. Die Rache des Gebieters ist schrecklich, blutig, aber auch großmütig wie die eines Soldaten: ein Dolchstoß beendet alles. Im 19. Jahrhundert tötet ein Gatte seine Frau durch die öffentliche Verachtung, er läßt ihr alle Türen verschließen.« Stendhal, *Rot und Schwarz. Chronik des 19. Jahrhunderts*. Aus dem Französischen von Otto Flake. Mit einem Nachwort von Franz Blei. 8. Aufl., München 1998, S. 160f.
8 Baader, *Das Frauenbild im literarischen Frankreich*, a.a.O., S. 29.
9 Siehe Thomas Obermayr, *Die Protagonistinnen in Stendhals »Le rouge et le noir«*, unveröff. Manuskr., Graz 1996, S. 10.
10 Dan Hofstadter, *Die Liebesaffäre als Kunstwerk*. Aus dem Amerikanischen von Peter Knecht. Unverkäufliche, unkorrigierte Leseprobe, Berlin 1996, S. 13.
11 »>Meine Heldin<, hat sich der Dichter gesagt, >muß keineswegs eine Heldin sein. Wenn sie nur hübsch genug ist, an den Nerven leidet, ehrgeizig ist, von einer unbezähmbaren Sehnsucht nach dem Höheren geplagt ist, so wird sie interessant sein. Die tour de force wird um so nobler sein, und unsere Sünderin wird zumindest den – vergleichsweise seltenen – Vorzug haben, daß sie sich von den geschwätzigen Schönrednerinnen der uns vorausliegenden Epoche unterscheidet. [...]< Und damit war *Madame Bovary* geschaffen [...]. Um seinen Geniestreich zu vollenden, blieb dem Verfasser nur noch eines zu tun: sich (so weit wie möglich) seines Geschlechts zu entäußern und sich zur Frau zu machen.« Charles Baudelaire, *Sämtliche Werke/Briefe*. Aufsätze zur Literatur und Kunst 1857–1860. Band 5, Hg. Friedhelm Kemp und Claude Pichois in Zusammenarbeit mit Wolfgang Drost, Darmstadt 1989, S. 70.
12 Vgl. Anhang VII.
13 Leo N. Tolstoi, *Anna Karenina*, Klagenfurt 1978, S. 352f.
14 Vgl. Anhang VIII.
Der Zerfall des weiblichen Körpers und damit einhergehende Verlust der Schönheit unter Einwirkung von Krankheit wird noch drastischer in Zolas *Nana* geschildert.
15 Stefan Zweig, *Angst*. Novelle. Mit einem Nachwort von Richard Friedenthal, Stuttgart 1995, S. 56.
16 Schenk, *Frauen und Sexualität*, a.a.O., S. 14.
17 Zit. nach: Ausst.Kat. *Richard Gerstl 1883–1908*. Ausstellungskonzept Klaus Albrecht Schröder, Kunstforum der Bank Austria, Wien 1993 – Kunsthaus Zürich 1994, Wien 1993, S. 183.
18 Guy de Maupassant, *Pariser Abenteuer*. Hg. Richard Gregor, Wien 1947, S. 5.
19 Ebda.
20 Ebda.
21 Ebda., S. 15.
»Man könnte Maupassant mit einem modernen Ausdruck den Psychoanalytiker unter den Dichtern nennen, nimmt er doch Gedanken vorweg, die später in der Theorie Freuds ihren wissenschaftlichen Ausdruck fanden. Der Mensch, wie er ihn sieht, ist ein Triebbündel, dessen Regungen letzten Endes der tierischen Sinnlichkeit entspringen. So betrachtet, enthüllen sich ihm die großen edlen Gesten und der Pathos der Helden als Schein und bloße Äußerlichkeit, die die banale triebhafte Wirklichkeit nur kümmerlich maskieren.« Richard Gregor, in: Maupassant, *Pariser Abenteuer*, a.a.O., S. 84.
22 Ludwig Thoma, *Münchnerinnen*. Roman. Textrevision und Nachwort von Bernhard Gajek. 3. Aufl., München 1984, S. 15.
23 Ebda., S. 29.
24 Ibsen schrieb dazu im Entwurf: »Ein Weib kann sich nicht selbst treu sein in unserer heutigen Gesellschaft, die eine ausschließlich männliche Gesellschaft ist – mit Gesetzen, die von Männern geschrieben sind, und mit Anklägern und Richtern, die die weibliche Handlungsweise vom männlichen Standpunkt her beurteilen.« Zit. nach: Ausst.Kat. *Aspekte der Gründerzeit*, Akademie der Künste, Berlin 1974, S. 147.
25 Paul J. Möbius, *Über den physiologischen Schwachsinn des Weibes*. 8. Aufl., Halle a. d. S. 1907, S. 55.
Der allgemeine Umsturz der Wertbegriffe der Jahrhundertwende läßt sich laut Andics »aus den

Kritiken herauslesen, die Henrik Ibsen für die Wiener Inszenierungen seiner *Nora* bekam. Laut *Neuer Freier Presse* über die Uraufführung am 8. September 1881 im Stadttheater ›hinkte‹ diese Nora als ›eine unausstehlich verschrobene und geistig verkrüppelte Person‹ über die Bühne, ›[...] so etwas ist noch nicht dagewesen‹. Elf Jahre später, als Eleonora Duse im Carltheater die Nora spielte, war die Ibsen-Frau schon eine ›scharfe, bestimmte Figur‹, ahnte man ›die Tiefe des Gemütes [...] in voller Größe [...] wird Nora zum Charakter, der sein Recht vertritt.‹ [...] Und weitere 14 Jahre später, nach der Burgtheateraufführung von 1906: ›Im Laufe der Jahre hat das Drama, ohne etwas an Wahrheit einzubüßen, dieses aktuelle Interesse verloren, von dem streitbaren, viel kommentierten Tendenzwerke, das die innere Emanzipation des Weibes fordert, ist ein treffliches Theaterstück übrig geblieben [...].«‹ Hellmut Andics, *Die Juden in Wien*. Mit 132 Abbildungen nach Dokumenten, historischen Darstellungen und Photographien, Wien 1988, S. 360f.

26 Ebda.
27 Unter Burckhard wurde im Burgtheater von Ibsen 1890 *Ein Volksfeind*, 1891 *Die Kronprätendenten*, *Das Fest auf Solhaug*, 1894 *Die Stützen der Gesellschaft*, 1895 *Klein Eyolf* und 1897 *Die Wildente* aufgeführt. Siehe Franz Hadamowsky, *Wien – Theater Geschichte*. Von den Anfängen bis zum Ende des Ersten Weltkriegs, Wien–München 1988, S. 406.
28 August Strindberg, *Spannungsfeld der Geschlechter*. Ausgewählte Erzählungen. Hg. Klaus Möllmann. Aus dem Schwedischen von Dietlind und Günter Gentsch, Hans-Jürgen Hube und Klaus Möllmann, Zürich 1991, S. 141f.
29 Henrik Ibsen, *Peer Gynt*. Ein dramatisches Gedicht. Aus dem Norwegischen übertragen von Hermann Stock. Nachwort von Ruprecht Volz, Stuttgart 1988, S. 150.
30 Ebda.
Vgl. Anhang IX.
31 Ibsen, *Peer Gynt*, a.a.O., S. 154f.
Bahr: »Ludwig Hevesi hat das Geheimnis der Ibsenschen Menschen einmal dahin ausgelegt, sie seien alle immer entartete Wikinger, die zu den ungeheuren alten Instinkten, welchen es in den heutigen Zuständen zu eng wird, doch die notwendige Kraft und Gesundheit, sie zu [sprengen], nicht haben.« Hermann Bahr, *Tagebücher. Skizzenbücher. Notizhefte*. Band 2, 1890–1900. Hg. Moritz Czáky. Bearbeitet von Helene Zand, Lukas Mayerhofer und Lottelis Moser, Wien–Köln–Weimar 1996, S. 431.
32 Kokoschka schrieb »unter dem Eindruck einer Aufführung des Stückes, die er während des Kriegs in London gesehen hatte, [...] an seinen englischen Förderer und Freund Edward Beddington-Behrens: ›Die einzigartige Botschaft des Stückes, in der es sich von jeder Literatur unterscheidet, ist die, daß der Mensch lieben muß, denn wäre er allein, er würde sterben. Das ist die einzige Weisheit und die einzige, die es wert ist.‹« Winkler, zit. nach: Klaus Albrecht Schröder – Johann Winkler [Hg.], *Oskar Kokoschka*, Mit Beiträgen von Christoph Asendorf, Ingried Brugger, Edwin Lachnit und Johann Winkler, München 1991, Tafel 86.
1973 entstand Kokoschkas Gemälde *Peer Gynt*. Links sind Aase und Solveig, auf der rechten Seite Peer Gynt, der gerade im Begriff ist, die beiden Frauen zu verlassen und in die Welt zu ziehen, dargestellt.
33 Neumann meint: »Alles Leben kann, wenn es zu sich selbst kommen will, nicht in der Ureinheit mit der Mutter bleiben. Das ist zunächst eine triviale biologisch-psychologische Tatsache. Offenbar kann das jedoch trotzdem zu so einem Problem anwachsen, daß Menschen, oft ohne es zu wissen, ihr Leben mit dieser Ablösung verbringen und daran scheitern. Und jahrtausendelang hat auch dieses Thema die Mythen bestimmt.« Zit. nach: Dagmar Scherf, *Der Teufel und das Weib*. Eine kulturgeschichtliche Spurensuche, Frankfurt/M. 1990, S. 205.
34 Wingler meinte, daß es »vermutlich im Dezember 1909 während seines ersten Schweizer Aufenthaltes im Auftrag des Gatten der Dargestellten, des Architekten Adolf Loos,« entstand. Wingler, Oskar Kokoschka, a.a.O., S. 296.
Winkler – Erling datieren das Werk in die zweite Januarhälfte 1910. »Die Tänzerin Elizabeth oder ›Bessie‹ Bruce (1886–1921) war die Lebensgefährtin von Adolf Loos. Loos hatte sie 1905

im Wiener Cabaret ›Tabarin‹ kennengelernt, wo die englische Gruppe der ›Barrison Sisters‹, zu der Bessie gehörte, mit dem damals modischen Cakewalk-Tanz auftrat und Loos, Peter Altenberg und Karl Kraus als Bewunderer gewann. 1909 erkrankte Bessie an Tuberkulose. Loos brachte sie im Winter 1909/10 zur Erholung in die Schweiz.« Johann Winkler – Katharina Erling, *Oskar Kokoschka*, Die Gemälde 1906–1929, Salzburg 1995, S. 21.

35 »Im allgemeinen erfaßte die Schwindsucht doppelt soviele Mädchen wie Jungen. Die Ärzte, die die Familien der Reichen betreuten, konnten nicht begreifen, warum diese verwöhnten und verzärtelten jungen Mädchen so anfällig waren. Die Zusammenballung in den Städten steigerte ohne Frage die Ansteckungsgefahr. Doch die besten Ärzte, so der große Laennec, zählten zu den Ursachen auch Kummer, Enttäuschung und Seelenschmerz.« Yvonne Knibiehler, Leib und Seele, in: Duby – Perrot, *Geschichte der Frauen*, a.a.O., S. 383.

36 Thomas Mann, *Tristan*. Novelle. Nachwort von Hermann Kurzke, Stuttgart 1988, S. 7.
Vgl. Anhang X.

37 Mann, *Tristan*, a.a.O., S. 30.

38 Kurzke: »Gabriele steht zwischen Kunst und Leben […]. Spinell ästhetisiert das Leben […] zur Jugendstildekoration […]. Allmählich zieht er Gabriele auf seine Seite, auf die Seite der Schönheit und des Todes. Die Logik, nach der sie stirbt, ist die einer wichtigen literarischen Vorlage der Erzählung; des Gedichts ›Tristan‹ von August von Platen.« In: Mann, *Tristan*, a.a.O., S. 54.
Vgl. Anhang XI.

39 Mann, *Tristan*, a.a.O., S. 41.
»›Einen der Grundtöne in den literarischen Harmonien des heutigen Tages bildet der Todesgedanke.‹ Flucht aus dem Leben, Welken und Verfall, die Schönheit des Dahinsterbens, Liebe im Angesicht des Todes – das waren die Themen der jungen Literaten der neunziger Jahre.« Hans Schaumberger [Hg.], *Die Jahrhundertwende*. Kunst und Genie in Österreich. Text Günter Treffer, Wien 1989, S. 10.

40 Das ›Verbrechen‹, das diese Frauen begehen, ist, daß sie ihren Mann verlassen oder betrügen; beispielsweise sind die Frauenbilder von Kubin von Verlustangst – entstanden durch den frühen Tod von Mutter und Braut – geprägt.

41 Paul Verlaine, *Fêtes Galantes – La Bonne Chanson – Romances Sans Paroles*. Dessins de Seurat, Paris 1991, S. 98.

42 Reinhard Farkas [Hg.], *Hermann Bahr. Prophet der Moderne*. Tagebücher 1888–1904. Ausgewählt und kommentiert von Reinhard Farkas. Vorwort Moritz Csáky, Wien–Köln 1987, S. 36f.

43 »›[…] Monelle ist das flüchtigste von allen Dingen‹, die erklärte Feindin jeder Dauer. Und noch das, was dieser Tochter der Nacht […] die Umrisse einer konkreten Person zu verleihen scheint, die Tatsache nämlich, daß sie eine Prostituierte ist, macht ihre Gestalt erst recht ungreifbar und unangreifbar. […] Das Rätsel der ›kleinen Prostituierten‹, das Schwob sich stellt, ohne es lösen zu können, wandelt er in ein Stück Literatur, in eine Art spiritueller Suche nach den Gründen einer Obsession, die, wie er feststellen muß, durchaus typisch ist und von nicht wenigen Frauen geteilt wird. Monelle hat viele erotische Schwestern, sie bildet mit ihnen zusammen eine Reihe von Beispielen, die sich der Geschichte aller Zeiten entnehmen läßt […].« Krumme, in: Marcel Schwob, *Das Buch Monelle*. Berechtigte Übertragung von Franz Blei. Mit einem Nachwort von Peter Krumme, Frankfurt–Berlin–Wien 1983, S. 171f.

44 Marcel Schwob, 1867–1905, geboren in Chaville, einem Ort in der Nähe von Paris, stammt aus einer alten jüdischen Intellektuellenfamilie. Er war ein Zeitgenosse von Remy de Gourmont und wie dieser ein Essayist. *Monelle* erschien 1896 erstmals unter dem Titel: *Les vies originaires*. Siehe Krumme, in: Ebda., S. 167.

45 Vgl. Ebda., S. 80.

46 »Unleugbar besitzt ›Das Buch Monelle‹ keinen Zusammenhang; seine drei Abschnitte ›Die Worte der Monelle‹, ›Die Schwestern der Monelle‹ und ›Monelle‹ sind durch nichts als den bloßen Namen miteinander verklammert. Und so muß allein schon der Name zu der Frage führen, ob denn Monelle überhaupt eine Art von Identität besitzt und welcher Art diese Identität sein könnte. Monelle sagt es selbst, aber sie sagt es nicht als ein Selbst: ›Sei nicht erstaunt, […] ich bin es,

und ich bin es nicht.‹ und später: ›Weil ich allein bin, wirst du mir den Namen Monelle geben. Aber es wird dir sein, als hätte ich die andern Namen alle. Und ich bin diese, und diese auch, die keinen Namen hat.‹ Ihre Aussage, daß sie die ist, die allein ist, legt die Vermutung nahe, daß Monelle ein Sprachspiel ist, daß der Name nämlich aus dem griechischen Wort ›mónos‹ abgeleitet ist – ein Wort, das sowohl ›allein‹ als auch ›einzig‹ bedeuten kann. […] ›Monelle‹ ist ein Name und doch kein Name, dieser Unname bewirkt nichts als die sinnliche Gewißheit (und das muß heißen: deren Kritik) eines flüchtigen Namens, einer Flucht von Namen, in denen die jeweils anderen alle schon enthalten sind.« Krumme, in: Ebda., S. 170f.

47 Krumme, in: Ebda., S. 172.
48 Zit. nach: Ebda.
49 Flaubert erwähnte, er sei, als er seine *Versuchung* schrieb, selbst der Heilige Antonius gewesen, der im Kampf mit den Dämonen seiner Phantasie als Sinnbild des einsamen, in Bildern und Visionen gefangenen Künstlers erscheint. Vgl. Hofmann, *Das irdische Paradies*, a.a.O., S. 235. Vgl. Anhang XII.
50 Bereits Jacques Cazotte nahm sich in seinem 1772 entstandenen Roman *Biondetta. Der verliebte Teufel* des Themas der Versuchung des Mannes durch eine verführerische Frau an, wobei der Schriftsteller aber eine endgültige Erklärung zur Person der Biondetta – Sylphide, Teufel oder Traumbild – vermeidet. Heinz-Georg Held schreibt im Nachwort zur *Biondetta*: »Mit dem ›Verliebten Teufel‹ hat Cazotte bewußt oder unbewußt eine weibliche Utopie beschrieben: in der die Frau nicht als Heilige, sondern als Naturwesen die Menschen (das heißt die Männer) von ihrer prätentiösen Mündigkeit, ihrer eingebildeten Aufklärung und den unsinnigen Verpflichtungen, die sich daraus ergeben; mit einem Wort: aus ihren selbstverschuldeten moralischen Zwängen befreit. Biondetta ist eine Frau, die der eigenen Lust folgt und sich damit der männlichen Verfügungsgewalt über Lust und Verbot widersetzt.« Zit. nach: Jacques Cazotte, *Biondetta. Der verliebte Teufel* [1772]. Aus dem Französischen von Franz Blei. Mit einem Nachwort von Heinz-Georg Held, Frankfurt/M.–Berlin–Wien 1984, S. 113f.
51 Der Heilige Antonius fühlte sich von der ›Frau‹ offenbar so stark bedroht, daß er schrieb: »Wenn ihr ein Weib seht, dann denkt daran, daß sie weder ein Mensch noch ein wildes Tier ist, sondern der Teufel in Person.« Zit. nach: Groult, *Ein Tier mit langen Haaren*, a.a.O., S. 59.
52 Rops, in: Friederike Hassauer und Peter Roos, *Félicien Rops, Der weibliche Körper, Der männliche Blick*, Zürich 1984, S. 69.
Freud interpretierte 1907 die *Versuchung* als exemplarische Bebilderung seiner Verdrängungstheorie.
Vgl. Anhang XIII.
53 Vgl. Anhang XIV.
54 Die Figur des Ritters findet sich auch in der Literatur und den Musikdramen, so etwa im *Parsifal*. Vgl. Anhang XV.
55 Vgl. Daniela Strobach, *Die Rolle der Frau bei Baudelaire*. Phil. Dipl., Graz 1988, S. 38.
56 Vgl. Ebda., S. 77.
57 Charles Baudelaire, *Les Fleurs du Mal – Die Blumen des Bösen*, Ditzingen 1984, S. 231.
58 Wertheimer, *Ästhetik der Gewalt*, a.a.O., S. 303f.
»Der typische Mann der Periode nach 1830 hat in irgendeiner frühesten und dem Bewußtsein unerreichbaren Zeit seine emotionale Zuversicht verloren. […] Dichtet er, so verfaßt er Abgesänge auf das Ideal einer von Entfremdung freien Liebe, dem er doch nicht entsagen kann. Seine Enttäuschung vergegenständlicht sich in Bildern der untreuen, kaltblütig ihren sinnlichen Neigungen folgenden Frau. Von Anfang an stehen seine Liebesaffären unter dem Diktat eines heimlichen Zwangs, sich die fundamentale Erfahrung des Verratenseins zu bestätigen.« Koschorke, Der Rückzug des Mannes aus dem Territorium der Lust, in: [Alfred de Musset], *Gamiani oder Zwei Nächte der Ausschweifung*. Aus dem Französischen von Heinrich Conrad. Mit zwölf Illustrationen, einem Essay von Iwan Bloch, einer Bibliographie (fast) aller Ausgaben und einem Nachwort von Albrecht Koschorke. Hg. Michael Farin, Stuttgart 1992, S. 205.
59 Vgl. Anhang XVI.

60 Vgl. Anhang XVII.
61 Ausst.Kat. *Auguste Rodin*. Eros und Leidenschaft, a.a.O., S. 148.
62 Auch Rodin hat – inspiriert von *Salammbô* – ein Werk geschaffen; die nackte Frauengestalt verweist jedoch nicht auf Flauberts Roman, sondern versinnbildlicht durch Ausdruck und Haltung ihres Körpers die schuldig gewordene Priesterin.
63 »[…] biblische Gestalten wie Judith, Dalila, Salome zeigen aktive Frauen […]: Ihre Aktivität mündet in die Tötung oder Verstümmelung des Mannes und ihre Körper sind von einer so aufreizenden Sinnlichkeit, die so verführerisch wie Verderben bringend ist. […] In Frage gestellt wird nun die ›Männerherrschaft‹ generell.« Dölling, *Der Mensch und sein Weib*, a.a.O., S. 77.
64 Vgl. Anhang XVIII.
65 Gustave Flaubert, *Salammbô*. Mit einem Nachwort von Monika Bosse und André Stoll, Frankfurt/M. 1979, S. 215.
66 Ebda., S. 234.
67 Ausst.Kat. *Symbolism*, Europe and America at the End of the 19th Century, Art Gallery, California Stage College, San Bernhardino 1980, S. 53f.
68 Vgl. Anhang XIX.
69 »In *Eternelle Idole* wird das ›ewig Weibliche‹ aus der Sicht des Mannes geradezu sakralisiert. Nicht zufällig erhielt die Gruppe zu Rodins Zeit auch den Titel die Hostie, […].« J. A. Schmoll gen. Eisenwerth, *Rodin und Camille Claudel*, München–New York 1994, S. 51.
70 Die »Wandlung vom unnahbaren Idol […] zur ›Erscheinung‹ der lüsternen Kurtisane, auf die alle Ängste und verbotenen Wünsche projiziert werden, bestimmt die *Salammbô*-Rezeption durch das Publikum des Ästhetizismus überhaupt. In der Vorstellung des Fin de Siècle ist Salammbô das starre Projektionsobjekt ebenso wie das Opfer des theokratischen Staates, nur noch unter der Gestalt ihrer sinnlichen Metamorphosen Salome/Herodias, Helena oder Lulu gegenwärtig.« Flaubert, *Salammbô*, a.a.O., S. 446.
71 Wilde, *Salome*, a.a.O., S. 22, 24.
72 Wertheimer, *Ästhetik der Gewalt*, a.a.O., S. 315.
73 Gustave Moreau schrieb an einen Freund (Henri Rupp, 1884) über seine Salomé: »Cette femme ennuyée, fantasque, à nature animale, se donnant le plaisir de voir son ennemi à terre, tant elle est dégoûtée de toute satisfaction de ses désirs […]. Cette femme se promenant nonchalamment d'une façon végétale et bestiale dans les jardins qui viennent d'être souillés par cet horrible meurtre qui effraie le bourreau lui-même, qui se sauve éperdu […]. Quand je veux rendre ces nuances-là, je les trouve non pas dans mon sujet mais dans la nature même de la femme, dans la vie qui cherche les émotions malsaines et qui, stupide, ne comprend même pas l'horreur des situations les plus affreuses.« Brigitte Agard – Marie-France Boireau – Xavier Darcos, *Le XIXe siècle en littérature*, Paris 1986, S. 526.
»Cette analyse révèle comment le désir exacerbé et inassouvi du décadent trouve son reflet dans Salomé, beauté excessive, féline et maléfique. Une libido toujours insatisfaite, qui espere vainement trouver sa fin, se résume dans le baiser donné à la tête tranchée du saint incorruptible. Rencontre morbide de l'amour et de la mort, de la luxure et de la cruauté, l'histoire de Salomé, dans son raffinement pervers, résume le goût décadent. Mais, en ce mythe, d'autres perspectives se dessinent: en 1922, Breton, pape du surréalisme, avouera que Gustave Moreau a ›conditionné pour toujours sa façon d'aimer‹: ›la beauté, l'amour, c'est là que j'en ai eu la révélation à travers quelques visages, quelques poses de femmes. Le type de ces femmes m'a probablement caché tous les autres: ça a été l'envoûtement complet. Cette femme qui, presque sans changer d'aspect, est tour à tour Salomé, Hélène, Dalila, la chimère, Sémélé, s'impose comme leur incarnation indistincte. Elle tire d'eux son prestige et fixe ainsi ses traits dans l'éternel.‹ [Cité dans *Le Journal du symbolisme*]« Ebda., S. 526.
74 Vgl. Anhang XX.
75 Joris-Karl Huysmans, *Gegen den Strich*. Roman. Aus dem Französischen von Hans Jacob. Mit einer Einführung von Robert Baldick und einem Essay von Paul Valéry, Zürich 1981, S. 134f. Wie Salome (auf Befehl des Herodes) wird auch die römische Kaiserin Messalina, die sich ohne

Einschränkungen ihren Leidenschaften hingibt, ermordet. Messalina inspirierte Alfred Jarry zu einem Roman voller Exzesse und Abgründigkeiten. Wie die Gräfin in *Gamiani* erfährt sie im Tod höchste Lust.
Vgl. Anhang XXI.

76 Huysmans, *Gegen den Strich*, a.a.O., S. 129f.
77 Wertheimer, *Ästhetik der Gewalt*, a.a.O., S. 308.
78 Théophile Gautier, *Eine Nacht der Kleopatra*. Zwei Erzählungen. Mit Illustrationen von Angela Hampel, Berlin 1990, S. 64f.
»[...] wie die Mantis tötet Cleopatra den Mann, den sie liebt. Die Merkmale werden später zu festen Wesenszügen des Vamps. Nach dieser Konzeption ist der Liebhaber in der Regel ein junger Mann, der sich passiv verhält; er ist unbedeutend und der Frau an Stellung oder physischer Kraft unterlegen. [...] Der sexuelle Kannibalismus ist hier das Monopol der Frau.« Mario Praz, *Liebe, Tod und Teufel*, Die schwarze Romantik. Mit 16 Bildtafeln, München 1960, S. 183.
79 Johann Wolfgang von Goethe, [Venezianische Epigramme, 1790], zit. nach: *Die leichten Damen der Weltliteratur*. Ein Lesebuch. Hg. und mit einem Nachwort versehen von Manfred S. Fischer, Frankfurt/M.–Berlin 1990, S. 91.
80 »Die Freiheitsmomente, die die Männer im Leben der Kurtisanen witterten, beflügelten sie, deren elenden Untergang in unzähligen Romanen drastisch zu schildern – ein großer Teil des lesenden Publikums bestand aus Frauen.« Paas, in: Ausst.Kat. *Eva und die Zukunft*, a.a.O., S. 265.
81 Der Künstler empfindet sich der Prostituierten in ihrer Fremdheit und ihrem Ausgestoßensein von der Gesellschaft jedoch verbunden:
»Darum, Schwestern, will ich in eure Täler der Lust
ganz mich versenken, die ihr meine einzig wahren Gefährten seid,
reif in Schönheit oder erst blühend, Neulinge oder Erfahrene,
hinbringend an euren Lustplätzen meines Lebens Zeit.«
Paul Verlaine, Eröffnung [Femmes, 1890], zit. nach: *Die leichten Damen der Weltliteratur*, a.a.O., S. 24.
82 Marx, in: Emile Zola, *Nana*. Aus dem Französischen und mit einem Nachwort versehen von Erich Marx, Leipzig 1994, S. 505.
Vgl. Anhang XXII.
83 »Nana blieb allein, das Gesicht nach oben gekehrt im hellen Schein der Kerze. Es war nur noch ein schmählicher Überrest, eine feuchte, blutige Masse, ein Haufen verfaulendes Fleisch, das dort hingeworfen auf dem Kissen lag. Die Blattern hatten das ganze Gesicht überzogen, [...]. Und über diese grauenhafte, groteske Maske des Nichts flutete das Haar, ihr herrliches Haar, und schimmerte noch immer in seinem Sonnenglanz wie ein Geriesel von Gold. Venus löste sich auf. Es schien, als wäre das Gift, das sie vom Aas aus der Gosse mitgebracht, dieser Gärstoff, mit dem sie ein Volk verseucht hatte, ihr jetzt ins Gesicht gestiegen und hätte es in Fäulnis versetzt.« Zola, *Nana*, a.a.O., S. 493.
84 Marx, in: Ebda., S. 500f.
85 Ernst Pacolt meint: »Mit dem Bild *Nana* hat Manet seinem treuen Mitstreiter und Interpreten Emile Zola seinen Dank ausgesprochen und hat mit ihm überhaupt die moderne Pariserin in die Kunst eingeführt.« In: Maupassant, *Pariser Abenteuer*, a.a.O., S. 87f.
86 Vgl. Joris-Karl Huysmans, *Marthe*. Geschichte einer Dirne. Aus dem Französischen übersetzt von Christa Schulz. Mit einem Nachwort versehen von Ulla Momm, München 1993, S. 1.
87 »Die Dirne, die Ausgestoßene der Gesellschaft, wird zur Schwester der Bohèmiens, der Dichter und der Maler. Sie ist das Symbol für Einsamkeit und weibliche Macht.« Bode, *Kunst zwischen Traum und Alptraum*, a.a.O., S. 55.
88 Arnold Hauser, in: *Huysmans, Marthe*. Nachwort, a.a.O., S. 99.
89 Huysmans, *Marthe*, a.a.O., S. 24.
Vgl. Anhang XXIII.
90 Honoré de Balzac, *Glanz und Elend der Kurtisanen*. Aus dem Französischen von Felix Paul Greve. Vorwort, Frankfurt/M. 1990, S. 2.

91 Siehe Ausst.Kat. *La joie de vivre*. Die nie gesehenen Meisterwerke der Barnes Collection. Haus der Kunst 1995, München 1993, S. 178.
92 Ebda., S. 181.
93 Der Titel nimmt bereits den Inhalt vorweg, denn *La Traviata* heißt auf deutsch »Die vom Wege Abgekommene«. [o.Hg.], *Kulturbibliothek der klassischen Musik- und Theaterbibliothek,* Opern- und Operettenführer, Musicals, Erlangen 1993, S. 217.
94 Nach Wedekinds Text schrieb Alban Berg seine Oper *Lulu* (Teil-Uraufführung 1937); Georg Büchners *Wozzeck* wurde von Berg in der gleichnamigen Oper vertont (Uraufführung 1925).
95 Weidl, zit. nach: Frank Wedekind, *Lulu* – Erdgeist. Die Büchse der Pandora, Stuttgart 1992, S. 203.
Die Büchse der Pandora wurde 1905 in Wien aufgeführt, die einleitende Vorlesung hielt Karl Kraus.
96 Vgl. Anhang XXIV.
97 Vgl. Irmgard Roebling [Hg.], *Lulu, Lilith, Mona Lisa* ... Frauenbilder der Jahrhundertwende, Pfaffenweiler 1989, S. 65.
98 Weidl, zit. nach: Wedekind, *Lulu*, a.a.O., S. 199f.
Karl Kraus formuliert viel drastischer: »Aber einer von Lulus Hampelmännern, der Maler Schwarz, tötet sich, weil sein geliebtes Weib nicht, wie er glaubte, von vornehmer Abkunft ist, sondern ›aus der Gosse‹ stammt, und weil sie nicht, wie er glaubte, bei einer Tante aufgewachsen ist, sondern im Alhambra-Café barfuß Blumen verkauft hat.« Karl Kraus, *Sittlichkeit und Kriminialität*. Nachwort Heinrich Fischer, München–Wien [1963], S. 102.
99 Manfred Hahn, in: Frank Wedekind, *Die Liebe auf den ersten Blick und andere Erzählungen*, München–Wien 1971, S. 220.
100 Heinz Puknus, in: Ebda., S. 220.
Das Motiv für den Mord Wozzecks an seiner Geliebten Marie ist hingegen Eifersucht auf den ihm gesellschaftlich überlegenen Tambourmajor.
101 »Carmen und Don José, [...] in ihnen stehen einander Frau und Mann gegenüber, ausgesondert ein jeder aus seiner Umgebung, verfemt von den anderen, einsam liebend und hassend, unfähig zu verzeihen oder zu verzichten, fremd auch einander, ohne wirkliche Zwiesprache, ohne Zwiegesang, verbunden und verschlungen nicht auf Gedeih, sondern nur auf Verderb.« Richard Bletschacher, *Apollons Vermächtnis*. Vier Jahrhunderte Oper, Wien 1994, S. 359.
102 Prosper Mérimée, *Carmen et autres nouvelles*. Tome II. Édition présentée par Jean Mistler, Paris 1983, S. 239.
Vgl. Anhang XXV.
103 Zit. nach dem Begleitheft zur Aufnahme von *Carmen*, Dirigent Claudio Abbado, Deutsche Grammophon 1977, S. 23.
»Ironischerweise begehrt José zwar, der lebendigen Carmen ›sicher‹ zu sein, doch ihr toter Körper ist die einzige Form von Sicherheit, die er gewinnen kann. [...] Durch den Mord kann das Unbestimmte und Schwindende, das Carmen bezeichnet, überwunden werden. [...] Als starre Leiche kann die Geliebte in das reglose, versteinerte Reich der Ewigkeit übersetzt werden. Die tote Geliebte wird nicht älter, verändert sich nicht, ist nicht mehr untreu.« Elisabeth Bronfen, *Nur über ihre Leiche. Tod, Weiblichkeit und Ästhetik*. Deutsch von Thomas Lindquist, München 1994, S. 270ff.
104 Franz Grillparzer, Begegnung, zit. nach: Joachim Schondorff [Hg.], *Zeit und Ewigkeit*. Tausend Jahre österreichische Lyrik. Mit einem Nachwort von Heinz Politzer, Düsseldorf 1980, S. 156.
105 W. G. Sebald, *Die Beschreibung des Unglücks*. Zur österreichischen Literatur von Stifter bis Handke, Frankfurt/M. 1994, S. 30.
106 Adalbert Stifter, *Der Nachsommer*. Eine Erzählung. Mit einem Nachwort von Hugo von Hofmannsthal, Berlin [o.J.], S. 251.
Stifters Betonung der Güte als höchste Tugend der Frau wird auch durch ein Zitat aus einem seiner Briefe deutlich, wo es heißt: »Ich segne und achte sie im voraus, die Ihnen die Tage des Unglückes vergessen machen und vergüten wird. Ich frage nicht nach ihren anderen Eigen-

schaften, nur danach, wie gut sie ist; denn Güte ist das erste und letzte Gut der Frauen.« Zit. nach: Hevesi, *Altkunst – Neukunst*, a.a.O., S. 96.
107 »Ich betrachtete während der Zeit des Essens und nachher, da wir uns noch eine Weile in dem Speisezimmer aufhielten, sogar auch die Schönheit der Mädchen. Die ältere von den beiden Töchtern der Fremden – wenigstens mir erschien sie als die ältere – hieß Julie. Sie hatte braune Haare wie Natalie. Dieselben waren reich und waren schön um die Stirne geordnet. Die Augen waren braun, groß und blickten mild. Die Wangen waren fein und ebenmäßig, und der Mund war äußerst sanft und wohlwollend […]. Die jüngere, welche Apollonia hieß, hatte gleichfalls braune, aber lichtere Haare als die Schwester. Sie waren ebenso reich und womöglich noch schöner geordnet. Die Stirne trat klar und deutlich von ihnen ab, und unter derselben blickten zwei blaue Augen, nicht so groß wie die braunen der Schwester, aber noch einfacher, gütevoller und treuer hervor.« Stifter, *Nachsommer*, a.a.O., S. 273f.
108 Vgl. Sebald, *Die Beschreibung des Unglücks*, a.a.O., S. 36.
109 Stifter, *Nachsommer*, a.a.O., S. 195.
110 Adalbert Stifter, *Brigitta*. Hamburger Lesehefte. 58. Heft, Husum [o.J.], S. 36.
111 Zit. nach: Hermann Bahr, *Tagebücher. Skizzenbücher. Notizhefte.* Band 3. 1901–1903. Hg. Moritz Czáky. Bearbeitet von Helene Zand und Lukas Mayerhofer, Wien–Köln–Weimar 1997, S. 422. Hermann Bahr über Stifter: »Wir müssen alle Stifter-Menschen werden, wenn wir in der Zukunft bestehen wollen.« Zit. nach: Herbert Pochlatko – Karl Koweindl, *Einführung in die Literatur des deutschen Sprachraumes von ihren Anfängen bis zur Gegenwart*. Mit besonderer Berücksichtigung des österreichischen Schrifttums. Unter Mitarbeit von Ernst Joseph Görlich. II. Teil. 3. ergänzte Aufl., Wien [o.J.], S. 200.
112 *Die Jüdin von Toledo* wurde 1873 und die vollständige *Libussa* 1874 im Wiener Burgtheater am Michaelerplatz erstaufgeführt. Siehe: Hadamowsky, *Wien – Theatergeschichte*, a.a.O., S. 400.
113 Siehe im Kapitel » Wiener Künstler der Jahrhundertwende und ihr Frauenbild« über das »süße Mädel«.
114 Vgl. Sebald, *Die Beschreibung des Unglücks*, a.a.O., S. 43.
115 Ebda., S. 44.
116 Andics, *Die Juden in Wien*, a.a.O., S. 318.
117 Kurt Hiller, zit. nach: Schröder – Winkler [Hg.], *Oskar Kokoschka*, a.a.O., Tafel 3.
118 Vgl. Christoph Settele, *Das Bild der Frau im Frühwerk Alfred Kubins*, Lic. Phil. I, Univ. Zürich 1986, S. 49–54.
119 Arthur Schnitzler, *Anatol*. Dramen 1889–1891. 6. – 7. Tsd, Frankfurt/M. 1996, S. 61.
120 »Um zu ihrem Ziel, der mythischen Darstellung der weiblichen Lust, zu gelangen, muß die Pornographie alle Gesetze vom Schutz der ›Intimsphäre‹ brechen und sich selber mit dem Konsumenten in einer Art von Intimität verabreden, die ihn gefangen macht.« Georg Seeßlen, *Lexikon der erotischen Literatur*. Hg. Werner Heilmann, München 1984, S. 18.
121 Hermann Schreiber, in: Fritz Thurn, *Die Weisheiten der Aspasia*. Eine klassische Liebeslehre. Mit einem Nachwort von Hermann Schreiber, Berlin 1991, S. 361f.
122 Alice Strobl hat darauf beim Symposion *Kokoschka und der frühe Expressionismus*, Wien, 19.–21. Februar 1997, mit Bezug auf das Frauenbild des jungen Kokoschka hingewiesen.
123 »In London trat die Rute als offzielles Requisit der Dirnen zwischen 1750 und 1760 in Erscheinung. […] Die Flagellationshäuser […] erlebten ihre Blüte […] gegen Ende des achtzehnten und zu Beginn des neunzehnten Jahrhunderts, und werden oft als eine englische Spezialität bezeichnet, obwohl die Flagellation im Geschlechtsleben und insbesondere in der Prostitution schon seit der Antike eine große Rolle spielt.« (Zum Beispiel in den Wandmalereien in der Villa dei Misteri in Pompeji.) Lujo Bassermann, *Das älteste Gewerbe*. Eine Kulturgeschichte, Wien–Düsseldorf 1965, S. 187f.
124 Courbet malte das Bild 1866 für den türkischen Botschafter Khalil Bey, wie auch sein Gemälde *Le Sommeil* (*Der Schlaf*). Siehe dazu: Michele Haddad, *La Divine et L' Impure*. Le Nu au XIXe. Avant-Propos de Geneviève Lacambre, Paris 1990, S. 25 und 160.
125 Arthur Symons schreibt über die Zeichnungen Rodins: »Hier steht Dir eine Frau gegenüber, ihre Beine über ihren Kopf geworfen; hier begegnet sie Dir, indem sie ihre Beine gerade vor sich

ausgestreckt hat, wobei die Sohlen ihrer Füße ganz nahe und riesengroß zu sehen sind. Sie hockt wie eine Kröte, sie streckt sich wie eine Katze, sie steht steif, sie liegt verlassen da. Jede Bewegung ihres Körpers, der durch die Erinnerung oder durch die Erwartung oder den Akt des Begehrens in heftige Erregung versetzt wird, ist in einem ausdrucksvollen Moment zu sehen. Sie dreht sich um sich selbst in Hunderten von Haltungen, immer um den zentralen Angelpunkt des Geschlechtes […].« Zit. nach: Ausst.Kat. *Auguste Rodin.* Eros und Leidenschaft, a.a.O., S. 107.

126 Zit. nach: Ebda., S. 63.

127 François Villon, *Lieder und Balladen. Das kleine Testament. Die Balladen. Das Große Testament.* Ins Deutsche übertragen und mit einem Nachwort versehen von K. L. Ammer, Zürich 1987, S. 59.

128 Iwan Bloch, in: [Musset], *Gamiani*, a.a.O., S. 127.
Eine Übersetzung ins Deutsche erschien erstmals 1905. George Sand wurde als Mitverfasserin von *Gamiani* genannt; andernorts wird dieses Werk als »eine Rache für die Untreue der George Sand und die Verletzung seiner [Mussets] Mannesehre durch sie hingestellt. Sie habe nämlich öffentlich verbreitet, daß der Bruch in Italien wegen seiner Impotenz erfolgt sei. Aus gekränkter Eitelkeit habe er sich durch die Abfassung einer Skandalschrift und durch die Herstellung von 6 obszönen Illustrationen dazu an George Sand gerächt, indem er darin ihre homosexuellen und sodomistischen Neigungen geißelte.« Ebda., S. 134f.

129 Ebda., S. 130f.
»Furchtbar groß ist diese Wollust! Ich sterbe ... aber ich sterbe in der Raserei der Lust, in der Raserei des wundervollsten Schmerzes […].« Ebda., S. 111.

130 Hier seien auch die Akte Rodins erwähnt, die denselben voyeuristischen Darstellungscharakter aufweisen.

131 »Mit seinem *Schlaf* wandte sich Courbet mehr an den männlichen Voyeur, als daß er emanzipatorisches Bewußtsein wecken wollte. Bevor der Eros in der bürgerlichen Intimsphäre verschwand und folglich auch die gleichgeschlechtliche Liebe privatisiert und tabuisiert wurde, durfte sie auf der hohen Ebene allegorischer Sinnfiguren ausgesprochen werden.« Hofmann, in: Ausst.Kat. *Eva und die Zukunft*, a.a.O., S. 16.

132 »Devéria lui-même a dessiné en 1829 deux compositions en pendant, *Le Sommeil* et *Le Réveil*, qui représentent deux jeunes filles endormies dans les bras l'une de l'autre, mais avec une connotation érotique fort différente de l'image ›d'innocence et de beauté fragile‹ donnée par les *Enfants d'Édouard* et *Minna et Brenda*.«. Ausst.Kat. *Achille Devéria témoin du romantisme parisien 1800-1857.* Musée Renan-Scheffer 1985, Paris 1985, S. 66f.

133 Siehe Gabriel P. Weisberg, Georges de Feure's mysterious women, a study of symbolist sources in the writings of Charles Baudelaire and Georges Rodenbach, in: *Gazette des Beaux-Arts*, Vol. 82, Oktober 1974, S. 225.

134 Koschorke, Der Rückzug des Mannes aus dem Territorium der Lust, in: [Musset], *Gamiani*, a.a.O., S. 214f.

135 *Carmilla*, die Erzählung von einem lesbischen Vampir, erschien noch vor Bram Stokers *Dracula*. Die Geschichte, die in einem Schloß in der Steiermark spielt, handelt von einem jungen Mädchen, das durch einen weiblichen Vampir bedroht und durch das mutige Eingreifen anderer (männlicher) Personen vor der Tode errettet wird.
»Carmilla hing mehr denn je an mir, und ihre merkwürdigen Aufwallungen glutvoller Zuneigung wurden immer häufiger. Je mehr meine körperliche und seelische Kraft schwand, desto leidenschaftlicher schien sie sich an mich zu klammern. […] Gewisse vage und seltsame Gefühle befielen mich im Schlaf. […] Zuweilen war es mir, als streiche eine Hand sanft über meine Wange und meinen Nacken, zuweilen, als küßten warme Lippen mich, und immer zärtlicher und länger, wenn sie meinen Hals erreichten, und schließlich schienen sie sich daran festzusaugen.« Joseph Sheridan Le Fanu, *Carmilla, der weibliche Vampir. Eine Vampirgeschichte.* Aus dem Englischen von Helmut Degner. Zeichnungen von Edward Ardizzone, Zürich 1979, S. 65f.

136 Praz, *Liebe, Tod und Teufel*, a.a.O., S. 91.

137 Homunculus: Wiener Liäsons, zit. nach: Alexander Sixtus von Reden – Josef Schweikhardt, *Eros unterm Doppeladler*. Eine Sittengeschichte Altösterreichs, Wien 1993, S. 171.
138 Auch hier ist die Autorenschaft nicht vollständig gesichert; sicher ist aber, daß Salten (der Erfinder von *Bambi*) ein pornographisches Werk schrieb. Es sind dies *Die Erotischen Märchen*, die 1908 im Wiener Stern-Verlag erschienen. Vgl. Felix Salten zugeschrieben, *Josefine Mutzenbacher. Die Geschichte einer Wienerischen Dirne. Von ihr selbst erzählt*, Bindlach 1991, S. 331f.
139 Michael Pollak, *Wien 1900. Eine verletzte Identität*. Aus dem Französischen übertragen von Andreas Pfeuffer, Konstanz 1997, S. 252.
140 [Salten], *Josefine Mutzenbacher*, a.a.O., S. 7.
141 Pollak, *Wien 1900*, a.a.O., S. 252.
»Denn im ganzen ist die Liebe unsinnig. [...] Die Männer tun alle dasselbe. Sie liegen oben, wir liegen unten. Sie stoßen, und wir werden gestoßen. Das ist der ganze Unterschied.« [Salten], *Josefine Mutzenbacher*, a.a.O., S. 329.
142 Richard Werther, *Der Skandal von Graz oder Der nackte Ball*. Aus den Geheimnissen einer österreichischen Provinzhauptstadt. Originalausgabe des erotischen Romans von 1909, Graz 1996, S. 7f.
143 Thurn, *Die Weisheiten der Aspasia*, a.a.O., S. 7f.
144 Hermann Bahr beschäftigt sich 1903 mit diesem Werk und schreibt: »Zum ›Lukian‹ lese ich Pierre Dufours *Geschichte der Prostitution* [...].« Hermann Bahr, *Tagebücher*. Band 3, a.a.O., S. 398.
145 Lukian, *Hetärengespräche*. Mit 15 Zeichnungen von Gustav Klimt. Neufassung des von Franz Blei aus dem Griechischen übersetzten Textes sowie Anmerkungen und Nachwort von Rudolf Schottlaender, Wiesbaden [o.J.], S. 28.
146 Ebda., S. 31.
147 Zit. nach: Nina Börnsen, *Das Gustav Klimt Album. Leben und Werk in Daten und Bildern*. Die bibliophilen Taschenbücher Nr. 544, 2. Aufl., Dortmund 1991, S. 140.
148 Nebehay erwähnt jedoch auch, daß die Einbandverzierung für die *Hetärengespräche* von Klimt gestaltet wurde. Vgl. Christian M. Nebehay [Hg.], *Gustav Klimt*. Dokumentation, Wien 1969, S. 158.
149 Friedrich Nietzsche, *Also sprach Zarathustra. Ein Buch für alle und keinen*, Augsburg 1979, S. 56.
150 Wertheimer, *Ästhetik der Gewalt*, a.a.O., S. 289.
151 Siehe de Sade *Juliette oder die Wonnen des Lasters*.
152 »Grundsätzlich geht es de Sade, wie allen moralisierenden Philosophen des 18. Jahrhunderts, um eine ›Rehabilitierung der menschlichen Natur‹ gegenüber den Unterdrückungen, denen sie besonders in der stoischen und christlichen Tradition ausgeliefert worden war, durch die geforderte Härte gegenüber den Leidenschaften (Stoa) oder durch die christliche Warnung vor den teuflischen Übeln der Lust.« Monika Treut, *Die grausame Frau. Zum Frauenbild bei de Sade und Sacher-Masoch*. 2. Aufl., Basel–Frankfurt/M. 1990, S. 15.
153 »›Ja,‹ sprach einer von ihnen [...] ›da sieht man wohl die Leiden der Tugend und hier, meine Freunde‹, rief er aus, indem er auf Juliette wies, ›hier sieht man die Wonnen des Lasters.‹« Donatien-Alphonse-François Marquis de Sade, *Justine oder die Leiden der Tugend*. Werke 2, Köln 1995, S. 596.
154 Hermann Bahr setzte sich nachweislich mit diesem Roman auseinander. Vgl. Bahr, *Tagebücher*, Band 2, a.a.O., S. 199ff.
155 Praz, *Liebe Tod und Teufel*, a.a.O., S. 206.
156 Vgl. Anhang XXVI.
157 Joseph Freiherr von Eichendorff, *Das Marmorbild. Das Schloß Dürande*. Zwei Erzählungen, Stuttgart 1954, S. 47.
158 Ebda.
Für Eichendorff ist Maria die ›neue‹ Venus:
»Denn über Land und Wogen
Erscheint so still und mild,

Hoch auf dem Regenbogen
Ein andres Frauenbild.
Ein Kindlein in den Armen
Die Wunderbare hält,
Und himmlisches Erbarmen
Durchdringt die ganze Welt.« Ebda., S. 46.

159 Zit. nach: [o.Hg.], *Kulturbibliothek der klassischen Musik- und Theaterstücke*. Opern- und Operettenführer, Musicals, a.a.O., S. 160.

160 Sacher-Masoch schrieb: »Es gibt einen weiblichen Typus, welcher mich seit meiner Jugend unaufhörlich in Anspruch genommen hat. Es ist das Weib mit den Sphinxaugen, welches grausam durch die Lust und lüstern durch die Grausamkeit wird. Das Weib mit dem Tigerkörper, das von dem Mann angebetet wird, obwohl es ihn quält und erniedrigt; dieses Weib ist immer dasselbe, sei es im biblischen Kleid, wenn es das Lager des Holofernes teilt, sei es unter dem funkelnden Panzer der böhmischen Amazone, die ihren Verführer aufs Rad flechten läßt, oder sei's, daß es geschmückt mit dem Hermelinpelz der Sultanin ihre Liebhaber in den Wellen des Bosporus verschwinden läßt.« Zit. nach: Reden – Schweikhardt, *Eros unterm Doppeladler*, a.a.O., S. 205f.

161 Holger Rudloff, *Pelzdamen*. Weiblichkeitsbilder bei Thomas Mann und Leopold von Sacher-Masoch, Frankfurt/M. 1994, S. 16.
»Die Hehre [Venus] hatte ihren Marmorleib in einen großen Pelz gewickelt und sich zitternd wie eine Katze zusammengerollt.« Leopold von Sacher-Masoch, *Venus im Pelz*. Mit einer Studie über den Masochismus von Gilles Deleuze, Frankfurt/M.–Leipzig 1997, S. 9.
Die Frau – umhüllt von einem Pelz – ist auch in der Malerei ein beliebtes Motiv, das bekannteste Beispiel dafür ist wahrscheinlich Rubens' *Pelzchen*, wobei das Nebeneinander von zarter Frauenhaut und tierischem Pelzwerk in der Wiedergabe von Rubens eine besonders sinnliche Komponente erhält.

162 Vgl. Anhang XXVII.

163 Zit. nach: Ausst.Kat. *La joie de vivre*, a.a.O., S. 75.

164 Rudloff, *Pelzdamen*, a.a.O., S. 17.

165 Dazu Hevesi: »Ein Prachtstück Khnopffscher Kunst, diese Leopardensphinx, die so sprungbereit auf der Hinterhand sitzt und in deren Frauengesicht alles lauert; selbst die Augen scheinen sich zu ducken unter ihren fast geschlossenen Lidern. Der Leopard war im Mittelalter eines der Symbole der Wollust. Übrigens ist dieser Leopard gar keiner, sondern ein Gepard. Das sei nämlich unter allen wilden Tieren das schlangenähnlichste, le plus rampant; und gar nicht wegen seiner mystischen, sondern wegen seiner plastischen Eigenschaften habe er es gewählt.« Hevesi, *Acht Jahre Secession*, a.a.O., S. 34.

166 Khnopff meint: »Was übrigens das Gepardbild betrifft, ist es auch gar nicht so mystisch, wie man im allgemeinen glaubt. Es ist eine ganz landläufige Allegorie: der Mensch vor der Wahl zwischen dem Vergnügen und der Macht. Was die beiden blauen Kleinode an der Brust des Jünglings sollen? Nun, Sie sehen, es sind damit zwei störende Punkte auf der Haut verdeckt. Ich wollte das Nackte als eine Art feines Gewand darstellen, der schöne aufrichtige Ton der Haut sollte wie ein glattes Kleid von vornehm matter Farbe wirken, und dazu habe ich alle Teile, die sich auf organische Verrichtung beziehen, verdeckt.« Zit. nach: Bode, *Kunst zwischen Traum und Alptraum*, a.a.O., S. 158.

167 Diese Zuschreibungen finden sich in der Literatur u.a. bei den französischen Autoren Baudelaire und Zola, aber etwa auch bei Wedekind.
Vgl. Anhang XXVIII.

168 Zit. nach: Heinz Demisch, *Die Sphinx*. Geschichte ihrer Darstellung von den Anfängen bis zur Gegenwart, Stuttgart 1977, S. 194.

169 Hans Hofstätter schreibt: »Das 19. Jahrhundert hat für das rätselvolle Weib mancherlei Bildsymbole verwendet. Am eindeutigsten das der Sphinx. Ihr Hochmut ist die maskierte Enttäuschung über die Unfähigkeit des sie begehrenden Mannes, ihre Rätsel zu lösen.« Zit. nach: Ebda., S. 192.

170 Heinrich Heine, *Ausgewählte Werke*. Sonderausgabe für Trautwein Klassiker Edition, o.O. 1996, S. 7f. Siehe dazu auch: Gabriele Sorgo, *Martyrium und Pornographie*, Düsseldorf 1997.
171 Praz, *Liebe, Tod und Teufel*, a.a.O., S. 184.
172 Sacher-Masoch, *Venus im Pelz*, a.a.O., S. 12.
  Auch Sacher-Masochs Roman *Ein weiblicher Sultan*, der das Leben der russischen Kaiserin Elisabeth behandelt, spielt mit dem Motiv von Herrin und Sklaven: »›Mein Herr‹, stammelte Rasumowski. ›Ja, dein Herr und du bist mein Sklave‹, sagte die schöne Frau, ›der Sklave eines Weibes […].‹« Leopold von Sacher-Masoch, *Ein weiblicher Sultan*. Die Liebesnächte einer Despotin. Hg. Werner Heilmann, München 1983, S. 153.
173 Octave Mirbeau, *Der Garten der Qualen*. Aus dem Französischen von Susanne Farin. Mit einem Dossier von Michel Delon, einer Lebenstafel und einer Bibliographie. Hg. Michael Farin, Stuttgart 1992, S. 34.
  »›Denn weshalb wohl treibt es die Frauen zu den blutigen Dramen mit der gleichen rasenden Gier wie bei der Wollust? … Weshalb sieht man sie wohl auf der Straße, im Theater, im Gerichtssaal und bei der Guillotine, wie sie sich bei grausamen Szenen den Hals verrenken und die Augen aus dem Leib starren, wie sie sich bis zur Ohnmacht an dem Schauspiel des Todes ergötzen? … Weshalb läßt sie denn schon allein der Name eines großen Mörders bis tief unter die Haut erzittern und jagt ihnen süße Schauer über den Rücken? …‹« Ebda., S. 31.
174 Ebda., S. 35.
  Vgl. dazu auch: »›[…] ist es denn wirklich natürlich, daß Sie Wollust in der Verwesung suchen und daß Sie die Herde Ihrer Begierden an Orte führen, wo sie sich an dem schrecklichen Schauspiel des Schmerzes und des Todes weidet? … Handelt es sich dabei nicht vielmehr um eine Perversion jener Natur, deren Kult sie beschwören, und das vielleicht nur, um eine Rechtfertigung für das Verbrecherische und Ungeheuerliche Ihrer Sinnlichkeit zu haben? …‹ ›Nein!‹ erwiderte Clara lebhaft … ›denn die Liebe und der Tod ist ein und dasselbe! … und die Verwesung ist die ewigwährende Auferstehung des Lebens …‹« Ebda., S. 163.
175 Ebda., S. 35.
176 Halbey, *66 Hexen*, a.a.O., S. 96.
177 Mirbeau ergriff Partei für die Arbeiten Rodins.
178 Delon, in: Mirbeau, *Der Garten der Qualen*, a.a.O., S. 302f.

Abb. 21 Oskar KOKOSCHKA, *Bessie Bruce*, 1910

Abb. 22 Théodore RIVIÈRE, *Salammbô chez Mâtho*, 1895

Abb. 23 Auguste RODIN, *L'Eternelle Idole* (*Das ewige Idol*), 1889

Abb. 24 Gustave MOREAU, *Die Erscheinung*, 1876

Abb. 25 Henri-Marie-Raymond de TOULOUSE-LAUTREC, *A Montrouge - Rosa la Rouge*, 1886/87

Abb. 26 Gustav KLIMT, *Fritza Riedler*, 1906

Abb. 27 Peter FENDI, *Sequenz von erotischen Szenen*, um 1835

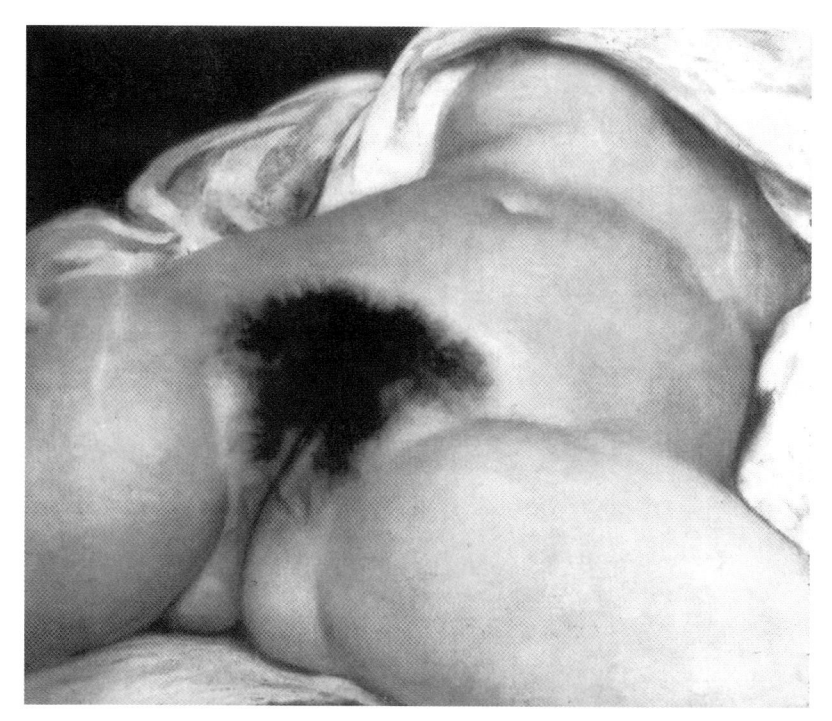

Abb. 28 Gustave COURBET, *Der Ursprung der Welt*, 1866

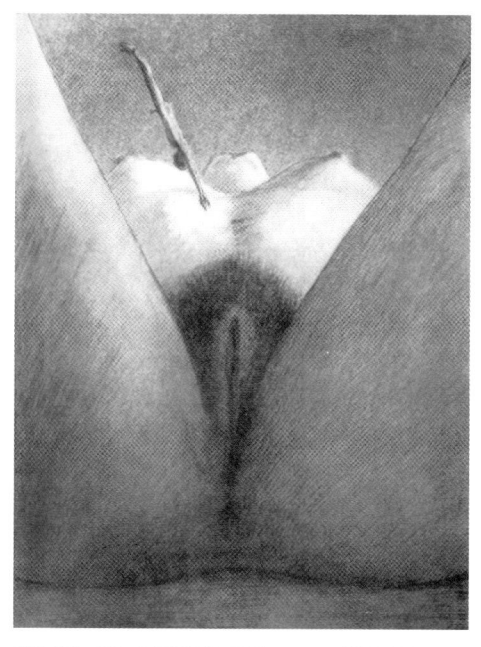

Abb. 29 Alfred KUBIN, *Todessprung*, 1901/02

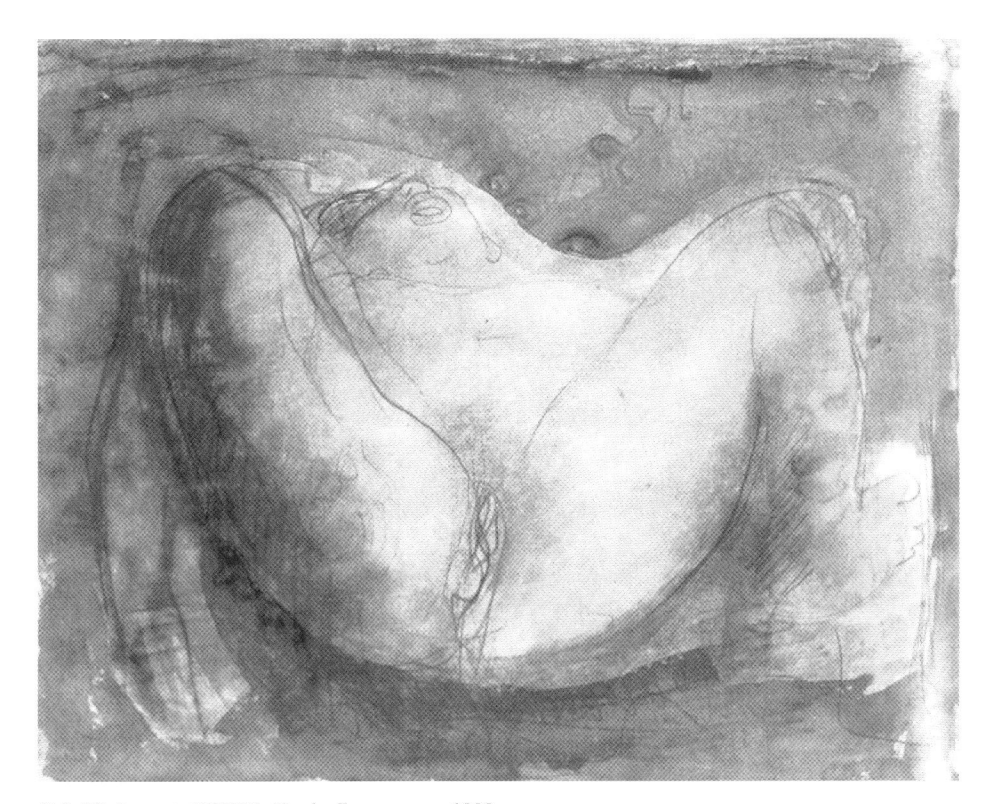

Abb. 30 Auguste RODIN, *Vor der Zeugung*, um 1900

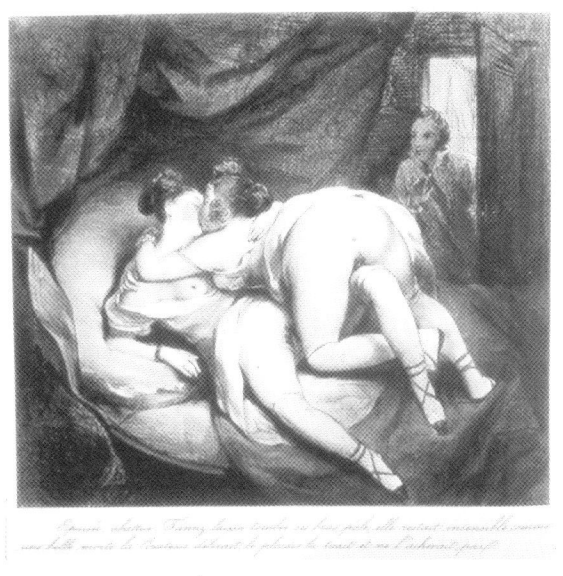

Abb. 31 Achille DEVÉRIA, *Illustration zu »Gamiani«*, um 1848

Abb. 32 Egon SCHIELE, *Sapphisches Paar*, Det., 1911

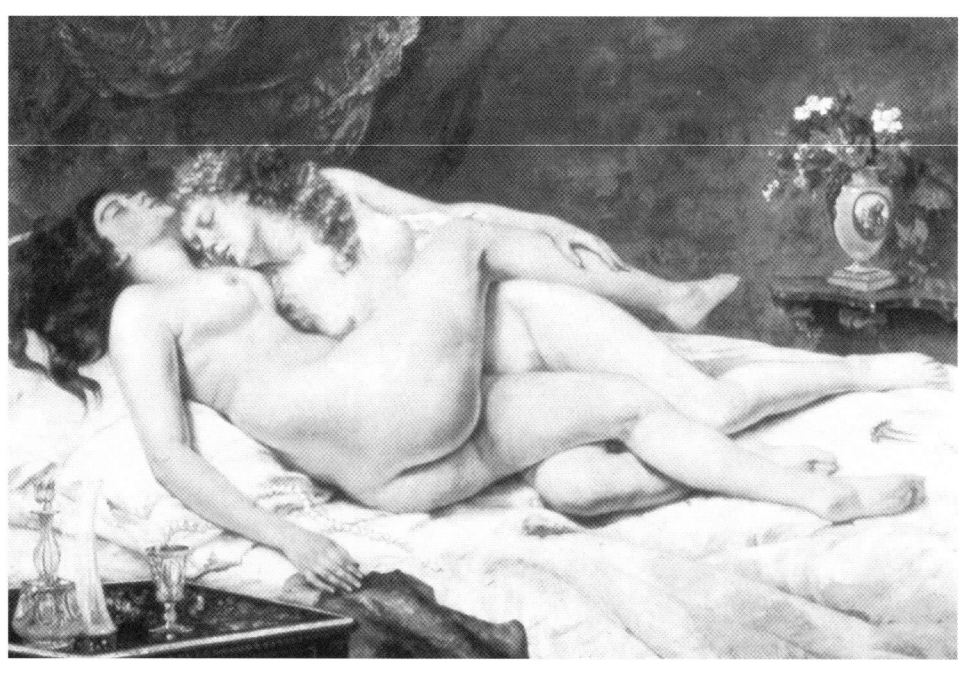

Abb. 33 Gustave COURBET, *Der Schlaf*, 1866

Abb. 34 Achille DEVÉRIA, *Minna et Brenda*, 1837

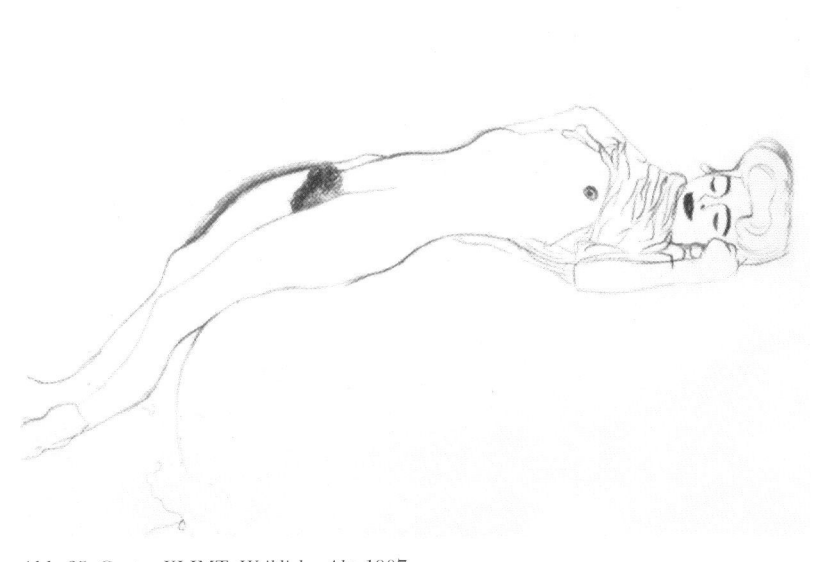

Abb. 35 Gustav KLIMT, *Weiblicher Akt*, 1907

Abb. 36 Oskar KOKOSCHKA, *Die Katze*, 1910

Abb. 37 Alfred KUBIN, *Unser aller Mutter Erde*, 1901/02

5. Bedeutung und Einfluß der Religion auf das Bild der Frau in der Kunst

Die Frau, die noch keine Klassengesellschaft kennt, der kein Rollenspiel aufgezwungen wird, die keine Bildungsbegriffe als Zivilisationsideal verkörpern muß – diese Frau ist Eva.
Werner Hofmann[1]

Bereits in der Bibel finden sich die wichtigsten Frauentypen, denen man in späteren Bildwerken begegnet, vorgezeichnet. Eva, Susanna und Judith (um drei alttestamentliche Figuren zu nennen) sowie Maria, Maria Magdalena und Salome (als Personen des Neuen Testaments) – ihnen allen sind bereits jene Eigenschaften, die den in einer christlichen, speziell katholisch-patriarchalen Gesellschaft lebenden Frauen als Tugenden oder Fehler vorgeführt werden, in prägnanter Form zugeordnet. Um 1900 finden wir die weiblichen Bibelfiguren wieder – weitgehend befreit von religiösen Inhalten – gehören sie nun in ihrer Ausformung als junge, schöne, dämonische Frauen zum Typ der femme fatale bzw. der »schönen Jüdin«.

Ein frühes Beispiel für diese Entwicklung zeigt ein mittelalterliches Relief aus Sens, auf dem *Herodes und Salome* (romanisches Kapitel, Toulouse) dargestellt sind. Herodes faßt mit der linken Hand an Salomes Kinn, als ob er sie nach dem Lohn für ihren Tanz befragen wollte. Ganz anders dagegen gestaltet Gustav Klimt seine *Salome* oder *Judith II* (1909). Herodes ist verschwunden, es bleibt nur die verderbenbringende Tänzerin, die in ihren krallenartigen Fingern den Kopf des Täufers hält. Als Modell ist wohl auch eine Wiener Jüdin anzunehmen, wie Felix Salten das *Gemälde Judith I* (Abb. 38) betreffend vermutet. Franz von Stucks *Salome* (1906) ist ebenso eine femme fatale. Die Frauenfigur ist in ihren Tanz versunken, der Kopf lasziv in den Nacken geworfen. Der Körper ist, im Gegensatz zu Klimts *Salome*, jedoch viel plastischer, und durch die erotische Bewegung, die die Figur ausführt, vermeidet Stuck die für Klimt typische Starrheit.

Zu den bedrohlichen weiblichen Bibelfiguren gehören auch die Frau Potiphars und Delila. Der beinahe ›idyllischen‹ Szene mit *Delila und Simson* (1529) etwa bei Cranach steht die Transformation in die Realität der Geschlechterbeziehungen um 1900 bei Max Liebermann gegenüber (Abb. 39). Ohne dekorative Details, ohne den schwülen erotischen Zauber der *Delila* (1882) Gustave Moreaus, zeigt Liebermann mit äußerster Klarheit die Tragik des Geschehens: das nackte biblische Paar befindet sich auf einem riesigen, mit weißen Laken bedeckten Bett, der Hintergrund ist nicht näher definiert. Die sitzende Frau hält siegreich das abgeschnittene Haupthaar Simsons in der emporgereckten rechten Hand, während der Mann, gebrochen und machtlos, auf dem Lager zusammengesunken ist.

In der religiösen Literatur äußert sich die Angst des Mannes vor der begehrenswerten Frau schon früh:

> Schlecht sind die Weiber, meine Kinder;
> besitzen sie nicht über einen Mann Gewalt noch Macht,
> dann suchen sie durch Reize ihn zu locken.
> Und wen sie nicht durch Reize zwingen können,
> den zwingen sie durch List.[2]

Paulus ist – zusammen mit Augustinus, der sich auf dessen Aussagen stützte – als einer der Hauptbegründer der Misogynie katholischer Provenienz anzusehen, wobei dieses Verhältnis zur Frau nicht als christlich-katholische Besonderheit anzusehen ist, sondern auf der jüdischen Tradition fußt.[3] Die Paulusbriefe rechtfertigen diese Behauptung:

> Ich will euch aber wissen lassen, daß Christus das Haupt eines jeden Mannes ist, der Mann aber das Haupt der Frau, Gott aber das Haupt Christi. Jeder Mann, der beim Reden oder prophetischen Reden etwas auf dem Haupte hat, entweiht sein Haupt. Jede Frau aber, die mit unverhülltem Haupte betet oder prophetisch redet, entweiht ihr Haupt; denn sie ist ein und dasselbe wie die Geschorene. Will nämlich eine Frau sich nicht verschleiern, so soll sie sich auch die Haare abschneiden lassen. Gilt es aber als Schande für eine Frau, sich das Haar zu schneiden oder kahl scheren zu lassen, so soll sie sich verschleiern. Der Mann braucht sich nämlich das Haupt nicht zu verhüllen, weil er Bild und Abglanz Gottes ist; die Frau dagegen Abglanz des Mannes. Der Mann ist nämlich nicht aus der Frau, sondern die Frau aus dem Manne. […] Deshalb soll die Frau ein Machtzeichen auf dem Haupte haben um der Engel willen. (1 Kor. 11, 3–10)

In den Paulus-Texten ist bereits alles enthalten, um die Frau auf den ihr zugewiesenen untergeordneten Platz zu zwingen, wie auch folgendes Zitat verrät:

> Eine Frau soll in der Stille lernen in aller Unterwürfigkeit. Zu lehren gestatte ich einer Frau nicht, auch nicht über den Mann zu herrschen, sondern sie soll sich still verhalten. Denn Adam war zuerst geschaffen, danach Eva; und nicht Adam ließ sich betrügen; die Frau aber ward betrogen und kam zu Falle; sie soll aber gerettet werden durch das Gebären von Kindern, wenn sie bleiben in Glauben und Liebe und Heiligung samt Selbstbeherrschung. (1 Tim. 2, 11–14)

Der Versuch, die Frau vollkommen einzuschränken, ihren Körper und ihr Haar[4] zu verhüllen und ihr die freie Meinungsäußerung in der Öffentlichkeit zu verbieten, macht deutlich, wie klar die Begründer der christlichen Kirche die Gefahr erkannten, die ihr und der patriarchalen Gesellschaft von einer ›freien‹ Frau drohte, auch wenn diese den kirchlichen Geboten Folge leisten sollte.

Frauen werden von allen monotheistischen, patriarchalen Religionen als gefährlich empfunden, »weil sie im Manne ein Begehren wecken, das stärker als sein Wille und sein Urteilsvermögen ist.«[5] Dieses Begehren, dem der Mann nicht widerstehen kann, macht ihn abhängig von der Frau, sie gewinnt Gewalt über ihn.[6] Damit ist aber die ›gottgewollte‹ und ›unumstößliche‹ Rangordnung der Geschlechter gefährdet. Diese hat die christliche Kirche von anderen Religionen übernommen, wobei das Verhältnis von Frau und Mann von Anfang an und grundsätzlich ein hierarchisches ist – der Mann hat den ersten, die Frau den zweiten Platz inne.[7] *Die Erschaffung Evas* (Abb. 40) betont diese Ungleichwertigkeit von Mann und Frau. Der winzige Kopf Evas, den Gott im Begriff ist aus Adams Seite zu holen, zeigt die Abhängigkeit der Frau vom Mann, aus dessen Leib sie genommen wurde.

»Eva ist die ›Mutter aller Lebendigen‹; dieser Name ist vermutlich vorbiblich und eine Bezeichnung für die Urmutter.[8] Sie, die die Sünde über die Menschheit bringt, wird in den beiden Schöpfungsgeschichten von Gott – auf zweierlei Art –

geschaffen. In der ersten formt Gott ein Menschenpaar aus Lehm; in der zweiten jedoch ist Adam der erste Mensch und Mann, aus dessen Rippe Gott Eva entspringen läßt.

Eva ist nicht nur zweitrangig, weil sie erst später aus der Rippe des Mannes entstanden sein soll, sondern auch, weil sie mit der Schlange im Bunde war, vom Baum der Erkenntnis des Guten und Bösen gegessen hat und so Ursache der Vertreibung aus dem Paradies wurde.[9]

Georg Denzler berichtet von der Entdeckung des Münchner Alttestamentlers Manfred Görg, der zu einer neuen Deutung der Person Evas gelangt sei. Demnach wäre die Frau

[...] der Paradiesesgeschichte niemand anders als eine Tochter des Ägypterkönigs Pharao, welche der jüdische König Salomo aus politischen Erwägungen zur Frau nahm, und mit der Schlange die in Schlangengestalt vorgestellte Göttin Renenutet, deren Kult die Pharaonentochter nach Jerusalem mitbrachte und im Land Palästina verbreitete. Der jahwistische Erzähler, so argumentierte Görg weiter, machte sich in Gen 3,17 zum Kritiker der salomonischen Heiratspolitik, indem er folgende Geschichte komponierte: Eva, das heißt die ägyptische Prinzessin, verführt auf Initiative der Schlange, das heißt der Göttin Renenutet, Adam, das ist der exemplarische Mensch Salomo, zum Ungehorsam, das heißt zum Abfall vom Gott Israels.[10]

Wie kommt es nun zu den beiden Schöpfungsberichten?[11] Laut Talmud war Lilith Adams erste Frau, die ihm nach einem Streit für immer davonflog. Seither sucht sie als Dämon die Menschen heim, und im vorderen Orient werden angeblich noch immer neugeborene Knaben mit einem Amulett gegen die todbringende Teufelin geschützt. »In der Bibel heißt es bei Jesaja, daß Lilith zusammen mit Bocksgeistern im zerstörten Edom hause.«[12] Ein Terrakotta-Relief zeigt *Lilith* (Abb. 41) als weibliche geflügelte Gestalt mit erhobenen Armen. Diese dämonische Frau hat auch Dante Gabriel Rossetti in einem Bild dargestellt; *Lady Lilith* (19. Jh.) ist eine junge Frau, die versonnen ihr Bild in einem Spiegel betrachtet, während sie ihr rotgoldenes Haar kämmt. Die Bedrohung für die Männerwelt drückt sich nur mehr in ihrer verführerischen Schönheit aus; der Spiegel in ihrer Hand könnte – außer einem Symbol der Vanitas – auch auf ihr ›übersteigertes‹ Selbstbewußtsein hinweisen, das es ihr möglich machte, sich von der Vorherrschaft Adams zu befreien.

Lilith findet sich im 19. Jahrhundert unter anderem im Schaffen Heines, Goethes,[13] Robert Brownings[14] und bei Anatol France in der Erzählung *Liliths Töchter*:[15]

Sie habe keine und brauche auch keine [Religion], [...]. Ihre Mutter und ihre Schwestern seien Gottes Töchter und dennoch durch keinen Kult an ihn gebunden. Am Hals trug sie ein Medaillon mit etwas roter Erde darin, die sie, wie sie erklärte, in kindlicher Liebe und Ehrfurcht zum Andenken an ihre Mutter aufbewahre.[16]

Was Lilith mit Eva gemeinsam hat, ist ihr Ungehorsam gegen die von Gott aufgestellte Ordnung. Sie will sich Adam nicht unterwerfen und sagt: »Wir sind beide gleich, weil wir beide aus der Erde stammen.«[17] Im ersten Korintherbrief dagegen betont Paulus: »Auch wurde ja der Mann nicht um der Frau willen geschaffen, vielmehr die Frau um des Mannes willen.« (1Kor. 11, 9.) Lilith und Eva jedoch sind Vertreterinnen der aktiven, starken, selbstbewußten, wissensdurstigen Frau, die für das patriarchale System gefährlich wird. Hugo van der Goes zeigt den

Sündenfall (1467/68) im Paradies: Adam und Eva stehen vor dem Baum der Erkenntnis; Eva hat bereits den Apfel gepflückt, welchen sie in der gesenkten rechten Hand hält; mit der linken greift sie nach einer weiteren Frucht. Die Schlange (eigentlich eher eine Echse, also noch bevor sie dazu verdammt wurde, am Boden zu kriechen) – mit Beinen, weiblichem Kopf und langem Haar – steht aufrecht am Baumstamm und scheint Eva etwas zuzuflüstern. Im *Sündenfall* (Abb. 42) eines Züricher Meisters haben Eva und die – bis zur Taille als Frau ausgebildete Schlange – dasselbe Aussehen; besondere Sorgfalt wurde dabei auf die Abbildung der langen blonden Haare gelegt,[18] die symbolisch für die Verführung des Mannes stehen.[19]

Ein schönes Beispiel für die Darstellung der Schlange mit weiblichem Oberkörper und Kopf ist auch auf dem Blatt einer französischen Manuskriptensammmlung aus der Bibliothèque Ste. Geneviève in Paris zu sehen. Auf der rechten oberen Blattseite ist die Szene des Sündenfalls dargestellt, darunter, durch einen Paradiesstrom getrennt, ist die Strafe dafür – der Tod – in Form einer Leiche ersichtlich.[20] Obwohl Adam und Eva anscheinend die verbotene Frucht noch nicht gegessen haben – Eva hält den Apfel noch in der Hand – bedecken die beiden ihre Scham. Die Schlange mit den Gesichtszügen und den langen brünetten Haaren Evas hat auch – bis zu den Lenden – deren Figur mit dem deutlich vorgewölbten Bauch.

Der Teufel verwendet viele Masken, um die Menschheit zur Sünde zu verführen. Ein Holzschnitt aus dem 15. Jahrhundert zeigt – laut Heinz Herbert Mann – seine Verkleidung als Engel, mithilfe derer er versucht, Eva zum Genuß der verbotenen Frucht zu verleiten.[21] Eine andere Maske des Teufels hat Félicien Rops 1896 in seinem Werk *Und ihr werdet sein wie Gott* (Abb. 43) dargestellt: Die Schlange, die in ihrer rechten Hand den Apfel hält, ist männlich – die Beine des Jünglings, der verführerische Worte in Evas Ohr zu flüstern scheint, gehen nämlich in den Körper einer Schlange über, welcher sich um Eva schlingt. Deren Arme, die zwischen ihren Schenkeln liegen, verweisen auf das erotische Moment der Erkenntnis, das in der Begegnung Evas mit dem Satan enthalten ist.

Es ist Eva, an die sich die Schlange wendet, um auf den Baum der Erkenntnis[22] hinzuweisen. Die christlichen Bibelinterpreten erklären dies mit der leichten Verführbarkeit der Frau; Christa Mulack dagegen sieht in der Schlange »eine zentrale Verkörperung matriarchaler Wiedergeburtsvorstellungen«, die als »solche in allen Religionen« vorkommt[23].

Auch die zweite Funktion der heiligen Schlange, als »Herrin über Leben und Tod, über Krankheit und Gesundheit« [...] leitet sich ganz natürlich von der – je nach Dosierung – gegensätzlichen Wirkung ihres Giftes ab. [...] Beide eng zusammengehörigen Aspekte: Wiedergeburt/Herrin über Leben und Tod werden aber auch den frühen Vorstellungen von Göttinnen und dem Symbol des Apfels in einem Paradiesgarten zugeschrieben. In dem griechischen Mythos von den »Äpfeln der Hesperiden« sind all diese Motive besonders deutlich beisammen: Die Göttin Hera erhält von der Mutter Erde einen Baum mit goldenen Äpfeln als Geschenk. [...] Der Paradiesgarten mit seinen Äpfeln ist also offensichtlich der ureigene Bereich von Göttin und Schlange.[24]

Burne-Jones' *Garten der Hesperiden* (um 1870) zeigt die Töchter des Atlas, die zusammen mit der Schlange Ladon Heras goldene Äpfel hüten. Bereits 1901 wurde diese Schlange von Otto von Schleinitz als diejenige bezeichnet, die auch Eva verführt haben soll.²⁵ In der Figur von Klimts *Hygieia* (1900–07), einem Detail aus seinem Fakultätsbild *Medizin*, finden wir die Verbindung von Frau und Schlange wieder, ebenso wie in der *Sünde* (1893) von Stuck. Indem dieser Schlange und Frau in einem Umriß vereint, setzt er die beiden gleich – die Frau ist das Synonym für die Sünde schlechthin, was durch die verschatteten Gesichtszüge, die die Anonymität der Dargestellten wahren, noch verstärkt wird.

Eva hat beispielsweise auch Lévy-Dhurmer und Rodin zu Kunstwerken angeregt; ersterer zeigt sie als »ein Symbol der heidnischen Welt, der Herrschaft der Natur und der Sinne«²⁶, Rodins *Eva* (Abb. 44) hingegen erscheint als eine sinnende, auf den eigenen Körper konzentrierte Frau, deren leicht gewölbter Bauch auf die Fruchtbarkeit hindeuten soll. In anderen Arbeiten wie etwa *Eve et le Serpent* oder *Luxure* verbindet Rodin jedoch Frau und Schlange zur traditionellen Aussage der Sünde. Auch Redon hat sich mit der Figur der Eva beschäftigt, (allerdings entzieht er ihr die vertrauten Symbole der Schlange und des Apfels); seine Eva ist einfach eine nackte ›Frau‹.

Die Gestalt der Eva ist auch mit dem Pandora-Mythos verbunden. Pandora, die als »erstes Geschenk/Geschöpf der Götter/des Prometheus an die Menschen – als erste Frau also,« gilt, »wird dann, zwar nicht für *das* Böse, aber für alles Übel der Welt verantwortlich gemacht«.²⁷ Pandora wird ebenso wie Eva und Lilith Ende des 19. Jahrhunderts für Künstler wieder zum beliebten Bildmotiv. Waterhouse hat 1896 die Geschichte der Pandora als Thema für sein gleichnamiges Bild genommen. Es zeigt den Moment, da sie – vor dem Stein, auf dem die Büchse steht, kniend – mit ihrer rechten Hand den Deckel hebt.²⁸ Wedekind nennt den zweiten Teil von *Lulu* »Die Büchse der Pandora« und spielt damit auf den antiken Mythos an, demzufolge erst die Frau das Übel in die Welt bringt.²⁹ Daß die Frau dieses Übel quasi personifiziert, wird schon bei Hesiod deutlich:

Aber als nun, anstelle von etwas Gutem, Zeus das schöne Übel erschaffen hatte, führte er sie hinaus, wo die anderen waren, die Götter und Menschen, [...] Staunen hielt gefangen die unsterblichen Götter und sterblichen Menschen, wie sie erblickten die jähe List, unwiderstehlich den Menschen. Von ihr nämlich stammt das Geschlecht der weiblichen Frauen.³⁰

Maria – die neue Eva – ist zugleich deren Gegenpol. Alles, was an Adams Frau unerwünscht und störend war, wird bei Maria ins Gegenteil verkehrt.³¹ Wo Eva aktiv war, bleibt sie passiv; wenn Eva aus dem Wunsch der Erkenntnis heraus den Apfel ißt, nimmt Maria die Empfängnis Jesu ohne Widerspruch hin; Eva bringt die Sünde in die Welt, aus Maria – die ohne Erbsünde ist³² – wird Christus geboren, der die Sünde besiegt.

Maria, auf dem Konzil zu Ephesos 431 n. Chr. zur »theotokos«, »Gottesgebärerin«, erhoben, ist allerdings keine Göttin mehr, sondern demütige, entsexualisierte Magd des Herrn, ein Gefäß, aber nicht im Sinne früherer Fülle, sondern eigenen Inhalts beraubt und nur noch bereit, den Geist eines – männlichen – Gottes in sich aufzunehmen.³³

»Der anhaltende und oft heftige Diskurs über die Funktion der Mutter Jesu ist immer auch ein Diskurs über die Elemente des Weiblichen und des Männlichen.«³⁴ Schmölzer meint, daß Maria zwar in den sakralen Bereich aufgenommen werde, sich jedoch dafür vollständig unterordne und ihre Weiblichkeit preisgebe. »Demütig, keusch und asexuell hat sie die Frau in sich ausgetrieben, und nur so, gereinigt von der ›Sünde des Fleisches‹, wird ihr als ›Magd des Herrn‹ ein Plätzchen neben Gottvater eingeräumt.«[35]

Maria und Eva vereint unter dem Paradiesbaum zeigt ein Blatt aus dem *Missale des Salzburger Erzbischofs Bernhard von Rohr*, gemalt von Bertold Furtmayr (Abb. 45). Der nackten Figur der Eva auf der rechten Bildseite steht Maria auf der linken gegenüber. Den beiden weiblichen Gestalten sind die Symbole im Paradiesbaum, um dessen Stamm sich die Schlange windet, zugeordnet: ein Totenschädel grinst auf Eva und die von ihr mittels des verbotenen Apfels zur Sünde verführten Menschen, hinter denen bereits der Tod lauert, nieder; Maria, hinter der im Baum das Kreuz mit Jesus erscheint, verteilt die Hostie – den Leib Christi – an die Gläubigen, die von einem Engel begleitet werden.[36]

Eng verknüpft mit dem Frauenbild der katholischen Kirche ist ihre Vorstellung von der Mutter als Ideal:[37] Durch Eva, Marias Gegenpol, wird die aber an und für sich positiv besetzte Mutter, die dem Sohn/Mann das Leben gibt, jedoch zugleich auch jene Person, die durch die Geburt bereits seinen Tod in der Zukunft mitschenkt. Eva, die Adam zur Sünde verführte, hat damit gleichzeitig seinen und den Tod seiner Söhne ausgelöst.[38] Kubin hat in seinen Zeichnungen diese Thematik immer wieder aufgegriffen; in seinem Blatt *Pietà* (Abb. 46) scheint der in sich zusammengesunkene mächtige Körper Marias den Leib des (Gottes) Sohnes wieder in sich aufzunehmen; letzterer – mit Ausnahme der Füße – scheint vollkommen in ihren Umriß einzugehen. Der Sohn ist quasi an seinen Ausgangspunkt zurückgekehrt. Bachofen schrieb über das Verhältnis von ›Mutter und Sohn‹:

Der phallische, auf die Befruchtung der Materie gerichtete Gott ist nicht das ursprünglich Gegebene; er geht vielmehr selbst aus der Finsternis des Mutterschoßes ans Licht hervor; er steht zu der weiblichen Materie im Verhältnis des Sohnes.[39]

Als man damit begann, Nachforschungen über die Gesellschaftsform des Matriarchates anzustellen, fand man auch Hinweise auf Riten und Gebräuche der »weisen Frauen«. Nach der Christianisierung und dem Wandel zum Vaterrecht war das Wissen darum entweder verlorengegangen oder heimlich weitergegeben worden, denn die frühen Kirchenfürsten wollten die Erinnerung an den alten heidnischen Glauben auslöschen und erklärten die Göttinnen und Götter zu Dämonen und Teufeln. Wer aber der alten Religion treu blieb, wurde zu einem Diener des Teufels erklärt. Besonders betroffen von dieser »Säuberungsaktion« waren die Hebammen, denn sie hatten die Kenntnis von Heilkräutern und Giften. Ab dem 13. Jahrhundert wandte die Kirche die Folter an, um Geständnisse herbeizuführen.

Die Kirche hatte zum Mittel der Inquisition gegriffen, weil sie bedroht war. Als eine totalitäre Organisation im Dienste einer totalitären Religion konnte die mittelalterliche Kirche die Äußerung und Praktizierung solcher Vorstellungen, die von der christlichen Orthodoxie abwichen, nicht ertragen.[40] Neben dem Kampf gegen die Häretiker gehören in diesem Zusammenhang die anwachsenden Verfolgungen der Juden und die Entwicklung der spezifischen antisemitischen Ausdrucksformen, das Ende der Toleranz gegen den Homosexuellen und der Sieg der Angst über das Mitleid mit den Aussätzigen. Sobald die Zahl der Häretiker abnimmt, wendet sich die Jagd den Hexenmeistern und vor allem den Hexen zu.[41]

Der *Hexenhammer* (*Malleus maleficarum*), das berüchtigte Handbuch für die Inquisitoren, das 1487 gedruckt erschien, steht nicht am Anfang der Hexenverfolgung, ist aber mit eine Ursache für die sich seitdem häufenden Prozesse und Tötungen.[42] In diesem Werk, das in einer langen Tradition theologischer misogyner Äußerungen steht, machten die Autoren und Herausgeber, zwei Dominikaner-Mönche namens Jakob Sprenger und Heinrich Institoris, klar, daß in der Frau das Böse schlechthin zu sehen ist:

Du weißt nicht, daß das Weib eine Chimaira ist; aber wissen mußt du, daß jenes dreigestaltige Ungeheuer geschmückt ist mit dem herrlichen Antlitz des Löwen, entstellt wird durch den Leib der stinkenden Ziege, bewaffnet ist mit dem giftigen Schwanze einer Viper. Das will sagen; ihr Anblick ist schön, die Berührung garstig, der Umgang tödlich.[43]

Die »weise Frau« – in ihrer Funktion als Heilerin und Zauberin – hatte vor der Verwissenschaftlichung der Medizin die Funktion einer Ärztin.[44] Sie wurde zur bösen Hexe erklärt, weil sie dem »aufkommenden wissenschaftlichen Weltbild im Wege stand, weshalb hunderttausende, vielleicht sogar Millionen Frauen auf den Scheiterhaufen sterben mußten.«[45] Die Wundversorgung und Krankenbehandlung übernahmen bald männliche Ärzte, die Funktion der Hebamme jedoch konnten sie nicht ausüben, da sie keinerlei Wissen über Frauenkrankheiten oder Schwangerschaften besaßen. Da die Hebamme auch Kenntnis von empfängnisverhütenden Mitteln hatte und Abtreibungen vornahm, geriet sie bald in den Ruf einer Hexe. Das gesellschaftliche System wünschte nämlich viele Kinder, und der Mann erklärte sich deshalb für den Körper der Frau verantwortlich.

Das Bild *Der Liebeszauber* (Abb. 47) von einem Niederrheinischen Meister zeigt, daß nicht nur verbotener Schadenszauber ausgeübt wurde. Es handelt sich um die Darstellung eines mittelalterlichen Liebeszaubers, der praktiziert wurde, um den begehrten Mann für sich zu gewinnen.

Die Macht der Frauen über die Männer geht nach mittelalterlichen Vorstellungen noch immer von ihrem Wissen um die Wirkung von Kräutern und anderen Geheimnissen der Natur aus und ganz besonders von der Anziehungskraft ihres nackten Körpers. Aufgelöstes Haar signalisiert Liebesbereitschaft [...].[46]

Als der Buchdruck erfunden wurde, fanden Bücher rasche Verbreitung. Sie wurden bald durch die ebenfalls neu entdeckten Verfahren der massenweisen Bildreproduktion künstlerisch aufgewertet; zum Holzschnitt kam der Kupferschnitt. Das Hexenthema bot den Künstlern die Möglichkeit, nackte Frauen aller Altersstufen in verschiedenen Bewegungen darzustellen. Sie versuchten, sich an den im *Hexenhammer* und den Gerichtsprozessen bezeugten Verbrechen der Hexen zu orientieren und diese in ihren Blättern umzusetzen. Hans Sebald Beham hat *Drei Hexen und Tod* vereint, wobei der Tod nicht in dem Kreis, den die drei Frauen bilden, steht. Die weiblichen Gestalten verkörpern die Altersstufen der Frau: Jugend, Reife und Alter.

Mit dem Ende der Hexenprozesse hörten die Künstler aber nicht auf, sich dieses Themas anzunehmen. Francisco de Goyas *Linda maestra!* (1799) aus den *Caprichos* zeigt zwei Hexen, die auf einem Besen durch die Luft reiten. Sie sind deutlich als alte und junge Frau gekennzeichnet. Der Titel – *eine feine Lehrmeisterin* – weist darauf hin, daß es sich hier wahrscheinlich um einen Neuling handelt, der von der reifen, erfahrenen Hexe in die Geheimnisse des Nachtfluges eingeweiht wird. Das Bild weist auch darauf hin, daß seit Jahrtausenden uraltes mythisches Wissen von der Mutter an die Tochter, von Frau zu Frau – unter Ausgrenzung des Mannes, der den ›Rätseln des Weiblichen‹ dadurch hilflos gegenübersteht (und der deshalb schon immer versuchte, diese mit Hilfe der Wissenschaft, mit List oder mit Gewalt zu lösen) – weitergegeben wurde.

»Im 20. Jahrhundert ist die Wirkung der Lehren Freuds in den Hexendarstellungen zu erkennen. Hexen werden vollends zum Symbol des Irrationalen und der unterbewußten Ängste,«[47] schreibt Halbey und schlägt damit den Bogen zwischen Mittelalter und 20. Jahrhundert.

Langes rotes Haar umweht das Gesicht der *Hexe* (Abb. 48) von Gustav Klimt. Ihr starres Gesicht mit den weit offenen Augen wirkt gleichzeitig geheimnisvoll und bedrohlich.[48] Von Heinrich Vogeler stammt die Federzeichnung *Die Hexe*. Im Gegensatz zu Klimt dämonisiert er die Frau nicht durch eine bewußt inszenierte Verfremdung ihrer Erscheinung, sondern stellt seine Hexe in die ihr traditionellerweise zugeschriebene Umgebung, die Natur, mit der sie identifiziert wird.

Der Einfluß der Religion auf das Bild der Frau der Jahrhundertwende ist nicht mehr so einfach festzumachen wie im Mittelalter. Tatsächlich bedient man sich aber um 1900 derselben angstmachenden Klischees, mit denen man auch damals die Frau bedachte, wenn es innerhalb der Gesellschaft zu Problemen kam. Wie im ausgehenden Mittelalter fühlt sich die Kirche auch im 19. Jahrhundert und um die Jahrhundertwende in ihrer Existenz bedroht. Naturwissenschaften und Technik, Philosophie und Psychologie und nicht zuletzt der Feminismus rütteln an den alten Ordnungen und Dogmen.[49] (Siehe dazu beispielsweise *Die Sünderin* von Alexander Wilke von 1907.) Die alten Strukturen und damit die Religionsgläubigkeit der Menschen wandeln sich. Und obwohl in der Österreichisch-Ungarischen Monarchie, länger als etwa in Paris, die Verbindung von Kaiser/Staat und Kirche funktioniert, gerät die Religion in eine rückläufige Position, die sie mit einem verstärkten politischen Engagement auszugleichen sucht.[50] Aus dieser Situation heraus scheint es nicht abwegig, wenn Karl Kraus den Prozeß über eine der Bigamie angeklagte Frau ironisch als den »Hexenprozeß von Leoben« empfindet:

Leontine von Hervay war auf einem Besenstiel nach Mürzzuschlag durch die Luft geritten, wobei ihr seidener Unterrock sichtbar wurde. Ein ahnungsvolles Barchentgemüt rief sofort: »I Durchschaudi«. Was nützte es, daß sie den Bezirkshauptmann glücklich gemacht hatte? Eine Zauberstochter und fremder Sprachen mächtig. Also »teuflischer Buhlschaft« dringend verdächtig. Dem einen erkrankte wohl das Vieh, dem andern verdarb vielleicht das Getreide. Der ganze Ort wird rebellisch. Dem Bezirkshauptmann hat sie einen Liebestrank eingegeben, andere Honoratioren werden folgen, die begehrtesten Mürzzuschlagerinnen müssen zurückstehen. Soll man es dahin kommen lassen, daß sie »die Männer verhindert zu zeugen, und die Weiber, zu gebären, und die Männer, daß sie den Weibern, und die Weiber, daß sie den Männern die ehelichen Werke leisten können«? »Eine Hexin ist eine Person« – hat ein berühmter Lehrer des »Malleus maleficarum« definiert – »welche mit Vorsatz und wissentlich durch teufelische Mittel sich bemüht und untersteht, ihr Fürnehmen hinauszubringen oder zu Etwas dadurch zu kommen und zu gelangen«. Nur daß man »solich böß weyber von ihres verkehrten willens wegen nach keiserlichem recht tödten sol vnd mag«, muß heute leider ein frommer Wunsch bleiben.[51]

Trotz des technischen Fortschritts[52] kommt es um diese Zeit aber zu einer neuen, allgemeinen Situation der Furcht: die Jahrhundertwende steht bevor, und der Weltuntergang, welcher bereits im Mittelalter die Menschen in Angst und Schrecken versetzt hat, rückt wieder näher.[53] Die Hexen, jene Frauen, die im Wissen um die Mächte der Natur als Heilerinnen und »weise Frauen« verbrannt worden sind, gibt es nicht mehr. Ihre Kenntnisse waren mit ihnen verloren. Was sich jedoch über all die Jahrhunderte nicht geändert hatte, war die Meinung der theologischen ›Experten‹, die Frau sei ein natürlich sündhaftes Wesen. Sie, die dem Leben und dem Tod näher sei als der Mann, verkörpere jene Natur, die der Mann durch die Industrialisierung im 19. Jahrhundert zu bezwingen versuchte. Doch Natur wie Frau entzogen sich der vollkommenen Aufdeckung ihrer Geheimnisse.[54] Die Gleichsetzung der Angst vor der Frau und dem Leben kommt im Gedicht *Böse Träume* von Felix Dörmann deutlich zum Ausdruck:

Ich fuhr empor – an meines Lagers Rand
Hoch aufgerichtet, starr – das Leben stand.

Es war ein breites, fahles Bürgerweib,
Mit widerlich gedunsnem Mutterleib.

Die Hände in die Hüften eingestemmt,
Sah sie mich an: neugierig, frech und fremd.

Ein dumpfer Haß aus ihrem Auge rann,
Als heisren Tons zu reden sie begann:

Geduld, mein Söhnchen, ein paar Jahre noch,
Dann schleppst auch du vergnügt an meinem Joch,

Heut bläshst du dich und findest mich gemein –
Und morgen – wirst du mein Geliebter sein.[55]

Man konnte die rebellische Frau der Jahrhundertwende nicht mehr verbrennen, aber man konnte den Mythos der verderbenbringenden, zerstörerischen Frau erneut aufleben lassen, der sich vor allem gegen jene weiblichen Personen richtete, die versuchten, die vorgegebenen Gesetze der Gesellschaft zu brechen und sich den moralischen Zwängen der katholischen Kirche zu entziehen.

So ist wohl auch in der Plastik von Louis-Ernest Barrias *La Nature se dévoilant devant la Sience* von 1899 (Abb. 49) eine Wunschvorstellung der Männergesellschaft zu sehen, die – um die Jahrhundertwende – bereits erkennen mußte, daß dem technischen Fortschritt und der Wissenschaft die Natur stets als ein unberechenbarer, starker und grausamer Gegner gegenübersteht.[56] Somit wird auch der Frau, die als Personifikation dieser Natur galt, der Wille zu Zerstörung und Irritation sowie die Nähe zum Tod zugeschrieben.

Anmerkungen

1 Hofmann, in: Ausst.Kat. *Eva und die Zukunft*, a.a.O., S. 17.
2 (5, 1–2) Testament der zwölf Patriarchen, zw. 180 v. Z. und 1. Jh. n. Z., zit. nach: Scherf, *Der Teufel und das Weib*, a.a.O., S. 127.
3 »Wo sich im Alten Testament und in anderen jüdischen Quellen positive Urteile über Frauen finden, geht es um das Lob der tugendsamen, sprich, sich dem Mann unterordnenden, Haushalt und Kinder versorgenden Gattin.« Rotter, *Venus, Maria, Fatima*, a.a.O., S. 43.

4 »Frauen waren von Kopf bis Fuß gefährlich. Üppiges Haar konnte Lustgefühle hervorrufen. Dem jüdischen Talmud zufolge (ab 600 v. Chr.) durfte sich ein Mann von seiner Frau scheiden lassen, wenn sie in der Öffentlichkeit mit unbedecktem Haar auftrat.« Miles, *Weltgeschichte der Frau*, a.a.O., S. 111.

5 Mark Zborowski und Elizabeth Herzog, in: Schenk, *Frauen und Sexualität*, a.a.O., S. 23.
»Mit dem Prediger des Alten Testaments (Kohelet) warnte der Franziskanertheologe Bonaventura († 1274) die Frauenwelt vor der bösen Eva: ›Trefflich sagt er: Ich fand die Frau bitterer als den Tod. Denn der Tod tötet den Leib zeitlich, aber die schlechte Frau tötet Leib und Seele auf ewig. Sie ist das Netz der Jäger, das heißt der Dämonen. Mit diesem Netz nämlich haben die Dämonen im ersten Vater nach dem Menschengeschlecht gejagt. Denn mit der Frau hat die Sünde begonnen. Eine höllische Speise ist ihr falsches Herz, um die Unsicheren in den Wassern der Fleischlichkeit zu fangen. Und ihre Hände, das heißt ihre Werke sind Fesseln, mit denen sie an die Schlüpfrigkeit der Sünde bindet. [...] Wer also von den Dämonen nicht im Netz der fleischlichen Zügellosigkeit gefangen werden, sondern sich rein erhalten will durch die Reinheit der Keuschheit, muß den Umgang mit den Frauen meiden. Denn eine Rose oder Lilie wird bei häufiger Berührung anfangen zu welken und Farbe und Duft verlieren. So auch der keusche Mensch: Wenn er sich dem Anblick der Eitelkeiten und der Frauen aussetzt, wird er irgendwann sein Herz berührt und betroffen, so daß er sofort schlaff wird durch unreine Gedanken und in seiner Zustimmung zu diesen Farbe und Duft der inneren Reinheit verliert.‹« Zit. nach: Denzler, *2000 Jahre christliche Sexualmoral*, a.a.O., S. 302.
»Thomas von Aquin schildert, [...] den Nachteil des Lebens in der Ehe. Man könne nicht behaupten, sagt er, daß es für den Menschen als Individuum genommen gut sei, eine Frau zu berühren, denn das bringe drei Minderungen: Erstens für seine Seele, zweitens für seinen Leib: ›Der Mann unterwirft sich durch die Ehe der Gewalt der Frau, indem er sich aus freien Stücken als Knecht bestimmt.‹ Diese Knechtschaft ist aber vor allen anderen bitter, daher sagt Pred 7/26: ›Ich habe gefunden, daß die Frau bitterer ist als der Tod.‹ Drittens durch die Sorge für Frau und Kind, weil dadurch die Aufmerksamkeit für Gott beschränkt wird.« Gottfried Bachl, *Der beschädigte Eros*. Frau und Mann im Christentum, Freiburg–Basel–Wien 1989, S. 68.

6 »Wir haben es zu tun mit einer ungeheuren Faszination, die aus gegensätzlichen Impulsen genährt wird. Angstvolle Abstoßung und Verdammung, hingerissene Bewunderung und Unterwerfung verbinden sich zur Ahnung von der Allmacht des Weiblichen.« Ebda., S. 60.

7 Elaine Pagels weist auf den Bibelkommentar des jüdischen Aristokraten Philon von Alexandria, eines Zeitgenossen von Jesus, hin, in dem dieser »Adam und Eva als symbolische Verkörperungen der zwei Grundkomponenten der Menschennatur« erklärt: »Adam steht in dieser Deutung für die *Vernunft* (nous), die edlere, männliche, rationale Komponente, die ›nach Gottes Ebenbild gemacht‹ ist, Eva dagegen für den Leib beziehungsweise die *Sinnlichkeit* (aisthesis), die unedlere, weibliche Komponente, aus der alle Leidenschaften entspringen.« Elaine Pagels, *Adam, Eva und die Schlange*. Die Theologie der Sünde. Deutsch von Kurt Neff, Reinbek bei Hamburg 1991, S. 147.

8 »Der Mensch gab seinem Weibe den Namen Eva, denn sie wurde die Mutter aller Lebendigen.« (1 Gen. 3,20)
»Nach der gnostischen Schrift *Das Wesen der Archonten* sah Adam, als er Eva zum ersten Mal erkannte, in ihr nicht nur die Ehepartnerin, sondern eine geistige Macht: Und als er sie sah, sprach er: ›Du bist es, die mir das Leben gegeben hat. Man wird dich ›die Mutter der Lebenden‹ nennen. Denn sie ist meine Mutter, sie ist die Ärztin und die Frau und die, die geboren hat.‹« Pagels, *Adam, Eva und die Schlange*, a.a.O., S. 150.
Die Diskussion um die Wertigkeit der Frau hat sich über die Jahrtausende erhalten, und Quanter kommt in seiner Untersuchung über *Das Weib in den Religionen der Völker* zu folgendem Schluß: »Es wird zu prüfen sein, ob das Weib, das doch die neuen Menschen zur Welt bringt, selbst besser oder schlechter geworden ist, denn man sagte ja, daß aus einem unreinen Gefäß kein reineres Produkt hervorgehen könne. Schwer ist es, hierauf eine Antwort zu finden, die wirklich diese Materie erklärt, denn es kann wohl keinem Zweifel unterliegen, daß im Grunde genommen das Weib immer Weib bleibt, daß es den Lockungen und Leidenschaften seines Geschlech-

tes zu allen Zeiten in erster Linie folgt, weil eben das Weib ein viel ausgeprägteres Sexualleben – ich spreche nicht von den bloßen Trieben – durchlebt als der Mann. Viel leichter wird das Weib den Versuchungen dieses Innenlebens zum Opfer fallen. Das ist so gewesen, seit die Erde steht und das wird so bleiben; das Weib ist ein ›schwaches, brüchiges Gefäß‹.« Quanter, *Das Weib in den Religionen der Völker*, a.a.O., S. 32.

9 Haag u.a. [Hg.], *Große Frauen der Bibel in Bild und Text*, a.a.O., S. 14.
Tertullian von Karthago († ca. 220 n.Chr.) predigte den Frauen: »Und du wolltest nicht wissen, daß du eine Eva bist? [...] Du bist es, die dem Bösen Eingang verschafft hat, du hast das Siegel jenes Baumes gebrochen, du hast zuerst das göttliche Gesetz außer acht gelassen; du bist es auch, die den betört hat, dem der Teufel nicht zu nahen vermochte. So leicht hast du den Mann, das Ebenbild Gottes, zu Boden geworfen.« Zit. nach: Denzler, *2000 Jahre christliche Sexualmoral*, a.a.O., S. 267.

10 Ebda., S. 242.

11 »Es ist mittlerweile unumstritten, daß die beiden unterschiedlichen Schöpfungsgeschichten, die im ersten Buch Mose (Kapitel 1 und 2) hintereinander erzählt werden, keineswegs zu den frühesten Vorstellungen der Menschheit gehören. Die ältere der beiden (2. Kap., ab Vers 4), wurde etwa um 900 v. Z. von jemandem verfaßt, den die Theologen den *Jahwisten* nennen. Die jüngere (1. Kap.), ›Priesterschrift‹ genannt, entstand gar erst zwischen 538 und 450 v. Z.« Scherf, *Der Teufel und das Weib*, a.a.O., S. 31.

12 Haag u.a. [Hg.], *Große Frauen der Bibel in Bild und Text*, a.a.O., S. 12.

13 »Wer ist denn das?«/»Betrachte sie genau! Lilith ist das.«/»Wer?«/»Adams erste Frau.« Johann Wolfgang Goethe, *Faust. Der Tragödie erster Teil*, Stuttgart 1988, S. 119.

14 Vgl. *Lulu, Lilith, Mona Lisa*, a.a.O., S. 172.

15 »Mit einem einzigen Wort will ich Ihnen den furchtbaren Eindruck schildern, den sie auf mich machte: sie erschien mir nicht ›natürlich‹. Ich fühlte, wie verschwommen dieser Begriff ist und wie schlecht er wiedergibt, was ich damit meine. Aber vielleicht wird er im weiteren Verlauf meines Berichtes klarer. Wahrhaftig, im Ausdruck ihrer goldfarbenen Augen, die dann und wann Funkengarben sprühten, in dem Bogen ihres rätselhaften Mundes, der Beschaffenheit ihrer schimmernden braunen Haut, dem Spiel der strengen und doch harmonischen Linien ihres Körpers, der schwebenden Leichtigkeit ihres Schrittes bis in die nackten Arme hin, die unsichtbare Flügel zu haben schienen, kurz, in ihrem ganzen leidenschaftlichen, fließenden Wesen spürte ich etwas nicht zur menschlichen Natur Gehöriges, ein geringeres und wiederum höheres Geschöpf als die Frau, die Gott in seiner unerforschlichen Güte geschaffen hat, auf daß sie unsere Gefährtin in diesem irdischen Jammertal sei. Von diesem Augenblick an, da ich sie sah, erfüllte nur noch ein Gefühl meine Seele: ich empfand unendlichen Abscheu vor allem, was nicht diese Frau war.« Anatole France, *Blaubarts sieben Frauen und andere Erzählungen*. Mit Illustrationen von Lutz Siebert, Frankfurt/M. 1981, S. 32f.

16 Ebda., S. 38.

17 Weiler, zit. nach: Schmölzer, *Die verlorene Geschichte der Frau*, a.a.O., S. 35.

18 Paulus meint, das lange Haar, welches die Frau in der Öffentlichkeit und vor allem im Gebet selbstverständlich zu bedecken hatte, »sei ihr gewissermaßen als Schleier verliehen worden«. (1Kor. 11, 15)

19 Elaine Pagels schreibt über die Deutung des Sündenfalls durch Augustinus: »Adams Sünde hat uns nicht nur zu Sterblichen gemacht, sondern uns auch die moralische Autonomie gekostet, unser Erleben der Sexualität (die Augustinus mit der Erbsünde gleichzusetzen neigte) unwiderruflich verderbt und uns für alle Zeit untauglich für einen Zustand echter politischer Freiheit gemacht.« Pagels, *Adam, Eva und die Schlange*, a.a.O., S. 36.

20 Vgl. Paulus (Römer 5, 12): »Deshalb, wie durch einen Menschen die Sünde in die Welt gekommen ist und durch die Sünde der Tod, und so der Tod auf alle Menschen überging auf Grund der Tatsache, daß alle sündigten.«

21 Heinz Herbert Mann äußerte dies anläßlich seines Vortrages über »Die weibliche Schlange« in Graz.

22 Nietzsche greift im *Zarathustra* wiederholt das Wort »schauen« auf und zeigt damit »das Dilemma des Christen, dem das ›Erkennen‹ untersagt, und nur das ›Schauen‹ gestattet ist.« Margot Paronis, *Also sprach Zarathustra*. Die Ironie Nietzsches als Gestaltungsprinzip. Abhandlungen zur Kunst-, Musik- und Literaturwissenschaft, Bd. 220, Bonn 1976, S. 65.
23 Vgl. Christa Mulack, zit. nach: Scherf, *Der Teufel und das Weib*, a.a.O., S.146.
24 Ebda., S. 151f.
25 Vgl. Ausst.Kat. *Eva und die Zukunft*, a.a.O., S. 288.
26 Aust. Kat. *Symbolismus in Europa*, a.a.O., S. 109.
27 Scherf, *Der Teufel und das Weib*, a.a.O., S. 148.
28 »Nämlich zuvor, da lebten der Menschen Stämme auf Erden frei von allen Übeln und frei von elender Mühsal und zwar von quälenden Leiden, die Sterben bringen den Menschen. Doch die Frau nahm mit den Händen von dem Vorratsfaß den gewaltigen Deckel ab und zerstreute den Inhalt; den Menschen ersann sie furchtbare Sorgen. Einzig die Hoffnung blieb da in festgefügter Behausung, innen unter dem Rande des Gefäßes, und konnte nicht entweichen, denn vorher ergriff sie den Deckel des Fasses, [...].« Hesiod, zit. nach: Dora und Erwin Panofsky, *Die Büchse der Pandora*. Bedeutungswandel eines mythischen Symbols, Frankfurt/M. 1992, S. 19.
29 »Mit der östlichen Fruchtbarkeitsgöttin, die als Vorbild der Pandora gelten darf, verbindet sich eine Fülle der verschiedensten Assoziationen. Einerseits ist sie allgebend und begünstigt Wachstum, Fruchtbarkeit und Liebe, andererseits ist sie die dämonische Versucherin, die den Tod des Geliebten herbeiführt und dem Abgrund der Unterwelt angehört. Somit wiederholt sich auch in ihr das schon den einfachsten Formen der Mythologie zugrundeliegende Prinzip der Ambivalenz.« Hoffmann R. Hays, *Mythos Frau*. Das gefährliche Geschlecht. Mit einem Vorwort von Helge Pross, Düsseldorf 1969, S. 109.
30 Hesiod, zit. nach: Panofsky, *Die Büchse der Pandora*, a.a.O., S. 20.
31 Vgl. Anhang XXIX.
32 Augustinus meinte, »die Frau übertrage beim Geschlechtsakt die Erbsünde mit der Folge, daß jeder von ihr geborene Mensch mit diesem Urmakel behaftet in die Welt komme. Nur bei Maria ließ er eine Ausnahme gelten, weil sie trotz Empfängnis und Geburt Jungfrau und damit frei von jeglicher Sündenschuld geblieben sei. Für ihre Mutterschaft bleibe vielmehr charakteristisch, daß sie die geschlechtliche Unversehrtheit allzeit bewahrt habe.« Denzler, *2000 Jahre christliche Sexualmoral*, a.a.O., S. 270.
33 Schmölzer, *Die verlorene Geschichte der Frau*, a.a.O., S. 36.
34 Bachl, *Der beschädigte Eros*, a.a.O., S. 57f.
35 Schmölzer, *Die verlorene Geschichte der Frau*, a.a.O., S. 242.
36 Das Spruchband neben Adam (dieser sitzt – nach dem Genuß der verbotenen Frucht, den Arm um den Baumstamm geschlungen – am Boden) trägt die Inschrift: »Die Schlange hat Adam dazu gebracht, daß er die verbotene [...] Speise zu sich nehme.« Zit. nach: Ernst Guldan, *Eva und Maria*. Eine Antithese als Bildmotiv, Graz 1966, S. 142.
Guldan schreibt dazu: »Dem Wissend-Gewordenen zeigt sich die Welt in ihrer Widersprüchlichkeit.« Ebda.
37 Die Madonna »ist ein perfektes Konstrukt, weil im Gegensatz zu den Mythen, das Idealbild der Madonna allmählich [...] erarbeitet worden ist [...]. Die Symbole, die sie begleiten, entsprechen dem weiblichen Idealbild so vortrefflich, daß sie keiner Rechtfertigung bedürfen [...].« Ida Magli, *Die Madonna*. Die Entstehung des weiblichen Idols aus der männlichen Phantasie, München 1990, S. 181.
38 »Wir hören, daß es die Frau ist, auf der die Schuld lastet, den Tod in die Welt gebracht zu haben. Nicht der Mann. Schuld ist Wissen und Sexualität. Darum ist Eva das negative Symbol der Weiblichkeit.« Ebda., S. 10.
39 Bachofen, in: Scherf, *Der Teufel und das Weib*, a.a.O., S. 162.
40 Jacques Le Goff, *Das alte Europa und die Welt der Moderne*. Aus dem Französischen von Tobias Scheffel, München 1996, S. 32.
41 Ebda., S. 34.

42 Vgl. Halbey, *66 Hexen*, a.a.O., S. 13f.
   Freud hat sich nachweislich mit dem *Malleus maleficarum* beschäftigt, was aus seiner Korrespondenz mit Wilhelm Fließ hervorgeht: »Was sagst Du übrigens zu der Bemerkung, [...] daß meine ganze neue Hysterie-Urgeschichte bereits bekannt und hundertfach publiziert ist, allerdings vor mehreren Jahrhunderten? Erinnerst Du Dich, daß ich immer gesagt, die Theorie des Mittelalters und der geistlichen Gerichte von der Besessenheit sei identisch mit unserer Fremdkörpertheorie und Spaltung des Bewußtseins?« Und im nächsten Brief schreibt Freud dann, daß er den *Hexenhammer* »fleißig studieren« wolle: »Die Geschichte des Teufels, das Schimpflexikon des Volkes, die Gesänge und Gebräuche der Kinderstube, alles gewinnt nun Bedeutung für mich.« Zit. nach: Sigmund Freud, *Das Unbehagen in der Kultur und andere kulturtheoretische Schriften*. Einleitung von Alfred Lorenzer und Bernard Görlich. 5. Aufl., Frankfurt/M. 1997, S. 10.
43 Zit. nach: Schenk, *Frauen und Sexualität*, a.a.O., S. 18.
44 Pintschovius meint jedoch: »Entgegen der auch heute noch vorherrschenden Meinung, durch Zauberwissen seien besonders Hebammen von der kirchlichen und weltlichen Obrigkeit bedroht gewesen, ist festzustellen, daß ihr Anteil an Zauber- und Hexenprozessen auffallend gering war. Nur in Einzelfällen standen Hebammen vor einem Hexenrichter. Zwar wurden ihnen im *Hexenhammer* teuflische Künste unterstellt und der Administration ihre Kontrolle und ständige Beobachtung empfohlen, doch erinnerte Institoris damit offensichtlich an jene in den Rechtsaltertümern beschriebenen Tötungspraktiken an Neugeborenen, die für ihn als heidnischer Brauch dämonischen Ursprungs waren.« Joska Pintschovius, *Zur Hölle mit den Hexen*. Abschied von den weisen Frauen, Berlin–Frankfurt/M. 1991, S. 237f.
45 Schmölzer, *Die verlorene Geschichte der Frau*, a.a.O., S. 169.
46 Halbey, *66 Hexen*, a.a.O., S. 26.
   »Der Verlust des Haupthaars symbolisierte einerseits, daß der Mensch sich in den Dienst einer höheren Macht gestellt hat (bei den Nonnen in den Dienst Jesu Christi [...]); zum anderen bedeutete der Haarverlust auch Verlust der Kraft und der Macht wie bei Simson im Alten Testament.« Ebda., S. 40.
47 Ebda., S. 22.
48 Die Faszination, die vom Haar ausgeht, hat Baudelaire in *Un Hémisphère dans une Chevelure* beschrieben.
   Vgl. Anhang XXX.
49 Die katholische Kirche erkennt sehr klar, wie wichtig die Unterdrückung der Frau für die Erhaltung ihrer patriarchalen Gesellschaftsstruktur ist. Papst Pius IX. hat dies bereits eindeutig formuliert: »Man will jetzt die Frau verändern, sie ihrer angeborenen Schamhaftigkeit berauben, sie von ihrem Leben am heimischen Herd und ihren häuslichen Pflichten abkehren, sie mit falschen und nutzlosen Kenntnissen aufblähen; damit sie, die dank ihrer guten religiösen Erziehung wie ein reines, strahlendes Licht in ihrem Hause leuchten und der Stolz ihres Mannes, der Grundpfeiler ihrer Familie und ein Ort des Friedens und der Frömmigkeit sein könnte, statt dessen voller Hochmut und Anmaßung die Sorgen und Pflichten, die der Frau eigen sind, verschmäht und ein Keim der Zwietracht wird, ihre Kinder verdirbt und für alle ein Ärgernis wird. Zutiefst bedauerlich ist die Tatsache, daß jene, denen die Pflege öffentlicher Aufgaben anvertraut ist, diese große Gefahr, die für die Gesellschaft nicht weniger bedrohlich ist als für die Religion, mißachten, diesem gottlosen Vorhaben durch neue, unerhörte Versuche Vorschub leisten und auf diese Weise mit äußerster Unbesonnenheit selbst letzte Hand an dieses bereits begonnene Zerstörungswerk der Ordnung anlegen [...].« Zit. nach: Groult, *Ein Tier mit langen Haaren*, a.a.O., S. 63f.
50 »Das Fassaden-Christentum des 19. Jahrhunderts kam nicht ohne Grund zustande. Es beruhte auf dem Willen zum Festhalten an den überlieferten äußeren Formen in Abwehr gegenüber den Kräften einer Bewußtseins-Krise.« Ausst.Kat. *Aspekte der Gründerzeit*, a.a.O., S. 215.
51 »Aber in Leoben, am Ausgang des Jahres 1904, ward ein Senkblei in den tiefsten Brunnengrund österreichischen Volksempfindens hinabgelassen, und siehe, es stieß auf den Wunsch nach Teufelsaustreibung.« Karl Kraus, *Sittlichkeit und Kriminalität*, a.a.O., S. 105f.

52 »Seit dem Verlust der mittelalterlichen Gotteskindschaft leben wir in einer untergründigen heillosen Angststimmung, gegen die uns nur ein einziges Rezept eingefallen ist: uns selbst die totale Kontrolle über alle Ursachen und Kräfte aneignen zu wollen, von denen uns je Ungemach drohen könnte. Das Entsetzen vor einer unerträglichen Verlorenheit und Ohnmacht in der Welt ist somit die eigentliche Antriebsenergie, die sich hinter dem Drang nach technischer Allmacht verbirgt.« Richter, *Der Gotteskomplex*, a.a.O., S. 5.
53 Delacroix notierte bereits 1849 in seinem Tagebuch: »Ich meine, man kann nach den Erfahrungen, die uns seit einem Jahre in die Augen springen, behaupten, daß jeder Fortschritt nicht einen noch größeren Fortschritt, sondern schließlich Verneinung des Fortschritts, Rückkehr zum Ausgangspunkt, herbeiführen muß. Die Geschichte der Menschheit kann uns als Beispiel dienen. Aber das blinde Vertrauen unserer und der vorhergehenden Generation auf das moderne Zeitalter, auf irgendein Anbrechen einer Ära in der Menschheit, die eine vollständige Änderung bedeuten soll, die aber, um eine Änderung in seinem Geschick hervorzubringen, zuerst die Natur des Menschen selbst umschaffen sollte, dieses wunderliche Vertrauen also, das nichts in den vergangenen Jahrhunderten rechtfertigt, bleibt sicherlich die einzige Bürgschaft für zukünftige Erfolge, für die so heiß ersehnten Umwälzungen in der Gesellschaftsordnung. Es liegt doch auf der Hand, daß der Fortschritt, d.h. die fortschreitende Entwicklung der Dinge nach der guten wie der schlechten Seite hin, die Gesellschaft augenblicklich an den Rand des Absturzes gebracht hat, wo sie vielleicht hineinstürzen kann, um einer vollständigen Barbarei Platz zu machen. Und liegt nicht der Grund, der einzige Grund dafür, in dem Gesetz, das alle anderen auf Erden beherrscht, nämlich in der Notwendigkeit der Veränderung, wie sie auch beschaffen sei?« Delacroix, *Journal*, a.a.O., S. 54f.
Und im Jahre 1886 schrieb die Zeitung *Le Décadent*: »Es wäre der Gipfel des Wahnsinns, sich den Stand der Dekadenz, den wir erreicht haben, nicht klarzumachen. Religion, Sitten, Gerechtigkeit – alles verfällt ... Die Gesellschaft löst sich unter der Wirkung einer zersetzenden Zivilisation auf. Der moderne Mensch ist übersättigt, Verfeinerung der Begierden, der Empfindungen, des Geschmacks, des Luxus, der Vergnügungen, Neurose, Hysterie, Hypnotismus, Morphiumsucht, wissenschaftliche Scharlatanerie, überspannte Verehrung von Schopenhauers Philosophie sind die Vorboten des sozialen Verfalls.« Praz, *Liebe, Tod und Teufel*, a.a.O., S. 346.
54 »Die Misogynie, weniger als Haß auf die einzelne Frau, sondern als Haß auf das weibliche Element in der Kultur, gehörte, ebenso wie ihre Kehrseite, die Idolatrie und Dämonisierung des Weiblichen, zu dem Denk-Habitus der europäischen Intelligenz um die Jahrhundertwende.« Nike Wagner, *Geist und Geschlecht*. Karl Kraus und die Erotik der Wiener Moderne, Frankfurt/M. 1982, S. 9.
55 Zit. nach: Ebda., S. 221f.
56 Marquis de Sade erkannte dies schon 1792: »Die Natur verabscheue das Verbrechen? [...] Ich sage dir, die Natur lebt und atmet davon, sie hungert mit all ihren Poren nach Blutvergießen und giert von ganzem Herzen nach einer Steigerung der Grausamkeit.« In: Clark, *»Civilisation«*, a.a.O., S. 306.

Abb. 38 Gustav KLIMT, *Judith I*, 1901

Abb. 39 Max LIEBERMANN, *Simson und Delila*, 1901

Abb. 40 [Anon.], *Die Erschaffung Evas*, Mitte des 15. Jh.

Abb. 41 [Anon.], *Lilith*, ca. 2.000 v. Chr.

Abb. 42 [Anon.], *Der Sündenfall*, (Züricher Meister), 1. H. 16. Jh.

Abb. 43 Félicien ROPS, *Und ihr werdet sein wie Gott* (*erims similis deo*), 1896

Abb 44 Auguste François René RODIN, *Eva*, 1881

Abb. 45 Bertold FURTMAYR, *Eva und Maria unter dem Paradiesbaum*, vor 1481

Abb. 46 Alfred KUBIN, *Pietà*, 1915

Abb. 47 [Anon.], *Der Liebeszauber*, 15. Jh.

Abb. 49 Louis-Ernest BARRIAS, *La Nature se dévoilant devant la Science*, 1899

Abb. 48 Gustav KLIMT, *Die Hexe*, 1898

6. Die wissenschaftlichen Erkenntnisse der Medizin und Psychoanalyse um 1900

> *Ich bin keine Frau, ich bin eine Welt.*
> *Meine Kleider brauchen nur zu fallen,*
> *und du wirst die Mysterien meines Leibes finden!*
> Gustave Flaubert[1]

Gustav Klimts *Medizin* (1900–07) zeigt die Leiden der Menschheit und ihr Ausgeliefertsein an die Greuel der Krankheiten. Es verwundert dabei nicht, daß beide aus der verschlungenen Masse der Leiber herausgehobenen Figuren weiblich sind – die eine, im Kampf gegen Krankheit und Tod der Vernichtung ausgeliefert, und die andere, Hygieia, die Verkörperung der Medizin, mit starrem Blick und von den leidenden Menschen abgewandt.[2]

Biologische Theorien werden seit langem dazu genutzt, um die Vorherrschaft des Mannes zu begründen:

[…] sind wir Männer seit drei Milliarden Jahren als die Tauglichsten auf die Welt gekommen. Von den dynamischen kleinen Halbaffen (den Lemuren […]) bis zu Mailer dem Großen hat uns die DNS des männlichen Y-Chromosomen dazu prädestiniert, unsere Schwestern anzuführen.[3]

Und der Arzt Virchow konkretisiert: »Die Frau ist ein Paar von Eierstöcken, an denen ein Mensch dranhängt, während der Mann ein Mensch ist, der über ein Paar Hoden verfügt.«[4] Aber bereits viel früher wurde – beispielsweise mit der »Säftelehre« – versucht, die Minderwertigkeit der Frau gegenüber dem Mann wissenschaftlich zu begründen, wie es etwa Juan Huarte de San Juan in seinem *Examen de ingenios para las ciencios* 1575 tat und sich dabei unter anderem auch auf Aristoteles und Paulus berief.[5] Aristoteles meinte beispielsweise: »Die Natur formt Frauen, wenn ihr das vollkommene Geschlecht nicht glückt«,[6] und in *Über die Zeugung der Geschöpfe*, die Frau, heißt es, sei

[…] eine Art zeugungsunfähiger Mann. Denn Weibchen sein bedeutet eine gewisse Schwäche, weil es nicht imstande ist, aus der letzten Nahrungsstufe Samen ausreifen zu lassen. […] es spielt sich so ab, wie es vernünftig ist: da das Männchen Gestalt und Bewegungsquelle, das Weibchen Körper und Stoff hergibt, so ist die Arbeit geteilt für Männchen und Weibchen ähnlich wie beim Gerinnen der Milch, wo den Körper die Milch bildet, während das Lab den Ursprung der Bewegung zum Gerinnen enthält. […] Ist also das Männliche das Bewegende und Tätige, das Weibliche als solches das Leidende, so kann das Weibchen zur Samenflüssigkeit des Männchens nicht Samenflüssigkeit beisteuern, sondern nur Stoff.[7]

In dieser Art haben sich Ärzte und Biologen immer wieder geäußert, wenn es darum ging zu klären, warum Frauen der Führung eines Mannes bedürfen oder Bildung für junge Mädchen gefährlich sei.

Gegen Ende des 19. Jahrhunderts führten Wissenschaftler physiologische Begründungen dafür an, daß Frauen und Männer eine unterschiedliche Schulbildung erhalten sollten. Frauen, meinten sie, könnten die Belastungen der höheren Bildung nicht unbeschadet überstehen. Ihre Bedenken bezogen sich auf dreierlei: Erstens, die Unterrichtung junger Frauen könnte ihrem Fortpflanzungsapparat ernsthaften Schaden zufügen. Die der Gelehrsamkeit gewidmete Energie würde die Fortpflanzungsorgane des nötigen »Kraftzuflusses« berauben und spezielle Probleme für pubeszente Frauen darstellen, für die die Einleitung einer regelmäßigen Menstruation von höchster Wichtigkeit sei. Ärzte zitierten Fälle von Frauen, die unfähig waren, Kinder zu bekommen, da sie einen Bildungsweg eingeschlagen [hatten].[8]

Viele der körperlichen Schäden, die die Frau – der oberen Gesellschaftsschichten – tatsächlich erlitt, sind allerdings eine Folge der Kleidung, die ihr der männliche Geschmack bzw. die Mode aufzwangen.[9] Auf dem Bild von J. C. Schoeller von 1844, *Die Schnüranstalt*, wird auf ironische Weise gezeigt, wie mehrere Personen dabei sind, eine füllige Frau in ein Korsett zu schnüren. Was hier als Karikatur erscheint, hatte aber in der Realität erschreckende Folgen. Das *Wachsmodell einer Frau als Demonstrationsobjekt für medizinische Studenten* (Abb. 50) vom Ende des 19. Jahrhunderts zeigt den geöffneten Leib der Frau. *Die zwei Wandtafeln* (Abb. 51) verweisen auf die Folgen des Schnürens: Ohnmachtsanfälle, Verkümmerung der Muskulatur, Lungenkrankheiten und Atemnot waren die Folge dieser Vergewaltigung des weiblichen Körpers.[10]

Das Reformkleid, das der Frau das normale Atmen wieder möglich machte, war tatsächlich eine medizinische Notwendigkeit und nicht nur eine modische Neuheit.[11] Die Anfänge der Bestrebungen, die Damenmode weiterzuentwickeln, finden sich um 1850 in England, wo Künstler wie Rossetti, Hunt und Morris Modelle für weibliche Bekleidung entwarfen und diskutierten.[12]

Lange Zeit wurden die weiblichen Geschlechtsorgane tabuisiert; unzählige junge Mädchen gingen völlig unwissend in die Ehe, gänzlich unvorbereitet auf die Veränderungen, denen ihr Körper etwa im Verlauf einer Schwangerschaft ausgesetzt sein würde. Und die Frau – obschon wohlbehütet im Schoß der Familie – hatte mit schwerwiegenden Gefahren für ihre Gesundheit zu kämpfen. Die zahlreichen Geburten schwächten den Körper, und viele Frauen starben an Kindbettfieber, ohne daß die männlich dominierte Medizin geeignete Gegenmaßnahmen zu setzen imstande gewesen wäre – aus moralischen Gründen.[13]

> Der Körper der Frau war tabu. [...] So etwa sollten Ärzte nur im äußersten Notfall eine gynäkologische Untersuchung vornehmen, die im verdunkelten Zimmer und wenn möglich unter einer Decke stattzufinden hatte.[14]

Eine Farbradierung von Ivo Saliger zeigt den *Kampf von Chirurg und Tod um eine Frau* (1921): Chirurg und Tod ringen um eine weibliche Gestalt, die der Ausbildung ihres Körpers und ihrer langen Haare wegen jugendlich wirkt. Während die Frau, die bereits halb in die Knie gesunken ist, ihre Arme um den Hals des Mediziners schlingt, drückt dieser mit der rechten Hand den Totenkopf weg. Der Tod – hier als Skelett – umfängt die Oberschenkel der Frau und versucht, die linke Hand des Arztes, der die Schultern der Frau hält, wegzuziehen. Interessant dabei ist, daß der Chirurg keinen Blickkontakt zur Patientin hält, sondern, in sich versunken, den Kampf gegen den Tod allein zu führen scheint. Die hingebungsvolle Gestik der Frau jedoch und die Armhaltung des Todes lassen wieder die Erinnerung an die traditionelle Verschmelzung von Todessymbolik und Erotik aufkommen.

Auch das medizinische Bild von Gautier d'Agoty *Myologie complète en couleur et de grandeur naturelle* (Abb. 52) kann nicht auf ein wenig Erotik verzichten: Der Künstler legt zwar fein säuberlich die einzelnen Muskelstränge frei, ganz so, wie man es sich von einer medizinischen Zeichnung erwarten würde; jedoch setzt er als Bereicherung des Ganzen den Kopf einer jungen Frau, die ein blaues Band in ihren dunklen Locken trägt, auf den aufgeklappten Körper und läßt den geöffneten Rücken – aus Muskeln und Rippen – in breite Hüften übergehen.

1869 entstand das Bild *Der Anatom* von Gabriel von Max[15], das sowohl das Verhältnis von Mediziner und Patientin als auch von Mann und Frau thematisiert.[16] Es zeigt, wie der Arzt mit einer beinahe zärtlichen Geste das Leichentuch vom Leib des toten Mädchens zu ziehen scheint und versonnen ihre jugendliche Schönheit betrachtet, die auch im Tod nichts von ihrer Rätselhaftigkeit eingebüßt hat.[17]

Es war aber nicht nur der Körper der Frau mit seinen Muskeln, Knochen und vor allem Geschlechtsorganen, der die Ärzte faszinierte und zu unglaublichen Diagnosen verleitete. Das Gehirn des Menschen – vor allem in Hinblick auf den Unterschied zwischen männlichem und weiblichem – wurde zu einem der meistuntersuchten Körperteile überhaupt. Nachdem der Frau aus philosophischer Sicht seit der Antike ihre geistige Unterlegenheit immer wieder vorgeführt worden war, um sie gefügig zu halten, ging man nun daran, diese Theorien auch medizinisch zu untermauern. Als Beweis, der dafür sofort gefunden wurde, boten sich die unterschiedlichen Größen der Gehirne von Männern und Frauen an. Möbius beispielsweise behauptet folgendes: »Das mittlere Hirngewicht der Weiber ist ohne Ausnahme geringer als das gleich grosser Männer. Die Behauptung, das Weib habe ein relativ grösseres Hirngewicht als der Mann, ist falsch.«[18]

Aus den bei Mann und Frau anders geformten Stirnregionen, Schläfenpartien[19] und Scheitelwölbungen wollte man Schlüsse auf den Sitz der Intelligenz ziehen. Als man jedoch zu wissen meinte, daß sich die menschliche Intelligenz im Stirnhirn konzentriere, suchte man sofort nach Hinweisen, die belegen sollten, daß dieser Teil des Kopfes bei Männern stärker ausgebildet sei.

Im Laufe der Zeit gewannen die Scheitellappen als Sitz des Intellekts jedoch größere Bedeutung als das Stirnhirn, ein Wandel, der von einer Kehrtwendung in puncto Geschlechtsunterschiede im Gehirn begleitet wurde.[20]

Nachdem man die meßbaren Daten des Gehirns erhoben hatte, begannen sich die Mediziner auch mit den nicht zahlenmäßig erfaßbaren Störungen dieses Organs zu beschäftigen.[21] 1846 erschien das Buch *Psyche, zur Entwicklung der Geschichte der Seele* des Philosophen, Naturforschers, Arztes und Malers Carl Gustav Carus, der in diesem Werk, also lange vor Sigmund Freud, schreibt, daß »alle bereits früher einmal zum Bewußtsein gelangten, dann aber wieder unbewußt in der Seele schlummernden Gefühle und Erkenntnisse immerfort auf das bewußte Seelenleben«[22] einwirken. Er geht dabei auch auf die Unterschiede der Seele bei Mann und Frau ein und meint über letztere:

Es wird ihnen selten möglich, aus dem Gewöhnlichen herauszutreten, sich selbst ihren eigentlichen Lebensweg mit Entschiedenheit vorzuzeichnen; das eigentliche Konzentrieren des Lebens auf einzelne als besonders würdig erkannte Zwecke ist diesem Geschlechte, mit wenigen Ausnahmen, fast immer versagt, und nie ist eine große Erfindung, durch welche dem Genius der Menschheit neue Bahnen sich eröffnet hätten, aus ihrem Geiste hervorgegangen. [...] Es ist nämlich [...] gezeigt worden, wie wesentlich das Wachstum der Seele an die Zunahme der Erkenntnis geknüpft sei, und wenn wir nun wahrnehmen, wie eben der weiblichen Individualität diese Richtung weniger natürlich sei als der männlichen, so ergibt sich daraus, in Verbindung mit der in der bisherigen Stellung der Frauen begründeteten Abwendung derselben von Gelegenheit zur Förderung die Erkenntnis, warum so selten Individualitäten und Charaktere bei hoch bejahrten Frauen gefunden werden [...].[23]

Von der Erforschung der Seele und ihrer Krankheiten war es nur mehr ein Schritt zum ›Erkennen‹ der Hysterie als »Krankheit des Jahrhunderts« des weiblichen Geschlechts, deren Auslöser nicht einfach zu eruieren war. Zwar heißt es bereits 1854 in einem *Lehrbuch der Nervenkrankheiten des Menschen* von M. H. Romberg über die Ursachen der Hysterie:

Ursachen, Bedingung für die Entstehung der Hysterie ist die Geschlechtsreife des Weibes, sei es im Erscheinen, oder im Bestehen, oder beim Scheiden, zumal beim frühzeitigen. Die Zahl der Jahre trägt hierzu nichts bei [...]. Erbliche, und durch üppige schlaffe Lebensweise erworbene Anlage ist unleugbar. Am fruchtbarsten sind schwächende Einflüsse, durch Ueberreizung, oder durch Säfteverlust, besonders der Geschlechtsorgane, onanistische Excesse, aufreizender, nicht befriedigender Coitus, wiederholte Fehlgeburten, schnell auf einander folgende Schwangerschaften [...] gehören dahin. Auch vorenthaltener Geschlechtsgenuss, besonders nach früherer Befriedigung [...] sind nicht seltene Ursachen. Unter den schwächenden Anlässen sind auch ungehörige oder übertriebene Blutentleerungen zu nennen. [...] Unter den psychischen Ursachen steht verfehlte Erziehung oben an: sowohl die schlaffe und frivole, die jedem Eindrucke eine zügellose Herrschaft einräumt, als die despotische, die des Willens Entäusserung ganz unterdrückt. Auch das Beispiel einer hysterischen Mutter bildet die Töchter zu dieser Krankheit heran.[24]

1874 erschien das Buch über Hysterie (*Über den Einfluß der weiblichen Geschlechtskrankheiten auf das Nervensystem mit besonderer Berücksichtigung des Wesens und der Erscheinungen der Hysterie*) des Berliner Gynäkologen Amann. Er schreibt darin, daß es nicht verwundere,

[...] daß Hysterie nicht [...] mit Geistesstörungen in Verbindung gebracht wurde, da man bei allen krankhaften Erscheinungen, bei den heftigsten Convulsionen der Weiber, in den mehr oder minder heftigen der Bewegungen des wüthenden Thieres eine sichere und einfache Erklärung fand.[25]

Leopold Löwenfeld erklärt in *Die moderne Behandlung der Nervenschwäche (Neurasthenie), der Hysterie und verwandter Leiden*, 1887:

Die socialen und Culturverhältnisse einer Zeit spiegeln sich auch in den vorherrschenden körperlichen Leiden ab. Was man als Modekrankheit bezeichnet, ist wesentlich die traurige Consequenz von Verhältnissen, deren gesundheitszerrüttendem Einflusse breite Volksmassen sich nicht zu entziehen vermögen. In der Gegenwart spielen die Rolle einer Modekrankheit in diesem Sinne jene Affectionen des Nervensystems, die vom grossen Publikum als Nervenschwäche oder Nervosität gewöhnlich bezeichnet werden und in der Wissenschaft unter den Hauptsignaturen Neurasthenie und Hysterie fungieren. Die Zunahme dieser Uebel in den letzten Decennien lässt sich zwar nicht ziffermässig feststellen, sie ist jedoch ganz allgemein und namentlich in den Grossstädten, Zentren der industriellen, wissenschaftlichen und künstlerischen Thätigkeit, eine so augenscheinliche, dass sie bereits in nichtmedicinischen Kreisen, in welchen man Interesse für die Volksgesundheit hegt, ernste Besorgnisse wachgerufen hat.[26]

Mit dem Krankheitsbild der Hysterie wurde aber die Frau noch stärker als zuvor mit Leiden und Hinfälligkeit in Verbindung gebracht. Schmölzer sieht darin die Ursache für die Entstehung der »femme fragile« als Gegenpol zur »femme fatale«.[27] Frauen, deren seelische Störungen in ihren körperlichen Äußerungen jenen der Hysterie entsprachen, fanden nun als Objekte der Wissenschaft auch Eingang in die Hörsäle der Universitäten.[28] Die wahre Ursache für diese Krankheit blieb den Medizinern aber verborgen, was zu zahlreichen – zum Teil äußerst dubiosen – Krankheitsbeschreibungen Anlaß gab. Der französische Psychologe Pierre Janet etwa meinte, daß »sich Hysterikerinnen vornehmlich durch eine krankhafte Gedanken- und Willensschwäche«[29] auszeichnen.

Nach Ansicht der Ärzte stammten hysterische Frauen entweder aus dem gebildeten, wohlhabenden Bürgertum oder aus dem provinziellen Kleinbürgertum, dessen Frauen sich häufig als Dienstmädchen und Köchinnen verdingten.[30]

Dienstmädchen und Großbürgerin – was sie verbindet, ist die unbegrenzte Verfügbarkeit, die beide Frauentypen auszeichnet. Während im Extremfall die Dienerin, ohne Beschränkung der Arbeitszeit und jeder Laune der Herrschaft Folge leistend, auf eigenen Lebensraum gänzlich verzichten muß, leidet deren Herrin an der Reduzierung auf ihre Existenz als ›schönes Detail‹ des bürgerlichen Haushaltes, das keinerlei Eigenständigkeit besitzt.[31] Vuillard (siehe etwa *Großes Interieur mit sechs Personen*, 1897) scheint die Situation der bürgerlichen Frau instinktiv richtig erfaßt zu haben, wenn er die Figuren seiner Bilder beinahe mit dem Innenraum verschmelzen läßt. Daß es sich aber – aus seiner Sicht – dabei nicht um das Aufzeigen frauenspezifischer Probleme handelt, ersieht man aus der Tatsache, daß er mit den männlichen Personen ebenso verfährt.

»Über das Krankheitsbild der hysterischen Frau herrschte unter der Ärzteschaft weitgehende Einigkeit: Sie war entweder frigid oder nymphomanisch, [...].«[32] Dabei war über diese Störungen wenig bekannt, was zur Folge hatte, daß Diagnosen und Behandlungen nach den Erfahrungen des ›naturgemäß‹ männlichen Arztes abgestimmt wurden.[33]

Aber auch die »erotisierte Hysterikerin« beschäftigte die Wissenschaft, sie vertrat das andere weibliche Extrem, sie war hemmungslos, raffiniert und unersättlich, warf sich jedem Mann an den Hals und galt als unsittlich und gefährlich. Die durch Freud begründete Psychoanalyse schließlich warf der Hysterikerin vor, daß sie phallisch fixiert sei und ihr passives Frausein verleugne.[34]

Auch Weininger setzte sich mit dem Phänomen der Hysterie auseinander und schrieb in seinem 1903 erschienenen Werk *Geschlecht und Charakter*:

Ihre völlige Unfähigkeit zur eigenen Wahrheit, zur Wahrheit über sich – die Hysterischen denken nie über sich nach und wollen nur, daß der andere über sie nachdenke, sie wollen ihn interessieren –, geht daraus hervor, daß die Hysterischen die besten Medien für alle Hypnose abgeben. Wer aber sich hypnotisieren läßt, der begeht die unsittlichste Handlung, die denkbar ist. Er begibt sich in die vollendete Sklaverei: er verzichtet auf seinen Willen, auf sein Bewußtsein, über ihn gewinnt der andere Gewalt und erzeugt in ihm das Bewußtsein, das ihm hervorzubringen gutdünkt.[35]

1900 erschien Freuds *Traumdeutung*, die zu einem der Grundpfeiler der psychoanalytischen Theorie werden sollte. »Freud sieht im Traum den ›Königsweg zum Unbewußten‹. Dort nämlich äußern sich Erfahrungen, Empfindungen, Bedürfnisse, die wir aus irgendeinem Grund nicht bewußt denken dürfen.«[36]

Die Situation von besonderer Erlebnisfähigkeit, die in Schlaf und Halbschlaf gegeben ist, inspirierte zahlreiche Künstler des 19. Jahrhunderts, vor allem aber jene der Jahrhundertwende, zu Bildfindungen; das Interesse an dem Zustand des ›Bewußtlosen‹ wurde durch die Untersuchungen der Seele im Zustand der Hypnose noch verstärkt. (Siehe Gustave Courbet, *La Voyante, Tête de Femme ou La Somnambule*). Es handelt sich dabei wahrscheinlich um ein Portrait von Courbets Schwester Juliette, das durch die dunkel verschatteten Augen und die ungeschönte Wiedergabe der Gesichtszüge wie eine – für diesen Künstler ungewöhnliche – psychologische Studie eines Frauenantlitzes wirkt.[37]

Es sind besonders weibliche Gestalten, durch die die Befindlichkeit des Traumes, des Schlafes oder einer Vision ausgedrückt werden soll, wobei die ›Träumend-Schauende‹ und das ›Erschaute‹ nicht selten auf dem selben Bild zu finden sind. Ein Beispiel dafür ist Hodlers *Der Traum* (1897–1903), der sowohl das in Gedanken versunkene Mädchen als auch das Objekt ihrer Träume – einen Jüngling – zeigt, der »als ›Träumender‹ die streng im Profil gezeigte kniende Mädchenfigur erblickt.«[38]

Auch die Sexuallehre Sigmund Freuds ist ganz vom männlichen Standpunkt aus angelegt; der Mann, der die Frau als »kastriert« erkennt, bekommt eine weitere Legitimation für die Geringschätzung des Weiblichen, da dieses als »organisch minderwertig« deklariert wird.[39]

Irgendeinmal macht das kleine Mädchen die Entdeckung seiner organischen Minderwertigkeit, natürlich früher und leichter, wenn es Brüder hat oder andere Knaben in der Nähe sind. [...] Wenn das kleine Mädchen durch den Anblick eines männlichen Genitales seinen eigenen Defekt erfährt, nimmt sie die unerwünschte Belehrung nicht ohne Zögern und ohne Sträuben an. [...] In allen Fällen hält das Kind die Kastration zunächst nur für ein individuelles Mißgeschick, erst später dehnt es dieselbe auch auf einzelne Kinder, endlich auf einzelne Erwachsene aus. Mit der Einsicht in die Allgemeinheit dieses negativen Charakters stellt sich eine große Entwertung der Weiblichkeit, also auch der Mutter, her.[40]

Der oben beschriebene Vorgang des Erkennens der eigenen ›Minderwertigkeit‹ führt beim Mädchen zum sogenannten »Penisneid«,[41] was Freud Anlaß für weitreichende Studien über die psychischen Auswirkungen dieses körperlichen Mangels gibt.

1905 veröffentlicht Freud *Drei Abhandlungen zur Sexualtheorie,*

[...] worin dem kleinen Jungen perverse Neigungen zugeschrieben werden, weil er nämlich den sexuellen Verkehr mit seiner Mutter wünscht und dafür seinen Vater aus dem Weg räumen möchte.[42]

Freud denkt dabei an die Tragödie von Ödipus, der durch eine tragische Verkettung von Ereignissen seinen Vater tötet und die eigene Mutter ehelicht – eine Geschichte, die ebenso einige Künstler des 19. Jahrhunderts beschäftigt hat, wie etwa Ingres[43] oder Moreau. Das Begehren der eigenen Mutter hat für den Sohn die Bestrafung durch den Vater – die Kastration – zur Folge.[44] Die Kastrationsangst, hier hervorgerufen durch die Gestalt der femme fatale, hat Julius Klinger in seiner Illustration zu *Sodom* des Earl of Rochester in eindringlicher Weise bildlich umgesetzt: die Frau, die den Oberkörper entblößt hat, hält in den ausgestreckten Händen die ›Männlichkeit‹ ihres Opfers.

Durch Beobachtungen von Patienten, auch von Kindern, kam Freud fortschreitend zu der Überzeugung, daß »es nicht nur Krankheitserscheinungen waren, die durch Sexualität, vornehmlich verdrängte Sexualität, ausgelöst wurden.«[45] Er selbst sah sich jedoch außerstande, alle Rätsel der weiblichen Seele zu entschlüsseln: »Die große Frage, die nie beantwortet ist und die ich trotz meiner dreißigjährigen

Erforschung der weiblichen Seele noch nicht habe beantworten können, ist: was will das Weib?«[46]

Trotz seines offensichtlichen Unvermögens, das weibliche Empfinden auch nur annähernd zu verstehen, behauptet Freud, daß die Frau zur Kultur in einem eher negativen Verhältnis stehe und auf deren weitere Entwicklung einen hemmenden Einfluß ausübe.[47]

Ferner treten bald die Frauen in einen Gegensatz zur Kulturströmung und entfalten ihren verzögernden und zurückhaltenden Einfluß, dieselben, die anfangs durch die Forderungen ihrer Liebe das Fundament der Kultur gelegt haben. Die Frauen vertreten die Interessen der Familie und des Sexuallebens; die Kulturarbeit ist immer mehr Sache der Männer geworden, stellt ihnen immer schwierigere Aufgaben, nötigt sie zu Triebsublimierungen, denen die Frauen wenig gewachsen sind. Da der Mensch nicht über unbegrenzte Quantitäten psychischer Energie verfügt, muß er seine Aufgaben durch zweckmäßige Verteilung der Libido erledigen. Was er für kulturelle Zwecke verbraucht, entzieht er großenteils den Frauen und dem Sexualleben: das beständige Zusammensein mit Männern, seine Abhängigkeit von den Beziehungen zu ihnen entfremden ihn sogar seinen Aufgaben als Ehemann und Vater. So sieht sich die Frau durch die Ansprüche der Kultur in den Hintergrund gedrängt und tritt zu ihr in ein feindliches Verhältnis.[48]

»Für Freud war die ›Sexualproblematik‹ jenes Kernstück der Theorie, deren Anerkennung das differenzierende Erkennungszeichen der Psychoanalyse sein sollte.«[49] Ebenso bemerkenswert früh sieht der Arzt und Dichter Arthur Schnitzler – seine Erzählung *Der Empfindsame* erschien 1896 – sexuelle Probleme als Ursache körperlicher Störungen an. Die obgenannte Novelle handelt davon, daß eine Gruppe von Männern um einen freiwillig aus dem Leben geschiedenen Freund trauert. Als man in der Hinterlassenschaft des Selbstmörders einen Brief findet, in dem dessen Geliebte ihm mitteilt, daß sie ihn verlassen wird, eröffnet sich ihnen langsam der Grund des Suizids. In der Erinnerung an den Tag ihres Kennenlernens beschreibt die Geliebte auch, was sie zuvor gemacht hatte:

»An diesem Abend, mein lieber Fritz, bin ich von meinem Arzt gekommen, […] denn ich wollte meine schöne, meine wunderschöne Stimme wieder haben, die ich mit sechzehn gehabt hatte, und keiner konnte sie mir wiedergeben. ›Ja, mein Fräulein, Ihnen fehlt eigentlich gar nichts […]‹, sagten sie alle. […] Daß ich wieder meine Stimme bekommen würde, hat mir jeder versichert. […] ›Sie sind ja ganz gesund.‹ […] Aber das ging so durch drei Jahre, durch drei volle Jahre. Auch von einem Gesangslehrer zum andern bin ich in dieser Zeit gewandert. […] Aber vergeblich, alles vergeblich. Erst mein vierundzwanzigster Arzt […] hat mich gerettet, oder hat mir das Mittel zu meiner Rettung gegeben. […] ›Ihnen fehlt nichts‹, sagte er, ›adieu.‹ […] Ich mit zusammengepreßten Zähnen: ›Meine Stimme will ich wieder haben.‹ ›Ihre Stimme, ja, dafür gibt's kein Rezept, das man aufschreiben kann.‹ […] ›Also was soll ich nehmen?‹ Darauf er, […] ›Einen Liebhaber‹ […].«[50]

Sie gesteht Fritz mit dieser Schilderung, daß das gemeinsame sexuelle Erleben für sie im wesentlichen eine medizinische Therapie zur Heilung ihrer Krankheit dargestellt habe – mit dieser Schmach konnte der junge »empfindsame« Mann nicht weiter leben.

Auch Strindberg hat sich mit der Bedeutung der Sexualität für die Frau befaßt; in seiner Erzählung *Ein Puppenheim* wird ein Arzt dazu befragt:

»Wie ist das eigentlich mit den Weibsbildern? Was? Ist es nicht gefährlich, lange unverheiratet zu bleiben?« […] Der Arzt äußerte seine Ansicht und schloß mit einem Bedauern, daß nicht alle Weibchen befruchtet werden können. In der Natur, wo das Männchen zumeist in Polygamie lebe – was es in den meisten Fällen tun könne, da (außer bei den Raubtieren) Nahrung für die Jungen genug vorhanden sei –, da kämen solche Abnormitäten wie unverheiratete Weibchen nicht vor. In der Kultur hingegen, wo es ein Glücksfall sei, ausreichend Brot zu haben, da sei das durchaus üblich, zumal es mehr Frauen als Männer gebe. Man müsse deshalb zu unverheirateten Mädchen nett sein, denn ihr Los sei beklagenswert.«[51]

Die medizinische Forschung im Wien der Jahrhundertwende wurde von führenden Gelehrten der einzelnen Spezialdisziplinen betrieben. »Österreicher entdeckten den Pestbazillus und das Tuberkulin, […]. In Österreich wirkte auch der einer älteren Generation anhörige Psychiater Richard Krafft-Ebing, […].«[52] Krafft-Ebing hat in seiner *Psychopathia Sexualis* von 1886

[…] eine Liste aller pathologischen Erscheinungen des Sexuallebens aufgestellt und versucht, sie auf ihre gesetzmäßigen Bedingungen zurückzuführen. Dabei besitzt allerdings weibliche Sexualität einen äußerst geringen Stellenwert, denn das Weib, so führt er aus, sei monogam im Gegensatz zum polygamen Mann, weshalb »Auf der Culturhöhe des heutigen gesellschaftlichen Lebens […] eine sociale und sittlichen Interessen dienende sexuale Stellung des Weibes nur als Ehefrau denkbar« sei.[53]

Von Krafft-Ebing stammt auch der Begriff des Masochismus, nach Ritter Leopold von Sacher-Masoch. In dessen Romanen erfahren die Protagonisten Lust durch Folter und Schmerz. Krafft-Ebing ist »fast geneigt, den Masochismus in seiner Gesamtheit als eine pathologische Steigerung von Elementen der weiblichen Psyche zu betrachten, als eine krankhafte Verstärkung gewisser Merkmale der weiblichen Seele.«[54]

Neben der »hysterischen« Frau wurde um die Jahrhundertwende die homosexuelle Frau zu einem vieldiskutierten medizinischen Phänomen, dem sich auch die Künstler nicht entziehen konnten.[55] Georges Lacombe nennt eines seiner Reliefs *Femmes Damnées Debout*, in Anlehnung an Baudelaires Gedicht gleichen Namens. Es zeigt Frauenpaare, die in verschiedenen Handlungen dargestellt sind. Aber auch Auguste Rodin, Egon Schiele (etwa *Sapphisches Paar*, Abb. 32) und Gustav Klimt haben zum Thema der lesbischen Liebe Zeichnungen und Gemälde gefertigt. Diese verweisen auf das große Interesse von Künstlern, Auftraggebern und Käufern an der Darstellung der gleichgeschlechtlichen Liebe zweier Frauen, das sich wohl zum Teil durch die gleichzeitige intensive medizinische Erforschung von deren Ursachen, aber auch einfach durch männlichen Voyeurismus erklären läßt.

Die Mythologie erklärt die Entstehung der Homosexualität durch die Teilung der Ur-Menschen.

Plato läßt in seinem Dialog *Das Gastmahl* den Mythos von der ursprünglichen Androgynie und Autarkie der Menschen erzählen. Die strafende Operation des Zeus liefert jedenfalls die Legitimierung der drei Gestalten des Eros. Die Teilung der Ur-Mann-Frauen erklärt die Heterosexualität, die der Ur-Männer die männliche, die der Ur-Frauen die weibliche Homosexualität.[56]

Das lebhafte Interesse, das um 1900 allen Spielarten des Geschlechtlichen entgegengebracht wird, zeigen auch die Schriften Piet Mondrians, der 1912

[…] zunächst eine Theorie des Wesens der Geschlechter [entwarf]. Trotz ihres überaus simplen, geradezu klischeehaften Charakters wird die Theorie vom weiblichen, materialen und männlichen, geistigen »Element«, deren Zusammenwirken den Menschen und allen Erscheinungen der Lebenswelt einen bisexuellen, in sich konflikthaft gespaltenen Charakter verleihe, über viele Seiten hinweg ausgeführt. […] Im Zentrum seines Denkens steht die Geschlechtertheorie und die philosophisch-religiöse Konstruktion eines »reinen Geistigen«, das von einem Künstler geschaffen wird, der beide Geschlechter besitzt, der die in der Natur vermischten männlichen und weiblichen Elemente rein darstellen kann und darum der Natur überlegen ist.[57]

Künstler wie Analytiker versuchten der menschlichen Seele mit den ihnen zur Verfügung stehenden Mitteln beizukommen; mit Hilfe der Psychoanalye – so waren viele Mediziner überzeugt – könnten sie auch Zugriff auf die intimsten, verborgensten Gebiete der menschlichen Seele erhalten. Die Frau, aus damaliger wissenschaftlicher Sicht das anfälligere Geschlecht für geistige Störungen, war das bevorzugte Betätigungsfeld für Ärzte und Forscher, die sich mit der »Seele« befaßten.[58]

Indem sie aber vom ›Idealfall‹ der männlichen Psyche auf jene der Frau schlossen, waren die Ergebnisse zwangsläufig unbefriedigend. Erst die nachfolgende Generation von Psychologen, vor allem C. G. Jung, erneuerte und verbesserte die Theorien der Jahrhundertwende. (Freud wird heute in der feministischen Literatur massiv kritisiert.) Weininger begründet das Fehlen einer »Psychologie des Weibes von einem Weibe« in seinem Buch *Geschlecht und Charakter* noch folgendermaßen:

Die Frau interessiert sich nicht für sich – darum gibt es keine weibliche Psychologin und keine Psychologie des Weibes von einem Weibe und ganz unfaßbar wäre ihr das krampfhafte, echt männliche Bemühen, die eigene Vergangenheit als eine logische Folge von kontinuierlichem, lückenlos kausal geordnetem, nicht sprunghaftem Geschehen zu interpretieren, Anfang, Mitte, Ende des individuellen Lebens zueinander in Beziehung zu setzen.[59]

Alle Vorurteile, die Weininger hier anspricht, sind Indiz dafür, wie sehr man darum bemüht war, die neue Wissenschaft in den eigenen männlichen Reihen zu halten und die Bedrohung, die durch eine mögliche feministische Psychologie für die herkömmlichen Theorien zu erwarten war, gar nicht aufkommen zu lassen.

Und als wollte man sich nicht länger mit der schwer faßbaren und rätselhaften irdischen Frau begnügen, beginnt man sich mit der Idee einer künstlichen Weiblichkeit auseinanderzusetzen. Der uralte Pygmalion-Mythos – ein Bildhauer schafft eine weibliche Statue aus Elfenbein, die so sehr seinen Vorstellungen von einer Frau entspricht, daß er sich in sie verliebt – wird von den bildenden Künstlern wieder aufgenommen. Von Gérôme stammt ein Gemälde, das den Moment zeigt, in dem Galathea durch das Wirken Aphrodites lebendig wird und sich zu ihrem Erschaffer neigt, um ihn zu küssen.

Einen Schritt weiter geht Villiers de L' Isle Adam, der in seinem Roman *Die Eva der Zukunft* einen Wissenschaftler an der künstlichen Erschaffung der idealen Frau arbeiten und letztendlich scheitern läßt.[60] Gustave Flaubert konkretisiert, was jahrtausendelang die Künstler mit ihren Werken auszudrücken versuchten: »La femme est un produit de l' homme; elle est le résultat de la civilisation, une œuvre factice.«[61]

Auch Max Klinger hat in seinem Radierungszyklus von 1880 das Thema *Eva und die Zukunft* aufgenommen. »Klingers Eva zeigt die Frau zwischen Fremd- und Selbstbestimmung.«[62] Besonders interessant ist das dritte Blatt, *Die Schlange* (Abb. 53), das Eva vor dem Baum der Erkenntnis zeigt. Im Gegensatz zu früheren Darstellungen des Sündenfalls, auf denen die Schlange mit einem weiblichen Oberkörper und Kopf ausgestattet ist, der jenem Evas ähnelt oder gleicht, hält hier die Schlange Eva einen ovalen Spiegel vor, in dem sich ihr Bild wiederholt. Eva, auf Zehenspitzen, um sich besser betrachten zu können, gibt sich scheinbar dem Augenblick der Selbsterkenntnis hin. Friedrich Gross meint jedoch, keinerlei Hinweise dafür zu entdecken, daß

> [...] die Reflexion Evas ein emanzipatorischer Akt der Vernunft sei, ein Akt, der der Frau andere Rollen als die des ›aktiven‹ Lustobjekts, andere Möglichkeiten der Selbstverwirklichung außerhalb des erotischen Bereichs und außerhalb der patriarchalischen Beschränkungen eröffnen würde.[63]

Mit einer weiteren Möglichkeit, eine Frau künstlich zu erschaffen, konfrontiert 1911 Hanns Heinz Ewers sein Publikum mit dem Roman *Alraune*: Aus dem Samen eines Gehenkten, der unter dem Galgen keimt, wächst, in Abwandlung des bekannten Mythos von der Mandragora, eine femme fatale.

Anmerkungen

1 Gustave Flaubert, *Die Versuchung des Heiligen Antonius*. Aus dem Französischen von Barbara und Robert Picht. Mit einer Bilddokumentation und einem Nachwort von Michel Foucault, Frankfurt/M.–Leipzig 1996, S. 41.
2 »Im Vordergrunde des Deckengemäldes steht eine weibliche Figur. [...] Wir gehen wohl nicht fehl in der Annahme, daß die Göttin der Heilkunde als weiblicher Arzt verkörpert ist. [...] Während sie selbst die Nacht einem Mummenschanze geopfert hat und jetzt noch, beim bläulichen Morgenlichte, mit närrischem Flitter angetan ist, haben die Kranken vielleicht nach ihrer Hilfe geseufzt ... Da ist gleich rechts hinter ihr ein Fräulein, das sich zusammenkrümmt vor Krämpfen. Die gesunde Farbe des üppigen Körpers läßt uns zwar hoffen, daß es nur ein ungewöhnlicher Grad von Grimmen ist, der das Fräulein plagt. [...] Nichtsdestoweniger will selbst uns Laien die ärztliche Verordnung von der Zunge fliegen: ›Meine Liebe, ziehen Sie sich doch einmal an, sonst holen sie sich noch einen dauerhaften Darmkatarrh.‹« Eduard Pötzl, 1901: Zit. nach: Nebehay [Hg.], *Gustav Klimt*, a.a.O., S. 252.
3 Zit. nach: Anne Fausto-Sterling, *Gefangene des Geschlechts? Was biologische Theorien über Mann und Frau sagen*. Aus dem Amerikanischen von Brigitte Stein, München 1988, S. 15.
4 Rudolf Virchow (1821–1902), zit. nach: Ebda., S. 131.
5 Siehe Juan Huarte de San Juan, *Examen de ingenios para las sciencias* [1575]. Cap. XV., Madrid 1976. Auf Huarte wiederum beruft sich 1851 Arthur Schopenhauer, wenn er in seinem Werk *Paralipomena* schreibt:»Auch Huarte, in seinem seit dreihundert Jahren berühmten Buche Examen de ingenios para las sciencias [...] spricht den Weibern alle höhere Befähigung ab.« Arthur Schopenhauer, *Paralipomena* [1851], Darmstadt 1974, § 369.
6 Aristoteles, zit. nach: Groult, *Gleiche unter Gleichen*, a.a.O., S. 10.
7 Zit. nach: Schottroff – Schroer – Wacker, *Feministische Exegese*, a.a.O., S. 233.
8 Fausto-Sterling, *Gefangene des Geschlechts?*, a.a.O., S. 133f.
9 »Wir haben bereits festgestellt, daß in jenen Stadien der wirtschaftlichen Entwicklung, in denen die demonstrative Muße das wichtigste Mittel für den Erwerb von Prestige darstellt, das weibliche Schönheitsideal zarte kleine Hände und Füße und eine schlanke Taille verlangt. Diese Merkmale zusammen mit anderen körperlichen Mängeln ähnlicher Art zeigen, daß die von ihnen betroffene Person einer nützlichen Anstrengung nicht fähig ist, weshalb sie von ihrem Besitzer in Untätigkeit gehalten werden muß. Sie ist also nutzlos und teuer und besitzt daher als Zeuge finanzieller Macht einen gewissen Wert.« Thorstein Veblen, Theorie der feinen Leute, in: Silvia Bovenschen [Hg.], *Die Listen der Mode*, Frankfurt/M. 1986, S. 128.
10 Es erscheint erwähnenswert, daß besonders jene Kleidungsformen als ›feminin‹ empfunden werden, die einerseits den weiblichen Körper betonen, andererseits aber der Frau eine ungehinderte Bewegung erschweren: Hohe Absätze an den Schuhen führen zu einem vorsichtigen Ge-

hen, das ein rasches Ausschreiten unmöglich macht; enge Röcke lassen keine großen Schritte zu, es kommt zum ›damenhaften‹ Trippeln; der geschnürte Leib hingegen führt zu einer Einengung der Lunge und läßt keine normale Atmung zu, was wiederum körperliche Betätigung ausschließt.

11 Bereits 1797 konnte man im Almanach *Anmuth und Schönheit* lesen, »die Schnürbrust wirkt gerade das Gegentheil von dem, was man durch sie zu gewinnen hofft; sie soll den Körper verschönern, und sie verunstaltet ihn.« *Anmuth und Schönheit*, aus den Misterien der Natur und Kunst für ledige und verheiratete Frauenzimmer. Mit Kupfern. Berlin 1797. Die bibliophilen Taschenbücher, Dortmund 1978, S. 262.
Vgl. Anhang XXXI.

12 Vgl. Forstner, in: Ausst.Kat. *Ver Sacrum*, a.a.O., S. 33.
»Gegen Ende des 19. Jahrhunderts unterstützten namhafte Künstler und Ärzte die Bestrebungen zur Verbesserung der Frauentracht einerseits, indem sie zum Thema Mode Schriften verfaßten wie etwa Henry van de Velde ›Die künstlerische Hebung der Frauentracht‹, Karl Heinrich Stratz ›Die Frauenkleidung‹ und Paul Schultze-Naumburg ›Die Kultur des weiblichen Körpers als Grundlage der Frauentracht‹, andererseits, indem sie Entwürfe für eine reformierte Frauenkleidung erarbeiteten und publizierten.« Ebda.

13 Stefan Zweig schreibt: »Es ist durchaus keine Legende oder Übertreibung, daß Frauen als alte Damen starben, von deren Körper außer dem Geburtshelfer, dem Gatten und Leichenwäscher niemand auch nur die Schulterlinie oder das Knie gesehen.« Zit. nach: Reden – Schweikhardt, *Eros unterm Doppeladler*, a.a.O., S. 22.

14 Schmölzer, *Die verlorene Geschichte der Frau*, a.a.O., S. 332.
»Es ist bekannt, daß die weiblichen Organe in Anatomielehrbüchern nicht existierten und daß Gynäkologie und Geburtshilfe nicht einmal auf dem Lehrplan des Medizinstudiums standen. Im Namen der Schamhaftigkeit und der guten Sitten durfte alles, was mit dem Körper zusammenhing, nie erwähnt werden; das ging so weit, daß Linné hundert Jahre später im Vorwort seiner Naturgeschichte (*Histoire naturelle*) erklären konnte: ›Ich unternehme keine Beschreibung der weiblichen Organe, denn sie sind abscheulich.‹« Groult, *Gleiche unter Gleichen*, a.a.O., S. 22f.

15 »Als Sujet großformatiger Ölgemälde tritt die Anatomie einer weiblichen Leiche erst im 19. Jahrhundert in Erscheinung.« Barbara Eschenburg, *Der Kampf der Geschlechter. Der neue Mythos in der Kunst 1850 – 1930*. Hg. Helmut Friedel. Mit Beiträgen von Reinhard Heydenreuter, Ellen Maurer, Peter Nitsche, Hans Ottomeyer, Katrin Schmersahl, Köln 1995, S. 44.

16 Bronfen führt an, daß Gabriel von Max, geleitet von seinem Interesse an Spiritismus, mehrmals tote Menschen gemalt habe. »Die Anatomen […] hofften, durch das Öffnen einer Leiche bei der Sektion das unsichtbare Reich des menschlichen Körperinneren sichtbar machen und ihre Theorien über die Sexualität am Körper einer wirklich toten Frau verifizieren zu können. […] So wurde auch für von Max, der im Spiritismus die höchste Stufe menschlicher Entwicklung sah, der Leichnam zum Knotenpunkt seiner naturgeschichtlichen und parapsychologischen Forschungen, zum Ort der sichtbaren und unsichtbaren Seiten der menschlichen Existenz.« Bronfen, *Nur über ihre Leiche*, a.a.O., S. 14f.

17 Emil Zuckerkandl meint über seinen Beruf: »Ich bin Anatom, ich seziere den menschlichen Körper. Glaubt ihr, daß der Tote nichts mehr von seiner Seele aussagt? Ich erhalte Einsicht in Tausende verschiedenartiger Schicksale, wenn ich die Runen entziffere, die in stille Gesichter gekerbt sind. Deshalb kann ich diese Deuter verstehen. Ich zerstückle Leichen, um dem Körper Geheimnisse zu entreißen, die zu Heilmitteln werden können. Der Dichter zerstückelt Seelen, um der Heilung des Geistes willen.« Zit. nach: Gotthart Wunberg [Hg.], *Die Wiener Moderne. Literatur, Kunst und Musik zwischen 1890 und 1910*. Mit 25 Abbildungen. Unter Mitarbeit von Johannes J. Braakenburg, Stuttgart 1994, S. 172.

18 Möbius, *Über den physiologischen Schwachsinn des Weibes*, a.a.O., S. 5.
»Körperlich genommen ist, abgesehen von den Geschlechtsmerkmalen, das Weib ein Mittelding zwischen Kind und Mann, und geistig ist sie es, wenigstens in vielen Hinsichten, auch.« Ebda., S. 14.

19 »Demnach ist also nachgewiesen, dass für das geistige Leben außerordentlich wichtige Gehirntheile, die Windungen des Stirn- und des Schläfenlappens, beim Weibe schlechter entwickelt sind als beim Manne, und dass dieser Unterschied schon bei der Geburt besteht.« Ebda., S. 15.
20 Fausto-Sterling, *Gefangene des Geschlechts?*, a.a.O., S. 63f.
21 Krafft-Ebing: »Die Lebensweise unzähliger Kulturmenschen weist heutzutage eine Fülle von antihygienischen Momenten auf, die es ohne weiteres begreifen lassen, daß die Nervosität in fataler Weise um sich greift, denn diese schädlichen Momente wirken zunächst und zumeist aufs Gehirn. In den politischen und sozialen, speziell den merkantilen, industriellen, agrarischen Verhältnissen der Kulturnationen haben sich eben im Laufe der letzten Jahrzehnte Änderungen vollzogen, die Beruf, bürgerliche Stellung, Besitz gewaltig umgeändert haben, und zwar auf Kosten des Nervensystems, das gesteigerten sozialen und wirtschaftlichen Anforderungen durch vermehrte Verausgabung an Spannkraft bei vielfach ungenügender Erholung gerecht werden muß.« Zit. nach: Freud, *Das Unbehagen in der Kultur*, a.a.O., S. 114f.
22 Zit. nach: Helmut Barz, *Vom Wesen der Seele*. 2. Aufl., Düsseldorf 1995, S. 15.
23 Zit. nach: Richter, *Der Gotteskomplex*, a.a.O., S. 108.
24 M. H. Romberg, in: Alfred Lorenzer, *Intimität und soziales Leid*. Archäologie der Psychoanalyse, Frankfurt/M. 1993, S. 92f.
25 Ammann, in: Ebda., S. 37.
Vgl. Anhang XXXII.
26 Leopold Löwenfeld, zit. nach: Lorenzer, *Intimität und soziales Leid*, a.a.O., S. 86f.
B. Carneri bringt die Nervosität hauptsächlich in Verbindung mit der geforderten Leistungsfähigkeit der modernen Gesellschaft: »Die Grenze des Könnens ist für alle dieselbe, und mutatis mutandis gilt, was wir da sagen, von jeder Arbeit, mag sie die Nerven oder hauptsächlich die Muskeln in Anspruch nehmen. Dem, der als sein eigener Herr freiwillig sein Nervensystem zerrüttet, um in den Sklavenketten der modernen Gewinnsucht mehr zu besitzen oder brillanter zu glänzen denn sein Nachbar, vermögen wir keine Teilnahme entgegenzubringen. Er hat die Mittel, den teuersten Psychiater zu zahlen; und mag er dann sein fernhin gleißendes Ziel erreichen oder bis zu seinem Ende danach nur streben, er ist ja – auf seine Art – glücklich in seinem Wahn. Was wir da vom Manne sagen, gilt nicht weniger von der Frau, [...].« B. Carneri, *Der moderne Mensch*. Versuche über Lebensführung [1890]. 5. Aufl., Leipzig [1901], S. 29.
27 Vgl. Schmölzer, *Die verlorene Geschichte der Frau*, a.a.O., S. 342.
»Daß der Ausdruck Hysterie auf das griechische Wort hystera (Gebärmutter) zurückgeht, weist bereits darauf hin, daß diese Krankheit ursprünglich als Gebärmutterstörung begriffen und fast nur auf Frauen beschränkt wurde.« Ebda., S. 343.
28 »Diese Patientinnen sind wahrhaftige Schauspielerinnen; sie kennen kein größeres Vergnügen, als jeden, mit dem sie in Berührung kommen, zu betrügen. Die Hysterischen, die ihre konvulsivischen Bewegungen übertreiben, machen entsprechende Travestien und Übertreibungen mit ihren Gefühlen, Gedanken und Handlungen [...]. Mit einem Wort, das Leben der Hysterischen ist eine einzige Fälschung,« schrieb 1890 der französische Psychiater Jules Falret. Zit. nach: Klaus Albrecht Schröder, *Egon Schiele*. Eros und Passion, München 1995, S. 86.
29 Schmölzer, *Die verlorene Geschichte der Frau*, a.a.O., S. 343.
30 Ebda.
31 Freud schreibt über *Die »kulturelle« Sexualmoral und die moderne Nervosität*: »Die Erfahrung zeigt aber auch, daß die Frauen, denen als den eigentlichen Trägerinnen der Sexualinteressen des Menschen die Gabe der Sublimierung des Triebes nur in geringem Maße zugeteilt ist, denen als Ersatz des Sexualobjektes zwar der Säugling, aber nicht das heranwachsende Kind genügt, daß die Frauen, sage ich, unter den Enttäuschungen der Ehe an schweren und das Leben dauernd trübenden Neurosen erkranken. Die Ehe hat unter den heutigen kulturellen Bedingungen längst aufgehört, das Allheilmittel gegen die nervösen Leiden des Weibes zu sein; [...]. Das Heilmittel gegen die aus der Ehe entspringende Nervosität wäre vielmehr die eheliche Untreue; je strenger eine Frau erzogen ist, je ernsthafter sie sich der Kulturforderung unterworfen hat, desto mehr fürchtet sie aber diesen Ausweg, und im Konflikte zwischen ihren Begierden und ihrem

Pflichtgefühl sucht sie ihre Zuflucht wiederum – in der Neurose. Nichts anderes schützt ihre Tugend so sicher wie die Krankheit.« In: Freud, *Das Unbehagen in der Kultur*, a.a.O., S. 124.

32 Schmölzer, *Die verlorene Geschichte der Frau*, a.a.O., S. 345.
33 Walter Schubart schreibt über die Geschlechtsfurcht des Mannes und begründet sie damit, daß sich der Mann dem Weib erotisch unterlegen fühle, da das »tiefste erotische Geheimnis […] vom Weibe bewahrt« bliebe. Dies sei »der Urtatbestand der Geschlechtsfurcht«. Zit. nach: Schenk, *Frauen und Sexualität*, a.a.O., S. 39.
Vgl. Anhang XXXIII.
34 Schmölzer, *Die verlorene Geschichte der Frau*, a.a.O., S. 346.
35 Otto Weininger, *Geschlecht und Charakter*. Eine prinzipielle Untersuchung, Wien–Leipzig 1926, S. 234.
Sigmund Freud urteilte über *Geschlecht und Charakter*, es sei ein »ziemlich unbesonnenes Buch«. Zit. nach: Andics, *Die Juden in Wien*, a.a.O., S. 364.
36 Tonja Kivits, *Eine kurze Geschichte der Psychologie*. Aus dem Niederländischen von Joanna Schroeder, Düsseldorf–Wien 1994, S. 350.
»Freuds Traumtheorie […] geht davon aus, daß jeder Traum die halluzinatorische Erfüllung von infantil-sexuellen Wünschen sei. Der eigentliche Motor des Traumes ist eine Triebregung, die zur Sexualität im weiteren Sinne des Wortes gehört. […] Der triebhafte Impuls drängt zur Abreaktion; da ihm aber im Schlafzustand die Zugänge zur Motorik versperrt sind […], wird der Trieb zur Wahrnehmungsseite der Psyche abgeleitet, wo er u.a. Erinnerungsbilder, Halluzinationen und Wunschvorstellungen belebt, die dann den Inhalt des Traumes ausmachen.« Josef Rattner, *Klassiker der Tiefenpsychologie*, Augsburg 1997, S. 8.
37 Siehe Ausst.Kat. *Paris – Bruxelles. Bruxelles – Paris: réalisme, impressionisme, symbolisme, art nouveau*. Les relations artistiques entre la France et la Belgique, 1848–1914, Paris–Anvers 1997, S. 164.
38 Ausst.Kat. *Ferdinand Hodler und Wien*, Österreichische Galerie Wien 1992, S. 128.
»Das Wesen der Geschlechter und ihre Beziehung zueinander erhalten dadurch eine echt Hodlersche Deutung, wobei die Eigenart sowie das Gemeinsame des weiblichen und männlichen Prinzips knapp und gehaltvoll an den Tag gelegt wird: In seiner gespannten, nach oben gerichteten Haltung verkörpert der Jüngling sogar im Schlaf schöpferisches Einbildungsvermögen des nach Höheren trachtenden Künstlers; […] während die Jungfrau ihre passive Beschaulichkeit nach unten – dem Elementaren, Alltäglichen richtet […].« Ausst.Kat. *Symbolismus in Europa*, a.a.O., S. 82.
39 Vgl. Sigmund Freud, Über die weibliche Sexualität. In: *Schriften über Liebe und Sexualität*. Einleitung von Reimut Reiche, Frankfurt/M. 1994, S. 195ff.
40 Ebda., S. 197ff.
41 »[…] eine folgenschwere Entdeckung, die dem kleinen Mädchen beschieden ist. Es bemerkt den auffällig sichtbaren, groß angelegten Penis eines Bruders oder Gespielen, erkennt ihn sofort als überlegenes Gegenstück seines eigenen, kleinen und versteckten Organs und ist von da an dem Penisneid verfallen. Ein interessanter Gegensatz im Verhalten der beiden Geschlechter: Im analogen Falle, wenn der kleine Knabe die Genitalgegend des Mädchens zuerst erblickt, benimmt er sich unschlüssig, zunächst wenig interessiert; er sieht nichts, oder er verleugnet seine Wahrnehmung, schwächt sie ab, sucht nach Auskünften, um sie mit seiner Erwartung in Einklang zu bringen. […] Anders das kleine Mädchen. Sie ist im Nu fertig mit ihrem Urteil und ihrem Entschluß. Sie hat es gesehen, weiß, daß sie es nicht hat, und will es haben.« Sigmund Freud, Einige psychische Folgen des anatomischen Geschlechtsunterschieds, in: *Schriften über Liebe und Sexualität*, a.a.O., S. 174f.
42 Kivits, *Eine kurze Geschichte der Psychologie*, a.a.O., S. 35.
43 In Freuds Räumen in der Wiener Berggasse 19 befand sich eine Reproduktion des ersten ›Œdipe‹ von Ingres. Siehe Ausst.Kat. *Wunderblock. Eine Geschichte der modernen Seele*. Hg. Wiener Festwochen, Wien 1989, S. 413.
Gustave Moreau, der 1864 ebenfalls ein Gemälde über das Ödipus-Thema präsentierte, beschrieb es später und betont dabei den erotischen Aspekt des Bildes: »Ödipus und die Sphinx: […] Sie bedrängt ihn, umklammert ihn mit ihren schrecklichen Klauen. […] Sie ist die irdische

Chimäre, niedrig wie die Materie, aber auch ebenso anziehend, dargestellt durch diesen bezaubernden Frauenkopf mit seinen das Ideal verheißenden Flügeln, aber dem Leib des Ungeheuers, des Raubtiers, das zerfleischt und vernichtet. Ödipus […] ist kein Held, kein hierarchisch über der Menschheit stehendes Lebewesen, sondern der Mensch mit seinem Elend und seiner Größe […]. Aber der starke entschlossene Mensch […] trotzt den berauschenden, rohen Lockungen der Materie, […] wandert, nachdem er über sie hinweggeschritten ist, zuversichtlich und den Blick auf das Ideal gerichtet, seinem Ziel entgegen.« Zit. nach: Ausst.Kat. *Wunderblock*, a.a.O., S. 422.

44 »Ich habe die Verliebtheit in die Mutter und die Eifersucht gegen den Vater auch bei mir gefunden und halte sie jetzt für ein allgemeines Ereignis früher Kindheit, […].« Freud, zit. nach: Wunberg [Hg.], *Die Wiener Moderne*, a.a.O., S. 156.
»Immer mehr enthüllt der Ödipuskomplex seine Bedeutung als das zentrale Phänomen der frühkindlichen Sexualperiode. Dann geht er unter, er erliegt der Verdrängung, wie wir sagen […].« Sigmund Freud, Der Untergang des Ödipuskomplexes, in: *Schriften über Liebe und Sexualität*, a.a.O., S. 163.

45 Zit. nach: Andics, *Die Juden in Wien*, a.a.O., S. 362.

46 Zit. nach: Roebling [Hg.], *Lulu, Lilith, Mona Lisa*, a.a.O., S. 139.
Hermann Bahr weist in seinem Einakter *Die tiefe Natur* eher auf die physiologischen Geheimnisse des weiblichen Körpers hin, wenn er schreibt: »Ich habe schon oft darüber nachgedacht. Sie [alle Frauen] sind mir schon physiologisch etwas so Geheimnisvolles, dem Urwesen aller Welt um so viel näher als wir, um so viel enger an das Rätsel des Daseins verknüpft –« Hermann Bahr, in: Michael Winkler [Hg.], *Einakter und kleine Dramen des Jugendstils*, Stuttgart 1979, S. 189.

47 Mit Bezug auf Freud (und Le Rider) schreibt Hannelore Bublitz: »Die ›Zukunft einer Illusion‹ erweist sich, so scheint es, als das ›Ende der Illusion‹ einer männlichen Kultur, die das ›Unbehagen an der Kultur‹ überdeutlich macht. Dieses Unbehagen wird in der kulturkritischen Diskussion als europäische Kulturkrise attribuiert, in der ›der Kampf von Männlichem und Weiblichem den Rang eines Leitmotives‹ einnimmt, die aus der Perspektive des Männlichen und dessen Identitätskrise allerdings reduziert wird auf eine ›Depersonalisierung des männlichen Ich‹.« Hannelore Bublitz [Hg.], *Das Geschlecht der Moderne*. Genealogie und Archäologie der Geschlechterdifferenz, Frankfurt/M.–New York 1998, S. 26.

48 Freud, *Das Unbehagen in der Kultur*, a.a.O., S. 68f.
Die Gegenüberstellung von Kultur/Mann und Natur/Frau vollzieht beispielsweise auch Novalis: »Die Frauen wissen nichts von Verhältnissen der Gemeinschaft. – Nur durch ihren Mann hängen sie mit Staat, Kirche, Publikum usw. zusammen. Sie leben im eigentlichen Naturzustande.« Walther Rehm [Hg.], *Novalis*. Auswahl und Einleitung von Walther Rehm, Frankfurt/M.–Hamburg 1956, S. 171.

49 Lorenzer, *Intimität und soziales Leid*, a.a.O., S. 177.

50 Zit. nach: Ebda., S. 183ff.

51 Strindberg, *Spannungsfeld der Geschlechter*, a.a.O., S. 145.

52 Schaumberger [Hg.], *Die Jahrhundertwende*, a.a.O., S. 11.

53 Schmölzer, Die verlorene Geschichte der Frau, a.a.O., S. 336.
Wie leicht es einer Frau geschehen konnte, in einer Irrenanstalt hinter Verschluß gehalten zu werden, zeigt das Beispiel der Herzogin Sophie von Alençon, die – nachdem sie aus einer unglücklichen Ehe geflohen war – mit Zustimmung ihrer eigenen Familie in die private Irrenanstalt von Krafft-Ebing eingewiesen wurde, bis sie ›freiwillig‹ zu ihrem Gatten zurückkehrte. Vgl. Lisa Fischer, *Schattenwürfe in die Zukunft. Kaiserin Elisabeth und die Frauen ihrer Zeit*, Wien–Köln–Weimar 1998, S. 162ff.

54 Zit. nach: Groult, *Ein Tier mit langen Haaren*, a.a.O., S. 97.

55 »Die lesbische Liebe an sich erzeugte bei der Gesellschaft keinen Haß. Erst wenn sie mit Transvestitismus einherging, bei dem eine Frau sich wie ein Mann kleidete und auch so auftrat, wurde sie streng geahndet. […] Das Verbrechen bestand nicht in der sexuellen Abweichung, sondern in der Inanspruchnahme männlicher Privilegien.« Utrio, *Evas Töchter*, a.a.O., S. 471.

56 Bachl, *Der beschädigte Eros*, a.a.O., S. 20ff.
57 Deicher, in: Deicher [Hg.], *Die weibliche und die männliche Linie*, a.a.O., S. 7.
58 Nike Wagner weist in ihrem Buch *Geist und Geschlecht* auf die diesbezügliche Literatur der Jahrhundertwende ausführlich hin.
59 Weininger, *Geschlecht und Charakter*, a.a.O., S. 121.
60 »[L'Eve future] is the logical conclusion of a century of fetishization of the female body.« Naomi Schor, zit. nach: Rhonda K. Garelick, *Rising Star. Dandyism, gender, and performance in the fin the siècle*, Princeton/New Jersey 1998, S. 89.
61 Zit. nach: Levi – Messinger [Hg.], *Les Reporters de l'Histoire*, a.a.O., S. 237.
Auch Nietzsche denkt ähnlich: »Der Mann hat das Weib geschaffen – woraus doch? Aus einer Rippe seines Gottes, – seines ›Ideals‹ […].« Friedrich Nietzsche, *Werke in zwei Bänden*. Band 1. Aufgrund der von Dr. Walther Linden besorgten Ausgabe neu bearbeitet von Dr. Wolfgang Deninger, Essen [o.J.], S. 325.
62 Hofmann, in: Ausst. Kat. *Eva und die Zukunft*, a.a.O., S. 17.
63 Gross, in: Ebda., S. 52.

Abb. 50 [Anon.], *Wachsmodell einer Frau*,
Ende des 19. Jh.

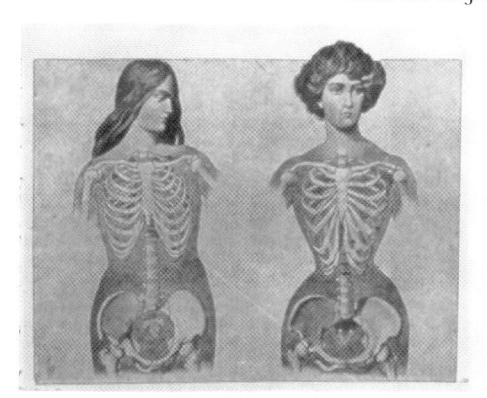

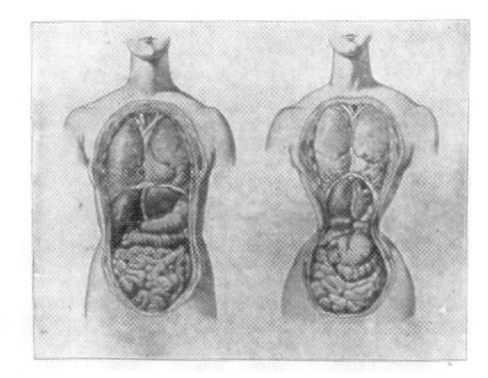

Abb. 51 Justus THIERSCH, *Zwei Wandtafeln*, um 1900

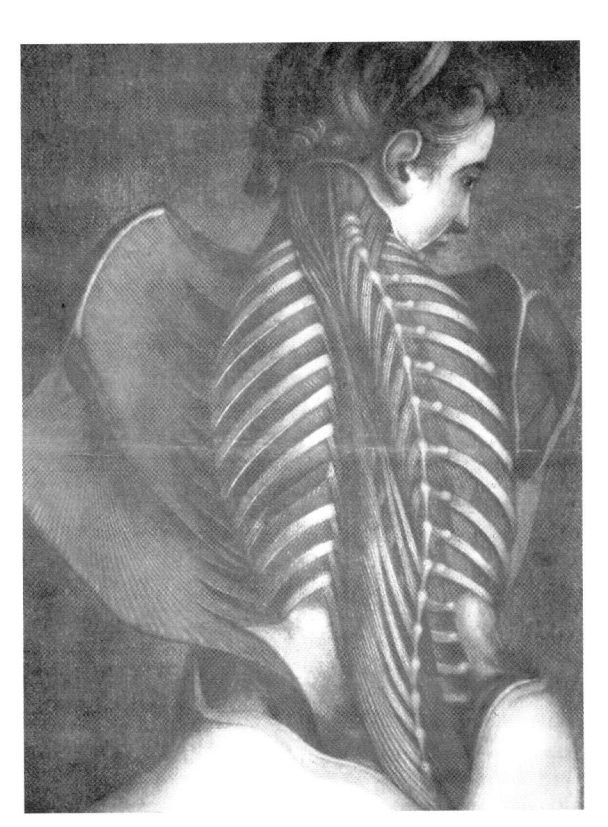

Abb. 52 Jacques Fabien GAUTIER D'AGOTY, *Myologie complète en couleur et de grandeur naturelle*, 1746

Abb. 53 Max KLINGER, *Eva und die Zukunft*, 1880

7. Die Frauenbewegungen in Europa und ihr Einfluß auf die Darstellung der Frau in der Kunst

Nur die Furcht des Mannes, das andere Geschlecht könne ihn beherrschen, ist der Grund zur Herrschaft über dasselbe.
Theodor Gottlieb von Hippel[1]

In Frankreich und England gab es eine Vielzahl von Philosophen, die im 19. Jahrhundert ganz konkret zur Frauenfrage Stellung bezogen haben, wobei sie die Fragen der Gleichberechtigung in relativ offener Diskussion behandelten. Die Grundstimmung war allgemein gegen eine vollständige Gleichstellung der Frau, die Gründe, die dafür gefunden wurden, waren unterschiedlicher Natur.

Die Quelle des negativen Frauenbildes in der Philosophie findet sich schon im antiken Griechenland. »Sokrates verglich die Frauen mit einem scheinbar gut aussehenden Tempel, der auf einer Kloake errichtet worden sei.«[2]

Von Demokrit stammen die folgenden Fragmente: »Das Weib soll sich nicht um die Rede mühen; denn das ist abscheulich«; »Von einem Weibe beherrscht zu werden, ist für einen Mann wohl äußerste Vergewaltigung.«[3]

Bei Aristoteles heißt es: Es existieren

[…] von Natur mehrere Arten von Herrschendem und Dienendem. Denn anders herrscht der Freie über den Sklaven, das Männliche über das Weibliche und der Erwachsene über das Kind. Bei allen finden sich die Teile der Seele, aber in verschiedener Weise. Der Sklave besitzt das planende Vermögen überhaupt nicht, das Weibliche besitzt es zwar, aber ohne Entscheidungskraft, das Kind besitzt es, aber noch unvollkommen.[4]

So konnten Philosophen und Theologen aller Jahrhunderte – was sie auch taten – auf die antiken ›Heroen‹ der Philosophie zurückgreifen, wenn es galt, ihre Ablehnung des Weiblichen zu begründen.

Immer wieder weisen die großen Denker Europas auf die geistige Unterlegenheit der Frau hin, so auch Fénelon, der in seinem Werk *L' Education des Filles* (*Die Mädchenerziehung*) von 1687 schreibt:

Vor allem muß man sich hüten, lächerliche Gelehrte aus ihnen zu machen. In der Regel haben Frauen einen noch schwächeren und neugierigeren Geist als die Männer. Ebenso ist es nicht angezeigt, sie mit Studien zu beschäftigen, in die sie sich verrennen könnten. Sie dürfen weder den Staat regieren noch Krieg führen noch ein Priesteramt übernehmen. Die meisten der Handwerkskünste sind für sie nicht schicklich. Sie sind für maßvolle Übungen geschaffen. Dafür hat die Natur ihnen Reinlichkeit und Sparsamkeit mitgegeben, damit sie sich auf stille Art in ihren Häusern beschäftigen können.[5]

Wenn Fénelons Überlegungen durch die Tatsache, daß er Priester war, immerhin noch – zumindest aus seiner Sicht – verständlich erscheinen, so können sich seine zahlreichen Kollegen ›im Geiste‹ wie Rousseau oder Hegel dieser Entschuldigung nicht bedienen.

Um ihre Unfähigkeit zu großen Taten zu verdeutlichen, wurde den Frauen immer wieder das Fehlen von großen Entdeckerinnen, Forscherinnen, Künstlerinnen, Schriftstellerinnen, Politikerinnen, Philosophinnen etc. vor Augen geführt.⁶ Darauf zielt auch Rousseau, wenn er meint:

> Die Frau liebt im allgemeinen die Künste nicht, versteht sich auf keine einzige, und an Genie fehlt es ihr ganz und gar. Sie kann in kleinen Werken glücklich sein, die nichts als leichten Witz, nichts als Geschmack, nichts als Anmut, höchstens Gründlichkeit und Philosophie verlangen. Sie kann sich Wissenschaft, Gelehrsamkeit und alle Talente erwerben, die sich durch Mühe und Arbeit erwerben lassen. Aber jenes himmlische Feuer, welches die Seele erhitzt und entflammt, jenes um sich greifende, verzehrende Genie, jene brennende Beredsamkeit, jene erhabene Begeisterung, die ihr Entzükken dem Innersten unseres Herzens mitteilt, wird stets in den Schriften der Frauen fehlen.⁷

Dieses innere Feuer, diese Leidenschaft, die das Genie nach Rousseau auszeichnet, findet auch Hegel in der Frau nicht, denn er meint, daß Frauen wohl gebildet sein können,

> […] aber für die höheren Wissenschaften, die Philosophie und für gewisse Produktionen der Kunst, die ein Allgemeines fordern, sind sie nicht gemacht. Frauen können Einfälle, Geschmack, Zierlichkeit haben, aber das Ideale haben sie nicht. Der Unterschied zwischen Mann und Frau ist der des Tieres und der Pflanze: Das Tier entspricht mehr dem Charakter des Mannes, die Pflanze mehr dem der Frau, denn sie ist mehr ruhiges Entfalten, das die unbestimmtere Einigkeit der Empfindung zu seinem Prinzip erhält. Stehen Frauen an der Spitze der Regierung, so ist der Staat in Gefahr, denn sie handeln nicht nach den Anforderungen der Allgemeinheit, sondern nach zufälliger Neigung und Meinung.⁸

Viel krasser formuliert Proudhon, warum Frauen für Bildung nicht geeignet sind: »Eine Frau, die ihre Intelligenz gebrauchte, wird eine häßliche und verrückte Vogelscheuche.«⁹

1797 erschien der *Almanach für ledige und verheirathete Frauenzimmer. Anmuth und Schönheit aus den Misterien der Natur und Kunst* mit dem Anspruch, das »Menschengeschlecht, und unter diesem vorzüglich dessen schönere Hälfte, […] auch von Seiten seiner Sinnlichkeit für das Moralische«¹⁰ vorzubereiten und zu gewinnen. Es sollten dabei der Geschmack, die Gefühle des Schicklichen, des Schönen, Edlen, Erhabenen in der Natur und Kunst ausgebildet werden, denn

> […] wenn es Fälle giebt, daß sich Mädchen einer übertriebenen Delikatesse für schöne männliche Formen überlassen, so liegt der Grund davon gewiß nie in der Geschmacksbildung, sondern grade in dem Mangel derselben, in der ungebildeten größeren ästhetischen Reizbarkeit, die so leicht durch Lektüre überspannt werden kann, und da die Natur, durch körperliche Schönheit den Endzweck der Geschlechtsliebe so mächtig verfolgt, so sind auf der anderen Seite diejenigen Frauenzimmer, die ihr Schönheitsgefühl gar nicht veredelt haben, der Gefahr am meisten ausgesetzt, die wahre Schönheit mit den Empfindungen der gröberen Sinne zu verwechseln.¹¹

Die geistigen Fähigkeiten der Frau sollen also einerseits zu dem Zweck, sie an der Verfolgung ihrer natürlich-sinnlichen Triebe zu hindern, ausgebildet werden, andererseits soll sie sich »feste und aufgeklärte Begriffe über diejenigen Eigenschaften« erwerben, »welche den wahren Werth eines Mannes bestimmen«.¹² Im *Damen-Conversations-Lexikon* von 1834 heißt es über die Bildung der Frau:

> […] bildet sich das Mädchen für seinen Beruf, so ist das für die Ehe, oder, noch eigentlicher, für den bestimmten Gatten. […] Es kommt nicht darauf an, daß die Bildung der Gattin eine ausgedehnte sei, sondern vielmehr darauf, wie sie ihre Ausbildung der ihres Gatten anzupassen verstehe, damit sich jede Schärfe seines Geistes glätte am Polierstein ihres Gemütes; sonst ist ihre Erziehung nur eine Nebenstimme. Kenntnis des Mannes ist das wichtigste Gesetz der Ehe für Frauen. Ihr Gefühl mag sie hierin leiten. Im Gefühle liegt der Gesamtwert des Weibes; gäbe es eine allgemeine Bildung der Gattinnen, so wäre es die des Gefühls.¹³

Es sind besonders Arthur Schopenhauer und Friedrich Nietzsche, die mit ihren Aussagen über die geistigen Fähigkeiten und Aufgaben der Frau ganz wesentlich zu deren Geringschätzung beitragen. Schopenhauer erklärt 1851 *Über die Weiber*:

> Zu Pflegerinnen und Erzieherinnen unserer ersten Kindheit eignen die Weiber sich gerade dadurch, daß sie selbst kindisch, läppisch und kurzsichtig sind, mit einem Worte: zeitlebens große Kinder sind – eine Art Mittelstufe zwischen dem Kinde und dem Manne, als welcher der eigentliche Mensch ist. Man betrachte nur ein Mädchen, wie sie tagelang mit einem Kinde tändelt, herumtanzt und singt, und denke sich, was ein Mann beim besten Willen an ihrer Stelle leisten könnte.[14]

Schopenhauer schreibt weiter, daß nur der »vom Geschlechtstrieb umnebelte männliche Intellekt« das »niedrig gewachsene, schmalschultrige, breithüftige und kurzbeinige Geschlecht das schöne nennen«[15] könne. Er kritisierte die Existenz der »europäischen Dame« und fand, nur »Hausfrauen sollte es geben und Mädchen, die es zu werden hoffen, und daher nicht zur Arroganz, sondern zur Häuslichkeit und Unterwürfigkeit erzogen werden.«[16] Bereits vor ihm hatte sich Rousseau zu dieser Meinung bekannt: »Eine richtige Familienmutter dagegen ist bestimmt keine Dame von Welt, denn sie ist in ihrem Heim kaum weniger eingeschlossen als eine Nonne in ihrem Kloster.«[17]

Mit diesem Ausspruch trifft Schopenhauer genau die Meinung Proudhons, der auch von einer Frau nicht mehr als die traditionell geleisteten Hausfrauenarbeiten ausgeführt sehen will:

> Soyez donc ce que l'on demande de vous: douce, réservée, renfermée, laborieuse, chaste, tempérante, vigilante, docile, modeste, et non seulement nous ne discuterons pas vos mérites; mais nous vous mettrons sur l'autel, et nous nous donnerons à vous corps et âme. Et que l'énumération de tant de vertus ne vous effraye pas: c'est toujours la même au fond qui revient: soyez MENAGERES, ce mot dit tout. Ni l'amour, ni l'amour-propre, n'y perdront rien, je vous jure.[18]

Noch extremer skizzierte bereits vor Schopenhauer und Proudhon de Sade in seinem Werk *Juliette* die Situation der Frau:

> Was ist das Weib anderes als ein Haustier, welches die Natur zu unserem Vergnügen und zu unseren Diensten geschaffen? Mit welchem Rechte sollen sie eine andere Stellung als unser Hausvieh haben? »Der einzige Unterschied, den wir finden«, sagten mir diese vernünftigen Männer, »ist, daß unsere Haustiere wegen ihrer Folgsamkeit und Unterwürfigkeit etwas Nachsicht verdienen, während die Frauen wegen ihrer Falschheit, Treulosigkeit nur auf Strenge und Härte Anspruch haben [...].«[19]

Schopenhauer fühlte sich offenbar auch verpflichtet, den Begriff der »Sexualehre« der Frau zu erläutern:

> Die Sexualehre zerfällt, ihrer Natur nach, in Weiber- und Männerehre, ... Die erstere ist bei weitem die wichtigere von beiden: weil im weiblichen Leben das Sexualverhältnis die Hauptsache ist. – Die weibliche Ehre also ist die allgemeine Meinung von einem Mädchen, daß sie sich gar keinem Manne, und von einer Frau, daß sie sich nur dem ihr angetrauten hingegeben habe.[20]

Wo Schopenhauer über die Ehre, also einen künstlichen Moralbegriff philosophiert, bezieht sich Friedrich Nietzsche, wenn er über die Frau spricht, auf ihre »Natur«:

> Das, was am Weibe Respekt und oft genug Furcht einflößt, ist seine Natur, die »natürlicher« ist als die des Mannes, seine echte raubtierhafte listige Geschmeidigkeit, seine Tigerkralle unter dem Handschuh, seine Naivität im Egoismus [...]. Furcht und Mitleiden: mit diesen Gefühlen stand bisher der Mann vor dem Weibe, immer mit einem Fuße schon in der Tragödie, welche zerreißt, indem sie entwickelt.[21]

Auch durch seine Romanfigur *Zarathustra* drückt Nietzsche seine frauenfeindliche Haltung aus, wenn er diesen unter anderem sagen läßt:

Alles am Weibe ist ein Rätsel, und alles am Weibe hat *eine* Lösung: sie heißt Schwangerschaft.
Der Mann ist für das Weib ein Mittel: der Zweck ist immer das Kind. Aber was ist das Weib für den Mann?
Zweierlei will der echte Mann: Gefahr und Spiel. Deshalb will er das Weib, als das gefährlichste Spielzeug.[22]

Spricht Nietzsche das »Weib« als Spielzeug des Mannes an, so drückt er damit auch aus, was er im folgenden konkretisiert; das »Weib« als Besitz:

Ein Mann […], der Tiefe hat, in seinem Geiste wie in seinen Begierden, auch jene Tiefe des Wohlwollens, welche der Strenge und Härte fähig ist und leicht mit ihnen verwechselt wird, kann über das Weib immer nur orientalisch denken – er muß das Weib als Besitz, als verschließbares Eigentum, als etwas zur Dienstbarkeit Vorbestimmtes und in ihr sich Vollendendes fassen – er muß sich hierin auf die ungeheure Vernunft Asiens, auf Asiens Instinkt/Überlegenheit stellen, wie dies ehemals die Griechen getan haben, diese besten Erben und Schüler Asiens, welche, wie bekannt, von Homer bis zu den Zeiten des Perikles mit zunehmender Kultur und Umfänglichkeit an Kraft, Schritt für Schritt auch strenger gegen das Weib, kurz, orientalischer geworden sind. Wie notwendig, wie logisch, wie selbst menschlich/wünschbar dies war: möge man darüber bei sich nachdenken! […] Freilich, es gibt genug blödsinnige Frauen/Freunde und Weib/Verdreher unter den gelehrten Eseln männlichen Geschlechts, die dem Weibe anraten, sich dergestalt zu entweiblichen und alle Dummheiten nachzuahmen, an denen der »Mann« in Europa, die europäische »Mannhaftigkeit« krankt – welche das Weib bis zur »allgemeinen Bildung«, wohl gar zum Zeitung lesen und Politisieren herunterbringen möchten.[23]

An anderer Stelle schreibt er: »Wenn ein Weib gelehrte Neigungen hat, so ist gewöhnlich etwas an ihrer Geschlechtlichkeit nicht in Ordnung.«[24] Nietzsche meint jedoch zu erkennen, welche Bedeutung die Mutter für das Frauenbild eines Mannes haben kann:

Jedermann trägt ein Bild des Weibes von der Mutter her in sich: davon wird er bestimmt, die Weiber überhaupt zu verehren oder sie geringzuschätzen oder gegen sie im allgemeinen gleichgültig zu sein.[25]

Noch 1898 konnte man im Brockhaus' *Konversations-Lexikon* über die Rolle der Frau in der Gesellschaft lesen:

Die Rolle, welche der Frau im Unterschiede vom Manne im Geschlechtsleben von der Natur angewiesen wurde, macht eine völlige Gleichstellung der Geschlechter für alle Zeiten unmöglich. Sie weist ihr als erste und vornehmste Aufgabe die Ernährung, Pflege und Erziehung der Kinder zu […]. In diesem natürlichen weiblichen Pflichtenkreise wurzelt das Familienleben, dessen Hauptträger das weibliche Geschlecht ist und bleiben wird. Hiermit verbindet sich die Verwaltung des Hauswesens, die ökonomische Verwendung des vom Manne Erworbenen. Es entsteht eine auf natürlicher Grundlage ruhende Arbeitsteilung zwischen Mann und Frau, die erste und ursprüngliche … Hinzu kommt, daß die besondern Geschlechtsfunktionen, die den Frauen zufallen, ihre Stellung von vornherein zu einer mehr gebundenen machen, ihnen das unbegrenzte Maß freier Beweglichkeit, dessen der Mann sich erfreut, für immer im wirtschaftlichen und gesellschaftlichen Leben versagen. Der natürliche Geschlechtsunterschied prägt sich überdies nicht nur in einer durchschnittlich geringern Körperkraft bei den Frauen aus, sondern auch in einer andern Richtung der geistigen und moralischen Fähigkeiten und Kräfte. Diese Verschiedenheiten der Geschlechtsqualitäten werden zweifellos durch die Kultur schärfer herausgebildet, sind aber nicht lediglich ein Kulturprodukt, sondern ursprünglich vorhanden.[26]

Seit der Französischen Revolution und der Einführung des allgemeinen Wahlrechts für Männer waren bereits hundert Jahre vergangen, als Victor Hugo an Léon Richter, der 1887 zusammen mit Marguerite Durand Begründer der ersten Tageszeitung für Frauen war, schrieb:

Il est douloureux de le dire, dans la civilisation actuelle, il y a une esclave. La loi a des euphémismes; ce que j'appelle une esclave, elle l'appelle une mineure; cette mineure selon la loi, cette esclave selon la réalité, c'est la femme. L'homme a chargé inégalement les deux plateaux du code, dont l'équilibre importe à la conscience humaine; l'homme a fait verser tous les droits de son côté et tous les devoirs du côté de la femme. De là un trouble profond. De là la servitude de la femme. Dans notre législation telle qu'elle est, la femme ne possède pas, elle n'est pas en justice, elle ne vote pas, elle ne compte pas, elle n'est pas. Il y a des citoyens, il n'y a pas de citoyennes. C'est là un état violent; il faut qu'il cesse.[27]

Frauen hatten keinerlei Recht auf freie Entscheidungen, sie waren dem Mann (Vater, Gatte, Bruder) rechtlich unterstellt. Louis Debucourts *Lebemann* (Abb. 54) hat die Wahl: die Frau oder das üppige Diner. Die weibliche Gestalt auf dieser Karikatur ist vollkommen passiv dargestellt, der Mann kann von ihrem Körper nach Wunsch Gebrauch machen oder die Speisen zu sich nehmen.[28]

Nur wenige Männer erkannten diese für Frauen unerträgliche Situation, und von diesen wiederum hatte nur eine geringe Anzahl Interesse an Veränderungen.[29] Allerdings begann die emanzipatorische Entwicklung, die gegen Ende des vorigen Jahrhunderts verstärkt einsetzte, an den Grundfesten der bisherigen patriarchalen Gesellschaftsordnung zu rütteln. Die Frauen versuchten, sich aus den starren Strukturen, in die sie Staat, Kirche und Familie zwangen, zu lösen, um nach ihren eigenen Wünschen und Vorstellungen zu leben. Darauf reagierend schrieb Rudolf Steiner in *Zur Geschichte und aus den Inhalten der ersten Abteilung der Esoterischen Schule*, 1904–1914: »Und insbesondere ist heute die Frau berufen, ihr Selbst zu finden und geltend zu machen. Alles, was auf diesem Gebiet geschieht, wird zum Heile der Menschheit beitragen.«[30]

Meyers Konversationslexikon aus dem Jahre 1905 dagegen enthält zum Stichwort »Gleichberechtigung der Frau« folgenden Text:

Das auf politische Gleichberechtigung ausgerichtete Verlangen entspringt weniger einem praktischen Bedürfnis als einer theoretischen Anschauung von zweifelhaftem Werte. Die geistige Individualität der Frau, sowie das bei ihr vorherrschende Gemütsleben, lassen sie für eine tätige Teilnahme am öffentlichen Leben wenig geeignet erscheinen.[31]

Nun begann auch eine Diskussion, inwieweit Frauen überhaupt in der Lage seien, auf geistigen Gebieten zu arbeiten, denn davon sei es abhängig, ob man sie öffentlich beschäftigen könne oder nicht. Auch wenn der Frau die primäre Fähigkeit zum Denken abgesprochen wurde, sahen zahlreiche Künstler der Jahrhundertwende keinen Widerspruch darin, sie als Personifikation des »Gedankens« darzustellen (so etwa Denis Puech, 1902). Auch Auguste Rodin verwendet für sein Werk *Der Gedanke* einen weiblichen Kopf als Symbol; dieser steckt jedoch in einem massiven Marmorklotz und scheint sich nicht daraus befreien zu können, denn Hals und Kopf sind noch in der Materie gefangen.

Rudolf Steiner nahm zur Frauenfrage bereits in seiner *Philosophie der Freiheit* (1894) Stellung:

Solange von Männern darüber diskutiert wird, ob die Frau – ihrer Naturanlage nach – zu diesem oder jenem Beruf tauge, solange kann die sogenannte Frauenfrage aus ihrem elementarsten Stadium nicht herauskommen. Was die Frau ihrer Natur nach wollen kann, das überlasse man der Frau zu beurteilen. Wenn es wahr ist, daß die Frauen nur zu dem Berufe taugen, der ihnen jetzt zukommt, dann werden sie aus sich selbst heraus kaum einen anderen erreichen. Sie müssen es aber selbst entscheiden können, was ihrer Natur gemäß ist. Wer eine Erschütterung unserer sozialen Zustände davon befürchtet, daß die Frauen nicht als Gattungsmenschen, sondern als Individuen genommen werden, dem muß entgegnet werden, daß soziale Zustände, innerhalb welcher die Hälfte der Menschheit ein menschenunwürdiges Dasein hat, eben der Verbesserung gar sehr bedürftig sind.[32]

Rilke stand der gesellschaftlichen Situation der Frau nicht unbeteiligt gegenüber, denn

[…] daß es nun praktisch immer der weibliche Mensch ist, der auf der Seite des Lebens dient, sich darin verausgabt und dadurch von der Möglichkeit »großer Arbeit« abgeschnitten wird, erschien ihm als quälendes Rätsel.[33]

Er war ein Bekannter Paula Modersohn-Beckers, deren Freundin er geheiratet hatte.[34] Als Paula nach der Geburt ihres Kindes im Wochenbett starb, wurde zugleich auch die hoffnungsfrohe künstlerische Karriere einer jungen begabten Frau zerstört.

Dadurch wuchs für ihn dieser Tod über den Einzelfall hinaus zu einem symbolischen Geschehen. Das Requiem, das er für sie schrieb, ist eine der tiefsten Darstellungen des Zwiespaltes der Frau zwischen Mutterschaft und Berufung.[35]

Auch der Ehemann, Otto Modersohn, erkannte die Schwierigkeiten, die sich aus der Berufstätigkeit seiner Frau und ihrer gemeinsamen Ehe ergaben; er sah die Ursache der daraus resultierenden Probleme jedoch in seiner selbstsüchtigen, »modernen« Frau:

Das muß das schwerste für ein Frauenzimmer sein: geistig hoch, intelligent und doch ganz Weib. Diese modernen Frauenzimmer können nicht wirklich lieben oder sie fassen Liebe nur von der animalischen Seite, die Psyche nimmt nicht daran teil. Wie fern sind sie doch vom wirklichen Ziele. Sie stolpern über ihre eigenen Beine. Mit all ihrer Intelligenz kommen sie immer weiter vom Ziele ab. Für das beste halten sie Egoismus, Selbständigkeit, Selbstgefälligkeit und das kann keine glückliche Ehe werden. Der Mann ist natürlich in mittelalterlichen tyrannischen Gelüsten befangen, wenn er erwartet, daß seine Frau ihm zu Liebe etwas thut, mit ihm lebt, auf sein Interesse eingeht. Eine Frau würde da ja ihre Rechte, ihre Persönlichkeit opfern. So argumentieren sie und machen sich und ihre Männer unglücklich.[36]

1673 schrieb François Poulain de La Barre *De l'Égalité des deux sexes, discours physique et moral ou l'on voit l'importance de se défaire des préjugés* (Über die Gleichheit beider Geschlechter; eine moralische und physikalische Abhandlung über die Bedeutsamkeit, sich von Vorurteilen freizumachen). Obgleich er zwei Jahre später einen *Traité de l'Excellence des Hommes* (Abhandlung über die Vollkommenheit der Männer) verfaßte,

[…] »nicht um zu beweisen, daß sie vortrefflicher sind als die Frauen, da ich mehr denn je vom Gegenteil überzeugt bin, sondern nur, um Gelegenheit zu geben, die beiden gegensätzlichen Ansichten zu vergleichen und besser beurteilen zu können, welches die richtigere ist«, […] muß man ihm Anerkennung dafür zollen, daß er zu beweisen versucht hat, »daß eine Ansicht, die so alt ist wie die Welt, so verbreitet wie die ganze Erde und ebenso universell wie die gesamte Menschheit, nur ein Vorurteil oder ein Irrtum sein kann«.[37]

Groult meint, daß

[…] Poulain de La Barres Beschreibung der Lage junger Mädchen […], ohne ein Wort zu verändern, auch auf die Töchter der Wiener Bourgeoisie angewandt werden [könnte], die Freud zu Beginn unseres Jahrhunderts behandelte, und an dieser Ähnlichkeit kann man ermessen, wie trostlos die Lage der Frauen blieb, während sich in der gesellschaftlichen Umgebung sonst alles veränderte, die Regierungssysteme, die Wissenschaft, die Industrie oder die Lage der Arbeiter.[38]

Poulain de La Barre war mit seinen Erkenntnissen über die Frau seiner Zeit weit voraus; sein Zeitgenosse Molière beschreibt hingegen beispielsweise sein weibliches Ideal der Frau mit folgenden Zeilen:

Gern mag ich, daß die Frau Bescheid weiß überall,
Doch muß ich es an ihr als Überspannung schelten,
Wenn sie gelehrt sich gibt, um für gelehrt zu gelten.
Weit lieber ist es mir, wenn sie einmal mit Fleiß
Auf eine Frage schweigt und gleichwohl Antwort weiß,
Wenn sie ihr Studienfach nicht aller Welt verkündet,
Ob auch der Gast nicht gleich ihr Wissen ganz ergründet,
Wenn aus Autoren sie nicht stracks Zitate dreht
Und nicht mit Geist und Witz fortwährend schwanger geht.[39]

Bereits um 1705 war die Emanzipation der Frau das Thema für einen anonymen Künstler. *Sie trägt die Hosen* (Abb. 55) aus Frankreich zeigt eine Frau, die ihren mit heruntergelassener Hose auf dem Boden knienden Mann mit der Rute züchtigt. Karikaturen zum Streit der Geschlechter finden sich schon sehr früh, und sie alle behandeln die Verteidigung der Vorherrschaft des Mannes oder die Lächerlichkeit, der sich dieser aussetzt, wenn sich seine Situation – so wie hier – ins Gegenteil verkehrt.[40] Auch das Blatt *Les Vésuviennes* [41] *ou les soldats pour rire* (1848) von Edouard de Beaumont zeigt eine Situation – die Frau in Uniform und mit Gewehr, der Mann in Nachthemd und Zipfelmütze mit zwei strampelnden Kindern im Arm –, die nicht als konventionell angesehen werden kann.

Die Frauenbewegung entstand langfristig gesehen aus dem Engagement der »Bürgerinnen« der Französischen Revolution. Antoine de Condorcet erfaßte sehr klar die Benachteiligung der Frauen und kritisierte die Verweigerung der Bürgerrechte für Frauen in seiner Schrift *Über die Zulassung von Frauen zum Bürgerrecht*, 1789.[42] Auch in Deutschland wurden Stimmen für die Emanzipation der Frauen laut.

Mary Wollstonecraft forderte bereits in ihrer 1793/94 erschienenen Schrift *Rettung der Rechte des Weibes* das Wahlrecht und die Beteiligung der Frauen an der Staatsverwaltung. Auch John Stuart Mill hatte sich schon früh für die Rechte der Frau eingesetzt; sein bedeutendes Werk *Die Hörigkeit der Frau* erschien aber erst 1869. (Es war Freud, der dieses Werk ins Deutsche übersetzte.)[43]

Die Situation der Frau um 1900 war aber nach wie vor durch eine Einengung des persönlichen Lebensraumes auf den häuslichen Bereich gekennzeichnet. Daß die Erhaltung dieses Zustandes durchaus im Sinne der männlich-dominierten Gesellschaft war, ersieht man beispielsweise aus dem Brief, den Freud seiner Verlobten nach der Übersetzung von Mills Buch geschrieben hat. Er bringt darin klar zum Ausdruck, daß ihre geplante Ehe dem traditionellen Schema folgend ablaufen wird, in dem die Frau an Heim, Herd und Kinder gebunden ist.[44]

In den höheren Kreisen der Gesellschaft des 18. und 19. Jahrhunderts wurde die Ausbildung der Mädchen gänzlich auf ihre Aufgaben als Ehefrau, Mutter und Haushaltsführerin beschränkt. Sie erhielt nur insoweit eine künstlerische Ausbildung, als es für ihre Position als Gattin eines begüterten Mannes als notwendig angesehen wurde. So sollte die Frau nicht etwa selbst die Zeitung lesen, sondern vom Ehemann über das für sie Wissenswerte informiert werden.

Als immer mehr Mädchen ihr Auskommen durch eigenen Verdienst finden mußten, wurde Kritik an der schlechten Ausbildung der weiblichen Kinder laut, denn, begründet durch ihr mangelndes Wissen, wurden die Frauen in jenen Berufen eingesetzt, wo sie nur äußerst geringe Einkommen erhielten und zudem keinerlei Aufstiegschancen hatten. Damit setzte nun auch die Forderung nach der Zulassung der Frauen zu den Universitäten ein. Joseph de Maistre – wie viele andere – argumentierte dagegen: »Die Wissenschaft ist eine sehr gefährliche Materie für die Frauen. Man kennt keine, die dadurch nicht unglücklich oder lächerlich geworden wäre.«[45] Und zu Beginn des 20. Jahrhunderts hieß es noch,

[…] daß es eine Folge der göttlichen Vorsehung und der Klugheit der Menschen ist, ihnen [den Frauen] den Zugang zur Wissenschaft, zur Regierung und zur Arbeit zu verwehren; es wäre wahrhaft erheiternd, wenn eine Frau von einem Katheder Rhetorik oder Medizin lehrte […], als Rechtsanwältin vor Richtern redete, einem Gericht angehörte, um Recht zu sprechen, oder gar an der Spitze eines Parlaments stünde […] oder als Botschafterin vor Staatsmännern oder Fürsten spräche […].[46]

Auch Honoré Daumier macht sich in seiner Karikatur *Les Bas Bleus* (1844) über die emanzipierten, gebildeten Frauen lustig, die als »Blaustrümpfe« oder »Blue stockings« belächelt wurden.[47]

Frauen und Kinder wurden in den Bergwerken und Fabriken des 19. Jahrhunderts in ungeheurem Ausmaß ausgebeutet.[48] Da man den geringeren Lohn mit der geringeren Arbeitsleistung begründete, arbeiteten schwangere Frauen oft bis zum Geburtstermin, ja es sind sogar Fälle bekannt, wo die Kinder im Bergwerk geboren wurden.

Hier ist die Wurzel der »proletarischen Frauenbewegung«, die von Anfang an neben der bürgerlichen herlief, aber einen ganz anderen Charakter hatte. Während die bürgerliche Frau den Zugang zu den Berufen suchte, war es in der Arbeiterschaft das Ziel, die Frau aus der Berufsarbeit herauszunehmen und für die Familie freizustellen. Die Frauenfrage war hier keine isolierte, sie hing zusammen mit der gesamten Arbeiterfrage.[49]

Die gleichzeitige Entwicklung von bürgerlicher und proletarischer Frauenbewegung macht deutlich, daß das Unbehagen an der Situation der Frau bereits auf alle Gesellschaftsschichten übergegriffen hatte.[50]

1866 wurde der Wiener Frauen-Erwerbsverein gegründet und Iduna Laube mit der Führung betraut.

Das Hauptanliegen der ersten auf breiter Basis angelegten und dauerhaften Frauenorganisationen war, diesen bedürftigen Frauen der unteren Mittelschicht eine Ausbildung zu ermöglichen, die sie dazu befähigen würde, für ihren eigenen Lebensunterhalt und den ihrer Angehörigen zu sorgen.[51]

1893 bildete sich unter der Führung von Auguste Fickert, Rosa Mayreder und Marie Lang der *Allgemeine Österreichische Frauenverein* als linker Flügel der bürgerlichen Frauenbewegung, der »mit der Zeitschrift *Die Dokumente der Frauen* das bedeutendste publizistische Organ der österreichische Frauenbewegung schuf.«[52]

Ende des 19. Jahrhunderts gab es in Wien die sozialdemokratische, die katholische Frauenbewegung und die Frauenbewegung der unabhängig von einer Partei oder Kirche organisierten Frauen.[53]

Allein schon die Tatsache, daß sich die Wiener Frauen verschiedener politischer und religiöser Lager zu Bewegungen zusammenschlossen, um ihre Vorstellungen von einer Verbesserung der weiblichen Position in der Gesellschaft herbeizuführen, läßt auf die allgemeine Situation der Frau in Wien um 1900 schließen, obwohl dabei die einzelnen Gruppen unterschiedliche Ziele und Reformen anstrebten.[54]

Diese engagiert geführten Frauengruppen und ihre Vertreterinnen, die bereit waren, für ihre Forderungen an die Öffentlichkeit zu treten, brachten Unruhe in die männlich dominierte Gesellschaft. Die Reaktionen darauf könnten bei mancher der ›nicht angepaßten‹ Frauen Gedanken an die Zeit der Hexenverfolgungen aufkommen haben lassen (auch Karl Kraus wurde offenbar durch die Widerstände, auf die eine außer der Norm agierende Weiblichkeit traf, zu seinem Artikel über den »Hexenprozeß von Leoben«[55] angeregt).

Aus der *Jugend* stammt eine Karikatur zur *Frauenbewegung* (siehe Abb. 56, Heinrich Kley), der als Text *Die letzte Aufgabe des Herakles* beigefügt ist.[56] Herakles, der griechische Held, der schier unlösbare Aufgaben zur Zufriedenheit erledigt hatte – zum Beispiel gelang es ihm, die Amazonen zu besiegen –, scheitert dabei an den Frauenrechtlerinnen, die ihn mit ihrem Ruf »Votes for women« und Handgreiflichkeiten in die Flucht schlagen. Der Vergleich mit Herakles' Kampf gegen die Amazonen soll die Gefährlichkeit der »neuen« kämpfenden Weiblichkeit, die den Inbegriff des männlichen Helden in die Flucht schlägt, verdeutlichen.[57]

Das Machtstreben der Frau – denn als solches wurden die Bestrebungen um Gleichberechtigung gerne gedeutet – interpretierte 1891 der Literaturkritiker, Dramatiker und Herausgeber Rudolf Lothar:

> Denn es ist uns, als äußere sich das Streben des Weibes nach Macht, der Wettbewerb der Frau mit dem Manne darin, daß sich diese weibliche Überempfindlichkeit im Schauen, Genießen, Denken und Fühlen dem Manne mitteile, ihn erobere.[58]

Über das Verhältnis der Künstler zu den Emanzipationsbewegungen meint Anderson, daß sich diese, im Gegensatz zu konservativen Schichten, zwar darum bemühten,

> […] die patriarchalische bürgerliche Sexualmoral zu überwinden, während sie gleichzeitig an der Unterdrückung der Frau festhielten. Sie betrachteten die Frauenrechtlerinnen nicht als übersexualisiert, sondern ganz im Gegenteil als frustrierte Frauen, die eifersüchtig auf die sexuell »freie« Frau waren und eine Moral unterstützten, die diese an die Kette zu legen versuchte.[59]

Die Gefahr, die für die patriarchalisch strukturierte Gesellschaft von dem Wunsch nach Gleichberechtigung der Frau ausging, war sowohl den politischen als auch den religiösen Führern klar. Schließlich betonte schon Augustinus in seinem *Gottesstaat* die Bedeutung des friedlichen Zusammenlebens von Mann und Frau in der Familie als der Keimzelle eines Staates und Basis einer funktionierenden Gesellschaft:

> Die Verbindung von männlichen und weiblichen Wesen also ist, soweit das Menschengeschlecht in Betracht kommt, eine Art Keimzelle des Staates […]. Weil nun die menschliche Familie (*hominis domus*) den Anfang oder ein Teilchen des staatlichen Gemeinwesens bilden soll, jeglicher Anfang aber zu einem seiner Art entsprechenden Ziele, und jeglicher Teil zur Vollständigkeit des Ganzen, wovon er ein Teil ist, in Beziehung steht, so folgt daraus ganz klar, daß der Hausfriede zum Frieden des Gemeinwesens, d. h. daß die geordnete Eintracht der Hausgenossen im Befehlen und Gehorchen zu der geordneten Eintracht der Bürger im Befehlen und Gehorchen eine Beziehung hat.[60]

Die Bedeutung der hierarchischen Struktur der Familie für den Staat interessiert auch Wedekind, wenn dieser im *Totentanz* die männliche Figur Casti Piani über die sexuelle Macht der Frau philosophieren läßt:

In der Geschichte des Paradieses steht, daß der Himmel dem Weib die Macht der Verführung verlieh. Das Weib verführt, wen es will. Das Weib verführt, wann es will. Diese höllische Gefahr für unsere heilige Kultur bekämpft die bürgerliche Gesellschaft damit, daß sie das Weib in künstlicher Geistesumnachtung erzieht. Das heranwachsende Weib darf nicht wissen, was ein Weib zu sein bedeutet. Alle Staatsverfassungen könnten darüber den Hals brechen![61]

Von der Angst vor der Frau, die im Bewußtsein um ihre Stärke agiert, spricht auch Hans Mayr, wenn er meint, daß man »hinter dem Unbehagen des bürgerlichen 19. Jahrhunderts am Schicksal und am Tun der Judith« das »Unbehagen am Ernst weiblicher Gleichberechtigung«[62] spürt. Gustav Klimts Gemälde *Judith I* (Abb. 38) bringt in eindrucksvoller Weise die Macht der Frau über den Mann, dem sie den Tod gebracht hat, zum Ausdruck. Die femme fatale, die unter halbgeschlossenen Lidern auf ihre Betrachter blickt, hat kein Mitleid mit ihrem Opfer; sie hat sich (und im biblischen Sinn ihr Volk) – indem sie den Mann getötet hat – befreit.

Alfred Kubins *Walpurgisnacht* (1918, Abb. 57) wirkt wie eine Karikatur: Zwei Hexen, eine ältere und eine junge begegnen sich in einer flachen Landschaft. Die eine reitet ein Schwein, die andere einen Ziegenbock. Halbey glaubt, daß in dieser Zeichnung »eine neue Frauengeneration erkennbar gemacht [wird], nämlich Frauen, die den Wind des aufziehenden Unwetters zu ihren Zwecken zu nutzen gewillt sind.«[63] Sie vermeint in dem Bild Kubins »männlich ironische Skepsis bezüglich der zu seiner Zeit sehr aktiven Frauenbewegung« zu sehen und weist auf die »Ähnlichkeit der älteren Hexe mit der damals besonders aktiven Frauenrechtlerin Minna Cauer«[64] hin.

In keinem Kleidungsstück drückt sich der Kampf um die Gleichberechtigung der Frau so vehement aus wie in der Hose. Olympe de Gouges forderte sie und wurde dafür hingerichtet, George Sand trug sie und erntete dafür Verachtung und Spott.[65] Im Herbst 1910/11 wurde vom Couturier Paul Poiret die »Jupe-culotte« kreiert, was sowohl zu einer Sensation wie auch zu einem Skandal führte. Eine Postkarte von 1911 zeigt *Les Culottes de la Parisienne*.

Wie das Tragen einer Hose war auch das Rauchen in der Öffentlichkeit ein äußeres Zeichen für das Ringen nach Gleichberechtigung.[66] Die rauchende Frau findet sich – außer in Gemälden, die das Milieu der Prostituierten zeigen – vor allem in jenen Kunstwerken, die den Orient zum Thema haben: Die Odaliske mit der Wasserpfeife verbindet geschickt die Lust an der verführerischen Frau mit der Leidenschaft für Tabak- oder Haschischgenuß. Auch die erotische Photographie übernahm dieses Motiv der halbentblößten, rauchenden Orientalin. Später sollte die Zigarette ein unverzichtbares Accessoire der femme fatale des Films werden; sie gehört zum »Vamp« der Kinoleinwand à la Marlene Dietrich und soll dessen erotische Wirkung erhöhen.[67] Bereits der Wiener Paul von Schönthan, ein Literat des fin de siècle, meinte:

Sie gehört zum Sekt, zu Hasardspiel und Liebe, zum Leichtsinn, zur Sünde, zur Poesie des Genießens, […] ihr aromatischer, duftender, sich in zarten Ringen und Wölkchen verflüchtigender Nebel ist das Parfum der Boudoirs.[68]

Was Schönthan so euphorisch an der Zigarette beschreibt, macht verständlich, daß der sogenannten ›anständigen‹ Frau der Tabakgenuß (vor allem in der Öffentlichkeit[69]) versagt war.[70] George Sand war – wie beim Tragen von Hosen – auch eine Vorreiterin bezüglich des Rauchens.[71] Zahlreiche Karikaturen zeigen die exzentrische Schriftstellerin rauchend, wie zum Beispiel jene von Alcide Lorentz; aus der Serie *Miroir drolatique* von 1843, aber auch George Sand selbst verfertigte bereits 1833 eine ironische *Selbstdarstellung mit Zigarre*.⁷²

George Sand erregte mit ihrer Selbstinszenierung als emanzipierte Frau und Schriftstellerin unter ihren Zeitgenossen viel Aufsehen. Und obwohl sie ihren Kindern eine zärtliche Mutter war, entsprach sie nie der Vorstellung von einer idealen Gattin. Ein Zitat von Hermann Bahr über Hunde-Erziehung läßt seine Vorstellung von einer ›ergebenen‹ Frau deutlich werden:

Mir fällt ein, gelegentlich über mich »als Erzieher«, nämlich meiner Hunde, zu schreiben und meine Wahrnehmungen zu notieren. Der gewisse gute Blick ergebener Frauen zeigt sich am jungen Hunde zum ersten Male, wenn er müd geprügelt worden ist.⁷³

Wenn man von Bahr als einem repräsentativen Vertreter der Wiener Moderne ausgeht, läßt allein diese Aussage auf große Schwierigkeiten der Frauen der Jahrhundertwende schließen, in dieser Stadt ihre Wünsche und Vorstellungen zu verwirklichen.

Anmerkungen

1 Theodor Gottlieb von Hippel, zit. nach: Pintschovius, *Zur Hölle mit den Hexen*, a.a.O., S. 246.
2 Groult, *Gleiche unter Gleichen*, a.a.O., S. 26.
3 Zit. nach: Stopczyk [Hg.], *Muse, Mutter, Megäre*, a.a.O., S. 17.
4 Zit. nach: Schottroff – Schroer – Wacker, *Feministische Exegese*, a.a.O., S. 233.
5 Zit. nach: Groult, *Gleiche unter Gleichen*, a.a.O., S. 36.
6 So schreibt auch Joseph de Maistre in einem Brief an seine Tochter Constance: »Die Frauen haben in keinem Bereich auch nur ein Meisterwerk erschaffen. Sie haben weder die *Ilias* noch die *Äneis* noch *Das befreite Jerusalem* geschaffen; weder *Phädra* noch *Athalja* noch *Rodogune* noch den *Menschenfeind* noch *Tartuffe* noch den *Spieler*. Weder das Pantheon noch den Petersdom noch die Mediceische Venus noch den Apoll vom Belvedere […] noch die *Einleitung in die Geschichte der Welt und der Religion* und *Die Abenteuer des Telemach*. Sie haben weder die Algebra noch das Teleskop noch das achromatische Prisma erfunden, weder die Feuerspritze noch die Strumpfstrickmaschine etc; doch sie leisten etwas, das viel größer ist als all dies zusammen: in ihrem Schoße entsteht das Vortrefflichste, was es auf dieser Welt gibt: ein ehrlicher Mann und eine ehrliche Frau.« Zit. nach: Groult, *Ein Tier mit langen Haaren*, a.a.O., S. 80f.
7 Zit. nach: Stopczyk [Hg.], *Muse, Mutter, Megäre*, a.a.O., S. 87f.
8 Zit. nach: Ebda., S. 124.
   Desgleichen argumentiert Möbius: »Jedoch sieht man ohne Schwierigkeit, daß die große Mehrzahl der weiblichen Maler der schöpferischen Phantasie ganz entbehrt und über eine mittelmäßige Technik nicht hinauskommt: Blumen, Still-Leben, Portraits. Ganz selten findet man ein wirkliches Talent, und dann pflegen auch andere Züge den geistigen Hermaphroditismus darzutun.« Möbius, *Der physiologische Schwachsinn des Weibes*, a.a.O., S. 22.
9 Zit. nach: Groult, *Gleiche unter Gleichen*, a.a.O., S. 28.
10 [Anon.], *Anmuth und Schönheit*, a.a.O., S. VI.
11 Ebda., S. VIIf.
12 Ebda., S. IX.
   »Der Geschmack aller Frauen kommt darin überein, daß nur eine gewisse Art und ein gewisser Grad des Ausdrucks von Geist sich mit der Schönheit des Mannes vertrage; die meisten Männer hingegen sind der Meinung, daß aller Ausdruck von Geist mit der Schönheit des Mannes

harmonire [!], und sich nie zu viel Geist in dem Kopfe des schönen Mannes ausdrücken könne.« Ebda. S. 74.
13 [Anon.], *Damen-Conversations-Lexikon*, a.a.O., S. 36f.
14 Schopenhauer, *Paralipomena*, a.a.O., § 364.
15 Vgl. Ebda., § 369.
16 »Das Weib im Okzident, namentlich was man die ›Dame‹ nennt, befindet sich in einer fausse position […]: denn das Weib, von den Alten mit Recht ›sexus sequior‹ genannt, ist keineswegs geeignet, der Gegenstand unserer Ehrfurcht und Veneration zu sein, den Kopf höher zu tragen als der Mann und mit ihm gleiche Rechte zu haben. Die Folgen dieser fausse position sehn wir genugsam. Es wäre sonach sehr wünschenswert, daß auch in Europa dieser Nr. 2 des menschlichen Geschlechts ihre naturgemäße Stelle wieder angewiesen und dem Damen-Unwesen, über welches nicht nur ganz Asien lacht, sondern Griechenland und Rom ebenso gelacht hätte, ein Ziel gesetzt würde, wovon die Folgen in gesellschaftlicher, bürgerlicher und politischer Hinsicht unberechenbar wohltätig sein würden. […] Die eigentliche europäische Dame ist ein Wesen, welches gar nicht existieren sollte; sondern Hausfrauen sollte es geben und Mädchen, die es zu werden hoffen, und daher nicht zur Arroganz, sondern zur Häuslichkeit und Unterwürfigkeit erzogen werden.« Ebda., § 369.
17 Zit. nach: Groult, *Ein Tier mit langen Haaren*, a.a.O., S. 77.
18 Zit. nach: Levi – Messinger [Hg.], *Les Reporters de l'Histoire*, a.a.O., S. 17..
19 Marquis de Sade, *Juliette oder Die Wonnen des Lasters*. Zweites Buch, Köln 1995, S. 526.
20 Arthur Schopenhauer, *Aphorismen zur Lebensweisheit*. Neue, durchgesehene Ausgabe. Mit Erläuterungen und Übersetzungen der fremdsprachigen Zitate und einem Nachwort von Herman von Braunbehrens. Mit 16 Daguerrotypien und Fotos, erläutert von Arthur Hübscher, Leipzig 1976, S. 73f.
Freud verweist in seinen Schriften ebenfalls auf die Sexualmoral und unterscheidet dabei – mit Bezug auf Ehrenfels – zwischen einer »natürlichen« und einer »kulturellen«: »Die Vermutung liegt nahe, daß unter der Herrschaft einer kulturellen Sexualmoral Gesundheit und Lebenstüchtigkeit der einzelnen Menschen Beeinträchtigungen ausgesetzt sein können und daß endlich diese Schädigung der Individuen durch die ihnen auferlegten Opfer einen so hohen Grad erreiche, daß auf diesem Umwege auch das kulturelle Endziel in Gefahr geriete. […] Für die uns beherrschende kulturelle Sexualmoral sei charakteristisch die Übertragung femininer Anforderungen auf das Geschlechtsleben des Mannes und die Verpönung eines jeden Sexualverkehres mit Ausnahme des ehelich-monogamen.« Freud, Die »kulturelle« Sexualmoral und die moderne Nervosität, in: Freud, *Das Unbehagen in der Kultur*, a.a.O., S. 111.
21 Friedrich Nietzsche, zit. nach: Stopczyk [Hg.], *Muse, Mutter, Megäre*, a.a.O., S. 163f.
22 Nietzsche, *Also sprach Zarathustra*, a.a.O., S. 55.
23 Zit. nach: Stopczyk [Hg.], *Muse, Mutter, Megäre*, a.a.O., S. 164.
24 Zit. nach: Ebda., S. 163.
Zur weiblichen Schönheit meint Nietzsche: »Zugunsten der Sitte sei nicht verschwiegen, daß bei jedem, der sich ihr völlig und von ganzem Herzen und von Anbeginn an unterwirft, die Angriffs- und Verteidigungsorgane die körperlichen und geistigen – verkümmern: das heißt, er wird zunehmend schöner! Denn die Übung jener Organe und der ihnen entsprechenden Gesinnung ist es, welche häßlich erhält und häßlicher macht. Der alte Pavian ist darum häßlicher als der junge, und der weibliche junge Pavian ist dem Menschen am ähnlichsten: also am schönsten. – Hiernach mache man einen Schluß auf den Ursprung der Schönheit der Weiber!« Nietzsche, *Werke in zwei Bänden*, a.a.O., S. 166.
25 Ebda., Band 2, S. 206.
Es gibt eine Beschreibung des Treffens von Freud und Mahler in Leiden, wo sie sich über die Psychoanalyse unterhielten. Im Laufe des Gespräches meinte Freud: »›Ich nehme an, daß Ihre Mutter Marie hieß. Ich möchte es aus verschiedenen Andeutungen in ihrem Gespräch schließen. Wie kommt es dann, daß Sie jemanden mit einem anderen Namen, Alma, geheiratet haben?‹ Da fiel Mahler ein, daß er Alma immer mit ihrem zweiten Vornamen hatte anreden wol-

len und der war … Maria.« Françoise Giroud, *Alma Mahler oder die Kunst geliebt zu werden*. Biographie. Aus dem Französischen von Ursel Schäfer, Wien–Darmstadt 1989, S. 116.

26 Zit. nach: Frevert, *»Mann und Weib, und Weib und Mann«*, a.a.O., S. 38.
27 Zit. nach: Levi – Messinger [Hg.], *Les Reporters de l'Histoire*, a.a.O., S. 15.
28 Maupassant hat seine Beziehung zu den Genüssen des Lebens verdeutlicht: »Ja, du bist eine schöne Frau – und eine schöne Frau ist mir lieber als alle schönen Künste. Aber ich stelle doch auch ein gutes Diner, ein exzellentes Diner, auf die gleiche Stufe mit einer schönen Frau.« Zit. nach: Angela v. Denffer [Hg.], *Ewig dein, ewig mein, ewig uns*. 366 Liebeserklärungen, München 1983, S. 43.
29 Barthelmy Prosper Enfantin, der geistige Führer der Saint-Simonisten, forderte etwa die Gleichstellung von Mann und Frau im sozialistischen Sinn.
30 Zit. nach: Bockemühl, *Selbstfindung und Muttersein im Leben der Frau*, a.a.O., S. 11.
31 Zit. nach: Ebda., S. 15.
32 Zit. nach: Ebda., S. 17.
33 Ebda., S. 159.
34 Rilke schrieb am 25. Juni 1902 in einem Brief: »Der Mensch, der meinem Leben auf eine so liebe Art verbunden und unentbehrlich ist, ist eine junge Bildhauerin (Clara Westhoff), welche in Paris bei Rodin gearbeitet hat, ein Mädchen voll Kraft und Künstlertum, ein Künstler, von dessen Wachstum ich das denkbar Größte erwarte. […] Mit einem Worte, ich halte die Frau, in der tiefes künstlerisches Streben lebt, vom Augenblick ihrer Reife und Vollendung an, dem männlichen Künstler gleich und zu denselben unbescheidenen Zielen berechtigt und berufen, an die er in seinen besten Stunden einsam glauben mag.« Zit. nach: Wolfgang Schneditz, *Rilke und die bildende Kunst*. Versuch einer Deutung, Graz 1947, S. 49.
35 Bockemühl, *Selbstfindung und Muttersein im Leben der Frau*, a.a.O., S. 159.
Vgl. Anhang XXXIV.
36 Zit. nach: Ausst.Kat. *Eva und die Zukunft*, a.a.O., S. 33.
37 Zit. nach: Groult, *Gleiche unter Gleichen*, a.a.O., S. 15.
Vgl. Anhang XXXV.
»»Mit dieser Abhandlung werden viele unzufrieden ein‹, warnt der Autor in seinem Vorwort, ›denn jedermann, ob er nun Bildung besitzt oder nicht, und selbst die Frauen, stimmen in der Meinung überein, daß die Frauen keinen Anteil an den Wissenschaften oder den Berufen haben sollten, weil sie dazu nicht befähigt sind, weil sie weniger Geist besitzen als die Männer und weil sie es diesen schuldig sind, ihnen in allem unterlegen zu sein, so wie sie es auch sind.‹ Es galt also zwei Gegner zu widerlegen: ›Das gemeine Volk und fast alle Gelehrten.‹« Groult, *Gleiche unter Gleichen*, a.a.O., S. 16.
38 Ebda., S. 20.
39 Zit. nach: Ebda., S. 35f.
40 »Le thème iconographique de la culotte disputée […] apparaît comme l'un des tout premiers et des plus répandus dans les images de la guerre des sexes. Connu dès le XVe siècle, il était encore vivace à la fin du XIXe.« Laure Beaumont-Maillet, *La guerre des sexes XVe – XIXe siècles*. Les albums du Cabinet des Estampes de la Bibliothèque nationale, Paris 1984, S. 14.
41 »Les Vésuviennes étaient une ›légion‹ de jeunes ouvrières organisées en communautés sous le Gouvernement Provisoire de 1848. Leur projet de constitution demandait l'émancipation de la femme et un service militaire féminin. Les lithographies d'Edouard de Beaumont parurent d'abord dans le journal satirique *Le Charivari*, du 1er mai au 29 novembre 1848.« Kartentext, Bibliothèque M. Durand, Mairie de Paris.
42 Siehe Schmölzer, *Die verlorene Geschichte der Frau*, a.a.O., S. 349.
»[…] es war der Schriftsteller Theodor Gottlieb von Hippel, der für die Sache der Frauen plädierte. In seiner 1792 publizierten Schrift *Über die bürgerliche Verbesserung der Weiber* forderte er, daß den Frauen ›[…] ihre Rechte und mit diesen persönliche Freiheit, Unabhängigkeit, bürgerliches Verdienst und bürgerliche Ehre‹ zu geben seien.« Ebda.
43 Ebda., S. 353.

44 Vgl. Anhang XXXVI.
45 Zit. nach: Groult, *Gleiche unter Gleichen*, a.a.O., S. 28.
46 Zit. nach: Ebda., S. 17.
47 Jules Barbey d'Aurevilly schrieb etwa über die *Bas-bleus de la République*; Frédéric Soulié über die *Physiologie du bas-bleu*: »Tant que la femme reste blanchisseuse, actrice, couturière, danseuse, cantatrice, reine, on peut écrire grammicalemnt parlant: elle est jolie, elle est fine, elle est adroite, elle est bien tournée, elle a une grâce ravissante, elle est d'une beauté parfaite. Mais, du moment qu'une femme est bas-bleu, il faut absolument dire d'elle: il est malpropre, il est prétentieux, il est malfaisant, il est une peste. […] Il y a les bas-bleus de tous les âges, de tous les rangs, de toutes les fortunes, de toutes les couleurs, de toutes les opinions; […].« Zit. nach: Levi – Messinger [Hg.], *Les Reporters de l'Histoire*, a.a.O., S. 101.
48 »Am 21. August 1848 fand in Wien die erste Demonstration von Frauen gegen frauenfeindliche Lohnpolitik statt.« Irmgard Helpersdorfer, in: Ausst.Kat. *Bitter süßes Wien*, a.a.O., S. 41.
49 Bockemühl, *Selbstfindung und Muttersein im Leben der Frau*, a.a.O., S. 15ff.
50 »Tatsächlich wurde eine solide Berufsausbildung auch für die bürgerlichen Töchter sehr wichtig, denn der als einzige Existenzmöglichkeit bezeichnete Ehestand war nicht immer realisierbar. Immerhin war um die Mitte des 19. Jahrhunderts die Hälfte aller Frauen zwischen 15 und 50 Jahren unverheiratet und bildete das Gros der ›alten Jungfern‹, die auf die Gnade ihrer Familie angewiesen waren.« Rosemarie Fiedler – Eva Maria Götz – Monika Thum-Kraft, Die Wienerin auf dem Weg zur Selbständigkeit, in: Eva Geber – Sonja Rotter – Marietta Schneider [Hg.], *Die Frauen Wiens*. Ein Stadtbuch für Fanny, Frances und Francesca, Wien 1992, S. 42.
51 Harriet Anderson, *Vision und Leidenschaft*. Die Frauenbewegung im Fin de Siècle Wiens. Aus dem Englischen von Gertraud Fädler, Wien 1994, S. 44.
»Eine besondere Note gab dem Erziehungswesen der Epoche der Kampf um die Frauenbildung, der ja nur einen Ausschnitt aus dem allgemeinen Ringen um die Gleichberechtigung der Frau darstellte, jenem Ringen, in dem seit den siebziger Jahren Marianne Hainisch […] als Organisatorin und Publizistin die erste Rolle spielte«. Erich Zöllner, zit. nach: Ausst.Kat. *Bitter süßes Wien*, a.a.O., S. 42.
52 Bockemühl, *Selbstfindung und Muttersein im Leben der Frau*, a.a.O., S. 18f.
53 Elfriede Hitter, *Die Musikerin in Oper und Operette um 1900*. Datenerhebung zur Darstellung der Frau als Musikerin in Oper und Operette in Wien um 1900. Spezialforschungsbereich Moderne – Wien und Zentraleuropa um 1900. Projektbereich Musikwissenschaft. Unveröffentl. Manuskr. 1997, S. 11.
1901 beschreibt Lily Braun die Situation der arbeitenden Frau: »Die Berufstätigkeit der österreichischen Frauen, die sich besonders im letzten Jahrzehnt rasch erweitert hat, beschränkt sich trotzdem nur auf wenige Berufe. Zwar steht ihnen die ärztliche Laufbahn offen, im allgemeinen wenden sich die meisten erwerbssuchenden Frauen aus bürgerlichen Kreisen noch dem traditionellen Lehrerinnenberuf zu. Dort hat die Regierung sich nach und nach immer mehr dazu verstanden, die Volksschule, vielfach auch die Knabenklassen, weiblichen Lehrkräften anzuvertrauen. Im Staatsdienst und Gemeindedienst stehen, außer den Volksschullehrerinnen, die Post- und Telegraphenbeamtinnen, deren Zulassung erst nach harten Kämpfen erfolgte, eine Anzahl Gerichtssachverständige und Bureaubeamte in untergeordneten Stellungen.« Zit. nach: Ausst.Kat. *Bitter süßes Wien*, a.a.O., S. 42.
54 »Da die Frauenrechtsbewegung die Erringung gleicher Gerechtigkeit für Mann und Frau im wirtschaftlichen Leben, in der gesellschaftlichen und in der gesetzlichen Rechtsstellung sich als Ziel gesteckt hat und da die Sozialdemokratie programmatisch die Forderung der Gleichberechtigung der Geschlechter aufstellt, so muß man fragen: worin liegt der Gegensatz zwischen der bürgerlichen und der sozialdemokratischen Frauenbewegung? Und ist dieser Gegensatz ein so tiefer, daß er eine Überbrückung der die beiden Lager trennenden Kluft unmöglich macht? Die Führerinnen der Arbeiterinnen geben uns Antwort. Sie erklären, daß dieser unausgleichbare Gegensatz darin liege, daß der Rechtskampf der bürgerlichen Frauenbewegung gegen die Machtstellung des Mannes gegenüber der Frau gerichtet sei, während die proletarische Frauenbewegung nicht ge-

gen, sondern mit dem Manne gegen den Kapitalismus kämpfe und kämpfen müsse.« Irma von Troll-Borostyani im *Neuen Frauenleben*, zit. nach: Ausst.Kat. *Bitter süßes Wien*, a.a.O., S. 47.

55 Siehe Kapitel Bedeutung und Einfluß der Religion auf das Bild der Frau in der Kunst, Anmerkung 49.
56 Vgl. Anhang XXXVII.
57 »Der Amazonenstaat – wenn man das Wort ›Staat‹ auf ein Weibervolk anwenden darf – enthält die vollendetste Durchführung des Weiberrechts.« Bachofen, *Das Mutterrecht*, a.a.O., S. 147.
Von Seiten der katholischen Kirche wird die Emanzipation mit äußerstem Mißtrauen betrachtet. So meint ein gewisser Pater Roesler: »Die Bemühungen der feministischen Emanzipation bedrohen die Gesellschaft ganz außerordentlich, denn sie zielen auf die Zerstörung der Familie ab, auf die Auflösung der Ehe, auf den Sieg der freien Liebe, auf die Ablehnung all dessen, was die Vorzüge und den Charme der Frau ausmacht, auf die Geringschätzung der Würde und der Rechte einer Mutter und auf die völlige Vernichtung der alten gesellschaftlichen Ordnung.« Zit. nach: Groult, *Ein Tier mit langen Haaren*, a.a.O., S. 67.
58 Zit. nach: Anderson, *Vision und Leidenschaft*, a.a.O., S. 10.
59 Ebda., S. 12.
60 Zit. nach: Pagels, *Adam, Eva und die Schlange*, a.a.O., S. 235.
61 Wedekind, *Lulu*, a.a.O., S. 203.
62 Zit. nach: Aust.Kat. *Eva und die Zukunft*, a.a.O., S. 21.
Siehe dazu auch: Elisabeth Gierlinger-Czerny, *Judits Tat*. Die Aufkündigung des Geschlechtervertrages, Wien 2000.
63 Halbey, *66 Hexen*, a.a.O., S. 98.
64 Ebda., S. 98.
65 »Ihre Mutter brachte sie auf den Einfall, Männerkleider zu tragen. ›Ich ließ mir also einen Schilderhaus-Überrock machen aus grobem grauem Tuch und ebensolche Hosen samt Weste. Dazu trug ich einen grauen Hut und eine dicke wollene Halsbinde und sah nun ganz aus wie ein Student im ersten Jahr. Wie sehr ich mich über meine Stiefel freute, vermag ich gar nicht zu sagen. […] Ich konnte bei jedem Wetter, zu jeder Tageszeit ausgehen und in allen Theatern das Parterre besuchen. Niemand beachtete mich oder ahnte meine Verkleidung.‹« Zit. nach: Gisela Schlientz, *George Sand*. Leben und Werk in Texten und Bildern, Frankfurt/M. 1987, S. 61.
66 »Ein anonymer Kritiker des Vormärz« schrieb: »Die Frauen-Emanzipation schreitet in Deutschland, vorzüglich aber in Berlin, der intelligentesten Stadt Deutschlands, auf eine merkwürdige Weise vorwärts. […] Sie hat die überraschendsten Resultate. In den dortigen glänzenden Zirkeln sprechen Mädchen von 19 bis 20 Jahren mit einer Sicherheit über Guizot, Thiers, Kammer- und Durchsuchungsgesetze, die ans Fabelhafte grenzt. Viele dieser Miniatur-George-Sands verschmähen schon jetzt die Zigarette nicht; neulich kam es sogar vor, daß eine elegante Dame einen Herrn mit brennender Zigarette auf offener Straße anhielt, um die ihrige anzuzünden. Alles köstliche Aussichten! Wie lange wird's noch dauern, so legen sie Hosen an, treiben die Männer mit der Reitpeitsche in die Küche und säugen ihre Kinder zu Pferde! Kleinigkeit für Emanzipierte! Ein öffentliches Damen-Kaffeehaus wird auch schon eingerichtet, dort sollen zugleich Debatten über das Verhältnis der Frauen losgelassen, dabei Zigarrchen geraucht, die neuesten Journale gelesen, genug – ein Herrenleben geführt werden. Wie sich die Berliner Ehemänner freuen werden, wenn sie ihre liebenden Weiber mit brennender Zigarette an die klopfende Brust drücken.« Zit. nach: Michael Koetzle – Uwe Scheid, *Feu d' Amour*. Verführerischer Rauch, Köln 1994, S. 9.
67 Ohne die primäre Intention eine femme fatale darstellen zu wollen, malen etwa Toulouse-Lautrec (*Femme à la cigarette*) oder Picasso (*La femme à la cigarette*) Zigaretten rauchende Frauen.
68 Zit. nach: Koetzle – Scheid, *Feu d' Amour*, a.a.O., S. 11f.
69 »Um 1900 rauchten verheiratete Frauen bereits ohne Aufsehen zu erregen, zumeist aber doch zu Hause. Noch Anno 1885 galt als *mauvais genre*, wenn Mädchen Zigaretten rauchten – um 1905 rauchten sie bereits in aller Öffentlichkeit Zigarren.« William M. Johnston, *Österreichische*

Kultur- und Geistesgeschichte. Gesellschaft und Ideen im Donauraum 1848 bis 1939. 3. Aufl., Wien–Köln–Weimar 1992, S. 129.

70 Die medizinischen Konsequenzen des Rauchens waren dafür noch nicht mitentscheidend. Anna Maria Sacher war eine der wenigen Frauen, die – obwohl sie in der Öffentlichkeit Zigarren rauchte – allgemein respektiert und geschätzt wurde. Siehe Fiedler – Götz – Thum-Kraft, Die Wienerin auf dem Weg zur Selbständigkeit, in: Geber – Rotter – Schneider [Hg.], *Die Frauen Wiens*, a.a.O., S. 52.

71 »Ich kam am Abend des Fastnachtsamstags gegen halb acht Uhr auf Schloß Nohant an und fand den Kameraden George Sand im Schlafrock vor, als er eben, nach dem Abendessen, am Kaminfeuer eines riesigen einsamen Zimmers seine Zigarre rauchte. Sie trug hübsche gelbe, mit Fransen verzierte Pantoffeln, kokette Strümpfe und rote Hosen. Soviel zum Moralischen.« Dies schrieb 1838 Balzac in einem Brief an Madame Hanska. Zit. nach: Schlientz, *George Sand*, a.a.O., S. 104.

72 Der beigefügte Text lautet: »Portrait de George Sand fecit soi-même.« Zit. nach: Ebda., S. 358.

73 Farkas [Hg.], *Hermann Bahr, Prophet der Moderne*, a.a.O., S. 134.

Abb. 54 Louis DEBUCOURT, *Lebemann*, um 1800

Abb. 55 [Anon.], *Sie trägt die Hosen*, um 1705

Abb. 56 Heinrich KLEY, *Die letzte Aufgabe des Herakles,* 1910

Abb. 57 Alfred KUBIN, *Walpurgisnacht,* 1918

8. Musik, Theater und Tanz

> *Die Ersatzbefriedigungen, wie die Kunst sie bietet, sind gegen die Realität Illusionen, darum nicht minder psychisch wirksam dank der Rolle, die die Phantasie im Seelenleben behauptet hat.*
>
> Siegmund Freud[1]

Oper, Operette, Theater und Ballett – sie alle sind untrennbar mit den großen Frauenrollen und ihren Darstellerinnen, den Sängerinnen, Schauspielerinnen und Tänzerinnen, verbunden. Diese haben seit jeher Künstler zu Bildschöpfungen angeregt, wie beispielsweise Reynolds zu seinem Gemälde *Mrs. Siddons als tragische Muse* (1784).

Frauen, die Berufe an Oper oder Theater ausübten, galten nicht als ›anständig‹ und gehörten in der Gesellschaft zu den Außenseitern. Daher war es für ein junges Mädchen aus gutem Hause auch undenkbar, öffentlich in einem Theater oder Opernhaus aufzutreten. Diese Arbeit war aber dennoch für viele Frauen eine Möglichkeit, selbständig Geld zu verdienen, und wer einigermaßen berühmt war, wurde auch in die Häuser der ›feinen‹ Gesellschaft eingeladen, wo sich Theatermäzene mit ihren Künstlern präsentierten. Unbestritten ist auch, daß viele dieser Frauen ihr mageres Einkommen durch Affären mit reichen Gönnern aufbesserten.

Ende des 19. Jahrhunderts begann sich die gesellschaftliche Situation der interpretierenden Künstlerinnen langsam zu verbessern. Sarah Bernhardt ist wohl die erste Frau, die sich selbst zu einer Kunstfigur hochstilisieren ließ; die Plakate, die Mucha für ihre Aufführungen schuf, unterstreichen Schönheit und Raffinesse ihrer Erscheinung. Alfons Muchas Plakat *Medea* von 1898 (Farbtafel 3)[2] zeigt sie in einer ihrer großen Partien: Hochaufgerichtet und starr, ohne Emotionen wie Reue oder Trauer auszustrahlen. Medea animierte im Laufe des 19. Jahrhunderts verschiedene Künstler zu Bildfindungen, so zum Beispiel auch Eugène Delacroix. Er malte seine *Medea* nach dem Mord an ihren Kindern – die beiden Leichen hängen ihr vom Schoß. Medea gehört zu den Vertreterinnen der »femme fatale« – sie ermordet aus Rache an Jason seine männlichen Nachkommen; sie ist die verschlingende Mutter, die ihren Söhnen selbst den Tod gibt.[3] 1887 schrieb Lorrain über Sarah Bernhardt:

Sarah ist da! Aufrecht steht sie vor mir, mit ihrem reizenden, zarten Profil, mit ihren Augen, so glänzend und kalt wie Edelsteine. Wenn ich sehe, wie sie sich unter dem schimmernden Metallgürtel schlängelt und stirbt, glaube ich, daß sie zur Familie des alten Königs David und des jungen Erzengels mit der weiblichen Gestalt gehört. Weiß Gott, sie ist die Tochter Gustave Moreaus, die rätselhafte Sarah, die Schwester von Musen, die Trägerinnen abgeschlagener Häupter sind, von Orpheus und den Salomes, schlank und bluttriefend, die Salome des berühmten Aquarells, die Salome der Erscheinung, […].[4]

Sarah Bernhardt ließ sich aber keineswegs nur in Kostümen portraitieren. Ein Bildnis, das Georges Clairin[5] von ihr gemalt hat, zeigt sie in einem prächtigen Kleid auf einen Diwan hingestreckt, die überschlanke Figur wird durch eine breite Schärpe um ihre Hüften noch betont.[6] Auch hier inszeniert sie sich selbst, präsentiert sich ihrem Publikum noch in ihren Privatportraits als ›Diva‹.

In Wien war es die Schauspielerin *Charlotte Wolter*,[7] die von Zuschauern wie Kritikern gefeiert wurde.[8] Ihr Portrait, gemalt von Makart, zeigt sie als Messalina (Abb. 58) in dem Theaterstück *Arria und Messalina* von Wilbrandt. In ein helles, fließendes Gewand gekleidet, ruht Wolter auf einer bequemen Lagerstatt und blickt sinnend auf die im Hintergrund undeutlich erkennbare Landschaft mit antiker Architektur. Die Pose erinnert an Darstellungen der Salonmalerei und ist mit flüssigen, flächigen Pinselstrichen gefertigt; die Arme und besonders der Kopf dagegen zeigen ein fein ausgeführtes Inkarnat.

Hans Makart ist erst durch sie und an ihr ganz lebendig geworden, weil sie zum Kleiderschmuck und zu der Farbe erst den atmenden bewegten Leib und die Seele hinzufügte. Ihre Messaline, in den leidenschaftlichsten Farben aufbrennend, war ein Makart, den es nicht mehr zwischen den Rahmen duldete. Und als Makart längst tot war, setzte sie seine Malerei genialer, als er es selbst gekonnt hatte, fort. Man kennt ja die von ihr gemalte Galerie dramatischer Gestalten, gemalt mit Leib und Seele, schimmernd und leuchtend.[9]

Stellt man der *Messalina* Makarts das Bild *Frau Julia Samberk in der Rolle der Messalina* (Abb. 59) von Václav Brozík gegenüber, wird das Charakteristische der Künstlerinnenportraits Makarts noch klarer ersichtlich. Er betont die ›Person‹, die berühmte Charlotte Wolter mit ihrem markanten Profil, während Brozík in seinem Gemälde die ›Schauspielerin‹ Samberk hervorhebt – ohne ihrer Erscheinung als Frau durch Idealisierung zu schmeicheln.[10]

Makart malte auch ein Portrait Sarah Bernhardts (1869) und unterwarf die berühmte Schauspielerin, wie alle von ihm portraitierten Frauen, seinen Vorstellungen von weiblicher Schönheit. Eingebunden in das dramatisch arrangierte Dekorum – offener Sarg, im Sturm flackernde Kerze, entfesselte Naturgewalten – verweist die knabenhaft zarte Tragödin durch den Totenkopf, auf dem ihre linke Hand ruht, auf die Rolle des *Hamlet*, in der sie brillierte.

Das Ende des Jahrhunderts brachte in Wien auch das Ende der Goldenen[11] und den Beginn der Silbernen Operettenära.[12] Die Operetten beinhalten unzählige Frauenrollen – vom Wäschermädel bis zur Gräfin, dabei werden allerdings ganz bestimmte gesellschaftliche Klischees weitervermittelt.[13] Die Heldinnen der Operette sind geschaffen, um zu unterhalten; sie vermitteln Empfindungen und Leidenschaften nicht, wie ihre Kolleginnen von der Oper, über die Dramatik in Handlung und Musik, sondern durch Witz und Ironie. Hitter schreibt in ihrer Studie *Die Musikerin in Oper und Operette*:

Augenscheinlich ist der Zusammenhang der großen Gruppe an Unterhaltungssängerinnen mit dem häufigen Vorkommen an Musikerinnen in Libretti der Endphase der Operettenepoche. Diese Sängerinnen verbinden Kunst und Erotik, die Lebewelt und die Welt der Musik. Frauen treten in ihrer Körperlichkeit in Erscheinung in einer Zeit, die durch die vielen verschiedenen Gruppierungen an Feministinnen auf die Geschlechterfrage im biologischen Sinn, also auf Körperlichkeit sensibilisiert war. Das Musiktheater bot ein Podium, den Wunsch nach geänderter Sexualmoral vorzuleben, eine Sexualmoral, die eine Neugestaltung der Kultur und Menschheit mit sich bringen sollte.[14]

Berühmte Sängerinnen in Wien waren die Sopranistinnen Marie Gutheil-Schoder und Anna von Mildenburg (die später Hermann Bahr ehelichen sollte), die Koloratursopranistin Selma Kurz sowie Maria Jeritza. Carl von Sturs *Der Coloraturkampf* (Abb. 60) beschäftigt sich in ironischer Weise mit dem Wetteifern der Sängerinnen um die Gunst des Publikums, in einem Kampf, der buchstäblich ›bis aufs Blut‹ geführt wurde. So galt die Oper,

die das Bürgertum als Institution vom Adel übernommen hatte, [...] ungeachtet der teilweise neuen Inhalte als ein Ort, wo Sinnlichkeit erwünscht und erotische Aktivität und Kontaktaufnahme von beiden Seiten erlaubt waren,[15]

schreibt Freia Hoffmann in *Musikinstrument und Körper*. Auch die Kostümbildner widmeten sich den Frauenrollen mit Abbildungen; Zeichnungen wie Alfred Rollers *Figurine zu Beethovens ›Fidelio‹* (1904) zeigen die hohe Qualität der künstlerischen Darstellung. »Als tonangebender Komponist der Epoche hatte sich damals schon der Bayer Richard Strauss (1864–1947) bestätigt. Durch seine Zusammenarbeit mit Hugo von Hofmannsthal stand er in engem Kontakt mit dem Wiener Musikleben.«[16]

In der Oper *Ariadne auf Naxos* (Libretto von Hugo von Hofmannsthal) erleiden die beiden Protagonistinnen nicht den Tod. Ariadne, die Heldin der Oper, »eine von den Frauen, die nur einem im Leben gehören und danach keinem mehr«[17], und Zerbinetta, die jeden Liebeskummer mit einem neuen Liebhaber bekämpft, vertreten unterschiedliche Charaktere. Aber schlußendlich erliegt auch Ariadne der Liebe zu einem neuen Mann (nämlich dem Gott Bacchus[18]); daß allerdings ›jeder‹ Mann einem Gott[19] gleicht, kommt in Zerbinettas Arie zum Ausdruck.

Kommt der neue Gott gegangen,
Hingegeben sind wir stumm![20]

Über ›sein‹ Bild der Heroine schrieb Richard Wagner in einem Brief an August Röchel: »[...] das leidende, sich opfernde Weib wird endlich die wahre Erlöserin sein: die Liebe ist eigentlich ›das ewig Weibliche selbst‹«.[21] Für die Heldinnen seiner Opern unterwarf er Figuren aus der Literatur – wie beispielsweise dem *Nibelungenlied* – seinen eigenen Vorstellungen von Weiblichkeit. Der von Siegfried und Hagen betrogenen Brünnhilde bleibt der Triumph, indem sie dem verhaßten, ihr aufgezwungenen Ehegatten kraft ihrer körperlichen Stärke die Hochzeitsnacht versagt.[22] Diese Szene, beispielsweise von Füssli ungemein treffend in einer Zeichnung umgesetzt, zeigt die Macht einer Frau, die sich gegen einen Mann wendet und ist somit offenbar für Wagner uninteressant.[23]

Bemerkenswert ist, daß bereits Thomas Mann an den weiblichen Figuren der Wagneropern Eigenschaften der »modernen« Frau bemerkt: »Die Heldinnen Wagners kennzeichnet überhaupt ein Zug von Edelhysterie, etwas Somnambules, Verzücktes und Seherisches, das ihre romantische Heroik mit eigentümlicher und bedenklicher Modernität durchsetzt.«[24]

Und Horst Althaus betont dies noch, indem er sagt:

Wagner hat nicht gewußt, wie sehr er der Lehrmeister für die Grausamkeit der musikalischen Nachfolger war, die wie Richard Strauss den Weg zu Aischylos über Oscar Wilde und Hugo von Hofmannsthal finden werden. Vor einer Salome und einer Elektra von Strauss stand Wagners Kundry mit ihrer tief im Sexuellen angelegten Schrecklichkeit [...].[25]

Wenn Salome den Kopf des Jochanaan fordert, dann ist dies eine Folge der sexuellen Verweigerung des Propheten, denn zuerst verlangt die Prinzessin: »Laß mich deinen Mund küssen, Jochanaan.«[26] Als er ihr dies – sie verfluchend – versagt, wünscht sie seinen Tod: »Gib mir den Kopf des Jochanaan,«[27] denn der leblose Körper kann sich ihren Begierden nicht mehr widersetzen.

Mit der Figur der Elektra dagegen nahmen Hofmannsthal und Strauss das Motiv des Wandels vom Mutter- zum Vaterrecht auf.

> Ich will dich sehn, laß mich heut nicht allein!
> Nur so wie gestern, wie ein Schatten, dort
> im Mauerwinkel zeig dich deinem Kind!
> Vater! dein Tag wird kommen! Von den Sternen
> stürzt alle Zeit herab, so wird das Blut
> aus hundert Kehlen stürzen auf dein Grab![28]

Elektra, die Tochter Klytämnestras und Agamemnons, fordert Rache für den Mord an ihrem Vater und vertritt somit, als Frau, die Position des Mannes. Ihr wird, im Gegensatz zu der gefühlsmäßig zutiefst im alten Recht verwurzelten Mutter, die »Erleuchtung« zuteil, daß es der Frau bestimmt ist, sich unter die Gesetze des Mannes zu beugen und dessen Vorherrschaft anzuerkennen. Nur unter diesen Voraussetzungen ist es verständlich, daß sie – gegen die Tradition und ihre Weiblichkeit – den Bruder zum Muttermord drängt.

Silke Leopold meint, daß die Oper

[...] an Schichten der menschlichen Erfahrung, die dem Kopf verschlossen bleiben, [rührt], sie weist den Frauen Wege aus der Gefangenschaft des (männlichen) Intellekts. Indem sie die Hysterie auf der Bühne vorführt, erlaubt sie den Frauen im Parkett, in gleicher Weise darauf zu reagieren, ihre eigene, spezifisch weibliche Welterfahrung an den Schicksalen jener Frauen zu messen, denen ihre Stärke oder ihre Schwäche zum Verhängnis wird.[29]

Leopold schreibt weiter, daß die Oper,

[...] geschaffen von Männern, von Librettisten, Komponisten und Regisseuren, [...] die Vernichtung der Frauen zum Thema [hat], von Frauen, die dafür büßen müssen, daß sie die heile (Gefühls)welt der Männer durcheinanderbringen – besiegt wie die Königin der Nacht, verraten wie Madame Butterfly und verkauft wie Violetta Valéry. Gemordete und dem Wahnsinn verfallene, verführte und verlassene, vergiftete und mißhandelte Frauen: Das ist der Stoff, aus dem die Opern sind.[30]

Tatsächlich finden wir in der Oper zahlreiche weibliche Partien, deren dramatischer Höhepunkt der Tod ist. Es sind dies zumeist ›unangenehme‹ Frauen, die – um das patriarchale Weltgefüge nicht zu stören – beseitigt werden müssen, wie Carmen, Tosca, Brünnhilde, Lulu, Elektra und Salome. Und vor allem Salome hat, wie keine andere literarisch-musikalische Figur der Jahrhundertwende, die bildenden Künstler zu Werken angeregt. Auch Walter Hampel, der ansonsten eher in Verbindung mit Interieurs genannt wird, hat sich des Themas der femme fatale angenommen. Seine *Salome* orientiert sich an der *Judith* von Klimt. Der Kopf des Täufers befindet sich vor dem Frauenkörper, und seine entspannten Gesichtszüge und die geschlossenen Augen sind es auch, die für eine Salome und gegen eine Judith mit Holofernes sprechen.[31]

Noch stärker als die Sängerin ist es die Tänzerin (in der Oper *Salome* wird die Sängerin auch zur Tänzerin), die durch ihre Interpretationen von Figuren direkten Einfluß auf das Kunstschaffen nimmt.³² Es war Loïe Fuller, die mit ihrem neuartigen Tanzstil Ende des 19. Jahrhunderts viele Künstler zu Werken inspirierte. Toulouse-Lautrec löst ihre Gestalt in der Lithographie *Die Tänzerin Loïe Fuller* (Abb. 61) in große fließende Formen auf, die die Weichheit der Bewegungen und die Schwingungen ihrer Kleidung ausdrücken. Der darunter befindliche weibliche Körper muß erahnt werden. Raoul Larche hat diese Künstlerin sogar als Modell für eine vergoldete Bronzelampe genommen. Wie Toulouse-Lautrec fasziniert auch ihn die Expressivität der tänzerischen Darstellung.

Isadora Duncan sorgte mit ihrer ausdrucksstarken, am klassischen Tanz orientierten Bewegungskunst für Aufsehen; um die Jahrhundertwende sind es in Wien die Schwestern Wiesenthal, die mit ihrem Ausdruckstanz den Tanzstil revolutionieren. Eine Photographie zeigt *Grete Wiesenthal* (Abb. 62) in einer Aufführung des *Donauwalzers*. Die langen offenen Haare, das originelle Kostüm, die ekstatischen Bewegungen des Körpers trugen zu einem Tanz von ungeahnter Expressivität bei.³³

Jacques Emile Blanche, der Portraitist der Intellektuellen und Künstler, hat *Die Tänzerin Tamara Karsavina im »Feuervogel«* (1910) gemalt. Obwohl in klassischer Tanzpose, ist es auch hier der bewegte weibliche Körper, der den Künstler zu einer bildlichen Wiedergabe angeregt hat. Eine *Tänzerin aus Kambodscha* faszinierte Auguste Rodin so sehr, daß er eine ganze Reihe von Studien ihres Leibes in ausdrucksvollen Posen fertigte.

Die Neuheit des expressiven Ausdruckes und die Exotik und Erotik des Tanzes ließen die Künstler zu Bewunderern der Tänzerinnen der Jahrhundertwende werden.³⁴ Courbets Gemälde der *Signora Adela Guerrero, danseuse espagnole* (1851) hingegen betont noch nicht den erotischen Ausdruck des tanzenden weiblichen Körpers, sondern gibt ein Bild der Spanierin in ihrem traditionellen Kostüm wieder, das eher das Besondere der Erscheinung von Signora Guerrero betont als die offene weibliche Sexualität in den Werken der Jahrhundertwende.

Auch Ludwig Hevesi konnte sich der Faszination der Tänzerinnen nicht entziehen und beschrieb Mata Hari als »Mischwesen von Indisch und Holländisch, das zweirassige Weib, wie es nur der Orient hervorbringt, der dem alten Paradiese so viel näher ist als wir ausgewiesene Kulturwelt.«³⁵ Die Vorführung von Maud Allan als Salome inspirierte Hevesi zu einem beinahe ironischen Kommentar:

Ein kleines, sehr geladenes Publikum war anwesend. Auch Künstler darunter; sogar Meister Otto Wagner, der als Fachmann feststellen konnte, daß Miß Maud Allan ganz modern gebaut ist. Sie ist eine Schlankheit in Weiß und Schwarz, was eigentlich die Nationalfarben der Wiener Werkstätte sind. Trotzdem besteht sie nicht aus kleinen Quadraten, sondern eher aus mehr rundlichen Bestandteilen. Sie ist überhaupt eine wohlgeratene Tanzfigur, von mittlerer Bühnengröße und für Verrichtungen auf dem Gebiete der Biegsamkeit trefflich eingerichtet. Wenn es Statuen aus gebogenem Holze gäbe, könnte sie solche gewiß trefflich posieren. [...] Mit der enormen rabenschwarzen Frisur macht diese blendende Blankheit des Gesichtes und der Gliedmaßen den Eindruck einer jener unheimlichen Vampyrinnen, die durch Aubrey Beardsley der letzte Triumph der Schwarzweißkunst geworden sind.³⁶

Zur Unterstützung der Vision Salomes scheint Maud Allan einen Männerkopf als Requisit verwendet zu haben, den Hevesi »weniger stimmungsvoll« und »zu groß« findet, ein »fatales Bühnenrequisit«, wie er meint: »Dieses Problem ist noch zu lösen.«³⁷

Diese Arten des Tanzes trugen nicht unwesentlich zur Verbreitung des Salome-Mythos bei; bemerkenswert ist, daß, dargestellt von Engländerinnen und Amerikanerinnen, das Bild der gefährlich-schönen Jüdin, der femme fatale, von Frauen selbst gänzlich unkritisch weitergetragen und verstärkt wurde. Auch Ruth Saint-Denis' Tanzstil half mit, die herrschenden Klischeevorstellungen von Weiblichkeit zu festigen.

Als Schlangenbändigerin [...] zeigt sie mehr als die Kunst, ein erfreulicher Anblick zu sein. Sie hat Naturbeobachtung und mimischen Stil. In ihrem graulichen, schuppig schillernden, zum Teil trikothaften Gewande schlängelt sie sich umher, als wäre sie selbst ein zartes und zähes, nach der letzten Schlangenmode gemustertes Reptil, mit Giftzähnen von köstlicher Tödlichkeit. Sie spielt Schlange. [...] Lächelnd sieht man ihr zu, wie kindlich wichtig sie mit ihrer Spielerei spielt. Wie niedlich und prächtig dieses ganzes Getu mit den unterschiedlichen Nichtsen ihres Spielplanes. Das ewige Kind, im zwanzigsten Jahrhundert. Dann wird sie Weib. Indische Göttin, auf dem Altare sitzend, in üppig geschnitzter Glorie. In veilchenblauem Feuer glühend, dann in Gold aufleuchtend. Plötzlich steigt sie herab und tanzt. Tanzt die fünf Sinne und dann den Verzicht auf solchen Genuß.[38]

Mit diesen Worten läßt Hevesi sowohl seine Begeisterung über die aufregenden, neuen Tanzattraktionen als auch leichte Ironie – was die gekünstelte Exotik der jungen Tänzerinnen betrifft – anklingen. Auch die Tänzerin Moa, die Schiele 1911 mehrmals zeichnete, scheint großes Interesse bei den Wienern hervorgerufen zu haben. Arthur Roessler beschreibt sie als

[...] eine gertenschlanke Tänzerin mit einem zu maskenhafter Ruhe erstarrenden, beinweißen Gesicht unter blauschwarzem Scheitel, dem Antlitz einer ägyptischen Prinzessin. [...] Die gleichsam blicklosen, großen, jettdunklen, unter braunblau beschatteten, langbewimperten und überschweren Lidern schwermütig mattschimmernden Augen, die guttural gurrende, abgedämpfte Stimme und die wie mechanisch in den zarten Gelenken sich bewegende zierliche Gestalt des Mädchens, mit dem an Tahiti erinnernden Vahine-Namen, bezauberten den Künstler in Schiele völlig.[39]

Arnold Schönberg, der ja auch als Maler tätig war, hat für das Drama mit Musik *Die glückliche Hand*, zu dem die ersten Entwürfe aus dem Oktober 1908 datieren und zu dem er 1910 den Text und 1913 die Musik beendete, selbst Bühnenentwürfe angefertigt. Mit der Figur des »Mannes« wird wohl Schönberg selbst gemeint sein. Im »Weib« – »jugendlich-schön« – ist Mathilde zu sehen, im »Herrn« – »elegant, modisch gekleidet, vornehm-schöne Figur« – Richard Gerstl wiedererstanden.[40] Mit diesem Werk überträgt Schönberg seine privaten Eheprobleme auf die Bühne,[41] und Patrick Werkner bemerkt:

Der Mann erlebt das Scheitern seiner Liebe zum Weib, das sich dem Herrn zuwendet.[42]
Der Mann beteuert dem Weib seine Liebe in ekstatischer Weise. Er scheint nicht zu merken, daß das Weib sich dem Herrn zugewandt hat und mit diesem entflieht. [...] Er fleht das Weib auf den Knien an, bei ihm zu bleiben, dieses entschlüpft ihm jedoch und stößt einen Stein auf den Mann, von dem er begraben wird.[43]

Die von Literatur, Malerei und Psychologie in der Zeit um 1900 angesprochenen Krisen zwischen Mann und Frau, der Kampf der Geschlechter und die Frau als Auslöserin all dieser den Mann bedrohenden und zerstörenden Vorgänge werden bei Schönberg eindringlich thematisiert. Auch in seinem *Bühnenentwurf für die Glückliche Hand* kommt das Dämonisch-Bedrohliche der Geschlechterbeziehung deutlich zum Ausdruck.

Außer der Darstellung von bestimmten Figuren aus Theater und Oper dient die Frau auch als Verkörperung der Musik selbst, so zum Beispiel in Klimts *Orgelspielerin, Entwurf zu den Allegorien der »Musik«* (1885). In der Kunst des Symbolismus bzw. der Jahrhundertwende finden sich zahlreiche Werke, die das Thema

»Musik« bildlich umsetzen. Carl Schorske findet in Klimts Gemälde der *Musik* von 1898 zudem klare Hinweise auf die Beschäftigung des Malers mit der Philosophie Schopenhauers und Nietzsches.[44]

Oskar Kokoschkas Gemälde *Die Macht der Musik* (Abb. 63) wird unterschiedlich interpretiert. Ulrich Bischoff wies in seinem Vortrag bei der Oskar-Kokoschka-Tagung in Wien darauf hin, daß man – im Gegensatz dazu, wie es seine Vorrednerin in bezug auf Religion getan hatte – in der Figur der Musikantin nicht nur einen Engel sehen könne, sondern daß vielmehr durch die hinreichend belegte Beschäftigung Kokoschkas mit Ibsen auch eine Heranziehung der »Grünen«, der Trolltochter, aus *Peer Gynt*, als Anregung gelten könne.[45] Bischoff verwies dabei vor allem auf folgende Stelle:

[Dovregreis]
Da ist noch eins, worin wir von euch uns trennen:
Wir sind besser denn unser Ruf, mein Sohn. –
Doch nun ist der ernste Teil abgetan:
Gefrönt sei dem Ohren- und Augenbedarfe.
Spielerin vor! Spiel die Dovreharfe!
Tänzerin, vor! Tritt den Dovretanz an![46]

Kokoschka selbst meinte über dieses Bild:

Sowohl »Macht der Musik« als »Kraft und Schwäche« waren meine Titel, Kraft und Schwäche auf die Farben bezogen, gelb, rot, orange, heiße; blau kalte schwächende weibliche Farben. »Macht der Musik« vom Sujet abgeleitet, weil Posaunenruf, gelb auf dem Bild aufzuckt, das in seiner ungeheuren leuchtenden Farbmasse […] zu beben beginnt wie ein lebender Organismus, der in Aktion versetzt ist.[47]

Zur perfekten Erziehung eines Mädchens aus Adel oder Bürgertum gehörte neben Sticken und Zeichnen auch das leidlich gute Spielen eines Instrumentes. Fernand Khnopff hat mit dem Gemälde *En écoutant du Schumann* dieses Thema bildlich umgesetzt. Wie der Titel ausdrückt, liegt aber die Betonung auf dem Musikhören – die weibliche Gestalt in der Mitte Raumes stützt den Kopf sinnend auf ihre rechte Hand; von dem kleinen Mädchen, das offensichtlich am Piano sitzt, sind nur ein Unterarm und eine Hand zu sehen.

Die Berufsmusikerin[48], die in der Öffentlichkeit auftritt, zählt gesellschaftsmäßig zum Kreis der Schauspielerinnen, Sängerinnen und Tänzerinnen. Das *Portrait der Violonistin Irma Sèthe*[49] (Abb. 64) von Théodore van Rysselberghe zeigt die Dargestellte aber beim Musizieren in einem privaten Wohnraum: Selbstversunken scheint sie den Bogen zu führen, während im Raum daneben eine sitzende Frau – von der nur der Rock des Kleides und eine Hand sichtbar sind – der Musik lauscht.

Eine eigene Position in Theater und Oper nehmen die Hosenrollen ein. Lange Zeit hatten männliche Schauspieler und Sänger auf den Bühnen dominiert und auch die weiblichen Partien übernommen. Die Hosenrollen – eine Frau, die einen Mann darstellt – brachten eine pikante Facette in die Bühnenwerke. In Beethovens *Fidelio* verkleidet sich etwa Leonore als Mann, um ihren Gatten zu befreien; in Offenbachs *Hoffmanns Erzählungen* tritt Hoffmanns Muse, die sich erst am Ende als solche zu erkennen gibt, in Hosen auf; in *Figaros Hochzeit* von Mozart und im *Rosenkavalier* von Strauss hingegen ›ist‹ die Rolle des jungen Liebhabers stimmlich für einen Mezzosopran geschrieben. Das Duett zwischen Marschallin und Octavian beispielsweise vereint also zwei Frauen in leidenschaftlicher Umarmung.

Anmerkungen

1 Freud, *Das Unbehagen in der Kultur und andere kulturtheoretische Schriften*, a.a.O., S. 41.
2 Das Plakat war für die Tragödie *Medée* von Catull Mendès bestimmt, die 1898 im Théâtre de la Renaissance aufgeführt wurde.
3 »Während Delacroix eine furienhafte Mörderin zeigt, die die moralischen Schranken der Männergesellschaft frevelnd sprengt [...], gibt Mucha mit Hilfe der ornamentalen Abstraktion des Art Nouveau eine Femme Fatale, indem sie die Rache der ausgebeuteten, verstoßenen Frau verkörpert und zugleich die Angst vor einer matriarchalischen Herrscherin schürt, die den männlichen Nachwuchs gering achtet, ihn vernichtet.« Gross, in: Ausst.Kat. *Eva und die Zukunft*, a.a.O., S. 248.
4 Zit. nach: Wilde, *Salome*, a.a.O., S. 66.
  Weniger enthusiastisch sah Ludwig Speidel die Tragödin: »Die erste Enttäuschung, die man an Sarah Bernhardt erlebte, ist ihre äußere Erscheinung. Zwar jene an die Unsichtbarkeit streifende Schlankheit ihrer Gestalt erwies sich gleich als ein witziges Märchen, das man, als eine heitere Übertreibung der Wirklichkeit, allerdings begreifen konnte, aber die unschönen Verhältnisse ihres Wuchses und ihr schwankender Gang schienen die vielgerühmte vollendete Anmut ihres Spiels nicht begünstigen zu wollen.« Speidel, *Fanny Elßlers Fuß*, a.a.O., S. 224f.
5 »Sarah Bernhardt devient une grande amie et joue le rôle de muse auprès du peintre. Son admiration lui inspire de très belles compositions, de technique académique, mais d'inspiration symboliste.« Ausst.Kat. *Le Symbolisme et la Femme*, Petit Palais, Paris 1986, S. 60.
6 Zola beschreibt das Bild Clairins, das er im Salon 1876 sah: »Unter den Porträts muß als das gelungenste, nicht aufgrund seiner wirklichen Vorzüge, sondern aufgrund des Erfolges beim Publikum, das von Georges Clairin ausgeführte Porträt Sarah Bernhardts, ständiges Mitglied der Comédie Française, erwähnt werden. Die junge Künstlerin liegt in lässiger Pose auf einem Kanapee, und ihr Körper windet sich so schlangenhaft, daß unmöglich zu erraten ist, wo ihre Hüften, ihre Knie oder ihre Fersen sind. Ich weiß wohl, daß Sarah Bernhardt als die dünnste Frau Frankreichs gilt, doch das ist kein Grund, sie so auf einem Kanapee auszustrecken, daß ihr Morgenmantel überhaupt keinen Körper zu bedecken scheint. Denken Sie sich hinzu, daß das Kanapee rot ist, die Kissen gelb sind und ein Borsoihund auf dem Teppich liegt, und Sie haben eine Vorstellung von dem leuchtenden Fleck, den das Gemälde an der Wand bildet. Es fehlt nicht viel, und die junge Schauspielerin hätte sich zwischen der vom Maler entfachten Glut aufgelöst. Das Gesicht kam mir nicht sehr ähnlich vor, zu geschmeichelt im Sinn konventioneller Schönheit. Sarah Bernhardt ist nicht hübsch, aber sie hat feine Züge, aus denen Clairin nichts zu machen verstanden hat als ein ebenmäßiges, grobsinniges, hübsches Gesichtchen, wie ein Cabanel es malen würde.« Zola, *Schriften zur Kunst*, a.a.O., S. 172.
7 Zu Charlotte Wolter schreibt Sibylle Hamann: »Als Maria Stuart und Iphigenie gelang ihr – immerhin bereits fast 30jährig – der Durchbruch am Burgtheater. Das Wiener Publikum war hingerissen von ihrer Leidenschaftlichkeit und ihren wilden Gefühlsekstasen. Wolter markierte damit eine ›romantisch-naturalistische Revolution‹ auf der Bühne – und stellte sich damit in Gegensatz zu ihrer Rivalin Julie Rettich, die als Inbegriff deklamatorischer Klassizität galt.« Sibylle Hamann, *Spurensuche*, in: Geber – Rotter – Schneider [Hg.], *Die Frauen Wiens*, a.a.O., S. 30.
8 »Wo immer Frau Wolter auftritt, das Publikum strömt ihr zu, und so war gestern auch das Ringtheater überfüllt. Frau Wolter zählt das ›Weib aus dem Volke‹ zu ihren besten Rollen. Man kann nicht einfacher, wahrer, realistischer und doch ergreifender sein als Frau Wolter [als Marie-Anna]. Mit so geringem äußerem Aufwande so tiefe Wirkung hervorzubringen, vermag nur ein Reichtum an Empfindung, der jedes Wort, jede Bewegung durchdringt. Frau Wolter feierte einen seltenen schauspielerischen Triumph.« WIENER ABENDPOST, zit. nach: Marianne Bernhard, *Zeitenwende im Kaiserreich*. Die Wiener Ringstraße – Architektur und Gesellschaft 1858 – 1906, Regensburg 1992, S. 174.
9 Speidel, *Fanny Elßlers Fuß*, a.a.O., S. 270.
  Über das Wiener Theaterleben schrieb ein kritischer Beobachter: »Mehr als irgendwo in deutschen Landen herrscht in Wien, in der Kunst wie im Leben das Weib. [...] jetzt sitzt auf dem

Throne des Burgtheaters derjenige Dramatiker der Wiener Schule, der fast ausschließlich Weiberstücke schreibt.« Elisabeth Mattes, Wien und »ihr« Schauspielerinnenkult im 18. und 19. Jahrhundert, in: Geber – Rotter – Schneider [Hg.], *Die Frauen Wiens*, a.a.O., S. 65f.

10 Vgl. zu Makart und Brozík: Ausst.Kat. *Hans Makart und der Historismus in Budapest, Prag und Wien*, Schloß Halbturn, Eisenstadt 1986, [o.S.].

11 Franz von Suppé (1819–1895), Johann Strauß Sohn (1825–1899) und Carl Millöcker (1842–1899).
Die Schuld am Abstieg der Operette lag nicht an den »Komponisten, […] vielmehr dürfte eine Hauptursache dafür darin zu finden sein, daß die Libretti der herrlichen Musik einfach nicht ebenbürtig waren, daß die Handlung oft nur im sprichwörtlichen ›Operetten-Unsinn‹ bestand«, schreibt Wilhelm Deutschmann. In: Ausst.Kat. *Bitter süßes Wien*, a.a.O., S. 14.
Alma Mahler-Werfel berichtet: »Gestern waren wir beide im Prater, in einer dummen Operette. Diese brachte uns in ein langes Gespräch über die Zukunft der Operette. Franz Werfel meinte: ›In dieser banalen Kunstform spiegelt sich das alte Österreich, mit all seinem Rhythmus, seinem Witz, ja mehr als das […] die ganze alte Opernform hat sich nur mehr hier rein erhalten können und hat auf diese Weise Fortdauer im Volk. Vielleicht gibt es von da aus wieder eine Art Auferstehung der Oper.‹« Ebda., S. 16.

12 »Mit Carl Zellers ›Vogelhändler‹ (1891), Richard Heubergers ›Opernball‹ (1898) und Carl Michael Ziehrers ›Landstreichern‹ (1899) kündigte sich die Ära der ›Silbernen Operette‹ an, die dann in Welterfolgen wie Franz Lehárs ›Lustiger Witwe‹ (1905) und Emmerich Kálmáns ›Czárdásfürstin‹ (1915) ihrem Höhepunkt zustrebte.« Schaumberger [Hg.], *Die Jahrhundertwende*, a.a.O., S. 9.

13 »Das Großbürgertum in Frack und Abendrobe beherrschte die Szene, die Aristokratie verbarg sich hinter Masken und Pseudonymen, und das Militär paradierte im ›Zauber der Montur‹. Doch schon die Geistlichkeit war nur mehr am Rande […] präsent. Die Landbevölkerung durfte da nur als fidele Bauern, Försterchristeln oder Vogelhändler auftreten. Das gemeine Volk wurde durch pittoreske Vagabunden oder Zigeuner repräsentiert. Und die Arbeiterschaft oder das Kleinbürgertum blieb gänzlich aus dem Spiel. Ihre Sprache, ihre Musik waren dem Traumreich der Operette zu profan. In Wahrheit fehlte den Librettisten aber die Kraft zur Verwandlung auch dieser Wirklichkeit in Poesie.« Bletschacher, *Apollons Vermächtnis*, a.a.O., S. 365.

14 Hitter, *Die Musikerin in Oper und Operette um 1900*, a.a.O., S. 71.

15 Zit. nach: Ebda., S. 71.

16 Schaumberger [Hg.], *Die Jahrhundertwende*, a.a.O., S. 9.
1918 wurde Richard Strauss Direktor der Wiener Oper.

17 Hugo von Hofmannsthal, *Ariadne auf Naxos*. Oper in einem Aufzug nebst einem Vorpiel. Neue Bearbeitung. Musik von Richard Strauss, opus 60, Mainz: B. Schott's Söhne, [o.J.], S. 31.

18 »[…] rettet Ariadne, von Liebe getrieben, den attischen Sonnenheld Theseus und folgt ihm nach. Aber auf Athenas Geheiß überläßt sie dieser dem großen Gott der männlichen Wasser- und Sonnenkraft, Dionysos, dessen mehr stofflich gedachter Natur das aphroditische Muttertum besser entspricht. In beiden Verbindungen, in jener mit Theseus, in dieser mit Dionysos, erscheint Aphrodite-Ariadne als Darstellung des dem Manne willig folgenden und dem Glanze seiner höhern Natur freiwillig sich unterwerfenden Weibes, mithin als die Negation des Amazonentums.« Bachofen, *Das Mutterrecht*, a.a.O., S. 228.

19 Es ist dabei unwichtig, ob es sich – wie im Falle Ariadnes – um einen ›echten‹ Gott handelt, oder – wie im Leben Zerbinettas – um ›gewöhnliche‹ Sterbliche; die Zuneigung der Frau läßt den Geliebten als Gott erscheinen.

20 Hofmannsthal, *Ariadne auf Naxos*, a.a.O., S. 72.

21 Zit. nach: Ausst.Kat. *Die Nibelungen*. Bilder von Liebe, Verrat und Untergang. Hg. Wolfgang Storch, Haus der Kunst, München 1987, S. 59.
»Die Sage kennt auch eine Reihe von außerirdischen Wesen, die ihre Unsterblichkeit aufgeben, um das Glück der Sterblichen, die Liebe, zu erfahren. Sie wurden von den frühen romantischen

Dichtern und Musikern in den Undine- und Melusine-Gestalten dargestellt. Die Hauptfiguren von Wagners Jugendoper *Die Feen*, Ada, und von seinem *Ring des Nibelungen*, Brünnhilde, sind deren Schwestern. Aufschlußreich mag es sein, daß es stets Frauen sind, die dieses Opfer der Selbstentäußerung wagen, dem sich die göttlichen Herrn entziehen.« Bletschacher, *Apollons Vermächtnis*, a.a.O., S. 285.

22 Vgl. Anhang XXXIX.

23 Franz Blei schreibt über den *Romantischen Eros bei Richard Wagner*: »In die romantische, schon nur mehr als Theater denkbare Dekoration, wie keine andere für die überredendste schöne Lüge geschaffen, welche die Oper ist, stellte Wagner mit ungeheurem orchestralen Nachdruck die romaneske Realität jenes erotischen Konfliktes, der bis zur philosophischen Formulierung durch Schopenhauer das ganze neunzehnte Jahrhundert hindurch latent ist, vom Beginn des zwanzigsten ab schwindet und heute als historisch empfunden wird wie der ganze romantisch-romaneske Komplex, der sich aus den Antinomien Gefühl – Denken, Wissen – Glauben, Traum – Wirklichkeit, Sehnsucht – Erfüllung konstituiert und sich psychologisch in jener Wertverschiebung äußert, die sich und einer vorgestellten Welt den Wert schlechthin gibt und der gegebenen Welt den Unwert. Die Fixierung auf ein persönliches Glück der sich in nichts mehr einordnenden, nur seinen Gefühlen leben wollenden Person ist so stark, daß sie für dieses Glück selbst das Leben opfert und den Tod auf sich nimmt, wie Tristan und Isolde den Liebestod, also im supremsten Genuß seiner selbst. Die Hysterisierung des in der zuwartenden Passivität und zur Bereitschaft für den Unbekannten erzogenen Mädchens, weckte Perspektiven zu einer Brautschaft in der Welt, die aus dem der irdischen Tatsächlichkeit sich entringenden Mann etwas machten, das man wie den Fliegenden Holländer erlösen mußte oder der einen selber aus aller garstigen Not dieses täglichen Lebens erlösen würde und nahen müßte, von einem Schwan gezogen aus dem Lande der Märchen.« Franz Blei, *Formen der Liebe*. Mit 20 ganzseitigen Abbildungen, Marbach/Neckar 1956, S. 287f.

24 Zit. nach: Martin Gregor-Dellin – Michael von Soden [Hg.], *Hermes Handlexikon*, Richard Wagner – Leben, Werk, Wirkung, Düsseldorf 1983, S. 100.
»Isolde was to become the ideal of all adulterous and artistic women of the fin de siècle.« Jullian, *Dreamers of Decadence*, a.a.O., S. 64.

25 Horst Althaus, *Richard Wagner*, Genie und Ärgernis, Bergisch Gladbach 1982, S. 360.

26 [o.Hg.], *Kulturbibliothek der klassischen Musik- und Theaterstücke*, a.a.O., S. 305.

27 Ebda.

28 Hofmannsthal, zit. nach: Wunberg [Hg.], *Die Wiener Moderne*, a.a.O., S. 474.

29 Silke Leopold, in: Catherine Clément, *Die Frau in der Oper*. Besiegt, verraten und verkauft. Aus dem Französischen von Annette Holoch. Mit einem Vorwort von Silke Leopold, Stuttgart 1992, S. 9.

30 Ebda.

31 Erwin Panofsky hat in seinem Aufsatz *Zum Problem der Beschreibung und Inhaltsdeutung von Werken der bildenden Kunst* [1932/1964] auf Unterschiede und Parallelen in der Judith- bzw. Salome-Darstellung hingewiesen. Siehe Ekkehard Kaemmerling (Hg.), *Ikonographie und Ikonologie*. Theorien – Entwicklung – Probleme. Bildende Kunst als Zeichensystem. Band 1. 5. Aufl., Köln 1991, S. 185–206.

32 Ludwig Speidel beschreibt voller Begeisterung Fanny Elßlers Fuß: »Eine weibliche Fußbekleidung ist und bedeutet viel; sie ist eine geschäftige Weckerin mannigfaltigster Gefühle […]. Es hat in Wien, wo schöne Frauenfüße gedeihen, wohl nie einen mehr bewunderten, höher gepriesenen und volkstümlicheren Fuß gegeben, als den Fuß Fanny Elßlers.« Speidel, *Fanny Elßlers Fuß*, a.a.O., S. 15.

33 Kokoschka äußerte über Wiesenthals Tanzstil: »Die Wiesenthal hat in jedem Tanz fünf-sechs Momente, die ich immer fast mit dem ganzen Körper erwartet habe, ich glaube, sie soll sich von dem bewußten Ausdrückenwollen des Stofflichen enthalten – es wird dann so wie die Strauß-Programmmusik – und immer mehr diese Tanzornamente suchen wie im weißen Beethoven das dumpfe Schleichen, was mir wie von einem stummen Tier vorkommt, oder das Auseinanderfal-

ten der Glieder wie im Donauwalzer, das der Finger oder das Zittern der Schenkel, wenn sie horcht, oder im Beethoven der furchtbare Verdruß mit dem gebogenen Körper, das Dämpfen eines Tones mit tiefer Hand usw. Diese Stellen wirken auf mich mit einer dunklen Wärme, die von der furchtbaren Reaktionsfähigkeit meiner Empfindlichkeit kommt. Ich habe meine ganze Innigkeit immer nur auf solche Dinge richten dürfen, die nicht antworten konnten und mein Gleichgewicht wieder hergestellt hätten.« Zit. nach: Patrick Werkner, *Physis und Psyche*. Der Österreichische Frühexpressionismus, Wien–München 1986, S. 94ff.

34 »[…] in den Gesten des Schwebens, des Fliegens, des Schwingens und in den stets wiederkehrenden Begleitformen von Welle, Woge oder wogendem Haar, dessen kreisender Duktus nie ein Ende findet, sondern immer an den Anfang zurückkehrt, und neu beginnt«, drückt sich die dionysische Entäußerung aus. Hofstätter, Die Bildwelt der symbolistischen Malerei, in: Ausst.Kat. *Symbolismus in Europa*, a.a.O., S. 15.

35 Hevesi, *Altkunst – Neukunst*, a.a.O., S. 279.
Vgl. Anhang XL.

36 Hevesi, *Altkunst – Neukunst*, a.a.O., S. 281.
»Die Mimik der interessanten Dame ist zweckmäßig auf den ganzen Körper verteilt. Man könnte sagen, ein Bauchtanz, an dem auch die Arme und Beine teilnehmen. Anfangs überwiegt das Spiel der Arme, die sich gleich weißen Schlangen in unnatürlichen Windungen ergehen. Am Schlusse kommen die Beine zu Worte und sprechen sich mit großer Unumwundenheit in heftigen Tanzpas aus. Auch der Rumpf bleibt nicht untätig, sondern markiert mit allen zulässigen Mitteln die Leidenschaft, welche der Tanz Salomes ausdrücken soll. Freilich fehlt es der schönen Miß Allan doch, wie ja allen diesen Tänzerinnen des letzten Tages, die wir gesehen, an dem richtigen heißen Blutstropfen. Die Saharet hat eher jenen Teufel im Leibe, von dem Salome besessen war. Diese englisch-amerikanischen Apostelchen des Naturtanzes, die Duncan voran, haben nun einmal nicht die Art von hinreißender Animalität, die den Zuschauer mit der Illusion eines Rausches anzustecken vermöchte.« Ebda, S. 282f.

37 Ebda., S. 282.

38 Ebda., S. 283f.
Vgl. Anhang XLI.

39 Zit. nach: Christian M. Nebehay, *Egon Schiele*. Leben und Werk. 196 Abbildungen, davon 32 ganzseitige Farbtafeln, Salzburg–Wien 1980, S. 77.

40 Vgl. Werkner, *Physis und Psyche*, a.a.O., S. 199.

41 »Jan Meyerowitz vermutet, daß Schönbergs Drama mit Musik *Die glückliche Hand*, dieses Erlebnis wiederspiegelt.« Cornelia Ellersdorfer, *Das »verkannte Genie« Richard Gerstl. Analyse seiner Sonderstellung im österreichischen Frühexpressionismus anhand seiner bekannteren Portraits.* Phil. Dipl., Graz 1991, S. 94.

42 Ebda., S. 198.

43 Ebda., S. 199.

44 Siehe Carl E. Schorske, *Wien. Geist und Gesellschaft im Fin de Siècle*. Aus dem Amerikanischen von Horst Günther, München 1994, S. 209.
»Musik erscheint hier als tragische Muse mit der Macht, verborgene Triebe und geheimnisvolle kosmische Gestalten in Harmonie zu verwandeln. Die Symbole sind jene, die Nietzsche in der *Geburt der Tragödie aus dem Geiste der Musik* verwendet hatte.« Ebda., S. 209f.
Die Kostüme der um Schubert gruppierten Frauen sind keine Erfindung Klimts, sondern Teile der Garderobe Serena Lederers, die sie ihm als Vorlage für dieses Gemälde zur Verfügung stellte. Vgl. Nebehay, *Gustav Klimt*, a.a.O., S. 176.

45 Symposion: Kokoschka und der frühe Expressionismus, 19. – 21. Februar 1977, Wien.

46 Ibsen, *Peer Gynt*, a.a.O., S. 40.

47 Zit. nach: Schröder – Winkler [Hg.], *Oskar Kokoschka*, a.a.O., Tafel 36.

48 Damenorchester erfreuten sich im Wien der Jahrhundertwende großer Beliebtheit.

49 »Fille de Gérard et Louise Sèthe, Irma, née en 1876, montra de grands dons pour le violin; entrée à onze ans au Conservatoire de Bruxelles, […] elle poursuivit une carrière internationale.« Ausst.Kat. *Paris – Bruxelles. Bruxelles – Paris*, a.a.O., S. 285.

Abb. 58 Hans MAKART, *Charlotte Wolter als »Messalina«*, 1875

Abb. 59 Václav BROZIK, *Julia Samberk in der Rolle der »Messalina«*, 1876

Abb. 60 Carl von STUR, *Der Coloraturkampf*, 1886

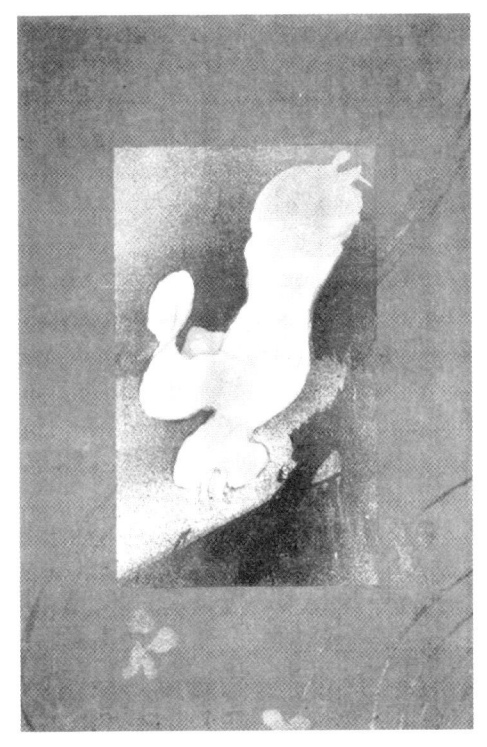

Abb. 61 Henri-Marie-Raymond de TOULOUSE-LAUTREC, *Die Tänzerin Loïe Fuller*, 1893

Abb. 62 [Anon.], *Grete Wiesenthal in einer Aufführung des »Donauwalzers«*

Abb. 63 Oskar KOKOSCHKA, *Die Macht der Musik*, 1920

Abb. 64 Théodore van RYSSELBERGHE, *Portrait de la violoniste Irma Sèthe*, 1894

9. Das Bild der Frau – zwischen Historismus und Moderne

> *Der Mangel an Definitivem im Zentrum der Seele treibt dazu, in immer neuen Anregungen, Sensationen, äußeren Aktivitäten eine momentane Befriedigung zu suchen; so verstrickt uns dieser erst seinerseits in die wirre Halt- und Ratlosigkeit, die sich bald als Tumult der Großstadt, bald als Reisemanie, bald als die wilde Jagd der Konkurrenz, bald als die spezifisch moderne Treulosigkeit auf den Gebieten des Geschmacks, der Stile, der Gesinnungen, der Beziehungen offenbart.*
> Georg Simmel[1]

Ende des 19. Jahrhunderts war Wien durch die neuen Bauten der Gründerzeit und die enorme Zuwanderung von Landbevölkerung aus nahezu allen Teilen der Österreichisch-Ungarischen Monarchie zu einer wirklichen Großstadt angewachsen.

Die neunziger Jahre: die Jahrhundertwende; das erste Jahrzehnt des neuen, unbekannten Jahrhunderts! [...] Im Genuß des Reichtums, der in die Stadt aus den Industrien der Monarchie strömte, der märchenhaften Errungenschaften der Zivilisation und Technik, der Blüte der Kultur, mußten die Menschen die Zeit als eine wahrhaft goldene empfinden.[2]

Das Bürgertum war darum bemüht – einerseits durch die Errichtung von neuen, imposanten Bauwerken, andererseits durch die Förderung von Künstlern –, in die Fußstapfen des Adels zu treten.[3]

Wien war die einzige Stadt der Welt, in der Künstler und Intellektuelle nicht gegen die bürgerliche Elite revoltierten. Im Gegenteil, lange Zeit blieben sie vollkommen integriert. Innerhalb des Bürgertums bildeten sie eine eigene Schicht, in der man einander kannte und einhellig dem ›l'art pour l'art‹ huldigte,[4]

beschreibt Giroud die Situation im Wien um 1900.

Hermann Bahr, der 1889 in Paris die Weltausstellung besuchte, erlebte die Moderne in der direkten Auseinandersetzung mit den Werken der französischen Kunst.[5] Er definierte sie als »eine schöpferische Haltung, die von Modernität, einer Bereitschaft zur ständigen Erneuerung sowie von psychologischer Empfindsamkeit und Offenheit gekennzeichnet war«.[6] Bahrs Bedeutung für die österreichische Moderne besteht darin, daß er als Vermittler dieser neuen Ideen diente:

Die Moderne ist alles seit dem Zusammenbruche des Individualismus: alles, was da nicht ist, sondern wird. Dieses namenlose Wünschen, das Ringen nach einer Weltanschauung und einer Kunst. Die moderne französische Malerei zeigt seit ihrer Geburt, die im 18. Jahrhundert [wie alle{!] Moderne] ist, drei große Richtungen: die Richtung auf die raffinierte Lyrik, die Richtung auf den kritischen Naturalismus, und die Richtung auf das Repräsentative.[7]

Bahrs Begeisterung für die französische Kultur – sowohl Literatur als auch Malerei[8] – führte zu deren Bekanntwerden im deutschen Sprachraum, wo sie begann, Einfluß auf die Kunstproduktion zu nehmen. Bahr verfolgte die Kunstentwicklung in Österreich mit Interesse, und als die Empörung über die Fakultätsbilder Klimts zu eskalieren begann, nahm er zur aktuellen Situation der Künste in Österreich Stellung:

Ich habe die Meinung, daß, wer zu solchen Attentaten auf die Kunst schweigt, sich zum Mitschuldigen macht. Ich habe die Meinung, daß der Mob der Mediocren niemals bei uns so verrucht geworden wäre, wenn die Gebildeten nicht so feige wären. Ich habe die Meinung, daß, wenn es die Freiheit der Kunst und den Schutz der Künstler gilt, jeder einzelne Mann die Pflicht hat, aufzustehen und sich zu melden.[9]

Auch Franz Blei trug mit seinen Literaturübersetzungen wesentlich zum Einfluß englischsprachiger[10] und französischer Werke auf die österreichischen Künstler bei. Es waren u.a. Texte von Oscar Wilde, George Meredith, Aubrey Beardsley, Gilbert Keith Chesterton, Walt Whitman, Nathaniel Hawthorne, Henry Louis Mencken sowie von André Gide, Paul Claudel, Maurice Barrès, André Suarès, Jules Laforgue und Émile Zola,[11] die durch die Bemühungen Bleis dem deutschsprachigen Publikum zugänglich wurden.[12]

Ebenso wie Blei wirkte Berta Zuckerkandl vermittelnd zwischen dem österreichischen und dem französischen Kulturraum; durch die Verheiratung ihrer Schwester Sophie nach Paris kam sie in Kontakt mit Künstlern wie Auguste Rodin oder Eugène Carrière, der ihr Portrait malte. In ihrem Wiener Haus trafen sich bald bildende Künstler und Literaten, um über die ›neue‹ Kunst zu diskutieren. Ihr Engagement stieß aber nicht nur auf Gegenliebe; Karl Kraus beispielsweise bezeichnete sie als »Hebamme der Kultur«[13].

Bahr ist vor allen Dingen als Wegbereiter der Moderne von Bedeutung.[14] Aber auch sein Frauenbild und seine erotischen Visionen, die in den Theaterstücken, aber vor allem in seinen Tagebüchern zutage treten, haben unzweifelhaft auf die Künstler der Wiener Moderne eingewirkt.

Und er dachte zurück an die ganze Liebe, an ihren furchtbaren Verlauf. Wie sie heimlich herangeschlichen war, tückisch, lauernd, und er hatte sie nicht gemerkt, sondern hielt es für Vergnügen, Zeitvertreib. Wie sie ihm dann das erste Mal erschien, herrlich, strahlend, heiliges, und füllte ihn mit Andacht, mit süßen, orgelhaften Schauern. Dann richtete es sich auf, zur Feindsch(a)ft, unterwarf ihn, knechtete ihn, war unersättlich, Furie, Hyäne, schlürfte ihn aus. Sie verwandelte ihr Gesicht, ward bleich, bleiern, blau unterlaufen. Zuletzt war es nur mehr das Fleisch, die Empör(un)g des Niedrigen in ihm, alles Gemeine und Elende, welches die modrigen Säfte in ihm aus rohen Kanälen sammelten, eine Leidenschaft, Schmerz und Lust, aber groß und entschieden, die in das Spinnengewebe wie ein Föhn gefahren wären, das ihm das Herz besudelte. Sein Gehirn stotterte und fand kein Wort.[15]

Ähnlich argumentiert er auch an anderer Stelle:

Die Furcht vor der Liebe! Wer die Liebe wirklich erprobt und ausgekostet hat, weiß, daß das Ende immer entsetzlich ist. Nur die nach Erfüllung zitternde Begierde ist Wonne – die erfüllte Begierde ist Ekel, Abscheu vor sich selbst. Haß gegen die Geliebte. Es ist also das höchste Raffinement, den so heiß begehrten Moment der Befriedigung selbst immer wieder zu vereiteln und so die Liebe zu verewigen – das Ideal wäre die Liebe zu einer verheirateten Frau, deren Mann regelmäßig ins Zimmer tritt in dem Moment, da man ins Bett steigen will.[16]

Bahrs Romanentwurf *Märtyrer der Liebe*, eine »psychologische Novelle«, von 1889, im *Skizzenbuch 13*, schildert die Beziehung zu einer jungen Witwe mit Kind, die nach verschiedenen Stadien von »Liebe« mit Sadismus und Mord endet.

Der Mutter aber wich er vorsichtig aus und entwischte zur rechten Zeit, aus dem unüberwindlichen Mißtrauen, mit dem er allen Frauen begegnete, seit er sie kannte: Denn entweder wollen sie, daß man ihnen ein Hotel kauft, oder wenigstens den Trauring. […] Er hatte eine heillose Angst vor den Frauen, einen wahren Verfolgungswahn. Er verteidigte oft die Überzeug(un)g, daß keine Frau jemals einen Mann vorüberließe, welcher er auch sei, ohne den Versuch ihn für die Liebe einzufangen, vor welcher er einen Heidenrespekt hatte, wie ein gebranntes Kind vor dem Feuer. […] Wenn er nur gewußt hätte, ob sie seinen Freunden gefallen würde, jenem übermütigen Haufen boshafter Spötter, mit denen er seinen Absynth nahm. Ob sie keinen Geist hatte, ihm selber war das zuletzt sehr gleichgültig. Aber wenn ihre Schönheit darunter litt und dann verkrüppelt und verbogen würde – das fürchtete er.[17]

Seine Abhandlung über die sexuelle Verfügbarkeit der Frau entwirft das Bild eines stets bereiten Körpers, eines im Grunde geistlosen Wesens, das selbst schuld daran ist, daß der Mann aufhört, »es zu verehren«, »mit ihm zu plaudern« und »es geistig zu begleiten«.[18]

Das Interesse der modernen Frau an ihrer eigenen Sexualität und der Wunsch, diese auszuleben, führte zur Verunsicherung des Mannes, der sich aus seiner Rolle des alleinigen Initiators zur geschlechtlichen Vereinigung verdrängt sah. Wie einseitig Bahrs ›männliche‹ Vorstellung war, zeigt etwa ein Ausspruch der Ehefrau eines Züricher Pfarrers zu Beginn des 20. Jahrhunderts: »Das Geschlechtliche wäre mir ganz gleichgültig; nur ärgert es mich, daß man nicht gleichzeitig Strümpfe dabei stricken kann.«[19] Dem Desinteresse dieser Frau an ihrer Sexualität steht ein eklatanter Mangel an Aufklärung gegenüber, der in einer Formulierung der Schauspielerin Tilla Durieux deutlich wird: »Daß jede sexuelle Frage verpönt war, versteht sich von selbst. Der Storch oder der Engel, je nach Wahl, brachte die Kinder, so lange, bis man sich in der Ehe überzeugen konnte, daß dem nicht so ist.«[20]

Charles Baudelaire, wie Hermann Bahr Schriftsteller, wie dieser kunstinteressiert und wie dieser wesentlich an der Entstehung von Frauenbildern in Literatur und Kunst beteiligt, schreibt im *Maler des modernen Lebens*:

[…] la femme, en un mot, n'est pas seulement pour l'artiste en général, et pour M. G. en particulier, la femelle de l'homme. C'est plutôt une divinité, un astre, qui préside à toutes les conceptions du cerveau mâle; c'est un miroitement de toutes les grâces de la nature condensées dans un seul être; c'est l'objet de l'admiration et de la curiosité la plus vive que le tableau de la vie puisse offrir au contemplateur. C'est une espèce d'idole, stupide peut-être, mais éblouissante, enchanteresse, qui tient les destinées et les volontés suspendues à ses regards.[21]

Baudelaire charakterisiert die Frau auch als Gegenstück zum Dandy, wenn er schreibt: »La femme est le contraire du dandy. Donc elle doit faire horreur. […] La femme est naturelle, c'est-à-dire abominable. Aussi est-elle toujours vulgaire, c'est-à-dire le contraire du dandy.«[22]

Während Männer wie Bahr und Baudelaire die Frau in ihren zahlreichen Schriften idealisierten oder verdammten, war die Realität der bürgerlich-»anständigen« Frau eine völlig andere.

Diese pflegte […] weit eher einen vornehmen, diskret geäußerten Widerwillen gegen die sexuellen Belästigungen ihres Mannes, und war meist froh, wenn sie den oft brutalen, auf einseitigen männlichen Lustgewinn zielenden ehelichen Pflichtübungen entkommen konnte. Wofür die Gesellschaft im allgemeinen durchaus Verständnis aufbrachte, bewies sie doch damit das gewünschte weibliche Schamgefühl.[23]

So erscheint es – aus gutbürgerlicher Sicht der Jahrhundertwende – völlig verständlich, daß die meisten Besucher der 14. Wiener Sezessionsausstellung völlig entsetzt vor den Darstellungen von *Wollust, Unkeuschheit und Unmäßigkeit*, einem Teil von Klimts Beethovenfries, standen. Robert Hirschfeld fühlte sich sogar dazu berufen, die Psychiatrie für dieses Kunstwerk zu bemühen, wenn er meinte, daß Klimt eine Kunst produziere, »der nur drei Leute, ein Arzt und zwei Wärter gerecht werden könnten. Klimts Fresken paßten für einen Krafft-Ebing-Tempel.«[24] Was ihn daran besonders irritierte, wird aus dem folgenden Satz deutlich: »Die Darstellungen der Unkeuschheit an der Stirnwand des Saales gehören zu dem äußersten, was je auf dem Gebiete obscöner Kunst geleistet wurde.«[25]

Während jedoch auf dem Gebiet der Kunst die Moderne unaufhaltsam in die traditionelle Geisteshaltung der Wiener einzusickern begann, war das Leben der meisten Damen der Gesellschaft nach wie vor von den Ge- und Verboten von Vätern und Ehemännern geprägt.

Die Frauen des oberen Bürgertums, die damals noch ohne Sport leben, erscheinen wie üppige Blumen, die schon um die Dreißig herum füllig werden und sich weniger lange erhalten als manche andere [...]. Wie sie auf dem Korso auf und ab wogen, tragen sie das sogenannte englische Kostüm, das von Wien aus die Damenwelt eroberte und hier auch immer am vorzüglichsten geschneidert wird, also gut und echt wienerisch ist. Daneben sieht man kostbare Pelzboas, mehrmals um den Hals geschlungen, riesige Hüte mit wippenden Pleureusen, anmutig geraffte lange Röcke. Die weibliche Inszenierung ist prächtig; doch wird sie mit Diskretion gehandhabt. Hinter all diesen Damen steht die gute Kinderstube oder ein erstklassiges Pensionat, mit nachfolgendem Finish der Erziehung im Ballsaal und Salon unter den kritischen Augen der Mama.[26]

Was Leitich nicht ohne Ironie beschreibt, ist die Welt der Wiener Frauen des gehobenen Bürgertums. Diese wurde noch immer von den finanziell nutzbringend arrangierten Ehen und dem alleinigen Daseinszweck der Frau als Ehefrau und Mutter bestimmt.[27] Wedekind kritisiert die bürgerliche Ehe als Form des Zusammenlebens in seinem *Totentanz*:

Zeit meines Lebens liebte ich Tigerinnen. Bei Hündinnen war ich immer ein Stück Holz. Mein Trost ist nur der, daß die Ehe, die sie so begeistert preisen und für die Hündinnen gezüchtet werden, eine Kultureinrichtung ist. Kultureinrichtungen entstehen, um überwunden zu werden. Die Menschheit wird die Ehe so gut überwinden, wie sie die Sklaverei überwunden hat.[28]

Gustav Mahlers Brief an Alma vom Dezember 1901 macht deutlich, was er von Alma, der begabten Musikerin, als Ehefrau erwartet:[29] Es ist die freiwillige Aufgabe aller künstlerischen Ambitionen und die Bereitschaft, ständig für ihn und seine Wünsche da zu sein. In dem Richard Strauss gewidmeten Lustspiel *Das Konzert* (1909) läßt Hermann Bahr seine Protagonistin Marie, Ehefrau des Musikers, sagen:

Und eigentlich ist das ja etwas sehr Schönes für eine Frau, so das eigene Leben ganz aufzugeben und dem geliebten Mann als Opfer darzubringen, nur noch ihm zu gehören, selbst gar nichts mehr zu sein, vielleicht ist es das Schönste, was eine Frau überhaupt erleben kann. Aber ein bißchen schwer wird's Ihnen anfangs manchmal schon werden, denn es gehört einige Geduld dazu, Geduld und gute Nerven! Aber man gewöhnt es ja und es ist eben das Los der Frau!

Obwohl die Antiquiertheit dieser Position gesehen wird – »Darüber denkt man heute doch eigentlich anders«, sagt Delfine, die junge Geliebte –, sieht die Realität, mit der eine Ehefrau um 1900 konfrontiert wurde, doch wesentlich anders aus. Das »Recht auf eine gewisse Freiheit«, wie es Delfine einfordert, bleibt eine Wunschvorstellung. Fazit der frustrierten Ehefrau: »Das werden Sie schon noch sehen, wenn Sie erst verheiratet sind.«[30]

Selbst Kaiserin Elisabeth sah in der Ehe nicht die Erfüllung ihrer Lebensträume: »Die Ehe ist eine widersinnige Einrichtung. Als 15jähriges Kind wird man verkauft und tut einen Schwur, den man nicht versteht und dann 30 Jahre oder länger bereut und nicht lösen kann,«[31] meinte sie später über die Zeit in Ischl, die zu ihrer Hochzeit mit Kaiser Franz Joseph führte.[32] Elisabeth, die während ihrer Zeit als österreichische Kaiserin durch ihre individuelle Lebensführung, die keinerlei Rücksicht auf ihre Pflichten am Wiener Hof nahm, nicht unumstritten war, wurde durch ihren gewaltsamen Tod am 10. September 1898 in Genf zu einem Mythos.[33] Robert Waissenberger meint, sie sei »eine jener fernen Gestalten, die gleichsam symbolhaften Charakter für die Mentalität der Zeit haben«[34], und weiter:

Die Kaiserin, eine exaltierte, nervöse, jeder Verantwortung aus dem Weg gehende Frau, war nicht zuletzt gerade infolge ihrer Weltscheu, ihres In-die-Ferne-Gerücktseins ein Symbol für all das, was sich letzten Endes auch im Wollen der Jugendstilkünstler ausdrückte.[35]

Das Gemälde *Die Einsamkeit* von Fernand Khnopff kann, wie Jullian meint, mit Elisabeth von Österreich, der »Kaiserin der Einsamkeit«, die der Maler sehr bewundert haben soll, in Verbindung gebracht werden.[36] Felix Salten schrieb, beeindruckt von Elisabeth:

Und wunderbar, wie feines Ahnen in den Instinkten der Menge liegt, daß man aus so fernen Fernen die Kaiserin verstand, daß man ihr Suchen nach Schönheit und Ruhe begriff, daß man banalere Vorstellungen vom Walten einer Kaiserin still beiseite legte und mit ahnungsvoller Ehrfurcht eine Menschlichkeit bewunderte, die über den höchsten irdischen Rang hinaus höheren Graden noch sehnsüchtig entgegenstrebte.[37]

Die Probleme, die einem Mann bei der Auswahl seiner Braut und später im Ehestand Mühe bereiten können, animierten Prévost zum Buch *Ratschläge für Junggesellen und Verlobte*, worin er einem heiratswilligen jungen Mann Ratschläge für die geplante Heirat zukommen läßt. Die besondere Raffinesse besteht darin, daß alle den bürgerlich-patriarchalen Anforderungen entgegenkommenden Empfehlungen von einer Frau ausgesprochen werden.

Vielleicht haben Sie sich, seit Sie ernstlich ans Heiraten denken, die jungen Mädchen auch genauer angesehen. Sie haben versucht, sie zu beobachten, sich mit ihnen zu unterhalten, und – Sie sind baff. Die kleinen Gänse sind Ihnen komplizierter vorgekommen als die leichtfertigen Mädchen und die berufsmäßigen Ehebrecherinnen. Sie haben sie in krassem Gegensatz gefunden zu dem klassischen Typus des jungen Mädchens, der allgemein in der Gesellschaft anerkannt wird und auf dem sich die Ehe aufbaut. Statt des sanften, ergebenen Geschöpfs, das Sie für Ihre Ruhe brauchten, fanden Sie eine kluge Sphinx mit scharfen Krallen, die sich gegen Sie zur Wehr setzte. [...] Mein lieber Emile, Ihr Erstaunen ist nur zu begreiflich. Seit einiger Zeit, vielleicht seit zehn Jahren, hat sich das junge Mädchen von Grund auf verwandelt, wenigstens das Ihres Kreises.[38]

Das Ideal der Jungfräulichkeit, die die Voraussetzung für eine standesgemäße Verheiratung war und bis zur Eheschließung unbedingt erhalten bleiben sollte, beherrschte das Leben eines jungen bürgerlichen Mädchens auch im Wien der Jahrhundertwende.[39] Karl Kraus schrieb: »Das Virginitätsideal ist aus den Wünschen jener geboren, die entjungfern wollen.«[40]

Wilhelm Gauses Bild *Der Hofball* (Abb. 65) zeigt eine Szene von dem wichtigen Wiener Gesellschaftsereignis. Die prächtigen Toiletten der Damen, die bunten Uniformen der Herren, das vornehme Ambiente und allem voran das Erscheinen des Kaisers, vor dem die Damen in den obligaten Hofknicks versinken, geben ein schillerndes Bild der vornehmen Wiener Gesellschaft wieder.[41]

Neben der ›gesittet‹[42] lebenden Frau gab es in der Stadt auch Prostituierte,[43] deren Anzahl durch die Neuzuwanderung von Landmädchen, die keine Arbeit fanden oder deren Lohn so gering war, daß er nicht für ihr Auskommen reichte, ständig wuchs.

Daß die Prostitution blühte wie kaum je zuvor, zeigt die Kehrseite jener bürgerlichen Wohlanständigkeit, die, wenngleich sorgsam verleugnet, doch nicht verborgen bleiben konnte: die Welt der sogenannten ›leichten Mädchen‹, der Kokotte, des Lasters, der Perversion, die heiße, wilde, verderbte Welt der Vergnügungsetablissements, wie etwa Toulouse-Lautrec sie so lebendig dargestellt hat. [...] Es ist interessant [...] welche unglaubliche Wirkung ein nacktes oder auch bestrumpftes Bein einer Can-Can-Tänzerin beim männlichen Publikum hervorrufen konnte. Ein Jounalist namens Rodriguez beschreibt anschaulich die Erregung der männlichen Gäste, wenn die berühmte Tänzerin und Schauspielerin La Goulue in einem der Pariser Nachtlokale auftrat.[44]

Dieselbe Erregung schildert auch Hermann Bahr beim Anblick einer nackten Frauenachsel:

Wunderschönes schwarzes Haar, tiefsündige schwarze Augen mit einem köstlich verlotterten Blick; und das rosige Fleisch mit einer weißen Robe bedeckt. Wenn sie nur mit einer leichten Bewegung den Arm hob, dann sah man zwischen diesem blendenden Weiß und diesem sanften, wie eine betäubende Melodie lockenden Rosa einen tiefschwarzen Flaum in den Höhlen der Achsel – und es war, als ob von da eine brennende Höllenglut ausginge, die den ganzen Saal verzehrte. Ich werde das Zusammenspiel dieser drei Farben nie vergessen.[45]

Schnitzler, dem als Arzt die Risiken einer Geschlechtskrankheit, mit der man sich bei einer Prostituierten infizieren konnte, natürlich bekannt waren, erzählt von einem ›freiwilligen‹ Verzicht:

[...] wie ich freilich auch manches verschmähte, das sich mir gar zu wohlfeil darbot, in der Erwägung, daß solche oft am teuersten bezahlt werden. [...] so begegnete es mir [...] an einem Novembernachmittag, daß ich mit Richard eine sehr hübsche Choristin des Wiednertheaters in ihre Wohnung begleitete und daß wir um die Gunst der durchaus nicht spröden, nur unentschiedenen jungen Dame zu losen oder vielmehr zu zipfeln beschlossen. Der Gewinnende war ich. Aber da sie uns vorher den Namen ihres Liebhabers genannt, eines ungarischen Aristokraten, über dessen Gesundheitszustand ich durch die Indiskretion seines Arztes zufällig genau unterrichtet war, und ich außerdem, meinen Arm um ihren Nacken schlingend, eine meinem medizinischen Verständnis sehr verdächtige Drüse getastet hatte, verzichtete ich edelmütig auf den Preis, überließ ihn meinem Freund [...].[46]

Über das bloße – anekdotische – Aufzeigen der Prostitution in Wien hinaus befaßte sich Karl Kraus in seinem erstmalig 1908 erschienen Werk *Sittlichkeit und Kriminalität* mit der Verlogenheit der bürgerlichen Gesellschaft:

Die tiefe Unsittlichkeit einer Sittenpolizei, die Lizenzen für Prostitution erteilt, die gewerbsmäßige Unzucht Unbefugter nicht duldet und vielleicht nächstens auch auf diesem Gebiet den Befähigungsnachweis einführen wird, [...] redet sich vergebens auf hygienische Notwendigkeiten aus.[47]

Bilder von Prostituierten, wie sie beispielsweise Jean Béraud mit *L' Attente* oder Edgar Degas[48] mit *Das Warten* geschaffen hat, finden wir bei den österreichischen Künstlern der Jahrhundertwende nicht; wohl aber in Deutschland, wo etwa Kirchner – indem er seine *Rote Kokotte* (Abb. 66) auf einer Straße darstellt – die Prostitution aus der Intimität des Bordells an die Öffentlichkeit bringt.

Das Bild der Dirne hat viele Nuancen. Man begegnet ihm in mythischen und literarischen Verkleidungen, historisch oder exotisch kostümiert, man entdeckt es in den Gesichtszügen müder Straßenmädchen und im kalten Stolz der männerverzehrenden Sphinx.[49]

Otto Dix hat 1925 *Drei Dirnen auf der Straße* gemalt. Stärker noch als bei Kirchner wird durch die groteske Überzeichnung der Gesichter und die Positionierung in der Außenwelt die Dirne zum Symbol für die Käuflichkeit der Gesellschaft.[50]

Hans Makart (1840–1884)

> *Es wird allgemein anerkannt, daß, was man bei den großen Künstlern Schöpfung nennt, nur die jedem eigene, besondere Art ist, die Natur zu sehen, zu ordnen und wiederzugeben. Aber diese großen Männer haben nicht allein nichts geschaffen im eigentlichen Sinne des Wortes, was besagen will: aus nichts etwas machen: sie mußten auch, um ihr Talent zu bilden oder es lebendig zu erhalten, ihre Vorgänger nachahmen und fast unaufhörlich nachahmen, bewußt oder unbewußt.*
>
> Eugène Delacroix[51]

Makart gilt als ›der‹ Maler der schönen Wienerin.[52]

Selten war noch eine Kunstgröße Gegenstand so leidenschaftlicher Controversen, wie Hans Makart. Die Einen konnten nicht Worte finden, um ihrer glühenden Bewunderung Ausdruck zu geben; die anderen wollten nichts als ephemeres Sensationsmachen, stillose oberflächliche Effectmalerei, ja raffinierte Unmoralität in seinen Bildern erkennen.[53]

Seine Modelle stammten aus allen Bevölkerungsschichten, wie Leitich beschreibt: »Von Makart als Vorbild verwendet zu werden, war höchster Ehrgeiz jeder Wienerin; es bedeutete gleichsam ein weibliches Adelsprädikat: erlesenstes Schönheitsdiplom«[54], und Ludwig Speidel erklärt in seinem Feuilleton *Für die Wienerinnen* zum Gemälde *Einzug Kaiser Karls V. in Antwerpen*: »Von der Fürstin an bis zur Küchenmagd herab findet man auf dieser großen Leinwand die verschiedensten Stände Wiens vertreten.«[55] Leitich betont die soziale Verschiedenheit von Makarts Modellen, wenn sie meint, daß der *Triumph der Ariadne* (Abb. 67) ebenso »Triumph der Wienerin« hätte heißen können, denn »sie war Makarts ausschließliches Modell.«[56] In den Jahren zwischen 1870 und 1884 malte Makart viele Portraits von Mitgliedern der Wiener Gesellschaft.[57] Als legitimer Nachfolger Makarts ist Gustav Klimt anzusehen, dem, ebenso wie seinem Lehrer, Frauen aus allen Bevölkerungsschichten Wiens als Modelle zur Verfügung standen.[58]

Makart ist der bedeutendste Wiener Maler des Historismus. Er lernte auf seinen zahlreichen Reisen nach London, Rom, Neapel, Paris, Venedig, Kairo, Antwerpen und Dresden sowie Spanien, Marokko, Holland, Norddeutschland, Dänemark und Capri die Kunst ganz Europas kennen.

In seinem Atelier, das dem Geschmack der Zeit entsprechend im orientalischen Stil eingerichtet war, veranstaltete er Feste, bei denen sich die künstlerische Prominenz und alles, was Rang und Namen hatte, versammelte. Diese Feste folgten immer einer aufwendigen Inszenierung,[59] wobei Makart die Rolle des Regisseurs übernahm. Über diese Veranstaltungen berichtet Lenbach:

Makart lud alles Weibliche ein, was in seinen Augen schön war, schöne Schauspielerinnen und Tänzerinnen, ja auch Damen von fragwürdiger Tugend, wenn sie nur seinem Ideal von Form und Farbe und lieblicher Erscheinung entsprachen.[60]

Makart selbst entwarf die Kleider für die Kostümfeste und wählte die passenden Stoffe dazu aus.

In engem Zusammenhang mit diesen Kostümfesten sind auch seine Portraits zu sehen, denn die Dargestellten waren oft zugleich Besucherinnen seiner Feste. Makarts Frauenbildnisse zeigen die weiblichen Gestalten in aufwendige Verkleidungen gehüllt:[61] ein solches Gemälde ist die *Falknerin* (um 1880). Es zeigt eine junge, schöne Frau in einem aufwendig gearbeiteten Kleid mit tiefem Dekolleté, auf deren linker Hand ein Falke mit ausgebreiteten Schwingen sitzt.[62]

Makart war vor allem von der venezianischen Malerei des 16. Jahrhunderts, besonders aber von Veronese und Tizian[63], beeinflußt. Die Herausarbeitung von optisch-sinnlichen Elementen in seinen Portraits führt zu einer Überhöhung der Dargestellten, wodurch diese betont feminin erscheinen. Seine Frauen sind idealisiert; sie entsprechen demselben Schönheitstypus und haben keine spezifische Individualität. Fern jeglichen Realismus' ist ihnen allen eine gewisse Ähnlichkeit eigen.[64] (Zola hatte diese Art von Portraitdarstellung in seinen Schriften zur Kunst heftig kritisiert; was er dabei über die französische Malerei schreibt, kann in gleichem Ausmaß für die Gemälde Makarts gelten.[65])

In den Bildern der Frauen, die Makart nahe standen, hat der Künstler aber eindeutig mehr auf eine individuelle Aussage geachtet als in jenen, in denen das rein Malerische überwiegt. Ein Beispiel dafür sind die Portraits von *Clothilde Beer* um 1878 und *Clothilde Beer* um 1880 (Abb. 68). Bei der Portraitierten handelt es sich um Makarts Cousine, die mit dem Staatsbeamten und Komponisten Max Josef Beer verheiratet war. Sie besuchte beinahe alle großen, in historischem Kostüm gefeierten Ateliersfeste und war sowohl wegen der verwandtschaftlichen Beziehung als auch ihrer Schönheit wegen ein Lieblingsmodell Makarts. Ihr tizianrotes Haar und ihre klassisch geschnittenen Züge faszinierten ihn.

Die optische Qualität dieser beiden Bilder, wie auch seiner anderen Portraits, liegt in der Art der Behandlung von Inkarnat und Gewand. Im Gemälde von 1878 weist das Gewand eine offene, dynamische Pinselführung auf, während das Gesicht mit glatter Maltechnik lasierend gestaltet ist. Dieser Kontrast ist, ebenso die überweiche Modellierung der Mundpartie, typisch für Makart, wobei auf die Gestaltung der Hände besonders hinzuweisen ist. Bei Makart sind sie keine wichtigen Träger des Ausdrucks wie bei Kokoschka oder Schiele; oft läßt er sie hinter Fächern, Gewandfalten oder Handschuhen verschwinden. Die Hüte, die auf seinen Portraits von den Frauen getragen werden, sind sogenannte Radhüte, die man – wenn sie mit Federn oder Blumen verziert waren – als Makart-Hüte bezeichnete.

Das Portrait von *Hanna Klinkosch* (1884) entstand in Makarts Todesjahr. Der riesige Kragen und die Spitzenmanschetten betonen die üppige Schönheit der Frau. Der Hintergrund ist in Braun- und Bronzetönen gemalt, vor dem sie – Gesicht und Oberkörper scharf beleuchtet – wie eine Figurine für eine Opernausstattung erscheint.[66]

Makarts *Die Dame am Spinett* (1871) ist einerseits eine Aufnahme der Rückenfiguren der Romantik, erscheint aber andererseits wie ein Vorausgriff auf die

Interieurbilder der Jahrhundertwende; die Frau am Musikinstrument, die wir nur von hinten sehen, ist ganz in ihr Spiel vertieft und nimmt keinen Kontakt mit dem Betrachter auf.

Frodl ist der Ansicht, daß Makarts Werke dann am gelungensten waren, wenn sie als Teil eines Gesamtkonzepts, eines einheitlich geplanten Ensembles, eingesetzt wurden.

Der Bühne am nächsten – und er hätte eigentlich genauso Theaterregisseur sein können – waren die sogenannten Historienbilder. Sie sind nichts anderes als subjektiv gestaltete Szenen, welchen die Geschichte den Titel geliehen hat.[67]

Venedig huldigt Caterina Cornaro (Abb. 69) zeigt eine Szene aus der Geschichte Venedigs.[68] Das Gemälde, mit einer Länge von vier Metern, wirkt beinahe wie ein Bühnenbild. Catarina Cornaro wurde von Makart mit den Gesichtszügen seiner Frau Amalie ausgestattet, von der er zur gleichen Zeit auch ein Bildnis malte (*Amalie Makart*, um 1871/72).

Hier ist eine klare Idee in höchst würdiger, wenn auch überaus glänzender Weise durchgeführt. [...] Es ist ein Meisterstück ›moderner‹ Malerei, aber das Moderne ist hier zugleich ästhetisch schön. Kein krankhaft-sinnlicher Zug erschreckt den Beschauer, nichts von jenem Raffinement in der Darstellung, wie sie seine früheren Gemälde characterisirt,[69]

schreibt Landsteiner über dieses Werk. 1873 wurde *Venedig huldigt Caterina Cornaro* auf der Wiener Weltausstellung gezeigt, und Max Klinger ergriff für Makart Partei:

Makart zeigt eine schöne Verteilung der Linien, prachtvolle Massen- und Farbkomplexe, und darin die gut und lebendig leuchtenden Punkte. [...] sehen sie die modernen Weiberköpfe von Lenbach, Stuck, Kaulbach an, sind das nicht alles verschwächte Nachkömmlinge von der rassigen Catherina Cornaro? Die etwas angewelkten Züge hat man wohl wieder benützt, aber ohne die Grazie und vor allem ohne die geradezu monumentale Energie [...].[70]

Der Erfolg, der Makart mit seinen »Historienbildern« beschieden war, rief auch jene auf den Plan, die nicht nur die Malweise, sondern auch die Art der Darstellung kritisierten. Schwind schreibt über *Die Pest in Florenz*:

Die Menschen müssen gar keine schön gemalten Bilder all ihr Leben lang gesehen haben, daß ihnen diese porzellanenen Weibspersonen gar soviel Wirkung machen. Alles verwirrt, gedankenlos, affektiert und mit ungesunden, kleinen, geilen Farbenflecken aufgeputzt – es hat alles etwas Venerisches [...]. Diese Konzertpossen mit ihrem syphilitischen Hintergrund sind mir vom Herzen zuwider. – Guten Sachen passiert es nicht, ein so ekelhaftes Konzert hervorzurufen [...].[71]

Negativ urteilt auch Anselm Feuerbach über die Arbeiten Makarts, wenn er schreibt: »Das Hetärenhafte makartischer Gestalten liegt nicht in obszönen Bewegungen oder in geschminkten Augenbrauen, sondern es liegt in der totalen Unkenntnis des menschlichen Organismus.«[72]

Aus dem allegorischen Zyklus *Die fünf Sinne* stammt *Der Geschmack* (Abb. 70). Das Werk läßt sehr deutlich Makarts Vorstellung vom Ideal eines nackten weiblichen Körpers erkennen. Der anmutig geschwungene Frauenleib, der als Rückenakt ausgeführt ist, wird durch den dramatischen Einsatz von Licht und Schatten effektvoll erhöht, und das helle Inkarnat bildet einen Gegenpol zum dunkler gehaltenen Hintergrund.

Die logische Weiterführung des Akts im Sinne Makarts fand nicht mehr in der Malerei statt, sondern in der Photographie.[73] Dramatisch inszenierte Lichtbilder, die üppige, unbekleidete Frauen in verführerischen Posen zeigen, wurden als Postkarten zum absoluten Verkaufsschlager. Auch das Arrangement, in das die Modelle gestellt wurden – zum Teil mit antikisierenden Details wie Säulen oder auch mit Schilden und Speeren – sollte, wie einst bei Makart, der Darstellung die allzu große Nähe zur Realität nehmen. Durch diese bühnenartigen Hinzufügungen wurden die Photographien überhaupt erst möglich, denn es sollte noch lange dauern, bis es möglich war, allein den nackten Frauenkörper photographisch abzubilden und der Öffentlichkeit vorzuführen, ohne Zensuren fürchten zu müssen – bei Männerakten bestehen diese Tabus weitgehend noch immer.[74]

Makart war der Vertreter einer idealistischen, ›heilen‹ Welt, in der es nur Jugend und Schönheit gab, und steht damit im Gegensatz zu seinem Zeitgenossen Romako.

Makarts Portraits wirken wie eine glatte Fassade; er folgte dabei den Wünschen der Portraitierten, die kein Bedürfnis danach hatten, in ihren Portraits seelisch ›bloßgelegt‹ zu werden. Den schönen Schein, zu dem nur gleichmäßig geformte Gesichtszüge und ein ansprechender Körper gehörten, ließ Makart durch die ihm eigene malerische Bearbeitung entstehen. Denn die Frauen des Adels und des Bürgertums, die er portraitierte, lebten in einer künstlichen Welt. Sie kamen mit der Realität nicht in Berührung, sondern wurden von Geburt an von ihr abgeschirmt. Dies drückt sich in ihren Bildnissen aus, die einer ›anderen‹ Wirklichkeit angehören. Makart versuchte, die Frau in einen künstlich erstellten, fiktiven Rahmen einzubauen – die Damen posieren nicht nur in Kostümen, die anderen Epochen entstammen; sie werden auch noch zusätzlich mit Accessoires ausgestattet, die zum Inventar des Ateliers Makarts gehören. Der Künstler formt das Bild der Frau bis ins letzte nach seinen Vorstellungen – was übrigbleibt, ist eine verkleidete Marionette, deren Wesen und Persönlichkeit hinter die kostümhafte Ausstattung zurücktreten müssen.[75]

Makarts Frauenportraits waren im Zusammenhang mit der dekorativen Gesamtwirkung von Bild und Rahmung, der Herausarbeitung optisch-sinnlicher Elemente und nicht zuletzt der erotischen Erhöhung wegweisend für die nächste Künstlergeneration der Jahrhundertwende. Mit dem Bildnis der *Clothilde Beer* von 1880 (Abb. 68) hat er Gustav Klimt den Weg für die Portraitmalerei gewiesen.[76]

Anton Romako (1832–1889)

Im Anticken Saal war es uns zu zahm und ich mit einigen Freunden zeichneten oft nach der Natur Portraits statt Gibs [sic!].
Anton Romako[77]

Anton Romako, dessen Werke keiner bestimmten Kunstströmung zuzuordnen sind,[78] gehört zu den bedeutendsten Vorläufern der Moderne in Österreich. Obwohl es in seinem Schaffen auch traditionelle Bildformen gibt, sind es seine psychologisierenden Porträts, die ihn – vor allem aus heutiger Sicht – als wegweisend für den Expressionismus in Österreich erscheinen lassen.[79]

Romako war ein Schüler Waldmüllers an der Akademie in Wien. Anfangs stand er ganz im Bann der zeitgenössischen Historienmalerei. Ab seinem Italienaufenthalt setzte er sich dann vermehrt mit dem Genrebild auseinander. In Rom lernte Romako den französischen Maler Ernest Hébert, den damaligen Direktor der französischen Akademie in der Villa Medici, kennen, dessen Genrebilder mit jungen italienischen Frauen wie etwa *Die Frauen aus Cervarolle* oder *Rosa Nera am Brunnen* von Kritikern und Publikum positiv beurteilt wurden. Das Motiv der jungen Frau, die eine schwere Last auf ihrem Kopf balanciert, wie es Romako im Gemälde *Die Italienerin mit Ziegen im Hohlweg* (1872) ausführt, erinnert an die Arbeiten Héberts.[80]

Ebenfalls in Rom entstanden ist das Bild *Madonna mit Kind* (1869), das Maria und das Jesuskind, eingerahmt von Blumen, darstellt. Mit diesem Gemälde erntete er wenig Erfolg, aber viel Aufsehen; die junge blonde Frau paßte ganz und gar nicht zur allgemeinen Vorstellung von der Heiligen Jungfrau. Genrebilder mit religiösem Inhalt stießen aber an und für sich im 19. Jahrhundert durchaus auf Interesse beim Publikum und wurden für die ›ärmeren‹ Gesellschaftsschichten als billiger Druck kopiert.

Auch mythologische Themen haben Romako zu Bildfindungen inspiriert; aus der *Odyssee* verwendet er die Szene zwischen *Circe und Odysseus* (1884), wobei die beiden Gestalten in die Landschaft eingebettet sind und durch ihre beinahe übertrieben wirkende Gestik das Geschehen verdeutlichen. Die Gefährten des Odysseus, die – nach Homer – von der schönen Zauberin in Schweine verwandelt wurden, hat Romako durch Ziegen ersetzt. Hevesi hat ›diese‹ Circe eine »prähistorische Hexe«[81] genannt.

Von 1887 stammt das Bild *Herr und Dame im Salon* (*Interieur im Makartstil*, Abb. 71). Es zeigt Romakos Auseinandersetzung mit der Darstellung des Innenraumes, ein, wie erwähnt, beliebtes Thema im Wien der Jahrhundertwende. In dem mit aufwendiger Dekoration überladenen Raum sind zwei Personen – ein Herr und eine Dame. Während der Mann, von der Frau abgewandt, sein Glas hebt, um scheinbar das Funkeln des Weines zu bewundern, steht die eng geschnürte und bis zum Hals in schweren Stoff gehüllte Frau mit einem Brief in der Hand am Kamin. Die völlige Beziehungslosigkeit, die offensichtlich zwischen den beiden Gestalten herrscht, wird durch die düstere Farbgebung des Interieurs noch betont.[82]

Der Kopf einer bretonischen Bäuerin (Abb. 72), der während Romakos Aufenthalt in Paris entstand, weist auf seine Auseinandersetzung mit der französischen Portraitkunst im Stil van Goghs hin. Der Kopf der alten Frau, die das weiße Kopftuch straff zurückgebunden trägt, wirkt durch die mit groben Pinselstrichen aufgetragene Farbe äußerst expressiv; er ist »in seinen kühnen Abbreviaturen und in der düsteren Einfarbigkeit von schwermütiger Herbheit«.[83]

Bemerkenswert ist auch der *Akt eines jungen Mädchens*, entstanden um 1875, der sich durch die ungewöhnliche Körperhaltung und die extrem gelängte Wiedergabe der Figur von den üblichen Aktdarstellungen der Wiener Künstler dieser Zeit unterscheidet. Das offen getragene, lange Haar des sehr jungen Mädchens flutet über die rechte Schulter und läßt an eine gerade eben ausgeführte Tanzbewegung denken, was durch die scheinbare Versunkenheit des im Profil gezeigten Gesichts unterstrichen wird. Ein Architekturfragment mit Maske im rechten oberen Bildteil schafft Raum, gibt aber keine Hinweise zur eindeutigen Interpretation der Darstellung.

Das Portrait ist die Bildgattung, an der man Romakos künstlerische Entwicklung am besten verfolgen kann. Während der letzten Jahre in Rom macht sein Werk eine Wandlung durch und läßt ihn zu jenen analytischen Portraitdarstellungen finden, die seine Bedeutung als Künstler ausmachen. Das beeindruckendste und wohl auch ›modernste‹ Frauenbildnis Romakos ist jenes von *Frau Isabella Reisser* (Farbtafel 7).

Es ist in strenger Frontalität wiedergegeben, und das geschminkte Gesicht erweckt durch die zeichnerische Schärfe den Eindruck einer nackten, glatten Maske; dies wird durch den leicht geöffneten Mund, der die Zähne sehen läßt, noch verstärkt. Durch die Raffinesse ihrer Kleidung und den Schmuck wird sie als Angehörige des reichen Bürgertums ausgewiesen. Die Figur steht vor einem in unterschiedlichen Brauntönen gehaltenen Hintergrund, und das Bild enthält nichts, was auf die Intention einer Verschönerung oder Veredelung der Portraitierten hinweist; vielmehr wird die Frau durch die Art der Darstellung dem kritischen Blick des Betrachters ausgesetzt. »Das Porträt hat die Unerbittlichkeit einer psychologisch sezierenden Studie«[84], beschreibt Novotny.[85]

Ähnlich analysierend verfährt Romako mit dem Bildnis der *Gräfin Maria Magda Kuefstein* (1885/86). Hier sind es allerdings die zahlreichen Gegensätze, die dem Portrait seine Vielschichtigkeit verleihen – die dicht gemalten Rosenblüten in der rechten unteren Bildecke beispielsweise heben die Zartheit des transparenten Tüllschleiers hervor. Die Gräfin, eine Frau in den mittleren Jahren, steht nicht vor einem undefinierten Hintergrund, sondern ist von Blumenranken und Blüten umgeben.[86] Wie bei dem Portrait von *Frau Isabella Reisser* sind auch die Lippen der Gräfin Kuefstein leicht geöffnet; die herben Gesichtszüge scheinen durch die umschatteten Augen einen Hauch von Melancholie auszustrahlen.

Eines von Romakos interessantesten Werken ist jenes der *Kaiserin Elisabeth* (Abb. 73). Als Entstehungsort dieses Portraits wird Genf angenommen; Romako malte es aber nicht während Portraitsitzungen mit Elisabeth, sondern nach einer Photographie, die die österreichische Kaiserin zeigte.[87] Es gibt keinen Beweis dafür, daß Romako ein großer Verehrer der Kaiserin Elisabeth von Österreich gewesen ist, wenngleich es noch ein weiteres von ihm gemaltes Bildnis von ihr gibt.[88] Das Besondere an dem erstgenannten Portrait der österreichischen Kaiserin liegt in der Art, wie der Künstler das Außergewöhnliche, das Exzentrische ihres Charakters herausstreicht. Im Gegensatz zu anderen Bildnissen von Elisabeth wird von Romako die Portraittreue aufgegeben und außerdem auf jede Idealisierung von »Sissis« legendärer Schönheit verzichtet. Er zieht ihre Gesichtszüge in die Länge und betont damit die übermäßig gestreckte Form der Gestalt und die Schlankheit ihrer Figur.[89] Der durch viele Details belebten Darstellung der Kaiserin steht der mit groben Pinselstrichen gemalte Hund, der nur bis zu seiner Brust sichtbar ist und ein breites Halsband trägt, gegenüber.

Dieses Portrait von Elisabeth entspricht nicht dem üblichen Sissi-Klischee. Es zeigt im Gegenteil eine sehr selbstbewußte, reife Frau, die – den Körper leicht schräggestellt – den Betrachter direkt anzublicken scheint. Ihre berühmten langen Haare, für deren Pflege sie viele Stunden aufwandte, fallen ihr in großen

Strähnen über Schultern und Oberarme, einem Schleier ähnlich. Das enge, dunkelrote Kleid läßt die Brust straff hervortreten. Um den Hals, wie ein Kragen, ist eine Vielzahl von Ketten geschlungen. Auch die Arme sind geschmückt; der über die Unterarme fallende gemusterte Schal läßt die Armreifen am rechten Handgelenk frei. Sie steht vor einem nicht näher definierten Hintergrund, aus dem Pflanzenranken und Blätter hervortreten. Das Bild der Kaiserin, die hier weder geschönt noch künstlich verjüngt erscheint, entspricht in der Darstellung keinem der traditionellen Repräsentationsgemälde. Romako trifft hier mit wenigen Mitteln den ›Kern‹ der Person, die er portraitiert.

Die überschlanke Figur der Kaiserin, vom Sport durchtrainiert, schafft, zusammen mit ihrer Körpergröße, eine eindrucksvolle Charakterstudie, die sich ernst und distanziert präsentiert, wofür die vor dem Körper übereinandergelegten Hände sprechen. Der große Hund in der linken unteren Ecke ist kein kleines Schoßhündchen, das altbekannte Symbol für eheliche Treue, sondern ein großer Hund, der mit erhobenem Kopf, aber ohne direkten Bezug zur Gestalt der Frau, dargestellt ist. Es ist ein Tier, das offenbar einer starken Hand bedarf, und eines starken Charakters, der es führt.[90]

Welche weitreichende Entwicklung Romakos Schaffen mit dem Bild der Kaiserin von Österreich genommen hat, zeigen die Vergleiche mit Portraits von anderen Künstlern. Von Georg Raab stammt das Bild der *Kaiserin Elisabeth im ungarischen Krönungsornat* (Abb. 74). Die Kaiserin ist in dem ovalen Brustbild mit dem ungarischen Krönungsornat bekleidet. Sie steht schräg, hat den Kopf leicht nach rechts gedreht und blickt den Betrachter an. Das dunkle Haar ist geflochten; darauf sitzt die Krone, von der ein feiner, zart gemusterter Schleier niederrieselt. Ihr Ausdruck ist ernst, das Portrait entspricht in seiner traditonellen Darstellung der Bedeutung des historischen Vorgangs.[91] Ähnliche Darstellungen von Elisabeth weisen auch die Bilder von Franz Ruß, *Kaiserin Elisabeth im weißen Spitzenkleid*, und Georg Raab, *Kaiserin Elisabeth* von 1874, auf. Raab hat in dem ovalen Bildnis eine statuenhaft wirkende Königin, gekleidet in eine weiße Toilette mit üppigem Schmuck, dargestellt. Ganz in der Tradition der großen Herrscherportraits steht das Bildnis von Ruß, das Elisabeth in üppigem Spitzenkleid mit rotem Samtmantel vor einem Vorhang stehend zeigt.

Auch die beiden berühmten Portraits, die Franz Xaver Winterhalter[92] von der Kaiserin Elisabeth von Österreich malte, sind von Romakos Bild völlig verschieden. Jenes von 1865 zeigt die Kaiserin als Ganzfigur, stehend, in großer Toilette mit Sternendiamanten im Haar. Neben ihr befinden sich ein rosa blühender Oleander und ein Architekturteil – die antike Säule soll wohl auf ihre Liebe für Griechenland hinweisen. Das zweite, *Kaiserin Elisabeth*, ist bekannt wegen der langen aufgelösten Haare, die der Kaiserin über den Rücken fluten. Sie ist von der Seite dargestellt, das Dekolleté des weißen Kleides läßt die rechte Schulter frei. Winterhalter war einer der beliebtesten Maler des Adels im 19. Jahrhundert. Seine Portraits zeigen Eugenie von Frankreich, Elisabeth von Österreich und Victoria von England, wobei er durchaus in der Lage war, seinen Portraits verschiedene Aussagen zu geben. Die Bildnisse von Elisabeth betonen beispielsweise die mädchenhafte Schönheit der jungen Kaiserin, jene von Victoria von England hingegen weisen auf ihre Stellung als Landesmutter hin.

Romako dagegen wird zum »Bahnbrecher für die analysierende Portraitkunst der folgenden Generationen. Seine Menschendarstellung fällt ganz aus dem gewohnten Schema der Portraitkunst des 19. Jahrhunderts heraus«.[93] Er hat sich zwar von den Schönheitsidealen seiner Zeit noch nicht gänzlich gelöst, geht aber in vielerlei Hinsicht neue Wege. Es war Oskar Kokoschka, der die neue, koloristische Bildformung Romakos entdeckte.[94] Das *Italienische Fischerkind* (Abb. 75) wird häufig mit Kokoschkas *Bildnis Else Kupfer* (Abb. 76) verglichen, um Parallelen im Schaffen der beiden Künstler aufzuzeigen. Letzteres wurde von Franz Marc und Wassily Kandinsky 1912 in den »*Blauen Reiter*«-Almanach aufgenommen, da sie es als beispielhaft für die neue Portraitauffassung ansahen. Die dunklen Augen der Schauspielerin sehen am Betrachter vorbei und scheinen ein Ziel außerhalb des Bildes zu fixieren. Auch der kleine Hund, der mit nur wenigen Pinselstrichen erkennbar gemacht ist, richtet seine Aufmerksamkeit auf diesen unbestimmten Punkt.[95]

Romako versuchte, hinter die Kulissen einer brüchig gewordenen Gesellschaft zu schauen und letztere mit kritischer Distanz darzustellen. Er zeigte in seinen Frauenportraits bereits jenen Ansatz zur Überzeichnung und Ausdruckssteigerung, den wir später in den Bildnissen der Expressionisten finden werden. Dies hat Oskar Kokoschka erfaßt und sich zum damals beinahe unbekannten Romako öffentlich bekannt. Er erzählt,

[...] er habe für den »originellen und damals in Österreich vollkommen vergessenen Romako«, den er als »wahren Pionier« der modernen Malerei schätzte, Propaganda gemacht. Bei Betrachtung von Oskar Kokoschkas früher Bildniskunst, deren übersteigerte Sensibilität in der Erfassung des vom Künstler selber so genannten »inneren Gesichts« eines Menschen ihren überzeugenden Ausdruck fand, wird die Erinnerung an psychologische Portraits wach, die Romako dreißig Jahre zuvor geschaffen hatte.[96]

Die eigentümliche ›Modernität‹ der Bilder Romakos hat Ludwig Hevesi bereits 1905 erfaßt, als er seine Eindrücke über eine Romako-Ausstellung in der Galerie Miethke zu Papier brachte:

Er ließ die Figuren schon blaue Schlagschatten werfen, auf gelbe Stoppelfelder, umriß aber auch diese Schatten mit einer zackigen Schärfe, die ihm zur Manier wurde. Sie gehörte zur Nervosität seines Zeichnens und Malens, die immer krankhaftere Formen annahm. Eine zappelige Heftigkeit bemächtigte sich seiner Kunst, jede Äußerung wurde zum Krampf, der bis zur Verzerrung gehen konnte. Als Zeichner von Hause aus hervorragend, in der Farbe ein Vielversucher, gelangte er, als das Schicksal drückender wurde, zu einer Art Krankenstil von eigentümlicher Tragik.[97]

Die Betonung seiner zeichnerischen Qualitäten, des experimentellen Charakters seiner Farbgebung und der wie krampfartig verzerrten Körper, weist auf die Werke Schieles voraus.

Anmerkungen

1 Georg Simmel, zit. nach: Ausst.Kat. *Auguste Rodin*. Eros und Leidenschaft, a.a.O., S. 76.
2 Leitich, *Die Wienerin*, a.a.O., S. 233.
3 »Die Schlechtigkeit der Frau beginnt gewöhnlich mit der Verachtung des Mannes und eines mit zunehmender Bildung einreißenden männlichen Geckentums, für welches die Verfeinerung unserer Zeit so viele beschönigende Ausdrücke erfunden hat. Dem Weibe ist der Fortschritt der Civilisation nicht günstig. Am höchsten steht die Frau in den sogenannten barbarischen Zeiten; die folgenden tragen ihre Gynaikokratie zu Grabe, beeinträchtigen ihre körperliche Schönheit, erniedrigen sie aus der hohen Stellung, die sie bei den dorischen Stämmen einnahm, zu der prunkhaften Knechtschaft des ionisch-attischen Lebens und verurteilen sie zuletzt, im Hetärentum jenen Einfluß wieder zu gewinnen, der ihnen im ehelichen Verhältnis entzogen worden ist. Der Entwicklungsgang der alten Welt zeigt uns, was den heutigen, namentlich den Völkern romanischen Stammes, bevorsteht.« Bachofen, *Das Mutterrecht*, a.a.O., S. 204.
4 Giroud, *Alma Mahler oder die Kunst geliebt zu werden*, a.a.O., S. 15ff.
5 »Das war mein Pariser Erlebnis, entscheidend für alle Zukunft: das Geheimnis der Form ging mir auf.« Hermann Bahr, zit. nach: Wunberg [Hg.], *Die Wiener Moderne*, a.a.O., S. 36f.
6 Ilona Sármány-Parsons, *Die Malerei Wiens um die Jahrhundertwende*, Budapest 1991, S. 8.
7 Farkas [Hg.], *Hermann Bahr. Prophet der Moderne*, a.a.O., S. 45.
8 »Vor Puvis de Chavannes könnte ich Jahre weilen, in andächtiger Bewunderung versenkt vor so viel unfaßlicher Größe. Da ist alle Realität überwunden, nicht durch die Willkür angestoßen, sondern durch eine höhere Realität aufgehoben, durch eine überwältigende Notwendigkeit, neben der jene gewöhnliche Irdischkeit nur wie eine belanglose Zufälligkeit erscheint, wie bei Böcklin. Es ist ein Gedicht. Oder es ist eine Symphonie. Es ist eben die eigentliche Malerei. Es ist nur Farbe, nichts als Farbe und darum die höchste Philosophie. [...] Es ist jene unendliche Lyrik, deren Hauch manchmal über unsere Seelen streift, [...]. Es ist ein Evangelium. Es ist die neue Kunst. Wie Böcklin. [...] Und noch eines bei Puvis de Chavannes. Weil diese neue Kunst, zu deren ersten Offenbarungen seine Werke gehören, in ein ganz neues Gebiet schlägt, schlägt sie zunächst, um nur aus ihrem Inhalt herauszukommen, in jenen der Nebenkunst ein: die décadents suchen das Gedicht, das malt, Richard Wagner ist die Musik, die denkt, Puvis de Chavannes ist die Malerei, die singt.« Ebda., S. 45.
9 Zit. nach: Nebehay, *Gustav Klimt*, a.a.O., S. 248.
10 Blei übersetzte auch den Roman *Vathek* von William Beckford aus dem Französischen, über den Stéphane Mallarmé meinte: »Das Abenteuer uralter Herrschaft spielt sich in diesem Drama ab, in dem drei Personen agieren: eine perverse und keusche Mutter, Beute ehrgeiziger Bestrebungen und Riten; eine heiratsfähige Geliebte; und, in seiner Einzigartigkeit allein würdig, sich dem Despoten zu widersetzen, ach! ein siecher, frühreifer Gatte, gebunden durch ein spielerisches Verlöbnis.« Zit. nach: William Beckford, *Vathek*. Aus dem Französischen von Franz Blei. Mit einem Vorwort von Stéphane Mallarmé, Frankfurt/M. 1989, S. 6.
11 Vgl. Helga Mitterbauer, Rastloser Ruhestand. Zur Emigration von Franz Blei, in: *Mit der Ziehharmonika*. Literatur – Widerstand – Exil (Wien) 14. Jahrgang, Nr. 3, November (1997), S. 28.
12 Blei schrieb unter anderem auch die Einleitung zur ersten deutschen Fassung (1924) von Piccolominis *La Raffaela* [1539], einem Dialog über die »Notwendigkeit eines Geliebten«. Franz Blei, in: Alessandro Piccolomini, *La Raffaela*. Gespräch über die feine Erziehung der Frauen. Einleitung Franz Blei. Aus dem Italienischen von Hans Floerke. Mit einem Nachwort von Klaus Ley, Frankfurt/M.–Berlin–Wien 1984, S. 5.
13 Zit. nach: Heyden-Rynsch, *Europäische Salons*, a.a.O., S. 204.
Berta Zuckerkandl über *Kunst und Kultur*: »Kunstkritik soll unterrichten und aufklärend wirken, dem Leser die tiefen Zusammenhänge, welche die Erneuerung der Formen in allen Ländern Europas und auch in Amerika bewirken, aufzeigen. Tatsachen einfach referierend zur Kenntnis bringen, die den Lesern die Macht des Vordringens der neuen Sinneskultur und ihrer logischen schrittweisen Eroberung aller wirtschaftlichen Gebiete veranschaulichen könnten.« Zit. nach:

Maria Rennhofer, *Kunstzeitschriften der Jahrhundertwende in Deutschland und Österreich 1895–1914.* Mit 265 Abbildungen, davon 76 in Farbe, Augsburg 1997, S. 172.

14 Bahr in *Ver Sacrum* 1898: »Eine österreichische Kunst! Jeder von Euch fühlt, was ich meine. Wenn Ihr durch unsere milden, alten Straßen geht oder wenn Ihr die Sonne auf das Gitter vom Volksgarten scheinen seht, während der Flieder riecht und kleine Wienerinnen über die Schnur hopsen, oder wenn im Vorbeigehen aus einem Hof ein Walzer klingt, dann wird euch so merkwürdig und keiner kann sagen, warum ihm so zum Weinen froh im Herzen ist, sondern er lächelt nur: Das ist halt Wien! Dieses: was halt Wien ist, müßt Ihr malen […].« Zit. nach: Wagner, *Geist und Geschlecht*, a.a.O., S. 37.

15 Bahr, *Tagebücher. Skizzenbücher. Notizhefte. Band 1. 1885–1890.* Hg. Moritz Czáky. Bearbeitet von Lottelis Moser und Helene Zand, Wien–Köln–Weimar 1994, S. 372.

16 Farkas [Hg.], *Hermann Bahr. Prophet der Moderne*, a.a.O., S. 40.

17 Bahr, *Tagebücher*, Band 1, a.a.O., S. 199f.
Bahr über das Verhältnis der Geschlechter: »Das Weib wird seelisch dem Manne nicht gleich werden, solange es dem Manne körperl. nicht gleich wird, weil es wieder [!] die Natur ist, daß verschiedene Körper gleiche Seelen hervorbringen. Ich sage, daß sie einander anders sein werden, jedes eine Natur für sich und darum unverträglich und unverständlich, eines für das andere. Ich sage nichts darüber, welche von diesen Verschiedenheiten die höhere, bessere sein könnten [!]. […] Solange Mann Mann bleibt und Weib Weib, werden zwischen ihnen auch die Freude, der Haß und das Grauen bleiben, welche die Liebe zusammensetzen, den Krieg auf Vernicht[un]g.« Bahr, *Tagebücher*, Band 2, a.a.O., S. 8f.

18 »Wie traurig, daß die Frau – eine Nachwirkung aus den Zeiten ihrer Hörigkeit – auf alles nur erotisch reagiert: sie hat keine Antwort als die erotische. Sie liest einen Roman, hört eine Symphonie und – will mit dem Künstler schlafen. Eine Schlacht wird gewonnen und – sie will mit dem General schlafen. Man geht mit ihr durch eine schöne Mondnacht und – sie will mit einem schlafen. Bewunderung, Dankbarkeit, Mitleid läuft auf dasselbe hinaus, sie differenziert nie, immer will sie mit uns schlafen. Und dies korrumpiert uns allmählich so, daß wir eine Frau, statt sie zu verehren, mit ihr zu plaudern, sie geistig zu begleiten, auch immer gleich übers Sofa legen.« Farkas [Hg.], *Hermann Bahr. Prophet der Moderne*, a.a.O., S. 187.

19 Zit. nach: Schenk, *Frauen und Sexualität*, a.a.O., S. 71.

20 Zit. nach: Schröder, *Egon Schiele*, a.a.O., S. 119.
»Die bürgerliche Liebe ist die unmetaphysische Liebe, die Liebe als bürgerliche Einrichtung, deren Annehmlichkeiten nicht weit vom guten Essen und Trinken und sonstiger Versorgung abliegen. Die Liebe, die alles andere mit sich bringt als Gefährdung des Seelenheils, die sich ruhigen Besitzes erfreut und nicht gestört sein will. Auch sie kann ihre Freuden, ja ihre Anmut haben. Denn in der Liebe wird selbst der Bürger ein wenig begeistert und gerät zuweilen in heiteren Schwung«, schreibt Reinhard Piper 1916. Piper, *Das Liebespaar in der Kunst*, a.a.O., S. 79.

21 Charles Baudelaire, *Curiosités esthétiques. L' Art romantique et autres Œuvres critiques.* Édition corrigée et augmentée d'un sommaire biographique. Textes établis avec introduction, relevé de variantes, notes, bibliographie et sommaire biographique par Henri Lemaitre. Édition illlustrée de 47 reproductions, Paris 1990, S. 487f.
Vgl. Anhang XLII.

22 Zit. nach: Giuseppe Scaraffia, *Petit dictionnaire du dandy.* Traduit et présenté par Henriette Levillain, Condé-sur-l'Escaut 1988, S. 119.

23 Schmölzer, *Die verlorene Geschichte der Frau*, a.a.O., S. 331.

24 Zit. nach: Nebehay, *Gustav Klimt*, a.a.O., S. 297.

25 Ebda.
Pötzl sah sich zu folgenden Aufführungen genötigt: »Hier sieht man an den Wänden die Weiber, wie Gott sie (in seinem Zorne) erschaffen hat. Sogar ein geharnischter Ritter, der doch gewiß einen Puff vertragen kann, wendet sich von einigen der scheußlichen Frauenzimmer entsetzt ab, allerdings nur, um aus dem Regen in die Traufe zu kommen; denn vor ihm, auf der nächsten Schmalwand, stehen noch gräßlichere, die überdies schamlos und verblendet genug sind, zu

glauben, daß sie den disgustierten Ritter durch die Preisgebung ihrer grauenhaften Reize anlocken werden. In diesem Wahn bestärkt sie eine widerliche, unflätig nackte Alte, die in einem buntbemalten Schirmständer steht und von diesem originellen Standpunkte aus recht unzüchtige Reden führt, wie man aus den Mienen ihrer Zuhörerinnen, vornehmlich einer blonden Mänade, schließen kann. Über alledem schwimmen langgestreckte Weiber mit Rettungsgürteln in der Hand in die Ferne; das werden die anständigen sein, die das unerhörte Benehmen ihrer Geschlechtsgenossinnen in die Flucht jagt [...]« Zit. nach: Ebda., S. 298.

26 Leitich, *Die Wienerin*, a.a.O., S. 235.
Für die jungen Damen der bürgerlichen Gesellschaft galt auch noch um die Jahrhundertwende, was Annette von Droste Hülshoff in ihrem Gedicht *Am Turme* so eindringlich beschreibt:
»Wär ich ein Jäger auf freier Flur,
Ein Stück nur von einem Soldaten,
Wär ich ein Mann doch mindestens nur,
So würde der Himmel mir raten;
Nun muß ich sitzen so fein und klar,
Gleich einem artigen Kinde,
Und darf nur heimlich lösen mein Haar
Und lassen es flattern im Winde!«
Zit. nach: [o.Hg.], *Dein Lächeln weint in meiner Brust*, a.a.O., S. 281.

27 »[...] im bürgerlichen Familienverband [hatte] der paternistische Machtbereich noch eine außerordentliche Steigerung erfahren: die häusliche Erziehungsgewalt des Vaters, überhöht fast in die Rolle des gottväterlich-absoluten Herrn mit rigoroser Gehorsamsforderung, dehnte sich auch auf die Mutter aus, die Hausfrau, die als Familienmutter nie zuvor eine so untergeordnete und unselbständige Stellung innerhalb der Familie innegehabt hat, wie in der zweiten Hälfte des 19. Jahrhunderts.« Ingeborg Weber-Kellermann, *Die deutsche Familie*. Versuch einer Sozialgeschichte. 6. Aufl., Frankfurt/M. 1980, S. 117f.

28 Wedekind, *Lulu*, a.a.O., S. 203.

29 Anhang XLIII.
Der freiwillige – und vor allem selbstverständliche – Verzicht der Frau auf einen Beruf bzw. eine eigene Karriere zugunsten der Ehe wird auch in den Mädchenbüchern der Jahrhundertwende forciert. *Nesthäkchen* von Else Ury ist ein junges Mädchen, das bereits die Möglichkeit hat, sich über Hausarbeit und Sticken hinaus zu bilden: »Nesthäkchen hat ja Medizin studiert, in Tübingen. [...] Sie ist allerdings noch nicht mal in der Universitätsstadt angelangt, als schon der vertrauenswürdige Mediziner ihren Weg kreuzt, dem sie bald und nach kaum ernst zu nehmenden Komplikationen angehören wird, für immer.« Christa Rotzoll, in: Else Ury, *Nesthäkchen und ihre Küken. Erzählung für junge Mädchen*. Ungekürzte Ausgabe nach der Originalfassung von 1923. Mit den Zeichnungen der Originalausgabe von Helene Evers. Mit einem Nachwort von Christa Rotzoll, Frankfurt/M.–Berlin–Wien 1980, S. 193f.
»Und trotzdem – trotzdem sie tüchtig mit heran mußte, trotzdem es mit den drei kleinen Kindern genügend Arbeit und Aufregung gab, Annemarie hätte nicht zurücktauschen mögen. Als sie, die Marmeladenschrippe in der Hand – Butter war zu teuer, die mußte man sich abgewöhnen –, als sie so ihren Blick über ihr kleines Reich schweifen ließ, über das weinumrankte weiße Häuschen, in dem sie sieben glückliche Jahre verlebt – über das Gärtchen, in dem sie mit Rudolf gemeinsam gesät und gepflanzt – von den Blondköpfen der drüben am Staket spielenden Kinder hinweg zu den lieben Zügen ihres Mannes, da kam sie sich so reich wie eine Königin vor.« Ebda., S. 14.

30 Hermann Bahr, *Das Konzert*. Lustspiel in drei Akten, Ditzingen 1989, S. 98.

31 Brigitte Hamann, *Sissi*, Kaiserin Elisabeth von Österreich, Köln 1997, S. 10.
»Ehefrau und Mutter, das waren die Aufgaben, zu deren Erfüllung sich Elisabeth bekannt hatte, als sie Franz Joseph heiratete. Es waren schließlich die generellen Aufgaben eines Mädchens überhaupt, wenn es eine Ehe schloß. Elisabeth war besser dran als die meisten Prinzessinnen ihrer Zeit. Sie durfte ihren Mann selbst auswählen, sie durfte aus Liebe heiraten. Sie war kein

Opfer der Staatskanzleien, kein politisches Handelsgut. Niemand hatte sie gezwungen, niemand hatte ihre Gefühle vergewaltigt. Von allen Aufgaben erfüllte sie nur eine: Sie brachte den Thronerben zur Welt. Die passende Ehefrau und Kaiserin für einen Mann und Kaiser wie Franz Joseph war sie zweifellos nicht.« Hellmut Andics, *Die Frauen der Habsburger*, 4. Aufl., München 1996, S. 304f.

32 Bereits zwei Wochen nach der Hochzeit schrieb Elisabeth:
»Ich bin erwacht in einem Kerker,
Und Fesseln sind an meiner Hand.
Und meine Sehnsucht immer stärker
Und Freiheit! Du mir abgewandt.«
Zit. nach: Hamann, *Sissi*, a.a.O., S. 14.

33 »Jahre hindurch glaubte die Welt, allein Franz Joseph sei für Elisabeths Unglück verantwortlich. Sie leidenschaftlich und temperamentsvoll, er kühl und abstoßend – das war das Bild, das man sich im Ausland von dem Kaiserpaar machte. Als nach dem Zerfall der Monarchie ihre Briefe veröffentlicht wurden, entdeckte man, daß es um die Sache ganz anders stand. Dieser reservierte und abweisende Mann hatte fünfundvierzig Jahre lang, bis zu Elisabeths Tod in Genf (1898), vor seiner leidenschaftlich geliebten, grausamen Göttin auf den Knien gelegen – [...] ›meine süße, geliebte Seele‹ –, die er nie erobern konnte. Natürlich verhärtete dieses Unglück ihn noch mehr, und er verbarg sein verwundetes Herz hinter einer abweisenden Fassade.« Edward Crankshaw, zit. nach: Ausst.Kat. *Bitter süßes Wien*, a.a.O., S. 49f.
Kaiser Josef werden die folgenden Worte über die Ehe zugeschrieben: »[...] nur einer, der verheiratet ist, weiß, wie furchtbar schwer das Leben sein kann! Glauben Sie mir, ich rede aus bitterster Erfahrung!« Zit. nach: Bernhard, *Zeitenwende im Kaiserreich*, a.a.O., S. 207.

34 Robert Waissenberger, in: Ausst.Kat. *Ver Sacrum*, a.a.O., S. 11.

35 Ebda.

36 Vgl. Jullian, *Der Symbolismus*, Köln 1974, S. 241.
»Elisabeth antizipierte die Strömungen ihrer Zeit. Weltflucht und Weltschmerz waren persönliche Erfahrungen, die als Modeerscheinungen kultiviert wurden und die auch an ihr nicht spurlos vorübergingen. [...] In der ständigen Distanz umgab sie sich in der Folge mit einem Geheimnis und wurde damit zum Ziel vieler Hoffnungen. Eine Erinnerung zeichnet sich immer auch durch Undeutlichkeit aus. Hier können all die Träume Halt finden, die die Realität verweigert. Elisabeth wurde und wird zur Projektionsfläche der Betrachtenden.« Fischer, *Schattenwürfe in die Zukunft*, a.a.O., S. 73.

37 Zit. nach: Wunberg [Hg.], *Die Wiener Moderne*, a.a.O., S. 98f.

38 Marcel Prévost, *Ratschläge für Junggesellen und Verlobte*, Frankfurt/M.–Berlin 1991, S. 8. [Dieses Buch ist 1900 im Albert Langen Verlag, München erstmals erschienen.]

39 »[...] Ich kann nicht verschweigen, daß diese Ungewißheit den jungen Mädchen von damals einen geheimnisvollen Reiz verlieh ... sie träumten sich das Leben romantisch aus, waren aber gleichzeitig voll Scham, daß jemand entdecken könnte, wie sehr ihr Körper nach Zärtlichkeit verlangte, von denen [!] sie nichts Deutliches wußten ... Sie waren mehr Mädchen, als die Mädchen es heute sind, und weniger Frauen, in ihrem Wesen der exotischen Zartheit von Treibhauspflanzen ähnlich, die im Glashaus in einer künstlich überwärmten Atmosphäre und geschützt vor jedem bösen Windhauch aufgezogen werden [...].« Stefan Zweig, zit. nach: Ausst.Kat. *Bitter süßes Wien*, a.a.O., S. 38.

40 Kraus, *Sittlichkeit und Kriminalität*, a.a.O., S. 281.

41 Horace Rumbold beschreibt: »Der Hofball war ein glanzvolles Fest und vom Erscheinungsbild her sehr beeindruckend, wenn auch zwangsläufig zeremoniell und ermüdend, [...]. Zwischen den Tänzen ging der Kaiser unermüdlich umher, wählte die Gäste aus, mit denen er zu konversieren wünschte, ließ sich die Debütantinnen vorstellen und richtete hin und wieder einige Worte an den einen oder anderen von uns Vertretern fremden [!] Staaten.« Zit. nach: Ausst.Kat. *Bitter süßes Wien*, a.a.O., S. 21.

42 Simmel schreibt *Zur Psychologie der Frauen*: »[...] wird sich der Schwache immer nur in einem relativ kleinen Kreise wohl und sicher fühlen. Ist nun die Sitte die Lebensform des kleineren

Kreises, so liegt auf der Hand, welches Interesse gerade der Schwache, der Anlehnung Bedürftige, an ihr nehmen muß, der untergehen würde, sobald der nur von der freien Kraft des Individuums entschiedene Kampf ums Dasein losbräche; die Sitte bewirkt mittelbar und unmittelbar eine gewisse Gleichheit zwischen dem Starken und dem Schwachen, [...]. Die Schwäche der Frauen also ist es, die sie die Anlehnung an die Sitte zu suchen zwingt; denn selbst die Macht, die sie vermöge des geschlechtlichen Reizes ausüben, ist nur in einer gesitteten Gesellschaft möglich, wo die Befriedigung der Liebeswünsche von Werbung und Gewährung abhängig ist und das Versagen respektiert wird, aber nicht in einer ungesitteten, [...]. Wenn die Frauen also ganz besonders zu Hütern der Sitte berufen sind, wie Goethe es erschöpfend ausdrückt, der Mann nach Freiheit, das Weib nach Sitte strebt, so ist der reale Grund davon der Schutz, den die Sitte gewährt, [...].« Georg Simmel, *Schriften zur Philosophie und Soziologie der Geschlechter*. Hg. und eingeleitet von Heinz-Jürgen Dahme und Klaus Christian Köhnke, Frankfurt/M. 1985, S. 39f.

43 Der heilige Hieronymus befand allerdings: »Nur in einem unterscheidet sich die Ehefrau von der Kurtisane: Sie prostituiert sich nicht für mehrere, sondern nur für einen Mann, was leichter geduldet werden kann.« Zit. nach: Groult, *Ein Tier mit langen Haaren*, a.a.O., S. 54.

44 Schmölzer, *Die verlorene Geschichte der Frau*, a.a.O., S. 330.
»Sie hob die Arme, unbesorgt um die indiskreten Achselspangen, die bisher die Stelle der Ärmel einnahmen; die Beine bogen sich, wurden hin und her bewegt, schlugen die Luft, bedrohten die Hüte, zogen die Blicke unter die Röcke, diese diebischen Blicke, die die erhoffte, halbe, so flüchtige Öffnung in der gestickten Hose suchten. Im Laufe der Quadrille schwengte[!] sie herausfordernd ihren Bauch, dann in lasziver Weise ihre Hüften, die gebauschte Stoffülle, die sie recht schlüpfrig zu heben wußte, enthüllte beim Spreizen die Beine trotz der reichlichen Plissees und zeigte bei Zusammenfallen der Valenciennespitzen ein winziges Stück Haut über dem Strumpfband. Von diesem Stückchen purpurnen Fleisches ging auf die nach Luft schnappenden Zuschauer eine Glut aus, daß ein Gletscher hätte schmelzen können. Und dann schürzte diese Bacchantin in gespielter pöbelhafter Ekstase ihre Röcke mit jähem Schwung bis zur Gürtellinie und bot dem Kreis der Umstehenden ihre hinteren Rundungen dar, die dank der breiten Spitzeneinsätze kaum verhüllt waren und bei einer gewissen Bewegung durch einen dunken Fleck auch das Intimste erahnen ließen.« Rodriguez, zit. nach: Ebda., S. 330.

45 Bahr, *Tagebücher*, Band 1, a.a.O., S. 99f.

46 Arthur Schnitzler, *Jugend in Wien*. Eine Autobiographie. Hg. Therese Nickl und Heinrich Schnitzler. Mit einem Nachwort von Friedrich Torberg. 26. – 28. Tausend, Frankfurt/M. 1988, S. 173.

47 Kraus, *Sittlichkeit und Kriminalität*, a.a.O., S. 37.
Vgl. Anhang XLIV.

48 Renoir soll auf die Frage, ob er die Bordellszenen von Degas jenen von Lautrec vorziehe, geantwortet haben: »Ils ont fait tous les deux des femmes de bordel, mais il y a un monde qui les sépare. Lautrec a fait une femme de bordel, chez Degas c'est toutes les femmes de bordel réunies en une seule. Et puis celles de Lautrec sont vicieuses, celles de Degas jamais.« Zit. nach: Michel Melot, *Les femmes de Toulouse-Lautrec*. Les albums du Cabinet des Estampes de la Bibliothèque nationale, Paris 1985, [o.S.].

49 Hofmann, *Das irdische Paradies*, a.a.O., S. 287.

50 Auch in der deutschen wie in der französischen Literatur ist die Dirne ein sprechendes Symbol für den Verfall der Gesellschaft. Max Kretzer schreibt in *Die Betrogenen*: »Im Schatten der Haustore stehen verlebte, abgeblühte, lichtscheue Weiber, deren Gewerbe den Unterschied zwischen Frau und Mädchen vollständig verwischt hat. Sie blicken so frech und machen so einladende Bewegungen, wenn ein Arbeiter vorübergeht – sie wissen, heute ist Lohntag, heute sind die Portemonnaies gefüllt, heute gibt es zu verdienen.« Zit. nach: Jürgen Schutte – Peter Sprengel [Hg.], *Die Berliner Moderne 1885 – 1914*. Mit 60 Abbildungen, Stuttgart 1987, S. 256.

51 Delacroix, *Journal*, a.a.O., S. 238.

52 Vgl. Anhang XLV.
»Freilich hatte man oft genug Aphrodite, Leda, die Grazien als Staffage der Ringstraßenkultur hüllenlos gesehen. Doch diese waren akademische Frauenattrappen, schöne Gedanken fleißi-

ger Gehirne, Kinder des Intellekts, nicht des Lebens. Makarts Frauen jedoch waren lebende Modelle: Wienerinnen.« Ann Tizia Leitich, *Verklungenes Wien*. Vom Biedermeier zur Jahrhundertwende. Mit 32 ganzseitigen Tafeln in Vierfarbendruck und 200 Textbildern, Wien 1942, S. 102.

53 Karl Landsteiner, *Hans Makart und Robert Hamerling*. Zwei Repräsentanten moderner Kunst, Wien 1873, S. 9.
Gutzkow meinte: »Makarts Bilder sind vergrößerte Lampenschirme für ein Pariser Bordell, bewundernswert, ehe man die Lampen auslöscht«. Steffek dazu: »Schlecht gezeichnet und mit Hurensalbe lasiert«. Zit. nach: Emil Pirchan, *Hans Makart*. Leben, Werk und Zeit. Mit 7 Farbbildern, 129 Tafelbildern, 22 Textbildern, Wien–Leipzig 1942, S. 28.

54 Leitich, *Die Wienerin*, a.a.O., S. 208.
»Was er auf seine Leinwand zauberte, waren Prachtausgaben der Wienerin, und wer Prachtausgaben liebt, dem wird auch gerade diese Wienerin gefallen. […] Er wurde der Maler jener Kaiserstadt, die es nur einmal gab; der Meisterregisseur ihrer Frauenschönheit und jenes gesellschaftlichen Lebens, in dem sie glänzen konnte. […] Die Frauen stürmten sein Atelier. Alle Begriffe von Sitte und Moral machte er zuschanden; doch eigentlich nicht er, sondern die Menschen um ihn. […] In seinem Nachlaß sollen viele Hunderte von Nacktbildern gefunden worden sein; viele mit den dazugehörigen Gesichtern, andere ohne Antlitz. Er hatte die Gewohnheit, auf seinen großen Prunkbildern symbolischen oder historischen Inhalts Damen aus der Gesellschaft zu verwenden; waren sie nackt, so hieß es: den Leib gab ein Modell.« Ebda, S. 207.

55 Speidel, *Fanny Elßlers Fuß*, a.a.O., S. 49.
56 Leitich, *Die Wienerin*, a.a.O., [o.S.].
57 Vgl. Ausst.Kat. *Hans Makart*, Staatliche Kunsthalle Baden-Baden, 1972, S. 11ff.
58 »Oft und nachdrücklich hat Klimt darauf hingewiesen, daß er keinem anderen so viel [wie Makart] zu danken habe. Doch wird man mit dieser Behauptung nicht weniger vorsichtig umgehen müssen, wie auch sonst mit Künstlerbekenntnissen: man wird sie nur ganz allgemein gelten lassen dürfen. […] Klimt und Makart – das sind keine Anklänge, sondern sehr wesentliche Gegensätze.« Max Eisler: zit. nach: Nebehay, *Gustav Klimt*, a.a.O., S. 68.
59 Der Ausdruck »Makart-Stil« bezieht sich nicht nur auf die Malerei, sondern prägte auch Wohnkultur, Ausstattungskunst und Bekleidung. Vgl. Gerbert Frodl, in: Ausst.Kat. *Hans Makart und der Historismus in Budapest, Prag und Wien*, a.a.O., [o.S.].
60 Zit. nach: Bernhard, *Zeitenwende im Kaiserreich*, a.a.O., S. 253.
61 »Er [Makart] war ja das große Original in einer nichtoriginalen Welt. Die ganze Welt und die ganze Kunst war durch fünfzigjährige historische Kunstentwicklung kostümiert. Es gab nichts anderes. Was blieb ihm also übrig, dem Selbstmenschen, dem Willkürlichen, dem innerlich Ursprünglichen? Er kostümierte das Kostüm. Er war stärker als die herrschende Lüge, und belog sie. Er betrog den Trug. Er verkleidete die Dinge ineinander, indem er einem Ding die Farbe der anderen gab. […] seine Menschen wie Arabesken, die lachen und umarmen können und sich in verliebten Anspielungen auf die schönsten Wienerinnen und ihre abenteuerlichsten Abenteuer bewegen. Und wie er alle Formen und Farben in einander verkleidete, kostümierte er auch die Nacktheit als eine andere Art von Blöße, die den Korrekten die Augen empörte und den akademischen Akt zum Narren hielt. Makartsche Nacktheit – die Papiernen verschrien sie als unsittlich, die Ledernen als unwahr, aber sie war beides nicht, sie war eben das ungewöhnlichste Kostüm, aber, wie alles Makartische, ein Phantasiekostüm: Traum, Schaum, Seifenblase. Der Traum des Sehnerven, das ist ja Makarts ganzes Werk.« Hevesi, *Acht Jahre Sezession*, a.a.O., S. 266f.
62 Pirchan schreibt: »Das tiefe Tizianrothaar der Freundin von J. Falke begeisterte ihn zu seinem farbenfeinsten Kostümbild, in dem er die rassige reife Frau, angeblich eine Kroatin, auf jenen Namen beziehend, als Falknerin aus der Renaissancezeit einkleidete.« Pirchan, *Hans Makart*, a.a.O., S. 47.
63 »Makart huldigt in seinen Werken der sinnlichen Schönheit der Frau, die er wiederholt in den Mittelpunkt historischer, mythologischer oder allegorischer Szenen stellt. Als barock empfindender Künstler hüllt er die Körper teilweise in rauschende, kostbare Kleider und erfreut sich

am reichen Farbenspiel. Er darf als letzter großer Dekorationsmaler angesprochen werden, als Nachfahre Veroneses, Tiepolos, Grans und Maulbertschs.« Hubert Adolph, in: Ausst.Kat. *Hans Makart und der Historismus in Budapest, Prag und Wien*, a.a.O., Einleitung, [o.S.].

64 Vgl. Ausst.Kat. *Hans Makart*, Baden-Baden, a.a.O., S. 77ff.
65 Vgl. Anhang XLVI.
66 Lützow spricht dies klar aus, wenn er meint: »[…] seine weiblichen Bildnisse haben weniger Natur als coloristischen Reiz; sie lassen die Dargestellten nicht einfach sie selbst sein, sondern gern eine Rolle spielen; sie begnügen sich oft mit einer nur äusserlichen Schönheit; die Köpfe haben bisweilen etwas Maskenhaftes; einzelne Bildnisse sind nur geschmackvolle Costümstücke; in den weiblichen Porträts stört vielfach der bleiche oder von ungesunder Röthe angehauchte Fleischton. Ich nenne als einige, theils gegenständlich, theils künstlerisch besonders interessante Beispiele der unübersehbar zahlreichen Gattung: die Porträts der Frau Baronin Teschenberg, der Frau Wolter als *Messalina*, das köstliche Bild der Frau Gräfin Duchatel, die einer Göttin gleich auf hoher Estrade in Prachtgewändern unter Blumen thront […], und das liebliche Frauenbildnis mit aufgelöst herabwallendem blonden Haar im Besitze der Frau Gräfin Breteuil. […].« Carl von Lützow, *Hans Makart. Der Frühling. Das letzte große Gemälde des Künstlers*. Ein Beitrag zu seiner Charakteristik. Sonder-Abdruck aus der Zeitschrift für Bildende Kunst, Wien 1887, S. 22f.
67 Gerbert Frodl, Hans Makart, in: Ausst.Kat. *Hans Makart und der Historismus in Budapest*, a.a.O., [o.S.].
68 »Caterina Cornaro war seit 1468 mit dem König von Zypern, Jakob II. Lusignan, verlobt und gleichzeitig zur Tochter der Republik Venedig erklärt worden. Erst 1472 fuhr sie zur Hochzeit nach Zypern. Bereits nach 8 Monaten starb ihr Gemahl, bald darauf auch dessen nachgeborener Sohn Jakob III. Venedig übernahm die Regierung über die Insel, Caterina mußte auf den Thron verzichten und in ihre Heimat zurückkehren. Sie erhielt den Sitz Asolo bei Treviso, wo sie Künstler und Gelehrte um sich versammelte. Es ist nicht eindeutig festzustellen, ob Makart die Huldigungsszene 1472 (zur Verabschiedung) oder 1489 (zum Empfang) spielen läßt. Zeitgenössische Kritiker jedoch sprechen in ihren Bildbeschreibungen von der Abfahrt Caterinas, und es gibt keinen Grund, an ihren Worten zu zweifeln.« Landsteiner, *Hans Makart und Robert Hamerling*, a.a.O., S. 13.
69 Ebda.
70 Zit. nach: Pirchan, *Hans Makart*, a.a.O., S. 34.
71 Zit. nach: Ebda., S. 28.
72 Zit. nach: Speidel, *Fanny Elßlers Fuß*, a.a.O., S. 104.
    »Wer in Haasesche Prunkteppiche eingewickelte Menschen ohne Seele, Muskeln und Knochen für große Kunst erklärt, der möge nach Italien gehen, dort findet er die Originale, die allerdings vom tiefsten Respekt vor der Natur beseelt sind. Große Leinwanden mosaikartig zu bemalen ist ungefähr von guter Kunst so weit entfernt wie eine Hetäre von einer anständigen Frau. Erscheinungen wie Makart hat es zu allen Zeiten gegeben, sie sind das Zeichen einer rapiden Dekadenz, zu welcher auch die meisten unserer modernen Künstler das Ihrige beitragen, indem sie Gottes Natur durch die Photographiemaschine betrachten.« Ebda., S. 105.
73 »Die netten Damen machen ihren Betrachtern nur was vor, natürlich; und so ist alles andere, das die Posen zu Szenen erweitern soll, auch nur Theater-Requisit und die Handlung Schein.« Manfred Sack, in: Robert Lebeck, *Playgirls von damals. 77 alte Postkarten*. Mit einem Nachwort von Manfred Sack. Die bibliophilen Taschenbücher Nr. 57. 5. Aufl., Dortmund 1992, S. 163. Auch Wilhelm von Gloeden (1856–1931) verfuhr mit seinen männlichen Modellen in ähnlicher Weise: »Um die zahlreichen Modelle mit an der Antike orientierten Accessoires und Kleidungsstücken versorgen zu können, hatte er sich eine Requisitenkammer und einen Kostümraum eingerichtet. […] Seine im Laufe der Zeit erworbenen Kleidungsstücke und Gegenstände entsprechen jedoch nicht immer dem klassischen Ideal, vieles erinnert eher an Maskerade, ja an Karneval.« Hans-Joachim Schickedanz, in: Wilhelm Gloeden, *Akte in Arkadien*, a.a.O., S. 149.
74 »Die Darstellung des männlichen Akts wurde erst Ende des 19. Jahrhunderts kunst- und damit gesellschaftsfähig.« Peter Weiermair, in: Ebda., S. 5.

75 »Daß die Modelle […] aus verschiedenen Klassen der Wiener Gesellschaft stammen, ist für die Rolle, die Makart ihnen zuweist, von symbolischer Bedeutung, denn was das Bild, historisch verbrämt, vor Augen führt, ist nichts anderes als die Tatsache, daß die Frau aller Schichten und Stände von der Männergesellschaft zur totalen Verfügbarkeit dressiert wird.« Hofmann in: Ausst.Kat. *Experiment Weltuntergang*, a.a.O., S. 15.

76 »Klimt ist wie Makart ein Künstler des ewigen Blühens, ein Stück des unendlichen Frühlings. Das sind die großen Naiven in der Kunst. Diese gelangen nie zum Zweck. Nur für sie hat das l' art pour l'art einen Sinn.« Hevesi, *Altkunst – Neukunst*, a.a.O., S. 317.
Wie Klimt war Makart kein Maler des Kaiserhofes und der Hocharistokratie; seine Auftraggeber entstammten dem Großbürgertum, dem ›Geldadel‹. Vgl. Gerbert Frodl, in: Ausst.Kat. *Hans Makart und der Historismus in Budapest, Prag und Wien*, a.a.O., [o.S.].

77 Anton Romako, zit. nach: Ausst.Kat. *Der Außenseiter Anton Romako 1832–1889. Ein Maler der Ringstraßenzeit*, Oberes Belvedere Wien, Wien 1992, S. 55.

78 »Es lag wohl in Romakos Wesen, sich nach allen Seiten umzusehen, alles für sich zu speichern, um es nach Bedarf parat zu haben.« Gerbert Frodl, in: Ebda., S. 12.

79 Vgl. Schaumberger [Hg.], *Die Jahrhundertwende*, a.a.O., S. 26.
»Immer wieder stoßen wir in der österreichischen Kunst des 19. Jahrhunderts auf komplexe, zwiespältige, ambivalente Erscheinungen. Adalbert Stifter, Hans Makart, Aloys Zötl, selbst der uns so biedermeierlich vertraute Ferdinand Georg Waldmüller sind so – und nur so – zu verstehen. Anton Romako aber war von allen der unruhigste und zwiespältigste.« Wieland Schmied, *Berührungen*. Von Romako bis Kokoschka, Salzburg–Wien 1991, S. 9.

80 Baudelaire schrieb in seiner Kritik über den Salon von 1859 auch über die Arbeiten von Hébert: »Certainement le succès était mérité, et M. Hébert s'annonçait de manière à être toujours le bienvenu, comme un homme plein de distinction. Malheureusement ce qui fit sa juste notoriété fera peut-être un jour sa décadence. Cette distinction se limite trop volontiers aux charmes de la morbidesse et aux langueurs monotones de l'album et du keepsake. Il est incontestable qu'il peint fort bien, mais non pas avec d'autorité et d'énergie pour cacher une faiblesse de conception. […]« Baudelaire, *Curiosités esthétiques*. L'Art romantique et autres Œuvres critiques, a.a.O., S. 354f.

81 Zit. nach: Ausst.Kat. *Der Außenseiter Anton Romako*, a.a.O., S. 26.

82 »Was Romako uns in seinem Salonbild gibt, ist nicht Gesellschaftskritik. Es ist Daseinskritik, wie sie radikaler kaum ausgesprochen werden kann, gegeben aus einem scheinbar dazu ganz ungeeigneten Anlaß, und darum um so nachdrücklicher.« Schmied, *Berührungen*, a.a.O., S. 21.

83 Fritz Novotny, *Der Maler Anton Romako 1832–1889*. 24 Farbtafeln sowie 16 Tafeln und 54 Abbildungen im Tiefdruck, Wien–München 1954, S. 58.

84 Zit. nach: Ausst.Kat. *Der Außenseiter Anton Romako*, a.a.O., S. 25.

85 Das Portrait *Frau Isabella Reisser* von Romako läßt an Leibls *Bildnis der Gräfin Rosine Treuberg* (1877, Öltempera) denken, das – im Bildaufbau ähnlich – das Wesen der Dargestellten zu veranschaulichen sucht, wobei Leibl vor allem der Wiedergabe der Hände, welche die Gräfin vor dem Leib verschränkt hält, große Aufmerksamkeit zukommen läßt. Leibl schrieb über sein Bild: »Ich wünsche nur, daß mir das Portrait der Gräfin gut gelinge, was aber sehr viel Arbeitet kostet und ungemein schwierig ist, denn Damen sind immer etwas eitel und kann es ihnen ja ein Spiegel selten recht machen […].« Zit. nach: Ausst.Kat. *Von der Romantik zum Impressionismus*. Meisterwerke deutscher Malerei des 19. Jahrhunderts. Bearbeitet von Stephan Koja, Österreichische Galerie Wien 1992, S. 72.

86 Vgl. Fritz Novotny, *Der Maler Anton Romako*, a.a.O., S. 61ff.
Gerbert Frodl weist in bezug auf die späten Portraits Romakos darauf hin, daß diese Werke nicht nur die frühe Portraitmalerei Kokoschkas ahnen lassen, sondern auch die repräsentativen Bildnisse des jungen Klimt. Vgl. Frodl, in: Ausst.Kat. *Der Außenseiter Anton Romako*, a.a.O., S. 24.

87 Ungefähr ab dem vierzigsten Lebensjahr ließ sich Elisabeth weder portraitieren noch photographieren. In der Öffentlichkeit verschleierte sie ihr Gesicht und benützte geschlossene Wagen für ihre Ausfahrten; nicht zuletzt dadurch begründete sie den Mythos ihrer ewigen Jugend und Schönheit. Vgl. Hamann, *Sissi*, a.a.O., S. 66.

88 Vgl. Ausst.Kat. *Der Außenseiter Anton Romako*, a.a.O., S. 222.
89 »Die bewunderte Schönheitskönigin des 19. Jahrhunderts baute ihre Idealfigur auf eine latente Magersucht. Wo der weibliche Körper zum Inbegriff männlicher Ausbeutung und Verherrlichung wurde, gestaltete sie ihre Schlankheitsmanie zur Protesthaltung. Ein als gewalttätig empfundenes System wurde nun ebenso gewalttätig gegen sich selbst gerichtet.« Fischer, *Schattenwürfe in die Zukunft*, a.a.O., S. 70.
90 Brigitte Hamann schreibt über die Kaiserin Elisabeth: »Selbstverwirklichung der Frau bis ins letzte Extrem […]. Für sich selbst hat sie alles durchgesetzt, was sie wollte, und hat alles andere darüber vernachlässigt, sowohl ihre Pflichten als Kaiserin wie die Pflichten als Frau und Mutter, auch als ›Volksmutter‹, die ja soziale Pflichten hat. Sie hat sich um wirklich nichts geschert als um sich selbst – soweit, kann man also sagen, hat sie sich selbst verwirklicht […]. Aber sie hat im Sinne der Frauenbewegung kein bißchen getan für die Frauen. Sie war eine hochgebildete und eigentlich auch hochintelligente Frau, aber es wäre ihr nie in den Sinn gekommen, etwas für Mädchenschulen zu tun, wie das zum Beispiel in derselben Zeit die Kronprinzession Viktoria in Berlin gemacht hat […].« Zit. nach: Andics, *Die Frauen der Habsburger*, a.a.O., S. 296.
91 Das Krönungskleid für Elisabeth entwarf Frederick Worth aus Paris. »Das ungarische Krönungskleid von Worth imitiert mit dem dünnrandigen Spitzenbesatz des kurzen Ärmels und dem perlenbeschnürten Brustansatz ungarische Nationaltracht, aber die überdimensionierte Ärmelmasche transponiert die volkskundliche Anregung ins vulgäre, ein historisierendes, jedoch durchaus geschmäcklerisches Detail, das auch vielen Kostümen der berühmten Makart-Umzüge und Makart-Feste anhaftet.« Georg Wolfgang Fischer, *Gustav Klimt und Emilie Flöge*. Genie und Talent, Freundschaft und Besessenheit. Unter Mitarbeit von Dorothea McEwan. Mit 193 Abbildungen, davon 52 in Farbe, Wien 1987, S. 73.
92 Ludwig Speidel bezeichnet Winterhalter als einen »richtigen Salonmaler« und führt aus: »Winterhalter […] fühlt sich im Salon als ein Gleicher unter Gleichen, und sein vornehmer Abandon in der Zeichnung, die Leichtigkeit und Lässigkeit seines Vortrages verkünden die Verwandtschaft des Künstlers mit seinem Gegenstande in jeder Linie und jedem Pinselstrich. Ein Teil […] mag auch an den verschiedenen sozialen Verhältnissen in Wien und Paris liegen, denn in Wien sind diese noch vielfach unfrei, während die gesellschaftliche Atmosphäre in Paris durch die Wetter und Stürme der Revolution gereinigt ist.« Speidel, *Fanny Elßlers Fuß*, a.a.O., S. 34.
93 Ausst.Kat. *Hans Makart und seine Zeit*, Salzburger Residenzgalerie, 1954, S. 18f.
94 Vgl. Novotny, *Der Maler Anton Romako*, a.a.O., S. 69ff.
95 Else Kupfer schrieb 1951 an Kokoschka: »Ich muß mit Karin Michaelis bekennen, daß auch ich damals in Wien kein Verständnis für das Gemälde hatte. Das sollte ich sein? Aber ich bin bekehrt. Im vergangenen Herbst bin ich eigens nach München gefahren, um in die Ausstellung zu gehen, habe auch lange vor meinem Portrait gestanden und erkannt: Sie hatten recht. So bin ich, und so war mein Leben.« In: Winkler – Erling, *Oskar Kokoschka*, a.a.O., S. 34.
96 Gerbert Frodl, in: Ausst.Kat. *Der Außenseiter Anton Romako*, a.a.O., S. 10.
97 Hevesi, *Altkunst – Neukunst*, a.a.O., S. 123.

Abb. 65 Wilhelm GAUSE, *Der Hofball*, 1900

Abb. 66 Ernst Ludwig KIRCHNER, *Straße mit roter Kokotte*, 1914

Abb. 67 Hans MAKART, *Der Triumph der Ariadne (Bacchus und Ariadne)*, Det., 1873/74

Abb. 68 Hans MAKART, *Clothilde Beer*, um 1880

Abb. 69 Hans MAKART, *Venedig huldigt Caterina Cornaro*, 1872/73

Abb. 70 Hans MAKART, *Der Geschmack*, 1879

Abb. 71 Anton ROMAKO, *Herr und Dame im Salon* (Interieur im Makartstil), 1887

Abb. 72 Anton ROMAKO, *Kopf einer bretonischen Bäuerin*, 1884

Abb. 73 Anton ROMAKO, *Kaiserin Elisabeth von Österreich*, 1883

Abb. 74 Georg RAAB, *Kaiserin Elisabeth im ungarischen Krönungsornat*, 19. Jh.

Abb. 75 Anton ROMAKO, *Italienisches Fischerkind*, um 1871

Abb. 76 Oskar KOKOSCHKA, *Bildnis Else Kupfer*, 1911

10. Das Bild der Frau in der Wiener Moderne

Die Frau darf nur, was der Mann will, aber nur, wenn sie es selbst nicht will.

Karl Kraus[1]

In der Einleitung zu Célia Bertins *La Femme à Vienne au temps de Freud* werden viele Klischees über Wien und die Wienerinnen um 1900 zitiert:

La Vienne de 1900, et les Viennoises, ont pour nous des accents de rêve et de brillant. Elles sont belles et elles valsent dans des palais baroques aux bras d'officiers chamarrés, sur des airs de Strauss. Elles sont libres et audacieuses, comme dans les tableaux de Klimt, et leur nom évoque le génie: Alma Mahler, Lou Andreas-Salomé, Margaret Wittgenstein […]. Elles sont simples et confiantes, comme les oies blanches des pièces de Schnitzler, et elles rêvent d'amour et de musique au printemps, parmi les lilas du Prater. Elles sont aussi ›l'imperatrice de la solitude‹, la fantasque Sissi, qui, entre les hauts murs de la Hofburg, rêve à son enfance heureuse, au vieux château des Wittelsbach, à tant de choses en elle inexplicables.[2]

Im Wien der Jahrhundertwende lebten jedoch mehrere Nationalitäten zusammen, und die vielgepriesenen Wiener Frauen und Mädchen waren eigentlich Polinnen, Tschechinnen, Ungarinnen, Jüdinnen und deutschsprachige Wienerinnen.[3] In seinem – nationalistischen und rassistischen Tendenzen folgenden – Buch *Die Rassenschönheit des Weibes* beschreibt Carl Heinrich Stratz die körperlichen Eigenschaften und Erscheinungen von unterschiedlichen Völkern. Er verwendet für seine Vergleiche, die dazu dienen sollen, die Vorrangstellung der »weissen Rasse« zu beweisen, dabei ausschließlich den weiblichen Körper und begründet dies wie folgt:

Beim Manne kann die Individualität den Rassencharakter völlig beherrschen, bei der Frau ordnet sie sich dem Rassencharakter unter. Beim Löwen ist die Mähne, beim Hirsch das Geweih, beim Pfau das Gefieder das sprechendste Merkmal, das ihn als Individuum auszeichnet. Die Löwin dagegen zeigt ebenso wie die Hinde und das Pfauenweibchen in ihrem Körperbau den reinen Charakter der Gattung, den der Katze, beziehungsweise der Ziege oder des Hühnervogels. Ebenso sind auch bei den menschlichen Weibern die Rassenmerkmale weniger ins Auge springend, aber bei genauerer Beobachtung viel reiner ausgeprägt als bei den Männern.[4]

Stratz geht in seinem Buch auch auf die körperlichen Besonderheiten der Österreicherin ein, wobei er deutlich macht, daß in der Österreichisch-Ungarischen Monarchie durch die verschiedenen Nationalitäten eine Vielzahl von verschiedenen Körpererscheinungen zu vermerken ist. Über die »Deutschösterreicherin« meint er:

Die Deutschösterreicherin hat mit ihren nordischen Schwestern die schöne weisse Haut gemein. Die Farbe der Augen und Haare dagegen hält die Mitte zwischen nordischem und romanischem Typus und spielt meistens in heller oder dunkler braunen Tönen. Ausserdem aber besitzen die Deutschösterreicherinnen, besonders die Frauen aus dem Erzherzogtum Oesterreich, aus Kärnthen und Krain gewisse Schönheiten in höherem Masse und häufiger als andere Stämme. Dazu gehört vor allem das vielbesungene Grübchen im Kinn, zu dem sich, wenn der Mund beim Lächeln sich verzieht, die freundlichen Grübchen in den Wangen gesellen.[5]

Als Illustration und Nachweis für seine Beschreibungen zeigt Stratz den *Idealkopf einer Österreicherin* (Abb. 77) und sieht im schlanken Körper einer 17jährigen Wienerin »die österreichische Frauenschönheit in ihrer höchsten Vollkommenheit [...]. Sie gleicht einer halbgeöffneten Rosenknospe, die in ihrem jugendlichen Reiz oft schöner ist als die volle Blume.«[6]

Auch Ludwig Speidel hat der »Frauenschönheit« rege Aufmerksamkeit geschenkt, obwohl, wie er meint,

[...] ein kühler, sachdenklicher Beurteiler des ästhetischen Formenwertes der Gestalt des Mannes vor derjenigen des Weibes den Preis höherer Schönheit unzweifelhaft [wird] zuerkennen müssen – denn frei, wie ein Gott, ist der Mann in die Welt hineingestellt, während der weibliche Körper durchaus von Absicht und Zweck beherrscht ist [...].[7]

In den Arbeiten der Wiener Maler um 1900 finden wir Frauen aus unterschiedlichen sozialen Schichten und verschiedener Nationalitäten. Die Portraits zeigen vor allem die Damen des reichen Bürgertums und des Adels,[8] während für die allegorischen und mythologischen Bildthemen und Akte[9] Frauen aus den unteren Gesellschaftsschichten als Modelle herangezogen wurden. Hier ist zwischen weiblichen Familienmitgliedern (etwa Emilie Flöges Gesichtszüge als Vorbild für Klimt) und Arbeiterinnen mit geringem Verdienst, Berufsmodellen, Prostituierten etc. zu unterscheiden.

Literaten

Die meisten Schriften über Kunst sind von Leuten verfaßt, die keine Künstler sind: daher die falschen Begriffe und Urteile. Ich glaube, daß jeder Mensch, der eine anständige Erziehung genossen hat, geziemend über ein Buch sprechen kann, aber durchaus nicht über ein Werk der Malerei oder der Plastik.
Eugène Delacroix[10]

Peter Altenberg

Rosig will ich, muß ich dein geliebtes Antlitz sehen –
Und wenn ich es mit meinem Herzblut rosig färben müßte!
Peter Altenberg[11]

Für Richard Engländer alias Peter Altenberg war die Frau ein wesentliches, wenn nicht das wichtigste Thema seines schriftstellerischen Schaffens. Mit seinen schwärmerisch, teilweise euphorischen Aussprüchen[12] und seinen fast erzieherischen Thesen[13] konnte er letztlich jedoch seine wirkliche Meinung über die Frau nicht überspielen: »Frauen besonders sind genial geschickte Zerstörerinnen unserer aufgestapelten Lebensenergien [...]«.[14] Diese Sicht der Frau im Sinne Weiningers klingt auch an, wenn Altenberg seine Trauer über den Tod Annie Kalmars in einem Schreiben an Karl Kraus zum Ausdruck bringt und in diesem Zusammenhang von der Frau als einem »naturschönen Geschlechts-Tierchen« spricht:

> Ihr seid gerichtet durch Euch selbst! Eurer schamlos-feigen Unfähigkeit, aus einem naturschönen Geschlechts-Tierchen einen wertvollen selbstlos-ideal-glückseligen Organismus zu gestalten, entspricht Eure feige Philosophie von der nur sexuell beglücken könnenden geliebten Frau! Also nur sexuell beglückt werden Könnenden!!![15]

Altenbergs Ideal war die graziöse, schlanke, androgyn wirkende Frau,[16] die er in den Bildern Gustav Klimts wiedergegeben sah, und es waren vor allem junge, sexuell unerweckte Mädchen, die seiner Vorstellung von Anmut und Schönheit entgegenkamen:[17]

> Eine Frau ist immer zu alt, und nie nie zu jung! Das Gesetz schreibt uns vor: von vierzehn an! Aber das Gesetz ist nicht von Künstlern entworfen. Unser Geschmack sagt: In jedem Alter, wenn du nur sehr schön bist! Freilich heißt es da wie in der Bibel: »Er hatte ein Auge auf sie geworfen!« Aber wirklich nur das Auge, dieses ideale Lustorgan![18]

Die reife, fordernde Frau erfüllte ihn – wie viele seiner Zeitgenossen – mit dem Gefühl des Unbehagens.[19] Seine Beschreibungen der Frauenbilder Klimts jedoch gehören mit jenen Hevesis zu den bedeutenden Dokumenten der Kunstbetrachtung der Zeit um 1900 in Wien. So schreibt er beispielsweise:

> Wie Endgebilde der zartesten Romantik der Natur selbst sind diese Frauenporträts. Wie die Dichter sie sich erträumen, zarte, edelgliedrige, gebrechliche Geschöpfe für ihre zärtlichen Begeisterungen, die nie verklingen und nie Erlösung finden! Die Hände der Ausdruck einer anmutigen Seele, kindlich leicht beschwingt, vornehm und gutmütig zugleich! Alle befinden sich außerhalb der Erdenschwere, wie sie sich auch sonst stellen mögen im realen Leben des Tages und der Stunde. Alle sind Prinzessinnen für bessere zartere Welten. Der Maler hat es erschaut, hat sich nicht irremachen lassen, hat sie gerechterweise erhöht, zu ihren eigenen, in ihnen singenden und klingenden Idealen! [...] Das sind die Augenblicke für den Künstler. So erschaue er die Frau! In die Rätsel des Daseins starrend, stolz, unbesiegbar und dennoch bereits tragisch traurig und in sich gekehrt! Nur die Schönheit der Hände, die überirdische, triumphierte über das Leben und seine mannigfachen Tücken und Vergiftungen. Diese Hände sagen: ›Wir bleiben so bis in unser 70. Lebensjahr, und an der Matrone wird man es dadurch noch erkennen, daß wir für die Begeisterung von Malern und Dichtern geboren worden sind! Es sind unsere einzigen untrüglichen Höhepunkte!‹«[20]

Altenberg lag mit seiner Begeisterung über die Schönheit der weiblichen Hand durchaus im Trend der Zeit.[21] 1910 erschien in zweiter Auflage ein Buch von G. W. Geßmann, das *Die Frauenhand und ihre Bedeutung für die Erforschung des weiblichen Charakters* als Thema hatte. Darin versucht der Autor, anhand der Formen der menschlichen Hand, inbesondere der Frauenhand, geistige und seelische Funktionen auf diese körperlichen Gegebenheiten zurückzuführen.

> Die Form und Größe des Daumens kommt bei Beurteilung des Frauencharakters ganz besonders in Frage, weshalb wir demselben eine etwas eingehendere Besprechung angedeihen lassen müssen.[22] Philosophische Hände sind bei Frauen selten rein anzutreffen, hingegen findet man die Beschaulichkeitshände, welche wir später als »psychische Hände« kennenlernen werden, häufiger bei dem weiblichen Geschlechte als bei Männern vor.[23]

Aus der Frauenhand vermeint Geßmann Lügenhaftigkeit, Ränkesucht, Neigung zu Intrigen, übermäßigen Stolz, Sinnlichkeit, Zorn, Faulheit, den Geiz, Neid, Feinschmeckerei, Dieberei, Mordlust und Ausschweifungen zu erkennen; was keine Erwähnung findet, sind positive Eigenschaften der Frau, woraus man offenbar schließen darf, daß der Autor dem weiblichen Geschlecht keine diesbezüglichen charakterlichen ›Werte‹ zuordnet.

Ludwig Hevesi

Sogar den Puppen im Schaufenster muß ich zurufen: »Ihr lieben Püppchen, nehmt euch um Gottes willen ein Beispiel an der armen Nora!«

Ludwig Hevesi[24]

Als Ludwig Hevesi am 27. Februar 1910 durch Selbstmord aus dem Leben schied, betrauerte Wien, wie Gunther Martin schreibt, »den Verlust einer der originellsten Erscheinungen jenes ›kakanischen‹ Kosmos, dem allerhand rare und kuriose Typen Relief und Buntheit gaben.«[25] In seinen beiden Büchern *Altkunst – Neukunst* und *Acht Jahre Secession* hat Hevesi die künstlerischen Entwicklungen im Wien der Jahrhundertwende kommentiert, wobei er lebhaften Anteil an der Entstehung und Kunst der Wiener Sezession nahm.

Hevesis Beschreibungen von Werken Klimts finden sich im Kapitel »Anton Romako (1832-1889)«; einige seiner interessanten Beobachtungen über die ›modernen‹ Tanzvorführungen sind unter dem Kapitel 8 – »Musik, Theater, Tanz« – angeführt. Was Hevesis Notizen so eindrucksvoll macht, ist seine Fähigkeit, die unterschiedlichen Kunsterlebnisse zu einem Gesamteindruck zu verbinden, wie beispielsweise in der nachfolgenden Beschreibung des Tanzes von Miß Macara:

Miß Macara, Schottländerin, in Boston erzogen, Tanznatur, aus eigenem ihren Ausdruck suchend, wahrhaftig schon findend. Warum sie sich nicht für eine Siamesin ausgibt! Oder für eine Kambodschanerin! Wie andere Amerikanerinnen von Gott weiß wo. […] Mit einem Kopf, und einem Gesicht davor, wenn sie tanzt, wird es medusenhaft starr, schlangenbannend, eine hieratisch unheimliche Maske, wie Japaner sie vorbinden, Antlitze aus Gespensterland. Diese momumentale Starre liegt auf ihren Zügen wie ein Geheimnis. […] Diese sinnliche Beseelung der Natur, der bürgerlichen Welt sogar; statt des faden Nervengeklimpers vielzuvieler Auchmoderner, der einheitlich starke Nervenstrom eines großen Einfachen. Wie Rodin einer ist und selbst der komplizierte Whistler einer war. Nur Klimt und Rodin haben diese Atmosphäre um sich. Diese Photosphäre lebendiger Nervenwirkung, aus deren Flammenwirbel nichts mehr fort kann, was einmal hineingeraten. So saßen denn in dem weißen Saale die Damen, die Klimt gemalt hat, und vor ihnen tanzte das fremde Mädchen, das Klimt gewiß malen wird. Ihr Tanz wird ihm etwas sagen; vermutlich das nämliche, was seine Bilder ihr gesagt haben.[26]

Karl Kraus

> *Wo Freiheit sie für die Phrase nutzten,*
> *war ich Reaktionär.*
> *Wo Kunst sie mit ihrem Können beschmutzten,*
> *war ich Reaktionär.*
>
> Karl Kraus[27]

Karl Kraus, der Herausgeber der *Fackel*, schreibt über die Fakultätsbilder von Klimt:

Man kann sehr viel gegen die gedankliche Anmaßung der Fakultätenmalerei Klimt's einzuwenden haben, aber es geht doch auf die Dauer nicht an, diesen außerordentlichen Könner deshalb zu verunglimpfen, weil seine Frauengestalten nicht »mollert« sind und dem Ideale der »Mudelsauberkeit« nicht entsprechen.[28]

Diese Aussage soll jedoch nicht darüber hinwegtäuschen, daß Kraus die Arbeit der »Modernen« nicht kritiklos akzeptierte. Seine Beschreibung der Frauen in den Bildern Klimts macht seine Position deutlich:

Ob sie nun Hygieia oder Judith, Frau X oder Frau Y heißen, alle seine Gestalten haben die Blässe der berufsmäßig unverstandenen Frauen, und Herr Klimt hat ihnen unverkennbare Schattenringe oder sagen wir lieber gleich Schottenringe um die düster glosenden Augen gemalt.[29]

Der Frauentyp, den Kraus hier karikiert, ist jener der reichen Bürgersgattin, worauf er mit den »Schottenringen«, als ironische ›Adressenangabe‹, anspielt.

Garten und Schloß, Schwerelosigkeit und Schönheit sind die Substrate auf der einen, Bassenawohnung, Hungerlöhne, Blechwirtschaft auf der anderen Seite. Beiden Schichten gemeinsam aber ist eine intakte soziale Identität und – für Kraus wichtig – die Entfernung vom gedruckten Wort, sei es im produzierenden oder bloß rezipierenden Sinn. Oberklasse und »Unterwelt«, Aristokratie und Proletariat (bzw. proletarisierte Randgruppen) bilden tatsächlich den Horizont, an dem die Figuren seiner emotionellen Zuneigung überhaupt erst auftauchen können. Für die Wahl des Frauentyps, für die Liebeswahl, ist diese zwischen die sozialen Fremdbereiche gespannte Affektlage außerordentlich wichtig. Am oberen Ende der weiblichen Skala thront die schöne Aristokratin; am Fuße der Leiter befindet sich die Frau, die nichts besitzt als ihren Körper, die Prostituierte.[30]

In seinem Buch *Sittlichkeit und Kriminalität* nimmt Kraus eindringlich zur Situation der ›gefallenen Frau‹ Stellung, wobei er auch auf die Ehe als soziale und gesellschaftliche Institution Bezug nimmt:

Denn die Heiligkeit der Ehe würde, sobald sie aufhörte »Rechtsgut« zu sein, beträchtlich vermehrt werden. Sie wäre nicht mehr von jener unseligen Heuchelei beleidigt, unter der Menschen fortleben, die längst erkannt haben, daß sie, als sie »in die Ehe traten«, keinen andern »Fehltritt« mehr begehen konnten – man müßte denn das Heraustreten aus allen Dingen, in die einer auf der Lebensstraße treten kann, als Fehltritt bezeichnen […]. Aber dies ist vom Standpunkt vergangener und hoffentlich kommender Zeiten besprochen, nicht aus dem Herzen der Gegenwart. Sie ist beruhigt, ihre Ideale in gesetzlicher Hut zu wissen, und braucht sie darum nicht zu befolgen. Sie sehnt sich nicht nach Reformen. Eine Gesittung, die der zwischen Arbeitstier und Lustobjekt gestellten Frau gleißnerisch den Vorrang des Grußes läßt, die Geldheirat erstrebenswert und die Geldbegattung verächtlich findet, die Frau zur Dirne macht und die Dirne beschimpft, die Geliebte geringer wertet als die Ungeliebte, muß sich wahrlich eines Strafgesetzes nicht schämen, das den Verkehr der Geschlechter ein »unerlaubtes Verhältnis« nennt. Die Sitte ist geschützt. Und die Sittlichkeit könnte arg überhandnehmen, wenn's nicht Verbote gegen die Unsittlichkeit gäbe.[31]

Die Prostitution, die damit verbundene Heuchelei der Gesellschaft und die Außenseiterrolle der Prostituierten beschäftigten Kraus auch in seinem Artikel über die Ermordung einer Prostituierten.

Auch vermag die Prostitution schon als Extrem dessen, was die gute Gesellschaft verabscheut, zu einer Debatte zu helfen, in der man die Moral beim Wort nimmt. Beim Wort Prostitution, mit dem der männliche Geschlechtsneid eine Fähigkeit schmäht, die ihm versagt ist. Weil eine Handlung, die die Natur das andere Geschlecht ohne Verlust an Wert und Kraft vollziehen läßt, die Preisgabe der Männlichkeit bedeutet, weil hier innerhalb einer begrenzten Lust nichts ohne ethische Haftung geschieht und dort Lizenz herrscht, hat sich die Konvention, die nur ein Ausgleich der Sitte mit der Geilheit ist, zu einer schamlosen Begriffsvertauschung verstanden. Man glaubt zu schwächen und man wird geschwächt. Man stellt die Frau, der die Schöpfung den Ichdefekt versüßt hat und in der jedes Minus lustbefangen ist, unter sittliche Verantwortung, und spricht den Mann, der nur den Lustdefekt spürt und nicht den Ersatz durch Persönlichkeit, frei. Der Bürger rächt sich an der Natur, die ihm etwas vorenthalten hat, durch Verachtung und nennt das, was ihn prostituieren würde, am Weibe Prostitution. Er schmäht und sagt »Geschöpf«: er hat sich nach der Schöpfung selbstständig gemacht, er steht auf eigenen Füßen. Er hat sich Instinkte verschafft, die ihn überall dort sich abkehren lassen, wo er das Ebenbild Gottes wittert. Er selbst ist mehr, er ist die unbeglaubigte Kopie.[32]

Kraus' Beschreibung des Mordes an einer Wiener Prostituierten ermangelt jeder reißerischen Beschreibung des Vorfalles; er sieht in dem Tatbestand des Tötens einer Prostituierten vielmehr die Möglichkeit, sich mit der Scheinmoral der Gesellschaft und der Medien auseinanderzusetzen.

Weil Kraus eine moralische Haltung einnimmt, mischt er die Kunst nicht ins Leben, sondern weist ihr eine Funktion zu. Kunst dient in erster Linie dem Leben. Kunst muß aber auch ihren eigenen Auftrag erfüllen, und dieser lautet Wahrhaftigkeit.[33]

Seine intensive schriftstellerische Beschäftigung mit der Prostitution fand jedoch keinen Widerhall in den Arbeiten der Wiener Maler der Moderne;[34] die ›Hure‹ als Symbol für den Verfall der menschlichen Gesellschaft, so wie sie die Künstler in Frankreich und Deutschland schildern, ist in Wien um 1900 kein Bildthema. Im Zyklus *Opus VIII. Ein Leben* von 1884 beispielsweise faßt Klinger das Schicksal der ›gefallenen Frau‹ gewissermaßen zusammen. Werke, die diesem Thema gewidmet sind, finden sich unter anderem auch bei Otto Dix und Georges Rouault. Letzterer »begriff die ›gefallene Frau‹ als Gleichnis für soziales Außenseitertum, auch des eigenen, künstlerischen.«[35]

Maler

> *Je suis belle, ô mortels! comme un rêve de pierre,*
> *Et mon sein, où chacun s'est meurtri tour à tour,*
> *Est fait pour inspirer au poète un amour*
> *Éternel et muet ainsi que la matière.*
> Charles Baudelaire[36]

Gustav Klimt (1862–1918)

> *Die Bilder, die unser Geist erfindet, sind die Symbole unserer Gedanken.*
> Jacques Baudoin[37]

Die Darstellung der Frau spielte für Klimt eine wesentliche Rolle; seine Frauenbilder lassen sich in drei Gruppen unterteilen: erstens die Portraits[38], zweitens die allegorischen und mythologischen Bilder, denen die Darstellungen der femme fatale[39] und die sogenannten Lebensbilder[40] zugerechnet werden können, sowie drittens die Akte.

Schon der erste Biograph Gustav Klimts, Max Eisler, begnügte sich mit einer sehr allgemeinen Charakterisierung von Klimts Portraitkunst als Kritik der Décadence:

> [...] im allgemeinen ist es [...] eine verwöhnte, gepflegte, großstädtische Gesellschaftsschicht, [...] meistens ist es die mokante oder blasierte, geistig indifferente oder gar geistlose Dame, die bedeutend und blendend erscheinen will. Klimt ist niemals – das verhindert schon sein Geschmack und seine Gleichgültigkeit – geradezu satirisch. Aber im ganzen ist er doch durch die befangene, sachliche Schilderung der Sphäre, mit der er es hier zu tun hat, der Historiker dieser lauen, lässigen und leeren Gesellschaftsschicht geworden.[41]

Die »Gesellschaftsschicht«, die Eisler im obigen Zitat anspricht, ist das neureiche Großbürgertum, das im Wien der Jahrhundertwende besonders durch prunkvolle Ringstraßenbauten in sichtbare Konkurrenz zur Aristokratie tritt. Wie diese will auch der sogenannte »Geldadel« durch Mäzenatentum seine Bedeutung innerhalb der Gesellschaft und des Landes hervorheben. Während jedoch der Hof Klimt nach 1892 nicht weiter beschäftigte und das Desaster um seine Fakultätsbilder die Wiener in zwei Lager spaltete, avancierte der Künstler zu ›dem‹ Portraitisten des Wiener Großbürgertums.[42]

Klimt begann seine künstlerische Laufbahn mit durchaus traditionellen Bildthemen und in einem eher konventionellen Malstil; Gemälde wie das *Theater in Taormina* oder der *Thespiskarren*, beide 1888, entsprechen in Thema und Ausführung durchaus den Werken der französischen und englischen Salonmaler am Ende des 19. Jahrhunderts. Gérôme und Bouguereau sowie Alma-Tadema, Waterhouse und Leighton sind typische Vertreter dieser Malerei, die beim bürgerlichen Publikum große Begeisterung hervorrief; tarnte sie doch mit mythologischen und historischen Bildthemen die eigentliche Intention: nämlich nackte Frauenkörper in erotischen Posen auf Gemälde zu bannen.[43]

Zeit seines Lebens hat Klimt Portraits geschaffen, doch erst 1898 gelang Klimt mit dem Portrait der *Sonja Knips* (Farbtafel 8) der Durchbruch zu einem eigenen Stil. Für dieses Bild hat Klimt zum ersten Mal ein quadratisches Format gewählt.[44] Eine ernst blickende junge Frau mit edlen, feinen Zügen sitzt auf einem Gartensessel vor einer Landschaft. Ihr elegantes rosa Kleid betont die Jugendlichkeit der Dargestellten, die die Armlehne ihres Stuhls umfaßt, als ob sie sich gerade erheben wollte; ihre Augen scheinen jedoch starr geradeaus zu blicken. Hevesi würdigt dieses Gemälde:

Man sehe auch das rieselnde Rosa der sitzenden Dame, seines ersten Porträts in dieser gewollt neumodischen Weise. Henri Martin hat etwas Gleichartiges. Aber Klimt bleibt bei keinem Rezept stehen. Er findet immer wieder andere Freiheiten, zumal für seine Damenbildnisse, deren jedes ein anderes koloristisches Motiv hat und mit anders gestimmter Hand gemalt ist […].[45]

Margaret Stonborough-Wittgenstein, deren Portrait Klimt ausführte, konnte sich mit ihrem hochstilisierten Bildnis nicht identifizieren und lehnte es ab. Ebenso erging es Klimt mit dem *Bildnis Emilie Flöge* (1902); das zweite Portrait von Emilie, das sie aufrecht stehend, die linke Hand in die Hüfte gestützt, zeigt, fand bei der Dargestellten keinen Anklang, weshalb es verkauft wurde. Bezeichnend ist, daß es gerade diese beiden intelligenten und selbstbewußten Frauen waren, die mit ihren von Klimt gemalten Bildnissen nichts anfangen konnten, weil er ihre Persönlichkeit seiner individuellen Interpretation und Malweise unterwarf. In beiden Gemälden sind die Frauenkörper in lange, schlauchartige Kleider gehüllt, die jede Andeutung körperlicher Formen verbergen.

Das Reformkleid wurde um 1900 auch in Wien von modebewußten Frauen getragen, wie zahlreiche Portraits und Photographien beweisen; sogar im *Ver Sacrum* diskutierte man über Damenmode:

Woran liegt die Schuld des Mangels an Eigenart und Abwechslung in den Kostümen? Nirgends anders als da, wo aller Rückschritt in künstlerischen Fragen zu suchen ist: in dem gedankenlosen Beharrungstrieb mit seiner bedingungslosen oder gewohnheitsmäßigen Unterwerfung unter die Modetyrannei […]. Statt sich die Moden aufzwingen zu lassen, sollten geist- und geschmackvolle Frauen sie selbst machen. Nur Muth meine Damen! Mit der Zeit wird die Selbständigkeit schon kommen, und gerade diese selbständige Bethätigung des individuellen Geschmacks thut noth.[46]

Das Portrait *Adele Bloch-Bauer I* (Abb. 78) ist charakteristisch für Klimts große Portraits der Damen der Wiener Gesellschaft und das bekannteste aus der Zeit des sogenannten »Goldenen Stils«, in dem Klimt von 1903 bis 1909 arbeitete. Adele Bloch-Bauer war eine Freundin Klimts; er hat sie zweimal portraitiert. Die Frau erscheint auf diesem Gemälde wie eine Intarsie des mosaikhaft gestalteten Goldgrundes. Nur die Hände und das Gesicht, das elfenbeinern wirkt, heben sich von den ornamentalen Bildteilen ab.[47] Diese scheinen noch stärker losgelöst als in den vorhergehenden Bildern, denn sie treiben sozusagen ohne Verbindung zum Körper der Frau in den Goldelementen. Die Portraitierte ist Teil der Dekoration, sie »wird von dieser vereinnahmt«.[48] Die Sitzposition und das weit fallende Kleid erinnern an italienische Madonnendarstellungen. (Somit wird die Dame der Gesellschaft auch zur unberührbaren, verehrungswürdigen großen Mutter.)

Hevesi meint, diese Portraits seien als

[…] gemalte Mosaiken gedacht, nämlich die Figuren zwar in der delikaten Klimtschen Mischung von Stilismen und Naturalismen naturgemäß gezeichnet und gemalt, die Einkleidung und Ausstattung aber ein musivisches Phantasiespiel. Wenn man feine Damen von heute so dargestellt sieht, denkt man unwillkürlich an die Mosaikporträts Justinians und Theodoras in jener Prachtkapelle zu San Vitale in Ravenna.[49]

Im zweiten Bildnis von Adele Bloch-Bauer, das 1912 entstand, hat sich die Darstellungsweise nur unwesentlich geändert. Die Frau ist nun nicht mehr in ein Mosaik, sondern vor verschieden gestaltete Musterfelder gestellt. Obwohl auch in diesem Portrait nur die Hände und das Gesicht aus der ornamentierten Fläche ragen, ist der Körper doch leichter erfaßbar als im Bild *Adele Bloch-Bauer I*.

Es erscheint fraglich, inwieweit die von Klimt portraitierten Frauen Individualität besitzen. Sie erscheinen vielmehr als Schmuckstücke, die in den dekorativ gestalteten Hintergrund eingefügt wurden.[50] Obwohl sie eine äußere Ähnlichkeit mit ihren Vorbildern aufweisen, sind sie doch eher Vertreterinnen einer bestimmten Gesellschaftsschicht und gehören alle ein- und demselben Typus an; sie besitzen demnach auch keine psychologische Individualität im Sinne der Frauenportraits des jungen Kokoschka.

Dies spricht auch Berta Zuckerkandl an, wenn sie 1904 über die Frauenportraits von Klimt äußert: »Alles Zufällige, alles Individuell-Charakteristische fällt ab, nur das rein Typische, der sublimierte Extrakt […] bleibt in vollster Stilreinheit zurück.«[51] Wie die Frauen der Bilder Gustave Moreaus scheinen auch jene Klimts in schöner Reglosigkeit (»la belle inertie«) erstarrt zu sein. Wie Moreau erarbeitet sich auch Klimt eine individuelle Ikonographie, der er die dargestellten Frauen unterwirft, und wie in den Gemälden Moreaus – aber auch jenen von Rossetti, Burne-Jones und Khnopff – scheinen sich auch alle von Klimt gemalten Frauen auf wundersame Weise zu ähneln.[52]

Auf Klimts Bildnisse trifft offenbar ebenso zu, was Whistler – bei aller Verschiedenheit in der malerischen Ausführung – über das Portrait seiner Mutter (*Arrangement en gris et noir, portrait de la mère de l' artiste*) sagte:

Für mich ist es interessant, weil es das Bildnis meiner Mutter ist, aber kann oder soll sich das Publikum für die dargestellte Person interessieren? Der Wert des Bildes muß sich allein durch die Qualität seines Aufbaues ergeben.[53]

Die Frauen der Portraits von Klimt erscheinen wie körperlose Wesen, wobei das Gesicht, wie auch die Hände, der Hals und das Haar, realistisch gezeigt und dabei doch zu makelloser Schönheit hochstilisiert werden. Ihr Körper jedoch, dessen Konturen man nur noch erahnen kann, ist unter kostbaren langen Gewändern verborgen, die ganz mit dem Hintergrund verschmelzen, bis sie ebenfalls zu einem Ornament werden. Klimts Frauenbildnisse lassen an den Ausspruch Rodins über seine Portraitbüsten denken:

In Portraits von Menschen unseres eigenen Geschlechtes müssen wir ohne Nachsicht die innersten Bereiche ihrer Seele ausloten, wir müssen sie aller Verhüllungen entkleiden, wir müssen die maßlosen, ja lasterhaften Leidenschaften, die täglich in ihnen aufsteigen, bloßlegen […]. Aber ein Frauenportrait ist etwas anderes, ihre Natur ist nicht die unsere, wir sind weit davon entfernt, sie zu erfassen; wir müssen daher respektvoll und diskret sein. Wir müssen sehr umsichtig sein, wenn wir uns anschicken, ihr zartes und empfindliches Geheimnis zu enthüllen. Auch bei ihnen immer die Wahrheit, aber nicht immer die ganze Wahrheit! Manchmal dürfen wir, jedoch nur ein klein wenig, den Schleier senken.[54]

Wie bei Romako – und im Gegensatz zu Makart – sind im Werk Klimts (wie auch bei Schiele und Kokoschka) die Arme und vor allem die Hände wesentliche Träger der Bildaussage. Die expressive Gestik der Hände im Beethovenfries, die verkrampften Hände der *Judith II* oder die elegant verschlungenen, stilisierten Hände der *Adele Bloch-Bauer I* haben ihre eigene Symbolik und unterstützen jeweils in ihrer Eigenart den Bildcharakter.

Stellt man den Frauenportraits Klimts Bildnisse des italienischen, seit 1872 in Paris ansässigen Malers Giovanni Boldini gegenüber, treten die Eigenheiten des österreichischen Künstlers noch stärker hervor. Boldini, der – wie Klimt in Wien – in Paris bevorzugter Portraitist von Damen der Gesellschaft war, läßt die Frauen seiner Gemälde nicht zu Ikonen erstarren, sondern zeigt sie voller Leben und Bewegung.[55] Ein gutes Beispiel dafür ist das Bild der *Madame Marthe Régnier* (Abb. 79). Die ganzfigurige Darstellung der Figur läßt die Portraitierte wie in einer Momentaufnahme erscheinen – der weite Rock des langen Kleides bauscht sich um die Waden und erweckt den Eindruck einer raschen Körperdrehung. Das tiefe Dekolleté betont den schlanken Hals und den Ansatz der Brust, der kokett zurückgeworfene, sehr kleine Kopf mit der modischen Frisur verstärkt den Eindruck von Jugend und Lebenslust.[56] Boldinis Frauen – wie auch diejenigen Klimts – sind dem jeweiligen Schönheitsideal der beiden Künstler unterworfen; Boldinis Frauen jedoch scheinen vor Leben zu vibrieren. Ihre Körper sind mit raschen, sicheren Pinselstrichen skizziert; die Köpfe dagegen werden in der Regel sorgfältiger ausgeführt, was zu einer Spannung innerhalb der Figuren führt und den Eindruck von Leben und Bewegung noch verstärkt. Die Damen der Klimt-Portraits scheinen dagegen in ihren Ornamenten gefangen zu sein.

Klimts frühe Allegorien weisen Ähnlichkeit mit dem Schaffen anderer europäischer Künstler auf, wobei hier vor allem die englischen Salonmaler wie Sir Lawrence Alma-Tadema und Sir Frederic Leighton zu nennen sind. (Siehe etwa Klimt, *Allegorie der Skulptur*.) *Die Liebe* (Abb. 80), geschaffen für die zweite Serie von *Allegorien und Emblemen*, die der Kunstverleger Martin Gerlach in Auftrag gegeben hatte, läßt jedoch bereits an die Illustration einer Schnitzlergeschichte denken: auf die Liebe des Paares – ein Mädchen und ein junger Mann, verbunden in inniger Umarmung – fallen die ersten Schatten, die durch die dämonischen Gestalten im Hintergrund suggeriert werden. Sármány-Parsons meint, daß in diesem Frühwerk »zum ersten Mal Klimts Grundauffassung der Liebe als etwas vom Tod Untrennbares zum Vorschein«[57] kommt.

In der Folge entwickelt Klimt allmählich Darstellungen, die die gefährlich-schöne Frau, die femme fatale zeigen. Besonders im Bild *Pallas Athene* (Abb. 4) kann man die Entwicklung von der griechischen Göttin hin zur dämonischen Frau klar nachvollziehen.[58] Hevesi erlebt dieses Werk Klimts wie folgt:

Aber auch die Trägerin der Rüstung findet keinen Beifall. Das Publikum ist an Pallasse gewöhnt, denen man deutlich ansieht, daß sie eigentlich angestrichene Marmorstatuen sind. Klimt aber hat die seine als offenbare Secessionistin von heute gebildet. Als eine Göttin oder Dämonin der Secession wenigstens, mit bläulich blassem Teint, großen hellgrauen Augen und dem feinsten roten Haar, das beiderseits frei auf den Brustharnisch niederfließt. Das ist keine Statue aus der Erde und keine Frau aus dem Leben, es ist eine Erscheinung, die Materialisation einer Stimmung von schaffenskräftigem Trotz und souveränem Bildnerdrang.[59]

Auch *Judith I* (Abb. 38) ist eine femme fatale. Sie ist nicht mehr die biblische Heldin – die Bildaussage wird auf die Darstellung einer ›tödlich‹ schönen Frau reduziert.[60] Hevesi vergleicht sie in seiner Sezessionsbesprechung von 1901 mit Klimts *Pallas Athena*:

Beide sind gleich tödliche Weiber, von einer archaisch-fremdartigen Pracht des Leibes und der Ausstattung, daß man an Zeiten denken muß, in denen noch Menschen geopfert wurden. Das althellenische Element jener Pallas und das gewisse assyrische dieser Judith sind eng verwandt. Dort das Vasenbildmäßige, hier das Wandmosaikartige. Und dann das bißchen Gespenst in der Körperlichkeit beider; und diese Körper selbst, wie der jener vielverlästerten *nuda veritas*, so unerwartet neu in ihrer Formel, und auch wieder in ihrer angebornen Ornamentmäßigkeit.[61]

Felix Salten interessieren an diesem Gemälde eher die Bezüge zur Realität, wenn er es 1903 wie folgend beschreibt:

Diese Judith denke man sich bekleidet mit einer Pailletten-Robe aus einem Wiener Ringstraßen-Atelier, und es ist eine schöne jüdische Jourdame, die man überall trifft, die einherrauschend in ihren Seidenjupons bei allen Premièren die Männeraugen anlockt. Ein schlankes, schmiegsam-biegsames Weib mit einem schwülen Feuer in den dunklen Blicken, mit einem grausamen Mund und mit Nasenflügeln, die vor Leidenschaft beben. Rätselhafte Gewalten scheinen in diesem lockenden Weibe zu schlummern, Energien, Heftigkeiten, die nicht mehr zu stillen wären, wenn sie einmal in Brand gerieten, […]. Da streift ein Künstler ihnen die modischen Kleider vom Leibe, nimmt eine davon und stellt sie im Schmuck ihrer zeitlosen Nacktheit vor uns hin und – ecce Judith – die Heldenfrauen der Vorzeit steigen vor unseren Blicken empor […].[62]

1909 nimmt Klimt das Judiththema noch einmal auf (*Judith II* oder *Salome*). »In der Konfrontation Judits mit Holofernes treffen alle in dieser Welt herrschenden Normen aufeinander. In dem Moment, in dem Judit [...] diese Ordnung durchtrennt, wird alles bisher Übliche in Frage gestellt.«[63]

Lovis Corinths *Salome* (Abb. 81) behandelt das Motiv dieser femme fatale in einer gänzlich anderen Darstellungsart. Während Klimt seine biblischen ›Heldinnen‹ als Einzelfiguren wiedergibt, bindet Corinth die schöne Tänzerin in eine mehrfigurige Handlung ein. Vom Rücken des Henkers mit dem blutigen Schwert in der Rechten wird der Blick zur neugierig den abgeschlagenen Kopf des Johannes betastenden Salome geleitet, die – mit ihrer hellen Haut und dem blondem Haar – eine deutsche ›Lebedame‹ und keine biblische Prinzessin zu sein scheint.

Homosexuelle Bildinhalte behandelte Klimt vor allem in seinen Zeichnungen; er hat sie aber auch für einige Gemälde als Thema gewählt. *Wasserschlangen I* (um 1904–07) beispielsweise zeigt zwei sich umarmende Frauen. Die Schlange, als Symbol des Bösen und der Sünde, verweist eindeutig auf die Frau, die durch ihre Verstrickung in die lesbische Liebe das Bild der femme fatale entstehen läßt. Im Gemälde *Die Freundinnen* schmiegt sich ein weiblicher Akt an die »davor stehende Geliebte, die den schnell übergeworfenen Mantel mit der linken Hand zusammenhält.«[64]

Große Bedeutung kommt in allen diesen Werken der Darstellung des Haares zu.[65] Die langen, schweren Haarsträhnen scheinen mit dem Wasser zu strömen oder fallen in großen Wellen auf die Schultern der Frauen. Offenes Haar suggeriert ›sexuelle‹ Bereitschaft, das hochgesteckte Haar der Dame der Gesellschaft dagegen schafft Distanz.[66] Schon Lucien Lévy-Dhurmer hat das Haar in seinen Frauendarstellungen in ähnlicher Weise wie Klimt eingesetzt. Sein Bild *Bourrasque*

(Abb. 82) zeigt ein weibliches Gesicht, dessen lange Haare wie Schlangen quer über das Bild fluten.[67] Fast analog ist Klimts Darstellung der *Hexe* (Abb. 54), deren rote Haarsträhnen wild um ihr Gesicht flattern.[68] Bereits Toorop, der 1900 sein Gemälde *Die drei Bräute* (1893) auf der 7. Austellung der Wiener Sezession zeigte, verwendet das Haar sowohl als Gestaltungsmittel als auch im Hinblick auf die Bildaussage.[69]

Auch *Danae* hat üppiges rotes Haar, das ihr über die Schultern fällt. Dieses mythologische Thema gab Klimt die Möglichkeit, die sexuelle Verfügbarkeit der Frau eindeutig darzustellen. Die schlafende Danae, die ihre Schenkel eng an den nackten Leib gezogen hat, wird von Zeus in Form eines Goldregens aufgesucht. Ihr nackter Leib drückt sowohl bedingungslose Hingabe als auch sexuelle Ekstase aus.

Der Künstler wußte, was er seinem Publikum an Sinnlichkeit mit Hautgoût zumuten konnte: Die krasse Erotik der Szene, die unverhüllt dargebotene, verschwenderische Fleischlichkeit, wird ins Dekorativ-Ästhetische abgebogen und zum Sinnenkitzel hochstilisiert.[70]

Im Bild der *Jungfrau* sind mehrere unbekleidete Mädchenkörper um die Hauptfigur gruppiert, die, in ein Kleid gehüllt, schläft. Es gibt keine symbolische Anspielung, sondern, wie Kirk Varnedoe meint, nur »unverstellten Voyeurismus und ozeanische Wollust«.[71] Dem Mann, der in der Welt der träumenden Jungfrau offensichtlich keinen Platz hat, wird aber als Zuschauer Raum gewährt.

Kurz nach ihrer Vollendung 1903 wurde die *Hoffnung I* (Abb. 83) von Fritz Waerndorfer gekauft. Wie einst Courbets *Ursprung der Welt* (Abb. 28) wurde auch dieses Gemälde nicht öffentlich ausgestellt; nur wenigen Freunden, wie etwa Ludwig Hevesi, wurde es vorgeführt. Dieser berichtet:

Wir saßen an jenem Abend beisammen und beschauten die herben Kunstwerke, die Herr Waerndorfer sammelt. Über einem großen Bild sind zwei Flügeltüren hermetisch geschlossen, um jedes profane Auge abzuhalten. Das Bild ist die berühmte, sagen wir die berüchtigte »Hoffnung« von Klimt. Nämlich jenes junge Weib in hochinteressanten Umständen, das der Künstler hüllenlos zu malen wagte. Eines seiner Meisterwerke.[72]

1881 entstand Rodins *Eva*, und wie aus Berichten des Künstlers bekannt ist, veränderte sich der Körper seines Modells im Laufe der Arbeit durch die fortschreitende Schwangerschaft, was auch an der Plastik abzulesen ist.[73] Hevesi sieht in dieser Figur

[...] das Urweib mit allen Quellen der Zukunft in sich, eine strotzende Kraft, die sich alsbald finden wird und blühen im Fleische, in der fruchtbaren Strammheit ihrer Mütterlichkeit, ihrer ewig fortzeugenden Unverwüstlichkeit. [...] Jede Linie dieser Eva spricht von ungeheuren Dingen. Alles an ihr schwillt so von Fatalität, daß sie sogar ganz vergißt, schön zu sein, obgleich sie die Mittel dazu hat.[74]

Daß sich Rodin für die Veränderungen des schwangeren weiblichen Körpers interessierte, zeigt auch eine Zeichnung, die um 1900 datiert wird, mit dem Titel *Loi Naturelle*. Die stehende Frau schlägt den Mantel oder Umhang zurück und läßt den Betrachter ihren gewölbten Leib und die schweren Brüste sehen.

Arthur Roessler sieht im Bild Klimts nur die Betonung der Mutterschaft, die allerdings nicht in konventioneller Art – etwa mit dem Säugling im Arm – dargestellt ist,

[...] sondern splitterfasernackt, als lebendiges Gefäß, worin die Hoffnung der Menschheit, in mütterlicher Blutwärme geborgen, dem Tag zureift, an dem sie aus dem geheimnisvollen Dunkel in das Weltlicht gehoben wird.[75]

Die *Hoffnung II* (Abb. 84) unterscheidet sich von dem ersten Bild dieses Titels vor allem durch die beinahe vollständige Bedeckung der als anstößig empfundenen Nacktheit der Schwangeren – der gewölbte Leib und das rote Schamhaar werden hinter üppigen Ornamenten verborgen. Die *Hoffnung II* hat auch – im Gegensatz zu dem herausfordernd dem Betrachter zugewandten Antlitz der *Hoffnung I* – die Augen geschlossen und den Kopf gesenkt; die Frau scheint sich auf das neue Leben, das in ihrem Körper heranwächst, zu konzentrieren.[76]

Klimt hat über 3000 Zeichnungen geschaffen[77], und die meisten sind vom Motiv Frau bestimmt. Er zeigt den weiblichen Akt[78] als Figur in verschiedenen Ansichten und als Teil von Liebespaaren; noch deutlicher als in seinen Gemälden wird man durch den Akt mit seinem Frauenbild konfrontiert. Die Frau wird – durch die Phantasien des Künstlers immer wieder neu gruppiert, arrangiert und geordnet – als total verfügbares Sexualobjekt gezeigt. Fliedl schreibt dazu:

Was [...] so enthusiastisch als »das Erotische« gefeiert wird, entpuppt sich als künstliche Inszenierung eines männlichen Blicks auf die Frau. Weder die Schilderung unterschiedlichster psychischer Verfassungen noch die Wiedergabe eines differenzierten Ausdrucksvermögens erotischer und sexueller Empfindungen sind die eigentlichen Themen der Zeichnungen. Sie zeigen sich bestimmt durch ein begrenztes Interesse an der auf einige Momente ihres sexuellen Empfindungsvermögens reduzierten Frau [...]. Wenn in jüngster Zeit aus dem großen Fundus von Zeichnungen gerade jene auf Hochglanz verbreitet werden, die Paare und Gruppen von Frauen, sexuelle Beziehungen unter Frauen oder masturbierende Frauen zeigen, so ist das ein Indiz für das ungebrochene und gelegentlich auch unverhohlen voyeuristische Interesse an einer bildlichen Verfügung über die Frau als ein aussschließlich durch ihre Sexualität, als ihrer »eigentlichen Natur«, bestimmtes »Triebwesen«.[79]

Steiner meint, daß Klimts Mädchenakte eine intime Situation suggerieren – die Figuren agieren, als wären sie allein. Und dadurch, daß der Betrachter quasi in die Privatsphäre eines Menschen eindringt, kann man von einem Akt des Voyeurismus sprechen.[80]

Erotik und Sexualität sind die Hauptthemen von Klimts Zeichnungen; darin ähneln seine Werke jenen Rodins. Wenn man über Klimts Frauenakte zu den *Hetärengesprächen* liest, daß er »die Frau frei von konventionellen und moralischen Zwängen darstellt«[81], so ist darin wohl eine unverhohlen männliche Interpretation der Tatsache zu sehen, daß Klimt (wie es auch Fliedl anspricht) dem männlichen Blick auf die Frau jede Freiheit gewährt und diese vollkommen seiner Inszenierung unterwirft. (Gustav Klimt, *Weiblicher Akt*, Abb. 35.)

Klimts Frauenbeziehungen blieben immer ambivalent. Wir wissen, daß er zeitlebens zusammen mit seiner Mutter und den beiden Schwestern Klara und Hermine[82] die Wohnung im 7. Bezirk, Westbahnstraße 46, III. Stock, geteilt hat. Als die Mutter drei Jahre vor seinem Tod 1918 stirbt, bleibt er mit seinen Schwestern zurück.

Er hat also zeitlebens das »Elternhaus« nicht wirklich verlassen, ist immer von Mutter und Schwestern umsorgt und gepflegt worden, bleibt also psychologisch stets aktiver »Muttersohn« und »Bruder«, auch die männliche Bezugsperson für die unverheiratet gebliebenen Schwestern.[83]

Der Klimt-Literatur ist zu entnehmen, daß die Mutter des Künstlers in »geistige Umnachtung« gefallen sei. Hans Tietze schreibt 1919 über *Gustav Klimts Persönlichkeit*:

> Über Gustav Klimts Leben scheint schon früh ein schwerer Schatten gefallen zu sein. Er sah seine tiefgeliebte Mutter in geistige Umnachtung versinken, hat eine Schwester an das gleiche dunkle Reich verloren; [...].[84]

Nebehay weist aber darauf hin, daß hier wahrscheinlich eine Verwechslung mit Klimts Schwester vorliegt und somit auch die Vermutung, daß Klimt von der Seite seiner Mutter seelisch belastet gewesen wäre, nicht haltbar ist.[85]

Die enge Bindung des Künstlers an seine Familie brachte es auch mit sich, daß er seiner ›großen‹ Liebe Emilie Flöge[86] eher platonisch verbunden war und seinen Sexualtrieb bei zahlreichen Geliebten auslebte.[87] Einerseits scheint es, als habe er Weiningers Thesen durchaus angenommen, andererseits erlebt er Emilie Flöge als selbstbewußte Frau und stellt sie auch so dar.[88] Emilie ist es auch, die der sterbende Klimt nach seinem Schlaganfall um sich haben will: »Die Emilie soll kommen«.[89]

Den strikt getrennten Rollen, die die Frauen in Klimts Leben spielten – Mutter, Schwestern, Emilie einerseits und seine Geliebten andererseits –, entspricht auch die Darstellung der Frau in seinem Werk. Sind die Portraits Abbildungen von Frauen, die distanziert und isoliert in ihrer erstarrten Pracht aus Gold und Farbe fixiert wirken[90], zeigen uns seine Akte jene Aspekte der Weiblichkeit, die bei den Portraits nahezu ausgeklammert sind.[91] Es sind in sich selbst versunkene sinnliche Wesen, die den Betrachter, den Künstler – den ›Voyeur‹ – durch ihren Körper, ihre Haare und ihre Bewegungen in ihren Bann ziehen – ihre Darstellung ist auf die Präsentation der weiblichen Sexualität ausgerichtet –; Klimt gestattet ihnen keinerlei Individualität. Die Unfähigkeit Klimts, die Frau in ihrer Ganzheit anzunehmen und darzustellen, zeigt sich deutlich.

Ein Aspekt, der in Verbindung mit Klimts Malerei nicht übersehen werden darf, ist die Interpretation der Ornamente im Sinne einer Geschlechtszuweisung.[92] Klimts Zeichnung *Fischblut* erschien 1898 im *Ver Sacrum*[93]:

> Die weiblichen Gestalten fügen sich in die Strömung aus fast parallelen, sanft ondulierenden Wellenlinien ein und bestimmen die aufsteigende Diagonale des Blattes. Der Körper der quer zur Strömung liegenden Frau, die sich an dem bulligen Fisch festzuhalten scheint, wird von der Strömung modelliert, während ihr Haar sich dem Strom verbindet. [...] die Gestalten verkörpern selbst das Element durch ein Ornament der Körper. Klimts Darstellung entspricht strukturell wie formal den Versuchen des ausgehenden Historismus, »moderne« Allegorien zu schaffen.[94]

Eine weitere Variante des Verhältnisses von Ornament und Frau sieht Wagner in Klimts Portraits – im Bildnis der *Adele Bloch-Bauer* I ist die Ornamentalisierung am stärksten ausgeprägt.

Wie für Klimt ist auch für Schiele die Frau ein bevorzugtes Bildmotiv. Anton Faistauer hebt 1923 den Unterschied zwischen den beiden Künstlern Klimt und Schiele hervor:

> Wenn Klimt als Maler der Hochfinanz gelten könnte, mit gold- und silberprunkenden Panneaus ihre Salons schmückte, mit heiter silbrigfließenden Landschaften, so könnte Schiele als Proletariermaler bezeichnet werden. Beide Maler, typische Großstädter, teilen sich in die beiden Pole des sozialen

Stadtkörpers. Klimt zog das leichte, seicht ausgelassene Geldjudentum der Inneren Stadt an und er wurde sein Maler, auf Schiele lastete die Vorstadt mit den tragischen Gesichtern, mit dem Hunger, mit dem Haß und der Fratze. Auch in der Frauendarstellung trennte sie ihrer beiden soziales Empfinden. Beide suchten die Halbwelt: Schiele in den äußeren Bezirken, Klimt innerhalb des Rings. Das Bürgerliche vermieden sie krampfhaft. Dadurch erschienen sie unbürgerlich, exzentrisch, pervers [...]. Im einzelnen hat Klimt die Blasiertheit, Arroganz und Eitelkeit seines Typus eher getroffen, als Schiele die Züge des Seinen [...]. Beiden war der Menschheitswert nicht wichtig, die Menschen waren ihnen mehr oder weniger Statisten [...] bei Klimt raffiniertes subtiles Spiel der Nerven, bei Schiele dunkler, wüster Drang [...].[95]

Richard Gerstl (1883–1908)

Für den einzelnen Künstler sind neben dem durchgehenden Charakter seine menschlichen Erlebnisse von entscheidender Bedeutung. Die Biographie wird unmittelbar zur Kunsterklärung.

Heinrich Wölfflin[96]

Richard Gerstl ist kein Frauenmaler im eigentlichen Sinn. Sein Werk – soviel davon erhalten und bekannt ist – setzt sich aus Landschaften, Portraits und zwei Akten zusammen. Von den Bildnissen wiederum zeigen die meisten seine Geliebte Mathilde Schönberg; sie sind in den Jahren 1906/08 entstanden. Andere Bildnisse von Damen sind fast ausnahmslos seinem Bekanntenkreis zuzuordnen.

Die Tatsache, daß nur wenige der Bilder datiert sind, erschwert die Beschäftigung mit Gerstls Schaffen; ebenso kann die zeitliche Einordnung oft nur unter Zuhilfenahme von Photographien erfolgen und bleibt somit ungenau.

Welche Bedeutung die Aktmalerei für Gerstl spielte, ist kaum bekannt, da sich nur zwei Akte erhalten haben; der *Akt im Garten* ist einer davon.

Gerstls Bilder lassen eine Auseinandersetzung mit der Kunst Edvard Munchs, van Goghs und der Nabis erkennen (Künstler, deren Werke er in Ausstellungen in Wien im Original sehen konnte) und ein beinahe aggressiv zu nennendes Reagieren auf den damals in Wien anerkannten und beliebten Malstil.[97] Gerstl nahm nicht, wie etwa Schiele oder Kokoschka, Klimt zum Vorbild, sondern stellte seine Werke in einen bewußten Gegensatz zu diesem und weigerte sich sogar, zusammen mit Klimt auszustellen.

Das *Bildnis der Cousine Richard Gerstls* (Anna Bäumer) zeigt diese noch im traditionellen Portraittypus des 19. Jahrhunderts, verweist aber in der Gestaltung des Umrisses und der Stoffbehandlung schon auf die Moderne. Das Bild *Die Schwestern Fey* (Abb. 85, entstanden 1905) ist ein Doppelportrait zweier ganzfiguriger, sitzender Frauen. In diesem frühen Werk fehlt das psychologisierende Moment fast völlig; die beiden starr geradeaus blickenden, weiblichen Gestalten unterscheiden sich nur durch ihren unterschiedlichen Gesichtsausdruck.[98] Das Werk erinnert in seiner Anordnung der Gestalten, aber auch in der Ausführung an Manets Bild von *Jeanne Duval* (1862), der Geliebten Baudelaires. Diese sitzt zurückgelehnt auf einem Sofa, der weite Rock ihres Kleides ist um sie herum ausgebreitet und ihr Gesicht nur mit wenigen Strichen charakterisiert.

Eine Ausnahmestellung im Schaffen Gerstls nimmt das *Idealbildnis der Trude Geiringer* ein. Es zeigt, daß der junge Maler durchaus in der Lage war, auch dekorative, den Dargestellten schmeichelnde Portraits anzufertigen.

Smaragda Berg gehörte zum Schönbergkreis, woher sie Gerstl auch kannte. Er verbindet ihr Portrait (1906/07) mit einer Innenraumsituation, läßt Smaragda aber aus dem Bild heraus auf den Betrachter blicken. Das weiße Reformkleid weist sie als ein Mitglied der modernen Wiener Künstlerszene aus; aus dem Portrait geht aber nicht hervor, daß sie eine begabte Pianistin und Korrepetitorin war.

Schröder verweist auf die Nähe von Gerstls *Bildnis Henrika Cohn* (1908) zu Klimts *Bildnis der Fritza Riedler* (Abb. 26), das in der Kunstschau 1908 ausgestellt war, wenn er schreibt: »Gerstl übernimmt nicht nur weitgehend die gesamte Komposition, die Flächenaufteilung und das Sitzmotiv, er referiert auch das Gestaltungsprinzip des […] Fauteuils auf Klimts berühmtes Portrait.«[99] Gerstl gewährt uns jedoch nicht – wie es Klimt mithilfe des vornehm-zurückhaltenden Gesichtsausdruckes der Dame der feinen Wiener Gesellschaft macht – einen Blick auf die Seele der Dargestellten; sein Modell sieht uns bzw. den Maler lediglich interessiert an.

An Gerstls Portraits von Mathilde Schönberg kann man die künstlerische Entwicklung, die er durchlief, am besten nachvollziehen. Über seine Affaire mit Mathilde wie auch sein allgemeines Frauenbild lassen aber auch diese Bildnisse keine Schlüsse zu.

Richard Gerstl lernte Arnold Schönberg und dessen Gattin Mathilde, geborene Zemlinsky, 1906 kennen[100] und portraitierte sie zusammen mit ihrer Tochter Gertrud. Im *Doppelbildnis Mathilde und Gertrud Schönberg* (Abb. 86) sind Mutter und Tochter an einem Tisch sitzend dargestellt. Beide blicken aus dem Gemälde heraus und stehen in keiner Verbindung zueinander, weder durch Berührung noch mit Blicken. Die Arme, die Mathilde Schönberg hinter dem Rücken des Kindes, und vor diesem, auf der Tischplatte angewinkelt hält, scheinen das Mädchen nicht zu berühren. Dies ist kein Mutter-Kind-Bild im üblichen Sinn, kein zärtliches Aufeinanderbezogensein in traditionellen Posen, kein vorgespieltes Mutterglück. Die beiden Personen sind Individuen.

Wenn Angelika Lorenz über das Familienbild in der Malerei des letzten Drittels des 19. Jahrhunderts ganz allgemein sagt, daß »die Darstellung der Familie […] Brüche«[101] erleidet, so trifft dies auch in hohem Maße auf die Gestaltung dieses Werkes zu:

[Die] technisch-pragmatische Seite wird von der Photographie übernommen, eine über den Abbildcharakter des Familienbildes hinausgehende künstlerische Bewältigung […] wird nur noch in wenigen Fällen gesucht. Die Familie als menschlicher Bezugsrahmen wird nun abgelöst von der Darstellung einzelner.[102]

Dies trifft vor allem dann zu, wenn sich mehrere Personen auf einem Bild versammeln; die Betonung des Einzelnen in der Bildaussage wiegt schwerer als der Rahmen, in dem sie sich zusammengefunden haben.[103]

Zum Zeitpunkt der Entstehung des Gemäldes dürfte Mathilde Schönberg mit ihrem zweiten Kind, Georg, schwanger gewesen sein. Das Tischtuch, dessen Stoff sich an der Ecke eigenartig nach außen zu blähen scheint, und der Arm mit dem voluminösen Ärmel, den Mathilde vor ihrem Körper hält, geben darauf allerdings keinen Hinweis. Schwangerschaft und Geburt, Themen, die Maler wie Kubin und Klimt zu Gemälden inspirierten, scheinen hier sorgsam aus dem Gemälde herausgehalten worden zu sein.

Die Gattin Schönbergs ist im Jahr 1906 29 Jahre alt, ihre recht herben Gesichtszüge (die auch aus Photographien ersichtlich sind) hat Gerstl im Portrait nicht geschönt; er betont geradezu die starke Kinnpartie, die breiten Backenknochen und die stark geschwungenen Brauen. Ohne Lächeln um den kleinen geschlossenen Mund, das Haar in einer ordentlichen Hochsteckfrisur gebändigt, das dunkle Kleid hochgeschlossen, schafft ihr angewinkelter, auf dem Tisch liegender Arm Distanz zwischen sich und ihren Betrachtern und hinterläßt dabei den Eindruck einer aus dem gutbürgerlichen Milieu stammenden Frau; nichts weist auf ihre Zugehörigkeit zum Künstler Schönberg und dessen Kreis hin. Deutlich zu erkennen ist an Mathildes Ringfinger der Ehering, der sie als verheiratete Frau ausweist.

Die Ausschnitthaftigkeit des Raumes erinnert an die Interieurs der Nabis, deren Gestaltungsprinzipien jedoch die Darstellung der Figuren als auf den Betrachter bezogenes Hauptmotiv widerspricht. Die Menschen in den Innenräumen von Vuillard und Bonnard[104] gehen entweder Tätigkeiten nach oder beziehen sich in irgendeiner Weise im Bild aufeinander; ihre Darstellungen sind auch nicht als Portraits angelegt. Mutter und Tochter im Gemälde Gerstls werden, obwohl sie keinerlei Gemütsregungen, Vorlieben oder Eigenschaften zu erkennen geben, doch als Repräsentantinnen des beginnenden 20. Jahrhunderts ausgewiesen, aus deren Blicken hingegen das Wissen um das unerfreuliche und nur langsam zu ändernde Schicksal ihres Geschlechts zu sprechen scheint.

Das Gemälde *Bildnis Mathilde Schönberg* zeigt sie sitzend; ihre Arme, deren Umrißlinien in unterschiedlichen Farbtönen erscheinen, sind vor dem Körper verschränkt, und zusammen mit dem starren Blick, den von den Augen abwärts laufenden Schatten und dem fest geschlossenen Mund drückt die Haltung der Figur Abwehr und den Wunsch nach Distanz aus. Kein Zeichen von Freundschaft oder gar Leidenschaft weist auf die Beziehung des Modells zum Maler hin. Dieses Gemälde ist eines jener Werke Gerstls, das besonders deutlich seine Auseinandersetzung mit dem Werk Edvard Munchs offenbart.

Munchs Menschenbilder zeichnen sich dadurch aus, daß ihnen immer das Individuelle und das Allgemeine zu eigen ist. Der genauen Beobachtung besonderer Merkmale, der Darstellung einer wiedererkennbaren Physiognomie, Gestalt und Körperhaltung ist immer die summarische Zusammenfassung durch Komposition, Maltechnik, Strichführung und Farbgebung beigegeben.[105]

1901 waren erstmals Gemälde Edvard Munchs in der Sezession zu sehen, ein Jahr später waren seine Radierungen ausgestellt. Auf der 19. Sezessionistenausstellung 1904 präsentierte man eine Kollektion von insgesamt 20 Werken Munchs.[106] Wo Munch allerdings seinen Werken noch einen zusätzlichen symbolischen Charakter verleiht, bleibt die dargestellte Person im Werk Gerstls ungedeutet.

Das Werk *Mathilde Schönberg im Garten* (Abb. 87) zeigt den Einfluß der Nabis, die hochrechteckige Formate aus der japanischen Kunst übernahmen. Gerstl konnte in Wien in der großen Impressionismus-Schau der Sezession von 1903 sowohl in der

Abteilung vier, japanischer Kunst gewidmet, als auch in der Abteilung fünf, wo Nabis-Werke ausgestellt waren, die Möglichkeiten, die dieses Bildformat für die Gestaltung eines Gemäldes bietet, studieren. Ähnlichkeiten zu den Arbeiten der Nabis kann man im Vergleich mit dem Werk *Der Morgenrock* (Abb. 88) von Pierre Bonnard erkennen.[107] »Infolge der Verselbständigung des Gewandes gewinnen die Gestaltungsmittel der Flächigkeit und Ornamentalisierung in diesem Werk eine Tendenz zur Abstraktion […]«, beschreibt Ursula Perucchi-Petri Bonnards Gemälde.[108]

In langen Gesprächen diskutierte Schönberg mit Gerstl über Malerei, und wenn er auch im Rückblick diese Gespräche als »Verschwendung von Gedanken«[109] bezeichnet,[110] darf man doch auf einen geistigen Gleichklang der beiden in bezug auf Kunst – Malerei wie Musik – schließen. Leon Botstein beispielsweise beschreibt die Musik von Schönberg, Alexander von Zemlinsky und Ernst Toch wie folgt:

[In ihren] musikalischen Werken […] kann man den engen Zusammenhang eines streng formalen Klassizismus, der die Unabhängigkeit der musikalischen Sprache und ihrer Formen verteidigt, mit dem Versuch der Schaffung einer neuen Klangwelt klar erkennen. Für den oberflächlichen Hörer, den Philister, scheinen die Werke dieser Komponisten häßlich, unmusikalisch und ganz ohne Regeln zu sein. Für die wirklichen Kenner hingegen ist es offensichtlich, daß die Struktur und die durchkomponierte Entwicklung der musikalischen Elemente erstaunlich logisch, ja fast hartnäckig an gewisse Regeln gebunden ist. Das Häßliche war für diese paradoxerweise konservativen Vertreter moderner Musik der falsche, oberflächlich historisierende und konservative Geschmack, der die Kultur als Ornament verwendete […].[111]

Schon allein aus dieser Charakterisierung der Arbeiten der Tonkünstler läßt sich eine geistige Parallele zu den Kriterien, denen Gerstl die Kunst unterwarf, ersehen.

Jener Maler, der Richard Gerstl wahrscheinlich am stärksten beeinflußt hat, ist Vincent van Gogh:

Was mich am meisten in meinem Bereich erregt, […] ist das […] moderne Portrait. Ich bemühe mich darum mittels Farbe. […] Die Wirkung strebe ich nicht über photographische Ähnlichkeit an, sondern über leidenschaftliche Momente, in dem ich unser Wissen und unser modernes Gefühl für Farbe als Mittel für Ausdruck und Steigerung des Charakters nütze.[112]

Bereits Anton Romako hatte sich der Wirkung der Gemälde van Goghs nicht entziehen können, was in seinem Bild *Kopf einer bretonischen Bäuerin* (Abb. 72) klar erkennbar ist.[113] Wie van Gogh in seinen Portraits verleiht auch Romako der dargestellten Landfrau Gesichtszüge, die ›seiner‹ inneren Vision entsprechen und nicht auf Portraitähnlichkeit hinzielen.

Das *Bildnis der Mutter Marie Gerstl* (Abb. 89) ist vermutlich kurz vor Gerstls Selbstmord entstanden. Es blieb angeblich deshalb unvollendet, weil es von der Dargestellten als zu wenig ähnlich empfunden worden war.[114] Die Unterstützung für seine künstlerischen Ambitionen, die seine Mutter ihm gewährte, und zwar nicht nur in materieller Form, sondern in echter Anteilnahme, scheint Gerstl bei der älteren, verständnisvollen Mathilde Schönberg wiedergefunden zu haben. Es ist daher nicht verwunderlich, wenn man im Bildnis der Mutter die Züge der Geliebten zu finden glaubt. Ellersdorfer meint dazu, er scheine »sie [Mathilde] sogar seiner Mutter ähnlich dargestellt zu haben.«[115] Was zu dieser Annahme führen könnte, ist die Tatsache, daß beide Frauen – wie man aus Photographien schließen darf – demselben Frauentyp angehörten und sogar eine gewisse Ähnlichkeit besaßen. Diese scheint ihre Faszination für ihn noch verstärkt zu haben.

Die Anziehung, die ältere Frauen oft auf junge Männer ausüben, behandelt Weininger in seinem Werk *Geschlecht und Charakter*:

Die Erscheinungen, auf die ich anspiele, sind im einzelnen ziemlich allgemein bekannt. Ganz jung, noch nicht 20 Jahre alt, wird man meist durch ältere Frauen (von über 35 Jahren) angezogen, während man mit zunehmendem Alter immer jüngere liebt; ebenso ziehen aber auch (Gegenseitigkeit) die ganz jungen Mädchen, die »Backfische«, ältere Männer oft jüngeren vor, um später wieder mit ganz jungen Bürschlein nicht selten die Ehe zu brechen.[116]

Die Ähnlichkeit von Mathilde Schönberg und Gerstls Mutter sowie die intensive Beziehung zu beiden mögen auch mitausschlaggebend dafür sein, daß sich in seinen Portraits von Mathilde keine Hinweise auf ihre körperliche Beziehung finden, und daß überhaupt das Sexuelle in den Werken Gerstls nur in seinen Selbstbildnissen zu einer deutlichen Bildthematik wird. Die Frau interessiert Gerstl nur als Motiv; es ist nicht ihr Geschlecht, es ist nicht ihr Charakter, und es ist nicht ihre Schönheit, die sie zu seinem Modell werden läßt.[117]

Auf den Portraits, die Gerstl von Mathilde gemalt hat, ist nichts von dem Drama zu ahnen, das sich zwischen drei Menschen über längere Zeit hin abgespielt hat, um schließlich zu einem tragischen Ende zu kommen; ja, es ist nicht einmal eine Änderung in der Darstellung zu sehen, als sich die Beziehung zwischen Gerstl und Mathilde von Freundschaft zu Liebe wandelte. Dies mag natürlich einerseits in einer gewissen, zeitbedingten Diskretion zu suchen sein, andererseits liegt der Grund dafür höchstwahrscheinlich im Naturell des Malers und seiner grundlegenden Einstellung zur Frau und zum Frauenkörper.

Die fehlende Auseinandersetzung mit dem Weiblichen in Gerstls Bildern ist umso auffallender, als seine Wiener Zeitgenossen – Klimt, Schiele, Kokoschka und Kubin – von der Frau und ihrer Sexualität wie besessen scheinen. Gerstl kannte Ibsen und Wedekind als Schilderer der Probleme menschlicher Beziehungen und Weininger und Freud als deren Analysatoren; diese Autoren müssen ihn, wenn schon nicht geprägt, so doch zumindest auf den ständigen Kampf der Geschlechter in Familie und Gesellschaft aufmerksam gemacht haben. In den Werken dieser Schriftsteller fand er auch seine eigene, gegen die in Gesellschaft und Malerei dominierende Konventionalität ankämpfende Seele widergespiegelt.[118]

»Richard Gerstl ist Portraitist, nicht Psychologe«, schreibt Schröder, und fährt fort:

Mehr noch als in den Selbstbildnissen tritt das fehlende psychologisierende Moment in den allgemeinen Portraits zutage. [...] Das befremdet umso mehr, als Gerstl ausschließlich ihm nahestehende Menschen, seine engsten Freunde, Familienmitglieder und seine Geliebte portraitiert.[119]

Egon Schiele (1890–1918)

> *Gefesselt von der Krankheit des Fleisches, schleppte ich in todbringender Lust meine Ketten.*
>
> Augustinus[120]

Die Frau ist, neben Landschaften und den Selbstportraits, bei Schiele ein wesentliches Bildmotiv.[121] Außer professionellen Modellen haben sowohl seine Freundin Wally als auch seine Frau Edith[122] für Schiele als künstlerische Anregung gedient und sind in den Akten wie in den »Lebensbildern« nachzuweisen.

Das Portrait, das Schiele etwa von seiner *Gattin Edith* (Abb. 90) gemalt hat, zeigt sie in ruhiger, gesammelter Haltung auf einem Sessel sitzend. Nur der Ausdruck des Gesichts und die ineinander verschlungenen Hände lassen auf den seelischen Zustand der Dargestellten schließen. Die Hervorhebung der Hände als Ausdrucksträger prägt auch die frühen Portraits von Kokoschka.

Durch die Photographie sind uns zahlreiche Aufnahmen von hysterischen Personen, die Jean-Martin Charcot in Paris hatte anfertigen lassen, überliefert. Auch ihn interessierten dabei vor allem die Mimik des Gesichts und die Bewegungen der Arme und Hände, und bereits zu Beginn des 19. Jahrhunderts war Géricault in die Krankenhäuser gegangen, um Skizzen von geisteskranken Menschen zu fertigen, wobei er bemüht war, den individuellen Ausdruck der Verwirrten als Folge ihrer Krankheit festzuhalten. (Siehe Géricault, Abb. 14.)

Freud beschreibt 1889 Körperhaltung und Bewegungen einer seiner Patientinnen:

Ich finde eine noch jugendlich aussehende Frau mit feinen, charakteristisch geschnittenen Gesichtszügen auf dem Diwan liegend, eine Lederrolle unter dem Nacken. Ihr Gesicht hat einen gespannten, schmerzhaften Ausdruck, die Augen sind zusammengekniffen, der Blick ist gesenkt, die Stirn stark gerunzelt, die Nasolabialfalten vertieft. Sie spricht wie mühselig, mit leiser Stimme, gelegentlich durch spastische Sprechstockung bis zum Stottern unterbrochen. Dabei hält sie die Finger ineinander verschränkt, die eine unaufhörliche athletoseartige Unruhe zeigen. Häufige ticartige Zuckungen im Gesicht und an den Halsmuskeln, wobei einzelne, besonders der rechte Sternokleidomastoideus, plastisch hervorspringen.[123]

Auch in dieser Aufzeichnung einer Therapiesitzung wird besonderes Augenmerk auf die Hände und den Gesichtsausdruck gelegt, die durch die eindringliche Schilderung des Arztes ein anschauliches Bild der Erscheinung der Kranken liefern.

Krankheit, geistiger Verfall und Tod faszinierten auch Schiele, und 1910 ergab sich für ihn die Möglichkeit, in der Wiener Frauenklinik zu zeichnen. Werkner sieht in diesen Arbeiten »geradezu ein Gegenprogramm zu dem verfeinerten Damenbildnis der Sezessionisten«.[124]

Egon Schieles Portrait von *Gerti Schiele* entstand 1909. Die sitzende Gestalt, die nur ungefähr ein Drittel der Bildfläche einnimmt, ist mit abgewandtem Kopf und geschlossenen Augen dargestellt. Das hochgesteckte Haar läßt den schlanken Hals und die knochigen Schultern sehen. Es scheint, als ob die Figur aus dem Papier herausgerissen worden wäre, so scharf sind die Kanten und so abrupt sind die farbigen Begrenzungen. Die Kleinteiligkeit der dekorativen Elemente erinnert noch an die Werke Klimts, obwohl die Farbigkeit bereits auf Schieles individuelle Entwicklung hinweist.

Das *Portrait Friederike Beer* (1914) zeigt diese barfuß, in einem Kleid der Wiener Werkstätte. Auch Klimt malte diese ›Dame‹ der Wiener Gesellschaft;[125] bei Schiele jedoch erhält sie den Charakter eines hilflosen Geschöpfes, das halb zu liegen und halb zu schweben scheint. Die erhobenen Hände und die bloßen Füße verstärken den Eindruck der Unsicherheit.[126]

Schieles Aktdarstellungen wirken

[…] wie Posen, die der Künstler bewußt arrangiert hat und seinem Blick unterwirft. Das Auge […] wird […] zum verantwortlichen Zeugen von zwanghaften Posen, die das Modell radikal entblößen und schutzlos ausliefern. Kaum je sind die Leiber entspannt, in der Regel sind sie beinahe akrobatisch verbogen, sie sind exhibiert, das heißt zur Schau gestellt und angeboten. […] Die meisten Akte erscheinen daher nicht intim und selbstvergessen, sondern isoliert und verkrampft.[127]

So schreibt Steiner über die Akte Schieles, dessen Modelle häufig direkt den Betrachter anzusehen scheinen. Hierin unterscheiden sie sich von jenen Klimts, dessen Akte zumeist keinen Blickkontakt mit dem Betrachter aufnehmen und wie versunken in ihrer Körperlichkeit verharren.[128]

Nebehay unterscheidet die Arbeiten der beiden Künstler auch durch die Distanz, die sie zu ihren Modellen durch die Art der Wiedergabe einnehmen.[129] Anders als Klimt war Schiele »wohl weit seltener […] tatsächlich auch Liebhaber seiner Modelle […].«[130]

Roessler schreibt später über Schieles Beziehungen zu Frauen:

Denn trotz seiner »Erotik« war Schiele kein Wüstling. Seine Freunde kannten ihn nicht als »tätigen« Erotiker, kaum jemals gleich anderen jungen Männern nur »verliebt«. Was ihn zuweilen in die Darstellung erotischer Szenen hineintrieb, war vielleicht, neben dem mit panischer Gewalt bannenden Geheimnis des Geschlechts, die in ihm zeitweilig bis zum Entsetzen gesteigerte Angst vor der Einsamkeit. Das Gefühl der Einsamkeit, einer ihn schier vereisenden Einsamkeit, war in ihm von Kindheit an; […].[131]

Anregungen für seine Aktdarstellungen erhielt Schiele auch vom modernen Tanz; besonders begeistert war er von der Tänzerin Ruth Saint-Denis. Hevesi schildert enthusiastisch die Art ihrer Tanzvorführung: »Sie spielt Schlange. Mit ihren beiden Armen, die schlangengleich um sie her ranken, sich bäumend, biegend, knotend, arabeskenhaft ausweichend, tendenziös zufahrend […].«[132]

Der weibliche Körper, besonders der Mädchenkörper, übte auf Schiele eine unglaubliche Faszination aus.[133] Darüber legen die noch eckigen, zierlichen Leiber seiner jungen Modelle, die sich auf vielen seiner Aktblätter finden, ein beredtes Zeugnis ab. Der *sitzende Mädchenakt nach rechts* (Abb. 91) ist die Darstellung einer jungen weiblichen Gestalt, für deren knochigen Körper die farblich betonten Hände fast zu massig wirken.

Schiele war auch wie besessen von der Darstellung von Sexualität; so zeigt *Der Liebesakt* (1915) Mann und Frau in geschlechtlicher Vereinigung. Obwohl körperlich verbunden, sind sie doch geistig voneinander entfernt; ihre Gesichtszüge wirken seltsam leer. Dennoch spricht auch er wie Munch von der »Heiligkeit« des erotischen Kunstwerks.[134] In den Jahren 1914/15 hat Schiele immer wieder Paare – oft in enger Umarmung – gemalt. Das *Liebespaar* zeigt ihn und seine Freundin Wally. Auch diese beiden Menschen erleben die Liebe nicht als etwas Verbindendes – die Gefühle, die die beiden Gestalten ausdrücken, scheinen nicht identisch zu sein. Hier zeigt sich ein Unterschied zu den Akten Klimts; Schiele hat zwar wie dieser einen Hang zur dekorativen Flächigkeit,

> [...] gibt ihr aber einen ganz neuen malerischen und psychischen Ausdruck. Das Flächenmuster hat seine strahlende Schönheit verloren, die Farben, deren Pigmente sich an den Konturen sammeln, wirken wie ausgesogen. Die elegante Haltung und Linie der Figuren ist nun krampfhafter Drehung von häufig fragmentierten Körpern gewichen. Nicht mehr die Fatalität der Frau ist das Thema, sondern beide, Mann und Frau wirken gerade in ihrem Zusammensein unüberbrückbar einsam und verloren.[135]

In der *Umarmung* (Abb. 92) scheinen sich die Geschlechter jedoch für kurze Zeit gefunden zu haben, denn die innige Umarmung, die es unmöglich macht, Gesichter zu erkennen, läßt die beiden Akte stärker aufeinander bezogen erscheinen. Was Friedrich Nietzsche über die Liebe dachte, scheint Schiele in seinen Akten bildlich umzusetzen:

> Endlich die Liebe, die in die Natur zurückübersetzte Liebe! Nicht die Liebe einer »höheren Jungfrau«! Sondern die Liebe als Fatum, als Fatalität, zynisch, unschuldig, grausam – und eben darin Natur! Die Liebe, die in ihren Mitteln der Krieg, in ihrem Grunde der Todhaß der Geschlechter ist.[136]

Aber nicht nur heterosexuelle Liebesdarstellungen fanden Eingang in Schieles Schaffen. Es waren Frauenpaare, die Schiele – wie auch Rodin und Klimt – zu zahlreichen Werken anregten. (Ein Beispiel ist das *Sapphische Paar*, Abb. 32.) Schieles Akte sind fast nie ganz nackt: Stoffbahnen und Kleidungsstücke sind um die verzerrten Gliedmaßen, die verrenkten Leiber arrangiert und geben dem Maler Gelegenheit, farbige Akzente zu setzen. Genau dieses Halb-Angezogen-Sein erhöht noch die aggressiv-erotische Aussage der Akte, wie etwa in jenen Bildern, in denen die Röcke der Frau nur hochgeschlagen werden, um ihr Geschlecht zu entblößen. Barbey d'Aurevilly hat diese Wirkung einer halbbekleideten Frau erkannt, wenn er in *Die Rache einer Frau* schreibt:

> Sie war nicht gänzlich nackt; viel schlimmer! Sie war viel unanständiger, aufwühlend unanständiger, als wäre sie schlicht nackt gewesen. Die Marmorstatuen sind nackt, und die Nacktheit ist keusch. Sie ist sogar der Triumph der Nacktheit. Aber diese Dirne [...] hatte den verfänglichen Schein der Schleier und das Wagnis des Fleisches vereint.[137]

Weniger poetisch kommt Friedrich Theodor Vischer in seiner Abhandlung über *Mode und Zynismus* zum selben Schluß: »Also in Kleidern nackt. Warum nicht lieber ganz nackt? Nun, die Antwort ist nicht schwer: jenes ist pikanter, dies wäre unschuldiger.«[138]

Viele der Zeitgenossen Schieles empörten sich über dessen Aktdarstellungen. Arthur Roessler dagegen meint: »Wer in Schieles Kunstwerken nur das Nackte sieht, nur das obszöne Nackte und sonst nichts, dem ist nicht zu helfen [...].«[139]

Für das Verständnis von Schieles Gemälden ist das Wissen um die schwierige Beziehung zwischen Mutter und Sohn notwendig[140]; er warf ihr mangelnde mütterliche Gefühle ihm gegenüber vor[141]; auch beider Korrespondenz weist auf Differenzen hin.[142] Gerade deshalb sind seine Bilder, die um das Thema »Mutter« kreisen und die in den Jahren von 1910 bis 1918 einem Wandel unterworfen sind, besonders interessant. 1910/11 plante Schiele eine Serie von Mütter-Bildern, deren Titel psychologisch äußerst bedeutsam erscheinen: »1910 entstand zuerst das Gemälde die *Tote Mutter*, dem danach die Bilder *Geburt des Genies*, *Fräulein Mutter* und *Stiefmutter* folgen sollten«,[143] wobei laut Roessler nur mehr die *Geburt des Genies* (oder *Tote Mutter II*, 1911) ausgeführt wurde.[144] Bereits um 1908 malte Schiele das Bild *Madonna mit Kind*, das das Motiv der profanen Mutter mit Kind vorwegnimmt.

Das Thema der »toten Mutter« wird Ende des 19. Jahrhunderts von den Künstlern aufgegriffen, um die Verbindung von Leben und Tod bildlich darzustellen. Die Mutter symbolisiert dabei den Tod, das Kind, das diesen Darstellungen beigegeben ist, ist Zeichen für das Weiterleben. Karl Wibmer hat sein Bild *Erlöst (Totenstube)* 1888 gemalt. Es zeigt eine tote Frau, deren kleines Kind an ihrer Leiche weint. Der Maler bettet die beiden Gestalten in ein Ambiente ein, das den Eindruck des menschlichen Elends verstärken soll.[145] Ähnlich gestaltet auch Klinger 1889 die *Tote Mutter*, Munch jedoch faßt das Geschehen nur mehr ausschnittsweise in der *Toten Mutter* und dem vor dem Bett stehenden kleinen Mädchen, das sich – scheinbar um die Gewalt des Erlebten zu verdrängen – schützend die Hände an den Kopf preßt. Schiele hingegen reduziert in seinem Werk *Tote Mutter I* (1910) die Darstellung gänzlich auf Mutter und Kind. Er thematisiert nicht die Umstände, die zum Tod der Mutter geführt haben könnten (materielle Not, Krankheit), sondern zeigt die intensive Beziehung, die zwischen einer Mutter und ihrem Kind besteht, auf, indem er beide Figuren in einem Umriß vereint. Eva di Stefano meint, daß dieses Bild Schieles

[…] eine verzweifelte Version des Themas dar[stellt], in der […] Frauenfeindlichkeit und Mutterkomplex zum Ausdruck kommen. Die erdenschwarzen Farben der Nacht dominieren das Bild, das Kind, zwar noch lebendig, aber schon vom Schicksal gezeichnet, gefangen in der leblosen Mutter, […].[146]

Das Thema der Mutter wird um die Jahrhundertwende verschiedenartig interpretiert und dargestellt. Im Gegensatz zu Schiele malt Sorolla sein Bild der *Mutter* mit ihrem Kind aus positiv-lebensbejahender Sicht: friedlich und geborgen schlafen Mutter und Kind in einem großen Bett mit weißem Bettzeug. Giovanni Segantinis Bild *Die bösen Mütter* dagegen streicht den Aspekt der ›schlechten‹ Mutter heraus, die aus Selbstsucht den Tod ihres Kindes herbeiführt. Der Künstler meinte über sein Werk:

Endlich war ich dieses Jahr mutiger und sandte nach Berlin mein Bild der Wollüstigen, die ich im Nirwana aus Eis und Schnee geißelte, Gestalten, die im Leeren schweben ohne Flügel, im Schmerz versammelt sich zur Sonne erheben […].[147]

Seine Vorstellung einer ›idealen‹ Mutter zeichnet Segantini im Gemälde *Zwei Mütter* (Abb. 93). Die junge Frau mit ihrem Kind auf dem Schoß erfüllt darin denselben Zweck wie die Kuh, deren Kälbchen neben ihr im Stroh liegt: es ist die Fortpflanzung, die Ernährung – die Bedeutung des Stillens für die Gesundheit der Kinder wird durch die Darstellung der (Milch)Kuh zusätzlich betont. Der ›natürliche‹ Vorgang der Geburt, dem Frau wie Tier unterworfen sind, läßt die Position und die Erwartungen, die man an die Frau als ›natürliches‹ Wesen in der menschlichen Gesellschaft stellt, deutlich werden.[148]

Im Gemälde *Schwangere und Tod* (*Mutter und Tod*, 1911) setzt sich auch Schiele mit der Thematik von Leben/Geburt und Tod auseinander,[149] wobei er deren Verflechtung mit der Darstellung des Todes als Figur betont. Den Zyklus des Lebens hat Georges Lacombe mit *Das Bett* nachvollzogen. Von der Geburt bis zum Tod ist das Bett jener Ort, an dem die wesentlichen Ereignisse, welche die menschlichen Existenz prägen, ablaufen.

Der freudig-erwartungsvolle Ausdruck im Gesicht der Schwangeren bei Lovis Corinth (*Donna Gravida*, 1909) weist noch nicht auf die Dramatik des zukünftigen Lebens und dessen Ende im Tod voraus, sondern legt die Betonung auf den Vorgang der Geburt, den Beginn neuen Lebens.

Philippe Ariès schreibt im Vorwort zu seinem Buch *Bilder zur Geschichte des Todes*:

»Der Tod ist bilderfreundlich«, und weist damit auf die erstaunliche Fülle von Darstellungen hin, die sich mit dem Thema des Todes auseinandersetzen. Besonders das 19. Jahrhundert ist in seinen Möglichkeiten, den Tod auf mehr oder minder sentimentale Weise bildlich zu beschwören, geradezu unerschöpflich, und in eben dieser wuchernden literarischen Vorstellungskraft, die an das Bild herangetragen wird, liegt mit einer der wesentlichsten Gründe für die Ablehnung erzählerischer Inhalte durch die bildende Kunst gegen Ende der Epoche und für den Anbruch der Moderne.[150]

Im großen Gemälde *Tod und Mädchen* (1915/16), in dem sich laut Steiner die Trauer über die Trennung von Wally äußert, nimmt Schiele dieses gängige Thema auf, das beispielsweise bereits Grien gestaltet hat.[151] Die beiden Figuren, die miteinander verklammert erscheinen, erinnern an Munchs *Mädchen und Tod* (um 1893), auch dort umarmt die weibliche Gestalt scheinbar bereitwillig den Tod.[152]

Im Zuge seiner Ehe mit Edith veränderte sich Schieles Bild von Mutterschaft. Dies wird in dem 1915 begonnenen und 1917 vollendeten Gemälde *Mutter mit zwei Kindern* deutlich. 1918, in seinem Todesjahr, malte er das Bild *Die Familie* (Farbtafel 9). Das Gemälde zeigt einen unbekleideten Mann, in dem sich Schiele selbst dargestellt hat. Davor kauert eine junge, nackte Frau, zwischen deren angezogenen Schenkeln ein kleines Kind sitzt. Obwohl die Kombination von Mann, Frau und Kind den Bildtitel *Familie* visualisiert, ist der Gesichtsausdruck der Dargestellten ernst.[153] Es scheint, als habe Schiele geahnt, daß es für ihn (seine Frau erwartete gerade ein Kind, das mit ihr zusammen starb; Schiele verstarb kurz darauf) nie ein glückliches, harmonisches Familienleben geben würde.[154]

Schieles Frauenbilder spiegeln die Probleme in seinem Leben als Künstler, seine Auseinandersetzung mit dem Tod und seine Beziehung zur Frau – als Geliebter und Mutter – wider.[155] Vor allem die schwierige Beziehung zu seiner Mutter nahm, wie schon aus den Bildtiteln ablesbar, großen Einfluß auf sein Schaffen; in den späteren Werken, wie beispielsweise dem Gemälde *Mutter mit zwei Kindern*, ist der besänftigende Einfluß seiner Ehe mit Edith zu erkennen.

Das Bild *Kardinal und Nonne* (*Liebkosung*, 1912) macht deutlich, daß Schiele bereit war, gegen jegliche Tabus zu verstoßen, wenn es darum ging, seinen Vorstellungen bildhaften Ausdruck zu verleihen, wobei blasphemische Äußerungen dieser Art an Arbeiten von Rops und Beardsley erinnern.[156] Vor allen Dingen aber wird in solchen Werken Schieles, wie Eschenburg meint, »ein [...] Postulat Nietzsches spürbar, nämlich die Ablehnung jeglicher Moral.«[157]

Daß es – neben seinen Selbstportraits – gerade die Frau war, die er zum Ausdrucksträger der menschlichen (seiner!) Triebe und Emotionen heranzog, ließ Schieles Zeitgenossen jedoch wieder auf allgemeine Eigenschaften des Weiblichen schließen. So schrieb Friedemann: »Schiele malt und zeichnet am liebsten das letzte Laster und die äußerste Verworfenheit, das Weib als triebhaftes Herdentier, von dem alle Hemmungen der Sitte und der Scham abgefallen sind.«[158]

Alfred Kubin (1877–1959)

Alles Erlebbare wird ausschließlich als ein Persönliches erlebt.
Alfred Kubin[159]

Alfred Kubins Schaffen reicht weit über den in dieser Arbeit behandelten Zeitraum hinaus. An dieser Stelle werden jedoch nur Werke, die bis 1920 entstanden sind, Erwähnung finden.

Alfred Kubin soll während seiner ganzen Jugend unter der Anwesenheit des Vaters gelitten haben. Er hatte die ersten zwei Jahre seines Lebens allein mit seiner Mutter verbracht, zu der er eine intensive Beziehung entwickelte. Als dann der Vater wieder zur Familie zurückkehrte, mußte der Sohn die Mutter mit dem – für ihn unbekannten – Vater teilen; eine Krisensituation, die Freud mit dem Begriff »Ödipuskomplex« umschreibt.

Kubin selbst hat erwähnt, daß für seine späteren Darstellungen von Mord und Folter die Eindrücke der frühen Jahre seiner Kindheit ausschlaggebend waren:

[…] sehe ich seit meinem neunten Lebensjahr die Welt als eine schauerliche Hölle, in welcher das Schöne nur als Widerspruch existiert und Begierden und Wünsche züchtet.[160]

Das Blatt *Eine für alle* stammt von 1902. Die mit beiden Armen an die Wand gekettete nackte Frau wird auch um die Taille durch ein Metallband festgehalten. Die Geste der verschränkten Beine weist auf den Versuch der Abwehr einer bevorstehenden Vergewaltigung durch die drei affenartigen Wesen vor ihr hin. Bilder mit ähnlich traumatischen Inhalten schuf auch Goya, und Kubin berichtet, daß dieser einer seiner Lieblingskünstler war.[161] Braunsteiner: »Kubins bedrohte Frauen genießen zumeist nicht. Sie leiden höchste Not.«[162] Settele dagegen meint, daß das passiv verlockende Weib durch seine »erotische Machtposition den Mann zum Tier erniedrigt« und »das Tier im Mann« weckt.[163]

Als Kubins geliebte Mutter starb, war er erst elf Jahre alt.[164] Auf dem traumatischen Erlebnis des Todes seiner Mutter beruhen seine zahlreichen Darstellungen von Leichen und Sterbenden. Es sollte für ihn jedoch nicht das einzige tragische Erlebnis in Verbindung mit dem Tod einer geliebten Frau bleiben, denn seine erste Braut Emmy Baier starb 1903 noch vor der Hochzeit. Das Bild *Tote Geliebte* (1903) ist mit Sicherheit eine Reaktion auf diesen schmerzlichen Verlust. Der schräg gestellte Sarg scheint – umgeben von Draperien und Kerzenleuchtern – in der Luft zu schweben. In dieses Blatt, das Kubin auch »Aufbahrung« nannte, legte er »alle seine Zärtlichkeit«.[165] Bereits um 1900 entstand das Bild *Die Braut des Todes* (Abb. 94): Eine hagere, fast skeletthafte Frau steht auf einem Podest; sie trägt ein enges, helles, trägerloses Kleid. Der Kopf wird von einem Schleier umhüllt, der die ovale Kopfform noch stärker betont.

So wie Kubin haben auch Böcklin und Munch in der eigenen Familie Krankheit und Tod erlebt. Munch mußte als Kind das Sterben von Mutter und Schwester seelisch verarbeiten. Kubins geschlechtliche Beziehungen wiederum stehen nach allgemeiner Auffassung mit dem frühen Tod der Mutter und seiner Braut sowie der daraus resultierenden Verlustängste in einem engen Zusammenhang. Seine Federzeichnung *Der Tod als Liebhaber* verarbeitet das Motiv von Tod und Mädchen in eindrucksvoller Weise. Der Tod – gekleidet als Gentleman in schwarzem Anzug – umarmt die nackte junge Frau, die ihm ihren Leib anbietet.

Kubins Beziehungen zu Frauen begannen sehr früh: sein erstes sexuelles Erlebnis hatte er angeblich mit elf Jahren (im selben Jahr, als seine Mutter starb) mit einer weitaus älteren, schwangeren Frau. Ebenso wie viele andere seiner persönlichen Erlebnisse findet auch dieses in seiner Kunst ihren Niederschlag, wovon die zahlreichen Arbeiten, die schwangere oder gebärende Frauen darstellen, zeugen.[166] Folterung und Bestrafung nackter, schwangerer Frauen kommen besonders in seinem Frühwerk häufig vor.

Der Beginn von Kubins künstlerischem Schaffen ist kurz vor der Jahrhundertwende anzusiedeln. Aus dieser Zeit sind einige Portraitstudien von Frauen erhalten, die seine Auseinandersetzung mit dem menschlichen Antlitz illustrieren. Dabei handelt es sich vorwiegend um Akademiezeichnungen. Zur gleichen Zeit fertigte Kubin jedoch auch bereits Blätter in seiner eigenen phantastischen Bildsprache, wie etwa *Die Mode* oder *Idol*.

Kubin, der durch die Erlebnisse seiner Kindheit seelisch labil war, war von der Philosophie Schopenhauers und Nietzsches zutiefst beeindruckt. Das Verhältnis der Geschlechter wird zu seinem wichtigsten Bildthema, wobei die Frau – in ihrer Rolle als bedrohlich-mörderisches Wesen – in seinem Frühwerk das häufigste Bildmotiv darstellt. Kubin las Strindberg und Weininger[167], und das Bild der Gesellschaft, das diese zeichnen, spiegelt sich in seinen Werken wieder.

Auch das *Mutterrecht* von Bachofen zählte zu seiner Lektüre; in vielen seiner Blätter finden wir konkrete Hinweise auf die Umsetzung von Gedanken, die sich aus der Beschäftigung mit der Idee des Matriarchats ergeben. Ein Beispiel dafür ist das Bild *Die Fruchtbarkeit* (Abb. 95): Die am Grunde eines trüben Wassers liegende, unförmige weibliche Gestalt, gebiert aus ihrem aufgequollenen Leib unablässig Embryonen, die – noch in der Fruchtblase befindlich – nach oben ans Licht treiben. Der Gedanke Weiningers: »Alles, was vom Weibe geboren ist, muß auch sterben. Zeugung, Geburt und Tod stehen in einer unauflösbaren Beziehung«,[168] liegt bei der Betrachtung obigen Blattes nahe. Parallelen gibt es auch zum Schaffen Munchs, der seine *Madonna* in einen Rahmen, auf dem sich ein Embryo mit Totenkopf sowie Spermien befinden, stellt. Die Madonna, deren Körperhaltung auf Empfängnis und Geburt verweist, ist auch hier die Frau, die mit dem Leben zugleich den Tod mitspendet. Munch schrieb selbst über dieses Werk:

Die Pause, in der die Welt ihren Lauf anhält
Dein Angesicht enthält die ganze Schönheit des Erdreiches
Deine Lippen karmesinrot wie die kommende Frucht
gleiten voneinander wie im Schmerz
Das Lächeln einer Leiche
Jetzt reicht das Leben dem Tod die Hand
Die Kette wird geknüpft, die tausend Geschlechter
der Toten verbindet mit den tausend Geschlechtern, die kommen.[169]

Eine ähnliche Aussage vermittelt auch Kubins Blatt *Das Ei* (um 1901/02). Vor einem bereits geschaufelten Grab steht eine monströse weibliche Gestalt – erkennbar an den langen Haaren – mit riesigem, eiförmigem Leib.[170] Kubin zeigt hier die Urmutter, die zugleich gebiert und tötet. Das Leben, das noch in ihrem Körper heranwächst, erwartet bereits der Tod – das offene Grab ist ein deutliches Indiz dafür.[171]

Das Ei ist Nemesis selbst. Es ist [...] der mütterliche Urgrund aller Urschöpfung.[172]
In jeder Geburt wird das Weib zur Nemesis; die sterbliche Mutter hat keine andere Bestimmung, als das Urei zu hegen und es von Geschlecht zu Geschlecht fortzupflanzen. Gerade in diesem Verhältnis der Stellvertretung liegt die Weihe des Weibes, [...].[173]

Kubins häufige Verwendung des Ei-Motivs verweist auf Parallelen zum *Mutterrecht* Bachofens, wie auch das obige Zitat verdeutlicht.

Die Darstellung einer Frau, die, in einem Gewässer ruhend, als Nährboden für die aus ihr sprießenden Blätter und Blüten dient, nennt Kubin *Sumpfpflanzen* (Abb. 13). Kubin bezeichnet Sümpfe als »heilige Orte«[174] und nimmt damit Bezug auf Bachofen, der im *Mutterrecht* schreibt:

In den Sumpfpflanzen zeigt sich die wilde Erdzeugung, die in dem Stoffe ihre Mutter und gar keinen erkennbaren Vater besitzt. Darum wird Artemis und Aphrodite »im Schilf« und »im Sumpf« verehrt, Helena »helos (Sumpf)« genannt. [...] In dem Sumpfkult hat mithin das Muttertum des Urstoffes seinen Ausdruck gefunden [...]. Die Sumpfzeugung ist die wilde Zeugung des Stoffes, in dem Ackerbau tritt unter menschlicher Beihilfe Ordnung und Gesetz ein.[175]

Der Themenkreis, aus dem Kubin Anregungen schöpfte, ist groß: mit dem Blatt *Der beste Arzt* (1901/02) hat er eine ernüchternde Vision der Medizin geschaffen. Der auf einem Bett lang ausgestreckten Gestalt, die ihre Hände zum Gebet gefaltet hält, drückt der Tod, mit langen Haarsträhnen am Schädel und einem tief ausgeschnittenen ärmellosen schwarzen Kleid als Frau gekennzeichnet, die Hand aufs Gesicht. Halbey meint dazu: »Der von Visionen bedrängte Zeichner und Graphiker hat die düsteren Bilder seines Unterbewußtseins durch deren szenische Darstellungen bewältigt.«[176]

Der *Todessprung* (Abb. 29) drückt die Angst vor der Frau und ihrer Sexualität besonders deutlich aus: die mit gespreizten Beinen liegende Frau ist riesig; der winzige Mann, der dabei ist, auf sie zu springen, »nimmt sich gegen die dominierende, fatal verführerische und zerstörerische Frau hilflos und verletzlich aus«.[177] Die gleiche Bildaussage ist auch im Blatt *Die Spinne* (1901/02) zu finden: In einem großen Spinnennetz liegt eine Frau mit langen Haaren und gespreizten Schenkeln.[178] In den Fäden verfangen haben sich mehrere Menschenpaare, die in erotischen Positionen dargestellt sind. Hofmann sieht in der *Spinne* »Kubins Variante zu Schnitzlers *Reigen*«.[179] Der weibliche Körper mit seinen Reizen hat nur eine Aufgabe, ein Ziel: »Augen, Hüften, Mund, Schenkel, Brüste, Haare und Schoß, sie sollen locken, umklammern und wollen verletzen und vernichten.«[180] Der Spinne als Synonym für die Bedrohlichkeit der Frau bedienen sich auch Heinrich Lefler und Joseph Urban: *Die Zauberin* (um 1897) ist eine Illustration zu Musaeus' *Rolands Knappen*. Sie erscheint als ›altes Weib‹, als Hexe, deren Anordnung in der Mitte eines Spinnennetzes – sie hält mit der linken Hand die Spindel – an eine große schwarze Spinne denken läßt, die gerade dabei ist, ihr gefährliches Netz zu weben.

Das ›Verhängnisvolle‹ und ›Beherrschende‹ der Frau zeigt auch die Abbildung der *Dame auf dem Pferd* (Abb. 96). In einem eng anliegenden Reitkostüm, auf den Locken einen hohen Zylinder, in der Hand die Reitpeitsche, sitzt die Frau auf einem Schaukelpferd, das anstelle von Kufen Wiegemesser hat. Während die weibliche Gestalt hin- und herschaukelt, werden die unter ihrem Pferd liegenden Leiber zerstückelt; dies scheint die Frau aber nicht zu berühren, denn sie blickt demonstrativ in eine andere Richtung. Auf die große Bedeutung des Pferdes als Bildmotiv im Schaffen Kubins weist ein Brief an Hanne Koeppel 1929 hin:

Du weißt es ja, ich schwärme seit Kindheit und habe auch wieder Angst zugleich – vor Pferden. – Als Naturwesen hat der edle Hengst das herrlichste an Männlichkeit, das ich mir vorstellen kann in seinem Äußeren.[181]

Die *Dame auf dem Pferd* sitzt auf einem Schaukelpferd, der Hengst als Naturwesen dient als Spielzeug für die Frau, und jegliche Männlichkeit ist dabei verloren gegangen; der machtvolle Hengst ist gezähmt. Günter Rombold weist auf die Häufigkeit des Pferdemotivs im Schaffen Kubins hin und verbindet es mit Sigmund Freuds *Analyse der Phobie eines fünfjährigen Knaben*, »wo die Angst des kleinen Hans vor Pferden eine Verschiebung seiner Angst vor dem Vater darstellt.«[182]

Kubins Schaffen wird immer wieder mit jenem von Félicien Rops verglichen.[183] Rops' Werk ist teils satirisch, erotisch, blasphemisch, aber in seinen Blättern wird nicht jene Verzweiflung des Subjekts spürbar wie in den Arbeiten Kubins,[184] der zudem der Frau zumeist einen verderbenbringenden, tödlichen Aspekt beigibt. Rops zeigt in der Figur der Frau die Doppelmoral der bürgerlichen Gesellschaft auf; er verweist auf die Heuchelei der christlichen Religion und die scheinheilige Verteufelung der Sexualität. 1907 schrieb Franz Blei: »Später erst, als Rops die derben vlamischen Modelle mit Accessoires von Strümpfen und Gainsboroughhüten verparisierte, schuf er sich den eigentlichen Frauentypus, den man Ropsisch nennt […].«[185]

Die Arbeiten von Max Klinger haben auf Kubin großen Einfluß ausgeübt.[186] Stilistisch sind sich die beiden Künstler jedoch nicht ähnlich, da Klingers Naturalismus in Gegensatz zur eigenwilligen Formsprache Kubins steht. Inspiriert wurde Kubin auch von Odilon Redon, den er in Paris besuchte.[187] Ebenso kam Kubin in Kontakt mit den Nabis, denn bei einem Besuch in München lernte er den Benediktinerpater Willibrod Verkade kennen,

[…] welcher ein persönlicher Freund Gauguins und seines Kreises gewesen war. Dieser moderne Maler in geistlichem Gewand interessierte sich warm und auf die liebenswürdigste Art für meine Produktion und schickte mir auch zu meiner Unterstützung eine Kiste mit Studien der Denis, Bonnard, Sérusier, Filiger und anderer dem Kreise Angehöriger nach Zwickledt.[188]

Den Einfluß Gauguins zeigen Blätter wie *Indianerdorf* und *Südsee* (beide um 1907),[189] die durch die Einbettung nackter weiblicher Figuren in exotische Landschaften und vor allem in der Art der Körperbehandlung an den französischen Künstler erinnern.

Kubins Frauenbild kann man in drei grobe Typen gliedern: der eine ist jener der femme fatale, wie er im Blatt *Dame auf dem Pferd* dargestellt ist; der andere entspringt aus der Beschäftigung mit Bachofens *Mutterrecht* und findet sich zum Beispiel in *Die Fruchtbarkeit* oder *Das Ei*; der dritte Typus entspricht dem Bild der bedrohten Frau. Kubins Schaffen liegen die Archetypen der »guten« und der »schlechten Mutter« zugrunde.

1918 schrieb Arthur Roessler über Alfred Kubin: »Kubin hat an seinem eigenen Schaffen schmerzlich gelitten. Die Gegenstände seiner Malerei und Zeichnung haben ihn oft grausam gequält.«[190] Die Frau bei Kubin hat nichts Individuelles; sie ist häufig sogar gesichtslos, wie in *Die Braut des Todes* oder *Die Fruchtbarkeit*.

Oskar Kokoschka (1886–1980)

> *Kunst ist ohne Psychisches nicht denkbar. In jedem Ornament steckt eine Andeutung der Beziehung seines Schöpfers zur Welt. Insofern ist jede Kunstschöpfung: Seelendarstellung, Psychographie – wenn der Ausdruck erlaubt ist – und jede Kunstbetrachtung: Psychologie, d.h. Seelenlesekunst.*
>
> Reinhard Piper[191]

Im Rahmen von Kokoschkas Schaffen finden sich Frauenbilder vor allem in den Portraits, den mythologischen Szenen und den Illustrationen seiner Dramen.[192]

Das Portrait *Mädchen, Hände vor der Brust* (Abb. 107) wurde 1910 in einem Schreiben von Loos erwähnt:

Ich bin entschieden dagegen, daß sie das »Apollogirl« auch ausstellen. Es soll eine Porträtausstellung sein, und durch so ein Bild wäre die ganze Einheitlichkeit umgeworfen. Der Kopf kann gehen, da in seiner Nachbarschaft die Bilder »schön« aussehen [...].[193]

Die Darstellung der Frau zeigt den Einfluß Hodlers, der bereits 1904 Gemälde in Wien ausgestellt hatte. Hodlers 1903 entstandenes Werk *Weib am Bach* (Abb. 97) veranschaulicht seinen Figurenstil.

Das Portrait macht in weiterer Folge die wechselnde künstlerische Auffassung in Kokoschkas Frühwerk deutlich: Die Dargestellten werden aus der sicheren Umgebung der realen Wirklichkeit genommen; ihr Blick sucht nicht mehr den Kontakt mit dem Betrachter, sondern scheint nach innen zu gehen. Georg Simmel hat sich ganz allgemein mit der Möglichkeit, psychisches Geschehen – obwohl es sich expliziter Darstellung entzieht – sichtbar zu machen, befaßt:

Ich bin [...] überzeugt, daß das menschliche Individuum da sozusagen noch nicht zu Ende ist, wo unser Gesicht und Getast seine Grenze zeigen; daß vielmehr darüber noch jene Sphäre liegt, mag man sie sich substantiell oder als eine Art von Strahlung denken, deren Erstreckung sich jeder Hypothese entzieht und die genauso zu seiner Person gehört, wie das Sichtbare und Tastbare des Leibes.[194]

Kokoschka meint über seine Portraits, daß diese nichts Äußerliches festhalten sollten.[195] *Martha Hirsch I*, auch *Frau mit den großen Augen* genannt, ist typisch für diese Porträtauffassung Kokoschkas »in den Jahren 1909/10, die auf eine Darstellung des ›geistig Transitorischen und Fluktuierenden‹ bei gleichzeitiger Vernachlässigung der körperlichen Präsenz zielt.«[196]

Kokoschka benützt die Hände der Portraitierten als Ausdrucksträger (wobei gefaltete Hände in den Bildnissen bis 1914 selten sind). Diese, die ansonsten Ruhe und Gefaßtheit ausdrücken, bewirken – wo sie Kokoschka ins Bild nimmt – durch ihre übertriebene Größe eher Irritation. Offene Handhaltungen jedoch rufen die Vorstellung von Bewegung hervor. Im Portrait von *Bessie Bruce* (Abb. 21) läßt Kokoschka die linke Hand der Frau flach auf ihrem Schoß liegen, ihre rechte schließt sich um den linken Ellenbogen. Die Länge der Hände und Finger im Verhältnis zur Zartheit von Gesicht und Körper der Dargestellten bewirken beim Betrachter die erwähnte Irritation.

Rilkes Analyse der Gebärdensprache, die Rodin für die Plastik entdeckt hat, weist auf die künstlerischen Konsequenzen dieses Vorganges: Das Ungeduldige und Nervöse, aber auch Zögerliche unterscheidet die Gebärden der modernen Menschen von den eindeutigen und zielgerichteten der früheren; zwischen Anfang und Ende »haben sich unzählige Übergänge eingeschoben, und es zeigte sich, daß gerade in diesen Zwischen-Zuständen das Leben des heutigen Menschen verging«.[197]

Das Motiv des Unentschlossenseins findet man auch in Klimts Portrait von *Sonja Knips* (Farbtafel 8), wo die sichtbare Spannung des weiblichen Körpers darauf hinweist, daß die Frau im Begriff ist, sich zu erheben; ihr starrer Blick jedoch ist ohne jede Bewegung.

Lotte Franzos (Farbtafel 10) war über die fehlende Portraitähnlichkeit in ihrem Bildnis befremdet, worauf ihr Kokoschka schrieb:

Oh, bitte, wirklich, lassen Sie sich nicht Irrlehren von Engherzigen und Respektlosen vor den Menschen, die vor dem fremden Gesicht nie erstaunen, aufzwingen, weil die in sich nie Pudität eingezüchtet haben. Ihr Gesichtsportrait hat Sie gerissen, das habe ich gesehen. Glauben Sie, daß der Mensch, so wie er mich beeinflußt, beim Hals aufhört? Haare, Hände, Kleid, Bewegungen sind mir mindestens so wichtig. Bitte, gnädige Frau, das wirklich ernst zu nehmen, gerade in dem Fall, sonst hat das Bild Flecken, die es zerfressen. Ich male keine anatomischen Präparate, oder ich nehme es zurück und verbrenne es […].[198]

Kokoschka spricht damit sehr deutlich aus, was für ihn das Wesentliche an einem Bildnis ist, und in der Tat kann man dies hier im Portrait der *Lotte Franzos* nachvollziehen. Die großen Hände, die Finger der linken leicht gebogen, die der rechten ausgestreckt, vollführen Bewegungen und dominieren die untere Bildhälfte. Der Hals ist lang und massiv und schafft einen Übergang zwischen dem Körper und dem eher kleinen Kopf mit den ruhigen Gesichtszügen, der dadurch im Ganzen gesehen keine Bilddominanz erhält.

In seiner Dresdner Zeit findet Kokoschka zu einem neuen Menschenbild im Doppel- und Gruppenporträt, wie er es bereits 1917 in einem Brief an Hans Tietze beschreibt: »Und so baue ich jetzt Menschengesichter zu Kompositionen auf, in welchen Wesen mit Wesen streitet, in striktem Widerspruch steht, wie Haß und Liebe, und ich suche nun in jedem Bild nach dem dramatischen Akzidens, das die Einzelgeister zu einer höheren Ordnung umschweißt.«[199]

Das *Bildnis Romana Kokoschka* (1917) zeigt die Mutter[200] des Künstlers, der das Bild nach einer Photographie vollendete:

Liebe Mutter bitte lasse Dich so bald als möglich genau in der Stellung, (Hände Kopfhaltung, gewöhnlicher Sessel, Frisur, Kleid) photographieren, weil ich Dein Bild jetzt wieder weitermalen möchte. Der Photograph (ein möglichst guter) soll ausdrücklich nichts retouchieren, als Hintergrund entweder eine gemalte Landschaftsparavant[!] oder einen Gardinenvorhang, weiß vor einem Fenster benützen! Die Photographie soll sich durchaus mit der hier gezeigten decken, und möglichst scharf, eventuell überfeinert werden, damit ich auch Kleinigkeiten wie einzelne Haare, Fältchen, leise Schatten daraus entnehmen kann! Ich glaube das Bild wird sehr gut werden.[201]

Im Bildnis seiner Mutter ist ein repräsentatives Werk der frühen Dresdner Phase zu sehen.[202]

Oskar Kokoschkas Frauenbild verdeutlicht sich jedoch weniger in seinen Portraits als in seiner Graphik.

Sein *Postkartenentwurf für die Wiener Werkstätte*, »*Sennerin und Kuh*« etwa ist noch ganz deren Ästhetik verpflichtet und sagt nichts über die Gestalt der Frau aus, doch bereits in den Farblithographien zu seinem illustrierten Märchenbuch *Die träumenden Knaben* nahm er sich – wenn auch noch nicht so deutlich wie in seinen späteren Werken – der Geschlechterproblematik an. In *Das Mädchen Li und ich* (1907/08) stehen sich Mädchen und Knabe – jeder in einer schützenden Hülle – gegenüber, ohne die Möglichkeit, einander zu berühren. Die Empfindsamkeit, die in diesen Lithographien ausgedrückt wird, begründete Kokoschka mit einem Schlüsselerlebnis in seiner Jugend (seine Mutter hatte neben ihm geboren)[203]; aber auch der Tod seines Bruders[204] hat ihn zutiefst geprägt.[205]

Es sind vor allem die Illustrationen zu seinen Theaterstücken, die Kokoschkas wahres Verhältnis zur Frau offenbaren. »Ich ringe um die Frau«,[206] war das Motto einer Aufführung im Cabaret *Fledermaus*. Das Plakat *Pietà*[207] (Abb. 98), als Werbung für Kokoschkas erstes seiner vier Dramen, *Mörder Hoffnung der Frauen*, gedacht, thematisiert den Kampf der Geschlechter.[208] Den beiden Figuren – Mann und Frau/Mutter und Sohn[209] – sind als zusätzliche Symbole Sonne und Mond beigegeben. Der Mann liegt über dem Schoß der Frau; ihr leicht offenstehender Mund läßt die Zahnreihen sehen; sie erinnert in gewisser Weise an die männerverschlingende Sphinx. Die Farben von Mann und Frau hat Kokoschka selbst erklärt: Rot steht für Leben, das ist der Mann, und Weiß für den Tod – die Frau.[210] Im Kampf der Geschlechter verwundet die Frau zuerst den Mann und stirbt dann durch seine Hand. Wenn man Sprache und Zeichnung vergleicht, fällt auf, daß sowohl Sprachmelodie als auch gezeichnete Linie jede Harmonie vermeiden und bewußte Brüche und Sprünge aufweisen.

Es waren nicht nur christliche Hintergründe, sondern auch heidnisch-mythologische Traditionen, die seit dem späten 19. Jahrhundert die mütterlich-beweinende Rolle der Frau bestimmen konnten. Die *Pietà*, die Oskar Kokoschka [...] entwarf, bezeugt den Einfluß des [...] Johann Jakob Bachofen [...]. Kokoschka bekannte viel später in seiner Selbstbiographie *Mein Leben*, daß er »damals« das »Matriarchat« (»Mutterrecht«) von Bachofen »mit dem gleichen Enthusiasmus [gelesen habe] wie andere die Schriften von Karl Marx«.[211]

Was Bachofen über die Trauer um das Ende des Irdisch-Stofflichen schreibt, klingt wie eine Interpretation der *Pietà* Kokoschkas:

An der Spitze alles tellurischen Lebens steht das weibliche Prinzip, die große Mutter, [...]. Dieses Prinzipes physische Unterlage ist die Erde, ihre sterbliche Stellvertreterin das irdische Weib. Aus ihm ist alles geboren, zu ihm kehrt alles wieder zurück. Der Mutterschoß, aus welchem das Kind hervorgeht, nimmt es im Tode wieder auf. [...] Darum ist bei der Trauer auch zunächst nur die Mutter beteiligt. Über des Stoffes Untergang trauert nur das Weib, das durch Empfängnis und Geburt des Stoffes Bestimmung erfüllt.[212]

Auch für die *Bachkantate* hat Kokoschka 1914 eine *Pietà* geschaffen. Das Blatt illustriert folgende Textstelle: »Es ist genug: Herr, wenn es dir gefällt, / So spanne mich doch aus. / [...] / Mein großer Jammer bleibt darnieden. / Es ist genug, es ist genug.«[213] Die *Bachkantate* hat den Leidens- und Sterbeweg des Menschenpaares zum Inhalt.[214]

Kokoschka bearbeitet – wenn er Werke mit ›Pietà‹ betitelt – nicht das christliche Andachtsbild, sondern überträgt die Trauer und das Leiden, die darin ausgedrückt werden, auf seine eigenen Bildfindungen.[215]

Die Pietà […] tritt […] in den synoptischen Evangelien gar nicht in Erscheinung; nicht einmal erwähnt wird, daß die Mutter Jesu bei seinem Tode überhaupt anwesend war, was umso seltsamer anmutet, als ausdrücklich mitgeteilt wird, welche Frauen der Kreuzigung beiwohnten[216]: Es sahen aber auch Frauen von ferne zu, unter ihnen auch Maria aus Magdala, Maria, die Mutter des jüngeren Jakobus und des Joses, und Salome, die ihm, als er (noch) in Galiläa war, nachfolgten und dienten, und viele andere, die mit ihm nach Jerusalem hinaufgezogen waren. (Markus, 15, 40–41)

Trotz der ungewöhnlichen Anordnung der Figuren entspricht Koloman Mosers *Pietà* (1896) dem traditionellen Verständnis dieses Bildtyps. Die um ihren Sohn trauernde Mutter erscheint jedoch – da ihr Gesicht fast völlig verdeckt und die Gestalt ganz an den rechten Bildrand gerückt ist – weniger bedeutsam als in anderen Werken desselben Themas, wo ihr Leid und ihre Trauer zentraler Ausdruck der Zweiergruppe – Maria und Jesus – sind. Auch Kubin hat eine *Pietà* (Abb. 46) geschaffen; dort hingegen wirkt die Gestalt des Sohnes wie ein Teil des voluminösen Körpers der Mutter.

Zu Kokoschkas Illustrationen für den *Gefesselten Kolumbus* gehört das Bild *Das Weib triumphiert über den Toten* (1913–16). Es zeigt einen Mann, im Sarg liegend, auf dessen Leib eine Frau triumphierend ihren Fuß setzt – in der tradtionellen Geste des Siegers.[217]

Kokoschka hat für eine Reihe von Gemälden auch Motive aus der biblischen Heilsgeschichte aufgegriffen, eines davon ist die heilige *Veronika mit dem Schweißtuch*.[218] Die Heilige, die Christus auf seinem Weg nach Golgotha ein Tuch reichte, um sein Gesicht abzutrocknen, ist eine Personifikation des Mitleids. Ihr Gesicht ist ganz bleich, als ob sie in einer Vision gefangen wäre, und in ihren Händen – die durch die Plazierung in der Bildmitte betont sind – hält sie ein Tuch, auf dem die Gesichtszüge eines Mannes erkennbar sind, der Kokoschka ähnelt.[219] Das Leiden, das diese durch die weit offenen Augen und den aufgerissenen Mund visualisieren, spiegelt sich im Antlitz der Frau, die das Tuch hält.

Vor Kokoschka haben bereits Félicien Rops und Auguste Rodin religiöse Themen neu interpretiert und ihrer persönlichen Ikonographie unterworfen. *Christus und Maria Magdalena* von Rodin (weitere Titel: *Prometheus*, *Prometheus und eine Ozeanide* und *Das Genie und das Mitleid*) zeigt vor einem kreuzförmigen Hintergrund eine zusammengesunkene Männergestalt. Diese wird – von einer ebenfalls nackten – weiblichen Gestalt umarmt. Durch die fehlende Bekleidung und den intensiven Körperkontakt der beiden Figuren wird das Werk über seinen religiösen Titel hinaus erotisch aufgeladen. Parallelen dazu finden sich im Werk von Rops.

Die Begegnung mit Alma Mahler[220] war für Kokoschkas Leben, und auch für sein Schaffen bis 1920, absolut bestimmend. Die Bilder, die in dieser Zeit entstanden, stehen fast alle in direkter Beziehung zur Liebesaffäre von Alma und Kokoschka. Er lernte sie 1912 im Haus ihres Stiefvaters Carl Moll kennen.[221] Schon bald entwickelte sich ein inniges Verhältnis, das zum Heiratsantrag Oskars führte. Alma zögerte, denn sie hatte in der Ehe mit Mahler gelernt, ihre Unabhängigkeit zu schätzen. Dies wurde von Kokoschka – auch später noch – dahingehend interpretiert, daß sie, die das Leben an der Seite eines berühmten Mannes kennengelernt hatte, nicht gewillt sei, mit ihm, einem unbemittelten Maler, das Leben zu teilen.

Alma, die bereits zugesagt hatte, ihn zu heiraten, fühlte sich durch Kokoschka immer stärker eingeschränkt[222], und als sie das gemeinsame Kind in einer Wiener Klinik abtreiben ließ,[223] zerbrach Kokoschkas Traum vom Leben mit seiner ›Idealfrau‹ Alma. Dieses für ihn traumatische Erlebnis hat er in mehreren Bildern behandelt; beispielsweise in der Allegorie *Stilleben mit Putto und Kaninchen*. Kaninchen, Katze und Kind scheinen durch ein mysteriöses Geschehen miteinander verbunden zu sein – wen die gespannt lauernde Katze bedroht, bleibt offen. Der Putto ist vermutlich als Symbol für das von Alma ungewollte Kind zu sehen, die Katze trägt deren Züge, und im ängstlichen Kaninchen hat sich Kokoschka wohl selbst dargestellt. In einem Brief schrieb er: »Ich wäre in der Lage, am 15. Januar ein gutes Bild an Sie zu senden ... trauriges Kind, Katze, Maus verfolgend, Feuermauer, dürftiger Frühling ist der Inhalt von dem Bild.«[224] *Die Katze* (Abb. 36) ist noch vor der Begegnung Kokoschkas mit Alma entstanden; trotzdem trägt sie bereits – wie in einer Vision geschaut – das Gesicht Almas. Das Bild seiner Muse wandelte sich in das einer alles zerstörenden Frau; die gescheiterte Liebesbeziehung, die darauffolgenden Kriegserlebnisse und seine Verwundung führten zu seelischen Störungen, die wesentlich für die pessimistische Grundhaltung seiner Werke – bis ungefähr 1920 – sind.

Zu Beginn der Liebesbeziehung zwischen Alma und Kokoschka entstand das Bildnis *Alma Mahler* (1912, Abb. 99). Der Künstler bezeichnete es gegenüber Alma als »seine schönste Arbeit«.[225] Alma Mahler soll gesagt haben: »Das bin ich als Lucrezia Borgia«,[226] wobei sie wohl die Art der Darstellung – die an Renaissance-Portraits erinnert – gemeint hat. Das Bild, das aufgrund der mysteriös lächelnden Schönheit der Frau an Leonardo da Vincis *Mona Lisa* denken läßt, hat in Kokoschkas Werk eine Ausnahmestellung inne – er scheint hier nämlich bewußt Almas äußerliche Vorzüge betont zu haben. Anfang 1913 malte Kokoschka den *Doppelakt: Liebespaar* (um 1913).[227] Mann und Frau stehen seitenverkehrt nebeneinander und umarmen sich – ihre Körper sind dabei wie in einer Tanzschrittbewegung festgehalten. Anregungen zu diesem Gemälde wie auch zum *Doppelakt: Zwei Frauen* hat Kokoschka vermutlich durch die Werke von Franz Marc und Robert Delaunay erhalten, die er in Berlin bei den »Sturm«-Ausstellungen sehen konnte.

Das Bild *Die Windsbraut* (1914)[228] steht am Ende der Beziehung von Alma und Kokoschka. Alma liegt in ruhigem Schlaf an die Schulter des Geliebten geschmiegt, der mit offenen Augen daliegt und entsetzt die Bedrohlichkeit der Situation – im Bild ist es das Treiben auf dem sturmbewegten Meer – zu erkennen scheint.[229] Auch im *Irrenden Ritter* ist Alma noch einmal dargestellt, die kauernde Figur im Hintergrund trägt ihre Gesichtszüge.

Wenn auch in den folgenden Gemälden Kokoschkas die Figur Almas nicht mehr sichtbar ist, beeinflußt das gescheiterte Liebesverhältnis dennoch auch die Bildaussagen dieser Werke – die Enttäuschung über eine bestimmte weibliche Person wird nun auf die Frau generell übertragen. *Orpheus und Eurydike* (Abb. 100) hat Kokoschka auch als Drama ausgeführt, das ein Jahr nach dem Bild fertiggestellt wurde. Orpheus und Eurydike sitzen sich gegenüber, aber die bekleidete Frau sieht den Mann nicht an, entzieht sich ihm; er, der sie gedankenverloren betrachtet, ist nackt und verwundbar – zwischen den Geschlechtern ist keine Kommunikation möglich.

Nachdem sich Kokoschka von Alma getrennt hatte, lernte er in München die Puppenschneiderin Hermine Moos kennen und bat sie, für ihn eine lebensgroße Puppe nach der Gestalt seiner einstigen Geliebten Alma zu fertigen.[230] Als er sie 1919 geliefert bekam, war er jedoch enttäuscht, denn weder das Material noch die Form dieser ›Ersatzfrau‹ entsprachen seinen Vorstellungen.

Wenn ihm die mißlungene Puppe auch nicht die Erinnerung an den Körper Almas zurückbrachte, so sollte sie doch für Kokoschkas Schaffen Bedeutung erlangen. Sie ersetzte ihm den lebenden Frauenkörper und war ein jederzeit verfügbares Modell, wie beispielsweise im Bild *Frau in Blau* (1919).

Zusammen mit dem Dienstmädchen Reserl zog Kokoschka die Puppe an und taufte sie *Die stille Frau*. Reserl bekam den Auftrag, in der Stadt Gerüchte über den Charme und die mysteriöse Herkunft der *Stillen Frau* zu verbreiten und zu erzählen, Oskar fahre an sonnigen Tagen mit ihr in einer Droschke spazieren und miete bisweilen eine Loge in der Oper, um sie vorzuzeigen.[231]

1920 verlor die Puppe für Kokoschka ihre Surrogatwirkung, wie sein Kommentar dazu verdeutlicht: »Die Müllabfuhr hat im grauen Morgen den Traum der Wiederkehr der Eurydike abgeholt.«[232]

Das Werk *Selbstbildnis an der Staffelei* markiert das Ende eines Zeitabschnittes im Leben Kokoschkas, dessen negative Erfahrungen in sein Kunstschaffen einflossen. Brugger meint, daß die fortschreitende ironische Distanzierung vom Puppenfetisch, die aus der Reihe der zwischen 1919 und 1922 entstandenen Werke spricht, »ihren Abschluß im *Selbstbildnis an der Staffelei* von 1922«[233] findet. Winkler – Erling hingegen weisen darauf hin, daß die hier dargestellte Puppe keinerlei Ähnlichkeit mit dem Puppenfetisch aufweise und es sich wahrscheinlich um eine der Tonpuppen der Bildhauerin Gela Forster, der Ehefrau Alexander Archipenkos, mit der Kokoschka in Dresden bekannt war, handle.[234]

Kokoschkas Frauenbild erschließt sich nicht aus den Portraits. Seine Dramen hingegen liefern die Vorlagen für Illustrationen, in denen er – ohne auf Konventionen zu achten oder Tabus einzuhalten – den Kampf der Geschlechter, der bis aufs ›Blut‹ geführt wird, thematisiert. Hofmann meint, daß bei Kokoschka

[...] die Begierden nicht zur Vereinigung [finden], ein psychisches Übermaß sperrt sich dagegen, die Instinkthörigkeit hat ihren Sündenfall hinter sich, jeder steht fragend allein, wissend, daß er die Unschuld des Paradieses eingebüßt hat. Was wir bei Klimt als den Dialog mit der Ewigen Eva bezeichnen, ist für Kokoschka kein ausreichender Gestaltungsanlaß mehr. Er sieht die Beziehungen zwischen Mann und Frau vor einem metaphysischen Hintergrund, gezeichnet von dem Konflikt, den die christliche Religion von Versuchung und Erlösung, von Schuld und Sünde austragen läßt.[235]

In *Mörder Hoffnung der Frauen* konfrontierte Kokoschka das Publikum erstmals konkret mit seinem ent-idealisierten Frauenbild, das er in seinen späteren Dramen weiter ausführte. Die Bilder, die er nach der Trennung von Alma malte, weisen dieselbe negative Sicht der Frau auf, und in der Puppe, dem »Fetisch«, erlangte er endlich völlige Kontrolle über sein weibliches Modell. Bemerkenswert ist, daß er in seiner *Pietà* das Mutterbild mit dem der femme fatale verschmilzt. Bachofens *Mutterrecht*, das ihn ungeheuer faszinierte, hat auf sein Schaffen ebenso stark eingewirkt wie auf jenes von Kubin.

Anmerkungen

1 Kraus, *Sittlichkeit und Kriminalität*, a.a.O., S. 36.
2 Célia Bertin, *La Femme à Vienne au temps de Freud*, Paris 1989, S. 1f.
3 »Seitdem ich diese Stadt des Lärmes und der Bewegung verlassen habe, wo die Wagen dahinfliegen, wo das Pflaster davon widerhallt, wo sich auf den Straßen eine lachende, vergnügte Welt in Haufen bewegt, und wo die Frauen nicht mehr die Deutschen aus Berlin sind, sondern gemischten Blutes, eine Kreuzung aus Ungarinnen, aus Kroatinnen, aus Böhminnen und Russinnen, mit niederen Stirnen, aber verliebten Augen, und die, vom Ladenmädchen angefangen bis hinauf zur Kaiserin, Bilder der Lust sind [...] erscheint mir Paris grau und verdrießlich, erscheinen mir seine Frauen ausdruckslos und die Räder seiner Wagen, als hätten sie Filzsocken an.« Edmond und Jules Goncourt, zit. nach: Ausst.Kat. *Bitter süßes Wien*, a.a.O., S. 37.
4 Stratz, *Die Rassenschönheit des Weibes*, a.a.O., S. 5.
5 Ebda., S. 352f.
Vgl. dazu auch Anhang XLVII.
6 Ebda., S. 362.
7 Speidel, *Fanny Elßlers Fuß*, a.a.O., S. 32.
Vgl. Anhang XLVIII.
8 Ausgenommen sind Familienmitglieder, vor allem die Mütter, die von ihren Söhnen in Portraits verewigt wurden.
9 Makart hat selbst für diese Bildgattungen die Gesichtszüge von Damen der gehobenen Gesellschaft verwendet.
10 Delacroix, *Journal*, a.a.O., S. 185.
11 Altenberg, zit. nach: Schondorff, *Zeit und Ewigkeit*, a.a.O., S. 223.
12 Altenberg an Lina Loos: »Niemals hatte man Achtung vor diesen aschblonden Haaren, diesen lieblichen Achselhöhlen mit dem unbeschreiblich zarten und beglückenden Dufte, vor dem Schimmer dieser oft verzweifelten und jammernden Augen, vor diesem elfenbeinfarbigen Rücken, der in einer edelsten elfenbeinfarbigen Rundung endete oder seine Krönung fand, vor diesen glatten polierten Beinen. Niemals wußten sie es dem Schicksale in exaltierter Weise zu danken, diesen ambrafarbigen Leib langsam in seine eigene Exstase bringen zu dürfen und das heilige Maß ihrer tiefsten Erregung in sich hineintrinken zu dürfen! Niemals hatten sie Ehrfurcht vor den Extasen der Natur! Die ›männliche Eitelkeit‹, der ›männliche Wollust-Egoismus‹ siegten über diese mysteriösen und märchenhaften Welten und schaffen diese Dichtung ›Weib‹ zu einer Kloake um für ihre überschüssigen Säfte —. Fluch ihnen!!!« Zit. nach: Camillo Schaefer, *Peter Altenberg oder Die Geburt der modernen Seele*. Mit einem Vorwort von Erwin Ringel, Wien–München 1992, S. 65f.
13 »Ich bin kein Dichter, kein Künstler. Ich habe nur die heilige Mission in meinem Herzen mitbekommen, dem Manne die Frauenseele nicht von seinem Bedürfnisse aus, sondern von dem ihrigen aus zu zeigen.« Zit. nach: Ebda., S. 57.
14 Zit. nach: Ebda., S. 144.
15 Altenberg, in: Ebda., S. 56.
Auch für Altenberg war die Frau ›Natur‹, wie er es in *Wie ich es sehe* verdeutlicht: »›Ich bin wie die Natur‹, fühlte sie [die Dame mit den flachsblonden Haaren]. ›Der See, der Wald, die gelbgefleckte Dillkrautwiese und ich –! [...].‹« Zit. nach: Hartmut Marhold [Hg.], *Gedichte und Prosa des Impressionismus*, Stuttgart 1991, S. 210.
16 »Weininger selbst führte den ›ganzen expressionistischen Geschmack, der den großen, schlanken Frauen mit flachen Brüsten und schmalen Hüften den Preis der Schönheit zuerkennt‹, auf die Theorie zurück, daß in gewissen periodischen Zeitabläufen viel mehr feminine Männer und viel mehr maskuline Frauen geboren würden und somit Ursache für den ästhetischen Geschmack eines Zeitalters würden beziehungsweise diesen bestimmten.« Schaefer, *Peter Altenberg*, a.a.O., S. 72.
17 »Ich habe nie irgend etwas anderes im Leben für wertvoll gehalten als die Frauenschönheit, die Damengrazie, diese süße, kindliche! Und ich betrachte jedermann als einen schmählich Betroge-

nen, der einen anderen Sache hienieden irgendeinen Wert beilegte!« Peter Altenberg, zit. nach: Ausst.Kat. *Bitter süßes Wien*, a.a.O., S. 38.

Loos, der wie Altenberg für junge Mädchen schwärmte, schrieb rückblickend: »Die Kindfrau war in Mode.« Zit. nach: Hilde Spiel, *Glanz und Untergang. Wien 1866 bis 1938.* Autorisierte Übersetzung aus dem Englischen von Hanna Neves. Mit 53 Abbildungen. 2. Aufl., München 1995, S. 77.

18 Peter Altenberg, zit. nach: Hans Bisanz, *Peter Altenberg: Mein äußerstes Ideal.* Altenbergs Photosammlung von geliebten Frauen, Freunden und Orten, Wien 1987, S. 96.
»Die absolut <u>idealen</u> Beine« sah Altenberg beispielsweise in jenen der 13–jährigen Evelyne H ...
Vgl. Ebda.

19 Dies wird auch in Altenbergs Gedicht *Dame und Hure* deutlich:
»Ich habe ein Gedicht gemacht:
Dame und Hure.
»Dame saß da mit steinernem Herzen –
Herr ging weg mit tiefen Schmerzen.
Arme Hure in einem Puff
heiterte ihn uff!
›Dame mit dem steinernen Herzen, steig' mir auf den Buckel, ‒‹, empfand er still,
›Segen über die arme Hure, die nichts als ein Strumpfgeld will!‹«
Zit. nach: Schondorff [Hg,], *Zeit und Ewigkeit*, a.a.O., S. 224.

20 Altenberg, Kunstschau [1908], zit. nach: Nebehay, *Gustav Klimt*, a.a.O., S. 423.
Egon Friedell über Altenberg: »Sein Standpunkt ist der Positivdruck der Frauenphilosophie Weiningers [...]. Dieser Frauenkult machte ihn [...] zum Typus jener Dekadenz vom Ende des vorigen Jahrhunderts, die ziemlich kurzlebig war und in ihm allein heute noch fortlebt [...]. Seine Frauenphilosophie verhält sich zur Wirklichkeit, wie die Psychologie des *Lederstrumpf* sich zur Wirklichkeit verhält. Seine Dramen geben von der Frauenseele ein ähnliches Bild wie die Indianerromane vom Leben in Amerika. Wie bei der Heringsbegattung schwimmt alles in einer ungeheuren Wolke von Samenflüssigkeit!« Zit. nach: Schaefer, *Peter Altenberg*, a.a.O., S. 71f.

21 Über *Die Hand der Frau R. H.* (d.i. Risa Horn) erschien 1903 ein Text Altenbergs in *Kunst*: »Hand, Hand, edelstes, allerzartestes Gebilde, du Kunstwerk Gottes, wann erblickt man dich?!? Jahre und Jahre sieht man Tatzen und Pratzen, plumpe, klobige Gebilde, wie von kindischen Bildern aus widerspenstigem Fleische geformt! Wo, wo sieht man eine Hand nach Gottes Plänen, zart und beweglich, jedem Hauch des Inneren nachbebend und Seele und Geist zum zarten Ausdruck bringend in Beweglichkeiten?! Nicht schieben soll die Hand in plumpem Ausdruck an schwerbeweglichem Geiste, sondern, leicht erbebend, tanzend, das letzte körperliche Schwingen von Geist und Seele sein! O schöne, leichte, zarte, sanfte Hände, edelste Kunstwerke der Natur, wo seid ihr?! Schönen, edlen, zarten Händen soll man Altäre errichten, denn sie sind Gebilde, herrührend vom Geiste Gottes! Frau Risa H., Gottbegnadete, heil deinen adeligen Händen!« Zit. nach: Rennhofer, *Kunstzeitschriften der Jahrhundertwende in Deutschland und Österreich 1895 – 1914*, a.a.O., S. 131.

22 G. W. Geßmann, *Die Frauenhand und ihre Bedeutung für die Erforschung des weiblichen Charakters*. Mit 21 Abbildungen. 2. Aufl., Berlin [um 1910], S. 17ff.

23 Ebda., S. 20.
Vgl. Anhang XLIX.

24 Ludwig Hevesi, *Das große Keinmaleins*. Hg. Gunther Martin, Wien–Darmstadt 1990, S. 179.

25 Zit. nach: Ebda., S. 10.

26 Ebda., S. 114f.

27 Karl Kraus, zit. nach: Schondorff [Hg.], *Zeit und Ewigkeit*, a.a.O., S. 258.

28 Zit. nach: Wagner, *Geist und Geschlecht*, a.a.O., S. 44.
Kraus besuchte die Sezessionsausstellungen zwischen 1899 und 1903 und schrieb dazu Kommentare. Vgl. Ebda., S. 227.

29 Zit. nach: Nebehay, *Gustav Klimt*, a.a.O., S. 254.
Vgl. Anhang L.

30 Wagner, *Geist und Geschlecht*, a.a.O., S. 20.
31 Kraus, *Sittlichkeit und Kriminalität*, a.a.O., S. 27f.
   Heinrich Fischer meint, »es sei kein Zufall, daß *Sittlichkeit und Kriminalität* in jener Übergangszeit vom XIX. ins XX. Jahrhundert erschien, als das europäische Geistesleben von einer Welle aus Sexualität und Erotik überschüttet wurde – von Flaubert bis Strindberg, von Wedekind bis Wilde, von Weininger bis Freud. Aber schon Leopold Liegler hat darauf hingewiesen, daß Kraus zwar alle Ideen dieser Dichter und Denker in sich erlebt hat, aber daß er nicht auf die eine oder andere Lösung eingeschworen war: ›Er hat bloß alles Positive, was der Steigerung seiner eigenen Persönlichkeit förderlich sein konnte und was seinem Wesen gemäß schien, zur Selbstbefreiung und zum Ausbau seines Systems benützt. Im erotischen Erlebnis sah er vor allem das tiefe und unbedingte Bekenntnis zur Natur und zum Menschenwert; da aber sein oberstes Ideal die Totalität ist, so kann er sich nie – und hierin dürfte er sich prinzipiell von Wedekind unterscheiden – an eine Richtung bedingungslos verlieren, denn in ihm sind Natur und Geist gleichberechtigte Agentien, aus deren Zusammenwirken erst das Kulturideal entsteht. Was sich gegen das Wesentliche seines Lebensgefühls richtet, das hat sich gegen die Majestät des Lebens selbst vergangen; er predigt den Haß gegen die Verfolger der Instinkte, während deren Bekenner seiner Teilnahme und seines Mitleids auch dann sicher sind, wenn sie noch so gering und armselig wären, denn die Verruchtheit ihrer Feinde leiht ihnen Würde und Existenzberechtigung.‹« Zit. nach: Ebda., S. 344f.
32 Karl Kraus [Hg.], *Die Fackel*, Dreifache Nummer Nr. 378/379/380, Juli 1913, XV. Jahr, Wien, S. 60.
   Vgl. Anhang LI.
   »Die Fähigkeit aber, den Körper unaufhörlich herzugeben und herzuschenken, ist eine spezifisch weibliche. Und erst der ›stofflichste‹ Typus von Frau kann die Selbstverschwendung verkörpern, die frei wäre von formellen Hemmungen. Die ›reine‹ Frau wäre aus dieser Sicht die sexuellste Frau, nicht die Jungfrau und nicht die Ehefrau. Dem Körper als reinem Zweck der Lust steht der Körper als Mittel zum Zwecke der Verheiratung entgegen.« Wagner, *Geist und Geschlecht*, a.a.O., S. 64.
33 Ebda., S. 55.
34 Bahr schreibt: »Schlesinger ›belehrt‹ den Adjutanten gern und unterrichtet ihn im Modernen. Besonders über die Frauen. ›Das alles ist nur Christenthum, pflegt er zu sagen; darüber sollte man, seit Nietzsche, doch hinaus sein. Warum soll eine Frau keusch sein? Wird sie schöner, wenn sie keusch ist? Sind wir denn keusch? Kein Mann besinnt sich, von seiner Geliebten zu einem kleinen Mädchen zu gehen, das ihm gerade gefällt, das seine Sinne erregt, oder das die Neugierde reizt. Warum ist er böse, wenn die Geliebte dasselbe thut? Das ist ja alles Unsinn. Ein Haufen Lügen liegt auf jeder Frau. Es ist schade um die Zeit, sich mit einer abzugeben. Wir erfahren ja nie, was sie empfinden; statt ihrer Gefühle geben sie uns nur die Lügen, die man ihnen andressiert hat. – Außer bei der Cocotte. Ja wohl, die Cocotte! Das ist noch heute ein Schimpfwort, aber bald wird es ein Ehrenname sein: Denn die C. ist die erste Form des neuen Weibes, das sich von den Lügen befreit hat und wirklich sein, nach der Natur leben will, wie sie sie empfindet. Hören Sie nur auf mit dem süßen Mädel. Gut genug, um unsere neumodischen Neurastheniker zu bezaubern. Wer ein Mann ist, der verlangt nach einem Weibe. Er muß sich an die Cocotte halten.‹« Bahr, *Tagebücher*, Band 2, a.a.O., S. 161.
35 Sigrun Paas, in: Ausst.Kat. *Eva und die Zukunft*, a.a.O., S. 180.
36 Baudelaire, Les Fleurs du Mal, a.a.O., S. 40.
37 Jacques Baudoin, zit. nach: Jan Bialostocki, *Stil und Ikonographie. Studien zur Kunstwissenschaft*, Dresden 1966, S. 111.
38 Es ist bemerkenswert, daß Gustav Klimt – im Gegensatz zu den anderen Malern der Wiener Moderne – keine Selbstportraits fertigte.
   Klimt sagte: »Von mir gibt es kein Selbstporträt. Ich interessiere mich nicht für die eigene Person als Gegenstand eines Bildes, eher für andere Menschen, vor allem für weibliche, nochmehr jedoch für andere Erscheinungen […] ich bin überhaupt überzeugt davon, daß ich nicht extra interessant bin.« Zit. nach: Börnsen, *Das Gustav Klimt Album*, a.a.O., S. 8.

39 Breicha verortet das Auftreten des Typus der femme fatale 1890 in Klimts Werk *Mädchen aus Tanagra*. Siehe Otto Breicha, *Gustav Klimt. Die Bilder und Zeichnungen der Sammlung Leopold*, Salzburg 1990, S. 11.
40 »Eine Mythisierung oder Dämonisierung der Frau in Bildern von Hexen, Wasserschlangen, Fabelwesen, aber auch ihre Erhöhung als Trägerin der existentieller[!] Botschaften findet sich in allen Schaffensperioden Klimts, vor allem in seinen auf die historischen Allegorien folgenden ›Menschheitsbildern‹, wie Werner Hofmann sie in seinem Essay *Gustav Klimt und die Wiener Jahrhundertwende* genannt hat. So verkörpern Frauen in ›Die drei Lebensalter der Frau‹ (1905) und ›Tod und Leben‹ (1910/16) den Lebenskreislauf.« Börnsen, *Das Gustav Klimt Album*, a.a.O., S. 67.
41 Zit. nach: Gottfried Friedel, *Gustav Klimt 1862–1918. Die Welt in weiblicher Gestalt*, Köln 1989, S. 212f.
42 Vgl. Nebehay, *Gustav Klimt*, a.a.O., S. 29.
Insbesondere zu Frauenbildern siehe: Ausst.Kat. *Klimt und die Frauen*, hg. von Tobias G. Natter, Gerbert Frodl, Österreichische Galerie Belvedere, Köln 2000.
43 Dieses Thema wird ausführlich in dem 1986 in Paris erschienen Buch *L'Érotisme des chers Maîtres* von Yann le Pichon behandelt.
44 Bei der Wahl des Bildformates sei auf den Einfluß Whistlers verwiesen.
45 Zit. nach: Nebehay, *Gustav Klimt*, a.a.O., S. 189.
Hevesi weist auch auf den Einfluß Whistlers auf Klimt hin: »Whistler hat eine ungeheure Schule gemacht. Alle die vielen Engländer, Schotten, Franzosen, Spanier; von de la Gandara bis zu Henry George und John Lavery. Und in unserer nächsten Nähe Gustav Klimt. Seine halbmystischen, goldfunkensprühenden Lufterscheinungen (auch die ›Philosophie‹ u. dgl.) erinnern nicht wenig an jene ›Feuerwerke‹ Whistlers. Und seine ins Feinere und Feinste verschwebenden Damengestalten, die aus einer Tournüre und einem Parfum zu bestehen scheinen.« Zit. nach: Ebda., S. 147.
46 Zit. nach: Ausst.Kat. *Ver Sacrum*, a.a.O., S. 33.
In Wien setzte sich das Reformkleid jedoch nur bedingt durch. Es dominierte eher der Typ der »Prinzeßform«, der einen Kompromiß zwischen taillenlosem und taillenbetontem Kleiderschnitt darstellt. Vgl. Forstner, in: Ebda, S. 34.
Vgl. Anhang LII.
47 Jacob Falke schreibt in *Die Kunst im Hause*: »Schönen und interessanten Gesichtern ist die helle Wand unvortheilhaft, nur die dunkle läßt sie zur vollkommenen Wirkung kommen. Aus demselben Grunde läßt auch der Maler seine Portraits aus dunklem Grunde und nicht aus hellem heraustreten.« Zit. nach: Sternberger, *Panorama*, a.a.O., S. 170.
48 Susanna Partsch, *Klimt*. Leben und Werk. Mit 96 Farbtafeln und 35 Zeichnungen, München 1993, S. 244.
49 Zit. nach: Nebehay, *Gustav Klimt*, a.a.O., S. 425.
50 Bis 1903–04 bleiben die Hintergründe seiner Portraits ruhig; um 1905 finden sich ornamentale Dekorationen, oft unter Verwendung von Gold und Silber; 1907–10 gibt es einige auffallend dunkle Portraits; ab 1912 treten mit dem Bildnis *Adele Bloch-Bauer II* Blumen auf, und später verwendet Klimt ostasiatische Motive als Dekor. Vgl. Ebda., S. 38.
51 Zit. nach: Hans Bisanz, *Wien um 1900*, Kirchdorf a. Inn 1994, S. 22.
52 André Breton schreibt über die Frauen in den Gemälden Moreaus: »Der Typus dieser Frauen hat mir wahrscheinlich alle anderen verdeckt: es war völlige Verzauberung. Die hier wie nirgendwo anders neu angefachten Mythen haben ihre Wirkung getan. Jede Frau, die fast ohne äußere Veränderung nacheinander Salome, Helena, Dalila, Chimäre oder Semele ist, prägt sich in ihrer unterschiedslosen Verkörperung ein. Von ihnen bezieht sie ihre Geltung, und ihre Züge werden so ins Ewige gehoben.« Zit. nach: Robert L. Delevoy, *Der Symbolismus in Wort und Bild*, Genf–Stuttgart 1979, S. 14.
53 Zit. nach: Caroline Mathieu, *Musée d'Orsay-Führer*, Paris 1987, S. 82.
54 Zit. nach: Ausst.Kat. *Auguste Rodin*. Eros und Leidenschaft, a.a.O., S. 65.

55 »Les ambitions de Boldini se soumettent toujours à ses possibilités. Boldini ne veut et ne sait être qu'un peintre sensualiste. La vie intérieure, l'inquiétude, les aspirations intimes de ces femmes, Boldini ne s'en soucie guère; il n'y croit pas; il les nie. Ces visages sont sans énigmes, ces regards sont sans mystères. Les femmes sont pour lui de grandes fleurs vivantes, que le désir respire et cueille. Il apprécie et déguste ces pétales de chair, qui donnent leur tiédeur aux pétales des robes. Il guette les mouvements; il savoure les raffinements et les aguichements des toilettes; tous les dociles et impatients excès de la ›modernité‹.« Ausst.Kat. *Boldini* (1842–1931). Institut de France. Musée Jacquemart-André, Paris 1963, S. 12.

56 »He was one of the leading portraitists of Paris. A connoisseur of the female soul, he made a cultural phenomenon of the multitude of noblewomen who posed before his easel, giving a face to the Belle Époque.« Ausst.Kat. *Giovanni Boldini and Society*, New York University 1984, [o.S.].

57 Sármány-Parsons, *Gustav Klimt*, a.a.O., S. 23. Siehe dazu auch Renate Berger – Daniela Hammer-Tugendhat (Hg.), *Der Garten der Lüste*. Zur Deutung des Erotischen und Sexuellen bei Künstlern und ihren Interpreten, Köln 1985.

58 An dieser Stelle ist auf das von Franz von Stuck geschaffene Plakat für die 7. Ausstellung der Münchner Secession [1897] hinzuweisen, das Klimts Pallas Athene vorweggenommen hat: die griechische Göttin erscheint dort in fast völlig identer Haltung, wenn auch in der formalen Ausführung divergierend. Dobei hat bereits auf diese Ähnlichkeit hingewiesen. Vgl. Nebehay, *Gustav Klimt*, a.a.O., S. 188.

59 Hevesi, *Acht Jahre Sezession*, a.a.O., S. 82.
Vgl. Anhang LIII.

60 Klimts Judith ist eine »Wiener Mona Lisa, gemalt vor einem byzantinischen Hintergrund und sie trägt die Juwelen der Theodora«. Jullian, *Dreamers of Decadence*, a.a.O., S. 43.

61 Hevesi, *Acht Jahre Sezession*, a.a.O., S. 319.

62 Zit. nach: Wagner, *Geist und Geschlecht*, a.a.O., S. 228f.

63 Gierlinger-Czerny, *Judits Tat*, a.a.O., S. 171.

64 Fischer, *Gustav Klimt und Emilie Flöge*, a.a.O., S. 121ff.

65 Ludwig Hevesi sah das »Klimtsche Haar« als einen »ins Unendliche behandelte[n] Urstoff«. Hevesi, *Acht Jahre Sezession*, a.a.O., S. 449.
Vgl. Anhang LIV.

66 Die erotische Wirkung des weiblichen Haars wurde früh erkannt; beispielsweise wurde auf dem Konzil von Tours 1583 folgender Spruch gefällt: »In Übereinstimmung mit dem Konzil von Konstantinopel, Trullanum genannt, erklären wir alle Frauen, die durch eine allzu kunstvoll hergerichtete Haartracht den männlichen Seelen Netze und Fallen auslegen, auf daß diese sich darin verfangen, für exkommuniziert.« Zit. nach: Groult, *Ein Tier mit langen Haaren*, a.a.O., S. 61.

67 »Des chevelures [...] Plus encore que ses contemporains qui, sous l'influence de Baudelaire, s'extasiaient sur les longs cheveux de leurs maîtresses, Lévy-Dhurmer a eu une véritable fixation érotique pour les cheveux blonds. En flots ils recouvraient à demi les èves tentées dans un paradis semblable à un jardin d' hiver; ils tombaient en lourdes nattes sur les tuniques des mélisandes et des iseults, aussi abondants que dans les portraits imaginaires de Dante-Gabriel Rossetti; les modèles de Lévy-Dhurmer s'inscrivent dans leur postérité directe.« Philippe Jullian, *La Belle Epoque comme l'a [sic!] rêvée*. Lévy-Dhurmer. Connnaisance des Arts Nr. 253 (1973), S. 74.

68 »[...] Seiner nackten Wahrheit gegenüber hängen bei mir drei Zeichnungen. Die eine ist eine Skizze für eines der Mädchen auf dem Schubert-Bild bei Dumba: Da sieht man auf den ersten Blick den Makart-Schüler, sie hat einen Hauch der Kaiserstadt als noch der Herr v. Grillparzer raunzend in ihr spazieren ging, einen fast griechischen Hauch. Die zweite, für das erste Heft von »Ver Sacrum« bestimmt, zum Beginn der Secession, ist eine rote Hexe mit Haaren von Burne-Jones oder Rossetti, Augen von Toorop und einen Mund von Khnopff, [...]. Die dritte ist aus der Zeit seiner Vollendung, als sich ihm auch noch das letzte Geheimnis erschloß: die Kunst des Weglassens jeder Entbehrlichkeit [...].« Bahr: Zit. nach: Nebehay, *Gustav Klimt*, a.a.O., S. 379.

69 »Seine Schönheit strahlt erotische Attraktivität aus, seine Erotik verheißt Abhängigkeit, Hörigkeit, Zerstörung. Sein Besitz symbolisiert Jugend, Leben, Glück, sein Verlust Schande, Alter,

Impotenz. [...] Langwallend ist es ganz Natur, Hingabe, Freiheit; frisiert, gedreht und aufgesteckt wird es zu einem Kunst-Gebilde von Ordnung, Geschlossenheit und Zucht. Im Laufe der Zeiten hat die Farbe des Haares symbolischen Charakter angenommen. Brandrotes Haar signalisiert das Böse, die Huren und Hexen und Verführerinnen werden traditionell damit versehen. Ähnlichen Zeichenwert hat das nachtschwarze Haar, das ins Tödliche und Traumhafte hinüberweist. Lichtblondes Haar dagegen suggeriert Heldentum, Sieg des Guten oder, bei Frauen, Reinheit, Heiligkeit, Unschuld. Die drei sind eins, eine Trias der Ambivalenz: die Frau, das Ornament, das Haar.« Wagner, *Geist und Geschlecht*, a.a.O., S. 49.

70 Schaumberger [Hg.], *Die Jahrhundertwende*, a.a.O., S. 29.
71 Kirk Varnedoe, *Wien 1900*. Kunst, Architektur & Design, Köln 1993, S. 161.
72 Zit. nach: Partsch, *Klimt*, a.a.O., S. 255.
 »Die *schwangere* Frau konnte er doch nicht ausstellen. Sollte er die der Secession zumuten und alle Geschmackvollen Wiens in eine offene Rebellion treiben? Eine Frau in diesem Zustande als Naturstudie! [...] Nun, Klimt hat diese Frau nicht ausgestellt [...].« Hevesi, *Acht Jahre Sezession*, a.a.O., S. 446.
73 Rodin: »Ich hatte bestimmt nicht daran gedacht, daß man, um Eva darzustellen, eine schwangere Frau als Modell nehmen müßte; ein Zufall, der mein Glück bedeutete, hat sie mir gegeben, und er hat in einzigartiger Weise dazu beigetragen, der Figur ihren Charakter zu verleihen.« Zit. nach: Ausst.Kat. *Auguste Rodin*. Eros und Leidenschaft, a.a.O., S. 195.
74 Hevesi, *Acht Jahre Sezession*, a.a.O., S. 307.
75 Zit. nach: Partsch, *Klimt*, a.a.O., S. 257.
76 »Wie in der Erstfassung der Hoffnung ist der Tod in die Nähe der schwangeren Mutter gestellt, aber warme Farben und eine meditative Athmosphäre deuten eine optimistischere Behandlung desselben Themas an.« Ilona Sármány-Parsons, *Gustav Klimt*, Bindlach 1992, S. 80.
77 »Mehr als 3000 Zeichnungen von Gustav Klimt sind überliefert, aber es wird vermutet, daß mehrere 100, wenn nicht 1000 verloren gegangen sind. Entweder hat ein Brand in der Wohnung von Emilie Flöge im Jahr 1945 sie vernichtet, oder Gustav Klimt hat sie selbst zerstört.« Börnsen, *Das Gustav Klimt Album*, a.a.O., S. 136.
78 1902 kritisierte man die Nacktheit im Beethovenfries: »Solche Orgien hat das Nackte noch auf keiner Wiener Ausstellung gefeiert [...]. Offenbar glaubten die Herren von der Secession, die halbe Nacktheit des Klinger'schen Beethoven – überbieten zu müssen, in dem sie die Nacktheit ins Krankhaft-Allegorische modernisierten. An ihrer Spitze steht natürlich Gustav Klimt [...]. Der Realismus, womit er die Wollust und die Unkeuschheit allegorisiert, ist künstlerische Selbstbefleckung im verwegendsten Sinne des Wortes [...].« Zit. nach: Nebehay, *Gustav Klimt*, a.a.O., S. 297.
79 Zit. nach: Partsch, *Klimt*, a.a.O., S. 264.
80 Vgl. Reinhard Steiner, *Egon Schiele 1890 – 1918*. Die Mitternachtseele des Künstlers, Köln 1993, S. 36.
 »Inhaltlich spielt der Akt, und zwar der weibliche, die Hauptrolle. Je größer die Erotik einer Darstellung, desto besser die Zeichnung. Immer aufs neue erweckt die künstlerische Beherrschung des menschlichen Körpers Staunen und Bewunderung. Wie die Anatomie durchgefühlt, wie die Vielachsigkeit eines Körpers verstanden und zum Ausdruck gebracht ist, wie der simple Kontur das Auge des Beschauers unerbittlich zwingt, auf dem leeren Papier die Formen richtig zu ergänzen, all das hat in der Geschichte der Zeichnung nicht seinesgleichen. Die Ecken und Härten des Knochengerüstes und die Weichheit blühenden Fleisches sind mit gleicher Meisterschaft durch die dünnen, förmlich vibrierenden Linien des Griffels versinnlicht [...]. Erfordert die Bekleidung der Figuren eine Innenzeichnung, so besteht auch diese bloß aus feinnervigen Linien. Scheinbar gänzlich planloses, krauses Linienspiel gibt aufs wunderbarste und treffendste das Gewirr eines Gewandmusters, das Gewoge reichsten, duftigsten Falbelbesatzes wieder. Dann und wann sind Haar, Augen oder Mund mit anderer Farbe aufgesetzt, einmal sind wohl mit weißem Pinsel die Kringel des Dessins eines Frauengewandes eingezeichnet. Sonst spielt interessanterweise der Pinsel bei diesem Zeichenstil, der doch von den Pinselzeichnungen der griechischen Vasenmaler

und der japanischen Holzschnittzeichner ausgegangen ist, keine Rolle. In der zuletzt geschilderten Phase aber ist diese Zeichenweise Klimts unbestreitbares ureigenstes Eigentum [...].« Arpad Weixlgärtner [1912]: Zit. nach: Nebehay, *Gustav Klimt*, a.a.O., S. 359.

81 Lukian, *Hetärengespräche*, a.a.O., Schutzumschlag Rückseite.
Hans H. Hofstätter sieht in den erotischen Zeichnungen Klimts »Symbole einer Umbruchzeit, Verkörperung des neuen Bewußtwerdens der Kraft des Erotischen gegen die bisher Schranken setzende Moral.« Zit. nach: Börnsen, *Das Gustav Klimt Album*, a.a.O., S. 142.

82 »Nicht das letzte, berühmte Atelier in der dörflichen Seitengasse in Hietzing war Gustavs eigentliches Heim. Er brauchte, wie alle Künstler, auch sehr viel Liebe und vor allem Rücksicht. Er war ja kein Gesellschaftsmensch, eher ein Einsamer, und die Sorge der Geschwister mußte sein, ihm die Lästigkeit des Alltags aus dem Weg zu räumen. Jeden Abend kam er zu uns, nahm wortkarg seine Mahlzeit zu sich, ging früh zu Bett. Wir verstanden sein stilles Kommen und Gehen, wußten, wie notwendig er – nach Kämpfen mit der Umwelt – Ruhe brauchte.« Hermine Klimt, zit. nach: Ebda., S. 188.

83 Fischer, *Gustav Klimt und Emilie Flöge*, a.a.O., S. 109.

84 Und weiter: »[...] in langem Zusammenleben mit den Frauen, an denen er in rührender Treue hing, hat er ein schweres Martyrium erduldet. Schauervolle Episoden haben den Gesunden zwar nicht gebrochen, aber jenes furchtbare Grauen vor ähnlichem Schicksal in sein Blut geträufelt, das so vielen kraftvollen Menschen das Leben vergiftet hat; die gefährliche Literatur über Vererbung und Belastung, in die er sich zeitweilig verstrickte, hat das Übel vergrößert. So hat er schon aus seinem Elternhause ein inneres Gebrechen davongetragen, das seine Lebensfähigkeit irgendwie lähmte; was er ihm sonst dankte, läßt sich nicht ermessen, gewiß den Hang zur Kunst, der schon seinen Vater, der ein Graveurhandwerk betrieb, aus der Enge dieser Schranke lockte, und die Liebe zu Wien [...].« Zit. nach: Nebehay, *Gustav Klimt*, a.a.O., S. 25f.

85 Vgl. Ebda., S. 9.

86 »Seit kurzem wissen wir, daß auch Klimts Hauptwerk *Der Kuß* eng mit Emilie Flöge verbunden ist. Alice Strobl konnte nachweisen, daß auf dem [...] Bild Klimts, [...] die Modelle in dem sich umarmenden Liebespaar Emilie Flöge und Klimt selbst gewesen sind.« Fischer, *Gustav Klimt und Emilie Flöge*, a.a.O., S. 126.
Nebehay bringt das Bild in Verbindung mit einem von Charles R. Mackintosh und seiner Frau Margaret Macdonald-Mackintosh gemalten Werk und verweist auf die Ähnlichkeit in den Figuren. Vgl. Nebehay, *Gustav Klimt*, a.a.O., S. 415.

87 Vgl. Christian Brandstätter, *Gustav Klimt und die Frauen*, Wien 1994, S. 10 und 12.
Darauf scheint auch Alma Mahler-Werfel anzuspielen, wenn sie schreibt: »Er hatte niemand um sich als wertlose Frauenzimmer – und darum suchte er mich, weil er fühlte, daß ich ihm hätte helfen können [...]. Mit Gustav Klimt war die große Liebe in mein Leben gekommen, aber ich war ein ahnungsloses Kind gewesen [...].« Zit. nach: Nebehay, *Gustav Klimt*, a.a.O., S. 57.

88 Emilie Flöge wurde am 30. August 1874 als Tochter des Drechslermeisters Hermann Flöge und seiner Frau Barbara in Wien geboren, wo sie auch 1952 im Alter von 78 Jahren starb. Vgl. Fiedler, Götz, Thum-Kraft, Die Wienerin auf dem Weg zur Selbständigkeit, in: Geber – Rotter – Schneider [Hg.], *Die Frauen Wiens*, a.a.O., S. 44.

89 Zit. nach: Ebda., S. 45.

90 Peter Altenberg meinte über die Frauen Klimts: »Wie Endgebilde der zartesten Romantik der Natur selbst sind diese Frauenportraits. [...] alle befinden sich außerhalb der Erdenschwere, wie sie sich auch sonst stellen mögen im realen Leben des Tages und der Stunde. [...] In die Rätsel des Daseins starrend, stolz, unbesiegbar und dennoch bereits tragisch traurig und in sich gekehrt.« Zit. nach: Brandstätter, *Gustav Klimt und die Frauen*, a.a.O., S. 64.
Das Umfangen der Personen mit Mosaiken – lediglich Hände und Köpfe werden ausgespart, das Inkarnat sehr hell gemalt – entspricht der Einschnürung der Frauen der Jahrhundertwende – sowohl gesellschaftlich als auch modisch. Es war dies das letzte Aufflackern der geschnürten Kleidung, von Paris aus ging der Trend zum lose fallenden Reformkleid, das um 1908 auch Wien eroberte und vor allem von den fortschrittlichen Damen der Gesellschaft getragen wurde.

»Mit Ausnahme der Ballroben, bei denen nackte Schultern und Arme bei einem ›gesellschaftlichen Ereignis‹, in ›entsexualisierter‹ Atmosphäre zur Erhöhung des Ansehens des Ehemannes vorgezeigt wurden, bleibt [...] für Frauen die Kleidung hochgeschlossen. [...] Die Zweitrangigkeit der Frau erfährt in ihrer ›Zurichtung‹ zum Ornament eine neue Qualität als ›Luxusweibchen‹, ist vor allem Mittel zur Repräsentation des sozialen Status ihres Ehemannes.« Dölling, *Der Mensch und sein Weib*, a.a.O., S. 77.

91 »Die Frauen Klimts sind mehrdeutig. So kann ein Altenberg sie zu unberührten ›Prinzessinnen für bessere zartere Welten‹ erklären; Kraus die ›unverstandene Frau‹ aus Wien und Salten die ›archaische Mänade‹ in ihr sehen.« Wagner, *Geist und Geschlecht*, a.a.O., S. 48.

92 Adolf Loos schreibt in *Ornament und Verbrechen*: »Das erste ornament das geboren wurde, das kreuz, war erotischen ursprungs. [...] Ein horizontaler strich: das liegende weib. Ein vertikaler strich: der sie durchdringende mann.« Zit. nach: Reden – Schweikhardt, *Eros unterm Doppeladler*, a.a.O., S. 155.

93 Jung meint über weibliche Wasserwesen: »Die Nixe ist eine noch instinktivere Vorstufe eines zauberischen weiblichen Wesens, welches wir als Anima bezeichnen. Es können auch Sirenen, Melusinen, Waldfrauen, Huldinnen und Erlkönigstöchter, Lamien und Sukkuben sein, welche Jünglinge betören und ihnen das Leben aussaugen.« C.G. Jung, Über die Archetypen des kollektiven Unbewußten, in: Jung, *Archtetypen*, a.a.O., S. 27.

94 Monika Wagner, Gustav Klimts »verruchtes Ornament«, in: Deicher [Hg.], *Die weibliche und die männliche Linie*, a.a.O., S. 29f.

95 Zit. nach: Nebehay, *Gustav Klimt*, a.a.O., S. 55.

96 Heinrich Wölfflin, zit. nach: Pirchan, *Hans Makart*, a.a.O., S. 11.

97 Auf der Sezessionsausstellung von 1901 konnte Gerstl auch Werke des Spaniers Ignacio Zuloagas sehen, die ihn sehr beeindruckt haben sollen. Hevesi schreibt über diese Arbeiten: »Das Wesen Zuloagas ist übrigens durchaus national, selbst wo er bunte Pariserinnen malt. Etwa cholerisch Grelles, mit einem schweren schwarzen Bodensatz, der sich niemals ganz löst.« Hevesi, *Acht Jahre Sezession*, a.a.O., S. 311.

98 1903 waren auf der Sezessionsausstellung einige Werke von Manet ausgestellt, die Gerstl sehen konnte; etwa das Bild *Dame auf dem Kanapee*, das die schöne Kreolin Jeanne Duval, die Geliebte Baudelaires, zeigt und in der Ausführung an die Schwestern Fey denken läßt.

99 Ausst.Kat. *Richard Gerstl*, a.a.O., S. 154.

100 Mathilde von Zemlinsky, geboren am 7. September 1877, war die Schwester von Alexander von Zemlinsky, lernte über diesen 1899 Arnold Schönberg kennen und heiratete ihn 1901. Nach der Zeit in Berlin, in der ihre Tochter Gertrud geboren wurde, kehrten sie und ihr Gatte 1903 nach Wien zurück. Siehe Ausst.Kat. *Richard Gerstl*, a.a.O., S. 56.

101 Lorenz, *Das deutsche Familienbild in der Malerei des 19. Jahrhunderts*, a.a.O., S. 258.

102 Ebda.

103 Die Entwicklung der Photographie sieht auch Walter Richard Sickert als einen der Gründe für den Rückgang der Portraitmalerei: »The retouched photograph has massacred serious portraiture.« Zit. nach: John Walker – Harry N. Abrams [Hg.], *Portraits – 5000 years*, New York 1983, S. 241.

104 In Wien finden wir diese Innenraumdarstellung mit Personen etwa in den Gemälden Molls.

105 Ulrich Bischoff, *Edvard Munch 1863 – 1944*, Köln 1988, S. 66.

106 Siehe Ellersdorfer, *Das »verkannte Genie« Richard Gerstl*, a.a.O., S. 15.

107 Vgl. Werkner, *Physis und Psyche*, a.a.O., S. 23.

108 Ausst.Kat. *Die Nabis*, Propheten der Moderne. Claire Freches-Thory – Ursula Perucchi-Petri. Kunsthaus Zürich – Paris, Musée d' Orsay, München 1993, S. 122.
Der Einfluß der japanischen Kunst auf das Werk Bonnards ist in diesem Bild sehr gut erkennbar und auch sein Beiname »Nabis très japonard« wird dadurch erklärt.

109 Zit. nach: Ausst.Kat. *Richard Gerstl*, a.a.O., S. 182.

110 »In vielen Gesprächen über Kunst, Musik und alles Mögliche habe ich an ihn so viel an Gedanken verschwendet, wie an jeden, der nur zuhören wollte. Wahrscheinlich hat ihn das in seinem

zur Zeit noch zahmen Radikalismus dermaßen bestärkt, daß er, als er einige recht mißglückte Versuche zu malen sah, die ich ausstellte und ihm zeigte, er deren klägliches Aussehen für ›Absicht‹ hielt und ausrief: ›Jetzt habe ich von Ihnen gelernt, wie man malen muß,‹ [...]. Unmittelbar darauf begann er ›modern‹ zu malen.« Zit. nach: Werkner, *Physis und Psyche*, a.a.O., S. 183 f.

111 Leon Botstein, *Judentum und Modernität*, Essays zur Rolle der Juden in der deutschen und österreichischen Kultur 1848 bis 1938, Wien–Köln 1991, S. 48.
112 Zit. nach: Frank Whitford, *Das Portrait im Impressionismus*, München 1987, S. 16.
113 Romako hielt sich 1884 wieder in Paris auf, das er bereits 1878 bereist hatte. (1878 konnte er die Weltausstellung besuchen, wo neben den obligaten Kunstausstellungen auch eine japanische Schau zu sehen war.) Vgl. Ausst.Kat. *Der Außenseiter Anton Romako*, a.a.O., S. 21.
114 Siehe: Schröder, *Richard Gerstl*, a.a.O., S. 168.
115 Ellersdorfer, *Das »verkannte Genie« Richard Gerstl*, a.a.O., S. 93.
116 Weininger, *Geschlecht und Charakter*, a.a.O., S. 29.
117 Werner Hofmann schreibt in *Moderne Malerei in Österreich*: »Dieser [Gerstls] Expressionismus ist weder metaphysisch, noch sozialkritisch orientiert. Einsamkeit und Verzweiflung, Konflikte und verquälte Attitüden wird man vergeblich suchen. Das gedanklich bedeutende Thema fehlt.« Zit. nach: Rainer Fuchs, *Apologie und Diffamierung des »Österreichischen Expressionismus«. Begriffs- und Rezeptionsgeschichte der österreichischen Malerei 1908 bis 1938*. Mit einem Vorwort von Wilfried Skreiner, Wien–Köln 1991, S. 16.
118 Siehe Ausst.Kat. *Richard Gerstl*, a.a.O., S. 176.
Dazu Sigmund Freud in *Die Traumdeutung*: »[...] wie überhaupt der ganze rebellische, majestätsbeleidigende und die hohe Obrigkeit des Traums auf Auflehnung gegen den Vater zurückgeht. Der Fürst heißt Landesvater, und der Vater ist die älteste, erste, für das Kind einzige Autorität, aus deren Machtvollkommenheit im Laufe der menschlichen Kulturgeschichte die anderen sozialen Obrigkeiten hervorgegangen sind.« Zit. nach: Schorske, *Wien, Geist und Gesellschaft im Fin de Siècle*, a.a.O., S. 184.
Gerstls Vater, der eine andere Laufbahn für seinen Sohn bevorzugt hätte, finanzierte diesem aber trotzdem seine Studien. Siehe Ausst.Kat. *Richard Gerstl*, a.a.O., S. 173.
119 Ebda., S. 16.
Vgl. dazu auch Cornelia Ellersdorfer: »So ist jedes gelungene Werk expressionistischer Kunst als eine Art von Selbstportrait zu verstehen, wenn man es grundsätzlich als Selbstdarstellung des Künstlers begreift.« Ellersdorfer, *Das »verkannte Genie« Richard Gerstl*, a.a.O., S. 23.
120 Augustinus, zit. nach: Rotter, *Venus, Maria, Fatima*, a.a.O., S. 82.
121 Vor 1911 gibt es keine konkreten Hinweise auf Schieles Beziehungen zu Frauen, wobei er selbst eines seiner Modelle namens Ida erwähnte. 1911 lernte er Wally Neuziel, ein ehemaliges Modell Klimts kennen, mit der er viele Jahre sowohl beruflich wie auch privat verbunden war. In dem Bild *Kardinal und Nonne* von 1912 war Wally beispielsweise das Modell für die Figur der Frau. Siehe Nebehay, *Egon Schiele*, a.a.O., S. 86 und 90.
122 Steiner meint, es sei nicht verwunderlich, daß Schieles Frau Edith »angesichts der Zwanghaftigkeit der gewagten bis obszönen Stellungen [...] die Arbeit wieder den Berufsmodellen [überließ]«. Steiner, *Egon Schiele*, a.a.O., S. 36f.
123 Zit. nach: Claude Bonnafont, *Die Botschaft der Körpersprache. Körpersignale erkennen und deuten*, München 1993, S. 181.
124 Werkner, *Physis und Psyche*, a.a.O., S. 149.
Auch Edvard Munch beschäftigte sich mit Krankheit und Tod und thematisierte diese in einem Gemälde, das Frauen in einer Klinik zeigt.
125 Klimt soll diesen Portraitauftrag mit eigenen Worten wie folgt kommentiert haben: »Nun können sie [seine Kritiker] nicht mehr sagen, daß ich nur hysterische Frauen male!« Zit. nach: Brandstätter, *Gustav Klimt und die Frauen*, a.a.O., S. 66.
126 Vgl. Schaumberger [Hg.], *Die Jahrhundertwende*, a.a.O., S. 35.
127 Steiner, *Egon Schiele*, a.a.O., S. 36f.

128 »Wie weit die Aktdarstellungen Egon Schieles Teil einer Bildproduktion waren, die die sexuellen Bedürfnisse ihrer Käufer gestillt hat, oder wie weit sie autonome Kunstwerke waren – kategorial von der billigen Massenware des fotografierten nackten süßen Mädels getrennt –, darüber richtet zwar nicht die Rezeption der Aktzeichnungen, auch nicht die zeitgenössische unterm Ladentisch; doch ist die Frage der ›Kunstwürdigkeit‹ des obszönen Aktes gegenüber seiner Rezeption auch nicht indifferent.« Schröder, *Egon Schiele*, a.a.O., S. 48.

129 Über das Verhältnis von Maler und Modell schreibt France Borel: »Le modèle est là dans la factualité de sa présance physique mais peut-être reste-t-il flou? Le peintre le regarde de près, de très près parfois [...]. Il le ›zoome‹, il est voyeur, ›voyant érectile‹, ogre vorace, anthropophage. Par le regard, il vampirise celle qui le vampe, tente de s'approprier la nudité de celle qui reste voilée. Et la femme qui pose est aussi ogresse; elle attire l'artiste, aimante son regard, le dirige en bordure d'elle-même. Elle outrepasse l'objet sexuel. Elle stimule une énergie qui ne se met pas ›en‹ elle mais reste ›sur‹ elle, à la surface de ses apparences, et qui va nourrir la toile ou la pierre.« France Borel, *Le modèle ou l'artiste séduit les illusions de la réalité*, Genf 1990, S. 93.

130 Nebehay, *Egon Schiele*, a.a.O., S. 19.

131 Zit. nach: Ebda., S. 19.
Eduard Fuchs erinnert im Nachwort zur *Messalina* von Jarry daran, »daß nämlich auch die Gestaltung pluralistischer Szenen, genauso wie jede Art erotischer Motive, nicht nur der Haupttendenz dient, auszugleichen, was das Leben gemeinhin jedem einzelnen schuldig bleibt, sondern ebensooft die Übersteigerung eines vorhandenen Minderwertigkeitsgefühls in eines der Überwertigkeit ist. Es ist nämlich überaus charakteristisch, daß es ganz besonders oft die in diesem Punkte vom Lebensglück Vernachlässigten sind, aus deren Hirn und Händen die von allen naiven Menschen männlichen Geschlechts so sehr beneideten Schilderungen übertriebener Sexualkraft herrühren. Sie, die im realen Leben mit immer erneuter banger Sorge an das Einmal denken, erledigen in der Phantasie und, wenn sie gestaltungskräftig sind, mit Hilfe der Feder oder des Stifts das großartigste Liebesrepertoire. Gerade sie sind es, die mit der allergrößten Verve die sogenannte dreizehnte Arbeit des Herkules illustrieren, die bekanntlich darin bestanden haben soll, ein ganzes Dutzend widerstrebender Jungfrauen zu verführen.« Eduard Fuchs, in: Alfred Jarry, *Messalina*. Deutsch von Brigitte Weidmann. Mit einem Vorwort von René Massat und einem Essay über die Orgie von Eduard Fuchs, Reinbek bei Hamburg 1991, S. 110f.

132 Vgl. Anmerkung 34, Kap. 8.

133 Die Darstellung nackter Kinderkörper führte auch zu seinen Schwierigkeiten mit dem Gesetz. H. Benesch schreibt: »Ich hatte Schiele immer gewarnt, beim Umgang mit seinen Kindermodellen vorsichtig zu sein und nichts ohne Einverständnis der Eltern zu unternehmen.« Zit. nach: Nebehay, *Egon Schiele*, a.a.O., S. 108.

134 Siehe Eschenburg, *Der Kampf der Geschlechter*, a.a.O., S. 286.
Egon Schiele schrieb an seinen Onkel: »Auch das erotische Kunstwerk hat Heiligkeit!« In: Nebehay, *Egon Schiele*, a.a.O., S. 96.

135 Eschenburg, *Der Kampf der Geschlechter*, a.a.O., S. 284

136 Friedrich Nietzsche, zit. nach: Piper, *Das Liebespaar in der Kunst*, a.a.O., S. 156.

137 Zit. nach: Hassauer und Roos, *Félicien Rops*, a.a.O., S. 33.

138 Friedrich Thodor Vischer, in: Silvia Bovenschen [Hg.], *Die Listen der Mode*, a.a.O., S. 38.

139 Zit. nach: Schröder, *Egon Schiele*, a.a.O., S. 46f.
Vgl. Anhang I.V.
Bereits bei den Bildern Makarts wurde über die Art der Aktdarstellung diskutiert. Robert Stiaßny: »Im übrigen hat Makart [...] das Nackte durchaus nicht obszön, sondern beinahe keusch, freilich in einer Art appetitlicher Keuschheit behandelt. Um wieviel lasziver gegebenenfalls ein Gewandstück wirken kann, ergab sich aus der Farbenskizze zum ›Einzug‹, wo jene vielberedeten Fräulein sich in langen faltigen, aber verführerisch durchsichtigen Gazeschleiern präsentierten«. Zit. nach: Pirchan, *Hans Makart*, a.a.O., S. 67.

140 »Für den Mann […] ist die Mutter der Typus eines zu erlebenden, fremden Gegenübers, erfüllt mit der Bilderwelt des latenten Unbewußten. […] Dementsprechend ist die Mutter dem Manne, von vornherein sozusagen, eine Angelegenheit von ausgesprochen symbolischen Charakter, und daher rührt wohl auch dessen Tendenz, die Mutter zu idealisieren. Idealisierung ist ein geheimer Apotropäismus. Man idealisiert, wo eine Furcht gebannt werden soll. Das Gefürchtete ist das Unbewußte und dessen magischer Einfluß.« C. G. Jung, Die psychologischen Aspekte des Mutterarchetypus, in: Jung, *Archetypen*, a.a.O., S. 102.

141 Laut Roessler beklagte sich Schiele folgendermaßen: »Ich kann's nicht fassen, woher und wieso es sein kann, daß mich die Mutter so ganz anders behandelt, als ich es erwarten, ja fordern zu dürfen glaube. Wenn's noch wer anderer wäre! Aber just die eigene Mutter! Das ist unsagbar traurig! Und zudem furchtbar belastend! – Ich kann's einfach nicht begreifen, daß so was überhaupt möglich ist. Es ist wider die Natur. Man sollte doch meinen, daß eine Mutter ihr Kind, das in ihr wurde, in ihr wuchs, in ihr lebte, durch sie geatmet, gegessen und getrunken hat, lange bevor es für andere Menschen da war, später, wenn es von ihr losgelöst zu einem eigenen Lebewesen wurde, von der Mutter trotzdem immer noch als ›ein Stück von sich‹ empfunden und behandelt wird. Meine Mutter, der ich in vielen Eigenschaften gleiche, deren Fleisch und Blut ich bin, wenn auch anderen Geistes, tut das leider nicht. Sie tritt mir oft wie einem Fremden als Fremde entgegen. Das kränkt mich sehr.« Zit. nach: Steiner, *Egon Schiele*, a.a.O., S. 64.

Nebehay erwähnt, daß Schiele »[…] vermutlich […] das durch den Tod des Vaters verursachte Trauma sein Leben lang nicht los« wurde. Nebehay, *Egon Schiele*, a.a.O., S. 25.

142 »Ohne Zweifel werde ich die größte, schönste, kostspieligste, reinste und wertvollste Frucht sein, – in mir haben sich durch meinen selbständigen Willen alle schönen und edlen Wirkungen vereinigt; – schon auch des Mannes wegen. – Ich werde die Frucht sein, die nach ihrer Verwesung noch ewige Lebewesen zurücklassen wird; also wie groß muß Deine Freude darob sein – mich gebracht zu haben?« Aus einem Brief Schieles an seine Mutter, zit. nach: Ebda., S. 14.

143 Steiner, *Egon Schiele*, a.a.O., S. 64.

144 Ebda.

145 Während das Kreuz – als Fensterkreuz bzw. Kreuz des Rosenkranzes – als Sinnbild für die Erlösung steht, symbolisiert das durch das Fenster einfallende Licht die Hoffnung auf den Übergang in ein neues, besseres Leben. Das Kind – von der Mutter verlassen – bleibt allein im Elend zurück.

146 Eva di Stefano, in: Steiner, *Egon Schiele*, a.a.O., S. 64.

147 Zit. nach: Ausst.Kat. *Symbolismus in Europa*, a.a.O., S. 208.

148 Segantinis Mutter verstarb früh, und Mutterschaft und Tod sind wichtige Themen, die er in seinen Werken bildhaft umgesetzt hat.

149 Bereits 1910 skizzierte Schiele in der Klinik des Gynäkologen Erwin von Graff schwangere und kranke Frauen sowie neu- und totgeborene Kinder. Auch Hysterikerinnen gehörten zu den Patientinnen dieses Krankenhauses. Siehe Schröder, *Egon Schiele*, a.a.O., S. 12. und 88.

150 Otmar Rychlik, in: Ausst.Kat. *Bilder vom Tod*, Historisches Museum der Stadt Wien, Wien 1993, S. 39.

151 »Vier Jahre hatte Schiele mit Wally Neuzil zusammengelebt, sie war das bevorzugte Modell für die meisten seiner erotischen Zeichnungen und figurierte auch in einigen wichtigen Gemälden.« Steiner, *Egon Schiele*, a.a.O., S. 70.

152 »Like *Death and Maiden*, his later allegories all seem to function on two levels, the personal and the unversal, and to derive a unique power from the mingling of these disparate viewpoints. This dualism is seen most clearly in Schiele's 1918 painting *The Family* […], a synthesis of the artist's favorite themes that has generally been considered his masterpiece. Allegorically, the picture encases the regenerative cycle of *Death and Maiden* to create a comprehensive metaphor of birth, life and death.« Jane Kallir, *Egon Schiele: The Complete Works*. Including a Biography and a Catalogue Raisonné. With an Essay by Wolfgang G. Fischer, New York–Mailand–Amsterdam–Madrid–London 1990, S. 226.

153 Vgl. Steiner, *Egon Schiele*, a.a.O., S. 75.
154 Bemerkenswert erscheint, daß Schiele für sein eigenes Leben durchaus den konventionellen Forderungen folgte. »Seine Frau Edith Harms […], kam aus bürgerlichem Milieu, wurde in einer Klosterschule ausgebildet und brachte, wenn auch in bescheidenem Umfang, eine gewisse Mitgift in die Ehe ein.« Schröder, *Egon Schiele*, a.a.O., S. 108.
155 »Schiele hat Menschenantlitze gesehen und gemalt, die blaß schimmern und kummervoll lächeln und den Gesichtern von Vampiren gleichen, denen die grausige Nahrung fehlt; Antlitze von Besessenen, deren Seelen schwären, und die unsägliche Leiden zu maskenhafter Starre gerinnen ließen; dann Antlitze, die in feiner Art die Synthese eines menschlichen Innenlebens bildhaft darbieten, mit allen sachtesten Abstufungen in den sichtbaren Äußerungen des Grüblerischen, Bedächtigen, Überlegenen, Verträumten oder des Leidenschaftlichen, des Bösen, Guten, Innigen, Warmen oder Kalten. Er hat die edelsteinkalten Augen in Menschengesichtern gesehen und gemalt, die in den fahlen Farben der Verwesung schimmern, und den Tod unter der Haut.« Roessler, zit. nach: Nebehay, *Egon Schiele*, a.a.O., S. 117.
156 »In Schieles Gemälden ist das Reich der Erotik nicht mit vitaler urwüchsiger Nacktheit gleichzusetzen, sondern eher mit der problematischen Sexualität nach dem ›Sündenfall‹. Seine Helden sind Sünder, die – ihren Instinkten tragisch ausgeliefert – mit ihrem schlechten Gewissen ringen.« Sármány-Parsons, *Die Malerei Wiens um die Jahrhundertwende*, a.a.O., Tafel 44.
157 Eschenburg, *Der Kampf der Geschlechter*, a.a.O., S. 420.
158 Zit. nach: Schröder, *Egon Schiele*, a.a.O., S. 100.
159 Alfred Kubin: Zit. nach: Peter Assmann [Hg.], *Alfred Kubin*. Mit einem Werkverzeichnis des Bestandes im Oberösterreichischen Landesmuseum, Linz 1995, S. 219.
160 Zit. nach: Settele, *Das Bild der Frau im Frühwerk Alfred Kubins*, a.a.O., S. 9.
161 Vgl. Assmann [Hg.], *Alfred Kubin*, a.a.O., S. 142.
Michael Braunsteiner führt an, daß Füsslis Werk der *Nachtmahr*, »in der Realität und Irrealität aufeinandertreffen und gleichzeitig miteinander verschmelzen,« einen Bildtypus prägt, in dem »das Übersinnliche und Grausige als legitimes ästhetisches Reizmittel in Phantasiedarstellungen gebracht werden.« Michael Braunsteiner, *Alfred Kubin – Das traumwache Bewußtsein*. Zur Phänomenologie des Traumes und des Traumhaften in Leben und Werk. Phil. Diss., Graz 1991, S. 186.
162 Ebda., S. 195.
163 Settele, *Das Bild der Frau im Frühwerk Alfred Kubins*, a.a.O., S. 82.
164 1896 fährt Kubin an das Grab seiner Mutter, um dort Selbstmord zu begehen; er führt sein Vorhaben jedoch nicht aus. Assmann [Hg.], *Alfred Kubin*, a.a.O., S. 224.
165 Annegret v. Hoberg [Hg.], *Alfred Kubin 1877–1959*, München 1990, S. 256.
166 »Kubins Konflikte entwickeln sich vor allem durch den krassen Widerspruch von Idealvorstellungen und den Enttäuschungen, die er in der Realität erfahren muß.« Braunsteiner, *Alfred Kubin*, a.a.O., S. 199.
167 Weininger war laut Kubin »der größte Mensch des Jahrhunderts«. Zit. nach Settele, *Das Bild der Frau im Frühwerk Alfred Kubins*, a.a.O., S. 27.
168 Weininger, *Geschlecht und Charakter*, a.a.O., S. 212.
169 Zit. nach: Bischof, *Edvard Munch*, a.a.O., S. 238f.
Stanislaw Prszybyszewski: »Eine […] Madonna liegt auf einem zerknitterten Bettuch, mit dem Strahlenkranz des künftigen Martyriums der Geburt, eine Madonna, dargestellt in dem Augenblick, der das Mysterium des ewigen Erschaffens das Antlitz der Frau mit strahlender Ekstase erfüllt.« Zit. nach: Ausst.Kat. *Symbolismus in Europa*, a.a.O., S. 154f.
170 Settele meint, daß »die im 19. Jahrhundert verbreitete Vorstellung vom stillen Bewahren und selbsttätigen Gebären als eines der wesensbestimmenden Merkmale des Weibes […] zur Identifizierung des Weiblichen mit Frucht- und Gefässformen wie in *Das Ei*« führte. Settele, *Das Bild der Frau im Frühwerk Alfred Kubins*, a.a.O., S. 19.
171 »Geburt als Tod – Tod als Geburt. Die schwarze Imago des Weiblichen, diese Bilder von der Großen Mutter als grausamer Todesgöttin, von den Unheilsschwangerschaften ›unser aller

Mutter Erde<, von einer gräberfüllenden Fruchtbarkeit, verdankt ihre Evidenz keinen evolutionstheoretischen Schlußfolgerungen, oder den – von Bachofen bis Jung – ausgesponnen Spekulationen über das ›Matriarchat‹, sondern vielmehr einer wirklichen Erfahrung, die wir allesamt teilen, auch wenn wir sie gründlich vergessen haben. Trauma der Geburt. Schon in einer Anmerkung zur *Traumdeutung* hatte Freud die Geburtserfahrung als das ›erste Angsterlebnis‹, ja sogar als ›Quelle‹ und ›Vorbild des Angstaffektes‹ überhaupt gewürdigt; [...].« Thomas H. Macho, in: Ausst.Kat. *Bilder vom Tod*, a.a.O., S. 15.

172 Bachofen, *Das Mutterrecht*, a.a.O., S. 188.
173 Ebda., S. 191f.
174 Zit. nach: Braunsteiner, *Alfred Kubin*, a.a.O., S. 417.
»Der Sumpf nahm allezeit diese Gaben gnädig an und verzehrte sie. Patera kam in früheren Jahren oft hierher und wagte sich allein bei Nacht an diesen heiligen Orten zu nähern. Wie ich erfahren habe, opferte er im Namen des Traumvolkes ›der Sumpfmutter‹ – und verband sich aufs neue mit ihr – in Mysterien, in denen Blut und Geschlecht besonders bedeutsam waren«, schreibt Kubin in seinem Roman *Die andere Seite*. Zit. nach: Settele, *Das Bild der Frau im Frühwerk Alfred Kubins*, a.a.O., S. 14.
175 Bachofen, *Das Mutterrecht*, a.a.O., S. 193.
176 Halbey, *66 Hexen*, a.a.O., S. 98.
»In den Vorstellungen des Künstlerbundes ›März‹, dem Kubin angehörte, galt das Weib als die prägnanteste Personifikation des Unbewußten.« Settele, *Das Bild der Frau im Frühwerk Alfred Kubins*, a.a.O., S. 123.
177 Braunsteiner, *Alfred Kubin*, a.a.O., S. 199.
178 »Die Psychoanalyse deutet Spinnen nicht nur als Traumsymbol der bösen Mutter, sondern auch des weiblichen Genitales.« Ulrich Weinzierl, *Arthur Schnitzler. Lieben – Träumen – Sterben*, Frankfurt/M. 1998, S. 161f.
179 Zit. nach: Ausst.Kat. *Experiment Weltuntergang*, a.a.O., S. 231.
180 Annemarie Taeger, *Die Kunst Medusa zu töten*. Zum Bild der Frau in der Literatur der Jahrhundertwende, Bielefeld 1987, S. 52.
181 In: Assmann [Hg.], *Alfred Kubin*, a.a.O., S. 68.
Ein frühes Erlebnis mit Pferden hatte Kubin als Kind, als er sich einem wild gewordenen Pferd gegenübersah und mit knapper Not ein Versteck erreichen konnte. Dieses Erlebnis hat Kubin selbst gern als Ursache für seinen Zwang, Pferde zu zeichnen, angeführt. Vgl. Ebda., S. 84.
182 Günter Rombold, in: Ebda., S. 90.
183 Auch die dekadent-erotischen Arbeiten von Franz von Bayros können als Inspiration für Kubin angenommen werden.
184 Kubin schrieb 1931: »Mir eignet ein Blick für das Elementar-Lebendige, dessen Treiben ich durchforste und so, gleichsam in Schlünde hineinschauend, schaffe, wo andere längst vor dem grauenhaften Glanz die Lider erschreckt senken. Meine Beziehungen zu Nacht, Dämmerung, Wald, Sumpf, zu Tieren, zu Leichen werden gänzlich verschieden sein von denen eines Philosophen, Sammlers, Bauern, Tagelöhners, einer alten Betschwester oder einer jungen Dirne. Man fände kein Ende hier beim Aufzählen; jeder findet, was ihm zukommt, seine Geburt, sein Glück, sein Unglück und sein Ende. Je eigenartiger, phantasievoller ein Mensch ist, desto ausgeprägter wird sich alles für ihn abspielen. Kurz: *Schicksal ist alles!* Daher bin ich Fatalist.« Zit. nach: Ausst.Kat. *Alfred Kubin – Traumgestalten*. Hundert Meisterwerke aus dem Besitz der Graphischen Sammlung Albertina. Ausgewählt und bearbeitet von Erwin Mitsch, Salzburg – Rupertinum 1989, S. 14.
185 Zit. nach: Hassauer – Roos, *Félicien Rops*, a.a.O., S. 30.
»Es ist ein Frauentypus, der Physiologie und Physiognomie, in Kleidung und Haltung, angezogen und ausgezogen, immer genauer festlegt, dessen Rituale der Gesten und des Blickes immer eindeutiger festgeschrieben werden. Das in der Stirn kurz abgeschnittene Haar; der weiß gepuderte Teint, aus dem die schwarz umrandeten Augen und die rot geschminkten Lippen hervortreten; die Starre des Blicks, direkt auf den Betrachter gerichtet, ein muskulöser, oft athletischer Körper.« Ebda.

186 Kubin berichtet von der Faszination, die Klingers Radierzyklus *Paraphrase über den Fund eines Handschuhs* auf ihn ausgeübt hat. Assmann [Hg.], *Alfred Kubin*, a.a.O., S. 225.
187 Einige Blätter Redons haben Ophelia zum Bildthema, die – meist sind nur Kopf und Brust erkennbar – umringt von Blüten im Wasser treibt. Im 19. Jahrhundert wurde vom Botaniker Armand Clavaud eine Theorie von der Entstehung des Lebens aus dem Wasser entwickelt. Odilon Redon, der mit ihm befreundet war, schreibt im Rückblick: »Ich war damals mit dem Botaniker Armand Clavaud befreundet, der später über die Physiologie der Pflanzen – dieser Unendlichkeit im Kleinen – arbeitete. Er erforschte – viel mehr kann ich darüber nicht sagen – die Grenzen der nicht wahrnehmbaren Welt, dieses Zwischenstadium von Tier und Pflanze, von Blumen und Lebewesen, dieses geheimnisvolle Unbekannte, welches unter dem Einfluß des Lichts für wenige Stunden am Tag zum Leben erwacht.« Zit. nach: Ausst.Kat. *Odilon Redon*. Kunstmuseum Winterthur 1983 – Kunsthalle Bremen 1984, S. 30.
188 Zit. nach: Assmann [Hg.], *Alfred Kubin*, a.a.O., S. 181.
189 »Die Arbeiten bis 1904 heben sich deutlich von späteren Werken ab – vor allem spiegeln sie jene düstere Stimmung, mit der Kubin immer wieder die Themen Tod und Zerstörung, Sexualität und Traumwelt, Kult und Geschichte umkreist.« Werkner, *Physis und Psyche*, a.a.O., S. 222.
190 Zit. nach: Ausst.Kat. *Experiment Weltuntergang*, a.a.O., S. 233.
    Vgl. Anhang LVI.
191 Piper, *Das Liebespaar in der Kunst*, a.a.O., S. 154.
192 Else Lasker-Schüler hat 1910 im *Sturm* über Kokoschka geschrieben und dabei Vergleiche zum Schaffen Klimts gezogen.
    Vgl. Anhang LVII.
193 Zit. nach: Winkler – Erling, *Oskar Kokoschka*, a.a.O., S. 4.
194 Zit. nach: Schröder – Winkler [Hg.], *Oskar Kokoschka*, a.a.O., S. 14.
195 Vgl. Ebda.
196 Schröder, in: Ebda., Tafel 3.
197 Ebda., S. 15.
198 »Lotte Franzos gehörte zu den ersten Förderern des jungen Kokoschka. Sie war seit 1904 mit dem Wiener Rechtsanwalt Dr. Emil Franzos verheiratet und führte in Wien ein kulturell engagiertes, offenes Haus, in dem sich Persönlichkeiten aus Kunst, Literatur und Politik trafen.« Winkler – Erling, *Oskar Kokoschka*, a.a.O., S. 18.
199 Zit. nach: Schröder – Winkler [Hg.], *Oskar Kokoschka*, a.a.O., S. 26.
200 Kokoschkas Mutter haßte Alma Mahler und forderte diese auf, ihren Sohn zu verlassen. Kokoschka selbst sagte, daß er sich von seiner Mutter sogar nach deren Tod nicht lösen könne: »Sie ist nicht tot, sie ist doch immer in mir.« Zit. nach: Joseph Paul Hodin, *Oskar Kokoschka*. Eine Psychographie, Wien 1971, S. 90.
201 In: Winkler – Erling, *Oskar Kokoschka*, a.a.O., S. 77.
202 Siehe Ausst.Kat. *Kokoschka in Wien*, a.a.O., S. 58.
203 Kokoschka erzählt: »Meine Mutter hatte in meiner Kindheit durch einen gräßlichen Zufall neben mir geboren, das Blut hatte mich ohnmächtig gemacht. Seit dem kann ich mit Menschen nicht recht verkehren. Meine Eltern werde ich seit dem erschlagen oder mich loskaufen. Da hat sich die ganzen Jahre her meine Innigkeit angesammelt, und jetzt muß ich damit wie ein Nagetier herumschleichen mit einer Inzucht. Wenn ich meine Fühler ausstrecken möchte, kommt der alte Mann in mir und trifft mit der Bissigkeit darauf.« Zit. nach: Ilsebill Barta [u.a.] [Hg.], *Frauen.Bilder.Männer.Mythen*. Kunsthistorische Beiträge, Berlin 1987, S. 157.
204 Als Oskar Kokoschka fünf war, starb sein älterer Bruder. »Unverlöschlich prägte sich dem Fünfjährigen das erste Todeserlebnis – der ältere Bruder starb – ein, es überschattete die Jahre der Kindheit und formte, wie Westheim bemerkt, das ›Bewußtsein in ihm‹.« Hans Maria Wingler, *Oskar Kokoschka. Das Werk des Malers*, Innsbruck 1956, S. 20.
205 Siehe Lebenslauf, in: Schröder – Winkler [Hg.], *Oskar Kokoschka*, a.a.O., S. 213.
206 Zit. nach: Werkner, *Physis und Psyche*, a.a.O., S. 110.
207 Hoffmann-Curtius hebt hervor, »daß auf diesem Plakat zum ersten Mal die Frau in der Position der Mutter als femme fatale erscheint«, und betont, daß dies »eine neue Darstellungs-

variante aus der Männerphantasie der gefährlichen Frau« sei. Hoffmann-Curtius, Frauenbilder Oskar Kokoschkas, in: Barta [u.a.] [Hg.], *Frauen. Bilder. Männer. Mythen.*, a.a.O., S. 154.

208 Hoffmann verbindet die Gauguin-Ausstellung von 1907 in Wien mit der künstlerischen Entwicklung Kokoschkas und meint: »[…] seine [Gauguins] Liegenden drehen sich auf ähnliche Art aus dem Raum in die Fläche, dem Beschauer entgegen, wie die Liegende Kokoschkas.« Werner Hofmann, *Von der Nachahmung zur Erfindung der Wirklichkeit: Die schöpferische Befreiung der Kunst 1890 – 1917*, Köln 1970, S. 49.

209 »Die Frau war [seit dem Aufstieg des Bürgertums im 18. Jahrhundert] einerseits stillende, fürsorgende Mutter und damit narzißtisch besetztes, omnipotentes Bezugsobjekt des Kindes, andererseits erlebte der Junge sie aber auch als strafende Erzieherin, die ihn in seinen Triebwünschen einschränkte. Beide Seiten des Mütterlichen überlagerten sich bei Kokoschka. Die letzte Variante der Frau, als Mutter in ihrer häßlich aggressiven Gewalttätigkeit, setzte Kokoschka erstmals ins Bild. Teils übermächtig, teils animalisch unterlegen, stellt der Künstler die Frau in seinen Bildern und Theaterstücken dar.« Hoffmann-Curtius, Frauenbilder Kokoschkas, in: Barta [Hg.], *Frauen. Bilder. Männer. Mythen.*, a.a.O., S. 155.

210 Kokoschka beschrieb in seinen Lebenserinnerungen 1971 das Plakat: »Das Plakat, das ich sofort in Farben ausführte und drucken ließ, zeigte den Inhalt des Stückes. Der Mann blutig rot, das ist die Lebensfarbe, aber tot liegt er im Schoß der Frau, die weiß ist, das ist die Todesfarbe.« Zit. nach: Ebda., S. 149.

211 Thomas H. Macho, in: Ausst.Kat. *Bilder vom Tod*, a.a.O., S. 33.

212 Bachofen, *Das Mutterrecht*, a.a.O., S. 108.

213 Zit. nach: Ausst.Kat. *Experiment Weltuntergang*, a.a.O., S. 131.

214 Paul Bekker schreibt 1917 über die Bachkantate: »Die Allegorien des Textes: Furcht und Hoffnung verschwinden als solche. Sie wandeln sich, der Musik Bachs entsprechend, in Weib und Mann. In ihnen erscheinen Sünde und göttliche Kraft nicht von außen her bestimmend, nicht reflektierend vorgestellt, sondern innerlich wirkend und bewegend. Es formt sich ein erotisches Mysterium, im Anklang an den Adam-und-Eva-Mythos. Die Vorstellung des ›Weibes‹, wie sie der Mann im erotischen Triebe sich selber schafft, sich selbst zur Herrin setzt und dadurch sich selbst der Sünde und, als deren Folge der Vergänglichkeit, dem Tode überantwortet, wird zur leitenden dramatischen Idee. Der Tod erst hebet den erotisch Gebundenen in die reine Sphäre des zu höherem Leben bestimmten ureigenen Wesen. Während das Weib als Pietà die Steigerung aus der Sünde zur Mütterlichkeit erlebt, findet der schöpferische Mann sich selbst aus dem Durchleben des an die Erde bindenden erotischen Triebes in gereinigter, dem Ewigen zugewendeter Kraft. Der Tod des Menschen ist die Auferstehung der göttlichen Schaffenskraft des Künstlers.« Zit. nach: Ebda., S. 72.

215 Für die *Lassinger Madonna* von 1906 nahm Kokoschka die Madonna vom linken Seitenaltar der Lassinger Kirche als Motiv und gab die spätgotische und im Barock neu gefaßte Figur noch ohne inhaltliche Umdeutung wieder. Vgl. Winkler – Erling, *Oskar Kokoschka*, a.a.O., S. 2.

216 Macho, in: Ausst.Kat. *Bilder vom Tod*, a.a.O., S. 16.

217 Gewalt gegen die Frau hat auch George Grosz in seinen Arbeiten thematisiert wie beispielsweise in *John der Frauenmörder*.

218 Kokoschka selbst datiert dieses Werk in seiner Autobiographie *Mein Leben* in das Jahr 1911, während es von der Forschung schon um 1909 angesetzt wird. Er hat mehrere Gemälde mit religiösen Bildtiteln geschaffen, beispielsweise *Die Verkündigung*, *Die Heimsuchung* und *Die Kreuzigung*.

219 Es ist dies eine Selbstdarstellung in der Tradition des »Schmerzensmannes«.

220 Nach Mahlers Tod war Alma keineswegs mehr ein unreifes Mächen, sondern eine – im Umgang mit Künstlern aufgewachsene – Frau und Mutter, die in der Beziehung zum circa sechs Jahre jüngeren Kokoschka (der Vergleich mit der Beziehung Gerstl – Mathilde Schönberg liegt nahe) dem Maler an Reife und Lebenserfahrung weit überlegen war.

221 Ihr Vater war der Landschaftsmaler Emil Jakob Schindler, Carl Moll ihr Stiefvater.

222 Kokoschka zu Alma: »Ich muß Dich bald zur Frau haben, sonst geht meine große Begabung elend zu Grunde. Du mußt mich in der Nacht wie einen Zaubertrunk neu beleben. […] Am

Tage brauche ich Dich nicht von Deinen Kreisen wegzunehmen. […] Du bist die Frau und ich der Künstler.« Zit. nach: Barta [Hg.], *Frauen.Bilder. Männer. Mythen*, a.a.O., S. 159ff.

223   Im August 1914 schrieb Alma: »›Ich möchte von Oskar loskommen. Er paßt nicht mehr in mein Leben. Er nimmt mir meine Antriebskraft. […] Wir müssen Schluß machen. Aber er gefällt mir immer noch so sehr – zu sehr!‹ und an anderer Stelle: ›Ich werde nie mehr die Sklavin eines Mannes sein, weil ich künftig nur für mein eigenes Wohlergehen und für die Verwirklichung meiner Ziele Sorge tragen werde.‹« Zit. nach: Giroud, *Alma Mahler oder die Kunst geliebt zu werden*, a.a.O., S. 147.

224   Zit. nach: Winkler – Erling, *Oskar Kokoschka*, a.a.O., S. 60.
In seiner Autobiographie erwähnt Kokoschka die Abtreibung seines Kindes: »Man darf aus Lässigkeit das Werden eines Lebewesens nicht absichtlich verhindern. Es war ein Eingriff auch in meine Entwicklung, das ist doch einleuchtend. Einer konstanten geistigen Anstrengung bedarf es, dessen bewußt zu bleiben, was Leben heißt. Man darf sich nicht damit zufriedengeben, daß man vegetiert.« Ebda.

225   Zit. nach: Eschenburg, *Der Kampf der Geschlechter*, a.a.O., S. 59.

226   Ebda.

227   Dieses Bild wird auch *Die Tanzenden, Grüne Version* und *Adam und Eva* genannt.

228   Kokoschka schrieb 1914 in einem Brief an seinen Freund Albert Ehrenstein über dieses Bild: »Das Boot, in dem wir beide herumgeworfen werden wie auf dem Weltmeer, ist ein Haus, groß genug für die ganze Schmerzenswelt, die wir miteinander durchgemacht haben.« Zit. nach: Spiel, *Glanz und Untergang*, a.a.O., S. 196.
Alma Mahler dagegen schreibt in ihren Memoiren: Kokoschka hat »mich gemalt, wie ich in Sturm und höchsten Wellengang vertrauensvoll an ihn geschmiegt liege – alle Hilfe von ihm erwartend, der, tyrannischen Antlitzes, energieausstrahlend, die Wellen beruhigt […]«. Zit. nach: Hofmann, *Von der Nachahmung zur Erfindung der Wirklichkeit*, a.a.O., S. 29.

229   »Das Bild muß mein stärkster Beweis werden, den ich Dir für meine Person geben kann, das will ich und das weiß ich, deshalb schlucke ich das Feuer mit Todesverachtung. Meine liebe Frau wird nicht einem Kerl sich vermählen müssen, dem sie nicht glauben kann.« Brief von Kokoschka an Alma Mahler, zit. nach: Winkler – Erling, *Oskar Kokoschka*, a.a.O., S. 59.

230   »Liebes Frl. Moos, ich sandte Ihnen gestern durch meinen Freund Dr. Pagel eine lebensgroße Darstellung meiner Geliebten, welche ich Sie bitte recht getreu nachzuahmen und mit dem Aufgebot Ihrer ganzen Geduld und Sensualität in Realität umzuschaffen.« Brief von Kokoschka an Hermine Moos, zit. nach: Ebda., S. 80.

231   Giroud, *Alma Mahler oder die Kunst geliebt zu werden*, a.a.O., S. 154.

232   Ebda.

233   Brugger in: Schröder – Winkler [Hg.], *Oskar Kokoschka*, a.a.O., S. 25.

234   Vgl. Winkler – Erling, *Oskar Kokoschka*, a.a.O., S. 95.

235   Ausst.Kat. *Experiment Weltuntergang*, a.a.O., S. 65.

Abb. 77 O. SCHMIDT, *Idealkopf einer Oesterreicherin*

Abb. 78 Gustav KLIMT, *Adele Bloch-Bauer I*, 1907

Abb. 79 Giovanni BOLDINI, *Madame Marthe Régnier*, 1905

Abb. 80 Gustav KLIMT, *Die Liebe*, 1895

Abb. 81 Lovis CORINTH, *Salome mit dem Haupt des Johannes*, 1899

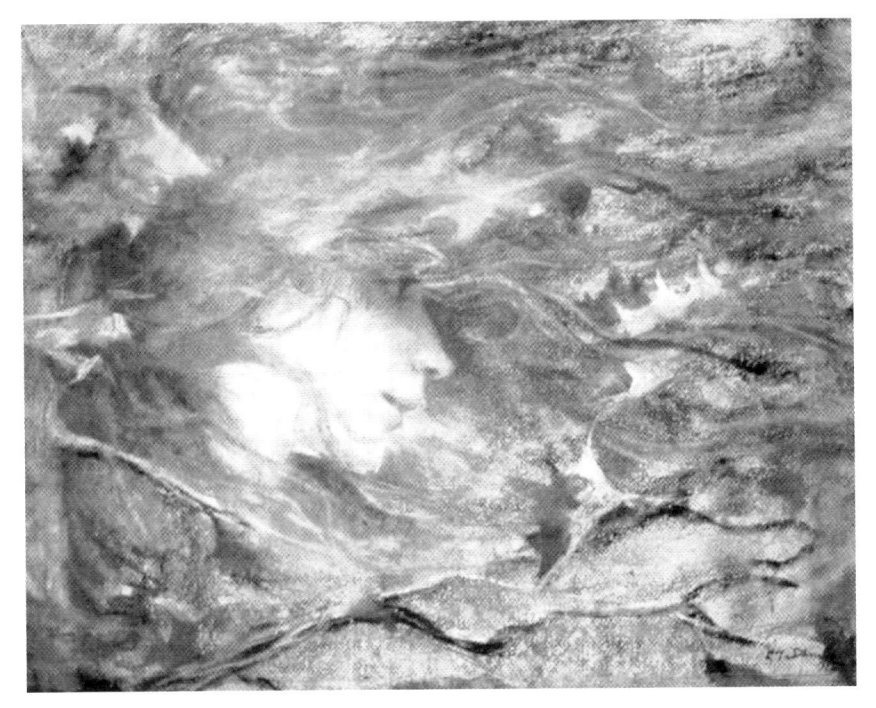

Abb. 82 Lucien LEVY-DHURMER, *Bourrasque*, 1898

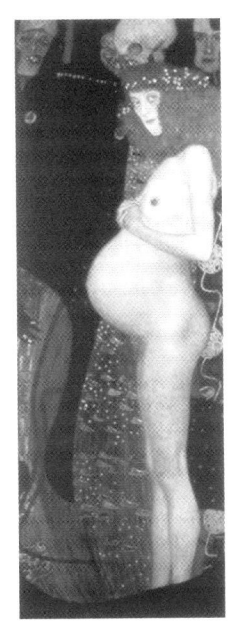

Abb. 83 Gustav KLIMT, *Die Hoffnung I*, 1903

Abb. 84 Gustav KLIMT, *Die Hoffnung II*, 1907/08

Abb. 85 Richard GERSTL, *Die Schwestern Karoline und Pauline Fey*, 1904/05

Abb. 86 Richard GERSTL, *Doppelbildnis Mathilde und Gertrud Schönberg*, 1906

Abb. 87 Richard GERSTL, *Mathilde Schönberg im Garten*, Sommer 1907

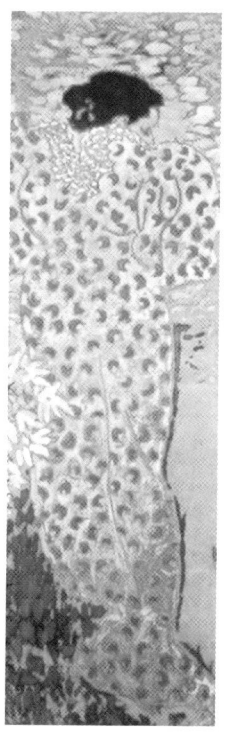

Abb. 88 Pierre BONNARD, *Der Morgenrock - Rückenansicht einer Frau*, um 1892

Abb. 89 Richard GERSTL, *Bildnis der Mutter Marie Gerstl*, 1908

Abb. 90 Egon SCHIELE, *Bildnis Edith Schiele, sitzend*, 1917/18

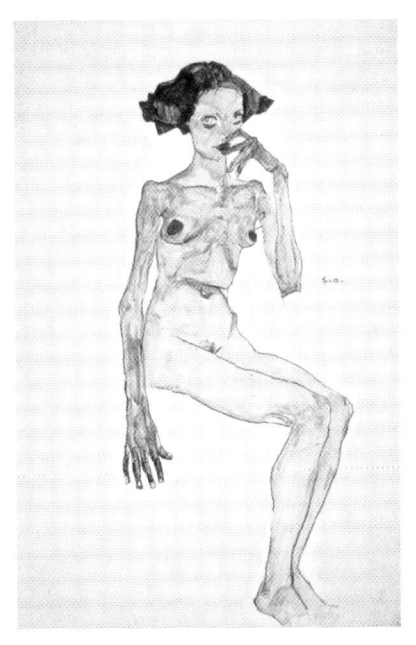

Abb. 91 Egon SCHIELE, *Sitzender Mädchenakt nach rechts*, 1910

Abb. 92 Egon SCHIELE, *Die Umarmung (Liebespaar II)*, Det., 1917

Abb. 93 Giovanni SEGANTINI, *Die zwei Mütter*, 1889

Abb. 94 Alfred KUBIN, *Die Braut des Todes*, um 1900

Abb. 95 Alfred KUBIN, *Die Fruchtbarkeit*, 1901/02

Abb. 96 Alfred KUBIN, *Die Dame auf dem Pferd*, um 1900/01

Abb. 97 Ferdinand HODLER, *Weib am Bach*, 1903

Abb. 98 Oskar KOKOSCHKA, Plakat für das
Drama *Mörder Hoffnung der Frauen*, 1909

Abb. 99 Oskar KOKOSCHKA, *Bildnis Alma Mahler*, 1912

Abb. 100   Oskar KOKOSCHKA, *Orpheus und Eurydike*, 1917

11. Wiener Künstler der Jahrhundertwende und ihr Frauenbild

Wir wollen die Kunst, dieses Exzeptionelle, dem Alltag vermählen.
Peter Altenberg[1]

Klimt, Gerstl, Schiele und Kokoschka – diese Maler werden im allgemeinen als die ›modernen‹ Maler im Wien der Jahrhundertwende bezeichnet – verdanken wir nur einen Teil der Kunstproduktion in Österreich um 1900.

Die große Masse künstlerischen Schaffens war […] anders als das, was man als »Wiener Kunst um 1900« zu sehen gewohnt ist. Weniger aufregend, oft konservativ und aus lokalen Traditionen gewachsen und sehr oft den »Stil« vermissen lassend. Freilich, die Kunst entwickelt sich nicht in der Masse, sondern in dem, was einzelne Menschen hervorbringen: Genies, Vorkämpfer, Visionäre, die ihre Vergangenheit über Bord werfen, um einen neuen Weg zu gehen und ihn eventuell anderen zu weisen.[2]

Die Künstler der Sezession haben nicht alle in demselben Ausmaß den Schritt hin zur Moderne vollzogen, und es ist bemerkenswert, daß die besten Arbeiten, die viele von ihnen geschaffen haben, auf dem Gebiet der Graphik entstanden sind.

Es ist die Frau, die das Hauptmotiv für diese Werke darstellt. Ob als begleitende Illustration zu symbolistischen Gedichten, als Detail in den Randleisten oder als seitenfüllendes Deckblattmotiv – die Frau beschäftigt die Künstler in ihren Rollen als femme fatale, als Kind-Frau und als Allegorie.

Kolo Mosers Werk mag als Beispiel dafür dienen, daß ein Teil der Produktion eines Künstlers umfassende Anerkennung erfährt, während der andere zumindest nicht ›allgemein bekannt‹ ist. Seine Arbeiten für die Wiener Werkstätte gehören zum Besten, was dort geschaffen wurde, seine Gemälde hingegen, denen er sich erst spät widmete, ernten unterschiedliche Kritik. Vor allem durch die Bekanntschaft mit Ferdinand Hodler beschäftigte er sich auch mit der Malerei, »wobei Moser vom Künstler Hodler gefesselt ist, seine Malweise aber nicht kritiklos akzeptiert.«[3] Die Nähe zu Hodler (vergleiche *Der Frühling II*) wird aber in Bildern Mosers wie etwa den *Drei kauernden Frauen* (Abb. 101) spürbar.[4] Das Drei-Frauen-Motiv findet sich auch im Schaffen Klingers; *Die blaue Stunde* von 1890 beispielsweise zeigt einen Frauenkörper in drei verschiedenen Positionen – stehend, sitzend, liegend – und versinnbildlicht durch seine Haltung unterschiedliche Gemütszustände.[5] Den Einfluß Toorops, der bereits früh in der Wiener Sezession ausstellte, kann man in vielen Arbeiten der österreichischen Künstler erkennen. Daß sich auch Moser für dessen Arbeiten interessierte, belegt eine Notiz Hevesis:

Die drei Bräute sind ein so feines Ton- und Linienspiel, daß sie mich anzogen. Koloman Moser stand gerade davor und behauptete, die drei Bräute wären die geistliche, die weltliche und die Todesbraut. Gut. Er meinte auch, da sei einmal einer, der sich eine Natur nach seinem Belieben zu machen wage.

Koloman Moser hat damit augenscheinlich das Richtige getroffen. Er ist ja auch so ein Mann der Linienspiele, der sich in einer ornamentalen Natur ergeht. Ringsum ein allgemeines Weben von Linien, ein Leben in Kurven, in Schwingungen und Verschränkungen, deren Sinn sich selber sucht und mitunter plötzlich findet; wenn nämlich der Künstler seinen Einfall hat, der ein Endchen des Ungestalteten positiv macht.[6]

Kolo Mosers *Schwertlilie*, die ein Gedicht von Arno Holz illustriert, gehört zu einer Reihe von Werkpaaren, die Graphiker und Dichter vereinten.

Sieben Billionen Jahre vor meiner Geburt
war ich eine Schwertlilie.

Unter meinen schimmernden Wurzeln
drehte sich ein andrer Stern.

Auf seinem dunklen Wasser
schwamm
meine blaue Riesenblüte.[7]

»Die Einheit von Mensch und Natur [wird] vordergründig im Dekorativen hergestellt.«[8] Die menschliche Figur ist das Zentrum der *Schwertlilie* (Abb. 102), Arme und Beine gehen in die Blütenblätter über. Werner Fenz schreibt:

Unter den grafischen Motiven nimmt die weibliche Figur eine dominierende Stellung ein; sie begleitet Kolo Moser in seinem Schaffen, mit Ausnahme von wenigen rein geometrischen Versuchen, auch dann noch, als er die Ausbildung von klaren Flächenformen verstärkt.[9]

Kolo Mosers Plakat *Jung Wiener Theater zum Lieben Augustin* (um 1901) kann als ein Beispiel für die Verwendung der Frau als Plakatmotiv in Österreich gelten: Die linear gestaltete weibliche Figur dient als Personifikation des Theaters; sie wird durch das hochrechteckige Format betont. Seit der Erfindung des Plakates war die Frau dessen wichtigstes Gestaltungselement (siehe Chéret, Lautrec, Mucha). Auch für die österreichischen Künstler spielte es so gut wie keine Rolle, wofür ein Plakat warb; die Frau als attraktiver und zum Kauf oder Besuch animierender Aufputz gehörte dazu. An den Themen der Plakatentwürfe Carl Kreneks *Öfen und Kamine* und Reinhold Klaus' *Wien* kann man deutlich die Bandbreite der Themen, für die die Frau als Werbung herangezogen wurde, ablesen.

    Vor allem Portraits waren in Wien sehr beliebt, und die Wiener Portraitmaler boten dem interessierten Auftraggeber viele verschiedene Darstellungsmöglichkeiten – vom Repräsentationsportrait in traditioneller Manier bis hin zum Bildnis, das den intimen Charakter der Darstellung betont. Kolo Mosers *Mädchen mit Strohhut* (um 1910) nimmt das beliebte Portraitmotiv des 19. Jahrhunderts auf. Die dunkelhaarige, junge Frau tritt aber in keinen Kontakt mit dem Betrachter; ihr Blick scheint in die Ferne zu schweifen; der Strohhut umrahmt in einem großzügigen Bogen ihr Antlitz.

    Das 1908 entstandene Portrait *Frau Hilde Radnay* (Abb. 103) von Jehudo Epstein[10] zeigt die stehend Portraitierte in leichter Drehung, der Kopf jedoch ist dem Betrachter voll zugewandt. Der rechte Arm ist auf die Hüfte gestützt, in der linken hält sie einen Strauß orangefarbener Blumen, wohl Rosen. Über das tiefausgeschnittene, taillierte Kleid fällt – ausgehend von den Schultern – ein violettblauer, durchsichtiger Schal, dessen Farbe sich im Kleid widerzuspiegeln scheint. Die roten, hochaufgetürmten Haare umrahmen ein kräftiges, ebenmäßiges Antlitz, dessen linke Gesichtshälfte leicht verschattet ist, die Augen liegen unter schweren Lidern.

Otto Friedrich hat das Bildnis von *Elsa Galafrés* im Jahr 1908 gemalt: Die Frau sitzt auf einem bequemen Sofa, den linken Arm auf die Lehne gestützt, sich mit der linken Hand an die linke Gesichtshälfte fassend. Der rechte Arm liegt auf ihrem Rock, wo ein kleines Hündchen an sie geschmiegt ruht. Wenn Klimt in seinem Gemälde der *Adele Bloch-Bauer I* (Abb. 78) der Darstellung durch die intensiv eingesetzte Ornamentik Klarheit nimmt, so ist in Friedrichs Bild die räumliche Grundsituation klar erkennbar und für die Bildwirkung bewußt in Szene gesetzt.

Ernst Stöhrs *Mädchenbildnis* (vor 1917) zeigt eine junge Frau vor einer Landschaft. Sie sitzt und blickt den Betrachter mit leicht nach ihrer linken Schulter gedrehtem Kopf an. Ihre Haare sind hochgesteckt, das Kleid ist in großen Streifen gemustert, die Bluse hochgeschlossen. Den Hintergrund dominiert ein Baum, vielleicht eine Föhre, die sich auf der linken Bildseite aus dem Wiesenboden erhebt und mit ihren Zweigen die gesamte Bildbreite überspannt. Das Bild der Frau betreffend, sind weniger Stöhrs traditionell angelegte Portraits von Interesse, als vielmehr seine symbolistisch beeinflußten Gemälde in Blau wie etwa *Das Weib* (1898). In einem Nachen, der von einem in Rückenansicht dargestellten Mann gerudert wird, steht aufrecht eine nackte Frau. Sie hat die Hände neben dem Körper angelegt und unternimmt nichts, um ihre Blöße zu bedecken – sie ist vielmehr, da in demselben Blauton wie der Himmel und der Kahn gehalten, ein Teil des Universums. Durch die diffuse Verschleierung des Bildes mit Blautönen entsteht eine »mystifizierende Wirkung«.[11]

Gemalte Innenräume waren in Wien schon in der Biedermeierzeit beliebt. Die Frau, die darin – in ihrem ›Lebensraum‹ – dargestellt wird, erfreute auch die Kunstliebhaber um die Jahrhundertwende. Interieurs finden sich um 1900 aber nicht nur in den Arbeiten der österreichischen Künstler, auch die Nabis haben zahlreiche Werke in dieser Art geschaffen. Da deren Arbeiten schon bald in Wiener Ausstellungen zu sehen waren, ist bei manchen der Wiener Künstler der Einfluß französischer Maler wie Vuillard und Bonnard anzunehmen. *Eheleben* (um 1894 – 1900) etwa von Vuillard zeigt die Ecke eines Raumes, wobei an der Rückwand vor einem Fenster die Gestalt eines Mannes lehnt; eine Frau sitzt im Vordergrund auf der linken Seite mit im Schoß gefalteten Händen.[12]

Auch Carl Molls Gemälde *Mein Wohnzimmer – Anna Moll am Schreibtisch* (1903) gibt nur den Ausschnitt eines Raumes wieder: wie im Bild von Vuillard ist es ein Fenster an der Rückwand des Raumes, durch das Licht auf die Szene fällt. Daran, daß die weibliche Gestalt keine Verbindung zum Betrachter aufnimmt, ist zu ersehen, daß das Bild nicht als Portrait gedacht ist.[13] Das *Biedermeier-Interieur* (Abb. 104) von Walter Hampel zeigt eine alltägliche Szene im Leben eines Ehepaars. Der Mann – in Rückenansicht –, der gerade dabei ist, sich seinen Rock an- oder auszuziehen, steht in der Mitte des Zimmers, von dem man eine Ecke sehen kann. Die Frau kramt in einer Kommode. Es ist ein Rückgriff auf die Scheinidyllen des Biedermeiers, jedoch fehlt die wirkliche Begegnung – die zwei Menschen haben keinen Blickkontakt, keine Beziehung zueinander.

Auch das Leben der Bauern und Menschen der niederen Gesellschaftsschichten in der Stadt wurde als Bildmotiv aufgegriffen. Die meisten Werke sind dabei aber in ihrer Aussage nicht sozialkritisch, sondern geben einfach Szenen wieder, die die Künstler in Stadt und Land vorfanden. Ferdinand Andri malte seine *Butterbäuerinnen* (Abb. 105) auf einem Marktplatz, wo sie ihre Waren in großen Schüsseln zum Verkauf anbieten. Interessant dabei ist, wie der Künstler das Motiv behandelt; er zeigt die Szenerie nicht im Überblick, sondern rückt direkt an die Figuren heran, macht sie zum zentralen Thema des Bildes.[14] Johann N. Geller hingegen zeigt in herkömmlicher Manier im Gemälde *Firmung am Stephansplatz* (1897) Frauen unterschiedlicher Herkunft, die sich auf diesem bekannten Platz Wiens aufhalten.

Man findet in der Malerei der österreichischen Sezessions-Künstler um 1900 auch religiöse Bildmotive. Ausführung und Aussage stehen dabei in krassem Gegensatz zu den Arbeiten Kokoschkas, der sich christlicher Bildtitel bediente, diese jedoch in einen gänzlich neuen Sinnzusammenhang stellte, wobei er sich in die künstlerische Linie Munchs einreiht.

Die Religion betreffend, zeigen sich die Arbeiten der Wiener Maler eher den Werken der Nabis verbunden, die – wie etwa Maurice Denis – in ›echt katholischer Frömmigkeit‹ Maria und Szenen aus dem Marienleben darstellten. Deren Bildfindungen sind aber viel origineller und nicht so der Tradition verpflichtet wie jene der Wiener Maler, die zwar Volksfrömmigkeit dokumentieren, aber keine neuen Sujetlösungen vorlegen. Ein gutes Beispiel für diese Feststellung ist etwa Vlastimil Hofmanns *Madonna* (Abb. 106), wobei der Künstler ganz im Sinne der Salonmaler des 19. Jahrhunderts an das Thema herangeht. Die profane Madonna erinnert an Bouguereaus *Notleidende Familie* (1865), die Darstellung wirkt abgedroschen und süßlich. Munchs *Madonna* oder Kokoschkas *Pietà* (Abb. 98) dagegen machen das ›Moderne‹ an den Werken dieser Künstler deutlich. Auch der *Gang Mariens über das Gebirge* (1911) von Maximilian Liebenwein bringt weder im Motiv noch in der Aussage Neues. Das Bild läßt vielmehr an die romantischen Marienbildchen der Nazarener denken, ohne allerdings deren naive Frömmigkeit auszustrahlen. Auch Kolo Moser hat zu religiösen Themen gearbeitet, wobei seine Entwürfe für Kirchenfenster weniger durch die Originalität der Motive als durch die dekorativen Details beeindrucken.

Auch klassische Bildthemen wie Allegorien, Personifikationen, Historienbilder usw. finden sich in Wien um 1900, so etwa in den Arbeiten Klimts. Griepenkerls *Tod und Mädchen* (1897) jedoch erinnert in fast romantischer Manier an die Ballade *Lenore* von Bürger. Damit widmet sich der Künstler dem Thema von Tod und Mädchen, das unzählige Male in der Kunst zu finden ist und wenige Jahre später auch Schiele beschäftigen wird. Seine bildliche Umsetzung des Themas zeigt deutlich die Unterschiede in der künstlerischen Sprache der beiden Maler.

Franz von Matsch, der mit Klimt zusammengearbeitet hatte, vollzog dessen stilistischen Wandel nicht mit. Sein Bild *Leonardo da Vinci spielt mit der Muse Schach* (1890 – 95) zeigt in einem Halbkreis Leonardo und seine Muse beim Schachspiel. Während der greise Meister sein Haupt auf seine rechte Hand stützt und sich mit der linken auf die Sessellehne mit dem Tierkopf als Dekor lehnt, ist die Muse gerade am Zug. Sie faßt sich mit der linken Hand in ihr Haar. Der Hintergrund ist zum Großteil mit vierblättrigen Blüten übersät, ausgenommen der mittlere Teil, vor dem sich die zwei Gestalten befinden. Ihn schmückt ein stilisierter Dekor mit zwei Pfauen, die man als ›die‹ Tiere des Symbolismus bezeichnen kann und die somit einen Hinweis auf die Entstehungszeit des Werkes geben.

Auch das *Mädchen am Seerosenbecken* (Abb. 107) Anton von Kenners ist historisierend gemalt. Ein mit antikisierender Kleidung bedecktes Mädchen steht in gebückter Haltung an einem Seerosenbecken, das sich vor einer in einer Nische stehenden weiblichen Bronzefigur befindet. Erwin Puchinger *Dekoratives Panneau* zeigt einen Mann – vermutlich Apoll (Haarknoten) – der durch sein Spiel eine weibliche Gestalt anzulocken scheint, die sich mit geschlossenen Augen der Musik hingibt. Rahmen und Panneau sind miteinander verschmolzen. Thematisch verwandt ist die Szene mit anderen Werken zeitgenössischer Künstler wie etwa Roussels ›antiken‹ Szenen. Der Mythologie entnommen ist auch Wilhelm Lists *Daphne* (1899). Das Bild zeigt den entscheidenden Moment der Berührung und zugleich Verwandlung Daphnes.[15]

Ein weiteres Werk Wilhelm Lists ist das Gemälde *Das Opfer* (L'Offrande, Farbtafel 11), welches zu seinen symbolistisch beeinflußten Werken gehört. Eine Frauengestalt bringt mit geschlossenen Augen in ihren ausgestreckten Händen Blüten dar. Sie ist zur Gänze in einen weich fallenden Schleierstoff gehüllt, der auf ihrem Scheitel aufliegt. Hinter ihrem Kopf ist eine blasse Scheibe – Heiligenschein oder Mond?[16] Ihr Antlitz ist im Profil wiedergegeben und drückt vollkommene Hingabe aus; den engelhaften Eindruck unterstreichen die langen blonden Haare, die links und rechts ihr Gesicht rahmen und den Eindruck von Körperlosigkeit noch unterstreichen. Josef Engelhart zeigt in seinem Gemälde *Der Wind* (1897) eine junge Frau, die nur mit einem dünnen Schleier bekleidet zu sein scheint. Diesen hält sie mit ausgebreiteten Armen, während ihn der Wind, der auch mit ihren roten Haaren spielt, bläht. Die Falten des Stoffes mit seinem zarten dekorativen Muster lassen an Schmetterlingsflügel denken.

Auch Frauenbilder vom Typ der femme fatale finden sich in den Arbeiten der Sezessions-Künstler Wiens. Als ein Beispiel sei hier das sicher an Klimts *Judith I* orientierte Werk Hampels *Salome* (oder Judith), angeführt. Die strenge Frontalität und die Haltung der Frau weisen auf die Vorbildwirkung Klimts hin. Mit dem Thema der verführerischen Frau beschäftigt sich auch Mallina (siehe *Salome*, 1905). Franz von Bayros hat in seiner *Illustration für das Boudoir von Madame C. C.* (um 1900) ein ›Musterbeispiel‹ der femme fatale gezeichnet. Die Frau, die auf dem Beil, das noch vom Blut des enthaupteten Mannes trieft, reitet, bringt in wohl kaum zu überbietender Deutlichkeit männliche Kastrationsängste zum Ausdruck.[17]

Ernst Stöhr hat auch eigene Gedichte illustriert. 1899 entstand die Federzeichnung *Vampir Weib* (Abb. 108): Der Mann, den die Frau in triumphierender Haltung mit ihren Händen auf den Boden drückt, ist ihr machtlos ausgeliefert:

»Was lockst Du mich zur süssen Lust
Mit rothem, dunklem Mund?
Ich sink' an Deine heisse Brust –
Ach! küsse mich gesund!«

»Wie brennt Dein Mund so fieberheiss
Und loht in wilder Glut!
Mein armes Leben ist der Preis,
Du trinkst mein Herzensblut.«[18]

Auch im Kunsthandwerk ist die Frau ein wichtiges Motiv. Wir finden sie etwa in Leopold Forstners *Schwimmende* oder in seinem *Frühling*.

Anmerkungen

1 Altenberg, zit. nach: Wagner, *Geist und Geschlecht*, a.a.O., S. 51.
2 Ausst.Kat. *Kunst in Wien um 1900*. Die andere Seite. Text Gerbert Frodl. Schloß Halbturn 1987, [o.S.].
3 Werner Fenz, *Kolo Moser*. Internationaler Jugendstil und Wiener Secession. Mit einem einführenden Essay von Wilhelm Mrazek, Salzburg 1976, S. 38.
 »So gern ich Hodler hab –, der Parallelismus könnt ihn mir verleiden; das h(eißt), dieses Docieren darüber«, schrieb Moser 1913. Zit. nach: Ausst.Kat. *Ferdinand Hodler und Wien*, a.a.O., S. 84.
4 »Die bedeutungsgeladene Körpersprache der drei Akte, die ein Stadium der höheren Verzükkung und Ekstase versinnbildlicht, erinnert an die reifen figuralen Kompositionen Ferdinand Hodlers, in denen er seelische Regungen durch die Bewegung des Körpers auszudrücken suchte.« Ebda., S. 252.
5 Klinger meinte dazu selbst: »Den ersten Anstoß dazu gaben mir reine Licht- und Farbstudien, die ich in Paris vor langen Jahren begann. Ich habe schon damals das Bild komponiert. Daß man unwillkürlich dabei einen Gedanken einflicht, ist ja nur natürlich, und so habe ich versucht, drei verschiedene Arten stiller Beschaulichkeit möglichst zu charakterisieren: das stumpfe Träumen in die abendliche Dunkelheit hinein, das beschauliche Gruseln, bei dem man ins Feuer schaut, und schließlich das weite Aufträumen.« Zit. nach: Ausst.Kat. *Symbolismus in Europa*, a.a.O., S. 100.
6 Hevesi, *Acht Jahre Sezession*, a.a.O., S. 241.
7 Zit. nach: Ausst.Kat. *Ver Sacrum*, a.a.O., S. 59.
8 Fenz, *Kolo Moser*, a.a.O., S. 57.
 Die Schwertlilie ist eine der favorisierten Blumen des Symbolismus.
9 Fenz, *Kolo Moser*, a.a.O., S. 151.
10 »Epsteins malerisches Oeuvre besteht aus vielen Genreszenen, […] aus Landschaften, […] aber vor allem aus Portraits.« Ausst.Kat. *Kunst in Wien um 1900*. Die andere Seite, a.a.O., [o.S.].
11 Ausst.Kat. *Sinnlichkeit und Versuchung*. Jugendstil und Secessionskunst von Andri bis Olbrich, Landeshauptstadt St. Pölten/Museumsverein Pottenbrunn, St. Pölten 1997, S. 26.
12 »Vuillards Welt ist eine Welt des Inneren, deren Schweigen er mit unerschöpflicher und unbestechlicher Hingabe betrachtet. […] Sein liebevoll forschender Blick erfaßt jede Einzelheit, enthüllt ihre verborgene Poesie und knüpft daraus ein dichtes Netz, in das auch die Menschen eingewoben sind.« Renata Negri, *Bonnard und die Nabis*, Herrsching 1988, S. 18f.
13 Künstler des Neoimpressionismus wie Segantini, Signac und Rysselberghe nahmen Einfluß auf die Wiener Künstler, wie an den Arbeiten von Moll, Engelhart, aber auch Klimt erkennbar ist.
14 In gleicher Weise verfährt Andri etwa auch im Gemälde *Kirchgang in Jeutendorf*, wo eine weibliche, ländlich gekleidete Rückenfigur im Vordergrund in das Bild hineinführt.
15 Hier »wirkt das Thema wie eine lehrhafte Erläuterung der im floralen Jugendstil um 1900 so vielfältig betonten Verwandtschaft von Mensch und Pflanze.« Hans Bisanz, in: Ausst.Kat. *Ver Sacrum*, a.a.O., S. 26.
16 In der Literatur findet sich zu einem beinahe identen Werk Lists, das sich im Musée des Beaux-Arts de Quimper befindet und ebenfalls den Titel *Das Opfer* trägt, der Hinweis auf die Heilige Elisabeth von Ungarn und das Rosenwunder. Es darf also für das oben erwähnte Bild wohl auch diese Deutung übernommen werden. Vgl. Sabine Schulze (Hg.), *Sehnsucht nach Glück*. Wiens Aufbruch in die Moderne: Klimt, Kokoschka, Schiele, Frankfurt 1995, S. 96.
17 Er schuf neben Mappenwerken wie den *Bildern aus dem Boudoir der Madame C. C.* auch Illustrationen zu *Fanny Hill* und anderen erotischen Büchern.
18 In: *Ver Sacrum*, H. 12, 1899, zit. nach: Ausst.Kat. *Sinnlichkeit und Versuchung*, a.a.O., S. 20.

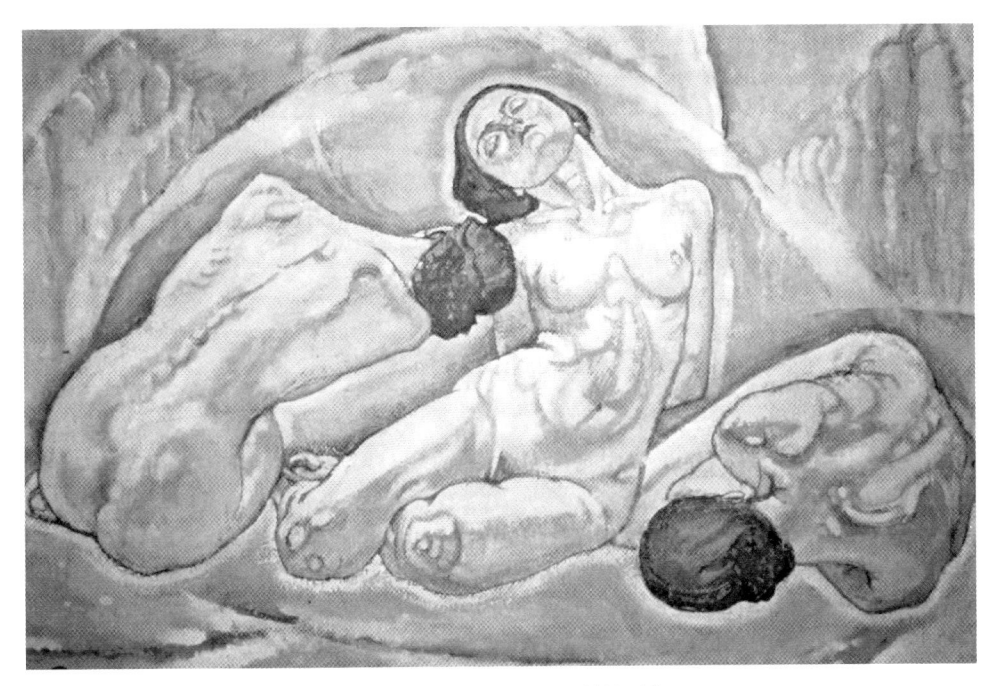

Abb. 101 Koloman (Kolo) MOSER, *Drei kauernde Frauen,* um 1913 - 15

Abb. 102 Koloman (Kolo) MOSER, *Umrahmung für das
Gedicht »Schwertlilie« von Arno Holz,* 1898

Abb. 103   Jehudo EPSTEIN, *Frau Hilde Radnay*, 1908

Abb. 104   Walter Sigmund HAMPEL, *Biedermeier-Interieur*, um 1903

Abb. 105   Ferdinand ANDRI, *Butterbäuerinnen*, 1902

Abb. 106   Vlastimil HOFMANN, *Madonna*, 1910

Abb. 107   Anton von KENNER, *Mädchen am Seerosenbecken*, 1898

Abb. 108   Ernst STÖHR, *Illustration eines eigenen Gedichtes*, 1899

12. Wichtige Frauentypen der Wiener Moderne

> *Die Frau ist durchaus in ihrem Recht, ja sie erfüllt eine Art Pflicht, wenn sie es darauf anlegt, berückend und übernatürlich zu erscheinen; sie soll erstaunen machen, sie soll bezaubern; ein Götzenbild, muß sie sich vergolden, um Anbetung zu wecken.*
>
> Charles Baudelaire[1]

Wo sind die »süßen Mädel«?

> *Ja, so enden diese Mädel mit den zerstochenen Fingern. In der Stadt werden sie geliebt und in der Vorstadt geheiratet ...*
> Arthur Schnitzler[2]

Das »süße Mädel« Schnitzlers ist ein wichtiger Frauentyp der Wiener Literatur der Jahrhundertwende. Schnitzler selbst beschreibt in seiner Erzählung *Erste sexuelle Erfahrungen einer Kleinbürgertochter* das »Urbild des süßen Mädels«.[3]

Aber wie sieht jene Wienerin von 1904 aus, die mit den leidenschaftlichen Gedanken an ein neues Frühjahrskleid durch die Haupt- und Residenzstadt des Vielvölkerreiches spaziert? Die ideale Wienerin ist »mollert« (mollig), »g'stellt« (auf bäuerlichem Knochenbau kräftig gerundet), hat ein »süßes G'frieserl« (d.h. die Fettpolster verdecken die natürlichen Konturen des Schädelbaus) und ist vor allem auf ihren möglichst weithin sichtbaren Busen stolz.[4]

Unter der Herrschaft Maria-Theresias war es in Wien nicht zum Aufblühen des Dirnentums wie in anderen europäischen Großstädten gekommen. Bassermann begründet dies unter anderem damit, daß die Wiener Stubenmädchen neben ihren Tätigkeiten in den vornehmen Haushalten auch zu Liebesdiensten herangezogen wurden.[5] Seiner Ansicht nach hatten »Maria-Theresias strenge Maßnahmen [...] die Wiener Prostitution nicht aus der Welt geschafft, aber sie hatten den erotischen Typus des appetitlichen Wiener Stubenmädchens geschaffen.«[6] So soll das Bild von Jean-Etienne Liotard *La belle Chocolatière* (Abb. 109) ein Wiener Stubenmädchen namens Baldauf zeigen.[7] Die adrett gekleidete junge Frau mit Häubchen und Schürze trägt in ihren Händen ein Tablett, auf dem sich eine hohe Kakaotasse und ein Glas mit Wasser befinden. Ein preußischer Reisender namens Nicolai schrieb, daß

> [...] die Stubenmädchen, eine Art von schönen Dienstmädchen, die Wien ganz eigen sind, sämtlich hübsch anzusehen und von zarter Haut; sie schminken sich wohl noch dazu, haben niedliche Füßchen und gestickte Schuhe, halten sich sehr sauber und gehen beständig in Seide.[8]

Aus der Schicht des niederen Bürgertums und der Dienstmädchen stammen auch die vielzitierten »süßen Mädel« Schnitzlers, die durch ihre sexuelle Verfügbarkeit das Liebesleben der ›jungen Herrn‹ und deren Väter bereicherten, ohne dabei das eigene Milieu zu verlassen; man traf sie nicht wie die großen Kokotten und berühmten Maîtressen im Theater oder in der Oper, sondern im kleinen Hinterzimmer, beim Heurigen oder beim Tanz in der Vorstadt. Felician Freiherr von Myrbach hat ein »süßes« Mädel und einen Soldaten beim Heurigen gemalt, (Abb. 110). Die genrehafte Szene mit dem ›schneidigen‹ Soldaten und dem ›feschen‹ Wiener Mädel, das ihm Feuer für seine Zigarette gibt, entspricht den gängigen Klischees. Einen Soldaten und ein junges Mädchen zeigt auch Engelharts Bild *Der Kuß*. Die sehnigen Hände des Mannes drücken die weibliche Gestalt, die durch die beiden Milchkannen und ihre Kleidung als Dienstmädchen ausgewiesen wird, eng an den Männerkörper. Engelharts Genrebild steht in der Tradition Waldmüllers; Klimts *Erfüllung* (1905 – 09) aus dem Stoclet-Fries hingegen vereint Mann und Frau über alle erzählerischen Momente hinaus im Erleben der Vereinigung der Geschlechter.

Es ist nicht die äußere Erscheinung, die das »süße Mädel« kennzeichnet, sondern seine seelischen Eigenschaften und die gesellschaftliche Schicht, der es entstammt. In seiner Autobiographie *Jugend in Wien* spricht Schnitzler gar von dem *ersten* »süßen Mädel«: »ich muß es geahnt haben, daß dieses Wesen, wenn auch nicht als individuelle Erscheinung, gewissermaßen als ›Idee‹ für meine dichterische Entwicklung bedeutungsvoll werden sollte.«[9] Dabei ist auch von Bedeutung, daß das »süße Mädel« »durchaus nichts Französisches, Leidenschaftlich-Dämonisches an sich hat«[10]; es ist vielmehr das Gegenstück zur femme fatale, der Frau, die den Mann durch ihre Sexualität bedroht. Das »süße Mädel« ist die jugendliche Geliebte, mit der sich der ›junge Herr‹ vergnügt, bis er ein Mädchen seines eigenen Standes ehelicht.[11] Schnitzler selbst gibt darauf ganz konkrete Hinweise:

Zwischen all diesen Liebschaften und in sie hinein spielten ganz leise auch schon während des Freiwilligenjahres allerlei zartere Beziehungen zu verschiedenen jungen Mädchen, die aus besseren Häusern oder wenigstens besser beaufsichtigt waren; doch hätte ich mich verwegener oder raffinierter angestellt und wäre meine Scheu vor Unbequemlichkeiten und Verantwortlichkeiten nicht so stark ausgebildet gewesen, so hätte aus einer oder der anderen Beziehung wohl auch eine ganz richtige Liebschaft werden können. Allerdings glaube ich, daß zu jener Zeit in guten jüdischen Mittelstandskreisen, wo ich hauptsächlich verkehrte, solche Beziehungen selten über eine gewisse eben noch statthafte Grenze hinausgediehen, nicht gerade weil die Mädchen weniger sinnlich oder unverdorbener gewesen wären, als sie heute sind, sondern weil die ganze gesellschaftliche Atmosphäre jenes Mittelstandes von den neueren, sittlich freieren Anschauungen philosophisch und literarisch kaum noch angehaucht und Erziehung, Verkehrsformen, Möglichkeiten der Zusammenkunft auch der Entwicklung freierer Verhältnisse minder günstig waren. Für manches junge Geschöpf, das heute ohne bestimmte Heiratsaussicht, selbst ohne geheime Heiratshoffnung, bestenfalls unter Beachtung der praktisch gebotenen Vorsichten und Rücksichten, sich entschließt, dem geliebten Mann oder Jüngling alles zu gewähren, wäre damals ein solcher Entschluß überhaupt nicht in Betracht gekommen.[12]

Mit obiger Beschreibung spricht Schnitzler klar den Unterschied zwischen einem ›Mädchen aus gutem Hause‹ und einem »süßen Mädel« aus: eine Affaire mit einer Angehörigen der gehobeneren Gesellschaft führte fast unweigerlich zur Hochzeit, während die Beziehung zu einem »süßen Mädel« von den ›jungen Herrn‹ von vornherein als ›Gspusi‹, als kurzfristige sexuelle Beziehung verstanden wurde.[13]

Die Wahl zwischen einer konventionellen ehelichen Beziehung mit einem Mann derselben Klasse und einer zukunftslosen Liaison mit einem gesellschaftlich höherstehenden Mann stellt sich auch für Barbara in Grillparzers *Armem Spielmann*.[14] Dort

[…] stöhnt Barbara, dies Urbild eines Wiener Mädels: »Ich hasse die weibischen Männer!« Sie haßt sie, denn sie liebt sie auch. Sie liebt gerade einen solchen Mann mit der weichen Seele, der nichts kann als Violinspielen und sich in schönen Gefühlen verlieren. Ihr gesunder Menschenverstand gebietet ihr dann aber, den anderen, robusteren, den Fleischer zu heiraten, denn nur mit ihm kann sie eine Familie gründen; mit ihm Kinder haben. Glücklich, das weiß sie, wird sie nicht werden, aber sie verzichtet darauf mutig, dem Leben zuliebe, das will, daß sie Frau und Mutter werde, nicht angebetetes und verlassenes Liebchen.[15]

Wir finden das »süße Mädel« nicht nur in der Literatur, sondern auch in der Musik.[16] Die ›kleine‹ Näherin, das Zimmermädchen, die Choristin – sie alle sind Vertreterinnen des »süßen Mädels«, die für kurze Zeit ihres Lebens mit Angehörigen einer höheren Gesellschaftsschicht liiert sind. Diese Rollen gehören weitgehend in das Fach der Operette, wo, durch die klare Schichtung der Gesellschaft in Adel, Bürgertum, Kleinbürgertum, die Position des »süßen Mädels« deutlich herausgestrichen wird.[17] Die Operette *Das süße Mädel* gibt bereits im Titel das Thema der Handlung vor, wobei sich »der Komponist und Redakteur Heinrich Reinhardt […] einer Figur und eines geflügelten Wortes aus Schnitzlers Anatol«[18] annahm.

Das süße Mädel krankt an dem forcierten Wienertum der Volkssängerei, die man längst überwunden glaubte […] daß nämlich der liebe Gott die Wienerin in einer seiner besten Stunden geschaffen habe, wird von der Librettisteninstanz vollinhaltlich bestätigt. Furchtbar viel Süßigkeit wird daran verschwendet, Süßigkeit und Süßlichkeit. Die Vorzüge der Wienerin im allgemeinen, des süßen Wiener Mädels im besonderen bilden die Moral einer jener Verwechslungs- und Verkennungsgeschichtchen, die sich wie ein mühsam ausgebrütetes Librettistenei dem anderen gleichen […].[19]

Überraschenderweise gibt es die konkrete Darstellung des »süßen Mädels« in der Malerei der Moderne um 1900 nicht, obwohl sich in den Bildern der traditionell arbeitenden Künstler Genre-Szenen mit Frauendarstellungen wie Gauses *Ball der Wäschermädel* (1898) finden. Johannes Ziegler nahm an einer dieser Tanzveranstaltungen teil:

Vor dem erhabenen Orchester, um eine lange Tafel, etwa fünfzig an der Zahl, saßen bei der ersten Fütterung die Wäschermädchen, kräftige, wohlgeformte Gestalten in schwarzen Samtmiedern, kurzen Röcken, meist rot und hellgrau gestreiften Strümpfen und alle mit einem roten oder gelben Foulardtuch um den Kopf. Also das waren die merkwürdigen Wesen, die uns die frische Wäsche in den Schrank zaubern und dadurch zu unseres Lebens Wohltäterinnen werden! […] Nach abgeräumter Tafel begann die Musik ihre schönen Walzertöne anzuschlagen und dann tanzten die jungen Mädchen paarweise in den mittlern Raum des Saales hervor und drehten sich flink im Kreise, so daß ihre roten und gelben Kopftücher wie Flammen aufflatterten.[20]

Das »süße Mädel« als solches ist aber kein Motiv in der Malerei der Jahrhundertwende; auch wenn zum Beispiel der Körper einer Näherin durch eine Aktzeichnung oder eine Allegorie Eingang in die Kunst gefunden hat, so handelt es sich nicht um ein Abbild des »süßen Mädels« selbst, denn der nackte, weibliche Körper verrät nicht, ob er einer Dame, einer Dirne oder einem »süßen Mädel« gehört. Den Beschreibungen, die Schnitzler durch seine Darstellung des »süßen Mädels« gibt, werden am ehesten die Genre-Szenen – von der Biedermeier-Malerei bis zur Jahrhundertwende (siehe beispielsweise Abb. 110) – gerecht. Sie zeigen die weiblichen Angehörigen jenes Standes, auf den Schnitzler Bezug nimmt.

Gustav Klimt wird zwar immer wieder ein Maler der »süßen Mädel« genannt, allein die Tatsache, daß ihm Mädchen aus dem ›Volk‹, aus den niederen Ständen also, als Modelle für seine Allegorien und Akte dienten, sollte jedoch nicht ausreichen, um diese Darstellungen als Portraits von »süßen Mädeln« zu bezeichnen (siehe beispielsweise *Der Zuschauerraum des Alten Burgtheaters*). Auch das frühe Bildnis von *Emilie Flöge im Alter von siebzehn Jahren* (1891) ist nicht wirklich das Portrait eines »süßen Mädels«, denn Emilie entsprach in keiner Weise dem damit verbundenen Klischee. Das später entstandene *Bildnis Emilie Flöge* hat noch weniger mit dem »süßen Mädel« zu tun; es zeigt im Gegenteil eine erfolgreiche, selbstbewußte, schöne und junge Frau.

Das »süße Mädel« hat viele Namen und keinen: es ist ein bestimmter Frauentyp, der durch die Anonymität der Bezeichnung »Mädel« die ideale Vorgabe für die Austauschbarkeit der weiblichen Person darstellt. Bahr geht noch einen Schritt weiter, wenn er in einem Prosaentwurf schreibt:

Lassen Sie mich überhaupt mit den süßen Mädeln in Ruhe. Das ist wirklich mit der Zeit fad. […] Ich leugne nicht, daß sie eine gewisse Poesie haben. Und für die jungen Leute ganz amüsant sind. Schön, schön. Aber wer eine kennt, kennt alle. Es ist immer dasselbe. Sie haben eben keine – Wissen Sie, was sie nicht haben? […] Sie haben keine Seele. Das ist es! Gemüth – ja, das ist ja ganz lieb, aber doch mehr für teutsche […] Biertrinker. Ich verlange mehr vom Weib: Nerven …, Seele mit einem Wort. Das ist es.[21]

Das Bild des »süßen Mädels«, das Bahr mit dieser Beschreibung zeichnet, entspricht den Genreszenen in der Art von Myrbachs »süßem Mädel« beim Heurigen mit einem Soldaten (Abb. 110) und spiegelt in der Darstellung der weiblichen Gestalt die realitätsferne Typisierung wider.

Das gemalte Bildnis war für die mittleren und unteren Stände unerschwinglich. Die fortschreitende Technik der Photographie ermöglichte es diesen Personenkreisen aber, sich portraitieren zu lassen. So finden wir die vielzitierten »süßen Mädel« eher auf alten Photographien als in der Wiener Malerei um 1900.

Die femme fatale

> *Sie wurde […] die symbolische Gottheit der unzerstörbaren Wollust, die Göttin der unsterblichen Hysterie, die verruchte Schönheit, auserwählt unter allen anderen durch den Krampf, der ihr Fleisch starr und ihre Muskeln hart machte, das scheußliche, gleichgültige, unverantwortliche und gefühllose Tier, das gleich der antiken Helena alles vergiftet, was ihr nahe kommt, was sie sieht, was sie berührt.*
>
> Joris-Karl Huysmans[22]

Joris-Karl Huysmans erkennt in der Gestalt Salomes die Göttin der Wollust, aber auch jene der Hysterie – sie ist für ihn zugleich Idol der Schönheit und Tier; was er aus dem von Gustave Moreau gemalten Bild der tanzenden Salome herausliest, ist eine Beschreibung der femme fatale schlechthin. Daß er mit seiner Interpretation der weiblichen Figur durchaus im Sinne des Malers empfand, macht ein Ausspruch Moreaus deutlich: »[Ich möchte gerne] die wahre Natur der Frau im Leben aufzeigen, die zu krankhaften Gefühlen neigt und die, so dumm ist sie, das Grauenvolle einer noch so abscheulichen Situation nicht begreift.«[23]

Diese wahre Natur der Frau versucht Moreau auch im Gemälde *Chimères* oder *Décaméron satanique* herauszuarbeiten – die Chimäre ist ein Sinnbild für das Wesen der Frau, sie ist die Verkörperung der weiblichen Wollust. Der Maler erläutert sein Bild:

[…] diese Insel der phantastischen Träume enthält alle Formen der weiblichen Leidenschaft, Phantasie und Laune. Die Frau in ihrem ursprünglichen Wesen, das unbewußte Geschöpf, das in das Unbekannte und Geheimnisvolle vernarrt und in das Böse in Gestalt perverser und diabolischer Verführung verliebt ist; Kinderträume, Träume der Sinne, ungeheuerliche Träume, schwermütige Träume; Träume, die Geist und Seele in unbegrenzte Räume, in das Geheimnis des Schattens entführen – alles muß die Wirkung der sieben Todsünden spüren lassen, alles spiegelt sich in dieser satanischen Begrenzung, in diesem Kreis der Laster und schuldhaften Leidenschaften ab: von dem anscheinend noch unschuldigen Keim bis zu den ungeheuerlichen, verhängnisvollen Blumen der Abgründe. Da sind Scharen verdammter Königinnen, welche die Schlange soeben dem beschwörenden Reden überlassen haben; da sind Wesen, deren Seele verflucht ist und die am Wegrand auf den geilen Bock warten, welcher von der Wollust besessen ist, der man im Vorübergehen frönt […].[24]

Moreau malt die verderbenbringende Frau immer wieder; in den Gestalten von Cleopatra, Dalila, Helena, Salome[25] etc. vereint er alle Übel, welche die Frau – so Moreau – über den Mann bringen kann.[26] Da diesen historischen und biblischen Frauenfiguren aus seiner Sicht eine destruktive Wirkung auf das männliche Geschlecht gemeinsam ist, verleiht ihnen Moreau auch beinahe identische, ideale Gesichtszüge, wodurch er den Typ der femme fatale stilisiert.

Bereits vor Moreau haben die präraffaelitischen Maler in England die dämonisch-schöne, unheilbringende Frau zum Bildgegenstand erkoren. Die weiblichen Gestalten, gemalt von Dante Gabriel Rossetti,[27] William Holman Hunt und dem ihnen nahestehenden Edward Burne-Jones, entsprechen bereits in wesentlichen Punkten den Ausformungen der femme fatale um die Wende zum 20. Jahrhundert.[28] Dali meint über sie: »Es sind die wunderbar schönen, schweigenden und ernsthaften Frauengestalten«, die »zugleich begehrenswertesten und abschreckendsten, die es gibt.«[29] Auch Rossettis Frauen ähneln einander[30] – ein bevorzugtes Modell war Elizabeth Siddal, seine spätere Frau. Die Gemälde, in denen sich Rossetti mit der verführerischen Frau beschäftigt, haben oftmals Bezüge zu Geschichte und Literatur, auch zu seinen eigenen Gedichten:

Mystery: lo! betwixt the Sun and Moon
Astarte of the Syrians: Venus Queen
Ere Aphrodite was. In silver sheen
Her twofold girdle clasps the infinite boon
Of bliss whereof Heaven and Earth commune:
And from her neck's inclining flower-stem lean
Love-freighted lips and absolute eyes that wean
The pulse of hearts to the spheres' dominant tune.

Torch-bearing, her sweet ministers compel
All thrones of light beyond the sky and sea
The witnesses of Beauty's face to be:
That face, of Love's all-penetrative spell
Amulet, talisman, and oracle, –
Betwixt the Sun and Moon a mystery.[31]

Das Modell für das Bild *Astarte Syriaca* (1877) von Rossetti ist Jane Morris,[32] das Gemälde selbst ist eine Übertragung des obigen Gedichtes ins Bildhafte. Die frontal stehende Venus mit dem lang wallenden Haar und der antikisierenden Bekleidung ist keine ›klassische‹ griechische Schönheit, ihr Aussehen entspricht eher einem orientalischen Frauentyp.[33] In ihrer Reglosigkeit und mit dem durchdringenden Blick erweist sie sich als eine Vorläuferin von Klimts *Judith I* (Abb. 38).[34]

Die femme fatale in den Werken der präraffaelitischen und symbolistischen Künstler ist keine reale Frau; sie wird vielmehr durch die Art der Darstellung aus der Wirklichkeit heraus zu einem Idol des männlichen Verderbens erhoben. Auch Gustav Adolf Mossas Werk wird von den Darstellungen der Frau dominiert. Er zeigt sie als Sphinx, Hydra, Einhorn, Messalina, Sappho, Salome, als Jungfrau, als »Elle«. Wo aber andere Künstler der Jahrhundertwende in der Frau das Androgyne betonen, hebt Mossa ihre Weiblichkeit hervor: »[…] chez Mossa, le Mal, c'est la Femme.«[35]

Bereits 1903 erschien ein Artikel im *Ver Sacrum* mit dem Titel: *Das Weib in der Darstellung Aubrey Beardsleys*. Dieser 1898 verstorbene englische Zeichner illustrierte 1894 Oscar Wildes *Salome*. Die Raffinesse und kühle Ästhetik seiner Arbeiten beeinflußten viele Jugendstilkünstler, vor allem auch im Hinblick auf die Darstellung der femme fatale:

> Und ganz im Gegensatz zu jenen anständigen Satirikern unserer Zeit, deren Witz und Geist sich in der Darstellung eines Betrunkenen erschöpft, der an einem Laternenpfahl lehnt, oder eine Dame, die im Salon ein verkehrtes Kompliment macht, ist er [Beardsley] ein Satiriker, der das Wesen der Dinge trifft: Es ist stets die seelische und nicht nur die körperliche Unbefriedigtheit, die aus diesen gierigen Augen spricht, diesen Augen, die auf alle Lüste geblickt haben, aus diesen bitteren Lippen, die den Schmelz all ihrer Süßigkeiten gekostet haben, aus diesen Händen, die spielerisch für nichts gewirkt und aus diesen Füßen, die stets Nichtigkeiten nachgejagt sind. Sie blicken so tieftraurig, weil sie die Schönheit gesehen haben und weil sie von dem Wege der Schönheit abgewichen sind.[36]

In den Werken der Salonmaler wird die femme fatale zu einem der meistverwendeten Motive am Ende des 19. Jahrhunderts. In stets erneut aufgegriffenen Posen arrangieren die Künstler die – zumeist nackte – Schöne in unterschiedlichen Umgebungen und erzählen zuweilen dabei auch Geschichten wie etwa Lecomte de Noüy in seinem Gemälde *Die Überbringer der schlechten Nachrichten* (Farbtafel 12), wo die dekorativ hingelagerte Frau durch ihr mitleidloses Desinteresse am Schicksal der vor ihr Hingemordeten den Prototyp der femme fatale zu verkörpern scheint.

»Die schöne Jüdin«

Wie schön ist die Prinzessin Salome heute nacht!
Oscar Wilde[37]

Die Jüdin tritt im Wien der Jahrhundertwende einerseits in den Frauenportraits des reichen Bürgertums auf, andererseits finden sich ihre Darstellungen auch auf Gemälden, die angeregt sind von Figuren der Literatur, speziell der Bibel. Salome wurde zum Gesellschaftssymbol der Jahrhundertwende schlechthin, zum Urbild der femme fatale.[38]

In seiner Auseinandersetzung mit dem Werk Klimts sieht Nebehay den Typus der femme fatale vor allen Dingen in *Judith I* (Abb. 38), zählt aber auch die bereits 1898 gemalte *Pallas Athene* (Abb. 4) diesem Themenkreis hinzu.[39] Es ist bekannt, daß Klimt viele Modelle aus den Vororten beschäftigte; darunter waren auch Jüdinnen, die es ihm ermöglichten, die äußere Erscheinung seiner weiblichen Bildgestalten wie *Judith* oder *Salome* den Vorstellungen von einer femme fatale und »schönen Jüdin« anzupassen.

Auch Alfred Kubin hat sich mit Judith und Salome auseinandergesetzt. Das Blatt *Judith* von 1900 etwa zeigt die unbekleidete biblische Heldin mit dem Haupt des – durch den geöffneten Zeltvorhang sichtbaren, getöteten – Holofernes in der linken und dem Schwert in der rechten Hand. Selbstbewußt und ohne Scham ob ihrer Nacktheit scheint sie den Betrachter herausfordernd anzublicken.[40] »Die tödliche Unvereinbarkeit von Mann und Frau ist die Essenz dieses Stücks, wobei die Frau die rücksichtslos grausame ist in der Verfolgung ihrer Ziele.«[41]

Die Kastrationsangst, die in den Geschichten um Judith und Salome zum Ausdruck gebracht wird, findet in der bildlichen Umsetzung ihr Symbol im abgeschlagenen Männerkopf. Auch das Werk *Aphrodite Androphonos* von List, gezeigt im Ver Sacrum 1900/6/84, zeigt eine femme fatale: Die frontal dargestellte, nackte Frau mit roten Haaren faßt mit ihrer rechten Hand ein abgetrenntes Männerhaupt am Schopf, während sich um ihre linke eine züngelnde Schlange windet. Lilienblüten zieren ihre Frisur ebenso wie die Bildumrahmung, die aus Schlangenleibern gebildet wird. Bemerkenswert ist, daß am abgetrennten männlichen Kopf sowohl Haupt- als auch Barthaar rot sind – der Bezug zu den biblischen Figuren Johannes und Holofernes wird damit aufgehoben, der Spitzbart verweist auf ein Opfer aus der Gegenwart.

In der »schönen Jüdin« vermischen sich im Wien der Jahrhundertwende zwei unterschiedliche Tendenzen: zum einen ist es die Gestalt der femme fatale, die das Schaffen vieler Künstler der Jahrhundertwende mitgeprägt hat und deren Typus sie aufnimmt, zum anderen ist es der deutlich spürbare Antisemitismus, der auch in Weiningers *Geschlecht und Charakter* seinen Niederschlag findet, wo Frauen und Juden gleichermaßen als minderwertig klassifiziert werden.[42] Dadurch bekommt das Bild der »schönen Jüdin« in Wien auch politische Brisanz; es darf jedoch nicht übersehen werden, daß die femme fatale auch in Gestalt anderer geschichtlicher Frauen – Cleopatra, Messalina etc. – auftritt und ebenso als Produkt der Phantasie – als »Belle Dame sans Merci« – ihren bildlichen Ausdruck findet.

In seinem Gedicht *Madonna Lucia* beschwört Felix Dörmann das Bild einer femme fatale:

Ich will meine Zähne vergraben
In deinem knirschenden Haar,
Im Blutrausch will ich vergessen,
Daß ich ein anderer war.
Ich weiß, du kannst genießen,
Unfaßbar, riesenhaft, stark
Wohlan, so genieß mich Lucia –
Nach Fäulnis schreit mein Mark.[43]

Anmerkungen

1 Baudelaire, *Sämtliche Werke*, a.a.O., S. 249.
2 Schnitzler, *Anatol*, a.a.O., S. 63.
3 »Und wäre ich etwa in einem bösen Prüfungstraum verpflichtet, einem pedantischen Literaturprofessor unter den Mädchen, die ich gekannt, eines als das eigentliche Urbild des süßen Mädels zu bezeichnen, so könnte es nur die kleine, blonde Anni sein, mit der ich mich auf einem Familienball in den Drei-Engel-Sälen im ersten Walzer fand und verstand, die verdorben war ohne Sündhaftigkeit, unschuldsvoll ohne Jungfräulichkeit, ziemlich aufrichtig und ein bißchen verlogen, meistens sehr gut gelaunt und doch manchmal mit flüchtigen Sorgenschatten über der hellen Stirn, als Bürgertöchterchen immerhin nicht ganz wohl geraten, aber als Liebchen das uneigennützigste Geschöpf, das sich denken läßt.«. Zit. nach: Schenk, *Frauen und Sexualität*, a.a.O., S. 60.
4 Fischer, *Gustav Klimt und Emilie Flöge*, a.a.O., S. 34f.
5 »Die Wiener Stubenmädchen waren seit jeher eine besonders reizvolle Spezies gewesen, rekrutierten sie sich doch nicht nur aus Wien, sondern auch aus den berühmten Pflanzstätten der Mädchenschönheit in Böhmen und Ungarn.« Bassermann, *Das älteste Gewerbe*, a.a.O., S. 233.
6 Ebda., S. 234.
   Dazu auch Hunold: »In Wien versuchte man, die Prostitution gänzlich zu beseitigen. Aus diesem Grund verhängte man drastische Strafen. Man berief sich auf recht alte Verordnungen, nach denen sich kein Mensch mehr richtete, und verurteilte Unzuchttreibende zum Pranger, zur Auspeitschung, schnitt ihnen die Ohren ab, verwies sie des Landes. […] In großen Schiffstransporten wurden alle Dirnen und Kuppler, deren man habhaft werden konnte, nach Temesvar, Komorn und Preßburg ins Zuchthaus gebracht.« Günther Hunold, *Hetären, Callgirls und Bordelle*. Geschichte und Erscheinungsformen der Prostitution. 2. Aufl., München 1980, S. 74f.
7 Siehe Bassermann, *Das älteste Gewerbe*, a.a.O., S. 234f.
8 Zit. nach: Ebda., S. 235.
9 »An einem Novemberabend des Jahres 1881 […] fügte es sich, daß wir uns […] zwei jungen weiblichen Geschöpfen als Begleiter anschlossen, für die die Bezeichnung ›süßes Mädel‹ zwar damals noch nicht existierte, die aber – wenigstens die eine von ihnen – mit einem gewissen Recht Anspruch erheben durfte, nicht nur ein süßes, sondern sogar, wenn es auch viele hunderttausend vor ihr gegeben hat – das *erste* süße Mädel genannt zu werden. Und ich muß es geahnt haben, daß dieses Wesen, wenn auch nicht als individuelle Erscheinung, gewissermaßen als ›Idee‹ für meine dichterische Entwicklung bedeutungsvoll werden sollte; […]. Sie war Choristin an einer Bühne, […]. Im übrigen schilderte ich sie für mich selbst mit folgenden Worten: ›Prototyp‹ einer Wienerin, reizende Gestalt, geschaffen zum Tanzen, ein Mündchen, das mich in seinen Bewegungen des Fännchens erinnert (welcher Mund, der mir gefiel, hätte das damals nicht getan!), geschaffen zum Küssen – ein Paar glänzende lebhafte Augen. Kleidung von einfachem Geschmack und dem gewissen Grisettentypus – der Gang hin und her wiegend – behend und unbefangen – die Stimme hell – die Sprache in natürlichem Dialekt vibrierend; was sie spricht – nur so, wie sie eben sprechen kann – ja muß, das heißt lebenslustig, mit einem leisen Anklang von Übereiligkeit. ›Man ist nur einmal jung‹, meint sie mit einem halb gleichgültigen Achselzucken. – Da gibts nichts zu versäumen, denkt sie sich. … Das ist Vernunft in die lichten Farben des Südens getaucht. Leichtsinnig mit einem abwehrenden Anflug von Sprödigkeit. Sie erzählt mit Ruhe von ihrem Liebhaber, mit dem sie vor wenigen Wochen gebrochen hat, erzählt lächelnd mit übermütigem Tone, wie sie nun so viele, die leicht mit ihr anzubinden gedenken, zum Narrn halte, was aber durchaus nichts Französisches, Leidenschaftlich-Dämonisches an sich hat, sondern ganz heimlich humoristisch berührt, solange man nicht selber der Narr ist. Dabei dieses merkwürdig Häusliche – wie sie zum Beispiel von ihrem Liebhaber (›besaß er sie?‹ setzte ich naiv-zweifelnd hinzu) tadelnd bemerkt, er hätte zuviel Karten gespielt – und man müsse sparsam sein usw. Die obligaten Geschwister mit den Eltern zu Hause, die tratschenden Nachbarn in den Nebengassen, […].« Schnitzler, *Jugend in Wien*, a.a.O., S. 110f.

10 Ebda.
11 Fritzi im Dialog *Süßes Mädel* spricht diese Tatsache ohne Beschönigung aus: »Und dann, es ist ja vergeblich. Mit diesen Weibern ist ja doch nichts anzufangen, die sind ja doch nicht fürs ganze Leben.« Schnitzler, *Anatol*, a.a.O., S. 156.
12 Schnitzler, *Jugend in Wien*, a.a.O., S. 172f.
Dazu Blei: »Jede andere Kenntnis dieses Typus (»süßes Mädel«) vermitteln nur […] diese Wiener Poeten von damals, die ihn zu ihrer Freude erfunden haben, wegen der erotischen und poetischen Unergiebigkeit der Strichmädchen, die den Sichtgegenstand der gleichzeitigen nüchternen Berliner ›Moderne‹ abgeben, und wegen der Unzugänglichkeit der anderen Mädchen. Damals war ja das bürgerliche Mädchen von Familie weder eine Freigelassene noch eine Emanzipierte, also jeder illegitimen Eroberung äußerst schwer zugänglich.« Franz Blei, *Erzählung eines Lebens*, Leipzig 1930, S. 155f.
13 Im *Reigen* Schnitzlers wird diese Position ebenfalls ganz deutlich herausgestrichen; bemerkenswert ist dabei, wie empört der »Gatte« reagiert, als das süße Mädel die mögliche Untreue seiner Gattin erwähnt: »A was, deine Frau macht's sicher nicht anders als du.« Arthur Schnitzler, *Reigen – Zehn Dialoge. Liebelei – Schauspiel in drei Akten*. Mit einem Vorwort von Günther Rühle und einem Nachwort von Richard Alewyn. 231.–237. Tausend, Frankfurt/M. 1996, S. 69.
Daniel Varé beschreibt die »Wiener Mädel«: »Die berühmten Wiener Mädel waren nicht so schmissig wie die Pariser Midinetten. Hatte man mit einer von ihnen ein sogenanntes Verhältnis, wurde man der ganzen Familie vorgestellt, und dann führte man alle ins Theater. Zu Weihnachten wurde man eingeladen. Kam ein Kind, regte man sich nicht allzusehr auf. Es wurden Alimente gezahlt und das Kleine erhielt einen gesetzlichen Vormund. Ich hörte von einer jungen Dame, die hatte zwei Kinder von zwei verschiedenen Vätern; jeder war Vormund für den Sprößling des andern. Diese Mädel mit den ungepuderten Nasen waren süß, lustig und selbstlos. Die Farbe des herbstlichen Wienerwaldes spiegelte sich in ihrem Haar, das Blau der Donau in ihren Augen. Mußte man Abschied nehmen, gab es Traurigkeit, aber keine Vorwürfe.« Zit. nach: Ausst.Kat. *Bitter süßes Wien*, a.a.O., S. 37f.
14 Auch Christine in Schnitzlers *Liebelei* steht vor dieser Entscheidung, und anders als Barbara im *Armen Spielmann* entscheidet sie sich für die Liebe und gegen die soziale Sicherheit.»Todesursache Liebe? Nein: Liebelei. Hätte sie doch besser getan, auf die Warnung der falschen Kathrin zu hören und sich mit einer braven Ehe bescheiden? Hätte ihr Vater, der alte Weiring, sie doch lieber behüten sollen, wie er seine Schwester zeitlebens behüten zu müssen geglaubt hat? Dann wäre ihr freilich das Glück versagt geblieben, aber auch der Tod erspart. Oder hätte sie es besser halten sollen wie ihre Freundin, die Schlager-Mizi, die sich so leichtherzig von Hand zu Hand reichen läßt?« Richard Alewyn, in: Schnitzler, *Reigen. Liebelei*, a.a.O., S. 165.
15 Leitich, *Die Wienerin*, a.a.O., S. 162.
Dazu: »Das Mädchen galt bei meinen Kameraden nicht für schön. Sie fanden sie zu klein, wußten die Farbe ihrer Haare nicht zu bestimmen. Daß sie Katzenaugen habe, bestritten einige, Pockengruben aber gaben alle zu. Nur von ihrem stämmigen Wuchs sprachen alle mit Beifall, […].« Franz Grillparzer, *Der arme Spielmann*. Erzählung, Hamburger Lesehefte, 50. Heft, Hamburg [o.J.], S. 16 und 26.
16 1850 schrieb Delacroix über die Beziehung der Frauen zu Dichtern: »Dieses Vage, diese ständige Traurigkeit, bringen nichts zum Ausdruck. Es ist die Schule der kranken Liebe. Das ist eine traurige Empfehlung, und dennoch tun die Frauen, als wären sie ganz vernarrt in diese Albernheiten. Das ist um der Haltung willen; sie wissen sehr wohl, woran sie sich zu halten haben, was den Kern der Liebe ausmacht. Sie rühmen die Verfasser von Oden und Beschwörungen: aber sie sind sorgfältig darauf bedacht, die gesunden und für ihre Reize empfänglichen Männer heranzuziehen.« In: Delacroix, *Journal*, a.a.O., S. 57.
17 Franz Blei schreibt in seinem Buch *Erzählung eines Lebens* über das »süße Mädel«: »Das Wunschgebilde dieser süßen Mädeln entsprach nur sehr rudimentär einer Wirklichkeit. Diese Töchter kleinbürgerlicher Vorstädtler oder Arbeiter hatten, wenn sie und solange sie jung und hübsch waren, ihren Liebesehrgeiz, der sie so einem eleganten jungen Herrn aus der Stadt geneigter

machte als einem Spengler, selbst wenn er ein Galanteriespengler war. Zwischen sechzehn und zwanzig resigniert so ein junges hüsches Ding nicht und sucht ihrem Leben die Spannung zu geben in einem Erleben außerhalb der Klasse. Es kommt ja früh und unvermeidlich genug, daß sie den Tischlermeister heiraten muß oder den kleinen Beamten von der Versicherung, – wenn nicht das Wunder geschieht, einen Sprung in jene Welt zu tun, aus der wie ein lockender Abgesandter dieser junge Herr auftaucht, der aber, sie weiß es, schon mit dem Abschiedsbrief angetreten ist und auch sein Rückberufungsschreiben in die Welt seines Standes schon in der Tasche hat.« Blei, *Erzählung eines Lebens*, a.a.O., S. 154f.

18 Wilhelm Deutschmann, in: Ausst.Kat. *Bitter süßes Wien*, a.a.O., S. 18.
19 Zit. nach: Ebda., S. 18.
20 Zit. nach: Ebda., S. 23.
21 Bahr, *Tagebücher*, Band 2, a.a.O., S. 159.
22 Huysmans, *Gegen den Strich*, a.a.O., S. 130.
23 Zit. nach: Groult, *Ein Tier mit langen Haaren*, a.a.O., S. 169.
24 Zit. nach: Praz, *Liebe, Tod und Teufel*, a.a.O., S. 257f.
25 Werner Hofmann: »Die Gestalten der großen Buhlerinnen haben fast immer Nacht- und Todesnähe um sich, ihre Unbeweglichkeit grenzt ans Maskenhafte, an die Leblosigkeit eines Idols, ihre Grausamkeit, die alle Gliedmaßen durchspielt, gleicht einem geschmeidigen Raubtier, das seine Beute belauert.« Zit. nach: Settele, *Das Bild der Frau im Frühwerk Alfred Kubins*, a.a.O., S. 56.
26 Hahlbrock schreibt, daß »[...] die Dalilas, Messalinen, Salomes und Helenas Moreaus unmittelbar durch ihre Erscheinung das Gefühl ansprechen, weil die Faszination des ›toten Lebens‹ dieser ›düsteren Phalanx der Geschöpfe des Erebus und der Nacht‹ –, wie immer sich im einzelnen Fall kindische Ängste, Klasseninteressen und metaphysische Zweifel verbündet haben mochten, sie hervorzubringen –, jedenfalls zutiefst das Lebensgefühl der Künstler bestimmte, denen wir ihr Bild verdanken. Bedeutet nämlich dieses Bild der Frau etwas Allgemeineres als bloß den Typus des anderen Geschlechts, steht er als allegorische ›irdische Chimäre‹ stellvertretend für die Gesamtheit der bewußtlos ihre fremden Zwecke verfolgenden Natur; so war es den Künstlern, die es schufen, doch zugleich das Bild der Frauen, bei denen sie, in der Versuchung zu Wollust, Fortpflanzung und Einwilligung in die eigene Sterblichkeit, diese Natur am quälendsten erfuhren – als ihre eigene.« Zit. nach: Ausst.Kat. *Wunderblock*, a.a.O., S. 424.
27 »L'œuvre de Dante Gabriel Rossetti est marqué, surtout après 1860, par l'intérêt constant et quasi obsessionel porté par le peintre à l'image de la femme; une image qui, étrangère au style victorien, emprunte le visage de différentes femmes pour n'en représenter qu'une seule: une créature privée de vie propre, un fantasme né des nuits de l'artiste. ›C'est n'est pas moi qui m'abandonne à mes chimères, ce sont elles qui m'entraînent hors du monde, que je le veuille ou non‹, dira-t-il; sa vraie vie, l'unique, il la vit dans cet univers onirique représenté par le visage idéalisé de ses femmes.« Maria Theresa Benedetti, *L'éternel féminin. Le voile doré des songes*. Avec un texte de Mario Praz. FMR Europe. Edition française Franco Maria Ricci, Nr. 33 (1991), S. 82.
28 »Je mehr das Weibliche unter patriarchalen Ordnungen gezähmt und domestiziert wird, desto stärker fürchtet man die wilde, unangepaßte und grausame Frau. In ihrer Grausamkeit erscheint der verdrängte Teil ihrer Freiheit, der noch nicht unter dem männlichen Gesetz verlorengegangen ist.« Treut, *Die grausame Frau*, a.a.O., S. 7.
29 Zit. nach: Bode, *Kunst zwischen Traum und Alptraum*, a.a.O., S. 65.
30 Rossettis Frauen haben – im Gegensatz zu den typisierten weiblichen Gesichtszügen Burne-Jones' und Moreaus – reale Modelle als Vorbilder, wie etwa Elizabeth Siddal oder Jane Morris.
31 Zit. nach: Ausst.Kat. *The Pre-Raphaelites*. Edited by Leslie Parris, The Tate Gallery 1984, Reprint: London 1994, S. 226.
  Astarte, weitgehend mit Ischtar identisch, war eine kanaanitische Göttin der Liebe und am Himmel als Morgen- oder Abendstern, als Venus, gegenwärtig. Vgl. Joe J. Heydecker, *Die Schwestern der Venus*. Die Frau in den Mythen und Religionen, München 1991, S. 84ff.
32 Bernhard Shaw betont das Orientalisch-Exotische der Erscheinung Jane Burdens, wenn er schreibt: »Wenn sie eintrat, bekleidet mit seltsam schönen Gewändern und in ihrer alles überra-

genden Größe, konnte man meinen, sie sei einer ägyptischen Grabkammer in Luxor entstiegen.« Zit. nach: Rana Kabbani, *Mythos Morgenland. Wie Vorurteile und Klischees unser Bild vom Orient bis heute prägen*. Aus dem Englischen von Gabriele Gockel und Rita Seuß, München 1993, S. 108.

33 »Die überfeinerte, bewußt zur Dekadenz hin tendierende Ästhetik, die sich in der Literatur bei Walter Pater und Oscar Wilde, in der Malerei bei Burne-Jones und Rossetti zeigte, ist eine Späterscheinung der englischen Romantik, wie auch in Frankreich Odilon Redon und die Symbolisten Nachfolger der Romantik sind.« Marcel Brion, *Kunst der Romantik*, München–Zürich 1960, S. 159.

34 Dieselbe Starre, die in Rossettis Bild die mysteriöse Ausstrahlung verstärkt, wirkt auch in den Arbeiten von Burne-Jones und Moreau.

35 Ausst.Kat. *Gustav Adolf Mossa (1883 – 1971) et les Symboles*, Nizza 1978, [o.S.].

36 Zit. nach: Wilde, *Salome*, a.a.O., S. 74.
Franz Blei über Beardsley: »Er hatte enthusiastische Bewunderer: sehr wenige, er hatte Gegner, die ihn der Unzucht beschuldigten: alle anderen. Der Streit beider miteinander und um ihn begleitete ihn sein Leben lang und machte ihm das so kurze zu einem fröhlichen, denn er hatte, was er wünschte: Berüchtigtkeit.« Zit. nach: *Aubrey Beardsley. Pierrot für einen Augenblick*. Zeichnungen. Hg. Ursula Horn, Wiesbaden 1984, S. 146.

37 Ebda., S. 9.

38 1854 hat beispielsweise Théodore de Banville in seinem Gedicht *Hérodiade* bereits den verhängnisvollen Zauber der ›schönen‹ Jüdin beschrieben.
Vgl. Anhang LVIII.

39 Vgl. Nebehay, *Gustav Klimt*, a.a.O., S. 38.
Weiters erwähnt er die *Nixen* (*Silberfische*) von 1899, das *Mädchen mit dem blauen Schleier*, *Judith II* (*Salome*), die *Dame mit Hut und Federboa* und *Der schwarze Federhut*.
Hans Bisanz hingegen meint, daß »das westeuropäische Schreckgespenst der ›Femme Fatale‹ [...] in Wien nicht gedeihen [konnte]. Die Frau als Allegorie des Bösen trat hier zumeist nur dann in Erscheinung, wenn sie thematisch anzuwenden war – etwa bei Klimt in der Strenge seiner Allegorie ›Tragödie‹, in seinem Ölbild ›Judith‹, in den feindlichen Gewalten seines ›Beethovenfrieses‹ oder in der Unerbittlichkeit der Erynnien für sein Universitätsbild ›Jurisprudenz‹. Gleiches gilt für die Schubert-Illustration ›Irrlicht‹ von Kolo Moser.« Bisanz, *Wien um 1900*, a.a.O., S.14.

40 »Die Nacktheit der Judith und die Anlehnung ans biblische Motiv unterstreichen die Verbindung von ›pervers-verführerischem‹ Eros und ›beutegierigem‹ Destruktionstrieb und transportieren dadurch die zeittypische Vorstellung der Untrennbarkeit der Liebe [...].« Settele, *Das Bild der Frau im Frühwerk Alfred Kubins*, a.a.O., S. 55.

41 Mechthilde Hatz, zit. nach: Ebda., S. 59.

42 »[...] denn der echte Jude hat wie das Weib kein Ich und darum auch keinen Eigenwert.« Weininger, *Geschlecht und Charakter*, a.a.O., S. 267.

43 Zit. nach: Reden – Schweikhardt, *Eros unterm Doppeladler*, a.a.O., S. 172.

Abb. 109 Jean-Étienne LIOTARD, *Das Schokoladenmädchen*, 1743 - 45

Abb. 110 Felician Freiherr von MYRBACH, *»Süßes Mädel« und Soldat beim Heurigen*, 1896

13. Abschließende Betrachtung

> *Der Ruf der »schönen Wienerin« ist uralt. Schon im 12. Jahrhundert erzählten die Dichter von den »wonniglichen« Mädchen und Frauen der Stadt. Doch seltsam: die Frauen, von deren Reiz so oft berichtet wird, weisen in ihren Reihen keine vor andern strahlende, alle bezwingende Schönheit auf, keine große Liebhaberin, keine weibliche »Macht hinter dem Thron«, keine Pompadour, Ninon, Lady Hamilton, Landgräfin Karoline; kein »großartiges Weib«. Die Frauen dieser dramatischen Stadt sind, obwohl immer handfest und tüchtig, dramatisch-eigenmächtig selten hervorgetreten.*
>
> Ann Tizia Leitich[1]

Portraits, Allegorien und mythologische Darstellungen sowie Akte belegen die Bedeutung der Frau und ihrer Sexualität als Motiv. Bereits im 19. Jahrhundert hatten Portraitisten wie beispielsweise Amerling, Waldmüller und Eybl die Frauen aus Adel und gehobenem Bürgertum abgebildet; es waren jedoch Makart und Romako, die in der zweiten Jahrhunderthälfte mit ihren Werken den Anstoß zur Entwicklung einer österreichischen Moderne gaben.

In den Werken der Wiener Maler der Jahrhundertwende ist der Einfluß der Diskussion um den Geschlechterkampf in Philosophie, Literatur und Psychologie spürbar. Wichtig dabei ist jedoch, daß die einzelnen Künstler sehr verschiedene Bezüge zur Weiblichkeit aufweisen und dies in ihren Werken auch entsprechend ausdrücken.

Die Frauenbilder, die das Kunstschaffen des 19. Jahrhunderts und der Jahrhundertwende prägen, entstehen nicht erst im 18. Jahrhundert, sondern bereits im Mittelalter und in der Renaissance. Dies muß deshalb betont werden, weil parallele Phänomene in diesen Zeitabschnitten auftreten und durch die bildende Kunst ausgedrückt werden. Wesentlich scheint dabei, daß es in jedem Fall darum ging, die Frau daran zu hindern, in der Öffentlichkeit und vor dem Gesetz dem Mann gleichgestellt zu werden. Daß der Kampf der Geschlechter ein Kampf um ›reale‹ Macht ist,[2] verdeutlicht Günter Dux in seinem Buch *Die Spur der Macht im Verhältnis der Geschlechter*[3]; Trude Polley formuliert es noch präziser:

Der Prozeß zwischen den Geschlechtern ist sehr viel älter als bürgerliche Heiratssitten. Der Mann, der seine Herrschaft über die Frau für selbstverständlich hält, sie andererseits aber immer wieder so sorgfältig zementiert, als wäre sie eben doch nicht ganz unanfechtbar, ist ein Archetyp.[4]

Während einerseits Frauen darangehen, sich zu emanzipieren, entstehen in den Künstlerateliers Bilder der Frau, die genau dieser Befreiung entgegengestellt sind: nackte, schutzbedürftige Frauen – sinnlich schöne Frauen – die Sünde als lockendes Weib – Judith als über Leben und Tod entscheidende Frau – verderbenbringende Naturwesen, die Männer dem Untergang weihen.[5] In diesen Gemälden verknüpfen sich bewußte und unbewußte, individuelle und gesellschaftliche Vorstellungen; in den Frauenbildern treten Selbst- und Weltbezüge in Erscheinung, die Frau als Subjekt jedoch gewinnt durch ihre Darstellung nur scheinbaren Eigenwert, sie fungiert vielmehr als Symbol.[6]

Der Machtkampf zwischen den Geschlechtern verläuft aber nicht einseitig: es ist gerade die Angst des Mannes vor der Frau, die Anlaß zu vielen der Bildfindungen der Jahrhundertwende gibt.[7] Dabei kommt dem Verhältnis von Mutter und Sohn besondere Bedeutung zu, und das Resultat dieser emotionalen Spannungen läßt sich in Leben und Werk der Wiener Künstler der Moderne gut verfolgen. Klimt, Kokoschka und Gerstl haben enge Beziehungen zu ihren Müttern, denen sie ihr Leben lang intensiv verbunden bleiben und deren Einfluß sie sich nicht entziehen können. Der traumatische, als Verlassenwerden empfundene Tod der Mutter prägt die Bildwerke Alfred Kubins. Schieles schwierige Gefühlsbindung an seine Mutter, das Gefühl, von ihr nicht (genug) geliebt zu werden, war Anlaß für eine Reihe von Gemälden, die sich mit dem Thema »Mutter« beschäftigen.

Die Macht der Mutter über ihren Sohn, der dieser sein Leben lang nicht entrinnen kann (oder will), beeinflußt das Zusammenleben von Mann und Frau nachhaltig – findet doch der Mann in jedem weiblichen Wesen einen Teil seiner Mutter wieder. In der Pietà, dem Bildmotiv, das Mutter und toten Sohn vereint, wird in den Werken der Künstler der Jahrhundertwende nicht nur die Trauer, sondern auch die Macht und Stärke der Mutter symbolisch ausgedrückt.[8]

Wie erwähnt gehört das Portrait im Wien der Jahrhundertwende zu den favorisierten Bildgattungen; Klimt, Schiele, Gerstl und Kokoschka haben – jeweils in ihrer eigenen Formensprache – das Gesicht zum Träger von Ideen oder Emotionen gemacht. Dies ist vor allem in Verbindung mit der Psychoanalyse Freuds zu sehen; aber auch die Schriften Weiningers und Schnitzlers, Wedekinds und Ibsens forderten zur Beschäftigung mit der Psychologie des Individuums heraus.

Die allegorischen Darstellungen, die einen großen Teil der Kunstproduktion einnehmen, umfassen auch die »Lebensbilder«, die sich – wie das Drei-Frauen-Motiv – aus traditionellen Bildtypen ableiten lassen. Die Gemälde von Schiele und Klimt machen dabei eine gewisse Nähe zu den Werken Munchs spürbar. Aber auch Picassos Arbeiten aus seiner »Blauen Periode«, beispielsweise *Das Leben* von 1903, stehen durch ihre Thematik dem Schaffen der obgenannten Künstler nahe.[9]

Das negative Bild der Hexe des Mittelalters erfährt in jenem der emanzipierten Frau um 1900 eine Art ›Neuauflage‹. Verfolgt man den Lauf der Geschichte, kann man feststellen, daß sich das Bild der Frau in der Kunst umso positiver zeigt, je geringer ihr Einfluß auf Staat und Regierung ist.

Es verwundert daher nicht, daß der Beginn für die Wiederaufnahme bzw. Weiterentwicklung konkret negativ belegter Frauenbilder in das 18. Jahrhundert fällt, jene Zeit also, in der wir den Beginn der Emanzipationsbewegungen datieren. Mit zunehmender Solidarisierung der Frauen im 19. Jahrhundert steigt auch die Anzahl der Bilder, die sich mit der Frau als einem gefährlichen Wesen beschäftigen. Zur Jahrhundertwende ist mit der femme fatale der absolute Höhepunkt in der Negativ-Darstellung der Frau erreicht, was, wenn man die Angst des Mannes vor einer Gleichberechtigung der Frau berücksichtigt, und die zahlreichen frauenfeindlichen Schriften wie Weiningers *Geschlecht und Charakter* oder Möbius' *Physio-*

logischen Schwachsinn des Weibes in Betracht zieht, nicht überrascht – vor allem dann, wenn man an die Gründung der bald zahlreichen politischen Frauenorganisationen denkt.[10] Es gilt – und dies ist bemerkenswert – noch an der Wende zum 20. Jahrhundert, was François Poulain de La Barre im 17. Jahrhundert niederschrieb:

> Sein [Platons] Schüler Aristoteles […] behauptet, Frauen seien nur Monster. Wer würde der Autorität einer so berühmten Persönlichkeit nicht Glauben schenken? Wenn eine Frau, so gelehrt sie auch gewesen wäre, so etwas über die Männer geschrieben hätte, würde sie alles Ansehen verlieren, und man kann sich vorstellen, daß alles getan würde, um eine solche Dummheit zu widerlegen und darauf zu antworten, es sei eine Verrückte, die so etwas gesagt habe.[11]

Ein tragisches Frauenschicksal der Jahrhundertwende, das diese Worte Poulain de La Barres aktualisiert, ist das Leben der Wienerin Helene von Druskowitz, deren Werk *Der Mann als logische und sittliche Unmöglichkeit und als Fluch der Welt: pessimistische Kardinalsätze*, 1905 veröffentlicht wird; sie befindet sich zu dieser Zeit bereits seit 14 Jahren im Städtischen Irrenhaus in Dresden, wohin sie zwangseingeliefert worden war.[12]

Auch die Literatur, vor allem die französische, ist für das Frauenbild der Jahrhundertwende prägend. Die literarische femme fatale entstand in Frankreich, wenn auch ihre Wurzeln in England liegen, und obwohl sie in anderen Ländern eine quasi ›regionale‹ Ausformung erhielt, ändert das nichts an der weiten Verbreitung, die dieser Frauentyp in der Kunst erfuhr. Auch oder besonders die erotische Literatur muß für das Bild der Frau um 1900 in der Malerei als Anregung herangezogen werden – viele Darstellungen, die eindeutig sado-masochistische Züge aufweisen, dürften auf Beschreibungen in Werken wie *Der Garten der Qualen* oder *Justine* zurückgehen.

Kunst- und Literaturkritiker haben wesentlichen Anteil an der Vermittlung von Frauenbildern. Baudelaire hat mit seinen Beschreibungen von Weiblichkeit das ›Zeitalter‹ der femme fatale quasi eingeleitet, auch wenn bereits vor ihm in der Literatur Frauen mit fatalen Eigenschaften existieren. Hermann Bahr, fasziniert von der französischen Kunst und Kultur, versuchte deren ›Modernität‹ auf Österreich zu übertragen und vermittelte dabei sowohl sein eigenes als auch Baudelaires Frauenbild.[13] Zola und Hevesi trugen durch ihre Kritiken zum Interesse an den neuen Frauenbildern bei; Schriftsteller wie Altenberg oder Kraus verbanden die Kunstentwicklungen mit Vorgängen in der Gesellschaft.

Es war die jüdisch-christliche Religion, die mit ihren Frauenbildern – den Märtyrerinnen, Heiligen und Maria; aber auch Eva, Maria Magdalena und Lilith – bereits die wichtigsten Frauenfiguren der Wiener Jahrhundertwende vorgab. Die femme fatale ist keine bildliche Neuschöpfung – die verderbenbringenden Charaktereigenschaften werden vielmehr bereits vorhandenen, für die gewünschte Bildaussage passenden, Frauentypen zugefügt. Auch allegorische Figuren und Gestalten der antiken Mythologie erfahren nur – wie jene der Bibel – eine Neudeutung oder die Verstärkung eines bestimmten (negativen) Aspektes.

Von entscheidender Bedeutung für das Bild der Frau in Wien um 1900 ist die Psychoanalyse Freuds. Die medizinische Forschung war bereits in den Jahrzehnten davor um die Aufdeckung der Geheimnisse des weiblichen Körpers bemüht; mit der Psychoanalyse erfolgte der Versuch, den Rätseln der weiblichen Seele auf die Spur zu kommen. Gleichzeitig wurde jedoch aus »Gründen der Moral« die Sexualität totgeschwiegen, obwohl gerade in dieser Zeit wesentliche Werke darüber publiziert wurden. (Otto Weiningers *Geschlecht und Charakter* erscheint 1903, Ivan Blochs *Das Sexualleben unserer Zeit in seinen Beziehungen zur modernen Kultur* 1906.)

Klimt, als ›der‹ Frauenmaler in Wien um 1900, ist als Mensch wie Künstler schwer zu fassen: seine tatsächliche Beziehung zu Frauen im Leben scheint ihre Entsprechung in seinen Kunstwerken gefunden zu haben. Gerstl hat die Frau als Motiv verwendet, ohne sie aber einer Bewertung zu unterziehen. Schieles ›Besessenheit‹ von Sexualität äußert sich sowohl in seinen Akten als auch in den Lebensbildern. Eine eigene Stellung unter den Wiener Malern nimmt Kubin ein: In seinen dunklen, beängstigenden Visionen schafft er Bilder voller Grausamkeit und Tod. Kokoschka ist wohl der einzige der Wiener Künstler, der den Sprung in die Moderne vollzogen hat. Er ist – auch in seinem Frauenbild – einen neuen Weg gegangen.

Soll nun das typisch »Wienerische« im Frauenbild der österreichischen Maler der Moderne um 1900 skizziert werden, bietet sich der Vergleich mit den Werken von Künstlern aus anderen europäischen Großstädten wie Paris oder Berlin an. Ludwig Speidel verweist bereits auf die Besonderheit Wiens, wenn er schreibt: »Wie Berlin die Stadt der Männer ist, so ist Wien die Stadt der Frauen, der schönen Frauen.«[14] Was Speidel hier ausspricht, ist mehr als eine Verherrlichung der Bewohnerinnen der österreichischen Hauptstadt: der Frau traditionell zugeschrieben ist das Passive, das Verharrende, das Leidende, das Auf-sich-bezogen-Sein.[15] Daraus könnte man folgern, daß Berlin – im Vergleich mit Wien – als die dynamischere, fortschrittlichere, ›modernere‹ Stadt angesehen werden müßte. Tatsächlich ist es aber so, daß die Werke der Berliner Künstler ›andere‹ Frauenbilder aufweisen, wie etwa die bereits angesprochenen Gemälde, welche Prostituierte zeigen. Diese scheinen für die Wiener Maler – so intensiv sie auch ansonsten das Thema Sexualität ausbeuten – nicht darstellenswert.

Die gesellschaftliche Hierarchie im österreichischen Kaiserreich und die daraus resultierenden sozialen Mißstände waren als Bildthema für die Wiener Künstler der Moderne weitgehend uninteressant. Robert Waissenberger schreibt über die Sezessionisten Wiens:

In gesellschaftspolitischer, soziologischer Hinsicht waren ihre Ansichten, gelinde gesagt, naiv, weil sie den Haupttrend der Zeit, das Durchbrechen der bestehenden Gesellschaftsschichten, in keiner Weise erkannten. Hier bewegten sie sich in herkömmlichen Bahnen: Sie wollten eigentlich nicht mehr, als die in der gehobenen Gesellschaftsschichte anerkannte Kunst durch eine neue ersetzen, nicht aber neue Publikumskreise für ein Interesse am Künstlerischen erschließen, wo etwa das Ziel moderner Kunstpolitik liegt. Insofern unterschieden sich die Bestrebungen der Wiener Secessionisten ganz deutlich von jenen anderer Künstler, etwa in England, die sehr wohl diesen Aspekt in die Bestrebungen miteinbezogen.[16]

Typisch für die bildlichen Äußerungen der Wiener Maler ist hingegen die starke Betonung des ›Ich‹. Die intensive Beschäftigung mit der eigenen Persönlichkeit bestimmt auch ihre Auseinandersetzung mit der Gesellschaft, die hinsichtlich ihrer Position zur modernen Kunst durchleuchtet wird – das Selbstportrait wird zum Spiegel der verwundeten Künstlerseele. Daraus resultiert aber, daß allgemeine Probleme der Großstädte,[17] hervorgerufen etwa durch technischen Fortschritt und gesellschaftliche Entwicklungen (wie die Arbeiterbewegung, die Emanzipation der Frauen), selten als Bildthemen gewählt wurden.

Eine weitere Eigenart der Maler der Wiener Moderne ist sicherlich darin zu sehen, daß sie ihre individuellen Beziehungsprobleme in ihren Selbstportraits, Portraits sowie den zahlreichen Frauendarstellungen zum Ausdruck brachten. Es scheint dabei erwähnenswert, daß sich unter ihren Arbeiten nur wenige Werke befinden, welche Frauen bei realen Tätigkeiten außer Haus zeigen, wie etwa beim Spazierengehen oder im Kaffeehaus.[18] Bilder mit solchen Inhalten finden sich dagegen häufig im Schaffen der deutschen Künstler, beispielsweise im Schaffen von Ernst Ludwig Kirchner (*Kaffeetafel*), Willy Jaeckel (*Im romanischen Café*) oder Georg Grosz (*Kaffeehaus*).

Auch französische Künstler haben sich solcher Bildthemen angenommen, und die Pariserin ist, wie die Wienerin, das Vorbild für Generationen von Malern und Photographen. Wenn Hermann Bahr meint: »An der Pariserin ist eigentlich nichts schön und diese Gesamtheit von nichts ist das schönste[!] der Welt«[19], so preist Stratz vor allem ihre Anmut.[20] Wie die Künstler in Berlin schaffen die französischen Maler der Jahrhundertwende eine Vielzahl von unterschiedlichen Frauenbildern in ihren Werken und spannen dabei den Bogen von den Prostituierten bis zur Dame der Gesellschaft, wobei auch soziale Anliegen berührt werden.

Über die inhaltlichen Unterschiede in den gleichzeitigen Arbeiten der Wiener und der Pariser wie Berliner Maler hinaus frappiert in erster Linie die künstlerische Entwicklung, die sich etwa in den Arbeiten der Brücke-Maler oder Pablo Picassos abzeichnet. Letzterer malt seine *Demoiselles d' Avignon* 1907 – zu einer Zeit also, in der Klimt noch immer seinem »Goldenen Stil« verhaftet ist, und Schiele und Kokoschka erst am Beginn ihrer künstlerischen Laufbahn stehen.

Edvard Munch, der in seinen Werken immer wieder das Verhältnis der Geschlechter zueinander thematisiert, hat für viele europäische Künstler Vorbildwirkung – so auch in Wien. Seine ihm eigene ›szenische‹ Bildsprache fand bei den Malern der Wiener Moderne keine direkte Nachfolge; es sind vielmehr die Themen Munchs, die sich auch etwa bei Klimt und Schiele bildlich umgesetzt finden.[21] Munchs Bilder wie *Asche* oder *Nach dem Sündenfall* basieren nicht auf einem mythologischen oder religiösen Geschehen; jedoch gewinnen durch die schlichte Darstellung von Menschen und ihren Beziehungsproblemen seine Gemälde überzeitliche Bedeutung und allegorischen Symbolwert.[22]

Die femme fatale, ›das‹ Bildmotiv der Jahrhundertwende, fand in Wien – im Gegensatz etwa zu Paris oder München – nicht nur allegorische Verbrämung, sondern im wesentlichen Gleichsetzung mit der Frau schlechthin. Dem entspricht auch die Darstellung der Frau in der Wiener Literatur dieser Zeit. Schnitzlers Frauen sind keine Heldinnen der Antike oder der Bibel. Es ist die Frau an sich, deren Existenz (unter dem Einfluß der Theorien Weiningers und der Psychoanalyse Freuds) als so fremd und bedrohlich empfunden wird, daß ihre Macht permanent spürbar wird.

Das Frauenportrait ist nur im Hinblick auf Adel und Großbürgertum relevant. Für die anderen Klassen, besonders für den Arbeiterstand, wurde die Photographie Ausdruck eines neuen Selbstbewußtseins und des Strebens nach Gleichstellung in der Gesellschaft. Die noch erhaltenen Portraitphotos zeigen Dienstmädchen und Arbeiterinnen, die sich, im Bewußtsein des Umbruches der gesellschaftlichen Ordnungen, in diesem – viel billigeren – Medium abbilden ließen.

Geisteswissenschaftliche Erkenntnisse und technische Errungenschaften prägen die Zeit um 1900 und wirken auf die Gesellschaft und damit auch den Künstler ein. Es gilt aber noch einmal zu betonen, daß Kunstwerke im wesentlichen individuelle Äußerungen einer Person darstellen, deren eigene Bildsprache, Symbolik und ästhetische Formulierung erst das kreative Umsetzen von Ideen und ›inneren‹ Bildern möglich macht. Und so sind für die Wahl eines Bildmotivs der allgemeine Zeitgeschmack und gesellschaftliche Tendenzen, aber ebenso ein persönliches Interesse des Ausführenden anzunehmen.

Dies gilt wohl auch für jenes Plakat, das Gustav Klimt zur 1. Ausstellung der Sezession 1898 gestaltet hat. *Theseus kämpft gegen den Minotaurus* zeigt den attischen Helden, der nicht nur das kretische Ungeheuer, sondern auch eine kriegerische Frau besiegt hat: Es ist die Amazone Antiope und damit in weiterer Folge das Amazonentum, das – laut Bachofen – »freudig und gerne zur Ehe übergeht.«[23] Theseus dagegen »hat völlig die Lichtnatur angezogen. Er erscheint ganz in apollinischer Reinheit.«[24]

Es wirkt wie ein Richtungsweiser für die Künstler der Wiener Moderne, daß quasi an deren Beginn ein Held in der bildenden Kunst wieder darstellungswürdig wird, der aus männlicher Perspektive – durchaus in der Nachfolge Bachofens – die Überwindung der Materie[25] und – wie sich zynisch folgern ließe – der Frau repräsentiert, indem er sich zu den ›lichten Höhen des Geistes‹ emporschwingt. Seine erneute Thematisierung um 1900 ist auch als Projektion zu verstehen, in der sich der verängstigte und irritierte Mann einen neuen Helden schafft.[26]

Anmerkungen

1 Leitich, *Die Wienerin*, a.a.O., S. 11.
2 Simmel schreibt über *Das Relative und das Absolute im Geschlechter-Problem*: »Daß das männliche Geschlecht nicht einfach dem weiblichen relativ überlegen ist, sondern zum Allgemein-Menschlichen wird, das die Erscheinungen des einzelnen Männlichen und des einzelnen Weiblichen gleichmäßig normiert – dies wird, in mannigfachen Vermittlungen, von der *Machtstellung* der Männer getragen. Drückt man das geschichtliche Verhältnis der Geschlechter einmal kraß als das des Herrn und des Sklaven aus, so gehört es zu den Privilegien des Herrn, daß er nicht immer daran zu denken braucht, daß er Herr ist, während die Position des Sklaven dafür sorgt, daß er seine Position nie vergißt. Es ist gar nicht zu verkennen, daß die Frau außerordentlich viel seltener ihr Frau-sein aus dem Bewußtsein verliert als der Mann sein Mann-Sein.« Simmel, *Schriften zur Philosophie und Soziologie der Geschlechter*, a.a.O., S. 201.
3 »Die Einsicht, daß die Spur der Macht in Jahrhunderten und Jahrtausenden das Verhältnis der Geschlechter durchzieht, […] hat jedoch nicht dazu geführt zu klären, wodurch der Einschlag der Macht möglich wurde. Diese Klärung ist auch nicht zu erwarten, solange die Diskussion auf das Geschlechterverhältnis begrenzt wird. Notwendig ist vielmehr, ein Verständnis dafür zu gewinnen, in welcher Weise Macht überhaupt den Aufbau der Gesellschaft sowie der einzelnen sozialen Beziehungen in ihr bestimmt.« Günter Dux, *Die Spur der Macht im Verhältnis der Geschlechter.* Über den Ursprung der Ungleichheit zwischen Frau und Mann, Frankfurt/M. 1997, S. 15.
4 Polley, *Kampfabsage*, a.a.O., S. 215.
5 Vgl. Marie L. Göpel, *Frauenalltag durch die Jahrhunderte*, Ismaning bei München 1986, S. 215.

6 Vgl. Taeger, *Die Kunst Medusa zu töten*, a.a.O., S. 10.
7 Stanislaw Prszybyszewski erkannte diesen Kampf der Geschlechter im *Werk des Edvard Munch*: »In einer Katakombe steht ein Weib im Corset und Unterrock. Sie hat den Rock hochgehoben und mit wüster, brutaler, cynischer Grandiosität zeigt sie auf ihr Geschlecht. Vor ihren Füßen liegt ein Sarg, und zu beiden Seiten der Thür, in der sie steht, strecken sich aus Löchern Männerhände heraus, welche die Szene mit Lichtern beleuchten. Das ist die furchtbare Tragödie des Mannes, der durch das Weib zerstört wird, und das ist das Weib, die babylonische Dirne, das ist Mylitta und die apokalyptische Hure, das ist George Sand und Nana zugleich: ein Riesensymbol ist es vor dem ewigen, wüsten Kampf der Geschlechter.« Zit. nach: Hassauer – Roos, *Félicien Rops*, a.a.O., S. 33.
8 Siehe besonders die Pietà von Kubin, wo der Körper des Mannes beinahe ganz in den Umriß der Frau eingeht.
9 »*Life*, which is one of the best known of all paintings of the Blue Period, is an attempt to sum up the meaning of existence – something already familiar to us from the work of Edvard Munch.« Edvard Lucie-Smith, *Symbolist Art* [1972]. 185 illustrations, 24 in colour, London 1995, S. 204f.
10 Neben der politischen Betätigung der Frauen war es vor allem ihr Drängen auf den Arbeitsmarkt, das auf Widerstand von Seiten der Männer stieß. Karl Widmer schrieb 1909 über *Die gebildete Frau im Kunstgewerbehandel* in der Zeitschrift *Deutsche Kunst und Dekoration*: »Der Kampf der Frau um die Erschließung neuer Berufe ist heute schon eines der wichtigsten sozialen Probleme unserer Zeit. Seine Bedeutung wird in dem Maße weiterwachsen, wie sich die Bedingungen für die natürliche Berufserfüllung der Frau durch die gesellschaftlichen Verhältnisse in der heutigen Kulturwelt weiterhin verschlechtern werden.« Zit. nach: Gabriele Fahr-Becker, *Wiener Werkstätte 1903 – 1932*, Köln 1994, S. 146ff.
11 Zit. nach: Groult, *Gleiche unter Gleichen*, a.a.O., S. 25.
    Vgl. Anhang LX.
12 In der Krankengeschichte findet sich ein Jahr zuvor folgende Eintragung: »15.IV.04. Zeigt stets dasselbe Bild. Ein sehr selbstbewußter von sich eingenommener Mensch, sehr wählerisch im Verkehr, doch stets freundlich & liebenswürdig, beschäftigt sich mit philosophischen Problemen, schreibt Abhandlungen, inseriert in Zeitschriften etc. Begleitet ihre ungemein heftige kaum verständliche Sprache mit eifrigem Agieren, verschluckt ganze Silben und Worte. Halluziniert besonders in der Gefühlssphäre sehr stark, leidet manchmal auch an Gefühls- und Gehörtäuschungen. Auf Spaziergängen benimmt sich die Patientin korrekt.« Zit. nach: Helene von Druskowitz, *Der Mann als logische und sittliche Unmöglichkeit und als Fluch der Welt. Pessimistische Kardinalsätze.* Biographische Übersicht Hinrike Gronewold. Hg. Traute Hensch, Freiburg/Breisgau 1988, S. 89.
13 Bahr schrieb für das erste Heft von *Ver Sacrum*, das im Jänner 1898 erschien: »Damals habe ich begreifen gelernt, was die Pflicht unserer jungen Maler in Wien ist, und daß ihre ›Secessio‹ eine ganz andere sein muß, als die Münchener oder Pariser. In München und Paris ist es der Sinn der Secessionen gewesen, neben die ›alte‹ Kunst eine ›neue Kunst‹ zu stellen […] bei uns ist es anders. Bei uns wird nicht für und gegen die Tradition gestritten […] sondern um die Kunst selbst […] um das Recht, künstlerisch zu schaffen.« Zit. nach: Nebehay, *Gustav Klimt*, a.a.O., S. 149.
14 Zit. nach: Bahr, *Tagebücher*. Band 2, a.a.O., S. 194.
15 Iwan Bloch sieht diese Unterschiede der Geschlechter bereits in den Keimzellen ausgebildet: »Gewiß ist die größere Beweglichkeit der männlichen Keimzellen gegenüber dem mehr passiven Verhalten der weiblichen auch als der Ausdruck tiefbegründeter seelischer Differenzen, die um so sicherer anzunehmen sind, als wir ja durch die Erfahrung wissen, bis zu welchem hohen Grade die feinsten psychischen Eigentümlichkeiten von Vater und Mutter auf das Kind vererbt werden können.« Iwan Bloch, *Das Sexualleben unserer Zeit in seinen Beziehungen zur modernen Kultur* [1906]. Zehnte bis zwölfte, verbesserte Auflage. 61. – 70. Tausend, Berlin 1919, S. 11.
16 Zit. nach: Ausst.Kat. *Ver Sacrum*, a.a.O., S. 9.
    Über die Entwicklung der französischen Moderne hingegen schreibt Jean Cassou: »La société bourgeoise de la fin du XIXe siècle contemple ses succès, qui la dispensent de toute angoisse, et

est installée dans son confort. Ce dernier s'étend jusqu'aux choses de l'esprit. En ce domaine elle a ses romans, ses pièces de théâtre, ses opéras, ses salons de peinture et de sculpture, ses académies et s'y tient. La poésie et l'art qui se produisent en marge de ce commerce officiel sont *maudits*. Ce divorce entre le génie et la société a commencé avec les procès des *Fleurs du Mal* et de *Madame Bovary* en 1857, le rejet de Courbet et de Manet en dehors du cadre sacré des Expositions Universelles. Il s'est poursuivi avec le scandale de la première exposition des Impressionistes en 1874, avec le scandale du legs Caillebotte an 1894.« Jean Cassou, *Les Sources du XXe siècle. Les arts en Europe de 1884 à 1914* [1960], Paris 1990, S. 16.

17 Parallelen zur bildenden Kunst finden sich auch in der Literatur: »Die Großstadt verbildlicht das Selbstgefühl einer verzweifelten Generation.« Schutte – Sprengel [Hg.], *Die Berliner Moderne 1885 – 1914*, a.a.O., S. 48.
Wilhelm Bölsche schreibt in *Die Flucht vor der Stadt*: »Es ist nicht Großstadt, besehen durch Kunst, sondern Kunst, erobert, beherrscht, vergroßstädtischt durch die Großstadt. Ein dekadenter Kunsttypus taucht darin auf, der fortan hineingehört in das Großstadtbild, den ein neu auftauchender Künstler jener ersten Generation mitskizzieren würde als Objekt im Ganzen, als eine bestimmte Schimmelfarbe, bestimmte Fratze, die aber ins Ganze paßt.« Ebda., S. 227.

18 Dieses Thema findet sich eher auf Plakaten und jenen Genrebildern, die ›Heurigenmotive‹ oder ›Praterszenen‹ zum Thema haben.

19 Bahr, *Tagebücher*. Band 1, a.a.O., S. 87.

20 »Durch tausend Kleinigkeiten weiss die Französin allen Teilen ihrer Kleidung eine besondere, nur ihr eigentümliche Anziehungskraft zu geben, jeglichem Reiz ihres mehr zierlichen als schönen Körpers weiss sie volle Geltung zu verschaffen, alles, was sie berührt, nimmt unter ihren Händen ein persönliches und stets anmutiges Gepräge an und wird eins mit ihrer stets wechselnden, verwirrenden, koketten Erscheinung. Wir können dem eigentümlichen Zauber des französischen Weibes nicht gerecht werden, wenn wir es nicht in allen Phasen seiner Anmut betrachten. Während die Italienerin nackt am schönsten ist, verliert die Französin mit den Kleidern einen grossen Teil ihrer Reize.« Stratz, *Die Rassenschönheit des Weibes*, a.a.O., S. 315f.
Vgl. Anhang LIX.

21 Über den *Expressionismus Edvard Munchs* schrieb Oskar Kokoschka im Rückblick: »Edvard Munchs tiefer schürfendem Blick war es gegeben, im scheinbar opportunistischen Fortschritt die panische Weltangst zu diagnostizieren. Indem er den Komplex einer Fin-de-Siècle-Mentalität ins Gesichtsfeld des Bewußtseins hob, bleibt die Lösung des Lebensproblems, worauf sich das heutige gesellschaftliche Denken konzentriert, nicht mehr länger einem katastrophalen Schicksal überlassen.« Zit. nach: Walter Urbanek, *Edvard Munch. Der Tanz des Lebens*. Mit 16 Farbtafeln und 2 Schwarzweißabbildungen im Text, München 1990, S. 51.

22 Munch meinte 1889: »No longer shall I paint interiors, and people reading, and women knitting. I shall paint living people, who breathe and feel and suffer and love – I shall paint a number of pictures of this kind. People will understand the sacredness of it, and will thake off their hats as though they were in church!« Zit. nach: Lucie-Smith, *Symbolist Art*, a.a.O., S. 186f.

23 Bachofen, *Das Mutterrecht*, a.a.O., S. 151.
»Aus der männer- und ehefeindlichen Jungfrau geht sie [Antiope] jetzt zum Muttertum über und erfüllt so des Weibes Bestimmung.« Ebda., S. 150.

24 Ebda., S. 151.
»Hat Dionysos das Vatertum nur über die Mutter erhoben, so befreit sich Apollo vollständig von jeder Verbindung mit dem Weibe. Mutterlos ist seine Paternität, eine geistige, wie sie in der Adoption vorliegt, mithin unsterblich, der Todesnacht, in welche Dionysos, weil phallisch, stets hineinblickt, nicht unterworfen.« Ebda., S. 53.

25 Parallelen ergeben sich hier zu Gustave Moreau, der in seinem Bild *Ödipus und die Sphinx* den starken, entschlossenen Menschen (Mann) sah, der »den berauschenden rohen Lockungen der Materie« trotzt und »nachdem er über sie hinweggeschritten ist, zuversichtlich und den Blick auf das Ideal gerichtet« seinem Ziel entgegenwanderte. Zit. nach: Ausst.Kat. *Wunderblock*, a.a.O., S. 422.

Das nachhaltige Interesse der Wiener Künstler an der Figur des Ödipus macht etwa Rudolf Jettmars Gemälde *Ödipus und die Sphinx (II)*, das 1932 entstand, deutlich. 1922 malte er eine *Amazonenschlacht (II)*, was wiederum auf eine Auseinandersetzung mit den Ideen Bachofens schließen läßt: »Das Ringen, dieser außerzeitlichen Realität des Mythos, […] in seinem Werk Gestalt zu geben, bestimmt Rudolf Jettmars Schaffen […].« Ausst.Kat. *Rudolf Jettmar (1869 – 1939). Bilder von hellen und dunklen Mythen*, Historisches Museum der Stadt Wien 1989, S. 9.

26 »Die Sprache, der Mythos, die Kunst: sie stellen je eine eigene Welt von Gebilden aus sich heraus, die nicht anders denn als Ausdrücke der Selbsttätigkeit, der ›Spontaneität‹ des Geistes verstanden werden können. Aber diese Selbsttätigkeit vollzieht sich nicht in der Form der freien Reflexion und bleibt somit sich selbst verborgen. Der Geist erzeugt die Reihe der sprachlichen, der mythischen, der künstlerischen Gestalten, ohne daß er in ihnen sich selbst als schöpferisches Prinzip wiedererkennt. So wird ihm jede dieser Reihen zu einer selbständigen ›äußeren‹ Welt. Hier gilt nicht sowohl, daß das Ich sich in den Dingen, daß der Mikrokosmos sich im Makrokosmos spiegelt, sondern hier schafft das Ich sich in seinen eigenen Produkten eine Art von ›Gegenüber‹, das ihm als durchaus objektiv, als rein gegenständlich erscheint. Nur in dieser Art der ›Projektion‹ vermag es sich selbst anzuschauen. In diesem Sinne bedeuten auch die Göttergestalten des Mythos nichts anderes als die successiven Selbstoffenbarungen des mythischen Bewußtseins.« Cassirer, *Philosophie der symbolischen Formen*, a.a.O., S. 267.

14. Anhang

I. Ludwig Speidel, *Eine Wienerin*

Wir fürchten uns nicht vor dem Naserümpfen nordischer Moralphilosophen, die nicht selten, in ihrer mageren Art zu denken, die Busenlosigkeit mit der Tugend verwechseln; die Natur an sich ist bekanntlich keine Sünde, und erst unser Denken macht sie dazu. Die Wiener Frauen tragen die Fülle ihres Geschlechtes mit einer Unbefangenheit, die sich vor dem öffentlichen Bekenntnis nicht scheut: Ich bin ein Weib! Sie sind keine verschämten Mannsbilder, die ihre natürliche Artung vor der Welt verbergen möchten; nein, sie sind wie die Blumen, die nicht anders können, als sich in ihren Reizen zu offenbaren. Diese Pflanzenhaftigkeit hat aber ihre bestimmten Grenzen, die, bei empfindlicher Strafe des Frevlers, geachtet sein wollen. Die Wienerin ist nicht bloß empfänglich und duldend, sie ist nicht an die Stelle gewachsen, sondern sie besitzt willenskräftige Organe, die sie bei rechter Gelegenheit zu gebrauchen versteht. Mit der ganzen Lebhaftigkeit ihrer Natur weiß sie von sich abzuwehren, was ihr nicht gemäß ist, was sie in ihrem Wesen bedroht. Sie hat bei der anmutigsten, zugänglichsten Sitte ein starkes Selbstgefühl, ein Gefühl nicht nur ihrer bevorzugten Natur, sondern auch ihres sittlichen Wertes. Und wie sie begabt ist, das Leben durch alle Poren zu genießen, so ist ihr auch die Gabe der Aufopferung im höchsten Grade verliehen. Diese schwebende Grazie ist auch ein guter Genius. Laßt schlimme Zeiten hereinbrechen, und sie stellt sich schützend vor ihre Kinder, ja, im Bewußtsein ihrer Immunität, vor ihren Mann und läßt das anstürmende Ungemach nur gebrochen das Haus betreten. Man kennt die Wiener Frauen nicht, wenn man sie nur im Glücke gesehen; ihre innere Schönheit wächst mit dem Unglücke.[1]

II. Johann Wolfgang von Goethe: *Faust. Der Tragödie zweiter Teil.*

[Mephisto]
        Göttinnen thronen hehr in Einsamkeit,
        Um sie kein Ort, noch weniger eine Zeit –
        Von ihnen sprechen ist Verlegenheit.
        Die Mütter sind es!
        Mütter!
        Schaudert's dich?
        Die Mütter! Mütter! – 's klingt so wunderlich!
        Das ist es auch. Göttinnen, ungekannt
        Euch Sterblichen, von uns nicht gern genannt.
        Nach ihrer Wohnung magst ins Tiefste schürfen;
        Du selbst bist schuld, daß ihrer wir bedürfen.[2]

III. Johann Jakob Bachofen: *Das Mutterrecht*

Der Fortschritt von der mütterlichen zu der väterlichen Auffassung des Menschen bildet den wichtigsten Wendepunkt in der Geschichte des Geschlechtsverhältnisses. Teilt die demetrische Lebensstufe mit der aphroditisch-hetärischen den Prinzipat des gebärenden Muttertums, das nur durch die größere oder geringere Reinheit seiner Auffassung zu der Unterscheidung jener beiden Formen des Daseins hinführt, so liegt dagegen in dem Übergang zu dem Paternitätssysteme ein Wechsel des Grundprinzips selbst, eine vollständige Überwindung des frühern Standpunkts. Eine ganz neue Anschauung bricht sich Bahn. Ruht die Verbindung der Mutter mit dem Kinde auf einem stofflichen Zusammenhange, ist sie der Sinnenwahrnehmung erkennbar und stets Naturwahrheit, so trägt dagegen das zeugende Vatertum in allen Stücken einen durchaus entgegengesetzten Charakter. Mit dem Kinde in keinem sichtbaren Zusammenhange, vermag es auch in ehelichen Verhältnissen die Natur einer bloßen Fiktion niemals abzulegen. Der Geburt nur durch Vermittlung der Mutter angehörend, erscheint es stets als die ferner liegende Potenz. Zugleich trägt es in seinem Wesen als erweckende Ursächlichkeit einen unstofflichen Charakter, dem gegenüber die hegende und nährende Mutter als ›Stoff‹, als ›Stätte‹ und ›Empfängerin des Werdens‹, als ›Amme‹ sich darstellt. Alle diese Eigenschaften des Vatertums führen zu dem Schlusse: in der Hervorhebung der Paternität liegt die Losmachung des Geistes von den Erscheinungen der Natur, in ihrer siegreichen Durchführung eine Erhebung des menschlichen Daseins über die Gesetze des stofflichen Lebens. Ist das Prinzip des Muttertums allen Sphären der tellurischen Schöpfung gemeinsam, so tritt der Mensch durch das Übergewicht, das er der zeugenden Potenz einräumt, aus jener Verbindung heraus und wird sich seines höhern Berufs bewußt. Über das körperliche Dasein erhebt sich das geistige, und der Zusammenhang mit den tiefern Kreisen der Schöpfung wird nun auf jenes beschränkt. Das Muttertum gehört der leiblichen Seite des Menschen, und nur für diese wird fortan sein Zusammenhang mit den übrigen Wesen festgehalten; das väterlich-geistige Prinzip eignet ihm allein. In diesem durchbricht er die Bande des Tellurismus und erhebt seinen Blick zu den höhern Regionen des Kosmos. Das siegreiche Vatertum wird ebenso entschieden an das himmlische Licht angeknüpft als das gebärende Muttertum an die allgebärende Erde, die Durchführung des Rechtes der Paternität ebenso allgemein als Tat der uranischen Sonnenhelden dargestellt als andererseits die Verteidigung und ungeschmälerte Erhaltung des Mutterrechts den chthonischen Muttergottheiten als erste Pflicht zugewiesen.[3]

IV. Theresa von Ávila: *Das Buch des Lebens*

Die Verzückung, die ich meine, hat nichts mit den gewöhnlichen Regungen eines frommen Gemüts gemeinsam […] Ein Pfeil dringt, hin und wieder, tief in ihr Herz ein […] Keinerlei Sprache könnte je ausdrücken, geschweige denn besingen, wie Gott ihr diese Wunde zufügt – und auch nicht die äußerste Qual, die er verursacht […] Eure Liebe erfüllte mich ganz und gar und ließ mich in einen so süßen Tod fallen, daß meine Seele ihn niemals hätte beenden wollen […] Während ich mich in diesem Zustand befand, sah ich links neben mir einen Engel in körperlicher Gestalt […] Er war nicht groß, sondern von kleiner Statur und sehr schön; sein glühendes Antlitz verriet, daß er zu den höheren unter jenen Wesen gehört, die die Liebe zutiefst entflammt […] Ich sah nun den Engel, der an der Hand einen langen goldenen Pfeil hielt, dessen Eisenspitze, glaube ich, Spuren eines Feuers trug. Mir schien, er stach damit in mein Herz und drang tief in meinen Leib. Während er ihn herauszog, war es, als wenn dieses Feuer meinen Leib mit sich riß und mich glühend in einer unendlich flammenden Liebe zu Gott zurückließ. Der Schmerz war so heftig, daß ich, wie ich schon sagte, zu stöhnen anfing. doch die süßen Wonnen, die diese unvergleichbare Pein hervorbrachte, sind so tief bewegend, daß die Seele sie weder enden sehen noch sich mit irgend etwas außer Gott begnügen möchte. Es handelt sich hier nicht um eine Qual physischer, sondern spiritueller Natur. Der Körper jedoch ist gar sehr daran beteiligt. […] Während der Tage solcher Inbrunst war ich wie außer mir. Ich hätte nichts sehen und nichts sprechen wollen, um mich nur an meiner Pein laben zu dürfen; denn sie war für mich herrlicher als alle Herrlichkeiten dieser Welt zusammen.[4]

V. [Anon.:] *Gesuch der Frauen an die Nationalversammlung*, [Paris, o.J.]

Die Nationalversammlung, die den größten und verbreitetsten aller Mißstände abstellen und die Fehler einer sechstausend Jahre währenden Ungerechtigkeit wiedergutmachen will, hat beschlossen und verfügt folgendes:
1. Alle Privilegien des männlichen Geschlechts sind in ganz Frankreich vollständig und unwiderruflich aufgehoben.
2. Das weibliche Geschlecht wird für immer die gleiche Freiheit, die gleichen Vorteile, die gleichen Rechte und die gleichen Ehren genießen wie das männliche Geschlecht.
3. Das männliche Geschlecht wird nicht länger, selbst in der Grammatik nicht, als das edelste Geschlecht angesehen, in Anbetracht dessen, daß alle Geschlechter und alle Lebewesen gleichermaßen edel sein sollen und edel sind.
4. In die Urkunden, Verträge, Obligationen etc. wird nicht mehr jene für das schöne Geschlecht gebräuchliche aber so beleidigende Klausel aufgenommen: *Daß die Frau von ihrem Gatten dazu befugt ist, sie zu präsentieren,* denn in einer ehelichen Gemeinschaft soll der eine wie der andere über die gleiche Macht und die gleiche Autorität verfügen.
5. Die [Knie-] Hose [culotte] wird nicht mehr das alleinige Vorrecht des männlichen Geschlechts sein, beide Geschlechter werden das Recht haben, sie zu tragen.
6. Wenn ein Soldat durch Feigheit die französische Ehre kompromittiert, wird man nicht mehr, wie es oft vorgekommen ist, ihn herabsetzen, indem man ihn zwingt, Frauenkleider anzuziehen; da beide Geschlechter vor den Augen der Menschheit gleichermaßen würdig sind, wird man sich von nun an damit zufriedengeben, ihn zu bestrafen, indem man ihn zum *neutralen Geschlecht* erklärt.
7. Alle Personen weiblichen Geschlechts können unterschiedslos zu den Versammlungen des Distrikts und des Departements zugelassen, in städtische Ämter erhoben und selbst Abgeordnete der Nationalversammlung werden, sofern sie über die von den Wahlgesetzen geforderten Fähigkeiten verfügen. Sie werden dort beratendes und beschließendes Stimmrecht haben; dieses Recht kann ihnen ebenso wenig verweigert werden wie das Recht, das sie bereits besitzen, über die Nationalversammlung selbst zu urteilen ... Sie werden indes die größte Sorgfalt darauf verwenden, dort nacheinander zu reden, damit man mühelos die schönen Dinge, die aus ihren Münden kommen, auskosten kann.
8. Sie können auch in hohe Staatsämter ernannt werden ... Es gibt kein geeigneteres Mittel, um die Öffentlichkeit mit den Justizbehörden auszusöhnen, als die Schönheit dort ihren Einzug halten zu lassen und die Grazien präsidieren zu sehen.
9. Das gleiche gilt für alle militärischen Anstellungen, Auszeichnungen und Würden ... Der Franzose wird dann wahrhaftig unbesiegbar sein, wenn sein Mut durch den doppelten Beweggrund des Ruhms und der Liebe belebt wird. Selbst die Ernennung zum Marschall von Frankreich nehmen wir nicht aus, und der Gerechtigkeit halber ordnen wir gleichfalls an, daß dieses so nützliche Instrument (der Marschallstab) abwechselnd in die Hände der Männer und der Frauen gelangen kann.
10. Auch zögern wir nicht, dem weiblichen Geschlecht, das seit langem und mit vollem Recht *das fromme Geschlecht* genannt wird, den Zugang zum Allerheiligsten zu öffnen. Aber da die Frömmigkeit der Gläubigen beachtlich nachgelassen hat, verspricht und verpflichtet sich das genannte Geschlecht, wenn es die Kanzel der Wahrheit besteigt, die Größe seines Eifers zu zügeln und die Aufmerksamkeit seiner Zuhörer nicht zu lange in Anspruch zu nehmen.[5]

VI. Emile Zola: *Schriften zur Kunst*

Das große Schreckgespenst ist die Originalität. Wir sind, ohne es zu wissen, mehr oder weniger Gewohnheitstiere, die stur auf demselben Pfad bleiben. Und jeder neue Weg macht uns Angst, wir wittern unbekannte Abgründe, wir weigern uns weiterzugehen. Wir brauchen immer den gleichen Horizont. Wir lachen oder ärgern uns über Dinge, die wir nicht kennen. Deshalb akzeptieren wir gern gemäßigte Neuerungen und weisen das, was uns in unseren Gewohnheiten stört, stürmisch zurück. Sobald sich eine Persönlichkeit zeigt, werden wir von Argwohn und Schrecken erfaßt, wir verhalten uns wie scheuende Pferde, die sich vor einem quer über die Straße gestürzten Baum aufbäumen, weil sie sich die Art und Ursache dieses Hindernisses nicht klar machen und nicht einmal versuchen, es sich klar zu machen. Es ist nur eine Frage der Gewohnheit. Indem das Hindernis wahrgenommen wird, nehmen Schrecken und Argwohn ab. Außerdem gibt es immer irgendeinen gefälligen Passanten, der uns unseren Zorn und Ärger vorhält und gerne bereit ist, uns unsere Angst zu erklären. Ich möchte lediglich die bescheidene Rolle dieses Passanten bei den scheuenden Menschen spielen, die sich erschrocken vor Édouard Manets Bildern aufbäumen. ... Die Menge ist wie ein großes Kind, das keinerlei eigene Überzeugung hat und Menschen mit Durchsetzungskraft zuletzt immer akzeptiert. ... Der Letzte ist immer das Ungeheuer, das schwarze Schaf. Die Geschichte des Kunstschaffens der letzten Zeit beweist diese Tatsache, und es ist eine bloße Frage der Logik vorherzusehen, daß sie sich unvermeidlich wiederholen wird, solange die Menge sich nicht auf den richtigen Standpunkt stellt, von dem aus ein Kunstwerk vernünftig beurteilt werden kann. Das Publikum wird einem wahrhaft schöpferischen Künstler nie gerecht werden, wenn es in einem Werk nicht einzig und allein eine freie Übertragung der Natur in eine besondere, neue Sprache sucht. Ist es heute nicht zutiefst traurig, sich einzugestehen, daß Delacroix ausgepfiffen wurde, daß dieses Genie, das erst im Tode triumphierte, zur Verzweiflung getrieben wurde? Was denken seine früheren Verleumder, und warum geben sie nicht laut zu, daß sie blind und töricht waren? Das wäre eine Lektion. Vielleicht würde man dann endlich verstehen, daß es weder ein allgemeingültiges Maß noch Regeln, noch irgendwelche Zwänge gibt, sondern lebendige Menschen, die ihr Herz und ihre Seele geben und umso größeren menschlichen Ruhm erlangen, je persönlicher und absoluter sie sind. Und man würde voller Bewunderung und Sympathie geradewegs auf eigenwillige, ungewöhnliche Gemälde zugehen; man würde sie ruhig und aufmerksam studieren, ob sich in ihnen ein Antlitz des menschlichen Geistes offenbare. An den Kopien, an den Stümpereien der unechten Persönlichkeiten, an all diesen Bilderchen für einen oder zwei Sous, die nur handwerklich geschickt sind, würde man verächtlich vorbeigehen. Was man vor allem in einem Kunstwerk finden wollte, wäre ein menschlicher Ton, ein lebendiger Zipfel der Schöpfung, eine neue Äußerung der Menschheit angesichts der Realitäten der Natur. Doch niemand leitet derzeit die Menge, und was soll sie im lauten Getöse der derzeitigen Meinungen anfangen? Die Kunst hat sich sozusagen aufgesplittert: dabei hat das große Königreich unendlich viele kleine Republiken gebildet. Jeder Künstler hat die Menge an sich gezogen, indem er ihr schmeichelt, indem er ihr die mit rosa Seidenbändchen geschmückten Spielzeuge schenkt, die sie mag. Auf diese Weise ist die Kunst bei uns zu einer riesigen Konditorei geworden, in der es Bonbons für jeden Geschmack gibt. Die Maler sind nichts weiter als armselige Dekorateure, die für die Ausstattung unserer scheußlichen modernen Wohnungen sorgen; die besten unter ihnen sind Antiquitätenhändler geworden, haben irgendeinem toten Meister etwas von seiner Manier gestohlen, und lediglich die Landschaftsmaler, die Naturanalytiker sind wahrhaft schöpferisch geblieben. Diese Masse von engstirnigen, bourgeoisen Dekorateuren macht einen Heidenlärm; jeder einzelne hat seine dürftige Theorie, jeder einzelne versucht zu gefallen und zu siegen. ...[6]

VII. Leo N. Tolstoi: *Anna Karenina*

Während sie noch mit dem Gepäckträger sprach, trat der rotbackige, lustige Kutscher Michajl in seiner blauen, eleganten Jacke auf sie zu, und offenbar stolz darauf, daß er seinen Auftrag so gut ausgeführt hatte, überreichte er ihr ein Briefchen. Sie riß es auf, und ihr Herz krampfte sich zusammen, noch ehe sie es gelesen hatte. »Es tut mir leid, daß mich dein Briefchen nicht mehr erreicht hat. Ich komme gegen zehn Uhr«, schrieb Wronskij mit nachlässig hingeworfener Schrift.
Das habe ich erwartet, dachte sie mit bitterem Spott. »Es ist gut, du kannst nach Hause fahren«, sagte sie leise zu Michajl. Sie sprach leise, weil ihr heftig klopfendes Herz ihr den Atem benahm. ... Nein, ich werde mich nicht von dir quälen lassen! dachte sie und ging hastig über den Bahnsteig am Stationsgebäude vorbei.
Zwei den Bahnsteig überquerende Dienstmädchen wandten die Köpfe und stellten mit lauter Stimme Betrachtungen über ihre Toilette an. »Die Spitzen sind echt!« sagte die eine bewundernd. Der Stationsvorsteher kam auf sie zu und fragte sie, ob sie weiterfahre. Sie sah ihn groß an und gab keine Antwort. Der Knabe, der Kwaß verkaufte, ließ sie nicht aus den Augen, die jungen Männer, die sich so laut unterhielten, fixierten sie.
Mein Gott, wo soll ich mich vor diesen Kreaturen verbergen? dachte sie, während sie immer weiter auf dem Bahnhof vorwärtsging. Am Ende blieb sie stehen. Einige Damen und Herren, die einen laut

lachenden, bebrillten Herrn begrüßten, verstummten bei ihrem Anblick und sahen sie scheu an. Sie beschleunigte ihren Schritt und entfernte sich von ihnen bis zum äußersten Rand des Bahnsteiges. Ein Güterzug kam herangefahren. Der Bahnsteig erzitterte, und es schien ihr, als fahre sie wieder. Plötzlich erinnerte sie sich an den vom Zuge zermalmten Mann am Tage ihrer ersten Begegnung mit Wronskij, und sie erkannte blitzartig, was sie zu tun habe. Mit schnellen, leichten Schritten stieg sie die Stufen hinab, die zu den Schienen führten und blieb dicht neben dem herankommenden Güterzug stehen. Aufmerksam betrachtete sie die Schrauben und Ketten und die großen, gußeisernen Räder des langsam heranrollenden Waggons und suchte mit dem Augenmaß den Mittelpunkt zwischen den Vorder- und Hinterrädern sowie den Moment zu bestimmen, in dem sich dieser Mittelpunkt vor ihr befinden werde.

»Dahin«, sagte sie zu sich selbst und sah dem Schatten des Waggons, der sich auf dem mit Kohlenstaub und Sand bedeckten Boden abzeichnete. »Dahin, gerade in die Mitte, und ich bin von allem erlöst.« Als die Mitte des ersten Waggons sich ihr gerade gegenüber befand, wollte sie sich unter ihn fallen lassen, aber ihre rote Reisetasche, die sie vom Arm nahm, hinderte sie, und schon war es zu spät. Sie mußte auf den folgenden Waggon warten. Ein Gefühl überkam sie, das jenem glich, das sie vom Baden her kannte, wenn sie sich ins eiskalte Wasser hatte stürzen wollen, und sie bekreuzigte sich. Die ungewohnte Bewegung des Bekreuzigens rief in ihr eine ganze Reihe von Erinnerungen aus der Kindheit und Mädchenzeit wach, und plötzlich zerriß die Finsternis vor ihr, und das Leben mit all seinen lichten, einstigen Freuden lachte sie an. Doch sie ließ die Räder des heranrollenden zweiten Waggons nicht aus den Augen. Und genau in dem Augenblick, da die Mitte des Zwischenraumes zwischen den Rädern sich ihr gegenüber befand, schleuderte sie ihr rotes Täschchen von sich und stürzte sich, den Kopf zwischen die Knie ziehend, unter den Waggon. Sie fiel auf die Hände und ließ sich mit einer leichten Bewegung auf die Knie sinken, als wolle sie gleich wieder aufstehen. Im gleichen Augenblick aber erschrak sie über ihr Tun. Wo bin ich? Was tu ich denn? Weshalb? so jagten die Gedanken durch den Kopf. Sie wollte sich aufrichten, sich zurückwerfen, aber etwas Ungeheuerliches, Unerbittliches stieß sie vor den Kopf und schleifte sie am Rücken weiter. »Herr, vergib mir alles!« sprach sie, da sie fühlte, daß ein Widerstand unmöglich sei. Und das Licht, bei dem sie in dem mit Mühsal und Kummer, Täuschung und Schlechtigkeit erfüllten Buche des Lebens gelesen hatte, flammte nochmals auf in einem klareren Schein als je zuvor, erhellte ihr alles, was früher für sie in Finsternis verborgen gewesen war, flackerte, verdüsterte sich und erlosch für immer.[7]

VIII. Gustave Flaubert: *Madame Bovary*

Emma lag mit abnormal geöffneten Augen auf ihrem Lager, und ihre armen zuckenden Hände schleppten sich langsam über die Decke hin, mit jenen kraftlos haschenden Bewegungen, wie sie Sterbenden eigen sind, gleich als wollten sie schon das Leichentuch, das ihrer harrte, über sich ziehen. Bleich und bewegungslos wie ein Standbild, mit vom Weinen rot verschwollenen Augen, stand Charles ihr gegenüber am Fußende des Bettes, während der Geistliche an ihrer Seite auf den Knien lag und mit leiser Stimme seine Gebete murmelte.
Langsam wandte sie den Kopf nach der Seite und schien mit sichtlicher Freude die violette Stola des Priesters in ihrer Nähe zu sehen, als finde sie eine himmlische Beruhigung in ihrem Anblick, der ihr das Entzücken ihrer früheren Ekstasen wieder wachrief, gleichzeitig mit den Visionen einer ewigen Glückseligkeit, die sie schon zu umgeben begannen.
Der Priester erhob sich, um ihr das Kruzifix zu reichen; sie reckte den Hals in die Höhe wie eine Verdurstende und preßte die Lippen auf den Leib des Herrn, als wolle sie den Rest ihrer verlöschenden Kräfte in dem brünstigsten Liebeskusse aushauchen, den sie je im Leben gegeben. Währenddessen sprach der Geistliche das Misereatur und das Indulgentiam; dann tauchte er den Daumen seiner rechten Hand in das geweihte Gefäß und begann die letzte Ölung. Zuerst auf die Augen, die sich so begehrlich auf die Nichtigkeiten irdischer Pracht gerichtet hatten, dann auf die Öffnungen der Nase, die so lüstern gewesen nach eitlen Wohlgerüchen und dem warmen Atem der Liebe, dann auf den Mund, der so oft zur Lüge sich aufgetan, sündiges Girren und Seufzer der Wollust hatte hören lassen, dann auf die Hände, die sich ergötzt an verbotenen Liebkosungen, und endlich die Sohlen der Füße,

die so hurtig zu laufen verstanden, wenn Freuden der Liebe ihr winkten, und die jetzt nie wieder den Boden berühren, nie mehr einen Schritt tun sollten ...
[...]
Aber gleich darauf begann ihr Atem sich rapid zu beschleunigen. Die Augen rollten und verdunkelten sich, gleich zwei Lampen, die zu verlöschen drohn, und man hätte sie schon für tot halten können, wäre nicht das stoßweise Heben und Senken ihrer Lenden gewesen, das immer hastiger und konvulsivischer wurde, als ziehe und zerre die aufwärts strebende Seele an ihrer irdischen Hülle, um sich loszureißen.[8]

IX. Hendrik Ibsen: *Peer Gynt*

[Gynt]
    Wo war ich, ich selbst, keinem sonst zu vergleichen?
    Wo war ich, auf der Stirn meines Gottes Zeichen?
[Solvejg]
    In meinem Glauben, Hoffen und Lieben warst du.
[Gynt]
    Was sagst du da –! Schweig! Das ist Gaukelei!
    Zur Mutter des Jungen machst du dich dabei.
[Solvejg]
    Das bin ich; doch wer ist sein Vater und Leiter?
    Das ist Er; weil die Mutter ihm fleht, verzeiht er.
[Gynt]
    Meine Mutter; meine Gattin; Weib, rein im Minnen! –
    O birg mich, birg mich da drinnen! [Er klammert sich fest und birgt sein Gesicht in ihrem Schoß].
[Solvejg]
    Schlaf, mein teuerster Junge, schlaf!
    Ich will dich wiegen, ich will wachen. –
    Der Junge saß auf seiner Mutter Schoß.
    Zeitlebens war sie sein Spielgenoß.
    Der Junge lag an seiner Mutter Brust,
    Sein Lebtag. Gott segne dich, meine Lust!
    Der Junge hat mir im Herzen geblüht,
    Das Leben hindurch. Nun ist er so müd.
    Schlaf, mein teuerster Junge, schlaf!
    Ich will dich wiegen, ich will wachen![9]

X. Thomas Mann: *Tristan*

Wenn es aber dennoch die Lunge gewesen wäre, – diese neue Patientin hätte keinen holderen und veredelteren, keinen entrückteren und unstofflicheren Anblick gewähren können, als jetzt, da sie an der Seite ihres stämmigen Gatten, weich und ermüdet in den weiß lackierten, gradlinigen Armsessel zurückgelehnt, dem Gespräche folgte. Ihre schönen, blassen Hände, ohne Schmuck bis auf den schlichten Ehering, ruhten in den Schoßfalten eines schweren und dunklen Tuchrockes, und sie trug eine silbergraue, anschließende Taille mit festem Stehkragen, die mit hochaufliegenden Sammetarabesken über und über besetzt war. Aber diese gewichtigen und warmen Stoffe ließen die unsägliche Zartheit, Süßigkeit und Mattigkeit des Köpfchens nur noch rührender, unirdischer und lieblicher erscheinen. Ihr lichtbraunes Haar, tief im Nacken zu einem Knoten zusammengefaßt, war glatt zurückgestrichen, und nur in der Nähe der rechten Schläfe fiel eine krause, lose Locke in die Stirn, unfern der Stelle, wo über der markant gezeichneten Braue ein kleines seltsames Äderchen sich blaßblau und kränklich in der Klarheit und Makellosigkeit dieser wie durchsichtigen Stirn verzweigte. Dies blaue Äderchen über dem Auge beherrschte auf eine beunruhigende Art das ganze feine Oval des Gesichts. Es trat sichtbarer hervor, sobald die Frau zu sprechen begann, ja, sobald sie auch nur lächelte, und es gab alsdann dem Gesichtsausdruck etwas Angestrengtes, ja selbst Bedrängtes, was unbestimmte Befürchtungen erweckte. Dennoch sprach sie und lächelte. Sie sprach freimütig und freundlich mit ihrer leicht verschleierten Stimme, und sie lächelte mit ihren Augen, die ein wenig mühsam blickten, ja hier und da eine kleine Neigung zum Verschießen zeigten, und deren Winkel, zu beiden Seiten der schmalen Nasenwurzel, in tiefem Schatten lagen, sowie mit ihrem schönen, breiten Munde, der blaß war und dennoch zu leuchten schien, vielleicht weil seine Lippen so überaus scharf und deutlich umrissen waren.[10]

XI. August von Platen: *Tristan*

Wer die Schönheit angeschaut mit Augen,
Ist dem Tode schon anheimgegeben,
Wird für keinen Dienst auf Erden taugen,
Und doch wird er vor dem Tode beben,
Wer die Schönheit angeschaut mit Augen!

Ewig währt für ihn der Schmerz der Liebe,
Denn ein Tor nur kann auf Erden hoffen,
Zu genügen einem solchen Triebe:
Wen der Pfeil des Schönen je getroffen,
Ewig währt für ihn der Schmerz der Liebe!

Ach, er möchte wie ein Quell versiechen,
Jedem Hauch der Luft ein Gift entsaugen,
Und den Tod aus jeder Blume riechen:
Wer die Schönheit angeschaut mit Augen,
Ach, er möchte wie ein Quell versiechen![11]

XII. Gustave Flaubert: *Die Versuchung des Heiligen Antonius*

Ein weißer Elefant, mit einem goldenen Netz behängt, trottet heran; an seinem Stirnband schwankt ein Straußenfederbusch.
Auf seinem Rücken sitzt auf blauen wollenen Kissen mit untergeschlagenen Beinen, halb gesenkten Lidern und wiegendem Kopf eine Frau, so herrlich gekleidet, daß Strahlen von ihr ausgehen. Die Menge wirft sich vor ihr nieder, der Elefant beugt die Knie, und die Königin von Saba gleitet von seinem Rücken und schreitet über die Teppiche auf den Hl. Antonius zu.
Ihr Kleid aus Goldbrokat ist von regelmäßigen, mit Perlen, Gagaten und Saphiren bestickten Falbeln unterteilt. Ihre Taille wird von einem engen Mieder umschlossen, das mit bunten Applikationen, die zwölf Tierkreiszeichen darstellend, verziert ist. Ihre Schuhe sind sehr hoch: schwarz, mit Silbersternen und einem Halbmond verziert, der eine – weiß, mit Goldtröpfchen und einer Sonne in der Mitte der andere.
Die weiten, mit Smaragden und Vogelfedern besetzten Ärmel lassen einen kleinen runden Arm sehen, den am Handgelenk ein Ebenholzreif schmückt, und ihre ringbeladenen Hände enden in so spitzen Nägeln, daß sie Nadeln gleichen.
Eine flache Goldkette läuft unter ihrem Kinn entlang, steigt ihre Wangen hinauf, rollt sich spiralenförmig um ihr blaugepudertes, kunstvoll frisiertes Haar, gleitet über ihre Schultern hinab und endet auf ihrer Brust in einem diamantenen Skorpion, der die Zunge zwischen ihre Brüste steckt. Zwei dicke blonde Perlen hängen schwer an ihren Ohren. Ihre Augen sind schwarz getuscht. Sie hat auf der linken Wange einen Leberfleck, und sie atmet mit leichtgeöffnetem Mund, als beenge sie das Mieder.

Sie schüttelt im Gehen einen Sonnenschirm mit einer Elfenbeinkrücke und roten Glöckchen; und zwölf krausköpfige kleine Neger tragen die lange Schleppe ihres Kleides; ein Affe hält den Zipfel und lüpft ihn ab und zu.[12]

XIII. Sigmund Freud: *Über die »Versuchung des Heiligen Antonius« von Félicien Rops*

Eine bekannte Radierung von Félicien Rops illustriert diese wenig beachtete und der Würdigung so sehr bedürftige Tatsache eindrucksvoller, als viele Erläuterungen vermöchten, und zwar an dem vorbildlichen Falle der Verdrängung im Leben der Heiligen und Büßer. Ein asketischer Mönch hat sich – gewiß vor den Versuchungen der Welt – zum Bild des gekreuzigten Erlösers geflüchtet. Da sinkt dieses Kreuz schattenhaft nieder, und strahlend erhebt sich an seiner Stelle, zu seinem Ersatze, das Bild eines üppigen nackten Weibes in der gleichen Situation der Kreuzigung. Andere Maler von geringerem psychologischen Scharfblick haben in solchen Darstellungen der Versuchung die Sünde frech und triumphierend an irgendeine Stelle neben dem Erlöser am Kreuze gewiesen. Rops allein hat sie den Platz des Erlösers selbst am Kreuze einnehmen lassen; er scheint gewußt zu haben, daß das Verdrängte bei seiner Wiederkehr aus dem Verdrängenden selbst hervortritt.[13]

XIV. Joris-Karl Huysmans: Auszug aus dem *Essay über Félicien Rops*

Er malte die dämonische Ekstase so wie andere die Verzückung der Mystiker. Abseits der Zeitgenossen, abseits eines Jahrhunderts, in dem die materialistische Kunst nur noch Hysterikerinnen sieht, die von ihren Eierstöcken aufgefressen werden, oder Nymphomaninnen, deren Hirn im Bauch pulst, feierte er nicht die zeitgenössische Frau, nicht die Pariserin, deren gezierter Reiz und deren zweideutige Aufmachung ihn nicht ansprachen. Er feiert die Frau an sich, die Frau jenseits der Zeiten, das nackte, giftige Tier, die Unterhändlerin der Finsternis, die unbedingte Sklavin des Teufels.[14]

XV. Rainer Maria Rilke: *Der Ritter*

Reitet der Ritter in schwarzem Stahl
hinaus in die rauschende Welt.

Und draußen ist Alles: Der Tag und das Tal
und der Freund und der Feind und das Mahl im Saal
und der Mai und die Maid und der Wald und der Gral,
und Gott ist selber vieltausendmal
an alle Straßen gestellt.

Doch in dem Panzer des Ritters drinnen,
hinter den finstersten Ringen,
hockt der Tod und muß sinnen und sinnen:
Wann wird die Klinge springen
über die Eisenhecke,
die fremde befreiende Klinge,
die mich aus meinem Verstecke
holt, drin ich so viele
gebückte Tage verbringe, –
daß ich mich endlich strecke
und spiele
und singe.[15]

XVI. Charles Baudelaire: *Une Martyre, Dessin d'un maître inconnu*

Au milieu des flacons, des étoffes lamées
Et des meubles voluptueux,
Des marbres, des tableaux, des robes parfumées
Qui traînent à plis somptueux,

Dans une chambre tiède où, comme en une serre,
L'air est dangereux et fatal,
Où des bouquets mourantes dans leurs cercueils de verre
Exhalent leur soupir final,

Un cadavre sans tête épanche, comme un fleuve,
Sur l'oreiller désaltéré
Un sang rouge et vivant, dont la toile s'abreuve
Avec l'avidité d'un pré.

Semblable aux visions pâles qu'enfante l'ombre
Et qui nous enchaînent les yeux,
La tête, avec l'amas de sa crinière sombre
Et de ses bijoux précieux,

Sur la table de nuit, comme une renoncule,
Repose; et, vide de pensers,
Un regard vague et blanc comme le crépuscule
S'échappe des yeux révulsés.

Sur le lit, le tronc nu sans scrupules étale
Dans le plus complet abandon
La secrète splendeur et la beauté fatale
Dont la nature lui fit don;

Un bas rosâtre, orné de coins d'or, à la jambe,
Comme un souvenir est resté;
La jarretière, ainsi qu'un oeil secret qui flambe,
Darde un regard diamanté.

Le singulier aspect de cette solitude
Et d'un grand portrait langoureux,
Aux yeux provocateurs comme son attitude,
Révèle un amour ténébreux,

Une coupable joie et des fêtes étranges
Pleines de baisers infernaux,
Dont se réjouissait l'essaim des mauvais anges
Nageant dans les plis des rideaux;

Et cependant, à voir la maigreur élégante
De l'épaule au contour heurté,
La hanche un peu pointue et la taille fringante
Ainsi qu'un reptile irrité,

Elle est bien jeune encor! – Son âme exaspérée
Et ses sens par l'ennui mordus
S'étaient-ils entr'ouverts à la meute altérée
Des désirs errants et perdus?

L'homme vindicatif que tu n'as pu, vivante,
Malgré tant d'amour, assouvir,
Combla-t-il sur ta chair inerte et complaisante
L'immensité de son désir?

Réponds, cadavre impur! et par tes tresses roides
Te soulevant d'un bras fiévreux,
Dis-moi, tête effrayante, a-t-il sur tes dents froides
Collé les suprêmes adieux?

– Loin du monde railleur, loin de la foule impure,
Loin des magistrats curieux,
Dors en paix, dors en paix, étrange créature,
Dans ton tombeau mystérieux;

Ton epoux court le monde, et ta forme immortelle
Veille près de lui quand il dort;
Autant que toi sans doute il te sera fidèle,
Et constant jusques à la mort.[16]

XVII. Charles Baudelaire: *La Beauté*

Je suis belle, ô mortels! comme un rêve de pierre,
Et mon sein, où chacun s'est meurtri tour à tour,
Est fait pour inspirer au poète un amour
Eternel et muet ainsi que la matière.

Je trône dans l'azur comme un sphinx incompris;
J'unis un coeur de neige à la blancheur des cygnes;
Je hais le mouvement qui déplace les lignes,
Et jamais je ne pleure et jamais je ne ris.

Les poètes, devant mes grandes attitudes,
Que j'ai l'air d'emprunter aux plus fiers monuments,
Consumeront leurs jours en d'austères études;

Car j'ai, pour fasciner ces dociles amants,
De purs miroirs qui font toutes choses plus belles:
Mes yeux, mes larges yeux aux clartés éternelles![17]

XVIII. Gustave Flaubert: *Salammbô*

Ihr violett gepudertes und nach der Mode kanaanitischer Jungfrauen turmartig aufgestecktes Haar ließ sie größer erscheinen, als sie war. An den Schläfen befestigte Perlenschnüre hingen bis zu den Winkeln des Mundes herab, der wie ein halbgeöffneter Granatapfel glühte. Auf ihrer Brust glitzerte ein Geschmeide aus leuchtenden Steinen, das mit seinem schillernden Gefunkel die Schuppen einer Muräne nachahmte. Ihre mit Diamanten geschmückten Arme traten nackt aus ihrer ärmellosen Tunika hervor, die auf tiefschwarzem Grund mit roten Blumen besternt war. Sie trug zwischen den Fußknöcheln ein goldenes Kettchen, das ihren Schritt bemaß, und ihr weiter, dunkelpurpurner Mantel, der aus einem unbekannten Stoff geschnitten war, schleifte hinter ihr her und bildete gleichsam bei jedem Schritt eine breite Woge, die ihr folgte.[18]

XIX. Charles Baudelaire: *Le Serpent qui danse*

Que j'aime voir, chère indolente,
De ton corps si beau,
Comme une étoffe vacillante,
Miroiter la peau!

Sur ta chevelure profonde
Aux âcres parfums,
Mer odorante et vagabonde
Aux flots bleus et bruns,

Comme un navire qui s'éveille
Au vent du matin,
Mon âme rêveuse appareille
Pour un ciel lointain.

Tes yeux, où rien ne se révèle
De doux ni d'amer,
Sont deux bijoux froids où se mêle
L'or avec le fer.

À te voir marcher en cadence,
Belle d'abandon,
On dirait un serpent qui danse
Au bout d'un bâton.

Sous le fardeau de ta paresse
Ta tête d'enfant
Se balance avec la mollesse
D'un jeune éléphant,

Et ton corps se penche et s'allonge
comme un fin vaisseau
Qui roule bord sur bord et plonge
Ses vergues dans l'eau.

Comme un flot grossi par la fonte
Des glaciers grondants,
Quand l'eau de ta bouche remonte
Au bord de tes dents,

Je crois boire un vin de Bohème,
Amer et vainqueur,
Un ciel liquide qui parsème
D'étoiles mon coeur![19]

XX. Joris-Karl Huysmans: *Gegen den Strich*

Auf diesem Bilde erhob sich der Palast des Herodes gleich einer Alhambra auf leichten Säulen, die von maurischen Kacheln schimmerten, und mit silbernem Beton, mit goldenem Zement aneinandergefügt waren; Arabesken sprühten aus Rauten in Lapislazuli, zogen sich den Kuppeln entlang, auf deren eingelegtem Perlmutter regenbogenfarbige Feuer aufblitzten. Der Mord war begangen; der

Henker stand unbeweglich und stützte seine Hände auf den Griff des langen, blutigen Schwertes. Das Haupt des Heiligen hatte sich von der Platte, die auf den Fliesen stand, erhoben und starrte bleich, mit blutlosem, offenem Munde geradeaus; vom karminroten Hals tropften blutige Tränen. Ein Mosaik umgab sein Antlitz, von dem eine Aureole ausging, deren schimmernde Strahlen die Säulenhalle erreichten, den fürchterlichen Aufstieg des Kopfes beleuchteten, die glasigen Augäpfel erhellten, die gleichsam krampfhaft auf der Tänzerin hafteten. Mit einer Gebärde des Schreckens stößt Salome die grauenhafte Vision zurück, die sie unbeweglich, auf den Fußspitzen stehend, festnagelt; ihre Augen weiten sich, ihre Hand umklammert konvulsivisch ihren Hals. Sie ist fast nackt: in der Glut des Tanzes haben die Schleier sich gelöst, sind die Brokate gefallen; sie ist nur in Geschmeide und blitzende Mineralien gekleidet; wie ein Mieder umspannt eine Kette ihre Mitte, und gleich einer köstlichen Agraffe blitzt ein wundervoller Edelstein zwischen ihren Brüsten; ein um die Hüften gelegter Gürtel verbirgt die Schenkel, gegen die ein Riesengehänge aus Rubinen und Smaragden schlägt; und schließlich, auf dem nackt gebliebenen Körper, zwischen Mieder und Gürtel, der Bauch, dessen Nabel einem in milchigem und nagelrosa Onyx geschnittenen Siegel gleicht. Unter den glühenden Strahlen, die vom Haupte des Täufers ausgehen, entzünden sich die Facetten der Schmuckstücke, die Steine werden lebendig, umreißen den Frauenkörper mit glühenden Strichen; Hals, Beine und Arme treffen feurige Spitzen, die zinnoberrot sind wie Kohlen, violett wie Gasflammen, blau wie brennender Alkohol und weiß wie Sternenlicht. Der entsetzenerregende Kopf flammt und blutet immer noch, dunklen Purpur auf Bart und Haare tropfend. Nur Salome sieht ihn – ihr finsterer Blick gilt nicht der Herodias, die ihrem endlich befriedigten Haß nachsinnt, nicht dem Tetrarchen, der, leicht vornübergeneigt, mit aufgestützten Händen, keuchend, wie von Sinnen ist vor der Nacktheit dieser Frau, die von Raubtiergeruch umweht, in Balsam gehüllt und von Weihrauch und Myrrhe umduftet ist.[20]

XXI. Alfred Jarry: *Messalina*

[Messalina, in Ekstase, zum Schwert]
»Sei gegrüßt!«
Und das Stahlungeheuer antwortet auf den Kuß mit einem Biß über die Kehle und schickt sich an, sie ganz zu nehmen.
»Entführ mich, Phales! Die Vergöttlichung! Ich will sie auf der Stelle, bevor ich alt geworden bin! Oder laß mich auf der Stelle altern, bis zur Göttlichkeit. Entführ mich nach Hause, in den höchsten Himmel! den allerhöchsten! den ersten! Du bist der Erste, o Unsterblicher, du siehst doch, ich bin Jungfrau! Gib her, gib mir die Lampe, damit ich kleine Vestalin spielen kann! So jungfräulich! So spät! Glück, o wie weh du mir tust! Töte mich, Glück! Der Tod! Gib … die kleine Todeslampe. Ich sterbe … wußte ich doch, daß man nur an der Liebe sterben kann. Ich habe ihn … Mama!«[21]

XXII. Emile Zola: *Nana*

Da blickte er auf. Nana war ganz in Entzücken über sich selbst versunken. Sie beugte den Nacken und betrachtete im Spiegel aufmerksam einen kleinen Leberfleck oberhalb ihrer rechten Hüfte; […]. Dann ging sie mit heiterem Interesse zu anderen Partien ihres Körpers über und studierte sie mit der lasterhaften Neugier eines Kindes. Stets war sie von neuem überrascht, wenn sie sich nackt sah; und ihr Gesicht hatte den erstaunten, geilen Ausdruck eines jungen Mädchens, das seine Pubertät entdeckt. […] Und schließlich vergnügte sie sich mit dem eigenartigen Spiel, sich mit gespreizten Knien von rechts nach links zu wiegen, und ließ ihren Leib in den Hüften hin- und herrollen unter ständigem Zittern wie eine Odaliske im Bauchtanz. Muffat sah sie an. Ihm graute vor ihr. […] Und doch konnte er die Augen nicht von ihr wenden, er starrte sie an und versuchte, sich mit Ekel vor ihrer Nacktheit zu erfüllen. […] Er dachte an seinen alten Abscheu vor dem Weibe, dem Ungeheuer der Heiligen Schrift, das voll Unzucht war und Raubtiergerüche ausströmte. Nana war ganz behaart, durch einen rötlichen Flaum wirkte ihr Körper wie Samt; in ihrem Gesäß und ihren Stutenschenkeln, in den schwellenden, von tiefen Falten durchzogenen Fleischrundungen, deren Schatten das Geschlecht in einen verwirrenden Schleier hüllten, lag etwas Tierisches. Das war das goldene Tier, unbewußt wie eine Elementarkraft, dessen bloßer Geruch die Welt verdarb. Muffat starrte sie immerzu an, dermaßen gepackt und besessen, daß er die Augen schloß, um sie nicht mehr zu sehen; aber auch auf dem dunklen Grunde seiner Lider erschien das Tier, gewaltiger, furchtgebietend und seine unzüchtige Stellung noch übertreibend. Nun würde es dastehen vor seinen Augen, in seinem Fleisch, für immer.[22]

Aber wenn er [Muffat] dann im Schlafzimmer war, überkam es ihn wie ein Taumel von Trunkenheit. Da vergaß er alles, die Horde Männer, die hindurchging, und die Trauer, die an der Schwelle Wache hielt. Draußen in der frischen Luft der Straße weinte er zuweilen vor Schmach und Empörung und schwor sich, niemals mehr dorthin zurückzukehren. Aber sowie die Portiere hinter ihm fiel, war er wieder gefangen, er fühlte, wie er in der Lauheit dieses Raums versank, wie seine Sinne berauscht wurden von Nanas Duft und sich sein ganzes Wesen durchtränkte mit einer wollüstigen Gier nach Demütigung. Er, der als gläubiger Christ an die Ekstasen in prunkvollen Kapellen gewöhnt war, er fand hier ganz die gleichen tiefen Gefühle frommer Hingebung wieder, als wenn er unter einem Kirchenfenster auf die Knie geworfen dem Rausch von Orgelklang und Weihrauchduft erlag. Das beherrschte ihn mit dem eifersüchtigen Despotismus eines zornigen Gottes, der ihn schreckte, aber ihm auch Sekunden der Entzückung, grell wie Krämpfe, bot als Ausgleich für Stunden furchtbarster Qual und für Visionen der Hölle und ewigen Verdammnis. Es war dasselbe Stammeln, dasselbe Flehen und dieselbe Verzweiflung, vor allem die gleiche Demut einer verdammten Kreatur, die vom Fluch der Erbsünde zermalmt wird. Seine Männerwünsche mischten sich mit dem Suchen nach Gott, und es war, als stiegen sie beide aus dem dunklen Urgrund seines Wesens empor in ein einziges Sichentfalten seines Lebensbaumes. Er gab sich ganz der Macht der Liebe und des Glaubens hin, deren doppelter Hebel die Welt in der Schwebe hält. Und wie sehr auch sein Verstand dagegen ankämpfte, immer wieder schlug ihn Nanas Schlafzimmer mit Wahnsinn, zitternd versank er in der Allmacht des Geschlechts, so wie er vor der nicht faßbaren Unendlichkeit des Himmels verging.

Wenn sie ihn dann so demütig sah, empfand Nana ihren tyrannischen Triumph. Aus Instinkt hatte sie die Sucht, alles in den Schmutz zu ziehen. Es genügte ihr nicht, die Dinge zu zerstören, sie mußte sie noch besudeln. Ihre zarten Hände ließen schreckliche Spuren zurück und brachten alles zur Verwesung, was sie vorher zertrümmert hatten. Und er, der schon fast schwachsinnig war, überließ sich diesem Spiel und erinnerte sich dunkel der Heiligen, die von Läusen gefressen wurden und ihren eigenen Auswurf aßen. Wenn sie ihn hinter geschlossenen Türen in ihrem Schlafzimmer hatte, machte sie sich den bösen Spaß, sich die ganze Niedrigkeit der männlichen Natur vorzuführen. […] Manchmal war er ein Hund. Sie warf ihr parfümiertes Taschentuch in die Zimmerecke, und er mußte auf Händen und Knien hinkriechen und es mit den Zähnen aufheben. […] Und er liebte seine Erniedrigung und kostete die Lust aus, ein Tier zu sein.[23]

XXIII. Joris-Karl Huysmans, *Marthe, Geschichte einer Dirne*

Angst und Abscheu des Mädchens wurden an diesem Abend von neuem lebendig. Seit zwanzig Minuten lag sie auf einem Kissenberg hingestreckt, lauschte anscheinend dem Getratsche ihrer Gefährtinnen, fuhr aber beim geringsten Geräusch von Schritten zusammen.

Sie fühlte sich angewidert und müde wie nach einem ausschweifenden Trinkgelage. Zuweilen schienen ihre Schmerzen nachzulassen, und sie starrte wie geblendet auf die Pracht, die sie umgab. Die mehrarmigen Kandelaber, die mit Satin bespannten Wände in ihrem matten Rot, von weißen, wie silberne Perlen schillernden Seidenblumen durchwirkt, die vor ihren Augen tanzten und wie Funken auf dem Purpur eines Flammenmeeres aufblitzten; dann hellte sich ihr Blick wieder auf, und sie sah sich in einem großen Spiegel mit Glasrahmen, schamlos auf einer Sitzbank hingegossen, frisiert, als wolle sie auf einen Ball gehen, das Fleisch hervorgehoben durch Spitzenrüschen, die schwere Düfte verströmten.

Sie konnte kaum glauben, daß dies ihr eigenes Abbild war. Staunend betrachtete sie ihre mit Glitzerpuder bestäubten Arme, ihre schwarz gemalten Augenbrauen, ihre blutrot schimmernden Lippen, ihre mit kirschfarbenen Seidenstrümpfen bekleideten Beine, ihren hochgeschnürten Busen, all die verwirrenden Reize ihres Fleisches, das unter dem Flitter ihres Negligés bebte. Ihre Augen kamen ihr erschreckend vor, sie schienen ihr in den sie umgebenden Schatten seltsam eingesunken, und sie entdeckte in ihrer Tiefe einen kindlichen und lasterhaften Ausdruck, der sie unter ihrer Schminke erröten ließ.

Benommen betrachtete sie die merkwürdigen Stellungen ihrer Gefährtinnen. Glanzlose und vulgäre Schönheiten, nervtötende Schnattergänse, Mannweiber und schmächtige Dinger lagen, den Kopf in die Hände gestützt, auf dem Bauch, kauerten wie Hündinnen auf einem Hocker, hingen wie Flitterkram in einer Sofaecke, das Haar in allen erdenklichen Formen hergerichtet: in gedrechselten Spiralen, gekrausten Löckchen, schwungvollen Wellen, riesigen Knoten, mit weißen und roten Margeriten oder falschen Perlenbändern garniert, pomadisiert oder aber puderbestäubt.

Die ärmellosen Negligés wurden auf den Schultern von bändergeschmückten Schnallen zusammengehalten und ließen unter ihrer durchscheinenden Weite die verlockende Nacktheit der Leiber erahnen. Die Juwelen glitzerten, die Rubine und Straßsteinchen fingen schwirrend Lichtfäden ein, und vor einem Spiegel, den Rücken zur Tür gekehrt, stand eine Frau mit erhobenen Armen, die eine Nadel in die dunkle Fülle ihres Haares steckte.

Ihr langer Gazeumhang hob sich mit der Bewegung der Arme und spreizte sich in seinem blassen Nebelhauch weit vom Granit des Fleisches ab; beim Heben der Ellenbogen strafften sich auch die Brüste, und ihre prallen Kugeln wölbten sich weiß und fest in rosettenbesetzten Zierbändern. Eine zarte Furche, die von dem leicht zurückgebogenen Nacken ausging, verlief sich in den sanft um ihre Hüften wogenden Falten, und das Hinterteil, von einer tiefen Biegung durchzogen, ließ seine schneeweißen Rundungen über zwei Beinen schwellen, die oberhalb des Knies von den straffen Strumpfbändern gerötet waren.

Im Salon, der ganz von Ambra- und Patschulidüften erfüllt war, herrschte ein Heidenlärm, ein Stimmengewirr, ein Tohuwabohu! Lachsalven hallten wie Flintenschüsse, Worte flogen hin und her, trugen in ihrem eiligen Schwall wahre Wirbel von Schimpf und Unflat mit sich.

Plötzlich ertönte ein Glockenzeichen. Wie durch ein Wunder war es auf einmal still. Die Frauen setzten sich, und jene, die auf den Banken vor sich hingedämmert hatten, rieben sich die Augen und waren bemüht, ihre Blicke eine Sekunde lang feurig aufflammen zu lassen, da ein Passagier an Deck kam, um sich einzuschiffen.

Die Tür öffnete sich, und zwei junge Männer betraten den Raum.

Die Debütantin senkte den Kopf, wich, so gut sie konnte, in den Hintergrund zurück, versuchte, sich ganz klein zu machen, um nicht bemerkt zu werden, starrte verbissen auf das Rosettenmuster des Teppichs, spürte, wie die Blicke dieser Männer sich unter die Gaze wühlten.

Oh, wie sehr verachtete sie die Kerle, die sie aufsuchten! Sie begriff nicht, daß die meisten, die bei ihr verweilten, auf ihrem Lager beständige Ärgernisse, schlimmen Groll, unstillbare Schmerzen zu vergessen suchten; sie begriff nicht, daß viele, nachdem sie von den Frauen, die sie liebten, betrogen worden waren, nachdem sie schwere Weine aus hauchdünnen Gläsern geschlürft und sich an den Scherben dieser Gläser die Lippen zerschnitten hatte!, nur noch gepanschte Weine aus plumpen Wirtshausbechern trinken wollten![24]

XXIV. Frank Wedekind: *Lulu*

[Tierbändiger]
> Hereinspaziert! – Sie traun sich nicht herein? –
> Wohlan, Sie mögen selber Richter sein!
> Sie sehn auch das Gewürm aus allen Zonen:
> Chamäleone, Schlangen, Krokodile,
> Drachen und Molche, die in Lüften wohnen.
> Gewiß, ich weiß, Sie lächeln in der Stille
> Und glauben mir nicht eine Silbe mehr –

[er lüftet den Türvorhang und ruft in das Zelt]
> He, Aujust! Bring mir unsre Schlange her!

[Ein schmerbäuchiger Arbeiter trägt die Darstellerin der Lulu in ihrem Pierrotkostüm aus dem Zelt und setzt sie vor dem Tierbändiger nieder.]

Sie war geschaffen, Unheil anzustiften,
Zu locken, zu verführen, zu vergiften –
Zu morden, ohne daß es einer spürt.
[Lulu am Kinn krauend.]
Mein süßes Tier, sei ja nur nicht geziert!
Nicht albern, nicht gekünstelt, nicht verschroben,
Auch wenn die Kritiker dich weniger loben.
Du hast kein Recht, uns durch Miaun und Fauchen
Die Urgestalt des Weibes zu verstauchen,
Durch Faxenmachen uns und Fratzenschneiden
Des Lasters Kindereinfalt zu verleiden!
Du sollst – drum sprech' ich heute sehr ausführlich –
Natürlich sprechen und nicht unnatürlich!
Denn erstes Grundgesetz seit frühester Zeit
In jeder Kunst war Selbstverständlichkeit![25]

XXV. Prosper Mérimée: *Carmen*

– Tu veux me tuer, je le vois bien, dit-elle; c'est écrit, mais tu ne me feras pas céder.
– Je t'en prie, lui dis-je, sois raisonnable. Écoute-moi! tout le passé est oublié. Pourtant, tu le sais, c'est toi qui m'as perdu; c'est pour toi que je suis devenu un voleur et un meurtrier. Carmen! ma Carmen! laisse-moi te sauver et me sauver avec toi.
– José, répondit-elle, tu me demandes l'impossible. Je ne t'aime plus; toi, tu m'aimes encore, et c'est pour cela que tu veux me tuer. Je pourrais bien encore te faire quelque mensonge; mais je ne veux pas m'en donner la peine. Tout est fini entre nous. Comme mon rom, tu as le droit de tuer ta romi; mais Carmen sera toujours libre. Calli elle est née, calli elle mourra.
– Tu aimes donc Lucas? lui demandai-je.
– Oui, je l'ai aimé, comme toi, un instant, moins que toi peut-être. A présent, je n'aime plus rien, et je me hais pour t'avoir aimé.
– Je me jetai à ses pieds, je lui pris les mains, je les arrosai de mes larmes. Je lui rappelai tous les moments de bonheur que nous avions passés ensemble. Je lui offris de rester brigand pour lui plaire. Tout, monsieur, tout; je lui offris tout, pourvu qu'elle voulût m'aimer encore! Elle me dit:
– T'aimer encore, c'est impossible. Vivre avec toi, je ne le veux pas.
La fureur me possédait. je tirai mon couteau. J'aurais voulu qu'elle eût peur et me demandât grace, mais cette femme était un démon.
– Pour la dernière fois, m'écriai-je, veux-tu rester avec moi!
– Non! non! non! dit-elle en frappant du pied.
Et elle tira de son doigt une bague que je lui avais donnée, et la jeta dans les broussailles.
Je la frappai deux fois. C'était le couteau du borgne que j'avais pris, ayant cassé le mien. Elle tomba au second coup sans crier.[26]

XXVI. Prosper Mérimée: *La Vénus d'Ille*

C'était bien une Vénus, et d'une merveilleuse beauté. Elle avait le haut du corps nu, comme les anciens représentaient d'ordinaire les grandes divinités; la main droite, levée à la hauteur du sein, était tournée, la paume en dedans, le pouce et les deux premiers doigts étendus, les deux autres légèrement ployés. L'autre main, rapprochée de la hanche, soutenait la draperie qui couvrait la partie inférieure du corps. L'attitude de cette statue rappelait celle du Joueur de mourre qu'on désigne, je ne sais trop pourquoi, sous le nom de Germanicus. Peut-être avait-on voulu représenter la déesse au jeu de mourre.
Quoi qu'il en soit, il est impossible de voir quelque chose de plus parfait que le corps de cette Vénus; rien de plus suave, de plus voluptueux que ses contours; rien de plus élégant et de plus noble que sa

draperie. Je m'attendais à quelque ouvrage du Bas-Empire; je voyais un chef-d'œuvre du meilleur temps de la statuaire. Ce qui me frappait surtout, c'était l'exquise vérité des formes, en sorte qu'on aurait pu les croire moulées sur nature, si la nature produisait d'aussi parfaits modèles.
La chevelure, relevée sur le front, paraissait avoir été dorée autrefois. La tête, petite comme celle de presque toutes les statues grecques, était légèrement inclinée en avant. Quant à la figure, jamais je ne parviendrai à exprimer son caractère étrange, et dont le type ne se rapprochait de celui d'aucune statue antique dont il me souvienne. Ce n'était point cette beauté calme et sévère des sculpteurs grecs, qui, par système, donnaient à tous les traits une majestueuse immobilité. Ici, au contraire, j'observais avec surprise l'intention marquée de l'artiste de rendre la malice arrivant jusqu'à la méchanceté. Tous les traits étaient contractés légèrement: les yeux un peu obliques, la bouche relevée des coins, les narines quelque peu gonflées. Dédain, ironie, cruauté, se lisaient sur ce visage d'une incroyable beauté cependant. En vérité, plus on regardait cette admirable statue, et plus on éprouvait le sentiment pénible qu'une si merveilleuse beauté pût s'allier à l'absence de toute sensibilité.[27]

XXVII. Charles Baudelaire: *Le Chat*

Viens, mon beau chat, sur mon coeur amoureux;
Retiens les griffes de ta patte,
Et laisse-moi plonger dans tes beaux yeux,
Mêlés de métal et d'agate.

Lorsque mes doigts caressent à loisir
Ta tête et ton dos élastique,
Et que ma main s'enivre du plaisir
De palper ton corps électrique,

Je vois ma femme en esprit. Son regard,
Comme le tien, aimable bête,
Profond et froid, coupe et fend comme un dard,

Et, des pieds jusques à la tête,
Un air subtil, un dangereux parfum
Nagent autour de son corps brun.[28]

XXVIII. Emile Zola: *Nana*

Muffat las langsam. Faucherys Artikel, betitelt »Die goldene Fliege« war die Geschichte einer Dirne, die von vier oder fünf Generationen von Trinkern abstammte und deren Blut über eine lange Kette von Vorfahren verdorben war durch Elend und Suff, was bei ihr in eine nervöse Übersteigerung des Geschlechtstriebes umgeschlagen war. Auf dem Vorstadtpflaster von Paris war sie aufgewachsen, groß, schön und von köstlichem Wuchs wie eine dem Misthaufen entsprossene Pflanze, und rächte die Elenden und Verkommenen, von denen sie herkam. In ihr stieg die Fäulnis, die man im Volke gären ließ, wieder empor und zersetzte den Adel. Sie wurde zu einer Naturkraft, einem Bazillus der Vernichtung, ohne es selbst zu wollen, indem sie ganz Paris zwischen ihren weißen Schenkeln zerrüttete und verderben ließ wie Milch, die in Frauenhand allmonatlich sauer wird. Und am Ende des Artikels stand der Vergleich mit der Fliege, einer sonnenfunkelnden Fliege, die von der Jauche aufflog, den Tod aus dem am Wegrand verreckten Aas saugte und schwirrend, tanzend, in leuchtendem Edelsteinschimmer die Männer vergiftete, bloß wenn sie sich auf sie setzte in den Palästen, in die sie durchs Fenster hereinflog.[29]

XXIX. [Anon.]: Frankfreich oder Norditalien, 10. Jahrhundert, *Hymnus von der hl. Jungfrau Maria*

Jungfräulichste, Heiligste,
Weiseste und Willigste,
Der sich Gottes Wunsch gezeigt,
Die sich gläubig vor des Engels Botschaft neigt.

Untreu hat mit böser Macht
Nie dein Innerstes gestört,
Da du Gottes Wort gehört,
Hast du Erd und Himmel Fröhlichkeit gebracht.

Aus der Wurzel Jesse schoß
Uns das knospenreiche Reis,
Tauige Blume trieb der Sproß,
Drin zu ruhen, niederstieg der Heilige Geist.

Wie aus dornigem Geflecht
Eine weiche Rose bricht,
Wuchsest du aus dem Geschlecht
Evas, o Maria, mild und schön und schlicht.[30]

XXX. Charles Baudelaire: *Le Spleen de Paris. Petits Poèmes en Prose:* »*XVII. Un Hémisphère dans une Chevelure*«

Laisse-Moi respirer longtemps, longtemps, l'odeur de tes cheveux, y plonger tout mon visage, comme un homme altéré dans l'eau d'une source, et les agiter avec ma main comme un mouchoir odorant, pour secouer des souvenirs dans l'air.
Si tu pouvais savoir tout ce que je vois! tout ce que je sens! tout ce que j'entends dans tes cheveux! Mon âme voyage sur le parfum comme l'âme des autres hommes sur la musique.
Tes cheveux contiennent tout un rêve, plein de voilures et de mâtures; ils contiennent de grandes mers dont les moussons me portent vers de charmants climats, où l'espace est plus bleu et plus profond, où l'atmosphère est parfumée par les fruits, par les feuilles et par la peau humaine.
Dans l'océan de ta chevelure, j'entrevois un port fourmillant de chants mélancoliques, d'hommes vigoureux de toutes nations et de navires de toutes formes découpant leurs architectures fines et compliquées sur un ciel immense où se prélasse l'éternelle chaleur.
Dans les caresses de ta chevelure, je retrouve les langueurs des longues heures passées sur un divan, dans la chambre d'un beau navire, bercées par le roukis imperceptible du port, entre les pots de fleurs et les gargoulettes rafraîchissantes.
Dans l'ardent foyer de ta chevelure, je respire l'odeur du tabac mêlé à l'opium et au sucre; dans la nuit de ta chevelure, je vois resplendir l'infini de l'azur tropical; sur les rivages duvetés de ta chevelure je m'enivre des odeurs combinées du goudron, du musc et de l'huile de coco.
Laisse-moi mordre longtemps tes tresses lourdes et noires. Quand je mordille tes cheveux élastiques et rebelles, il me semble que je mange des souvenirs.[31]

XXXI. [Anon.:] *Anmuth und Schönheit*

Die Schnürbrust wirkt grade das Gegentheil von dem, was man durch sie zu gewinnen hofft; sie soll den Körper verschönern, und sie verunstaltet ihn. Die Augen der Zergliederer haben längst entdeckt, daß keine einzige von den geschnürten Schönen ihren graden Wuchs behält. Im Grunde thut also die Schnürbrust noch eben das, wozu sie erfunden ward, sie verhüllt einen Fehler der Bildung, nur mit dem Unterschiede, daß sie ihn an der vollkommenen Bildung zuerst hervorbringt.

Alle geschnürten Frauenzimmer, sagt Sömmering in seiner vortrefflichen Preisschrift, bekommen wenigstens eine hohe Schulter, wenn sie nicht noch ärger verwachsen. Es ist dies die natürliche Folge der Gewalt, welche die Rippen zusammen preßt, die Brusthöhle verengt, und einen von der Natur ordentlich aufgerichteten Kegel von Knochen umkehren und auf die Spitze stellen will; denn das Gerippe des weiblichen Körpers ist so zart, daß es nicht einmal Stäbe von Stahl und Eisen bedarf, um es in eine widernatürliche Lage zu zwängen.

Außerdem hat die Schnürbrust einen nachtheiligen Einfluß auf die Gesundheit; sie erschwert das Athemholen, sie hemmt die Verdauung, sie vermehrt das Ungemach der Schwangerschaft, vervielfältigt die Gefahren der Entbindung, macht die Brüste zum Stillen untüchtig, veranlaßt oft das fürchterlichste, ekelhafteste, fast unheilbare Uebel, den Krebs an diesem schönen Theile des Körpers, und verursacht eine große Anzahl von weiblichen Krankheiten.

Dies alles ist unwiderleglich bewiesen, kann nimmermehr geläugnet werden, und dennoch trägt man Schnürbrüste nach wie vor. Gewiß, ein merkwürdiges Beispiel mehr, daß durch Beweise bei dem Menschengeschlechte leider wenig ausgerichtet wird, daß die Quelle seiner Handlungen oft anderswo, als im Kopfe, liegt. –

Wenn Beweise etwas vermöchten, so empfingen wir nicht nur grad gewachsene Schönen aus der Hand der Natur, sondern wir hätten auch keine empfindsamen Jungfern, keine histerische Frau, keine Sonambulen und Clairvoyanten, keine Goldmacher und Geisterseher, keine Deisten und Atheisten u. s. w.

In der That, sollte nicht von jenem Druck, dem selbst die Knochen weichen, das Nervensystem eine wesentliche Veränderung erleiden müssen? Sollte nicht die Schnürbrust dem Willen wie dem Schulterblatt einen kleinen Höker aufdrücken, und die Einbildungskraft etwas verschrauben, oder mit einem neuern Kunstwort, exaltiren können?

Oder wäre vielleicht an der Beibehaltung der Schnürbrüster der verderbte Geschmack der Männer schuld, die als Sklaven der Gewohnheit, noch immer in der Trichterform ein Ideal der Schönheit erblicken, welches wohl dem Schneider, aber nicht der Natur erreichbar ist.

Nichts ist der weiblichen Gestalt vortheilhafter, als eine ungezwungene, mit edlem Anstand verknüpfte, gleichsam schwebende Haltung des Körpers. Durch sie vorzüglich geht Reiz und Leben, und hoher Zauber in Gestalt, in jeden Ton der Stellung und Gebehrden über. Ist hingegen die Haltung des Leibes gezwungen, so müssen nothwendig alle übrige Stellungen, Wendungen und Gebehrden gleichfalls gezwungen seyn. Nun ist aber bei einer Schnürbrust eine freie und natürliche Haltung des Körpers unmöglich, folglich müssen auch alle Stellungen und Gebehrden eines solchen eingeschnürten Mädchens das Gepräge des unnatürlichen Zwanges an sich haben. Keine fließenden Umrisse, keine sanften Rundungen, nicht jene liebliche schlängelnde Allmählichkeit, sieht man hier, worauf das männliche Auge so gerne hingleitet – das Wesentliche eines schönen Wuchses ist gänzlich verloren.

Ein so gepanzertes Frauenzimmer ist keines natürlichen Anstandes, weder in Gesprächen, noch in Manieren und Gebehrden fähig. Bei heiterer munterer Unterhaltung müssen Stimme, Gebehrden, Stellung, Wendung, Bewegung der Gliedmaßen, ein harmonisches Ganze ausmachen. Wie ist aber diese lebhafte Regsamkeit, die den Muskeln des weiblichen Körpers so eigen ist, und ihm so große und unwiderstehliche Reize verschafft, bei einem eingeschnürten Frauenzimmer möglich, wo die Haupttheile gepreßt, gespannt, gedrückt sind, und dieser zwangvolle Zustand auch die übrigen Theile des Körpers in ihrer leichten Wirksamkeit hindert?[32]

XXXII. Josef Amann: *Über den Einfluß der weiblichen Geschlechtskrankheiten auf das Nervensystem mit besonderer Berücksichtigung des Wesens und der Erscheinungen der Hysterie*, 1874

Schon Hippokrates, welcher der medicinischen Geschichtsforschung überhaupt die ersten festen Anhaltspunkte gibt, spricht in seinen beiden Büchern über Frauenkrankheiten seine Ansicht über die Hysterie (wohl als Ansicht der damaligen Zeit) aus; eine Menge von Stellen darin belehren uns über die Symptome und Therapie dieses Leidens. Er betrachtete den Uterus als ein besonderes, belebtes Thier, das der Empfindung fähig, für Geruchs- und Geschmackseindrücke empfänglich und sehr beweglich, ja selbst im Stande sei, nach allen Richtungen gegen das Herz, gegen den Hals, Kopf, Leber, u.s.w. aufzusteigen.

Plato sagt: »der Uterus ist ein Thier, welches mit aller Gewalt empfangen will und welches wüthend wird, wenn es nicht empfängt« – und diese Anschauung war und blieb lange Zeit die herrschende, wie mehr oder weniger ausführliche Stellen in den Schriften der Philosophen und Aerzte der damaligen Zeit, des Pythagoras, Aretaeus, Galen, Aetius, Empedokles und Anderer, sowie der späteren Jahrhunderte documentiren. Die griechischen und lateinischen Ärzte unterschieden die Hysterie, als nur den Weibern eigen und vom Uterus stammend, von der Hypochondrie und Geisteskrankheit.

Die physiologischen Forschungen späterer Jahrhunderte, vor Allem aber das anatomische Messer Vesal's stellten die begrenzte Beweglichkeit des Uterus und seine Bestimmung fest, worauf man zur Erklärung der hysterischen Erscheinungen die geheimissvolle Kugel, Globus hystericus, erfand, die nun statt des Uterus von der Symphyse oder vom Epigastrium zur Brust und zum Halse aufstieg. Das Mittelalter machte sich die Erklärung noch bequemer: alle Hysterischen, Wahn- und Blödsinnigen wurden als vom Teufel besessen erklärt und dem gemäß mit Folter und Scheiterhaufen behandelt. Wie viele Hysterische mögen wohl unter jenen Seliggesprochenen gewesen sein, die Monate lang ohne Nahrung lebten, auf einem Fuße standen, die sich Hunderte von Nadeln in die Haut eintrieben und, obwohl sie vorher Jahre lang an den heftigsten Gliederschmerzen leidend unbeweglich im Bette lagen, sofort aufstehen konnten, wenn ihr Seelsorger sie im Namen Jesu Christi dazu aufforderte! Althaus erzählt in seinem Vortrage über Hysterie jenen bekannten Fall, wo sich eine Jahre lang gelähmte Dame in den Dom von Trier tragen ließ, wo der Bischof eine Reliquie ausgestellt hatte und die Kranke in Folge der Heilwirkung des Anblickes derselben den Gebrauch ihrer Glieder wieder erlangte. [...] In den letzten Jahrhunderten verschwindet der Glaube an den Teufel und das Besessensein immer mehr aus den Schriften hervorragender Aerzte und wurde das ausschließliche Privilegium der Theologie. Allgemein wurde der Uterus als der Sitz der Hysterie anerkannt und der Glaube des Volkes an die außerordentliche Beweglichkeit desselben festgehalten. Heute noch spukt diese Anschauung in den Köpfen der Laien und die Ausdrücke: Die Milch ist ihr in den Kopf gestiegen! und: die Gebärmutter im Hals! dürften wenigen Aerzten unbekannt sein. Der Uterus blieb die Quelle der Hysterie, es wurden ihm alle möglichen und unmöglichen Anomalien aufgebürdet, um das Vorhandensein hysterischer Erscheinungen zu motiviren.[33]

So erfahren wir von Lepois, einem Forscher [des 17. Jahrhunderts], daß der Sitz der Krankheit ausschließlich im Gehirn anzunehmen sei, denn das Gehirn, so sagt er »präsidirt der Ausübung aller freiwilligen Bewegungen, der Sensibilität und der Gedanken«. Auch Sydenham, Willis und Boerhaave (1600–1680) nahmen das Gehirn als den Sitz der Hysterie an und fanden Anhäufungen seröser Flüssigkeiten in den Hirnhöhlen bei Leichen hysterischer, wie andere Autoren Abnormitäten im Uterus, in den Eierstöcken, im Magen oder Darmkanal, je nach ihrer speciellen Ansicht fanden. Highmore dachte sich die Hysterie durch die Lungen, wie die Hypochondrie durch die schlechte Beschaffenheit des Magens bedingt.

Nach Dumoulin (1703) ist Hysterie und Hypochondrie vollkommen gleichbedeutend. Den Globus hystericus hält er für einen convulsivischen Zustand der Eingeweide: zuweilen aber scheine die Kugel sich unter der Haut zu befinden und von der Schamgegend gegen den Hals aufzusteigen und sei dann durch aufeinander folgende Contractionen der daselbst liegenden Muskel entstanden. [...] Raulin (1759) läßt die Hysterie bald von diesem, bald von jenem Organe ausgehen, je nach dem betreffenden Symptome. Robert Whytt (1764, Edinburgh) dünkt es sehr wahrscheinlich, daß die ›unregelmäßigen Sympathien‹ und viele andere, deren Ursachen gleich dunkel seien, von der allgemeinen Sympathie, die sich durch das ganze Nervensystem erstrecke, herkommen. Hysterie und Hypochondrie hält er für identisch und der Umstand, daß das weibliche Geschlecht hysterischen Zufällen häufiger, plötzlicher und heftiger unterworfen sei, als das männliche der hypochondrischen, findet nach ihm seine Erklärung in der zarteren Leibesbeschaffenheit, geringeren Bewegung und in einem besonderen Zustande der Gebärmutter. Hoffmann (System. med. Tom. III) weicht von der Ansicht der meisten seiner Zeitgenossen ab, indem er annimmt, daß Hysterie und Hypochondrie, man möge deren Zufälle, Ursachen oder Ausgänge betrachten, zwei ganz verschiedene Krankheiten sind. Merkwürdig ist, daß noch Luyer-Villermay in seinem Werke: Traité des maladies nerveuses et vaporeuses, Paris, 1816, den Uterus und die geschlechtliche Enthaltsamkeit als die exclusive Ursache der Hysterie anklagt, während 200 Jahre früher Lepois, Piso, dann Willis und Vieussen (1681) den ursprünglichen und exclusiven Sitz der Krankheit im Gehirn annahmen und dieselbe, welche der Epilepsie gleiche, als idiopathisch auffaßten.[34]

XXXIII. Walter Schubart: *Die Geschlechtsfurcht des Mannes*

Zur Geschlechtsfurcht verdichtet sich im Mann die Verwunderung über das Rätsel »Weib«. Er betrachtet die Frau in ihrer vitalen Sicherheit, wie sie am Busen der Natur ruht und wohlgeborgen atmet, das Wesen des reinen, ungebrochenen und unbeirrbaren Instinkts. Er sinnt über das Mysterium des Muttertums nach, über die Lebenskräfte, die in geheimnisvoll-unheimlicher Weise aus dem Schoß des Weibes ins Dasein quellen. Er beobachtet sich selbst im Zustand der Geschlechterliebe, und es scheint ihm, daß das Geschlechtliche als fremde, ja feindliche Macht in ihn einbricht, während sich das Weib darin wie in seinem eigensten Elemente bewegt. Oft ist für den Mann die Erotik ein Sturm, den er fürchtet, für das Weib ein Strom, der es gleichmäßig und sicher dahinträgt. Die Genitalien des Weibes und Mannes in ihrer verschiedenen Gestalt sind dem grübelnden Mann ein Sinnbild dafür, daß das Geschlecht zum Wesen des weiblichen Daseins gehört, tief darin eingebettet, während es dem männlichen Leib und Leben nur äußerlich und lose anhängt. Der männliche Körper verändert sich unter den Pfeilen des Eros, der weibliche bleibt von Erregungsspuren frei. Der weibliche Körper ist unmittelbar fähig zur Vereinigung, nicht so der männliche. Beim Manne erschöpft sich die Geschlechtslust im Samenerguß, beim Weibe überdauert sie ihn. Diese Entdeckungen werden dem Mann frühzeitig zu Merkmalen von symbolischer Bedeutung. Tatsächlich ist ja auch der Eros tiefer in die weibliche Natur eingesenkt als in die männliche. Platon verrät seine durchdringende Kenntnis der menschlichen Seele, wenn er im Gastmahl die tiefsinnigsten Aussprüche über die Liebe einer Frau in den Mund legt, der Diotima aus Mantinea. Sokrates, der weiseste der Männer, läßt sich von ihr belehren und trägt ihre, nicht seine Ansicht vor. Das will besagen: Aus eigener Einsicht und Erfahrung kann der Mann vom Eros nicht viel wissen. Das tiefste erotische Geheimnis wird vom Weibe bewahrt. Der Mann fühlt sich dem Weib erotisch unterlegen. Das ist der Urtatbestand der Geschlechtsfurcht. Sie ist ein männlicher Affekt, der den Mann zwingt, sich zu wehren, und er wehrt sich, indem er Weib und Geschlecht gemeinsam ächtet. Er dehnt seine Abneigung gegen das andere Geschlecht auf alle Geschlechtlichkeit aus.[35]

XXXIV. Rainer Maria Rilke: *Requiem für eine Freundin* (Paula Modersohn-Becker)

[…]
Denn Das verstandest du: die vollen Früchte.
Die legtest du auf Schalen vor dich hin
und wogst mit Farben ihre Schwere auf.
Und so wie Früchte sahst du auch die Fraun
und sahst die Kinder so, von innen her
getrieben in die Formen ihres Daseins.
Und sahst dich selbst zuletzt wie eine Frucht,
nahmst dich heraus aus deinen Kleidern, trugst
dich vor den Spiegel, ließest dich hinein
bis auf dein Schauen; das blieb groß davor
und sagte nicht: das bin ich; nein: dies ist.
[…]
Wie war dein Leben kurz, wenn du's vergleichst
mit jenen Stunden, da du saßest und
die vielen Kräfte deiner vielen Zukunft
schweigend herabbogst zu dem neuen Kindkeim,
der wieder Schicksal war. O wehe Arbeit.
O Arbeit über alle Kraft. Du tatest
sie Tag für Tag, du schlepptest dich zu ihr
und zogst den schönen Einschlag aus dem Webstuhl
und brauchtest alle deine Fäden anders.
Und endlich hattest du noch Mut zum Fest.
[…]

So starbst du, wie die Frauen früher starben,
altmodisch starbst du in dem warmen Hause
den Tod der Wöchnerinnen, welche wieder
sich schließen wollen und es nicht mehr können,
weil jenes Dunkel, das sie mitgebaren,
noch einmal wiederkommt und drängt und eintritt.
[…]
Ich möchte meine Stimme wie ein Tuch
hinwerfen über deines Todes Scherben
und zerrn an ihr, bis sie in Fetzen geht,
und alles, was ich sage, müßte so
zerlumpt in dieser Stimme gehn und frieren;
blieb es beim Klagen. Doch jetzt klag ich an:
den Einen nicht, der dich aus dir zurückzog,
(ich find ihn nicht heraus, er ist wie alle)
doch alle klag ich in ihm an: den Mann.
[…]
Denn dieses Leiden dauert schon zu lang,
und keiner kanns; es ist zu schwer für uns,
das wirre Leiden von der falschen Liebe,
die, bauend auf Verjährung wie Gewohnheit,
ein Recht sich nennt und wuchert aus dem Unrecht.
Wo ist ein Mann, der Recht hat auf Besitz?
[…]
Denn *das* ist Schuld, wenn irgendeines Schuld ist:
die Freiheit eines Lieben nicht vermehren
um alle Freiheit, die man in sich aufbringt.
Wir haben, wo wir lieben, ja nur dies:
einander lassen; denn daß wir uns halten,
das fällt uns leicht und ist nicht erst zu lernen.
[…]
Die Frauen leiden: lieben heißt allein sein,
und Künstler ahnen manchmal in der Arbeit,
daß sie verwandeln müssen, wo sie lieben.
[…]
Keiner ist weiter. Jedem, der sein Blut
hinaufhob in ein Werk, das lange wird,
kann es geschehen, daß ers nicht mehr hochhält
und daß es geht nach seiner Schwere, wertlos.
Denn irgendwo ist eine alte Feindschaft
zwischen dem Leben und der großen Arbeit.
Daß ich sie einseh und sie sage: hilf mir.[36]

XXXV. François Poulain de La Barre: *De l'Égalité des deux sexes, discours physique et moral où l'on voit l'importance de se défaire des préjugés* (Über die Gleichheit beider Geschlechter; eine moralische und physikalische Abhandlung über die Bedeutsamkeit, sich von Vorurteilen freizumachen)

Ihre [der Verleumder der Frauen] stärksten Thesen […], lassen sich zurückführen auf die Aussage, daß hinsichtlich der Frauen die Dinge immer so gewesen seien, wie sie sind, und daß dies ein Zeichen sei, daß sie immer so bleiben müßten. […] Geboren und aufgewachsen in Abhängigkeit, betrachten sie diese auf dieselbe Art wie die Männer … Nur durch das Gesetz des Stärkeren sind sie unterworfen worden. […] Welche Veranlagung die Frauen auch haben mögen, sie sind nicht weniger als wir zur Wahrheit und zum Studium befähigt. Und wenn man gegenwärtig bei einigen von ihnen Mängel findet, so hat man das einzig auf die äußere Lage ihres Geschlechts und auf die Erziehung zurückzuführen, die man ihnen angedeihen läßt, das heißt, auf die Unwissenheit, in der man sie hält, auf die Vorurteile und Irrtümer, die man ihnen beibringt, auf das Beispiel, das sie von ihren Geschlechtsgenossinnen haben, und auf all die Arten, wie sie von Schicklichkeit, Zwang, Zurückhaltung, Unterwerfung und Ängstlichkeit beschränkt werden. Man erzieht die Frauen so, daß sie Grund haben, alles zu fürchten. Man vermittelt ihnen keine Kenntnisse, so daß sie geistig gegen alle Überraschungen gewappnet sein könnten. Ihnen werden keine Übungen zuteil, die Geschick und Kraft für Angriff und Verteidigung verleihen. Daher sehen sie sich gezwungen, die Schmähungen eines Geschlechts, das zu Heftigkeit neigt, straflos zu erleiden. […] Doch da Abhängigkeit ein rein körperliches und rechtliches Verhältnis ist, kann man sie nur als Wirkung des Zufalls, der Gewalt und der Gebräuche betrachten. Man kann eine Frau nicht zwingen, sich ihrem Gatten zu unterwerfen, nur weil sie weniger stark ist als er […].[37]

XXXVI. Sigmund Freud: *Brief Sigmund Freuds an seine Verlobte Martha*

[Sigmund Freud, der mit der Übersetzung von John Stuart Mills Essay über »Die Hörigkeit der Frauen«, betraut wurde, machte in einem Brief an seine Verlobte Martha sein rückständiges Ideal der Weiblichkeit im Gegensatz zur modernen Anschauung Mills klar.]

Ich erinnere mich, daß ein Hauptargument in der von mir übersetzten Schrift war, daß die Frau in der Ehe so viel erwerben könne wie der Mann. Wir dürften ziemlich einig darin sein, daß das Zusammenhalten des Hauses und die Pflege und Erziehung der Kinder einen ganzen Menschen erfordert und fast jeden Erwerb ausschließt, auch dann, wenn vereinfachte Bedingungen des Haushalts das Abstauben, Zusammenräumen, Kochen und so weiter der Frau abnehmen. Mill hatte das einfach vergessen … Es ist auch ein nicht lebensfähiger Gedanke, die Frauen genauso in den Kampf ums Dasein zu schicken wie die Männer. Soll ich mir mein zartes, liebes Mädchen zum Beispiel als Konkurrenten denken; das Zusammentreffen würde doch nur damit enden, daß ich ihr, wie vor siebzehn Monaten, sage, daß ich sie lieb habe und daß ich alles aufbiete, sie aus der Konkurrenz in die unbeeinträchtigte stille Tätigkeit meines Hauses zu ziehen. Möglich, daß eine veränderte Erziehung all die zarten, des Schutzes bedürftigen und so siegreichen Eigenschaften der Frau unterdrücken kann, so daß sie wie die Männer ums Brot werben können. Möglich auch, daß es nicht berechtigt ist, in diesem Fall den Untergang des Reizendsten, was die Welt uns bietet, unseres Ideals vom Weibe zu betrauern.[38]

XXXVII. K. E.: *Die letzte Aufgabe des Herakles*

Als nun Herakles die Amazonen besiegt hatte, stellte ihn Eurytheus abermals auf die Probe. Es hauste nämlich jenseits des Meeres ein Weibervolk, viel gefährlicher als die Amazonen und schrecklicher von Anblick als der Kerberos, und sie hießen die Suffragetten. Und hatten ein gräßliches Feldgeschrei, das lautete »Votes for women«. Als nun Herakles hinkam, empfingen sie ihn mit Spucken, Kratzen und Beißen und nur eine einzige hauchte verzückt: »Dear me! Was für Muskeln!«
Herakles aber wehrte sich gegen die Furien wie ein Löwe. Zehn Tage und zehn Nächte kämpfte er. Dann rief er: »Mihi satis erat! (Mir war's gnua!) Bin ich ein britannischer Minister?« und floh.
Seit dieser Zeit bildeten die Britannier den Herakles nicht mehr mit einer »Löwenhaut« ab, sondern mit einer »Gänsehaut«.[39]

XXXVIII. Hugo von Hofmannsthal: *Ariadne auf Naxos*

[Zerbinetta, beginnt mit einer tiefen Verneigung vor Ariadne]
   Großmächtige Prinzessin, wer verstünde nicht,
   Daß so erlauchter und erhabener Personen Traurigkeit
   Mit einem anderen Maß gemessen werden muß
   Als der gemeinen Sterblichen. – Jedoch
[einen Schritt nähertretend, doch Ariadne achtet in keiner Weise auf sie]
   Sind wir nicht Frauen unter uns, und schlägt denn nicht
   In jeder Brust ein unbegreiflich, unbegreiflich Herz?
[Abermals näher, mit einem Knicks, Ariadne, ihrer nicht zu achten, verhüllt ihr Gesicht]
   Von unserer Schwachheit sprechen,
   Sie uns selber eingestehen,
   Ist es ncht schmerzlich süß?
   Und zuckt uns nicht der Sinn danach?
   Sie wollen mich nicht hören –
   Schön und stolz und regungslos,
   Als wären Sie die Statue auf Ihrer eigenen Gruft –
   Sie wollen keine andere Vertraute
   Als diesen Fels und diese Wellen haben?
[Ariadne tritt an den Eingang ihrer Höhle zurück]
   Prinzessin, hören Sie mich an – nicht Sie allein,
   Wir alle – ach, wir alle – was Ihr Herz erstarrt,
   Wer ist die Frau, die es nicht durchgelitten hätte?
   Verlassen! in Verzweiflung! ausgesetzt!
   Ach, solch wüster Inseln sind unzählige
   Auch mitten unter Menschen, ich – ich selber
   Ich habe ihrer mehrere bewohnt –
   Und habe nicht gelernt, die Männer zu verfluchen.
[Ariadne tritt vollends in die Höhle zurück, Zerbinetta richtet ihre weiteren Tröstungen an die unsichtbar Gewordene]
   Treulos – sie sind's!
   Ungeheuer, ohne Grenzen!
   Eine kurze Nacht,
   Ein hastiger Tag,
   Ein Wehen der Luft,
   Ein fließender Blick
   Verwandelt ihr Herz!
   Aber sind wir denn gefeit
   Gegen die grausamen – entzückenden,
   Die unbegreiflichen Verwandlungen?
   Noch glaub' ich dem einen ganz mich gehörend,
   Noch mein' ich mir selber so sicher zu sein,
   Da mischt sich im Herzen leise betörend
   Schon einer nie gekosteten Freiheit,
   Schon einer neuen verstohlenen Liebe
   Schweifendes freches Gefühle sich ein!
   Noch bin ich wahr, und doch ist es gelogen,
   Ich halte mich treu und bin schon schlecht,
   Mit falschen Gewichten wird alles gewogen –
   Und halb mich wissend und halb im Taumel
   Betrüg' ich ihn endlich und lieb' ihn noch recht!
   Ja, halb mich wissend und halb im Taumel
   Betrüge ich endlich und liebe noch recht!

So war es mit Pagliazzo
Und mit Mezzetin!
Dann war es Cavicchio,
Dann Burattin,
Dann Pasquariello!
Ach, und zuweilen,
Will es mir scheinen,
Waren es zwei!
Doch niemals Launen,
Immer ein Müssen!
Immer ein neues
Beklommenes Staunen.
Daß ein Herz so gar sich selber,
Gar sich selber nicht versteht!
Als ein Gott kam jeder gegangen,
Und sein Schritt schon machte mich stumm,
Küßte er mir Stirn und Wangen,
War ich von dem Gott gefangen
Und gewandelt um und um!
Als ein Gott kam jeder gegangen,
Jeder wandelte mich um,
Küßte er mir Mund und Wangen,
Hingegeben war ich stumm!
Hingegeben war ich stumm!
Hingegeben war ich stumm!
Kam der neue Gott gegangen,
Hingegeben war ich stumm![40]

XXXIX. [Anon.:] *Das Nibelungenlied*

Er rang nach ihrer Minne. Das war der Fraue leid.
Da griff nach ihrem Gürtel die herrliche Maid,
einer starken Borte, die sie allzeit trug.
Sie erfüllte dem König seinen Willen schlecht genug.

Die Füße und auch die Hände zusammen sie ihm band,
trug ihn zu einem Nagel und hing ihn an die Wand.
Er konnte sich nicht wehren. Grimm war seine Not.
Er hatte durch ihre Stärke beinahe erlitten den Tod.

Da begann zu flehen, der Minne hatte im Sinn:
»Nun löset meine Bande, vieledle Königin!
Ich gedenke, Euch nimmer mit Minne zu besiegen
und will auch nie wieder Euch so nahe, Fraue, liegen.«

Sie fragte nicht, wie ihm wäre, da sie in Ruhe lag.
Dort mußt er dauernd hängen die Nacht bis an den Tag,
bis durch die Fenster strahlte des Morgens heller Schein.
Des Königs Kurzeweile war derweilen äußerst klein.[41]

XL. Ludwig Hevesi: *Altkunst – Neukunst*

Die Sezession hat ihren Freunden gestern einen auserlesenen Genuß gespendet. Und die Freundschaft erstreckte sich diesmal sehr weit, denn wer hätte sich nicht gewünscht, Mata Hari (Lady Mac Leod) im eng geschlossenen Kreise, mit Ausschluß aller zimperlichen Elemente, ihre »brahmanischen Tänze« tanzen zu sehen? Tanzen in jener esoterischen Weise, die im Theater nicht möglich ist. Wie für Jünglinge, denen das Glück zuteil wird, das entschleierte Bild von Sais zu sehen. Es war ein hochpoetisches, hochkünstlerisches Schauspiel, jenseits von Erlaubt und Unerlaubt, abseits von allerlei strengen Begriffen, ohne die der Alltag nicht leben kann. Besonders von Prüderie, und ganz besonders von Kleidermacherei, ja schließlich selbst von Schleiermacherei. Das klingt scherzhaft, wenn man es so niedergeschrieben liest, aber es war ein durchaus ernstes Schauspiel. Eine Weihe von Lauterkeit schwebte darüber, eine Art physischer Heiligkeit. Eine hohe Stimmung stellte sich ein, in diesem kleinen Amphitheater festlich gekleideter Menschen. In diesem sechsfachen Kreise von lauter »Gebildeten«, die an diesem echten Sonnabend fähig waren, natürlich zu empfinden. Freilich, dieses seltene Zauberstückchen gelang einer Allmächtigen, der Schönheit.
Mata Hari – pikanter klingt zwar Lady Mac Leod – ist vor allem schön. Nicht wie ›man‹ schön ist, sondern wie sie schön ist, sie allein. Das Mischwesen von Indisch und Holländisch, das zweirassige Weib, wie es nur der Orient hervorbringt, der dem alten Paradiese so viel näher ist, als wir ausgewiesene Kulturwelt,! Eine schlanke, mittelgroße Gestalt, von tadellosem Wohllaut der Glieder, von feinster Geschmeidigkeit des Gefüges, und dabei von jener muskelhaften Strafftheit der alten tanzenden Völkerschaften, die Jahrtausende durchtanzt haben und dies Weltgeschichte nennen. Der Kopf, das Profil besonders, mit der starken Nase und den üppiger geschminkten Lippen, erinnert in der Tat an die steinernen Typen, mit denen die indischen Tempel bevölkert sind. Skeptiker wollten natürlich hinterher wissen, sie wäre eine Deutsche aus der Gegend von Köpenick, oder eine Amerikanerin aus Duncanopolis im Staate Indiana; das ist ja immer so. In ihrer Gegenwart gab es keine Spur von Skepsis. Die goldene Wolke von Illusion, die sie umschwebte, war echt wie die Echtheit. sie gab den vollen Eindruck einer schöneren Welt, der Existenz auf einem tropischeren Planeten. Die Interieurkunst der Sezession hatte ihr auch hinreichend exotische Bedingungen geschaffen. Ein tempelartiges Zelt, der Boden mit bunten Teppichen bedeckt, ein Altar mit thronendem Buddha, zwischen hohen Vasen und weißblühenden Kirschbäumen. In ehernen Becken qualmendes Räucherwerk, dessen Duft das Heiligtum durchwogte. In der Mitte des Fußbodens ist bekanntlich eine verglaste Lichtöffnung für das Untergeschoß. Dort unten brannte elektrisches Licht und verwandelte den runden Glaseinsatz in ein kleines glühendes Podium, das die tanzende Figur auch von unten beleuchtete.
In diesem Zwielicht voll Deutlichkeit mimte Mata Hari ihre merkwürdige Mimik. In indischen Gewandungen leichtester Art, die den Rumpf mit Ausnahme einer schmalen Busenbinde unbedeckt ließen. Mit fremdem Schmuck behangen, mit großen Blumen bekränzt, der weiße Schleier als ruhelose Arabeske um sie her, so glitt und schwebte, tanzte, raste sie durch den Raum. Andacht lag auf allen Zungen, und dennoch regte sich ringsum jene gewisse Hörbarkeit der Stille, die die ungewohnten Sensationen kennzeichnet. Herr Gregori sprach vor jeder ihrer drei Nummern einen kurzen Text, der übrigens die dritte Nummer nicht hinreichend erläuterte. Aber das Auge bedurfte dieser Hilfe nicht, Mata Hari erschien und opferte dem Gotte. Sie sprengte Tropfen und streute Staub, sie opferte Blumen und brennende Lichtchen. Mata Hari erschien und tanzte im Garten, bis sie die Blume der Liebe erblickte und begreifend erschauerte. Mata Hari erschien und tanzte immer wilder, unter den Zurufen des Volkes tanzte sie immer heißer und riß sich Stück um Stück vom Leibe, was sie am Leibe trug. Die Schleier und die Gürtel, die Perlen und die Blumen flogen um sie her, nur ein letztes dünnes Fähnlein haftete noch an ihrer zusammenstürzenden Nacktheit. Eine Dame trat hinzu und breitete die weiße Seide des Mantels über das schöne Weib. Inwieweit diese rhythmische Tätigkeit Tanz war, inwieweit sie brahmanisch war, kümmerte die Zuschauer wenig. Sie feierten das Fest der Augen. Mit angehaltenem Atem begingen sie die seltene Feier und lösten die Spannung in stürmischen Beifall. Keinem fiel es ein, daß die Sache nun zu Ende sein möchte.[42]

XLI. Ludwig Hevesi: *Altkunst – Neukunst*

Mit ihren beiden Armen, die schlangengleich um sie her ranken, sich bäumend, biegend, knotend, arabeskenhaft ausweichend, tendenziös zufahrend. Ihre braunen Fäuste sind die Köpfe der Schlangen, die rotgefärbten Nägel haben eine ewige Unruhe wie von leckermäuligem Züngeln, und an jeder Hand blitzen zwei ungeheure blaugrüne Edelsteine. An der einen Hand smaragdene Saphire aus Masulipatam, an der anderen saphirne Smaragde aus Seringapatam. Das sind die funkelnden Schlangenaugenpaare, die lauern und zwinkern in unheimlicher Unrast. Ruth muß sehr intim geworden sein mit der Cobra Capella, denn sie ahmt ihre Manieren und Methoden (von denen ich zwar nichts verstehe) vortrefflich nach. Und mit einem Eifer, der ihr reizendes Gesichtchen mit wechselndem Ausdruck überflackert. Sie hockt sogar nieder zu ihren Schlangen und folgt mit Spannung dem Spiel der kleinen Unholde am Boden hin, in jenem Staube, der ihr Erbteil ist. Zuletzt rafft sie deren Häupter auf und preßt sie gepaart vor das eigene Gesicht wie eine festliche Larve, mit Edelsteinen besetzt, die Augen sind, mit dem Augenzauber. Nur Schlangenköniginnen können solche haben, aus einem gewöhnlichen Reptilienfonds wären sie nicht zu bestreiten.[43]

XLII. Charles Baudelaire: *Der Maler des modernen Lebens*, »X. Die Frau«

Das Wesen, das für die meisten Männer die Quelle der lebhaftesten und sogar, zur Beschämung der philosophischen Wonnen sei es gesagt, der dauerhaftesten Genüsse ist; das Wesen, dem zuliebe oder zunutz sie sich mühen und anstrengen; dieses schreckliche und wie Gott unerreichbare Wesen (mit dem Unterschied, daß das Unendliche unerreichbar bleibt, weil es das Endliche blenden und zermalmen würde, während das hier in Rede stehende Wesen vielleicht nur deshalb unbegreiflich ist, weil es nichts mitzuteilen hat); dieses Wesen, in dem Joseph de Maistre *ein schönes Tier* sah, dessen Reize das ernste Spiel der Politik erheiterten und leichter machten; für das und durch das Vermögen sich bilden und wieder zerrinnen; für das, doch vor allen *durch* das, die Künstler und Dichter ihre zartesten Kleinodien hervorbringen; dem wir die entnervendsten Lüste und die befruchtendsten Qualen verdanken, die Frau mit einem Wort, ist für den Künstler im allgemeinen, und für M. G. im besonderen, nicht nur das Weibchen des Mannes. Sie ist vielmehr eine Gottheit, ein Gestirn, das die Vorstellungswelt des männlichen Gehirns regiert; sie ist ein Gaukelspiel aller Reize der Natur, die sich in einem einzigen Wesen verdichtet haben; sie ist der Gegenstand der Bewunderung und der lebhaftesten Neugier, die das Bild des Lebens dem Betrachter zu bieten hat. Eine Art Götzenbild, geistlos vielleicht, doch blendend, betörend, von dessen Blicken Schicksale und Entschließungen abhängen. Sie ist, sage ich, kein Tier, dessen korrekt versammelte Gliedmaßen ein vollkommenes Beispiel der Harmonie bieten; sie ist auch nicht der Typus der reinen Schönheit, wie der Bildhauer in seinen strengsten Betrachtungen ihn sich erträumen mag; nein, das würde noch nicht hinreichen, ihren geheimnisvollen und vielfältigen Zauber zu erklären. Winckelmann und Raffael gehen uns hier nichts an; und ich bin ganz sicher, daß M. G., bei aller Weite seines Geistes (ohne ihm zu nahe zu treten, sei dies gesagt), eine antike Statue unbeachtet ließe, wenn ihm andernfalls die Gelegenheit entginge, ein Porträt von Reynolds oder Lawrence zu genießen. Alles, was die Frau schmückt, alles, was ihrer Schönheit einen höheren Glanz verleiht, ist ein Teil ihrer selbst, und die Künstler, die sich vornehmlich auf das Studium dieses rätselhaften Wesens verlegt haben, sind in den ganzen *mundus muliebris* ebenso vernarrt wie in die Frau selbst. Die Frau ist gewiß ein Licht, ein Blick, eine Einladung zum Glück, ein Wort manchmal; vor allem aber ist sie ein harmonisches Ganzes, harmonisch nicht nur in ihrer Art sich zu betragen, und in der Bewegung ihrer Glieder, sondern auch in den Musselinen, den Gazen, den weiten und schillernden Gewölken von Stoffen, die sie umhüllen und die gleichsam die Attribute und das Piedestal ihrer Göttlichkeit sind; in dem Metall und Mineral, die sich um ihre Arme und ihren Hals schmiegen, die ihr Funkeln dem Feuer ihrer Blicke hinzufügen, oder leise klingelnd an ihren Ohren schwätzen. Welcher Dichter wagte es, in der Schilderung der Lust, die ihn beim Erscheinen einer Schönheit ergreift, die Frau von ihrer Kleidung und ihrem Putz zu trennen? Wer ist der Mann, der nicht auf der Straße, im Theater, im Bois, auf die selbstloseste Weise, an einer mit Geschick komponierten Toilette seine Freude gehabt und nicht ein von der Schönheit ihrer Trägerin unablösbares Bild mitgenommen hätte, weil sich ihm beide, die Frau und ihr Kleid, zu einer untrennbaren Einheit verband? Dies scheint mir nun die Gelegenheit, auf gewisse Fragen hinsichtlich der Mode und des Putzes zurückzukommen, die ich zu Beginn dieser Studie nur flüchtig gestreift habe, und die Kunst der Toilette gegen alberne Verleumdungen in Schutz zu nehmen, mit denen gewisse höchst zweideutige Verehrer der Natur sie bedenken.[41]

XLIII. *Brief Gustav Mahlers an Alma, vom 20. Dezember 1901, Hotel Bellevue, Dresden*

Mein liebstes Almschi!
Heute, meine geliebte Alma, setze ich mich mit etwas schwerem Herzen zu einem Briefe. – Denn ich weiß, ich muß Dir heut weh tun und doch kann ich nicht anders. Denn ich muß Dir alles sagen, was Dein gestriger Brief in mir aufgeregt hat; da er gerade jene Seite unseres Verhältnisses betrifft, die für alle Zukunft, als die Grundlage unserer Beziehungen, geklärt und durchgesprochen sein muß, wenn wir glücklich sein sollen.
Ich habe allerdings nur zwischen den Zeilen gelesen (denn die Zeilen selbst, mein Almschi, konnte ich wieder nur sehr schwer lesen). – Ich finde einen tiefen Widerspruch in diesem Briefe und jenen, die ich seit dem Zauberflötenabend von Dir bekommen. – Damals schriebst Du: ich will werden, wie Du es *wünschest, brauchst!* Diese Worte haben mich tief beglückt und mich mit beseligendem Vertrauen erfüllt. Nun nimmst Du sie, vielleicht ohne es zu wissen, zurück. – Laß mich zunächst der Reihe nach alle Einzelheiten Deines Briefes durchgehen.
Also das Gespräch mit Burkhardt. – Was stellst Du Dir unter Individualität vor! Hältst Du Dich für eine Individualität! Du weißt, was ich Dir einmal mündlich gesagt, daß in jedem Menschen etwas unergründlich Eigentümliches vorhanden ist, was weder durch Eltern noch umgebende Umstände zu erklären ist: das, was den Menschen im eigentümlichen Sinne ausmacht. In diesem Sinne ist jeder Mensch ein Individuum. Aber was hier Burkhardt und auch Du meinst, ist etwas ganz anderes. – Zu dieser Art Individualität kann der Mensch erst nach einem längeren, durch Kampf, Leiden und Erleben, und durch tief gegründete, kraftvoll sich ausgestaltende Beanlagung gelangen. Eine solche Individualität findet sich nur höchst selten unter den Menschen. Ein so *in sich* völlig begründetes Sein, welches unter allen Umständen das ihm eigentümliche unveränderliche Wesen ausbildet und bewahrt, und sich gegen alles Fremde und eigentlich Verneinende bewahrt, könntest Du ja noch gar nicht sein; da ja in Dir noch alles ungeworden, unausgesprochen und unentwickelt lebt.
Daß Du ein lieber, unendlich lieber, reizender Kerl bist, daß Du eine gradgewachsene Seele, ein reichbegabter, offener, schon früh zu Selbstbewußtsein gelangter Mensch bist, ist noch immer keine Individualität. Was Du *mir* bist, meine Alma, was Du mir vielleicht sein, werden könntest – das Höchste, Liebste meines Lebens, der treue, tapfere Gefährte, der mich versteht und fördert, meine Burg, die uneinnehmbar gegen innere und äußere Feinde, mein Frieden, mein Himmel, in den ich immer wieder untertauchen, mich selbst wiederfinden, mich neu aufbauen kann – was das ist, ist so unaussprechlich hoch und schön – viel und groß – mit einem Wort: *mein Weib*: aber das ist noch immer nicht Individualität in jenem Sinne, in dem man eben die höchsten Existenzen, welche nicht nur ihr eigenes Dasein, sondern das der Menschheit gestalten, und die allein diesen Namen tragen. Nun aber mußt Du folgendes wissen. Um eine solche Individualität zu werden – zu sein, nützt der Wille und der Wunsch gar nichts. [...] Alle diese Burkhardts – Zemlinskis etc. sind keine *Individualitäten*. Jeder von ihnen hat so eine Domäne – wie originelle Adressen – unleserliche Schrift (nur bildlich gesprochen – natürlich sind es nicht bloß solche Geringfügigkeiten) etc.
[...]
Jetzt nach dieser etwas lang geratenen Einleitung wende ich mich zu Dir. Meine Alma! Deine ganze Jugend – also Dein ganzes Leben – ist fortwährend bedroht gewesen durch diese höchst unklaren und im Trüben auf falscher Fährte suchenden, alles innere Leben durch lautes Schreien betäubenden, Kern und Schale fortwährend verwechselnden Gefährten begleitet, *geleitet* (währenddem Du immer selbständig zu sein glaubtest) und mißhandelt gewesen. Sie haben Dir fortwährend geschmeichelt, nicht, weil Du ihrem Inhalt Deinen zugeführt, sondern, weil Du mit ihnen großklingende Worte getauscht (eine wahre Opposition ist ihnen unbequem, denn sie lieben nur laute, schön klingende Worte – ich meine hier mehr Burkhardt und solche als Zemlinski, den ich nicht kenne, aber für was besseres halte, der aber sicher unklar und unselbständig ist) – weil ihr Euch gegenseitig mit Phrasen

berauscht (Ihr glaubt »aufgeklärt« zu sein, und habt Euch nur die Fenster verhängt, um Euer geliebtes Gaslicht als Sonne anzubeten) und – weil Du schön bist, und anziehend für Männer, die dann, ohne es zu wissen, der Anmut unwillkürliche Huldigung leisten. Denke Dir nur den Fall, Du wärest häßlich, – Meine Alma – Du bist, wenn es noch so hart klingt, und was Du trotzdem meiner *wahren* und jetzt schon ewig unversiegbaren Liebe verzeihen wirst, eitel auf das geworden, was diese Leute an Dir zu sehen vermeinen und wünschen (d.h. eigentlich möchtest Du gerne das sein, was Du ihnen scheinst), aber was, Gott sei Dank, an Dir nur *Oberfläche* ist, wie Du selbst in jenem lieben Brief von Dir gesagt. – Da diese Leute sich auch gegenseitig immer anschmeicheln und eine überragende Existenz als ihnen unbequem und Forderungen stellend, die sie nicht erfüllen können, unwillkürlich negiren, – Du aber, infolge Deiner Anmut, eine ungemein reizvolle und dabei doch, wegen Mangel an sachlichen Argumenten, sehr *bequeme* Opponentin bist, so habt Ihr Euch da immer im Kreise herumgedreht und geglaubt, die Sache der Menschheit miteinander auszutragen – »was ihr nicht tastet, steht Euch meilenfern«. Die *Unbescheidenheit*, die solchen Menschen, die ihre winzigen und in einem sehr beschränkten Umkreis sich abspulenden Gedankenknäuel als einzige Aufgabe der Geister betrachten, immer eigen ist, von der bist auch Du, meine Almschi, nicht frei.

– Solche Bemerkungen, mit denen ich sicher nicht ins Gericht gehen will, weil ich ja weiß, daß sie nur eine façon de parler sind – aber selbst die basiert auf gewähnter Denkart, »daß wir in manchen Dingen, Ideen etc. nicht *einig* sind, zeugen davon und manches Andere«! Aber, Almakind! – wir sollen ja *in unserer Liebe*, in unserem Herzen einig werden! Aber in Ideen? Meine Alma! Wo sind Deine Ideen? Das Kapitel über die Weiber von Schopenhauer – die ganze verlogene und schlimm-freche Herrenunmoral Nietzsches – der fuselhaft trübe Gedankendusel Maeterlincks, die Wirtshauslaune Bierbaums und Genossen etc etc? – Das sind *Gottseidank* nicht Deine Ideen – sondern der – ihrer Ideen!
[…]

Also, ich Armer, der die Nächte vor Seligkeit nicht schlafen konnte, weil er die, die gefunden, die mit ihm über Alles von *vorneherein* tief einig, ihm als Weib ganz gehörig und ein Stück seiner selbst geworden, die ihm selbst geschrieben, daß sie fühlt, nichts Anderes und Besseres tun zu können, als seine Welt zu erfassen, in ihr einzutreten – die im Glauben an ihn nicht mehr prüft, sondern fühlt, daß seine Religion die ihre ist – weil sie liebt etc etc.

Ich muß jetzt mich wieder fragen: was ist denn das für eine fixe Idee, die in dem von mir so unbeschreiblich innig geliebten Köpfchen Platz genommen, daß sie sie selbst sein und bleiben muß – und wie wird diese fixe Idee ausschauen, wenn einmal (was sehr rasch kommt) die Leidenschaft befriedigt, und nun die Freundschaft und das Zusammen – nicht wohnen – sondern leben und lieben angehen soll.

Nun kommt das, was eigentlich der Kernpunkt meiner Sorgen und der Mittelpunkt aller meiner Befürchtungen und Bedenken, von dem aus jede Kleinigkeit, die darauf hindeutet, eine solche Bedeutung gewonnen hat: Du schreibst – *Dir* und *meiner* Musik, – verzeih, aber auch das muß sein! Darüber, meine Alma, müssen wir uns ganz klar sein, und zwar ›sofort‹, bevor wir uns noch sehen! Und da muß ich leider von Dir anfangen und zwar bin ich in die eigentümliche Lage versetzt, in einem gewissen Sinne, *meine* Musik der Deinen gegenüberzustellen, sie, die Du eigentlich nicht kennst, und jedenfalls noch nicht verstehst, gegen Dich zu verteidigen, und ins rechte Licht stellen zu müssen. Nicht wahr, Alma, Du wirst mich nicht für *eitel* halten, und glaube mir, in meinem Leben geschieht es das erste Mal, daß ich von ihr zu jemandem rede, der nicht das richtige Verhältnis zu ihr hat. – Ist es Dir nicht möglich, von nun an *meine* Musik als die *Deine* anzusehen? Ich will hier zunächst noch nicht im Speciellen von »Deiner« Musik sprechen – auf die komme ich noch zurück.

Aber im allgemeinen! Wie stellst Du Dir so ein componierendes Ehepaar vor? Hast du eine Ahnung wie lächerlich und später herabziehend vor uns selbst, so ein eigentümliches Rivalitätsverhältnis werden muß? Wie ist es, wenn Du gerade in »Stimmung« bist, und aber für mich das Haus, oder was ich gerade brauche, besorgen, wenn Du mir, wie Du schreibst, die Kleinlichkeit des Lebens abnehmen sollst. Mißverstehe mich nicht! Glaube nicht, daß ich mir das Verhältnis zweier Gatten in diesem philiströsen Sinn denke, der das Weib als eine Art Zeitvertreib, daneben aber doch wieder als die Haushälterin des Gatten ansieht. Nicht wahr, das mutest Du mir nicht zu, daß ich so fühle oder denke. Aber daß Du so werden mußt, wie ich es brauche, wenn wir glücklich werden sollen, mein Eheweib und nicht mein College – das ist sicher! Bedeutet das für Dich einen Abbruch Deines Lebens und glaubst Du auf einen Dir unentbehrlichen Höhepunkt des Seins verzichten zu müssen, wenn Du *Deine* Musik ganz aufgibst, um die Meine zu besitzen, und auch zu sein?

Dies *muß* zwischen uns klar sein, bevor wir an einen Bund fürs Leben denken dürfen. Was heißt das nur: ich habe noch nicht gearbeitet, seitdem! Jetzt gehe ich arbeiten etc etc. – Was ist das für eine Arbeit? Componieren? – Dir zum Vergnügen oder den Besitz der Menschheit zu mehren?
[…]
Du hast von nun an nur *einen* Beruf: *mich glücklich zu machen!* Verstehst Du mich, Alma? Ich weiß ja, daß Du selbst glücklich (durch mich) werden mußt, um mich glücklich machen zu können. Aber die Rollen in diesem Schauspiel welches ebensogut Komödie wie Tragödie werden könnte (Beides nicht das rechte) müssen die Rollen richtig ausgeteilt sein. Und da fällt die Rolle des »Componisten«, des »Arbeitens« mir zu – und Dir die des liebenden Gefährten, des verstehenden Kameraden! Bist Du mit ihr zufrieden? – Ich fordere *viel*, sehr *viel* – und ich kann und darf es tun, denn ich weiß, was auch ich zu geben habe und geben werde!
Wie unverständlich ist mir, wie kühl kommt mir Dein Wesen mit Zemlinski vor! Hast Du ihn lieb gehabt? Und kannst Du dann ihm diese traurige Rolle zumuten, Dir jetzt weiter Stunden zu geben? Das kommt Dir männlich und groß vor, daß er, die Spuren seiner Leiden, wortlos und artig Dir gegenüber sitzt und sozusagen »Ordre pariert«?! Und Du willst ihn lieb gehabt haben und kannst dies ertragen? Und welches Gesicht sollte ich dabei machen, wenn ich daneben säße – und Du müßtest mich jetzt daneben sitzend denken! – Ist Dein Leben jetzt nicht unter andere Naturgesetze gekommen, nicht allzusehr aus den Fugen geraten, daß Du allmählig wieder zu Deinen früheren Beschäftigungen […] zurückzukehren Lust und Fähigkeit hast.
[…]
Was ist das für ein ›Trotz‹, ›Stolz‹? Mir, der Dir unbewehrt sein ganzes Herz geboten, der Dir im ersten Augenblick sein Leben geweiht – (und ich kenne auch diese gewissen hübschen, reichen, gebildeten, jungen etc Mädchen – Frauen). Almschi, ich bitte Dich, lies meinen Brief genau. Zu einer Liebelei darf es zwischen uns nicht kommen. Ehe wir uns wieder sprechen, muß es zwischen uns klar sein, Du mußt wissen, *was* ich von Dir verlange, erwarte, und was ich Dir bieten kann, *was Du mir* sein mußt. ›*Abtun*‹ mußt Du (wie Du geschrieben) alle *Oberfläche*, alle *Convention*, alle Eitelkeit und Verblendung (in Bezug auf Individualität und Arbeiten) – Du mußt Dich mir *bedingungslos* zu Eigen geben – die Gestaltung Deines zukünftigen Lebens in allen Einzelheiten innerlich von meinen Bedürfnissen abhängig machen und nichts dafür wünschen, als meine *Liebe!* Alma, was diese ist, kann ich Dir nicht sagen – schon zu viel habe ich von ihr gesprochen. Aber ich sage Dir doch noch eins – ich kann mein Leben und mein Glück hingeben für den, den ich so liebe, wie ich Dich lieben würde, wenn Du meine Gattin würdest.
Heute muß ich mich so schrankenlos und beinahe (unbescheiden muß es Dir scheinen) maßlos aussprechen.[45]

XLIV. Karl Kraus: *Sittlichkeit und Kriminalität*, »Die Hetzjagd auf das Weib«

»In einer englischen Provinzzeitung ist das folgende Inserat erschienen:
Gesucht wird eine wirklich häßliche, aber erfahrene und tüchtige Gouvernante zur Beaufsichtigung und Erziehung von drei Mädchen, deren ältestes 16 Jahre alt ist. Die betreffende Person muß musikalisch sein und Deutsch und Französisch verstehen. Brillante Konversationsgabe, liebenswürdige Manieren und körperliche Schönheit nicht gewünscht, da der Vater viel zu Hause ist und außerdem erwachsene Söhne vorhanden sind.
Das Inserat hat sofort Zuschriften an die englischen Tageszeitungen veranlaßt, in denen darüber Klage geführt wird, daß ein hübsches Gesicht und liebenswürdige Manieren für eine Gouvernante ein wahres Danaergeschenk seien. ›Die unvernünftigste und undankbarste Person‹, heißt es in einem Briefe, ›für die man als Gouvernante tätig sein kann, ist die verheiratete Frau vorgerückten Alters, deren Schönheit dahin ist und die nun eifersüchtig auf ihren Gatten ist.‹ ›Ich habe vor Kurzem eine gute Position in Bayswater verloren‹, schreibt eine Andere, ›weil Mrs. X. glaubte, ich liebäugele mit ihrem Bruder, einem kahlköpfigen Offizier. Es war nicht wahr – er hielt sich nur häufig in der Kinderstube auf, weil er die Kinder gern hatte. Soll ich nun hungern, weil ich hübsch bin? Mehrere Stellenvermittlungsbureaus haben mir bereits gesagt, ich sei zu jung und sehe zu ›mädchenhaft‹ aus‹.«

«Beim Polizeikommissariat Mariahilf lief gegen eine junge, hübsche, zur damaligen Zeit gerade ohne Engagement befindliche Schauspielerin die anonyme Anzeige ein, daß sie geheime Prostitution betreibe. Das Polizeikommissariat leitete hierauf Erhebungen ein, ließ die Schauspielerin bewachen und lud eine Anzahl Leute vor, die bei ihr verkehrt hatten. Obwohl nun alle diese Zeugen die Angezeigte entlasteten, verurteilte der Polizeikommissär die Schauspielerin dennoch wegen ›gewerbsmäßiger Unzucht‹ zu achtundvierzig Stunden Arrest. Die Quartiergeber der Schauspielerin hatten angegeben, daß absolut nichts Unzüchtiges vorgekommen sei. Wohl sei es öfter vorgekommen, daß mehrere Herren zu gleicher Zeit auf Besuch waren, doch geschah dies immer in Gegenwart der Hausleute. Gegen die Quartiergeber, denen der Polizeikommissär gleich von allem Anfang an ›Schub‹ und das ›Einsperren‹ in Aussicht gestellt hatte, wurde hierauf auch tatsächlich eine Anzeige wegen Kuppelei erhoben. In der Verhandlung wurde die Schauspielerin als Zeugin einvernommen. Sie gab zu, einen ziemlich großen Bekanntenkreis und auch viele Verehrer zu haben. Die Zeugin führt das eben darauf zurück, daß sie Schauspielerin, hübsch und dabei von liebenswürdigen Umgangsformen sei. Man könne sie aber unmöglich dafür verantwortlich machen, daß diese ihre Bekannten ihre Gesellschaft suchen. Wenn sie zu ihr kamen, so geschah es nur, um mit ihr zu plaudern oder Karten zu spielen. Die Besucher seien nie mit ihr allein gewesen.«

»Dat veniam corvis, vexat censura columbas«: es tritt die Sexualheuchelei der Gesellschaftsordnungen, die Männermoral der Generationen bis ans Ende der Welt. Alles verzeihen die Sittenrichter den Raben und peinigen die Tauben. Die Frau darf nur, was der Mann will, aber nur, wenn sie es selbst nicht will. Und wehe, wenn das schwächere Gefäß der Sittlichkeit unsanftester Berührung nicht Stand hält! Ist es zierlich, greift man gern danach und wirft's, wenn man sich satt geschlürft, verächtlich in die Ecke ... Die beiden Zeitungsnotizen, die ich hier zusammenstelle, habe ich an demselben Tag gefunden. Ist's nicht das Halali der Hetzjagd auf die schöne Frau? Männermoral und die Eifersucht der Häßlichkeit sind hinter ihr her. Aus dem bürgerlichen Erwerbsweg geworfen, verfällt sie der Feme, wenn sie den andern betritt. Für die aufreizende Wirkung dieser Parallele ist die Frage belanglos, ob die Schauspielerin wirklich – wie's im Jargon gesetzgeberischen Stumpfsinns heißt – »gewerbsmäßige Unzucht« getrieben hat oder nicht, ob außer dem Angriff gegen Geschlecht und Selbstbestimmungsrecht ihr auch eine persönliche Unbill zugefügt wurde. Belanglos, ob hier wirklich ein »Grund« vorlag, die Tücke eines aus engstirnigem Geist geborenen Gesetzes spielen zu lassen, oder ob bloß ein Polizeigehirn die Lust angewandelt hat, in Machtvollkommenheit zu glänzen und die Spässe eines Indizienprozesses in die Verwaltungssphäre zu übertragen. Der Nachweis »geheimer Prostitution« würde an der Scheußlichkeit der Sache nichts ändern. Man fragt sich, in welchem Jahrhundert man eigentlich lebt, wenn gemeldet wird, daß eine Frau die Behörde darüber beruhigen mußte, daß ihre Besucher nicht mit ihr allein im Zimmer waren, daß sie bloß geplaudert und sonst nichts getan haben, was den Herrn Kommissär irritieren könnte. Wozu Polizisten auf der Welt sind, erkennt man also nicht nur, wenn Raubmörder und Taschendiebe unentdeckt bleiben. Aber daß sie auf der Welt sind, kann man sich nur daraus erklären, daß doch hin und wieder etwas geschieht, was »das Schamgefühl gröblich zu verletzen geeignet« ist. Oder sollten am Ende die Sexualrichter ihr Dasein der Paarung eines Paragraphen mit einer Gesetzesnovelle zu verdanken haben? ... Daß ein Mädchen auch ohne finanzielle Absicht Besuche empfangen kann, ist »hieramts« undenkbar. Man sollte aber meinen, daß sie auch im anderen Fall kein Rechtsgut verletzt und daß die Gefährdung ihrer Ethik höchstens ihren Freund, ihren Vater, ihren Gott, aber nie und nimmer ihren Polizeikommissär angeht. Die tiefe Unsittlichkeit einer Sittenpolizei, die Lizenzen für Prostitution erteilt, die gewerbsmäßige Unzucht Unbefugter nicht duldet und vielleicht nächstens auch auf diesem Gebiet den Befähigungsnachweis einführen wird, die unter allen Umständen sich der schwersten Eingriffe in Privatleben und Selbstverfügungsrecht der Frauen schuldig macht, redet sich vergebens auf hygienische Notwendigkeiten aus. Jeder Versuch der Reglementierung scheitert an ihrer tiefbegründeten Aussichtslosigkeit, und das Mißverhältnis zwischen behördlichem Eifer und der organischen Größe einer in Frauennatur und Gesellschaftsstruktur wurzelnden Erscheinung ist nur ein witziger Kontrast. Daß man wirklich die Hygiene will und nicht die Sittlichkeit, würde erst beweisen, wenn Männer Gesetze gegen Männer schüfen, wenn's Paragraphen gäbe, die die bewußte Übertragung einer venerischen Erkrankung mit Zuchthaus bedrohen. Der bürgerlichen Welt, die aufschreit, wenn die Sittenpolizei irrtümlich eine »anständige« Frau brutalisiert hat, geschieht nur Recht von ihrem eigenen Recht. Nicht der »Mißgriff«, der Griff empört die Menschlichkeit, und jeder »peinliche Zwischenfall«, der die gute Gesellschaft aufregt, aber die normale Bestialität der Behandlung prostituierter Frauen erkennen läßt, ist erfreulich. Eine Gesellschaftsordnung, deren bessere Stützen die besseren Beutelschneider sind, hat ausschließlich dem Weib sittliche Lasten aufgebürdet und peinigt statt des Raben die Tauben. »Sittlich« ist, was das Schamgefühl des Kulturmenschen gröblich verletzt.[46]

XLV. Ludwig Speidel: *Hans Makart und die Frauen* [Am 24. März 1878]

Ein so geräuschvolles und die Geister aufregendes Wiener Ereignis, wie es die Ausstellung von Makarts neuestem Gemälde: *Der Einzug Karls V. in Antwerpen* bildet, ist in der letzten Zeit weder auf theatralischem noch auf musikalischem Gebiete erlebt worden. Ein Zug der Neugierde, der nach dem Künstlerhause strebt, geht durch alle Schichten der Bevölkerung, und wer das Bild von Makart noch nicht gesehen, ist vom Tagesgespräch ausgeschlossen. An der Kasse drängen sich die Menschen, um ihre Silberlinge loszuwerden, ja Polizei mußte aufgeboten werden, um den ausschweifenden Kunstsinn der Wiener in die ihm gebührenden Schranken zurückzuweisen. Über die Stadt der Musik, des Schauspiels, des geselligen Vergnügens ist plötzlich ein leidenschaftlicher Geschmack an einem Werke der bildenden Kunst gekommen. Wie hängt das zusammen? Das Bild selbst erklärt solche ungewöhnliche Teilnahme. Es ist in Wien und, was mehr sagen will, aus Wien heraus gemalt worden. Es ist, und das sagt noch mehr, wesentlich ein Frauenbild. Es stellt Frauen dar und gefällt den Frauen, und wer die Frau für sich hat, hat auch den Mann. Und nicht nur Frauen im allgemeinen stellt das Bild dar, die man in Gesellschaft gesprochen, mit der man auf dem letzten Opernballe den ersten Walzer getanzt. Man sucht also sich selbst, man sucht sich die Frau und findet sie. Und wie findet man sie! Entweder in der kleidsamsten, prachtvollsten Tracht oder ganz zurückgeführt auf jene mächtigsten Reize, welche die Natur dem Weibe unmittelbar verliehen. In der gemischten Zuschauermasse vor dem Bilde Makarts befindet sich der geistig-sinnliche Mensch von feinerem Schlage in einer nicht unangenehmen elektrischen Spannung. Hier wird »Geheimes« aus schönem Munde zierlich erörtert, und gewiß sind die Frauen, auf das wichtige Geschäft des Gefallens durch ihre Bestimmung angewiesen, die scharfsinnigsten Beurteiler weiblicher Schönheit und Tüchtigkeit. Die der Schönheit Beflissenen können hier lernen, und um so mehr lernen, als die Wienerin unbefangen oder mutig genug ist, sich, der eigenen Vorzüge bewußt, vergleichend neben das herausfordernde Bild zu stellen. So standen einmal zwei schöne Wiener Bürgerstöchter, die jahrelang die anmutigste Zierde der hiesigen Gesellschaft waren, nachsinnend vor der Aphrodite von Melos im Louvre zu Paris, bis die eine der Schwestern die andere anstieß und naiv bemerkte: »Du, so schön sind wir auch!« Mit solch mutiger Unbefangenheit der Wienerin hängt das Bild von Makart zu einem großen Teile zusammen. Es ist Wiener Erzeugnis, hervorgegangen aus einem Kompromiß zwischen Kunst und Leben, nämlich aus der lebhaften Neigung des Künstlers, nackte Weiblichkeit zu malen, und aus der Bereitwilligkeit der zum Teile der guten Gesellschaft angehörigen Modelle, der Neigung des Künstlers bis zu einer gewissen Grenze entgegenzukommen. Kein Wunder, daß Wien sich lebhaft für ein Bild interessiert, an dem es so wesentlich mitgearbeitet.
Der Einzug Kaiser Karls V. in Antwerpen war für Makart mehr Vorwand als Vorwurf. Der Gegenstand kam ihm nicht historisch gebietend entgegen, er ward ihm vielmehr ganz im Sinne seines Talentes eingeschmeichelt. Seltsamerweise ist es Albrecht Dürer, der dem Wiener Maler, von dem er sich in jedem Stücke streng unterschied, jenen Gegenstand vermittelt. Auf seiner Reise in den Niederlanden wohnte Dürer der großen Festlichkeit in Antwerpen bei und trug die folgenden Zeilen in sein Tagebuch ein: »Da waren die Pforten gar kostbar geziert mit Kammerspielen, großer Freudigkeit und schönen Jungfrauenbildern, dergleichen ich wenig gesehen habe.« Das Nähere berichtete Dürer seinem verehrten Freude Philipp Melanchthon, der den Sachverhalt näher auseinandersetzt. Er erzählt, daß der in Antwerpen einreitende Kaiser die entblößten Ehrenjungfrauen kaum mit dem Blicke gestreift habe, und fährt dann fort: »Alles dies erzählte mir der trefflichste und ehrenwerteste Mann, der Maler Dürer, Bürger von Nürnberg, der zugleich mit dem Kaiser die Stadt betreten hat. Derselbe fügte hinzu, daß er gar gerne herangetreten sei, sowohl um zu sehen, was dargestellt werde, als auch um die Vollkommenheit der allerschönsten Jungfrauen genauer zu betrachten; denn, meinte er: ich, weil ich ein Maler bin, habe mich ein wenig unverschämter umgeschaut …« Aus diesen Meldungen, die »allerschönsten Jungfrauen« betreffend, ist dem Wiener Maler sein Bild entsprungen. Der Kaiser, die Staatsaktion waren Nebensache, die Jungfrauen wurden der Mittelpunkt der Komposition. Der

Titel des Gemäldes sollte von Rechts wegen lauten: »Die nackten Jungfrauen beim Einzug Karls V. in Antwerpen«. […]

[…] hat Makart in dem neuesten Werke seine Farben herabgedämpft. Die Armut an Tönen, die wir ihm früher manchmal vorwarfen, ist einer größeren Wohlhabenheit gewichen. Dem schwierigen Problem der Fleischbehandlung ist er nähergetreten und hat hier in Ton und Modellierung bemerkenswerte Fortschritte gemacht. Gerade an der Wiedergabe des Nackten wird sein emsiges Streben nach der Erzielung eines soliden Farbenkörpers ersichtlich. Aber auch seine alten, noch nicht verwundenen Schwächen offenbaren sich in seiner Darstellung des Nackten. Seine Kenntnis des menschlichen Körpers, zumal dessen, was unter der Oberfläche liegt und diese bewegt und belebt, ist noch immer nicht stark. Um die Funktionen der Gelenke hat er sich zwar ein wenig umgesehen, aber jede kompliziertere Bewegung des Körpers mißlingt ihm und mißlingt ihm oft bis zum Lächerlichen, so daß eine sich bückende Gestalt, wenn man die Konsequenz ihrer Bewegung zieht, notwendig auf die Nase fällt und eine stark ausschreitende Gestalt stehenbleiben müßte, weil sie den zurückgebliebenen Fuß nicht mehr an sich ziehen kann. […]

Noch einen Fortschritt, und gleichsam einen moralischen, möchten wir zuletzt an Makart kennzeichnen. Auf seinen früheren Bildern fand man häufig Frauengesichter, in deren Zügen sich die tiefste Verderbnis ausdrückte. Solche Frauengesichter findet man auf dem neuesten Bilde fast nur andeutungsweise, und eine gewisse Veredelung erstreckt sich bei seinen gemalten Schönen selbst noch tiefer herab. Liegt das an den besseren, anständigeren Modellen? Prosper Mérimée stand einmal in London bewundernd vor einer nackten antiken Venus. Sie regte ihn zu allerlei Betrachtungen an, die er (*Lettres à une autre inconnue*) einer Freundin brieflich mitteilte. »Wie schade«, schreibt er unter anderem, »daß die Zeit diese schönen Dinge zerstört! An allen diesen antiken Statuen findet man die natürlichste Bewegung; sie sind so wunderbar anmutig und zugleich so keusch. Läßt man diese Bewegungen von unseren Modellen wiederholen, so erscheinen sie gespreizt und unanständig. Woher mag das kommen? Ich habe mich oft gefragt, ob dies mit der gesellschaftlichen Stellung der Modelle zusammenhängt und ob Frauen aus der guten Gesellschaft sich der Antike nicht mehr nähern würden. Wie schade, daß sich diese Versuche, die so lehrreich wären, nicht leichter bewerkstelligen lassen!« […]

Für Hans Makart hat sich die Welt nicht verkehrt, aber die Frauen lieben seine Kunst, und sie gehen für ihn ziemlich weit in ihrer Kunstbegeisterung. Zu den nackten weiblichen Gestalten auf seinem jüngsten Bilde nennt man ganz ruhig Namen. Allerdings handelt es sich bloß um Kopf und Schultern. Aber ist das nicht auch ein Heldentum und je nachdem ein Martyrium, wenn ich zu meinem Kopf und meinen Schultern den Maler das übrige hinzudichten lasse? … Wir kommen wieder auf die Wiener Naivität zurück, mit der wir angefangen haben. Makarts Bild und dessen Erfolg war bloß durch sie möglich. Sollen wir sie preisen, sollen wir sie verdammen? Wir lassen sie einfach gelten. In gewissen Dingen ist es schwer, endgültige Grundsätze aufzustellen. Wir belauschten einst das Gespräch zweier Damen, die darüber stritten, ob eine anständige Frau einem Maler zu mehr als Kopf und Schultern sitzen dürfe. »Ich würde nur dem größten Maler sitzen«, meinte schließlich die eine. »Nur dem größten?« fragte die andere. »Dann würdest du keinem sitzen, wenn ich dich recht verstehe. Denn wer würde dir sagen, welcher der größte ist?« … Wir glauben, es liegt im Sinne der Frauen, mit der bedenklichen Frage so anmutig zu spielen.[47]

XLVI. Emile Zola: *Schriften zur Kunst*

Die Porträts, diese Bilder aus dem gewöhnlichen Leben, müßten schon aufgrund ihrer Eigenart das Moderne darstellen. Es ist keineswegs so. Natürlich sind die Modelle aus dem Leben gegriffen, doch fast immer möchte der Künstler irgendeine Schule nachahmen. Er will wie Rubens, Rembrandt, Raffael oder Velazquez malen. Er hat ein altes Ideal im Kopf, er verwendet seine ganzen Kräfte darauf zu lügen, statt das vor ihm posierende Individuum aufrichtig darzustellen. Deshalb sehen wir klägliche Kopien, nach bekannten Rezepten hergestellte Puppen. Das Leben fehlt völlig: wir erkennen weder den modernen Mann noch die moderne Frau noch ihre Sitten und Gebräuche. Ich meine nicht die Ähnlichkeit, die geometrische Ähnlichkeit, wenn ich das so sagen darf, ist schon vorhanden: das genaue Verhältnis der Linien zueinander, das allen Malern, den großen wie den kleinen, mehr oder weniger gelingt. Ich möchte eine individuelle Ähnlichkeit wiederfinden, den ganzen Menschen, seinen Charakter, sein eigentliches Ich in Fleisch und Blut. Aber um eine solche Ähnlichkeit kümmern sich unsere Maler nicht. Außer dem Bedürfnis, die Manier eines der alten Meister zu übernehmen, kümmern sie sich nur um eines: dem Modell zu gefallen. Man kann sagen, daß es ihr großes Anliegen sei, die Spuren des Lebens zu tilgen. Ihre Bildnisse sind Schatten, blasse Figuren mit Glasaugen, Samtlippen, Porzellanwangen. Die Wachsköpfe in den Schaufenstern von Perückenmachern haben keine längeren Wimpern, keine glänzenderen Haare, keinen rosigeren Teint und keinen dümmeren Ausdruck. Die Künstler wagen es nicht, die lebendigen Farben der Natur hinzuzufügen: Gelb, Braun, Rot. Sie gestatten sich nur zarte Farbtöne, und wenn einer stärkere Schatten riskiert, verliert sich die Wirkung trotzdem in den hingeklecksten toten Gesichtern. ... In der Bourgeoisie und im Adel ist es Mode, sein Porträt bei diesem oder jenem Maler in Auftrag zu geben. Das Porträt wird an die Wand des Salons gehängt und vervollständigt die Möblierung des Raumes. Verständlich, daß der Maler viel Geld verdient. Seine Begabung ist ein Modeartikel.[48]

XLVII. Carl Heinrich Stratz: *Die Rassenschönheit des Weibes,* »Oesterreicherinnen«

Die kaiserlich königliche österreichisch-ungarische Monarchie ist eine grosse moderne Pandorabüchse, in der statt den Plagen der Menschen diese selbst im buntesten Durcheinander eingeschlossen sind. Wenn man den Deckel vorsichtig lüftet, dann hört man drinnen ein babylonisches Sprachgewirr, und wenn man ihn abnähme, dann würden die verschiedenen Völkerschaften nach allen Richtungen der Windrose sich zerstreuen. Nicht nur Romanen und Nordländer, sondern auch Mongolen reichen sich hier brüderlich die Hand, und es ist ebenso unmöglich, einen Nationaltypus zu finden, als es eine einzige Nationalsprache gibt. Doch lässt sich dies bunte Völkergemisch in zwei grosse Gruppen scheiden, deren eine sich um das Königreich Ungarn schart, während in der anderen die deutsch-österreichischen Elemente zusammengefasst sind.
Den ungarischen Magyaren sind die Slavonier im Süden, die Galizier und Tschechen im Norden am nächsten verwandt; alle diese Stämme haben mehr oder weniger mongolisches Blut in ihren Adern, wenn es auch sehr stark mit mittelländischem durchsetzt und veredelt ist.
Die Deutschösterreicher, zu denen ausser dem Erzherzogtum Oesterreich Tirol, Salzburg, Kärnten, Steiermark, Krain, Mähren und ein grosser Teil von Böhmen gehört, haben aus vielen nordischen und einigen romanischen Elementen einen besonderen Typus gebildet, der zwischen den beiden Zweigen der mittelländischen Rasse ziemlich abgeschlossen dasteht.
In beiden Gruppen finden sich Frauengestalten von vollendeter Schönheit, doch nimmt diese Schönheit infolge der vielen Grundelemente die verschiedenartigsten Formen an.[49]
Von Deutschösterreicherinnen, namentlich von Wienerinnen, hat O. Schmidt eine Reihe selten schöner Photographien hergestellt, auch in der älteren, Heidschen Serie befinden sich zahlreiche gutgebaute Exemplare von Wiener Modellen.
Die Deutschösterreicherin hat mit ihren nordischen Schwestern die schöne weisse Haut gemein. Die Farbe der Augen und Haare dagegen hält die Mitte zwischen nordischen und romanischen Typus und spielt meistens in heller oder dunkler braunen Tönen.
Ausserdem aber besitzen die Deutschösterreicherinnen, besonders die Frauen aus dem Erzherzogtum Oesterreich, aus Kärnthen und Krain gewisse Schönheiten in höherem Masse und häufiger als andere Stämme. Dazu gehört vor allem das vielbesungene Grübchen im Kinn, zu dem sich, wenn der Mund beim Lächeln sich verzieht, die freundlichen Grübchen in den Wangen gesellen.
Dass auch die Brüste der Oesterreicherinnen schon lange den Ruf besonderer Schönheit haben, beweist ein altes Volkslied, das Hyrtl (in der *Topographischen Anatomie*) zitiert.
Der Sänger wünscht für seine Liebste:
Den Kopf aus Prag, die Füss' vom Rhein,
Die Brüst' aus Oesterreich im Schrein,
Aus Frankreich den gewölbten Bauch ...
Die schöne Form der Brüste hängt aber ebenso wie das Grübchen im Kinn ab von einer elastischen, zarten, dabei aber der Unterlage gut angehefteten Haut, und demnach haben wir wohl diese als die Hauptzierde der Oesterreicherin anzusehen, die ausser den genannten Vorzügen noch einen schönen Teint zur Folge hat.

Ein fünfzehnjähriges Mädchen aus Wien zeigt alle diese Vorzüge seiner Landsmänninnen in der Knospe. Das Grübchen im Kinn, die runden, sprossenden Brüste, das reiche, kastanienbraune Haar, das sie schüchtern ausbreitet, die grossen, rehbraunen Augen und die weisse Haut, alles ist ihr von der gütigen Natur verliehen.

[…]

Von sehr reiner Form endlich ist das Gesicht einer jungen Wienerin, das die romanische Nase mit dem weichen, regelmässigen Profil der Nordländerin vereinigt. Die schönen Linien des leichtgeöffneten Mundes und die grossen, freundlichen Augen sind von seltener Regelmässigkeit, der schmale Hals geht weich in die Brüste über; alle Muskelansätze und Knochenvorsprünge werden von der weichen, elastischen Haut in gefälliger Rundung verborgen.

Leider hat aber diese vorzügliche Beschaffenheit der Haut und des Unterhautbindegewebes der Oesterreicherinnen noch häufig eine andere Folge, nämlich eine sehr starke Fettablagerung, und dadurch verlieren sehr viele dieser Gestalten mit der zunehmenden Grösse und Schwere der Brüste sehr bald ihre jugendlichen Reize.

Weit seltener sind auch der Unterleib und die Gliedmassen von entsprechender Vollendung der Formen.

Als Vorbild eines schön gebauten jugendlichen Mädchenkörpers mit vollen Formen verweise ich auf eine 17jährige Wienerin aus der Heidschen Serie, die von vorn, vom Rücken und im Profil aufgenommen ist.

Zunächst ist hervorzuheben, dass das Mädchen bei einer Körperhöhe von wenig mehr als 7 Kopfhöhen völlig normale Proportionen mit dem Fritschschen Schlüssel zeigt. Zur Messung der Proportionen wurde eine andere, mehr geeignete Aufnahme desselben Modells gewählt. – Die Körpermitte steht dicht über dem oberen Rand der Schamspalte, demnach besonders tief. Die Beine, mit der Mikuliczschen Achse bestimmt, verlaufen völlig gerade und betragen 3 3/4 Kopfhöhen, demnach ein Viertel Kopfhöhe mehr als die halbe Körperlänge.

Gestützt auf die photographischen Aufnahmen können wir als Vorzüge verzeichnen: weiche, runde und doch kräftige Körperformen, Schönheitsfalten über den Augen, Grübchen im Kinn, kleiner, tiefer, hochangesetzter Nabel, reichliches Haupthaar … bei geringer Körperbehaarung, runde Ellenbogen, lange, weichgeformte Hand mit Grübchen und geraden, nach der Spitze schmäler werdenden Fingern, gerade, lange, runde Beine, schmales Knie, runde, kräftige Wade mit weichem Umriss, gut geformte Füsse mit längster zweiter Zehe.

In der Rückansicht ist hervorzuheben der weiche und doch kräftige Uebergang vom Nacken zur Schulter, gut ausgeprägte mittlere Rückenfurche und schöne Kreuzgrübchen, pralle, runde Hinterbacken mit zweiter, doppelter Wölbung darunter am inneren Oberschenkel, deutliches Hervortreten der Muskelsehnen in der Kniekehle, weibliche Form der Waden. Die Geradheit der Beine springt besonders in der Rückansicht deutlich in die Augen.

In der Profilansicht ist trotz der schlaffen Haltung die schöne Form der Brüste zu erkennen. Trotz ihrer strotzenden Fülle hat die rechte, jugendliche Brust sich nicht gesenkt, sie ist sehr hoch angesetzt; die Verbindungslinie mit der Achsel ist durch den kräftigen Brustmuskel deutlich markiert. Am Arme sind die in der Streckung sichtbaren Grübchen am Ellenbogen erkennbar. Als Fehler sind zu betrachten die etwas plumpen Gesichtszüge, die grosse Ohrmuschel und das schwer gebaute Fussgelenk. Die frühzeitige Fülle dieses kräftigen Mädchenkörpers beruht zum Teil auf der guten Muskulatur, zum Teil aber auch auf starker Fettablagerung, die den schönen jugendlichen Formen ein baldiges Ende durch stärkere Anhäufung prophezeien lässt.

Eine derartige Gestalt wird – namentlich bei den geringen Vorzügen des Gesichts – in Kleidern wenig oder gar keinen Eindruck machen, weil sie, selbst bei geringer Bedeckung, plump erscheinen würde. Dieses Mädchen ist – vom künstlerischen Standpunkt betrachtet – geboren, um nackt zu sein, und das hat sie mit so manchen klassischen Statuen von Göttinnen gemeinsam.

Zu dieser kräftigen Gestalt steht der schlanke Körper einer ebenfalls 17jährigen Wienerin in schroffem Gegensatz, trotzdem beide Körper, jeder in seiner Art, besondere Vorzüge haben.

Dieses Mädchen aber stellt die österreichische Frauenschönheit in ihrer höchsten Vollkommenheit dar. Sie gleicht einer halbgeöffneten Rosenknospe, die in ihrem jugendlichen Reiz oft schöner ist als die volle Blume.

Dass aber diese Menschenblüte von ihrer reinen Schönheit nichts eingebüsst hat, beweist eine Aufnahme, die drei Jahre später, bei etwa 20jährigem Lebensalter, gemacht ist.

Der schöne Kopf erinnert an die Raffaelsche Fornarina. Die volleren Formen haben die Schönheit des freundlichen Gesichtes keineswegs beeinträchtigt, was bei der grossen Regelmässigkeit der Züge auch zu erwarten war.
Ausser dem schönen Blau der grossen Augen [...] kommt in dieser späteren Aufnahme besonders die klassische Form der Hände vortrefflich zur Geltung.
Die Schönste aber in diesem schönen Lande habe ich nur einmal als Knabe in tiefster Bewunderung aus der Ferne betrachtet. Das war die unvergessliche Kaiserin Elisabeth von Oesterreich.[50]

XLVIII. Ludwig Speidel: *Frauenschönheit* [31. März 1867]

Frauenschönheit, sei sie nun gemalt oder lebendig, ist wohl das dankbarste Ding, das man auf Erden finden mag. Wird auch ein kühler, sachdenklicher Beurteiler des ästhetischen Formenwertes der Gestalt des Mannes vor derjenigen des Weibes den Preis höherer Schönheit unzweifelhaft zuerkennen müssen – denn frei, wie ein Gott, ist der Mann in die Welt hineingestellt, während der weibliche Körper durchaus von Absicht und Zweck beherrscht ist –, so hat die Natur doch tausend listige Mittel ersonnen, um uns das andere Geschlecht als den Inbegriff aller Vollkommenheit erscheinen zu lassen. Ein System von Zwecken könnte, in der ungemütlichen Sprache der Wissenschaft, das Weib genannt werden; aber es ist das wundervollste System von Zwecken, das in dieser sichtbaren Welt nur immer zu erspähen. Jede Absicht ist hier mit Anmut umkleidet, jeder Zweck spitzt sich zu einem Reize zu. Keine Frage, wenn man die schlauen Gänge und den Situationswitz der Natur überdenkt, so ist das Weib das Meisterstück der Schöpfung. Wenn aber, nach Kant, schön ist, was ohne (sinnliches) Interesse gefällt, so liegt auf der Hand, wie schwer es uns gemacht ist, dem Weibe gegenüber diesen Standpunkt der Unbefangenheit einzunehmen. Wir mögen es merken oder nicht, stets schiebt sich unserer Betrachtung der weiblichen Schönheit der Zweckbegriff unter, der geflügelte Gott schwebt ungesehen hinter uns und zielt über unsere Schulter hinweg mit dem Bogen. Und nicht allein der Mann allein steht auf solche Weise der Frau gegenüber, nein, auch die Frau selbst betrachtet ihr Geschlecht in ähnlichem Sinne; denn da es die Aufgabe ihres Lebens ist, dem Manne zu gefallen, so sieht sie auch ihresgleichen durch die Augen des Mannes an, indem sie ihr Urteil über weibliche Schönheit mit steter Rücksicht auf dasjenige bildet, was an dieser Gestalt, an diesem Wuchse, an diesen Zügen den Mann anziehen oder was daran seine Abneigung erregen könne. Zu trauen freilich ist dem laut ausgesprochenen Urteile des Weibes über eine ihres Geschlechtes nicht leicht, weil dieses Urteil meistens durch eigentümliche psychologische Vorgänge gefälscht ist; denn erstens hält sich jede Frau, sei sie auch zehnmal verheiratet oder auch steinalt, für die natürliche Nebenbuhlerin ihres ganzen übrigen Geschlechtes, und zum anderen ist das Ideal, an dem sie ihre Mitgeschöpfe abschätzt, immer sie selber. Wie dem auch sei: gewiß ist, daß, wo sich immer, sei es im Leben oder in der Kunst, weibliche Schönheit hervortut, Mann und Weib gleichmäßig in der Höhe sind, so daß man wohl glauben könnte, das Weib sei der Mittelpunkt der Welt.[51]

XLIX. G. W. Geßmann: *Die Frauenhand und ihre Bedeutung für die Erforschung des weiblichen Charakters*

[...] daß aber Vorgänge im Gehirne, welche als psychisch bezeichnet werden müssen, dennoch auf die Entwicklung der Handformen irgend welchen Einfluß ausüben, dafür spricht der Umstand, daß im Starrkrampfe sowie im Tode die Linien, welche in der inneren Fläche der Hand vorzufinden sind, gänzlich verblassen und verschwinden, ferner die Tatsache, daß bei Kretins und anderen geistesschwachen Personen von Geburt aus die Hände viel weniger entwickelt sind, als bei geistig normalen, oder gar in geistiger Hinsicht hervorragenden Menschen. Ferner wäre hier der Umstand ins Treffen zu führen, daß der Grad der Willensstärke einer Person aus der stärkeren oder minderen Entwickelung des Daumens erkannt werden kann.[52]
[...] Ist das erste Daumenglied schmal, schlank und dünn, so zeigt dies von totalem Mangel des Entschlusses, von Unterwürfigkeit unter fremde Ideen und vorgefaßte Meinungen, sowie es Zweifel, Unschlüssigkeit und schließlich moralische Erschlaffung andeutet. Selbstredend ist – wie dies logi-

scherweise wird sein müssen – dann das zweite Glied sehr gut entwickelt. Stärke und Länge des ersten
Gliedes bekundet feste Ideen, starke und nachgiebige Hartnäckigkeit in den Überzeugungen, schnelle Entscheidung und Eigenwahl und endlich mehr sittliche Kraft als Übersicht.
Im großen und ganzen pflegt ein kleiner schwach entwickelter Daumen immer das Kennzeichen
eines schwankenden und unschlüssigen Menschen zu sein, der in allen Dingen, welche mehr an die
Urteilskraft, als an Gefühl und Instinkt appellieren, äußerst schwer zu einem definitiven Entschlusse
gelangt.
Personen, welche kleine Daumen haben, sind außerordentlich duldsam, denn sie werden von ihren
Herzen beherrscht und fühlen sich mehr im Kreise der Gefühle, als in dem der Gedanken heimisch,
sie beurteilen auch besser nach Überlegung als nach Eingebung.
Große und starke Daumen hingegen kennzeichnen Selbstbewußtsein, also einen Menschen, der sich
beim geringsten Erfolge vor Eigendünkel wie ein Pfau aufbläht, der kräftig und anmutlos, wahr aber
nicht natürlich ist.
Man hat auch vielfach große Daumen als ein sicheres Anzeichen von Neigung und Anlage für geheime Wissenschaften gehalten, ob mit Recht oder Unrecht, wollen wir hier dahingestellt sein lassen.[53]

L. Karl Kraus: Die Fackel, »Über die *Medizin* von Klimt«

Ganz wider den Willen der Natur ist der Frühling bei uns die unangenehmste Jahreszeit geworden.
Seit mehreren Jahren ist [...] ein häßlicher Trieb zum Streite, Unfriedensbedürfnis, eine allgemeine
Scandalsucht hinzugetreten, die die Menschheit entzweit, [...] Professoren zu Protesten, Abgeordnete
zu Interpellationen treibt, die den Laien gegen die Gebildeten und Herrn Pötzl gegen Herrn Bahr
aufbringt [...] man erräth, daß ich von Herrn Klimt spreche und von dem Lärm, der seit mehreren
Wochen sein stilles Atelier umbrandet [...] Das ›Medicin‹-Geschrei nimmt noch weit unangenehmere
Formen an, als der ›Philosophie‹-Rummel. Damals haben 87 Universitätsprofessoren gegen die drohende Verunzierung ihres Hauses Beschwerde geführt. Kein vernünftiger Mensch konnte ihnen dies
Recht streitig machen [...] Man streitet nicht mehr darum, ob ein schlechtes Bild des Herrn Klimt an
der Decke der Universitätsaula angebracht werden soll, oder nicht. Man streitet über andere
Urprobleme der Menschheit, und zwar leider auch über solche, die wir längst gelöst glaubten.
15 Abgeordnete – zumeist Clubobmänner – haben sich nämlich die Freiheit genommen, den Herrn
Unterrichtsminister über die Bestellung der ›Medicin‹ auf Staatskosten zu interpellieren. Selbst wer
Universitätsprofessoren das Recht auf Ablehnung dessen, was die Universität verschandelt, streitig
machen konnte, hätte sich kein competenteres Forum zur Ablehnung dessen, was die Steuerzahler
Geld kostet, wünschen können als das Parlament. Aber nein. Derselbe verbohrte Liberalismus [...]
schreit Zeter und Mordio, wenn Abgeordnete sich unterfangen wollen, die sinnlosen Geldausgaben
eines durch unfähige Berather konfus gemachten Ministeriums unter Controle zu setzen [...] Aber,
wehe den Abgeordneten, die den Unterrichtsminister dafür zur Verantwortung ziehen wollen, daß
Steuergelder für ein im Olbrich-Tempel ausgestelltes Machwerk verschwendet werden! – so ruft die
Secession, wenn sie für die Freiheit der Kunst besorgt ist. Gegen die Concurrenz lassen die Herren
ohne weiteres die Berufung an ein Forum von ›Laien‹ zu, und wären es selbst Fabrikanten, Bauern,
Greisler oder gar Professoren [...] Im Falle Klimts ward die Erregung über den Eingriff des Parlaments in das altverbriefte Recht, schlechte Bilder zu malen, von dem trivialsten Fachdünkel geschürt.
Daß die freie Meinungsäußerung ein noch älteres Recht ist, wurde zuerst nicht bedacht [...] wo steht
denn geschrieben, daß ein Prinz Liechtenstein nicht ebenso gut kunstkritische Referate für ein Wiener Tagesblatt verfertigen könnte wie die Herren Bahr und Hevesi, Salten, Koppel oder der confuse
Servaes? [...] Wer die Verfassungsgeschichte der letzten Jahre verfolgt hat, wird zugeben, daß die
Mittel der Obstruction und der Ministeranklage schon gegen verzeihlichere Fehltritte einer Regierung angewendet wurden, als gegen die amtliche Züchtigung des Secessionsgeschmackes und gegen
den Ankauf der Deckengemälde des Herrn Klimt ... Freilich, wer Herrn Bahr's ›Rede über Klimt‹
gehört hatte oder im Drucke las, konnte keinen Moment über die Bezugsquelle des plötzlichen
Größenwahnes unserer Secessionisten im Zweifel sein [...] Es ist auch nicht wahr, daß, wie Herr Bahr
behauptet, jetzt dank dem Wirken der Secession in ganz Europa bereits ein ›österreichischer Stil‹
bekannt ist. Wiederum hat sich die Unbildung der Pariser im hellsten Licht gezeigt, als sie den Stil,

den ihnen die Werke des Herrn Klimt und der anderen Secessionisten zu offenbaren schienen, als ›gout juif‹ bezeichneten […]
Man vergleicht Herrn Klimts Werke unaufhörlich und weiß stets ganz genau, wo man seine jeweilige Art bereits gesehen hat. Vom braven Nachstreber der Laufberger-Schule hat er sich zum Epigonen Makarts entwickelt, dann an Khnopffs Frauenköpfen Gefallen gefunden, die er mit geschickter Hand in das Milieu der ›Wienerinnen‹ hinüberrettete. Nach gelegentlichen Ausflügen ins Pointillistische sehen wir heute den geübten Stileklektiker immer wieder zu der Art des Belgiers zurückkehren, die er mit guten Blick für die Besonderheiten seines Wiener Kundenkreises mit einer rituellen Nuance verwoben hat. Ob sie nun Hygieia oder Judith, Frau X oder Frau Y heißen, alle seine Gestalten haben die Blässe der berufsmäßig unverstandenen Frauen und Herr Klimt hat ihnen unverkennbare Schattenringe oder sagen wir lieber gleich Schottenringe um die düster glosenden Augen gemalt. Man erzählt mir, Fernand Khnopff habe bei seinem vorjährigen Aufenthalt in Wien auf die Frage, ob es wahr sei, daß Herr Klimt, wie seine Freunde behaupten, jenen typischen Frauenkopf schon auf Bildern angebracht habe, bevor er noch eines der Werke Khnopffs kannte, geantwortet: ›Mais, c'est insolent‹. Aber er selbst habe anerkannt, daß Herr Klimt ein fähiger Techniker sei […] Goethe ist wahrlich zu allem zu gebrauchen. Er war für Klimt; er war aber auch gegen Klimt. Und ich glaube, besser als die Feinde des Schöpfers der ›Medicin‹ hat er den Schöpfer und die Schöpfung selbst charakterisiert, mit den folgenden, in ›Kunst und Alterthum‹ veröffentlichten Worten, die ich Herrn Bahr zur Bereicherung seines Zitatenschatzes gerne zur Verfügung stelle: ›Die Technik im Bündnis mit dem Abgeschmackten ist die fürchterlichste Feindin der Kunst‹ […]
Ich habe gelegentlich mehrerer Besuche der Secession Männer vor der ›Medicin‹ beobachtet, deren geistige Cultur ich der Agitatorengabe des Herrn Bahr jederzeit vorgezogen hätte. Ich weiß nicht, ob Klimts Vorkämpfer z.B. der Senatspräsident Emil Stienbach zu den Gebildeten zählt. Ich sah ihn in convulsivischen Zuckungen vor der Leinwand, die uns zeigt, wie sich Herr Klimt das Walten der ›Medicin‹ vorstellt. Zweimal hatte er rathlos schon das Bild betrachtet, zweimal kehrte er, des Odiums bewußt, zum Mob zu gehören, und zaghaft zurück und erst in dritter Instanz verwarf der Vicepräsident unseres Obersten Gerichtshofes die Klimt'sche ›Medicin‹. Nicht jeder Besucher der Secession ist so gewissenhaft, und in der Regel hat physisches Unbehagen schon nach dem ersten Anblick die Entscheidung gefällt. Wer Ausdauer besitzt, kann dann noch an Details der ›Medicin‹ seine humoristische Befriedigung finden […] Er wird die Originalität des modernen Symbolikers bewundern, der zwar über die Auffassung des Todes als eines Gerippes nicht hinausgekommen ist, dafür aber die althergebrachte Schlange der Hygieia als den ornamentalen Wurmfortsatz ihrer secessionistischen Toilette verwendet hat. Und wenn er endlich in dem Gedränge der Leiber, das sich hinter der üppigen Jourdame abspielt, so etwas wie einen Sinn aufspüren will, der einen Zusammenhang zwischen dem Gemalten und dem Titel ›Medicin‹ erkennen ließe, so wird ihm vielleicht die Ahnung dämmern, daß Herr Klimt, der eingesehen haben mochte, daß wir in Wien auf dem Gebiete der Medicin dringlichere Anschaffungen als ein Deckengemälde brauchen, in einer satirischen Anwandlung seinen ministeriellen Auftraggebern ein Bild geliefert hat, auf dem die chaotische Verwirrung bresthafter Leiber die Zustände im Allgemeinen Krankenhause symbolisch darstellt […].[54]

LI. Karl Kraus: *Eine Prostituierte ist ermordet worden*

Journalisten führen den Leichnam zum Galgen. Nachrichter bestätigen das Todesurteil und vollstrecken es noch einmal für das peinliche Gericht der Moral. »A Hur war's!« begründen die einen, »Gegenstand!« sagen die andern, aber alle halten das, was eine angestellt hat, bevor sie ermordet wurde, für den Tatbestand. Der Raubmörder kam und verschwand, er blieb anonym wie die Sittenrichter; die Leiche hat man. Kein Fall, mit dem sich viel Ehre aufheben läßt. Daß das ethische Schuldgefühl sich von so dürftigem Anlaß regen lassen muß, vermehrt nur die Schuld der Ermordeten. Aber hierzuland, wo bescheidene Verhältnisse herrschen, wo die Liebesheldinnen Zimmer vermieten müssen und in den Hotels keine Gräfinnen ermordet werden, muß man vorlieb nehmen.
Auch der Widerpart der sittlichen Autorität muß vorlieb nehmen. Sieht er, wie ein Straßenmädchen tot oder lebendig der Moral genügt, zum Bürgerkrieg gegen das Geschlecht zu hetzen, so muß er in jener die beleidigte Ehre der Natur beschirmen. Nicht ob der Fall des Problems würdig sei, hat er zu

prüfen, wenn die Lüge prinzipiell wird. Nicht ob sie erotische Werte trifft, an denen Künstler sich entzünden, oder nur, an denen Bürger sich befriedigen können; ob sie eine Andacht oder ein Vergnügen stört. Nicht untersuchen darf er, ob die Institution – die schließlich genug leistet, wenn sie der Gesellschaft ihre nützlichsten Mitglieder stellt und dem Staat seine besten Steuerzahler – Spielraum läßt für die Persönlichkeit. Nicht Qualität ist abzuschätzen, wenn das äußere Ansehn dem Haß genügt, die Liebe zu ersticken. Der wählt sein Beispiel gleichwohl mit Bedacht. Er holt es von der Straße, weil überall sonst die Angelegenheiten der Wollust mit den Angelegenheiten der Gesellschaft so verfilzt sind, daß er, ohne anzustoßen, nicht sagen könnte, was er auf dem Herzen hat. Die Geringste ist ihm eben recht. Nur dort, wo die Lüge die äußerste Freiheit mit dem äußersten Zwang gestraft hat, erfrecht sie sich der Rüge; nur unter dem Vorwand, etwas gegen die Prostitution zu sagen, traut sie sich gegen die Natur. Darum muß jeder Anlaß, der den Kannibalen der Kultur genügt, dem Unmenschenfresser willkommen sein. Auch vermag die Prostitution schon als Extrem dessen, was die gute Gesellschaft verabscheut, zu einer Debatte zu helfen, in der man die Moral beim Wort nimmt. Beim Wort Prostitution, mit dem der männliche Geschlechtsneid eine Fähigkeit schmäht, die ihm versagt ist. Weil eine Handlung, die die Natur das andere Geschlecht ohne Verlust an Wert und Kraft vollziehen läßt, die Preisgabe der Männlichkeit bedeutet, weil hier innerhalb einer begrenzten Lust nichts ohne ethische Haftung geschieht und dort Lizenz herrscht, hat sich die Konvention, die nur ein Ausgleich der Sitte mit der Geilheit ist, zu einer schamlosen Begriffsvertauschung verstanden. Man glaubt zu schwächen und man wird geschwächt. Man stellt die Frau, der die Schöpfung den Ichdefekt versüßt hat und in der jedes Minus lustbefangen ist, unter sittliche Verantwortung, und spricht den Mann, der nur den Lustdefekt spürt und nicht den Ersatz durch Persönlichkeit, frei. Der Bürger rächt sich an der Natur, die ihm etwas vorenthalten hat, durch Verachtung und nennt das, was ihn prostituieren würde, am Weibe Prostitution. Er schmäht und sagt »Geschöpf«: er hat sich nach der Schöpfung selbstständig gemacht, er steht auf eigenen Füßen. Er hat sich Instinkte verschafft, die ihn überall dort sich abkehren lassen, wo er das Ebenbild Gottes wittert. Er selbst ist mehr, er ist die unbeglaubigte Kopie. Nimmt man dazu, daß auch Individuen, denen die geistig-sittliche Entschädigung für den Vorzug des Weibes nicht zuteil wurde und die innerhalb der physiologischen Grenzen prostituierbar sind, nicht anders über die Frauen denken, die immer im Einklang mit ihrem Gebot bleiben, so kann man ermessen, aus welchem Labyrinth des Irrsinns und aus welchen Abgründen der Verworfenheit die sittenrichterliche Entscheidung hienieden bezogen wird. Verkündet von den Büttel der Freiheit, von den Zuschreibern der öffentlichen Meinung, den Zuhältern jener Prostituierten, an der ein Mord zur gottgefälligen Handlung wird. Von den Prostituierten des Geistes, denen ich in die Gefahr ihrer Terminologie folgen muß, durch die beiden Teilen Unrecht geschehen könnte. Sowenig nämlich wie dem Weibe die Verfügung über Lieb und Lust, so wenig sollte jenen ungehemmten Männern, die ihr Geschlecht nicht anders nutzbar machen können, die Verfügung über Geist und Sprache als »Prostitution« verübelt werden. Gleichwohl weist ein augenfälliger Unterschied auf eine höhere Berechtigung hin, das Wort von den Freudenmädchen auf Geschöpfe abzuwälzen, die öffentlich meinen, jedem fremden Wunsch zuliebe schreiben können und durch Anmut oft noch unter den Strich gesunken sind. Denn während das Wort bei den Frauen eine allgemeine und nur durch die zivilisatorischen Mächte, durch Lüge und Hysterie verratene Fähigkeit des Geschlechts verfehlt, trifft es hier eben jenen Verrat, den die zerstörenden Kräfte der Zivilisation an der männlichen Natur begehen. Vollends wird sich die Bezeichnung dann empfehlen, wenn man es den Journalisten, die zwei Wochen lang von Prostituierten sprechen, vom Gesicht ablesen kann, daß sie nur aus Anstand ein anderes Wort unterdrücken, und wenn man weiß, daß es ein hurischer Grundzug ist, das, was man selbst ist, der andern zum Vorwurf zu machen und kein ärgeres Schimpfwort zu kennen als den eigenen Beruf.

Der Raubmörder, dem also allgemein nachgetragen wird, daß er sich in schlechter Gesellschaft bewegt hat, soll dem Hotelstubenmädchen zugerufen haben: »Sie, das Frauenzimmer lassen Sie noch schlafen. Sie hat sich von innen abgesperrt. Ich komme zum Frühstück wieder!« Man weiß zwar nicht ganz sicher, ob er sich so ausgedrückt hat, aber man nimmt es gern an. Wie sollte sich denn ein Raubmörder über so eine ausdrücken? Das *Extrablatt*, das den Raubmördern einen kultivierteren Ton einräumt, weil sie eben das *Extrablatt* gelesen haben, läßt ihn sagen: »Lassen Sie das Fräulein noch schlafen. Sie hat sich eingesperrt; ich komme zum zweiten Frühstück wieder zurück!« Aber der Redakteur läßt sich selbst umso ärger gehen und bringt vor Bild und Text, zweimal, den Titel: »Ein Frauenzimmer erdrosselt aufgefunden. – Der Täter flüchtig.« Das ist eine Anomalie. Wenn die Mörder ihre

Lebensart dem *Extrablatt* verdanken, so darf es ihnen nicht wieder mit schlechtem Beispiel vorangehen. Es darf sie nicht dazu verleiten, eine Frau, die man in einem Hotelzimmer erdrosseln kann, darum gleich ein Frauenzimmer zu nennen. Das *Extrablatt* interviewt sterbende Kinder, aber obgleich es darin von ermordeten Frauen im Stich gelassen wird, so verdankt es ihnen doch Aufschriften wie:

>Die »Schmidt-Mizzl« und ihr Mörder. – Zimmer Nr. 18
>Das Trinkgeld. – »Ich komme zum zweiten Frühstück wieder!«
>Ein fester Schlaf. – Das brennende Licht.
>Ermordet! – Die polizeiliche Untersuchung.
>Ohne jeden Kampf. – Ein tückischer Überfall.
>Die Beute des Täters. – Zeugeneinvernahme auf dem Tatorte.
>Eine Visitenkarte.
>Das Opfer des Verbrechens. – Das Vermögen in der Bank.
>Die Ergreiferprämie. – Die Personsbeschreibung des Täters.
>Eine Bißwunde an der Hand der Ermordeten.
>Die Ermordete.
>Unser Bild.

Das ist doch auch etwas wert. Für andere Blätter bleibt kaum mehr etwas übrig, sie können einer Leiche, der ein anonymer Raubmörder den Schmuck geraubt hat, nur wegnehmen, was an Sensation noch da ist. Die *Allgemeine Zeitung* zum Beispiel, die im Gegensatz zur Mizzi Schmidt nicht zeitweise von einem Offizier, sondern ständig vom Minister des Äußeren ausgehalten wird, begnügt sich mit bitterer Verachtung. Sie nennt den Prostituiertenmord »das scheußlichste aller Verbrechen«, aber natürlich nicht, weil dabei eine Prostituierte *ermordet*, sondern weil eine *Prostituierte* ermordet wird. An jedem andern wärs ein gemeiner Raubmord. Würde an einem Wucherer ein Verbrechen begangen, der Stand hätte keine Perlustrierung zu fürchten. Der Mord im Hotel zeigt tiefere Gefahr: Hütet euch vor den Prostituierten! Hier hat alles Perspektive, und in den Zeiten der Wahlprostitution, da ein liberaler Wähler fünf Gulden kostet, erscheint der Nachweis, daß Mädchen nicht teurer sind, erheblich. Weil das Geld, das vom Mörder geraubt wird, von der Ermordeten »mit ihrer Schande erworben wurde«. Solches Geld soll man nicht rauben, solche Besitzerin nicht morden. Denn sie ist »eine jener traurigen Erscheinungen des großstädtischen Nachtlebens« und eines dieser vom Schicksal enterbten und von der menschlichen Gesellschaft geächteten Wesen«, die oft »von Ekel über ihr Gewerbe geschüttelt« sein mögen, kurzum, ein Allgemeines Mädchen. Es ist interessant, daß die *Allgemeine Zeitung*, die freilich bei Nacht gesperrt ist und schon um 6 Uhr auf den Strich geht, von solchen Empfindungen völlig frei ist. Nie noch war sie, nie noch war aber auch eine ihrer Kolleginnen von Ekel geschüttelt, als sie sich für Geld jenen Cafetiers willfährig zeigten, die von den traurigen Erscheinungen des Nachtlebens bei Tag leben, die vom Schicksal Enterbten auswurzen und in den Geächteten ihre beste Stammkundschaft schätzen. Nicht einmal die *Sonn- und Montagszeitung*, die freilich die ermordete Mizzi Schmidt nicht zu den Wesen zählt, sondern bloß »eines jener Geschöpfe« nennt, »die man zur Nachtzeit in der Kärntnerstraße und ihrer Umgebung herumschwärmen sieht«. Die *Sonn- und Montagszeitung*, die gerade in dieser Frage zwischen den verschiedenen Standpunkten herumschwärmt, indem sie sich heute über die Prostitution und nächste Woche über die journalistische Entrüstung entrüstet, unterscheidet sich dennoch von den Prostituierten, die immer beim Herumschwärmen betroffen werden, durch ihre größere Zielbewußtheit. Denn einer Prostituierten ist noch nie nachgewiesen worden, daß sie einen Gründungsschwindler, den sie schließlich doch erhört hat, ursprünglich angreifen und sich dadurch teurer machen wollte, während in der *Sonn- und Montagszeitung* einmal der Titel »Goldminenschwindel« über einer sympathischen Würdigung der Aktiengesellschaft »Fortuna« irrtümlich stehen geblieben ist. Der Unterschied dürfte im allgemeinen wohl darin zu suchen sein, daß Prostituierte für Geld Gunst erweisen, aber ohne Geld sich passiv verhalten, während Journalisten, die gleichfalls für Geld Gunst erweisen, sich damit zugleich auch die Ungunst abkaufen lassen, die sie ohne Geld erweisen könnten. Daß es ein Unterschied zugunsten der leiblichen Prostitution ist, liegt auf der Hand, da die Gunst der öffentlichen Mädchen nur im Privatleben dessen wirkt, dem sie erwiesen wird, und zumeist eine Wohltat für den Empfänger bleibt, während die Gunst der öffentlichen Herren eine öffentliche Angelegenheit ist und die Wohltat für den Empfänger immer zugleich auch eine Gefahr für das Publikum bedeutet. Man könnte einwenden, daß auch im andern Fall die private Wohltat zu einer öffentlichen Gefahr, zwar nicht zu einer wirtschaftlichen, jedoch zu einer sanitären werden kann. Aber dieser Einwand wäre darum unberechtigt, weil die Ver-

breitung einer solchen Gefahr fast nie wissentlich erfolgt und vor allem nicht durch die Prostitution, sondern durch den Geschlechtsverkehr bewirkt wird, von dem niemand behaupten wird, daß er als solcher verpönt sei, während die Journalistik nicht nur durch das Schreiben als solches, sondern auch durch die Käuflichkeit Schaden stiftet. Bedenkt man dazu, daß die Korruption sich zumeist in der Unterlassung des Schreibens betätigt, während die Prostitution nur um der Ausübung willen, nie aber um der Enthaltung willen getadelt wird, so kann kein Zweifel bestehen, welchem Betrieb vom strengsten sittlichen Standpunkt der Vorzug zu geben wäre. Darum ist der Hochmut gegen die Prostitution, zumal bei Redakteuren, die gewerbsmäßig viel mit Aktiengesellschaften verkehren, vorweg als durchsichtiges Manöver abzuweisen. Die *Zeit*, eine Solide, die gleich im Anfang ihrer Laufbahn zu einem Kohlenbaron aufs Zimmer ging und von da unter meiner sittenpolizeilichen Kontrolle stand, schreibt einen witzigen Bericht über das Begräbnis der Marie Schmidt, die »sozusagen, im Dienst« gestorben sei und der darum »die Ehrlosen, die Verfemten«, »diese Dinger«, »wie eine stille Organisation der Schande«, das Geleite gegeben hätten. Es ist unbestreitbar, daß Korpsgeist und das Gefühl der Kameradschaft bei der Prostitution stärker entwickelt sind als bei der Korruption. Ein Freudenmädchen gönnt der andern neidloser eine Wurzen als eine Zeitung der andern die Annonce eines Freudenmädchens. So eine freut sich nicht, wenn die Kollegin »geblitzt« wird, wohl aber so eine, wenn der Kollegin ein Grubenhund widerfährt. Eine Solidarität der Zeitungen gibt sich nur vor der Gemeinheit, die eine der ihren begeht, zu erkennen, nicht gegenüber dem Unglück, das einer von ihnen zugestoßen ist. Wenn dereinst die *Zeit* eingeht, so wird die Trauer der Kollegenschaft sich mit den Kundgebungen zum Fall der Marie Schmidt auch nicht annähernd vergleichen lassen. [...]
Wie steht's Herr Nachbar mit der Sinnenlust? Wir wollen uns nichts vormachen. Die Statuten des Vereines Menschheit, wonach das am meisten verachtet werden muß, was man am meisten begehrt, hat die Natur nicht genehmigt. Wie? Das einzige Bedürfnis, dessen Erfüllung nicht wie Essen, Verdauung und Schlaf nur der Gewohnheit schmeckt, sondern der immer festlichen Stunde, dankt jenen nicht, die sich ihm opfern, sondern schmäht sie? Wie, eine Welt, die für Geld alles tut und nur für Geld und auch was sie nicht kann und auch das Schlechte, verpönt den Tausch von Geld und jener Gabe, durch die das Weib erst die ihm zukommende Sittlichkeit beweist? Ich weiß nicht, wie das zugeht. Aber das weiß ich, daß die ärmlichste Masseuse, deren Geld der Zeitungsverleger nicht verachtet, die letzte Handlangerin der Lust, und bliebe ihr Gesicht im Dunkel und wäre sie mißgestaltet, und kehrst du ihr den Rücken – nur dafür, daß sie ihn betasten kann, deinem Glück und Geist näher steht als die Leistung sämtlicher Journale, Kollegien und aller sonstigen Einrichtungen im Staat, die Wohltat und Fortschritt dir besorgen und deren Dasein schon, nicht deren Leistung, dich aufhält und betrügt, verarmt und schwächt.[55]

LII. Alfred Roller: *Dokumente der Frauen*

Alfred Roller kritisierte die herrschende Damenmode:
Da sind die Knöpfe, die nicht zum Knöpfen dienen, die Schließen und Schnallen, die nichts schließen, die Bänder, die nichts binden, die Knoten und Maschen, die nichts zusammenhalten, die Spitzen und Fransen und sonstigen freien Endigungen, die nichts beenden, die Einsätze, die nicht eingesetzt sind, die Plastrons und Unter-Ärmel, die nur, soweit sie sichtbar werden, wirklich vorhanden sind, die aufgedruckten Kreuzstich-Muster und gewebten Stickereien und Auflege-Arbeiten, die mit gedrechselten Holz-Körpern ausgestopften Quasten, die gewirkten Handschuhe, die wie schwedisches Leder aussehen, die Schnür-Schuhe, die in Wirklichkeit durch Elastiques schließen, und die Kravatten-Knoten und Schärpen-Knoten und Hutband-Maschen und Gürtel-Kokarden, die in Wirklichkeit alle zugeschnallt oder gehaftet werden, und die Blumen aus Leinwand und Plüsch, die aussehen wie gewachsene, und die Celluloid-Kämme und -Nadeln, die Schildkröte und Elfenbein und Korallen und Perlmutter vortäuschen müssen. Und dann alle die ganz offen als – falsch – benannten Dinge! Falsche Röcke, falsche Säume, falsche Ärmel, falsche Kragen, falsche Taschen – ich glaube, es gibt keinen Teil der weiblichen Kleidung, der nicht noch ein zweites Mal falsch existiert.[56]

LIII. Ludwig Hevesi: *Über Gustav Klimt*

... Der merkwürdigste Beweis aber, daß unser größeres Publikum in Bildern noch immer nicht das Malerische sucht und sieht, ist der Verunglimpfungschor, der gegen Gustav Klimts »Pallas Athena« laut geworden. Klimt freilich ist trotzdem eine der hervorragendsten Erscheinungen der Ausstellung und sein künstlerischer Erfolg groß geraten. Nur der Durchschnitt des Publikums ist einstweilen noch nicht so weit, um den Reiz seiner vornehmen Farbendämpfungen zu genießen oder gar ihren dekorativen Wert zu würdigen. [...]
Aber gleich in der Nachbarschaft hängt die bête noire des großen Publikums, die berüchtigte Pallas Athena. Und wie schön ist sie doch! Ein Brustbild, in Helm und Brünne. Der Helm ist gold und läßt vorne einen flachen Bügel bis auf den halben Nasenrücken herabgehen. Schon das vertragen die Wiener nicht, es geniert sie auf der Nase, wenn sie hinsehen. Daß der Bügel zum griechischen Helm gehört und der altrotgoldene Streifen mitten durch den bleichen Teint auch malerisch wesentlich ist, das kümmert sie nicht; sie wollen höchstens den Opernhelm gestalten, an den sie von Frau Materna her gewöhnt sind. Die Brünne aber, die schuppige Ägis Athenas, erweckt gar die helle Entrüstung. Tausend Falkenaugen haben sofort erkannt, daß das Medusenantlitz, das der Ägis, diesem mythologischen Schuppencape, als Spange dient, das nämliche ist, das schon auf dem Anschlagzettel der Secession im Frühjahr das Hohngelächter von ganz Wien hervorgerufen hat. Diese »Fratze«, wie man sie nannte, mit hervorgestreckter Zunge ist zwar die genaue Nachbildung der ältesten antiken Medusengesichter, sie ist mit ihrem vollen authentischen Archaismus gegeben, aber die guten Leute der neunzehn Bezirke hielten das für eine kindische Ausgeburt des secessionistischen Wahnwitzes zu puren Sensationszwecken. Und wurde die vielvermöbelte Fratze mit lautem Hallo als alte Bekannte vom Frühjahr her begrüßt. Daß die Brünne, samt Medusenhaupt, und der Helm dazu, geradezu ein Meisterwerk koloristischer Malerei und vornehmsten Farbengeschmacks ist, das verschlägt den Leuten nichts, denn sie ahnen es kaum. Jede Schuppe der Ägis ist anders in ihrem Farbenspiel. Blaue und violette Töne schließen sich auf das feinste zusammen, sie gemahnen an den Blaustahl (Cyan) an den Rüstungen homerischer Helden. Und dazwischen leuchtet das Gold hervor, goldenes Gold, nicht mit Kupfer legiert, gelbes Atridengold aus Mykenä, bald nur ränderweise, bald schuppenweise, hier vereinzelt, dort in Gruppen goldener Schuppen; die Feinheit dieser Verteilung allein ist schon voll dekorativer Empfindung. Das Gold des Helmes aber ist völlig braun vom eigenen Schatten, von Reflexen, von Ehrwürdigkeit, aber die Kanten und die spiegelnden Flächen geben gelbe Blitze von sich. Das ist ja Lebzelten, nicht Gold, sagen die Leute, die mit hellgoldenen Spiegelrahmen im Zimmer aufgewachsen sind. Aber auch die Trägerin der Rüstung findet keinen Beifall. Das Publikum ist an Pallasse gewöhnt, denen man deutlich ansieht, daß sie eigentlich angestrichene Marmorstatuen sind. Klimt aber hat die seine als offenbare Secessionistin von heute gebildet, als eine Göttin oder Dämonin der Secession wenigstens, mit bläulich blassem Teint, großen hellgrauen Augen und dem feinsten roten Haar, das beiderseits frei auf den Brustharnisch niederfließt. Das ist keine Statue aus der Erde und keine Frau aus dem Leben, es ist eine Erscheinung, die Materialisation einer Stimmung von schaffenskräftigem Trotz und souveränem Bildnerdrang. Diese Pallas des neunzehnten bis zwanzigsten Jahrhunderts ist die heute für einen Secessionisten mögliche.[57]

LIV. Ludwig Hevesi: *Über Gustav Klimt*

Dann schließlich das Klimtsche Haar. Dieses proteische Element, das ornamentale Prinzip an sich. Ein ins Unendliche behandelter Urstoff, spinnbar, krämpelbar, schlängelbar, knüpfbar. Feuriger Wolkenball, der alle Gestalten annimmt, zuckender Blitz und züngelnde Schlange wird, kletterndes Rankenwerk, unauflöslich verstrickende Fessel, triefender Schleier, gespanntes Netz. Hier sieht man ihn den Zauberstoff aus der Natur holen als Schopf, Mähne, Lockengeringel, als Rohstoff zu erfinderischer Verarbeitung. Auf diesen schlichten Blättern sind die natürlichen Keime aller seiner künstlerischen Einbildungen stenographiert, nach dem Diktat des lebendigen Lebens. Und dazu die besonderen Klimtschen Kurven, seine parabolischen und hyperbolischen Linien, die in der Natur nur zum Teile sichtbar sind. In solchen Schwingungen weht vielleicht der Wind, aber wir sehen ihn nicht. Solche Schwellungen hat die große Linie der Meerflut, die wir immer nur als Segment wahrnehmen, weil sie zu lang ist für unser kurzes Gesicht. [...] So schwebt das Meerweib im Wasser und die leise Strömung kräuselt ihr den Saum der Flossen. Das Hangen und Langen, das Schweben und Wogen gehört vor allem zur Klimtschen Vision, das sind Lieblingszustände seiner Gestalten, und nicht nur der wesenlosen, sondern oft auch der wesenhaften, ja der Bildnisse.[58]

LV. Arthur Roessler: *Über Egon Schiele*

Schiele ist die Einsamkeit gewohnt, und würde es innerlich ertragen, verkannt, ja, unbekannt zu sein; wenn er nun doch Aufmerksamkeit und Teilnahme für sich und seine Arbeiten fordert, geschieht es, gezwungen von der banalen Notwendigkeit, sich materielle Daseins- und Schaffensmöglichkeit zu erringen. Denn Schiele kann wohl Bilder malen, aber verkaufen kann er sie nur selten. Natürlich ist er – die biederen Bürger mögen geruhsam bleiben – selber daran schuld. Warum malt er das, was ihm gefällt, und nicht das, was den Leuten gefällt, die sich für kunstsinnig halten, und die mitunter sogar Käufer von Kunstdingen sind! Es ist nämlich unläugbar wahr: Schieles Malereien enthalten nicht viel von der beliebten »fein-säuberlichen Ausführung«, nicht viel von der gepriesenen Naturwahrheit, keine moralische Tendenz, nichts gegenständlich Anmutiges; sie sind vielmehr sehr unvernünftig und nutzlos. Weder das Bürgertum noch die Aristokratie findet ihr Herz durch Schieles Bildwerke bewegt, ihren Geist natürlich erst recht nicht, kaum die Sinne. Er steht außerhalb der »Gesellschaft«, ein Einsamer [...]. Er weiß, daß unter Umständen der Beruf des Künstlers ein großes Opfer heischt – das Leben; er ist bereit dieses Opfer zu bringen, unbeirrt, festwillig den selbstgewählten Weg zu gehen, und klagt darum nie darüber, mißverstanden, verleumdet, verhöhnt zu werden. Fremder Erfolg war ihm noch nie zur Qual. Er ist sich seines Wertes stolz bewußt und verachtet den Neid ...
Außer den Bildern und Zeichnungen, die ich »gotisch« nenne, hat Egon Schiele auch noch andere geschaffen, die weniger »graulich« sind. Er hat die Leiber gesunder Kinder studiert, deren zartgefärbtes Fleisch noch milchig ist, und den voll prangenden Körper des Weibes, in jungfräulicher Herbheit, in der schlaffen Lässigkeit der Wollust oder Wärme, in allen anderen Stadien auch auf Form und Farbe hin studiert.
Der heuchlerischen Empörung jener, die über diese Arbeiten Schieles eifersüchtig zetern, möchte ich als »Merks« die Tagebuchnotiz Baudelaires mit auf den Weg geben, die da lautet: »Alle jene Dummköpfe der Bourgeoisie, die unaufhörlich die Worte: ›Unmoralisch, Immoralität, Moral in der Kunst‹ und andere Dummheiten aussprechen, erinnern mich an Louise Villedieu, eine Fünffrankhure, die, als sie mich einmal in den Louvre begleitete, zu erröten begann, indem sie mich jeden Augenblick am Ärmel zog, ihr Gesicht bedeckte und mich vor den unsterblichen Statuen und Gemälden fragte, wie man solche Unanständigkeiten öffentlich ausstellen könne.« Wer in Schieles Kunstwerken nur das Nackte sieht, nur das obszöne Nackte und sonst nichts, dem ist nicht zu helfen, denn »jedes Menschen Sensibilität ist sein Genie«.[59]

LVI. Arthur Roessler: *Über Alfred Kubin*

Was Kubin schafft – die skizzenhaften Andeutungen, die ich gebe, vermitteln nur eine ungefähre Vorstellung davon – wird wohl die meisten unvorbereiteten Beschauer peinlich, ja sogar scheuselig anmuten und von ihnen entrüstet als grausliches Zerrbilderwerk abgelehnt werden. Man wird von Irresein oder doch mindestens von Krankhaftigkeit sprechen und damit ein kritisches Werturteil abgegeben zu haben wähnen. Es ist nicht zu bestreiten und soll auch gar nicht bestritten werden, daß Kubins Bilder und Zeichnungen mehr als unangenehm, daß sie häßlich, ja grauenhaft, erschreckend und bedrückend sind; nur ist zu bemerken, daß sie das sein wollen. Das ist aber nicht so zu verstehen, als wenn sie absichtlich grauenhaft gemacht wären. Sie sind vielmehr absichtslos aus einer Seele, die das Grauenvolle besonders intensiv empfindet, erschaut, in geradezu traumwandlerisch zu nennender Art hervorgebracht. Wer dagegen einwenden wollte, daß die Schöpfungen eines so gearteten Künstlergeistes ihrer Unerquicklichkeit halber verworfen werden müßten, würde logischerweise auch die Werke von Hieronymus Bosch, Brueghel, Grünewald und Albrecht Dürer ganz oder teilweise in

Acht und Bann zu tun gezwungen sein. Eine andere, weniger laienhafte Gegnerschaft mag vielleicht gegen Kubin den Einwand erheben, daß er mitunter recht arg verzeichne, die Technik ungenügend beherrsche. Auch sie behält Kubin gegenüber nicht recht. Denn abgesehen davon, daß man den größten Meistern der Bildkunst, wenn man an ihre Werke akademische Maßstäbe anlegen wollte, Verzeichnungen nachweisen könnte, gewollte wie ungewollte, ist es Tatsache, daß es keine allgemein normative Ästhetik der Zeichnung gibt, daß jeder starke Künstler die überlieferten technischen Ausdrucksmittel verändert und seinen Bedürfnissen anpaßt.[60]

LVII. Else Lasker-Schüler: *Über Oskar Kokoschka*, in: *Der Sturm*, Bd. I, 1910

Wir schreiten sofort durch den großen in den kleinen Zeichensaal, einen Zwinger von Bärinnen, tappischtänzelnde Weibskörper aus einem altgermanischen Festzuge; Met fließt unter ihren Fellhäuten. Mein Begleiter flüchtet in den großen Saal zurück, er ist ein Troubadour; die Herzogin von Montesquieu-Rohan ist lauschender nach seinem Liede als das Bärenweib auf plumpen Knollensohlen. Denn Treibhauswunder sind Kokoschkas Prinzessinnen, man kann ihre feinen Staub- und Raubfäden zählen. Blutsaugende Pflanzlichkeiten alle seine atmenden Schöpfungen; ihre erschütternde Ähnlichkeitswahrheit verschleiert ein Duft aus Höflichkeit gewonnen. Warum denke ich plötzlich an Klimt? Er ist Botaniker, Kokoschka Pflanzer. Wo Klimt pflückt, gräbt Kokoschka die Wurzel aus – wo Klimt den Menschen entfaltet, gedeiht eine Farm Geschöpfe aus Kokoschkas Farben. Ich schaudere vor den rissig gewordenen Fangzähnen dort im bläulichen Weiß des Greisenmundes, aber auf dem Bilde der lachende Italiener zerrt gierig am Genuß des prangenden Lebens. Kokoschka wie Klimt oder Klimt wie Kokoschka sehen und säen das Tier im Menschen und ernten es nach ihrer Farbe. Liebesmüde läßt die Dame den schmeichelnden Leib aus grausamen Träumen sanft zur Erde gleiten, immer wird sie sanft auf ihren rosenweißen Krallen fallen. Das Gerippe der männlichen Hand gegenüber dem Frauenbilde ist ein zeitloses Blatt, seine gewaltige Blume ist des Dalai Lamas Haupt. Auch den Wiener bekannten Architekten erkenne ich am Lauschen seiner bösen Gorillapupillen und seiner stummen Affengeschwindigkeit wieder, ein Tanz ohne Musik. Mein Begleiter weist mit einer Troubadourgeste auf meinen blonden Hamlet; in ironischer Kriegshaltung kämpft Herwarth Walden gegen den kargen argen Geist. Auf allen Bildern Kokoschkas steht ein Strahl. Aus der Schwermutfarbe des Bethlehemhimmels reichen zwei Marienhände das Kind. Viele Wolken und Sonnen und Welten nahen, Blau tritt aus Blau. Der Schnee brennt auf seiner Schneelandschaft. Sie ist ehrwürdig wie eine Jubiläumsvergangenheit: Dürer, Grünewald.
Oscar Kokoschkas Malerei ist eine junge Priestergestalt, himmelnd seine blauerfüllten Augen und zögernd und hochmütig. Er berührt die Menschen wie Dinge und stellt sie, barmherzige Figürchen, lächelnd auf seine Hand. Immer sehe ich ihn wie durch eine Lupe, ich glaube, er ist ein Riese. Breite Schultern ruhen auf seinem schlanken Stamm, seine doppelt gewölbte Stirn denkt zweifach. Ein schweigender Hindu, erwählt und geweiht – und seine Zunge ungelöst.[61]

LVIII. Théodore de Banville: *Hérodiade*

Ses yeux sont transparents comme l'eau du Jourdain.
Elle a de lourds colliers et des pendants d'oreilles;
Elle est plus douce à voir que le raisin des treilles,
Et la rose des bois a peur de son dédain.

Elle rit et folâtre avec un air badin,
Laissant de sa jeunesse éclater des merveilles.
Sa lèvre est écarlate, et ses dents sont pareilles
Pour la blancheur aux lis orgueilleux du jardin.

Voyez-la, voyez-la venir, la jeune reine!
Un petit page noir tient sa robe qui traîne
En flots voluptueux le long du corridor.

Sur ses doigts le rubis, le saphir, l'améthyste
font resplendir leurs feux charmants: dans un plat d'or
Elle porte le chef sanglant de Jean Baptiste.[62]

LIX. Carl Heinrich Stratz: *Die Rassenschönheit des Weibes*, »*Französinnen*«

Durch tausend Kleinigkeiten weiss die Französin allen Teilen ihrer Kleidung eine besondere, nur ihr eigentümliche Anziehungskraft zu geben, jeglichem Reiz ihres mehr zierlichen als schönen Körpers weiss sie volle Geltung zu verschaffen, alles, was sie berührt, nimmt unter ihren Händen ein persönliches und stets anmutiges Gepräge an und wird eins mit ihrer stets wechselnden, verwirrenden, koketten Erscheinung.
Wir können dem eigentümlichen Zauber des französischen Weibes nicht gerecht werden, wenn wir es nicht in allen Phasen seiner Anmut betrachten. Während die Italienerin nackt am schönsten ist, verliert die Französin mit den Kleidern einen grossen Teil ihrer Reize.
Derartige Reize haben nun allerdings nichts mit dem strengen Begriff der Schönheit selbst zu tun, wohl aber mit der landläufigen Auffassung moderner weiblicher Schönheit, der das bekleidete Weib zu Grunde liegt. Darum sind wir gezwungen, auch auf diese scheinbaren Kleinigkeiten der äusseren Erscheinung zu achten, und da die Auffassung der Französinnen die tonangebende geworden ist, und sie die Bekleidungskunst zur höchsten Vollendung gebracht haben, so müssen wir gerade bei ihnen dieser vergänglichsten aller Hüllen die gebührende Aufmerksamkeit erweisen.
Es lässt sich nicht leugnen, das durch die künstliche Zusammenstellung dieser Hülle in erster Linie ein sinnlicher Reiz beabsichtigt ist. Man braucht aber nicht verstimmt zu sein, wenn man die Absicht merkt, denn diese Absicht besteht ursprünglich bei jeglicher Art von Kleidung, jedoch zeichnet sich vielleicht die französische Frauenkleidung durch ein grösseres Raffinement aus, eine stärkere, den Trägerinnen selbst meist nicht mehr bewusste Verfeinerung der ursprünglichen Bestimmung aus.
Aber auch hier wieder wirkt die Macht der Gewohnheit, und in der Masse verschwindet die Einzelne, so dass die Französin im besonderen, die ihr nachahmende Europäerin im allgemeinen mit derselben Unschuld und ohne jeglichen bösen Nebengedanken die Form ihrer Taille möglichst zur Geltung bringt, mit der die Birmanin ihr Bein zeigt, die Eskimofrau ihre Oberschenkel und die Karaibin ihren ganzen Körper. In Berlin würde eine Dame, die ihre Kleider auf der Strasse bis zur halben Höhe der Wade emporhübe, entschieden unangenehm auffallen, in Paris nicht, weil es dort alle tun.[63]

LX. François Poulain de la Barre: *De l'Égalité des deux sexes, discours physique et moral où l'on voit l'importance de se défaire des préjugés*

Die meisten der Klassiker und der Modernen haben ihre Philosophie nur auf volkstümlichen Vorurteilen aufgebaut, und da sie über sich selbst so wenig wußten, ist es kein Wunder, daß sie auch die anderen so schlecht gekannt haben! [...] Man kann von den Modernen sagen, daß die Art, wie man sie in dem Glauben unterrichtet [...] sie könnten nicht besser werden als ihre Vorgänger, sie zu Sklaven der Antike macht und sie dazu bringt, blind alles zu glauben, was sie vorfinden [...] Alles, was sie gegen die Frauen sagen, gründet sich im wesentlichen auf das, was sie bei den Alten gelesen haben, [...] diesen illustren Toten, deren Asche und selbst deren Fäulnis man heute so sehr verehrt. Platon, der Vater der Philosophie, [...] dankte den Göttern, daß er als Mann und nicht als Frau geboren war. Wenn er dabei ihre heutige Lage vor Augen hatte, wäre ich sofort seiner Ansicht. Aber er hatte wohl eher etwas anderes im Sinne, denn man beginnt zu zweifeln, wenn man hört, er habe oft behauptet, man müsse die Frauen eher in die Kategorie der Tiere einreihen. Für vernunftbegabte Menschen müßte das genügen, um ihn selbst der Unwissenheit oder Dummheit zu beschuldigen und ihm den Titel eines Göttlichen abzuerkennen, den er heute nur noch bei den Pedanten hat.

Sein Schüler Aristoteles [...] behauptet, Frauen seien nur Monster. Wer würde der Autorität einer so berühmten Persönlichkeit nicht Glauben schenken? Wenn eine Frau, so gelehrt sie auch gewesen wäre, so etwas über die Männer geschrieben hätte, würde sie alles Ansehen verlieren, und man kann sich vorstellen, daß alles getan würde, um eine solche Dummheit zu widerlegen und darauf zu antworten, es sei eine Verrückte, die so etwas gesagt habe.[64]

Anmerkungen

1 Speidel, *Fanny Elßlers Fuß*, a.a.O., S. 26f.
2 Johann Wolfgang von Goethe, *Faust. Der Tragödie zweiter Teil. In fünf Akten*, Stuttgart 1968, S. 48f.
3 Bachofen, *Das Mutterrecht*, a.a.O., S. 47f.
4 Zit. nach: Duby – Perrot, *Geschichte der Frauen im Bild*, a.a.O., S. 110.
5 Zit. nach: Harten, *Frauen – Kultur – Revolution 1789 – 1799*, a.a.O., S. 103f.
6 Zola, *Schriften zur Kunst*, a.a.O., S. 71ff.
7 Tolstoi, *Anna Karenina*, a.a.O., S. 347ff.
8 Gustave Flaubert, *Madame Bovary*, Klagenfurt 1988, S. 312ff.
9 Ibsen, *Peer Gynt*, a.a.O., S. 149.
10 Mann, *Tristan*, a.a.O., S. 5f.
11 Zit. nach: [o.Hg.], *Dein Lächeln weint in meiner Brust*, a.a.O., S. 257.
12 Flaubert, *Die Versuchung des Heiligen Antonius*, a.a.O., S. 34f.
13 Sigmund Freud [1907], zit. nach: Hassauer und Roos, *Félicien Rops*, a.a.O., S. 69.
14 Zit. nach: Ebda., S. 151.
15 Zit. nach: Gottfried Boehm [Hg.], Insel-Almanach auf das Jahr 1986. *Rilke und die bildende Kunst*, Frankfurt/M. 1985, S. 26.
16 Baudelaire, *Les Fleurs du Mal*, a.a.O., S. 230, 232, 234.
17 Ebda., S. 40.
18 Flaubert, *Salammbô*, a.a.O., S. 19.
19 Baudelaire, *Les Fleurs du Mal*, a.a.O., S. 58, 60.
20 Huysmans, *Gegen den Strich*, a.a.O., S. 132ff.
21 Jarry, *Messalina*, a.a.O., S. 99.
22 Zola, *Nana*, a.a.O., S. 227f.
23 Ebda., S. 461ff.
24 Huysmans, *Marthe*, a.a.O., S. 23–26.
25 Wedekind, *Lulu*, a.a.O., S. 9.
26 Mérimée, *Carmen et autres nouvelles*, a.a.O., S. 239f.
27 Ebda., S. 88f.
28 Baudelaire, *Les fleurs du Mal*, a.a.O., S. 70.
29 Zola, *Nana*, a.a.O., S. 226.
30 Zit. nach: Bernard, *Maria – Himmelskönigin*, a.a.O., S. 13.
31 Charles Baudelaire, *Le Spleen de Paris. Petits Poèmes en Prose*. Édition établie, présentée et commentée par Yves Florenne. Notes complémentaires de Marie-France Azéma, Paris 1998, S. 58f.
32 [Anon.], *Anmuth und Schönheit*, a.a.O., S. 262-268.
33 Zit. nach: Lorenzer, *Intimität und soziales Leid*, a.a.O., S. 37f.
34 Zit. nach: Ebda., S. 39f.
35 Zit. nach: Schenk, *Frauen und Sexualität*, a.a.O., S. 38f.
36 Rainer Maria Rilke, *Werke in drei Bänden*. Einleitung von Beda Allemann. Erster Band. Gedicht-Zyklen, Frankfurt/M. 1966, S. 405–412.
37 Zit. nach: Groult, *Gleiche unter Gleichen*, a.a.O., S. 18ff.
38 Zit. nach: Ebda., S. 83f.

39 Zit. nach: Halbey, *66 Hexen*, a.a.O., S. 11.
40 Hofmannsthal, *Ariadne auf Naxos*, a.a.O., S. 47fff.
41 [Anon.], *Das Nibelungenlied*. Szene Brautgemach Brunhilde und Gunther, 10. Abenteuer, 647–650. Übersetzt von Felix Genzmer. Anmerkungen und Nachwort von Bernhard Sowinski, Stuttgart 1995, S. 98f.
42 Hevesi, *Altkunst – Neukunst*, a.a.O., S. 279f.
43 Ebda., S. 283f.
44 Baudelaire, *Sämtliche Werke*, a.a.O., S. 245ff.
45 Zit. nach: Giroud, *Alma Mahler oder die Kunst geliebt zu werden*, a.a.O., S. 50–55.
46 Kraus, *Sittlichkeit und Kriminalität*, a.a.O., S. 35ff.
47 Speidel, *Fanny Elßlers Fuß*, a.a.O., S. 37–43.
48 Zola, *Schriften zur Kunst*, a.a.O., S. 149ff.
49 Stratz, *Die Rassenschönheit des Weibes*, a.a.O., S. 345.
50 Ebda., S. 352–362.
51 Speidel, *Fanny Elßlers Fuß*, a.a.O., S. 32f.
52 Geßmann, *Die Frauenhand und ihre Bedeutung für die Erforschung des weiblichen Charakters*, a.a.O., S. 8f.
53 Ebda., S. 17ff.
54 Zit. nach: Nebehay, *Gustav Klimt*, a.a.O., S. 254.
55 Karl Kraus [Hg.], *Die Fackel*, a.a.O., S. 59ff.
56 Zit. nach: Ausst.Kat. *Ver Sacrum. Die Zeitschrift der Wiener Secession 1898–1903*, a.a.O., S. 33f.
57 Hevesi, *Acht Jahre Sezession*, a.a.O., S. 80ff.
58 Ebda., S. 449.
59 Zit. nach: Nebehay, *Egon Schiele*, a.a.O., S. 100.
60 Zit. nach: Ausst.Kat. *Experiment Weltuntergang*, a.a.O., S. 233.
61 Zit. nach: Schutte – Sprengel [Hg.], *Die Berliner Moderne*, a.a.O., S. 577f.
62 Zit. nach: Michel Décaudin [Hg.], *Anthologie de la poésie française du XIXe siècle de Baudelaire à Saint-Pol-Roux*, Paris 1992, S. 65.
63 Stratz, *Die Rassenschönheit des Weibes*, a.a.O., S. 315f.
64 Zit. nach: Groult, *Gleiche unter Gleichen*, a.a.O., S. 25.

Farbtafel 1 Anton KLING, *»Wien«*, Entwurf für ein Plakat, um 1901

Farbtafel 2 Jean-Baptiste GREUZE, *Die glückliche Mutter*, 18. Jh.

Farbtafel 3 Alfons Maria MUCHA, *Medea*, 1898

Farbtafel 5 Fernand KHNOPFF, *Die Versuchung des Heiligen Antonius*, 1883

Farbtafel 4 Félicien ROPS, *Die Versuchung des Heiligen Antonius*, 1878

Farbtafel 6   Fernand KHNOPFF, *Die Kunst* oder *Die Zärtlichkeiten* oder *Die Sphinx*, 1896

Farbtafel 7   Anton ROMAKO, *Frau Isabella Reisser*, 1884/85

Farbtafel 8   Gustav KLIMT, *Bildnis Sonja Knips*, 1898

Farbtafel 9 Egon SCHIELE, *Die Familie*, 1918

Farbtafel 10 Oskar KOKOSCHKA, *Lotte Franzos*, 1909

15. Literatur

Allgemeine Literatur

AGARD, Brigitte – BOIREAU, Marie-France – DARCOS, Xavier, *Le XIXe siècle en littérature*, Paris 1986.
ALTHAUS, Horst, *Richard Wagner. Genie und Ärgernis*, Bergisch Gladbach 1982.
ANDICS, Hellmut, *Die Juden in Wien*. Mit 132 Abbildungen nach Dokumenten, historischen Darstellungen und Photographien, Wien 1988.
ANDICS, Hellmut, *Die Frauen der Habsburger*. 4. Aufl., München 1996.
ASSMANN, Peter [Hg.], *Alfred Kubin*. Mit einem Werkverzeichnis des Bestandes im Oberösterreichischen Landesmuseum, Linz 1995.
BACHL, Gottfried, *Der beschädigte Eros*. Frau und Mann im Christentum, Freiburg–Basel–Wien 1989.
BARZ, Helmut, *Vom Wesen der Seele*. 2. Aufl., Düsseldorf 1995.
BASSERMANN, Lujo, *Das älteste Gewerbe*. Eine Kulturgeschichte, Wien–Düsseldorf 1965.
BEAUMONT-MAILLET, Laure, *La guerre des sexes XVe – XIXe siècles*. Les albums du Cabinet des Estampes de la Bibliothèque nationale, Paris 1984.
BENEDETTI, Maria Theresa, *L'éternel féminin*. Le voile doré des songes. Avec un texte de Mario Praz. FMR Europe. Edition française Franco Maria Ricci, Nr. 33 (1991), S. 82–102.
BERGER, John [u.a.], *Sehen*. Das Bild der Welt in der Bilderwelt. Deutsch von Axel Schenck, Reinbek bei Hamburg 1996.
BERGER, Renate, HAMMER-TUGENHAT, Daniela (Hg.), Der Garten der Lüste. Zur Deutung des Erotischen und Sexuellen bei Künstlern und ihren Interpreten, Köln 1985.
BERNARD, Bruce, *Maria – Himmelskönigin*. Eine Auswahl von Gemälden der Jungfrau Maria vom zwölften bis zum achtzehnten Jahrhundert. Mit einer Einführung von Abt Odilo Lechner OSB. Übersetzung aus dem Englischen von Winfried Hofmann, München 1988.
BERNHARD, Marianne, *Zeitenwende im Kaiserreich*. Die Wiener Ringstraße – Architektur und Gesellschaft 1858 – 1906, Regensburg 1992.
BIALOSTOCKI, Jan, *Stil und Ikonographie*, Dresden 1966.
BISCHOF, Ulrich, *Edvard Munch 1863 – 1944*, Köln 1988.
BISANZ, Hans, *Peter Altenberg: Mein äußerstes Ideal*. Altenbergs Photosammlung von geliebten Frauen, Freunden und Orten. Hg. Historisches Museum der Stadt Wien. Mit 60 Abbildungen, davon 25 in Farbe, Wien–München 1987.
BISANZ, Hans, *Wien um 1900*, Kirchdorf a. Inn 1994.
BLANC, Simone, *Les Femmes et la Révolution française*, Paris, Bibliothèque Marguerite Durand 1989.
BLETSCHACHER, Richard, *Apollons Vermächtnis*. Vier Jahrhunderte Oper, Wien 1994.
BÖRNSEN, Nina, *Das Gustav Klimt Album*. Leben und Werk in Daten und Bildern, Die bibliophilen Taschenbücher Nr. 544. 2. Aufl., Dortmund 1991.
BODE, Ursula, *Kunst zwischen Traum und Alptraum*. Phantastische Malerei im 19. Jahrhundert, Braunschweig 1981.
BOEHM, Gottfried [Hg.], Insel-Almanach auf das Jahr 1986. Rilke und die bildende Kunst, Frankfurt/M. 1985.
BONNAFONT, Claude, *Die Botschaft der Körpersprache*. Körpersignale erkennen und deuten, München 1993.
BOREL, France, *Le modèle ou l'artiste séduit les illusions de la réalité*, Genf 1990.
BOTSTEIN, Leon, *Judentum und Modernität*. Essays zur Rolle der Juden in der deutschen und österreichischen Kultur 1848 – 1938, Wien–Köln 1991.

BOVENSCHEN, Silvia [Hg.], *Die Listen der Mode*, Frankfurt/M. 1986.
BRANDSTÄTTER, Christian, *Gustav Klimt und die Frauen*, Wien 1994.
BRAUNSTEINER, Michael, *Alfred Kubin – Das traumwache Bewußtsein*. Zur Phänomenologie des Traumes und des Traumhaften in Leben und Werk. Phil. Diss., Graz 1991.
BREICHA, Otto, *Gustav Klimt. Die Bilder und Zeichnungen der Sammlung Leopold*, Salzburg 1990.
BRION, Marcel, *Kunst der Romantik*, München–Zürich 1960.
BUSCH, Werner, *Das sentimentalische Bild*. Die Krise der Kunst im 18. Jahrhundert und die Geburt der Moderne, München 1993.
CASSOU, Jean, *Les Sources du XXe siècle*. Les arts en Europe de 1884 à 1914 [1960], Paris 1990.
CLARK, Kenneth, *Glorie des Abendlandes „Civilisation"*. Von den Gedanken, Bauten, Büchern, Kunstwerken und Genies unserer Zivilisation. Deutsch von Thomas Monrad, Reinbek bei Hamburg 1977.
DELEVOY, Robert L., *Der Symbolismus in Wort und Bild*, Albert Shira S.A., Genf, Schweiz, Stuttgart 1979.
DEMISCH, Heinz, *Die Sphinx*. Geschichte ihrer Darstellung von den Anfängen bis zur Gegenwart, Stuttgart 1977.
DENZLER, Georg, *2000 Jahre christliche Sexualmoral*. Die verbotene Lust, Weyarn 1997.
DUX, Günter, *Die Spur der Macht im Verhältnis der Geschlechter*. Über den Ursprung der Ungleichheit zwischen Frau und Mann, Frankfurt/M. 1997.
ELLERSDORFER, Cornelia, *Das „verkannte Genie" Richard Gerstl*. Analyse seiner Sonderstellung im österreichischen Frühexpressionismus anhand seiner bekannteren Portraits. Phil. Dipl., Graz 1991.
ESCHENBURG, Barbara, *Der Kampf der Geschlechter*. Der neue Mythos in der Kunst 1850 – 1930. Hg. Helmut Friedel. Mit Beiträgen von Reinhard Heydenreuter, Ellen Maurer, Peter Nitsche, Hans Ottomeyer und Katrin Schmersahl, Köln 1995.
FAHR-BECKER, Gabriele, *Wiener Werkstätte 1903 – 1932*, Köln 1994.
FENZ, Werner, *Kolo Moser*. Internationaler Jugendstil und Wiener Secession. Mit einem einführenden Essay von Wilhelm Mrazek, Salzburg 1976.
FISCHER, Wolfgang Georg, *Gustav Klimt und Emilie Flöge*. Genie und Talent, Freundschaft und Besessenheit. Unter Mitarbeit von Dorothea McEwan. Mit 193 Abbildungen, davon 52 in Farbe, Wien 1987.
FRIEDEL, Gottfried, *Gustav Klimt 1862 – 1918*. Die Welt in weiblicher Gestalt, Köln 1989.
FUCHS, Rainer, *Apologie und Diffamierung des „Österreichischen Expressionismus"*. Begriffs- und Rezeptionsgeschichte der österreichischen Malerei 1908 bis 1938. Mit einem Vorwort von Wilfried Skreiner, Wien–Köln 1991.
GARELICK, Rhonda K., *Rising Star*. Dandyism, gender, and performance in the fin de siècle, Princeton/New Jersey 1998.
GERHARDUS, Maly und Dietfried, *Symbolism and Art Nouveau*, Oxford 1978.
GREGOR-DELLIN, Martin – SODEN, Michael von [Hg.], Hermes Handlexikon. *Richard Wagner – Leben, Werk, Wirkung*, Düsseldorf 1983.
HADAMOWSKY, Franz, *Wien – Theater Geschichte*. Von den Anfängen bis zum Ende des Ersten Weltkriegs, Wien–München 1988.
HADDAD, Michèle, *La Divine et l' Impure*. Le Nu au XIXe. Avant-Propos de Geneviève Lacambre, Paris 1990.
HASSAUER, Friederike – ROOS, Peter, *Félicien Rops, Der weibliche Körper, Der männliche Blick*, Zürich 1984.
HOBERG, Annegret von [Hg.], *Alfred Kubin 1877 – 1959*, München 1990.
HODIN, Joseph Paul, *Oskar Kokoschka*. Eine Psychographie, Wien 1971.
HOFSTADTER, Dan, *Die Liebesaffäre als Kunstwerk*. Aus dem Amerikanischen von Peter Knecht. Unverkäufliche, unkorrigierte Leseprobe, Berlin 1996.
HOFMANN, Werner, *Das irdische Paradies*. Motive und Ideen des 19. Jahrhunderts, München 1974.
HOFMANN, Werner, *Von der Nachahmung zur Erfindung der Wirklichkeit: Die schöpferische Befreiung der Kunst 1890 – 1917*, Köln 1970.
HORN, Ursula [Hg.], *Aubrey Beardsley*. Pierrot für einen Augenblick. Zeichnungen, Wiesbaden 1984.
HULST, Roger-Adolf d', *Jacob Jordaens*. Aus dem Niederländischen übersetzt von Karl Jacobs, Stuttgart 1982.
HUNOLD, Günther, *Hetären, Callgirls und Bordelle*. Geschichte und Erscheinungsformen der Prostitution. 2. Aufl., München 1980.

JOHNSTON, William M., *Österreichische Kultur- und Geistesgeschichte.* Gesellschaft und Ideen im Donauraum 1848 bis 1938. 3. Aufl., Wien–Köln–Weimar 1992.
JULLIAN, Philippe, *Der Symbolismus*, Köln 1974.
JULLIAN, Philippe, *Dreamers of Decadence*, Oxford 1969.
JULLIAN, Philippe, *La Belle Epoque comme l'a rêvée.* Lévy-Dhurmer. Connaissance des Arts, Nr. 253 (1973), S. 72–78.
KABBANI, Rana, *Mythos Morgenland.* Wie Vorurteile und Klischees unser Bild vom Orient bis heute prägen. Aus dem Englischen von Gabriele Gockel und Rita Seuß, München 1993.
KAEMMERLING, Ekkehard [Hg.], *Ikonographie und Ikonologie.* Theorien – Entwicklung – Probleme. Bildende Kunst als Zeichensystem. Band 1. 5. Aufl., Köln 1991.
KALLIR, Jane, *Egon Schiele: The Complete Works.* Including a Biography and a Catalogue Raisonné. With an Essay by Wolfgang G. Fischer, New York–Mailand–Amsterdam–Madrid–London 1990.
KIVITS, Tonja, *Eine kurze Geschichte der Psychologie.* Aus dem Niederländischen von Joanna Schroeder, Düsseldorf–Wien 1994.
KOETZLE, Michael – SCHEID, Uwe, *Feu d' Amour.* Verführerischer Rauch, Köln 1994.
Kulturbibliothek der klassischen Musik- und Theaterbibliothek. Opern- und Operettenführer, Musicals, Erlangen 1993.
LAIBLIN, Wilhelm [Hg.], *Märchenforschung und Tiefenpsychologie.* Vorwort von Verena Kast. 5. Aufl., Darmstadt 1995.
LANDSTEINER Karl, *Hans Makart und Robert Hamerling.* Zwei Repräsentanten moderner Kunst, Wien 1873.
LEBECK, Robert, *Playgirls von damals.* 77 alte Postkarten. Mit einem Nachwort von Manfred Sack. Die bibliophilen Taschenbücher Nr. 57. 5. Aufl., Dortmund 1992.
LE GOFF, Jacques, *Das alte Europa und die Welt der Moderne.* Aus dem Französischen von Tobias Scheffel, München 1996.
LORENZ, Angelika, *Das deutsche Familienbild in der Malerei des 19. Jahrhunderts*, Darmstadt 1985.
LORENZER, Alfred, *Intimität und soziales Leid.* Archäologie der Psychoanalyse, Frankfurt/M. 1993.
LUCIE-SMITH, Edward, *Erotik in der Kunst.* [1972] Aus dem Englischen von Käthe H. Fleckenstein, München 1997.
LUCIE-SMITH, *Symbolist Art* [1972]. 185 illustrations, 24 in colour, London 1995.
LÜTZOW, Carl von, *Hans Makart. Der Frühling.* Das letzte große Gemälde des Künstlers. Ein Beitrag zu seiner Charakteristik. Sonder-Abdruck aus der Zeitschrift für Bildende Kunst, Wien 1887.
MARKOV, Walter – MIDDELL, Katharina und Matthias, *Die französische Revolution.* Bilder und Berichte 1789 – 1799. Mit 220 zeitgenössischen Abbildungen, Berlin 1989.
MATHIEU, Caroline, *Musée d' Orsay. Führer*, Paris 1987.
MELOT, Michel, *Les Femmes de Toulouse-Lautrec.* Les albums du Cabinet des Estampes de la Bibliothèque nationale, Paris 1985.
MITTERBAUER, Helga, *Rastloser Ruhestand.* Zur Emigration von Franz Blei, in: *Mit der Ziehharmonika.* Literatur – Widerstand – Exil (Wien) 14. Jahrgang Nr. 3, November (1997).
NEBEHAY, Christian M., *Egon Schiele. Leben und Werk.* 196 Abbildungen, davon 32 ganzseitige Farbtafeln, Salzburg–Wien 1980.
NEBEHAY, Christian M. [Hg.], *Gustav Klimt. Dokumentation*, Wien 1969.
NEGRI, Renata, *Bonnard und die Nabis*, Herrsching 1988.
NEIDHARDT, Hans Joachim, *Deutsche Malerei des 19. Jahrhunderts*, Leipzig 1990.
NÉRET, Gilles, *Erotica Universalis*, Köln 1994.
NORMAN, Geraldine, *Die Maler des Biedermeier 1815 – 1848.* Beobachtete Wirklichkeit in Genre-, Porträt- und Landschaftsmalerei. Mit 113 Abbildungen, davon 80 in Farbe, Freiburg im Breisgau 1987.
NOVOTNY, Fritz, *Der Maler Anton Romako 1832–1889.* 24 Farbtafeln sowie 16 Tafeln und 54 Abbildungen in Tiefdruck, Wien–München 1954.
OBERMAYR, Thomas, *Die Protagonistinnen in Stendhals „Le rouge et le noir"*, Unveröffentl. Manuskr., Graz 1996.
PAGELS, Elaine, *Adam, Eva und die Schlange.* Die Theologie der Sünde. Deutsch von Kurt Neff, Reinbek bei Hamburg 1991.
PANOFSKY, Dora und Erwin, *Die Büchse der Pandora.* Bedeutungswandel eines mythischen Symbols. Aus dem Englischen und mit einem Nachwort von Peter D. Krumme, Frankfurt/M. 1992.

PARONIS, Margot, *Also sprach Zarathustra*. Die Ironie Nietzsches als Gestaltungsprinzip. Abhandlungen zur Kunst-, Musik- und Literaturwissenschaft. Band 220, Bonn 1976.
PARTSCH, Susanna, *Klimt*. Leben und Werk. Mit 96 Farbtafeln und 35 Zeichnungen, München 1993.
PICHON, Yann le, *L' Érotisme des chers Maîtres*. Avant-Propos de Salvador Dali, Paris 1986.
PIESKE, Christa, *Bilder für jedermann*. Wandbilddrucke 1840 – 1940. Mit einem Beitrag von Konrad Vanja, München 1988.
PINTSCHOVIUS, Joska, *Zur Hölle mit den Hexen*. Abschied von den weisen Frauen, Berlin–Frankfurt/M. 1991.
PIPER, Reinhard, *Das Liebespaar in der Kunst*. Mit 140 Bildern, 24. – 33. Tsd., München (1916).
PIRCHAN, Emil, *Hans Makart*. Leben, Werk und Zeit. Mit 7 Farbbildern, 129 Tafelbildern, 22 Textbildern, Wien–Leipzig 1942.
POCHAT, Götz, *Der Symbolbegriff in der Ästhetik und Kunstwissenschaft*. Aus dem Schwedischen von Märta Pochat, Köln 1983.
POCHAT, Götz, *Geschichte der Ästhetik und Kunsttheorie*. Von der Antike bis zum 19. Jahrhundert, Köln 1986.
POCHLATKO, Herbert – KOWEINDL, Karl, *Einführung in die Literatur des deutschen Sprachraumes von ihren Anfängen bis zur Gegenwart*. Mit besonderer Berücksichtigung des österreichischen Schrifttums. Unter Mitarbeit von Ernst Joseph Görlich. II. Teil. 2. ergänzte Aufl., Wien [o.J.].
POLLAK, Michael, *Wien 1900*. Eine verletzte Identität. Aus dem Französischen übertragen von Andreas Pfeuffer, Konstanz 1977.
PRAZ, Mario, *Liebe, Tod und Teufel*. Die schwarze Romantik. Mit 16 Bildtafeln, München 1960.
RANKE-GRAVES, Robert von, *Die weiße Göttin*. Sprache des Mythos. Ins Deutsche übertragen von Thomas Lindquist unter Mitarbeit von Lorenz Wilkens. 15. – 17. Tsd, Reinbek bei Hamburg 1992.
RATTNER, Josef, *Klassiker der Tiefenpsychologie*, Augsburg 1997.
REDEN, Alexander Sixtus von – SCHWEIKHARDT, Josef, *Eros unterm Doppeladler*. Eine Sittengeschichte Altösterreichs, Wien 1993.
REHM, Walter [Hg.], *Novalis*, Frankfurt/M.–Hamburg 1956.
RENNHOFER, Maria, *Kunstzeitschriften der Jahrhundertwende in Deutschland und Österreich 1895 – 1914*. Mit 265 Abbildungen, davon 76 in Farbe, Augsburg 1997.
RICHTER, Horst-Eberhard, *Der Gotteskomplex*. Die Geburt und die Krise des Glaubens an die Allmacht des Menschen. 20. – 23. Tsd, Reinbek bei Hamburg 1988.
ROMA, Luigi, *Napoleon und seine Zeit*, Klagenfurt 1987.
RUDLOFF, Holger, *Pelzdamen*. Wirklichkeitsbilder bei Thomas Mann und Leopold von Sacher-Masoch, Frankfurt/M. 1994.
SÁRMÁNY-PARSONS, Ilona, *Die Malerei Wiens um die Jahrhundertwende*, Budapest 1991.
SÁRMÁNY-PARSONS, Ilona, *Gustav Klimt*. Aus dem Englischen übersetzt von Wolfgang Bahr, Bindlach 1992.
SCARAFFIA, Giuseppe, *Petit dictionnaire du dandy*. Traduit et présenté par Henriette Levillain, Condé-sur-l'Escault 1988.
SCHAEFER, Camillo, *Peter Altenberg oder Die Geburt der modernen Seele*. Mit einem Vorwort von Erwin Ringel, Wien–München 1992.
SCHAUMBERGER, Hans [Hg.], *Die Jahrhundertwende*. Kunst und Genie in Österreich. Text von Günter Treffer, Wien 1989.
SCHAUMBERGER, Hans [Hg.], *Kunst und Genie in Österreich*. Das Zeitalter des Biedermeier. Text von Günter Treffer. Mit 71 Abbildungen, Wien 1992.
SCHLIENTZ, Gisela, *George Sand*. Leben und Werk in Texten und Bildern, Frankfurt/M. 1987.
SCHMIED, Wieland, *Berührungen*. Von Romako bis Kokoschka, Salzburg–Wien 1991.
SCHMOLL gen. Eisenwerth, J. A., *Rodin und Camille Claudel*, München–New York 1994.
SCHNEDITZ, Wolfgang, *Rilke und die bildende Kunst*. Versuch einer Deutung, Graz 1947.
SCHNEIDER, Norbert, *Porträtmalerei*. Hauptwerke europäischer Bildniskunst 1420 – 1670, Köln 1994.
SCHORSKE, Carl E., *Wien, Geist und Gesellschaft im Fin de Siècle*. Aus dem Amerikanischen von Horst Günther, München 1994.
SCHRÖDER, Klaus Albrecht, *Egon Schiele*. Eros und Passion, München 1995.
SCHRÖDER, Klaus Albrecht – WINKLER, Johann [Hg.], *Oskar Kokoschka*. Mit Beiträgen von Christoph Asendorf, Ingried Brugger, Edwin Lachnit und Johann Winkler, München 1991.

SCHULZE, Sabine (Hg.), *Sehnsucht nach Glück*. Wiens Aufbruch in die Moderne: Klimt, Kokoschka, Schiele, Frankfurt 1995.
SCHUTTE, Jürgen – SPRENGEL, Peter, *Die Berliner Moderne 1885 – 1914*. Mit 60 Abbildungen, Stuttgart 1987.
SCHWARZ, Michael, *Das Zeitalter der galanten Malerei*. Europäisches Rokoko. Meisterwerke der bedeutendsten Maler des 18. Jahrhunderts. 40 Farbtafeln, 40 einfarbige Reproduktionen berühmter Gemälde und 40 Graphiken, Braunschweig 1969.
SEBALD, W. G., *Die Beschreibung des Unglücks*. Zur österreichischen Literatur von Stifter bis Handke [1985], Frankfurt/M. 1994.
SEESSLEN, Georg, *Lexikon der erotischen Literatur*. Hg. Werner Heilmann, München 1984.
SETTELE, Christoph, *Das Bild der Frau im Frühwerk Alfred Kubins*. Teil I. Text, Lic. Phil. I, Univ. Zürich 1986.
SPIEL, Hilde, *Glanz und Untergang*. Wien 1866 bis 1939. Autorisierte Übersetzung aus dem Englischen von Hanna Neves. Mit 53 Abbildungen. 2. Aufl., München 1995.
STEINER, Reinhard, *Egon Schiele 1890 – 1918*. Die Mitternachtsseele des Künstlers, Köln 1993.
STERNBERGER, Dolf, *Panorama oder Ansichten vom 19. Jahrhundert* [1938], Düsseldorf–Hamburg 1974.
STROBACH, Daniela, *Die Rolle der Frau bei Baudelaire*, phil. Dipl., Graz 1988.
ULMER, Renate, *Alfons Mucha*, Köln 1993.
URBANEK, Walter, *Edvard Munch*. Der Tanz des Lebens. Mit 16 Farbtafeln und 2 Schwarzweißabbildungen im Text, München 1990.
VARNEDOE, Kirk, *Wien 1900*. Kunst, Architektur & Design, Köln 1993.
WAGNER, Nike, *Geist und Geschlecht*. Karl Kraus und die Erotik der Wiener Moderne, Frankfurt/M. 1982.
WALDMANN, Erich, *Das Bildnis im 19. Jahrhundert*, Berlin 1921.
WALKER, John – ABRAMS, Harry N. [Hg.], *Portraits – 5000 years*, New York 1983.
WALTER, Hans, *Die Gestalt der Frau*. Bildwerke von 30.000 bis 20 v. Chr. Anthropologische Betrachtungen, Stuttgart 1985.
WEBER-KELLERMANN, Ingeborg, *Die deutsche Familie*. Versuch einer Sozialgeschichte. 6. Aufl., Frankfurt/M. 1980.
WEINZIERL, Ulrich, *Arthur Schnitzler*. Lieben – Träumen – Sterben, Frankfurt/M. 1998.
WEISBERG, Gabriel P., *Georges de Feure's mysterious women, a study of symbolist sources in the writings of Charles Baudelaire and Georges Rodenbach*, in: Gazette des Beaux-Arts, Vol. 82 (1974), S. 223–232.
WERKNER, Patrick, *Physis und Psyche*. Der österreichische Frühexpressionismus, Wien–München 1986.
WERTHEIMER, Jürgen, *Ästhetik der Gewalt*. Ihre Darstellung in Literatur und Kunst, Frankfurt/M. 1986.
Wetterleuchten! Künstler-Manifeste des 20. Jahrhunderts (o. Hg.), Hamburg 2000.
WHITFORD, Frank, *Das Portrait im Expressionismus*, München 1987.
WINGLER, Hans Maria, *Oskar Kokoschka*. Das Werk des Malers, Innsbruck 1956.
WINKLER, Johann – ERLING, Katharina, *Oskar Kokoschka*. Die Gemälde 1906 – 1929, Salzburg 1995.
WUNBERG, Gotthart [Hg.], *Die Wiener Moderne*. Literatur, Kunst und Musik zwischen 1890 und 1910. Mit 25 Abbildungen. Unter Mitarbeit von Johannes J. Braakenburg, Stuttgart 1994.

Primärliteratur

[Anon.] *Das Nibelungenlied*. Übersetzt von Felix Genzmer. Anmerkungen und Nachwort von Bernhard Sowinski, Stuttgart 1995.
[Anon.] *Anmuth und Schönheit, aus den Misterien der Natur und Kunst für ledige und verheiratete Frauenzimmer*. Mit Kupfern. Berlin 1797. Die bibliophilen Taschenbücher, Dortmund 1978.
ARENHOEVEL, Diego – DEISSLER, Alfons – VÖGTLE, Anton [Hg.], *Die Bibel*. Die Heilige Schrift des Alten und Neuen Bundes. Deutsche Ausgabe mit den Erläuterungen der Jerusalemer Bibel, Wien–Genf–New York 1990.
BACHOFEN, Johann Jakob, *Das Mutterrecht*. Eine Untersuchung über die Gynaikokratie der alten Welt nach ihrer religiösen und rechtlichen Natur. Eine Auswahl. Hg. von Hans-Jürgen Heinrichs. 8. Aufl., Frankfurt/M. 1993.

BAHR, Hermann, *Das Konzert*. Lustspiel in drei Akten, Ditzingen 1989.
BAHR, Hermann, *Tagebücher. Skizzenbücher. Notizhefte*. Band 1–3. Hg. Moritz Czáky. Bearbeitet von Lottelis Moser und Helene Zand, Wien–Köln–Weimar 1994–97.
BALZAC, Honoré de, *Glanz und Elend der Kurtisanen*. Aus dem Französischen von Felix Paul Greve, Frankfurt/M. 1990.
BAUDELAIRE, Charles, *Curiosités esthétiques, l'Art romantique et autres Œuvres critiques*. Édition corrigée et augmentée d'un sommaire biographique. Textes établis avec introduction, relevé de variantes, notes, bibliographie et sommaire biographique par Henri Lemaitre. Édition illustrée de 47 reproductions, Paris 1990.
BAUDELAIRE, Charles, *Sämtliche Werke/Briefe*. Aufsätze zur Literatur und Kunst 1857–1860, Band 5. Hg. Friedhelm Kemp, Claude Pichois in Zusammenarbeit mit Wolfgang Drost, Darmstadt 1989.
BAUDELAIRE, Charles, *Le Spleen de Paris*. Petits poèmes en prose. Édition établie, présentée et commentée par Yves Florenne. Notes complémentaires de Marie-France Azéma, Paris 1998.
BAUDELAIRE, Charles, *Les Fleurs du Mal – Die Blumen des Bösen*, Stuttgart 1980.
BECKFORD, William, *Vathek*. Aus dem Französischen von Franz Blei. Mit einem Vorwort von Stéphane Mallarmé, Frankfurt/M. 1989.
BLEI, Franz, *Erzählung eines Lebens*, Leipzig 1930.
BLEI, Franz, *Formen der Liebe*. Mit 20 ganzseitigen Abbildungen, Marbach/Neckar 1956.
BLOCH, Iwan, *Das Sexualleben unserer Zeit in seinen Beziehungen zur modernen Kultur* [1906]. Zehnte bis zwölfte, verbesserte Aufl. 61. – 70. Tsd, Berlin 1919.
CARNERI, B., *Der moderne Mensch*. Versuche über Lebensführung [1890]. 5. Aufl., Leipzig [1901].
CASSIRER, Ernst, *Philosophie der symbolischen Formen*. Zweiter Teil: Das mythische Denken, Berlin 1925.
CAZOTTE, Jacques, *Biondetta*. Der verliebte Teufel [1772]. Aus dem Französischen von Franz Blei. Mit einem Nachwort von Heinz-Georg Held, Frankfurt/M.–Berlin–Wien 1984.
DÉCAUDIN, Michel [Hg.], *Anthologie de la poésie française du XIXe siècle de Baudelaire à Saint-Pol-Roux*, Paris 1992.
[o.Hg.], *Dein Lächeln weint in meiner Brust*. Deutsche Liebesgedichte, Wels [o.J.].
DELACROIX, Eugène, *Journal*. Herausgegeben und mit einem Vorwort von Hans Platschek. Mit zahlreichen Abbildungen, Frankfurt/M.–Leipzig 1991.
DENFFER, Angela v. [Hg.], *Ewig dein, ewig mein, ewig uns*. 366 Liebeserklärungen, München 1983.
DRUSKOWITZ, Helene von, *Der Mann als logische und sittliche Unmöglichkeit und als Fluch der Welt*. Pessimistische Kardinalsätze. Biographische Übersicht Hinrike Gronewold. Hg. Traute Hensch, Freiburg/Breisgau 1988.
EICHENDORFF, Joseph Freiherr von, *Das Marmorbild. Das Schloß Dürande*. Zwei Erzählungen, Stuttgart 1954.
FARKAS, Reinhard [Hg.], *Hermann Bahr. Prophet der Moderne*. Tagebücher 1888 – 1904. Ausgewählt und kommentiert von Reinhard Farkas. Vorwort Moritz Csáky, Wien–Köln 1987.
FELDER, Erich, *Die Wienerin*. Mit 20 Reproduktionen nach Originalen Wiener Meister, Wien [o.J.].
FISCHER, Manfred S. [Hg.], *Die leichten Damen der Weltliteratur*. Ein Lesebuch. Mit einem Nachwort von Manfred S. Fischer, Frankfurt/M.–Berlin 1990.
FLAUBERT, Gustave, *Die Versuchung des Hl. Antonius* [1849 – 1872]. Aus dem Französischen von Barbara und Robert Picht. Mit einer Bilddokumentation und einem Nachwort von Michel Foucault, Frankfurt/M.–Leipzig 1996.
FLAUBERT, Gustave, *Madame Bovary*, Klagenfurt 1988.
FLAUBERT, Gustave, *Salammbô*. Mit einem Nachwort von Monika Bosse und André Stoll, Frankfurt/M. 1979.
FRANCE, Anatole, *Blaubarts sieben Frauen und andere Erzählungen*. Mit Illustrationen von Lutz Siebert, Frankfurt/M. 1981.
FREUD, Sigmund, *Das Unbehagen in der Kultur und andere kulturtheoretische Schriften*. Einleitung von Alfred Lorenzer und Bernhard Görlich. 5. Aufl., Frankfurt/M. 1997.
FREUD, Sigmund, *Schriften über Liebe und Sexualität*. Einleitung von Reimut Reiche, Frankfurt/M. 1994.
GARVE, Christian, *Über die Moden* [1792]. Hg. Thomas Pittrof. Mit farbigen Illustrationen, Frankfurt/M. 1987.

GAUTIER, Théophile, *Eine Nacht der Kleopatra*. Zwei Erzählungen. Mit Illustrationen von Angela Hampel, Berlin 1990.
GESSMANN, G. W., *Die Frauenhand und ihre Bedeutung für die Erforschung des weiblichen Charakters*. Mit 21 Abbildungen. 2. Aufl., Berlin (um 1910).
GOETHE, Johann Wolfgang von, *Faust*. Der Tragödie erster Teil, Stuttgart 1988.
GOETHE, Johann Wolfgang von, *Faust*. Der Tragödie zweiter Teil, Stuttgart 1968.
GOUGES, Olympe de, *Œuvres*. Présenté par Benoîte Groult, Paris 1986.
GRILLPARZER, Franz, *Der arme Spielmann*. Erzählung, Hamburger Lesehefte. 50. Heft, Hamburg [o.J.].
HEINE, Heinrich, *Ausgewählte Werke*. Sonderausgabe für Trautwein Klassiker-Edition, [o.O.] 1996.
HEINE, Heinrich, *Sämtliche Werke in sieben Bänden*. Vierter Band. Der Salon I – Der Salon II, Wien [o.J.].
HEVESI, Ludwig, *Das große Keinmaleins*. Hg. Gunther Martin, Darmstadt–Wien 1990.
HEVESI, Ludwig, *Altkunst – Neukunst*, Wien 1894 – 1908. [Wien 1909]. Wiederherausgegeben und einbegleitet von Otto Breicha, Reprint: Klagenfurt 1986.
HEVESI, Ludwig, *Acht Jahre Secession* (März 1897 – Juni 1905). Kritik – Polemik – Chronik, Wien 1906. Wiederherausgegeben und einbegleitet von Otto Breicha, Reprint: Klagenfurt 1984.
HOFMANNSTHAL, Hugo von, *Ariadne auf Naxos*. Oper in einem Aufzug nebst einem Vorspiel. Neue Bearbeitung. Musik von Richard Strauss, opus 60, Mainz [o.J.].
HUARTE de San Juan, Juan, *Examen de ingenios para las ciencias* [1575], Madrid 1976.
HUYSMANS, Joris-Karl, *Gegen den Strich*. Roman. Aus dem Französischen von Hans Jacob. Mit einer Einführung von Robert Baldick und einem Essay von Paul Valéry, Zürich 1981.
HUYSMANS, Joris-Karl, *Marthe, Geschichte einer Dirne*. Aus dem Französischen übersetzt von Christa Schulz. Mit einem Nachwort versehen von Ulla Momm, München 1993.
IBSEN, Henrik, *Peer Gynt*. Ein dramatisches Gedicht. Aus dem Norwegischen übertragen von Hermann Stock. Nachwort von Ruprecht Volz, Stuttgart 1988.
JARRY, Alfred, *Messalina*. Deutsch von Brigitte Weidmann. Mit einem Vorwort von René Massat und einem Essay über die Orgie von Eduard Fuchs, Reinbek bei Hamburg 1991.
JUNG, Carl Gustav, *Archetypen*. Hg. Lorenz Jung. 7. Aufl., München 1997.
KAEDING, Peter [Hg.], *Damen-Conversations-Lexikon*. Hg. im Verein mit Gelehrten und Schriftstellerinnen von Carl Herloßsohn. Mit Illustrationen nach Kupferstichen aus der zehnbändigen Original-Ausgabe von 1834 bis 1836. Nachwort von Peter Kaeding. 2. Aufl., Berlin 1989.
KRAUS, Karl [Hg.], *Die Fackel*. Dreifache Nummer. Nr. 378/379/380, Juli 1913, XV. Jahr, Wien.
KRAUS, Karl, *Sittlichkeit und Kriminalität*. Nachwort Heinrich Fischer, München–Wien [1963].
LE FANU, Joseph Sheridan, *Carmilla, der weibliche Vampir*. Eine Vampirgeschichte. Aus dem Englischen von Helmut Degner. Zeichnungen von Edward Ardizzone, Zürich 1979.
LEITICH, Ann Tizia, *Die Wienerin*, Stuttgart 1939.
LEITICH, Ann Tizia, *Verklungenes Wien*. Vom Biedermeier zur Jahrhundertwende. Mit 32 ganzseitigen Tafeln in Vierfarbendruck und 200 Textbildern, Wien 1942.
LEUILLIOT, Bernard [Hg.], *Anthologie de la poésie française du XIXe siècle de Chateaubriand à Baudelaire* [1984], Paris 1993.
LEVI, Liana – MESSINGER, Sylvie [Hg.], *Les Reporters de l'Histoire*. La Femme au 19e siècle. Textes réunis par Nicole Priollaud, Paris 1983.
LUKIAN, *Hetärengespräche*. Mit 15 Zeichnungen von Gustav Klimt. Neufassung des von Franz Blei aus dem Griechischen übersetzten Textes sowie Anmerkungen und Nachwort von Rudolf Schottlaender, Wiesbaden [o.J.].
MANN, Thomas, *Tristan*. Novelle. Nachwort von Hermann Kurzke, Stuttgart 1988.
MARHOLD, Hartmut [Hg.], *Gedichte und Prosa des Impressionismus*, Stuttgart 1991.
MAUPASSANT, Guy de, *Pariser Abenteuer*. Hg. Richard Gregor, Wien (1947).
MÉRIMÉE, Prosper, *Carmen et autres nouvelles*. Tome II. Édition présentée par Jean Mistler, Paris 1983.
MICHELET, Jules, *Die Frauen der Revolution*. Hg. und übersetzt von Gisela Etzel. Mit zahlreichen Abbildungen, München 1984.
MIRBEAU, Octave, *Der Garten der Qualen*. Aus dem Französischen von Susanne Farin. Mit acht Illustrationen, einem Dossier von Michel Delon, einer Lebenstafel und einer Bibliographie. Hg. Michael Farin, Stuttgart 1992.

MÖBIUS, Paul J., *Über den physiologischen Schwachsinn des Weibes*. 8. Aufl., Halle a. d. S. 1907.
[MUSSET, Alfred de], *Gamiani oder Zwei Nächte der Ausschweifung*. Aus dem Französischen von Heinrich Conrad. Mit zwölf Illustrationen, einem Essay von Iwan Bloch, einer Bibliographie (fast) aller Ausgaben und einem Nachwort von Albrecht Koschorke. Hg. Michael Farin, Stuttgart 1992.
NIETZSCHE, Friedrich, *Werke in zwei Bänden*. Aufgrund der von Dr. Walther Linden besorgten Ausgabe neu bearbeitet von Dr. Wolfgang Deninger, Essen [o.J.].
NIETZSCHE, Friedrich, *Also sprach Zarathustra*. Ein Buch für alle und keinen, Augsburg 1979.
PICCOLOMINI, Alessandro, *La Raffaela*. Gespräch über die feine Erziehung der Frauen. Einleitung Franz Blei. Aus dem Italienischen von Hans Floerke. Mit einem Nachwort von Klaus Ley, Frankfurt/M.–Berlin–Wien 1984.
PREVOST, Marcel, *Ratschläge für Junggesellen und Verlobte*, Frankfurt/M.–Berlin 1991.
QUANTER, Rudolf, *Das Weib in den Religionen der Völker, unter Berücksichtigung der einzelnen Kulte*. Mit vielen zeitgenössischen Illustrationen, Berlin [o.J.]
RILKE, Rainer Maria, *Werke in drei Bänden*. Einleitung von Beda Allemann. Erster Band. Gedicht-Zyklen, Frankfurt/M. 1966.
ROUSSEAU, Jean-Jacques, *Emil oder Über die Erziehung*. Vollständige Ausgabe. In neuer deutscher Fassung besorgt von Ludwig Schmidts. 7. unveränderte Aufl., Paderborn 1985.
SACHER-MASOCH, Leopold von, *Venus im Pelz*. Mit einer Studie über den Masochismus von Gilles Deleuze, Frankfurt/M.–Leipzig 1997.
SACHER-MASOCH, Leopold von, *Ein weiblicher Sultan*. Die Liebesnächte einer Despotin. Hg. Werner Heilmann, München 1983.
SADE, Marquis de, *Juliette oder Die Wonnen des Lasters*. Zweites Buch, Köln 1995.
SADE, Marquis de, *Justine oder Die Leiden der Tugend*. Werke 2, Köln 1995.
[SALTEN, Felix], *Josefine Mutzenbacher*. Die Geschichte einer Wienerischen Dirne. Von ihr selbst erzählt, Bindlach 1991.
SCHICKEDANZ, Hans-Joachim [Hg.], Wilhelm von Gloeden, *Akte in Arkadien*. Nachwort von Hans-Joachim Schickedanz. Die bibliophilen Taschenbücher Nr. 506. 4. Aufl., Dortmund 1992.
SCHNITZLER, Arthur, *Anatol*. Dramen 1889–1891. 6. - 7. Tsd, Frankfurt/M. 1996.
SCHNITZLER, Arthur, *Jugend in Wien*. Eine Autobiographie. Hg. von Therese Nickl und Heinrich Schnitzler. Mit einem Nachwort von Friedrich Torberg. 26. – 28. Tausend, Frankfurt/M. 1988.
SCHNITZLER, Arthur, *Reigen* – Zehn Dialoge. *Liebelei* – Schauspiel in drei Akten. Mit einem Vorwort von Günther Rühle und einem Nachwort von Richard Alewyn. 231. – 237. Tsd, Frankfurt/M. 1996.
SCHONDORFF, Joachim [Hg.], *Zeit und Ewigkeit*. Tausend Jahre österreichische Lyrik. Mit einem Nachwort von Heinz Politzer, Düsseldorf 1980.
SCHOPENHAUER, Arthur, *Aphorismen zur Lebensweisheit*. Neue, durchgesehene Ausgabe. Mit Erläuterungen und Übersetzungen der fremdsprachigen Zitate und einem Nachwort von Hermann von Braunbehrens. Mit 16 Daguerrotypen und Fotos, erläutert von Arthur Hübscher, Leipzig 1976.
SCHOPENHAUER, Arthur, *Paralipomena* (1851), Darmstadt 1974.
SCHWOB, Marcel, *Das Buch Monelle*. Berechtigte Übertragung von Franz Blei. Mit einem Nachwort von Peter Krumme, Frankfurt–Berlin–Wien 1983.
SHAKESPEARE, William, *Werke in zwei Bänden*. Bd. I. Hg. I. E. Walter, Salzburg [o.J.].
SIMMEL, Georg, *Schriften zur Philosophie und Soziologie der Geschlechter*. Hg. und eingeleitet von Heinz-Jürgen Dahme und Klaus Christian Köhnke, Frankfurt/M. 1985.
SPEIDEL, Ludwig, *Fanny Elßlers Fuß*. Wiener Feuilletons. Hg. Joachim Schreck, Wien–Köln 1989.
STENDHAL, [d.i. Beyle, Marie Henri), *Rot und Schwarz*. Chronik des 19. Jahrhunderts. Aus dem Französischen von Otto Flake. Mit einem Nachwort von Franz Blei. 8. Aufl., München 1998.
STIFTER, Adalbert, *Der Nachsommer*. Mit einem Nachwort von Hugo von Hofmannsthal, Berlin [o.J.].
STIFTER, Adalbert, *Brigitta*. Hamburger Lesehefte. 58. Heft, Husum [o.J.].
STRATZ, Carl Heinrich, *Die Rassenschönheit des Weibes*. Mit 271 in den Text gedruckten Abbildungen und 1 Karte in Farbendruck. Sechste Aufl., Stuttgart 1907.
STRINDBERG, August, *Spannungsfeld der Geschlechter*. Ausgewählte Erzählungen. Hg. Klaus Möllmann. Aus dem Schwedischen von Dietlind und Günter Gentsch, Hans-Jürgen Hube und Klaus Möllmann, Zürich 1991.
THOMA, Ludwig, *Münchnerinnen*. Roman. Textrevision und Nachwort von Bernhard Gajek. 3. Aufl., München 1987.

THURN, Fritz, *Die Weisheiten der Aspasia.* Eine klassische Liebeslehre. Mit einem Nachwort von Hermann Schreiber, Berlin 1991.
TOLSTOI, Leo N., *Anna Karenina*, Klagenfurt 1978.
URY, Else, *Nesthäkchen und ihre Küken.* Erzählung für junge Mädchen. Ungekürzte Ausgabe nach der Originalfassung von 1923. Mit den Zeichnungen der Originalausgabe von Helene Evers. Mit einem Nachwort von Christa Rotzoll, Frankfurt/M.–Berlin–Wien 1980.
VERLAINE, Paul, *Fêtes Galantes – La Bonne Chanson – Romances sans Paroles.* Dessins de Seurat, Paris 1991.
VIGNY, Alfred de, *Les Destinées.* Poêmes philosophiques. Préface et notes par André Cœuroy, Paris 1946.
VILLON, François, *Lieder und Balladen.* Das kleine Testament. Die Balladen. Das große Testament. Ins Deutsche übertragen und mit einem Nachwort versehen von K. L. Ammer, Zürich 1987.
WEDEKIND, Frank, *Lulu – Erdgeist, Die Büchse der Pandora*, Stuttgart 1992.
WEDEKIND, Frank, *Die Liebe auf den ersten Blick und andere Erzählungen*, München–Wien 1971.
WEININGER, Otto, *Geschlecht und Charakter.* Eine prinzipielle Untersuchung [1903], Wien und Leipzig 1926.
WERTHER, Richard, *Der Skandal von Graz oder Der nackte Ball.* Aus den Geheimnissen einer österreichischen Provinzhauptstadt. 2 Teile in einem Bande. Originalausgabe des erotischen Romans von 1909, Graz 1996.
WILDE, Oscar, *Salome.* Tragödie in einem Akt mit den Zeichnungen von Aubrey Beardsley. Nachwort von Gabriele Sterner. Die bibliophilen Taschenbücher Nr. 85. 4. Aufl., Dortmund 1988.
WINKLER, Michael [Hg.], *Einakter und kleine Dramen des Jugendstils*, Stuttgart 1979.
ZOLA, Emile, *Nana.* Aus dem Französischen und mit einem Nachwort versehen von Erich Marx, Leipzig 1994.
ZOLA, Emile, *Schriften zur Kunst.* Die Salons von 1866 – 1896. Mit einem Vorwort von Till Neu. Aus dem Französischen von Uli Aumüller, Frankfurt/M. 1988.
ZWEIG, Stefan, *Angst.* Novelle. Mit einem Nachwort von Richard Friedenthal, Stuttgart 1995.

Frauen-Literatur

ANDERSON, Harriet, *Vision und Leidenschaft.* Die Frauenbewegung im fin de siècle Wiens. Aus dem Englischen von Gertraud Fädler, Wien 1994.
BAADER, Renate [Hg.], *Das Frauenbild im literarischen Frankreich.* Vom Mittelalter bis zur Gegenwart, Darmstadt 1988.
BADINTER, Elisabeth, *Die Mutterliebe.* Geschichte eines Gefühls vom 17. Jahrhundert bis heute. Aus dem Französischen von Friedrich Griese, München 1984.
BARTA, Ilsebill [u.a.] [Hg.], *Frauen.Bilder.Männer.Mythen.* Kunsthistor. Beiträge, Berlin 1987.
BERTIN, Célia, *La Femme à Vienne au temps de Freud*, Paris 1989.
BOCKEMÜHL, Almut, *Selbstfindung und Muttersein im Leben der Frau*, Stuttgart 1989.
BREITLING, Gisela, *Der verborgene Eros.* Weiblichkeit und Männlichkeit im Zerrspiegel der Künste. Aufsätze, Frankfurt/M. 1990.
BRONFEN, Elisabeth, *Nur über ihre Leiche.* Tod, Weiblichkeit und Ästhetik, Darmstadt 1994.
BUBLITZ, Hannelore [Hg.], *Das Geschlecht der Moderne.* Genealogie und Archäologie der Geschlechterdifferenz, Frankfurt/M.–New York 1998.
CLÉMENT, Catherine, *Die Frau in der Oper.* Besiegt, verraten und verkauft. Aus dem Französischen von Annette Holoch. Mit einem Vorwort von Silke Leopold, Stuttgart 1992.
DEICHER, Susanne [Hg.], *Die Weibliche und die Männliche Linie.* Das imaginäre Geschlecht der modernen Kunst von Klimt bis Mondrian, Berlin 1993.
DÖLLING, Irene, *Der Mensch und sein Weib.* Frauen- und Männerbilder. Geschichtliche Ursprünge und Perspektiven, Berlin 1991.
DUBY, Georges – PERROT, Michelle, *Geschichte der Frauen (4). 19. Jahrhundert.* Hg. Geneviève Fraisse und Michelle Perrot, Frankfurt/M. 1994.
DUBY, Georges – PERROT, Michelle, *Geschichte der Frauen im Bild.* Hg. Georges Duby, Frankfurt/M. 1995.

FAUSTO-STERLING, Anne, *Gefangene des Geschlechts?* Was biologische Theorien über Mann und Frau sagen. Aus dem Amerikanischen von Brigitte Stein, München 1988.
FISCHER, Lisa, *Schattenwürfe in die Zukunft.* Kaiserin Elisabeth und die Frauen ihrer Zeit, Wien–Köln–Weimar 1998.
FREVERT, Ute, *„Mann und Weib, und Weib und Mann".* Geschlechter-Differenzen in der Moderne, München 1995.
GEBER, Eva – ROTTER, Sonja – SCHNEIDER, Marietta [Hg.], *Die Frauen Wiens.* Ein Stadtbuch für Fanny, Frances und Francesca, Wien 1992.
GIERLINGER-CZERNY, Elisabeth, *Judits Tat.* Die Aufkündigung des Geschlechtervertrages, Wien 2000.
GIROUD, Françoise, *Alma Mahler oder die Kunst geliebt zu werden.* Biographie. Aus dem Französischen von Ursel Schäfer, Wien–Darmstadt 1989.
GÖPEL, Marie L., *Frauenalltag durch die Jahrhunderte*, Ismaning bei München 1986.
GROULT, Benoîte, *Ein Tier mit langen Haaren.* Frauenbilder – Männersprüche. Aus dem Französischen von Sabine Schwenk c/o Texte, München 1996.
GROULT, Benoîte, *Gleiche unter Gleichen.* Männer zur Frauenfrage. Aus dem Französischen von Gabriele Krüger-Wirrer, München 1995.
GULDAN, Ernst, *Eva und Maria.* Eine Antithese als Bildmotiv, Graz 1966.
HAAG, Herbert [u.a.] [Hg.] *Große Frauen der Bibel in Bild und Text.* Vorwort Herbert Haag, Freiburg–Basel–Wien 1993.
HALBEY, Marianne, *66 Hexen.* Kult und Verdammung. Die bibliophilen Taschenbücher Nr. 518. 2. Aufl., Dortmund 1989.
HAMANN, Brigitte, *Sissi, Kaiserin Elisabeth von Österreich*, Köln 1997.
HARTEN, Elke und Hans-Christian, *Frauen – Kultur – Revolution 1789 – 1799*, Pfaffenweiler 1989.
HAYS, Hoffmann R., *Mythos Frau.* Das gefährliche Geschlecht. Mit einem Vorwort von Helge Pross, Düsseldorf 1969.
HEYDECKER, Joe J., *Die Schwestern der Venus.* Die Frau in den Mythen und Religionen, München 1991.
HEYDEN-RYNSCH, Verena von der, *Europäische Salons.* Höhepunkte einer versunkenen weiblichen Kultur, Reinbek bei Hamburg 1995.
HITTER, Elfriede, *Die Musikerin in Oper und Operette um 1900.* Datenerhebung zur Darstellung der Frau als Musikerin in Oper und Operette in Wien um 1900. Spezialforschungsbereich Moderne – Wien und Zentraleuropa um 1900. Projektbereich Musikwissenschaft. Unveröffentl. Manuskr., Graz 1997.
LARRINGTON, Carolyne [Hg.], *Die mythische Frau.* Ein kritischer Leitfaden durch die Überlieferungen. Hg. der deutschsprachigen Ausgabe Charlotte Zwiauer. Aus dem Englischen übersetzt von Niteen Gupte u.a., Wien 1997.
MAGLI, Ida, *Die Madonna.* Die Entstehung eines weiblichen Idols aus der männlichen Phantasie. Aus dem Italienischen von Angelika Beck. Vorwort von Inge von Weidenbaum, München 1990.
MARAND-FOUQUET, Catherine, *La Femme au temps de la Révolution*, Paris 1989.
MEIER-SEETHALER, Carola, *Ursprünge und Befreiungen.* Die sexistischen Wurzeln der Kultur, Frankfurt/M. 1992.
MEYER zur Capellen, Renée – WERTHMANN, Annelore – WIDMER-PERRENOUD, May, *Die Erhöhung der Frau.* Psychoanalytische Untersuchungen zum Einfluß der Frau in einer sich transformierenden Gesellschaft, Frankfurt/M. 1993.
MILES, Rosalind, *Weltgeschichte der Frau.* Aus dem Englischen von Sonia Mikich und John Rayner, Düsseldorf–Wien–New York 1990.
NETTELBECK, Petra und Uwe, *Charlotte Corday.* Ein Buch der REPUBLIK. Mit einer Portraitgalerie der Revolution nach Levacher und Duplessis-Bertaux. 2. Aufl., Salzhausen-Luhmühlen 1987.
NOCHLIN, Linda, *Women, Art and Power and Other Essays.* [1989], London 1994.
POLLEY, Trude, *Kampfabsage.* Frauen in der Männerwelt, Wien–Hamburg 1977.
ROEBLING, Irmgard [Hg.], *Lulu, Lilith, Mona Lisa … Frauenbilder der Jahrhundertwende*, Pfaffenweiler 1989.

ROTTER, Ekkehard und Gernot, *Venus – Maria – Fatima*. Wie die Lust zum Teufel ging, Zürich–Düsseldorf 1996.
SCHENK, Herrad, *Frauen und Sexualität*. Ein historisches Lesebuch, München 1995.
SCHERF, Dagmar, *Der Teufel und das Weib*. Eine kulturgeschichtliche Spurensuche, Frankfurt/M. 1990.
SCHMÖLZER, Hilde, *Die verlorene Geschichte der Frau*. 100.000 Jahre unterschlagene Vergangenheit, Mattersburg–Bad Sauerbrunn 1990.
SCHOTTROFF, Luise – SCHROER, Silvia – WACKER, Marie-Theres, *Feministische Exegese*. Forschungsbeiträge zur Bibel aus der Perspektive von Frauen, Darmstadt 1995.
SORGO, Gabriele, *Martyrium und Pornographie*, Düsseldorf 1997.
STOPCZYK, Annegret [Hg.] Muse, Mutter, Megäre. Was Philosophen über Frauen denken, Berlin 1997.
TAEGER, Annemarie, *Die Kunst Medusa zu töten*. Zum Bild der Frau in der Literatur der Jahrhundertwende, Bielefeld 1987.
TREUT, Monika, *Die grausame Frau*. Zum Frauenbild bei de Sade und Sacher-Masoch. 2. Aufl., Basel–Frankfurt/M. 1990.
UTRIO, Kaari, *Evas Töchter*. Die weibliche Seite der Geschichte [1984], Hamburg 1987.
WARNER, Maria, *In weiblicher Gestalt*. Die Verkörperung des Wahren, Guten und Schönen, Reinbek bei Hamburg 1989.

Kataloge

Ausst.Kat. *Alfred Kubin – Traumgestalten*. Hundert Meisterwerke aus dem Besitz der Graphischen Sammlung Albertina. Ausgewählt und bearbeitet von Erwin Mitsch, Rupertinum, Salzburg 1989.
Ausst.Kat. *Achille Devéria témoin du romantisme parisien 1800–1857*. Musée Renan-Scheffer, Paris 1985.
Ausst.Kat. *Aspekte der Gründerzeit*, Akademie der Künste, Berlin 1974.
Ausst.Kat. *Auguste Rodin*. Eros und Leidenschaft. Hg. Wilfried Seipel. Kunsthistorisches Museum Wien im Palais Harrach, Wien 1996.
Ausst.Kat. *Bilder vom Tod*, Historisches Museum der Stadt Wien 1993.
Ausst.Kat. *Bitter süßes Wien*. Glanz und Elend einer Kaiserstadt. Neuhofen/Ybbs 1989, Wien 1989.
Ausst.Kat. *Boldini* (1842 – 1931). Institut de France. Musée Jacquemart-André, Paris 1963.
Ausst.Kat. *Courbet in Deutschland*, Hamburger Kunsthalle 1978.
Ausst.Kat. *Der Außenseiter Anton Romako 1832 – 1889*. Ein Maler der Wiener Ringstraßenzeit. Österreichische Galerie, Oberes Belvedere Wien, Wien 1992.
Ausst.Kat. *Die Nabis*. Propheten der Moderne. Claire Frèches-Thory – Ursula Perucchi-Petri. Kunsthaus Zürich – Paris, Musée d'Orsay, München 1993.
Ausst.Kat. *Die Nibelungen*. Bilder von Liebe, Verrat und Untergang. Hg. Wolfgang Storch, Haus der Kunst, München 1987.
Ausst.Kat. *Eva und die Zukunft*. Das Bild der Frau seit der Französischen Revolution. Hg. Werner Hofmann. Mit Beiträgen von Werner Hofmann, Sigrun Paas und Friedrich Gross, München und Hamburger Kunsthalle 1986.
Ausst.Kat. *Experiment Weltuntergang*. Wien um 1900. Hg. Werner Hofmann, Hamburger Kunsthalle. München und Hamburger Kunsthalle 1981.
Ausst.Kat. *Ferdinand Hodler und Wien*, Österreichische Galerie Wien 1992.
Ausst.Kat. *Giovanni Boldini and Society*, New York University 1984.
Ausst.Kat. *Gustav Adolf Mossa 1883 – 1971 et les Symboles*. Gal. des Ponchettes, Nizza 1978.
Ausst.Kat. *Hans Makart und seine Zeit*, Salzburger Residenzgalerie 1954.
Ausst.Kat. *Hans Makart*, Staatliche Kunsthalle Baden-Baden 1972.
Ausst.Kat. *Hans Makart und der Historismus in Budapest, Prag und Wien*, Schloß Halbturn, Eisenstadt 1986.
Ausst.Kat. Klimt und die Frauen, hg. von Tobias G. Natter, Gerbert Frodl, Österreichische Galerie Belvedere, Köln 2000.
Ausst.Kat. *Kunst in Wien um 1900*. Die andere Seite. Text Gerbert Frodl, Schloß Halbturn 1987.

Ausst.Kat. *La joie de vivre*. Die nie gesehenen Meisterwerke der Barnes Collection. Haus der Kunst 1995, München 1993.

Ausst.Kat. *Le Symbolisme et la femme*. Petit Palais, Paris 1986.

Ausst.Kat. *Odilon Redon*. Kunstmuseum Winterthur 1983 – Kunsthalle Bremen 1984.

Ausst.Kat. *Paris – Bruxelles. Bruxelles – Paris: réalisme, impressionisme, symbolisme, art nouveau*. Les relations artistiques entre la France et la Belgique. 1848 – 1914, Paris–Anvers 1997.

Ausst.Kat. *Richard Gerstl 1883–1908*. Ausstellungskonzept Klaus Albrecht Schröder. Kunstforum der Bank Austria. Wien 1993 – Kunsthaus Zürich 1994, Wien 1993.

Ausst.Kat. *Rudolf Jettmar (1869 – 1939)*. Bilder von hellen und dunklen Mythen, Historisches Museum der Stadt Wien 1989.

Ausst.Kat. *Sinnlichkeit und Versuchung*. Jugendstil und Secessionskunst von Andri bis Olbrich. Sonderausstellung St. Pölten – Schloß Pottenbrunn 1997.

Ausst.Kat. *Symbolismus in Europa*. Staatl. Kunsthalle, Baden-Baden 1976.

Ausst.Kat. *Symbolism*. Europe and America at the End of the 19th Century. Art Gallery, California State College, San Bernhardino 1980.

Ausst.Kat. *The Pre-Raphaelites*. Edited by Leslie Parris, The Tate Gallery 1984, Reprint: London 1994.

Ausst.Kat. *Ver Sacrum*. Die Zeitschrift der Wiener Secession 1898 – 1903. 77. Sonderausstellung des Historischen Museums der Stadt Wien, Hermesvilla, Lainzer Tiergarten 1983.

Ausst.Kat. *Von der Romantik zum Impressionismus*. Meisterwerke deutscher Malerei des 19. Jahrhunderts. Bearbeitet von Stephan Koja, Österreichische Galerie Wien 1992.

Ausst.Kat. *Wiener Biedermeier*. Malerei zwischen Wiener Kongreß und Revolution, München 1992.

Ausst.Kat. *Wunderblock*. Eine Geschichte der modernen Seele. Hg. Wiener Festwochen, Wien 1989.

16. Abbildungsverzeichnis

Verwendete Abkürzungen:

Abb.: Abbildung
Anon.: Anonym
Bibl.: Bibliothek
Cab.: Cabinet
Coll.: Collection
Det.: Detail
Gal.: Galerie
H.: Hälfte
Impr.: Imprimerie
Jh.: Jahrhundert
Lw.: Leinwand
Nat. Bibl.: Nationalbibliothek
Nat. Gal.: Nationalgalerie
ÖaL: Öl auf Leinwand
Pl.: Planche
Priv. Bes.: Privatbesitz

Farbtafeln:

Farbtafel	1	Anton KLING, »Wien«, Entwurf für ein Plakat, nach 1901, Bildnachweis Institut für Kunstgeschichte Graz, Archiv
Farbtafel	2	Jean-Baptiste GREUZE, *Die glückliche Mutter*, 18. Jh., Lw., 65 x 53,5 cm, Rotterdam, Coll. Mus. Boymans-van-Beuningen
Farbtafel	3	Alfons Maria MUCHA, *Medea*, 1898, Plakat für das Drama *Médée* von Catulle Mendès, Farblithographie, 208 x 165 cm, Paris, Musée de l' Affiche, Abbildungsnachweis: Graz, Institut für Kunstgeschichte, Diathek
Farbtafel	4	Félicien ROPS, *Die Versuchung des Heiligen Antonius*, 1878, Buntstiftzeichnung, 73,8 x 54,3 cm, Brüssel, Bibliothèque Royale Albert Ier, Cabinet des Estampes
Farbtafel	5	Fernand KHNOPFF, *Die Versuchung des Heiligen Antonius*, 1883, ÖaL, Brüssel, Collection Gillion Crowk
Farbtafel	6	Fernand KHNOPFF, *Die Kunst* oder *Die Zärtlichkeiten* oder *Die Sphinx*, 1896, ÖaL, 50,5 x 151 cm, Brüssel, Musées Royaux des Beaux-Arts de Belgique, Inv. 6768
Farbtafel	7	Anton ROMAKO, *Frau Isabella Reisser*, 1884/85, ÖaL, 130,5 x 90,5 cm, Leopold Museum Wien
Farbtafel	8	Gustav KLIMT, *Bildnis Sonja Knips*, 1898, ÖaL, 145 x 145 cm, Österreichische Galerie Belvedere Wien
Farbtafel	9	Egon SCHIELE, *Die Familie*, 1918, ÖaL, 152,5 x 162,5 cm, Österreichische Galerie Belvedere Wien
Farbtafel	10	Oskar KOKOSCHKA, *Lotte Franzos*, 1909, ÖaL, 115 x 79,5 cm, Washington, D.C., The Phillips Coll.

Farbtafel 11 Wilhelm LIST, *L' Offrande*, um 1900, ÖaL, 82 x 161 cm, Priv. Bes.
Farbtafel 12 Jules Jean Antoine LECOMTE de NOÜY, *Die Überbringer schlechter Nachrichten*, 19. Jh., Postkarte, Stengel & Co., G. m. b. H., Dresden

Schwarz-Weiß-Abbildungen:

Abb. 1 [Anon.], *Der Rhythmus des Lebens*, Werbung für Femoston-Filmtabletten, (Zulassungsinhaber: Solvay Pharma Ges.m.b.H., Klosterneuburg), aus: *Medical-Tribune* Nr. 25 vom 20. Juni 1997, S.11, sowie ein als Werbung aufgelegtes Lesezeichen.

Abb. 2 [Anon.]**,** *Weiblicher Kopf* (aus der Grotte du Pape bei Brassempouy), Périgordien supérieur, etwa 25.000 v. Chr., Elfenbein, H 3,65 cm, Saint-Germain-en-Laye, Musée des Antiquités nationales

Abb. 3 Hans BALDUNG, gen. Grien, *Die sieben Lebensalter des Weibes*, 1544, Öl auf Holz, 97 x 74 cm, Leipzig, Museum der bildenden Künste

Abb. 4 Gustav KLIMT, *Pallas Athene*, 1898, ÖaL, 75 x 75 cm, Historisches Museum der Stadt Wien

Abb. 5 Albrecht DÜRER, *Die vier nackten Frauen (Die vier Hexen)*, 1497, Kupferstich, 19 x 13,1 cm, Kupferstichkabinett – Sammlung der Zeichnungen und Druckgraphik, Staatliche Museen zu Berlin – Preußischer Kulturbesitz, Hollstein Nr. 69

Abb. 6 Félicien ROPS, *Heilige Theresa*, um 1860, aus: Néret, *Erotica Universalis*, 1994, S. 522.

Abb. 7 [Anon.], *Manon Phlipon, Mme Roland de La Platière, dite Mme Roland*, Ende 18. Jh., aus: *Les Femmes et la Révolution française*, 1989, S. 24.

Abb. 8 Edvard MUNCH, *Der Tod des Marat*, 1906/07, Farblithographie, 44 x 34,5 cm, Oslo, Munch-Museum

Abb. 9 [Anon.], *Théroigne de Méricourt*, Ende 18. Jh., aus: *Les Femmes et la Revolution française*, 1989, S. 67.

Abb. 10 Nicolas-René JOLLAIN, *Das Bad*, um 1780, Öl auf Kupfer, Paris, Musée Cognacq-Jay

Abb. 11 Pierre Cécile PUVIS DE CHAVANNES, *Die Hoffnung*, 1872, ÖaL, 102,5 x 129,5 cm, Baltimore, The Walters Art Gallery

Abb. 12 Sir John Everett MILLAIS, *Ophelia*, 1851/52, ÖaL, 76,2 x 111,8 cm, London, Tate Gallery, © Tate, London 2001

Abb. 13 Alfred KUBIN, *Sumpfpflanzen*, 1903 – 06, Chinatusche, Tusche und Aquarell, 12,5 x 25 cm, München, Spangenberg Verl.

Abb. 14 Théodore GÉRICAULT, *Monomane de l' envie*, 1819 – 22, ÖaL, 72 x 58 cm, Musée des Beaux-Arts de Lyon, © Studio Basset

Abb. 15 Baron François Pascal Simon GÉRARD, Mme Récamier, 1802, ÖaL, 225 x 145 cm, Paris, Musée Carnavalet

Abb. 16 Heinrich Maria von HESS, *Bildnis Marchesa Florenzi*, 1824, ÖaL, 192 x 139 cm, München, Bayerische Staatsgemäldesammlung, Neue Pinakothek

Abb. 17 Adrian Ludwig RICHTER, *Das Lob des Weibes*, 1851, 26,4 x 20,3 cm, aus der Holzschnittfolge *Beschauliches und Erbauliches*, Sammelwerk mit 38 Zeichnungen, gedacht für ein Familienbilderbuch, beendet 1855, aus: Ausst.Kat. *Ludwig Richter und sein Kreis*, Ausstellung zum 100. Todestag im Albertinum zu Dresden, März bis Juni 1984, Leipzig 1984, S. 175.

Abb. 18 Honoré DAUMIER, *DieWäscherin*, um 1863, Öl auf Holz, 49 x 33,5 cm, Paris, Musée d'Orsay

Abb. 19 Friedrich von AMERLING, Mädchen mit Strohhut, um 1835, ÖaL, 58 x 46 cm, Österreichische Galerie Belvedere Wien

Abb. 20 Ferdinand Georg WALDMÜLLER, *Junges Mädchen mit Strohhut (Bildnis der Phillipine Böhmer*, später Hofrätin Leotsch), um 1824, ÖaL, 54 x 41 cm, Priv.Bes.

Abb. 21 Oskar KOKOSCHKA, *Bessie Bruce*, 1910, ÖaL, 73 x 91 cm, Nat. Gal., Bildarchiv Preußischer Kulturbesitz, Berlin

Abb. 22 Théodore RIVIÈRE, *Salammbô chez Mâtho*, 1895, Bronze, 25 x 16 x 13 cm, 63,5 x 40,6 x 33 cm, Paris, Musée d'Orsay

Abb.	23	Auguste RODIN, *L'Eternelle Idol* (Das ewige Idol) 1889, Bronze, 73 x 61 x 44 cm, Montclair, New Jersey, The Kasser Art Foundation
Abb.	24	Gustave MOREAU, *Die Erscheinung*, 1876, Aquarell, 105 x 72 cm, Paris, Musée d'Louvre
Abb.	25	Henri-Marie-Raymond de TOULOUSE-LAUTREC, *A Montrouge – Rosa la Rouge*, 1886–87, ÖaL, 72,3 x 49 cm, Barnes-Coll.
Abb.	26	Gustav KLIMT, *Fritza Riedler*, 1906, ÖaL, 153 x 133 cm, Österreichische Galerie Belvedere Wien
Abb.	27	Peter FENDI, *Sequenz von erotischen Szenen*, um 1835, aus: Néret, *Erotica Universalis*, 1994, S. 470.
Abb.	28	Gustave COURBET, *Der Ursprung der Welt*, 1866, ÖaL, 46 x 55 cm, Priv.Bes.
Abb.	29	Alfred KUBIN, *Todessprung*, 1901/02, Feder und Tusche, laviert, auf Papier, 30,2 x 22,7 cm, Wien, Priv. Bes.
Abb.	30	Auguste RODIN, *Vor der Zeugung*, um 1900, aus: Néret, *Erotica Universalis*, 1994, S. 584
Abb.	31	Achille DEVÉRIA, *Illustration zu »Gamiani«*, um 1848, aus: Néret, *Erotica Universalis*, 1994, S. 420.
Abb.	32	Egon SCHIELE, *Sapphisches Paar*, Det., 1911, Bleistift, Tusche, Deckfarben und Aquarell, 48,3 x 30,5 cm, Priv.Bes.
Abb.	33	Gustave COURBET, *Der Schlaf*, 1866, ÖaL, 135 x 200 cm, Petit Palais, Musée des Beaux-Arts de la Ville de Paris
Abb.	34	Achille DEVÉRIA, *Minna et Brenda*, 1837, Impr. Lemercier, 37 x 31 cm, Paris, Bibl. Nat. de France, Cab. des Estampes
Abb.	35	Gustav KLIMT, *Weiblicher Akt*, Illustration der 1907 erschienenen *Hetärengespräche* von Lukian, (Verlag Julius Zeitler, Leipzig), Kupferstichkabinett – Sammlung der Zeichnungen und Druckgraphik, Staatliche Museen zu Berlin – Preußischer Kulturbesitz, B III 480
Abb.	36	Oskar KOKOSCHKA, *Die Katze*, 1910, ÖaL, 46 x 69 cm, Priv. Bes.
Abb.	37	Alfred KUBIN, *Unser aller Mutter Erde*, 1901/02, Feder und Tusche, laviert, gespritzt, auf Katasterpapier, 23,2 x 29,8 cm, Freiburg i. B., Priv. Bes.
Abb.	38	Gustav KLIMT, *Judith I*, 1901, ÖaL, 84 x 42 cm, Österreichische Galerie Belvedere Wien
Abb.	39	Max LIEBERMANN, *Simson und Delila*, 1901, ÖaL, 151,2 x 212 cm, Städtische Galerie im Städelschen Kunstinstitut Frankfurt
Abb.	40	[Anon.], *Die Erschaffung Evas*, Mitte des 15. Jh., gotisches Fresko, Piedimonte Matese, Kirche San Biagio
Abb.	41	[Anon.], *Lilith*, ca. 2.000 v. Chr., Terrakotta-Relief, aus: Haag [u.a.], *Große Frauen der Bibel in Bild und Text*, 1993, S. 10.
Abb.	42	[Anon.], *Der Sündenfall*, (Züricher Meister), 1. H. 16. Jh., Kabinettscheibe, Aufenthalt unbekannt
Abb.	43	Félicien ROPS, *Und ihr werdet sein wie Gott (erims similis deo)*, 1896, Kolorierter Stich, 19,7 x 31,4 cm, © Hamburger Kunsthalle, Fotonachweis: Elke Walford, Hamburg
Abb.	44	Auguste François René RODIN, *Eva*, 1881, Bronze, 1,95 x 90 x 60 cm, Paris, Musée Rodin, © Photographie Bruno Jarret
Abb.	45	Bertold FURTMAYR, *Eva und Maria unter dem Paradiesbaum*, vor 1481, Missale des Salzburger Erzbischofs Bernhard von Rohr, München, Bayerische Staatsbibliothek, Clm 15710, fol. 60v
Abb.	46	Alfred KUBIN, *Pietà*, 1915, Bildnachweis Institut für Kunstgeschichte Graz, Archiv
Abb.	47	[Anon.], *Der Liebeszauber*, 15. Jh., Niederrheinischer Meister (nach Art des Jan van Eyck), Öl, Leipzig, Museum der Bildenden Künste
Abb.	48	Gustav KLIMT, *Die Hexe*, aus: *Ver Sacrum* 1898/2–2
Abb.	49	Louis-Ernest BARRIAS, *La Nature se dévoilant devant la Science*, 1899, Marmor, Onyx, Granit, Lapis-Lazzuli und Malachit, 200 x 85 x 55 cm, Paris, Musée d'Orsay
Abb.	50	[Anon.], *Wachsmodell einer Frau* als Demonstrationsobjekt für Medizinstudenten, Ende des 19. Jahrhunderts, Wachs mit echten Haaren, Berliner Panoptikum
Abb.	51	Justus THIERSCH, *Zwei Wandtafeln*, um 1900, aus: *die waage*, Zeitschrift der Grünenthal GmbH, Aachen Nr. 3, Band 31 (1992), S. 104.

Abb. 52   Jacques Fabien GAUTIER D'AGOTY, *Myologie complète en couleur et de grandeur naturelle*, 1746, Pl. 14: Muscles du dos, 76 x 54 cm, Paris, Ecole nationale supérieure des Beaux-Arts, Bibliothèque

Abb. 53   Max KLINGER, *Eva und die Zukunft*, 1880, Radierzyklus, Opus III, Blatt 3: Die Schlange, Radierung, Strichätzung und Aquatinta, 29,5 x 16,0 cm, © Hamburger Kunsthalle, Fotonachweis: Elke Walford, Hamburg

Abb. 54   Louis DEBUCOURT, *Lebemann*, um 1800, aus: *die waage*, Zeitschrift der Grünenthal GmbH, Nummer 1, Band 29 (1990), S. 6.

Abb. 55   [Anon.],*Sie trägt die Hosen*, um 1705, Frankreich, aus: Néret, *Erotica Universalis*, 1994, S. 257.

Abb. 56   Heinrich KLEY, *Die letzte Aufgabe des Herakles*, aus: *Jugend*, Illustrierte Wochenschrift für Kunst und Leben, München: Verlag der Münchner Jugend, 1910, Nr. 5, S. 104.

Abb. 57   Alfred KUBIN, *Walpurgisnacht*, 1918, Federzeichnung, aus: Halbey, 66 Hexen, 1989, S. 99.

Abb. 58   Hans MAKART, *Charlotte Wolter als »Messalina«*, 1875, ÖaL, 143 x 227 cm, Historisches Museum der Stadt Wien

Abb. 59   Václav BROZIK, *Julia Samberk in der Rolle der »Messalina«*, 1876, Öal, 244 x 164 cm, Prag, Nat. Gal.

Abb. 60   Carl von STUR, *Der Coloraturkampf*, 1886, Illustration in der Wiener Zeitschrift *Floh*, aus: *die waage*, Zeitschrift der Grünenthal GmbH, Nummer 1, Band 29 (1990), S. 24.

Abb. 61   Henri-Marie-Raymond de TOULOUSE-LAUTREC, *Die Tänzerin Loïe Fuller*, 1893, Farblithographie, 61 x 54 cm, Paris, Bibl. Nat. de France

Abb. 62   [Anon.], *Grete Wiesenthal in einer Aufführung des »Donauwalzers«*, Photographie, Wien, Österreichische Nat. Bibl., Theatersammlung

Abb. 63   Oskar KOKOSCHKA, *Die Macht der Musik*, 1920, ÖaL, 100 x 151,5 cm, Eindhoven, Stedelijk Van Abbe Museum

Abb. 64   Théodore van RYSSELBERGHE, *Portrait de la violoniste Irma Sèthe*, 1894, ÖaL, 197,5 x 114,5 cm, Genf, Musée du Petit Palais

Abb. 65   Wilhelm GAUSE, *Der Hofball*, 1900, Aquarell, 49,8 x 69,3 cm, Historisches Museum der Stadt Wien

Abb. 66   Ernst Ludwig KIRCHNER, *Straße mit roter Kokotte*, 1914, Pastell auf Papier, 41 x 30,2 cm, Stuttgart, Staatsgalerie

Abb. 67   Hans MAKART, *Der Triumph der Ariadne (Bacchus und Ariadne)*, Det., 1873/74, ÖaL, 476 x 784 cm, Österreichische Galerie Belvedere Wien

Abb. 68   Hans MAKART, *Clothilde Beer*, um 1880, Öl auf Holz, 82 x 68 cm, Österreichische Galerie Belvedere Wien

Abb. 69   Hans MAKART,*Venedig huldigt Caterina Cornaro*, 1872/73, ÖaL, 400 x 1060 cm, Österreichische Galerie Belvedere Wien

Abb. 70   Hans MAKART, *Der Geschmack*, aus dem Zyklus »Die fünf Sinne«, 1879, ÖaL, 314 x 70 cm, Österreichische Galerie Belvedere Wien

Abb. 71   Anton ROMAKO, *Herr und Dame im Salon* (Interieur im Makartstil), 1887, Öl auf Holz, 48,5 x 62,5 cm, Historisches Museum der Stadt Wien

Abb. 72   Anton ROMAKO, *Kopf einer bretonischen Bäuerin*, 1884, ÖaL, 50,5 x 38,5 cm, Graz, Neue Galerie am Landesmuseum Joanneum

Abb. 73   Anton ROMAKO, *Kaiserin Elisabeth von Österreich*, 1883, Öl auf Holz, 135 x 85 cm, Österreichische Galerie Belvedere Wien

Abb. 74   Georg RAAB, *Kaiserin Elisabeth im ungarischen Krönungsornat*, 19. Jh., Wien, Hofburg, Kaiserappartements, © Schloß Schönbrunn Kultur- und BetriebsgmbH.

Abb. 75   Anton ROMAKO, *Italienisches Fischerkind*, um 1871, ÖaL, 90 x 70 cm, Österreichische Galerie Belvedere Wien

Abb. 76   Oskar KOKOSCHKA, *Bildnis Else Kupfer*, 1911, ÖaL, 90 x 71,5 cm, Zürich, Kunsthaus

Abb. 77   O. SCHMIDT, *Idealkopf einer Oesterreicherin*, Photographie, aus: Stratz, *Die Rassenschönheit des Weibes*, 1907, S. 355.

Abb. 78   Gustav KLIMT, *Adele Bloch-Bauer I*, 1907, ÖaL, 138 x 138 cm, Österreichische Galerie Belvedere Wien

Abb.	79	Giovanni BOLDINI, *Madame Marthe Régnier*, 1905, Aufenthalt unbekannt
Abb.	80	Gustav KLIMT, *Die Liebe*, 1895, ÖaL, 60 x 44 cm, Historisches Museum der Stadt Wien
Abb.	81	Lovis CORINTH, *Salome mit dem Haupt des Johannes*, 1899, ÖaL, 127 x 147 cm, Leipzig, Museum der bildenden Künste
Abb.	82	Lucien LEVY-DHURMER, *Bourrasque*, 1898, Paris, Coll. G. Lévy
Abb.	83	Gustav KLIMT, *Die Hoffnung I*, 1903, ÖaL, 181 x 67 cm, Ottawa, National Gallery of Canada
Abb.	84	Gustav KLIMT, *Die Hoffnung II*, 1907/08, Öl und Gold auf Lw., 110 x 110 cm, The Museum of Modern Art, New York
Abb.	85	Richard GERSTL, *Die Schwestern Karoline und Pauline Fey*, 1904/05, ÖaL, 175 x 150 cm, Österreichische Galerie Belvedere Wien
Abb.	86	Richard GERSTL, *Doppelbildnis Mathilde und Gertrud Schönberg*, 1906, ÖaL, 150,5 x 108,5 cm, Österreichische Galerie Belvedere Wien
Abb.	87	Richard GERSTL, *Mathilde Schönberg im Garten*, Sommer 1907, ÖaL, 170 x 61 cm, Leopold Museum Wien
Abb.	88	Pierre BONNARD, *Der Morgenrock – Rückenansicht einer Frau*, um 1892, Leimfarbe auf Molton, 150 x 50 cm, Paris, Musée d'Orsay
Abb.	89	Richard GERSTL, *Bildnis der Mutter Marie Gerstl*, 1908, Öl auf Karton, 49 x 35 cm, Priv.Bes.
Abb.	90	Egon SCHIELE, *Bildnis Edith Schiele, sitzend*, 1917/18, ÖaL, 140 x 110,5 cm, Österreichische Galerie Belvedere Wien
Abb.	91	Egon SCHIELE, *Sitzender Mädchenakt nach rechts*, 1910, Bleistift, schwarze Kreide, Aquarell, Deckfarben, -weiss, 55,8 x 37,2 cm, Wien, Graphische Sammlung Albertina
Abb.	92	Egon SCHIELE, *Die Umarmung (Liebespaar II)*, Det., 1917, ÖaL, 100 x 170,2 cm, Österreichische Galerie Belvedere Wien
Abb.	93	Giovanni SEGANTINI, *Die zwei Mütter*, 1889, ÖaL, 157 x 280 cm, Mailand, Galleria d'Arte Moderna
Abb.	94	Alfred KUBIN, *Die Braut des Todes*, um 1900, Tinte, Feder und Tusche, 30,4 x 21,1 cm, Wien, Graphische Sammlung Albertina
Abb.	95	Alfred KUBIN, *Die Fruchtbarkeit*, 1901/02, Feder, Tusche laviert und gespritzt auf Katasterpapier, 37,4 x 27,5 cm, Leopold Museum Wien
Abb.	96	Alfred KUBIN, *Die Dame auf dem Pferd*, um 1900/01, Feder, Tusche, laviert, gespritzt, Katasterpapier, 34,5 x 21,7 cm, München, Städtische Galerie im Lenbachhaus
Abb.	97	Ferdinand HODLER, *Weib am Bach*, 1903, ÖaL, 122 x 116 cm, Zürich, Kunsthaus
Abb.	98	Oskar KOKOSCHKA, Plakat für das Drama *Mörder Hoffnung der Frauen*, 1909, Lithographie, 122 x 79,5 cm, Historisches Museum der Stadt Wien
Abb.	99	Oskar KOKOSCHKA, *Bildnis Alma Mahler*, 1912, ÖaL, 62 x 56 cm, Tokyo, The National Museum of Modern Art
Abb.	100	Oskar KOKOSCHKA, *Orpheus und Eurydike*, 1917, ÖaL, 70 x 50 cm, New York, Sammlung Himan Brown
Abb.	101	Koloman (Kolo) MOSER, *Drei kauernde Frauen*, um 1913 – 15, ÖaL, 99,5 x 150 cm, Museum Moderner Kunst Stiftung Ludwig Wien
Abb.	102	Koloman (Kolo) MOSER, *Umrahmung für das Gedicht »Schwertlilie« von Arno Holz*, Tusche, Deckweiß, 21,2 x 19,7 cm, aus: *Ver Sacrum* 1898/11/2
Abb.	103	Jehudo EPSTEIN, *Frau Hilde Radnay*, 1908, ÖaL, 127 x 86,5 cm, Österreichische Galerie Belvedere Wien
Abb.	104	Walter Sigmund HAMPEL, *Biedermeier-Interieur*, um 1903, ÖaL, 60 x 80 cm, Österreichische Galerie Belvedere Wien
Abb.	105	Ferdinand ANDRI, *Butterbäuerinnen*, 1902, ÖaL, 115 x 120 cm, Österreichische Galerie Belvedere Wien
Abb.	106	Vlastimil HOFMANN, *Madonna*, 1910, ÖaL, 119 x 132 cm, Österreichische Galerie Belvedere Wien
Abb.	107	Anton von KENNER, *Mädchen am Seerosenbecken*, 1898, Diplomarbeit, ÖaL, 91 x 169,5 cm, Wien, Hochschule für angewandte Kunst
Abb.	108	Ernst STÖHR, *Illustration eines eigenen Gedichtes*, aus: *Ver Sacrum*, 1899/12

Abb. 109 Jean-Étienne LIOTARD, *Das Schokoladenmädchen*, 1743 – 45, Pastell auf Pergament, 82,5 x 52,5 cm, Dresden, Gemäldegalerie

Abb. 110 Felician Freiherr von MYRBACH, *Süßes Mädel" und Soldat beim Heurigen*, 1896, Aquarell, 30,2 x 44 cm, Historisches Museum der Stadt Wien

Copyright VBK, Wien 2001:

Giovanni Boldini:	*Madame Marthe Régnier*, Abb. 79, S. 250
Pierre Bonnard:	*Der Morgenrock - Rückenansicht einer Frau*, Abb. 88, S. 252
Oskar Kokoschka:	*Lotte Franzos*, Farbtafel 10
	Bessie Bruce, Abb. 21, S. 93
	Die Katze, Abb. 36, S. 100
	Die Macht der Musik, Abb. 63, S. 170
	Bildnis Else Kupfer, Abb. 76, S. 198
	Plakat für das Drama „Mörder Hoffnung der Frauen", Abb. 98, S. 257
	Bildnis Alma Mahler, Abb. 99, S. 257
	Orpheus und Eurydike, Abb. 100, S. 258
Alfred Kubin:	*Sumpfpflanzen*, Abb. 13, S. 53
	Todessprung, Abb. 29, S. 96
	Unser aller Mutter Erde, Abb. 37, S. 100
	Pietà, Abb. 46, S. 118
	Walpurgisnacht, Abb. 57, S. 156
	Die Braut des Todes, Abb. 94, S. 255
	Die Fruchtbarkeit, Abb. 95, S. 255
	Die Dame auf dem Pferd, Abb. 96, S. 256
Max Liebermann:	*Simson und Delila*, Abb. 39, S. 115
Alfons Maria Mucha:	*Medea*, Farbtafel 3
Edvard Munch:	*Der Tod des Marat*, Abb. 8, S. 51

Nicht in allen Fällen konnte mit den Rechteinhabern der Werke Kontakt aufgenommen werden, um ihre Zustimmung zur Publikation einzuholen. Die Abbildungen dienen der Verdeutlichung und Sichtbarmachung des Beschriebenen und sind keinesfalls als reine Illustration aufzufassen.

17. Namenregister

Allan, Maud 161
Alma-Tadema, Sir Lawrence 205, 208
Altenberg, Peter (Richard Engländer) 200f., 283
Amerling, Friedrich von 35, 281
Andri, Ferdinand 262
Aristoteles 121, 139, 283
Augustinus, Aurelius 102, 147

Bachofen, Johann Jakob 19, 31, 106, 224–226, 229, 232, 286
Bahr, Hermann 64, 149, 159, 171–174, 176, 272, 283, 285
Baldung, Hans gen. Grien 18
Baluschek, Hans 33
Balzac, Honoré de 69
Barbey d'Aurevilly, Jules 220
Barrès, Maurice 172
Barrias, Louis-Ernest 109
Baudelaire, Charles 65f., 72, 74, 78, 128, 173, 213, 283
Bayros, Franz Marquis von 263
Beardsley, Aubrey Vincent 73, 172, 222, 274
Beaumont, Édouard de 145
Beethoven, Ludwig van 163
Beham, Hans Sebald 107
Béraud, Jean 176
Bernhardt, Sarah 33, 157f.
Bernini, Gian Lorenzo 22
Bizet, Georges 70
Blanche, Jacques Émile 161
Blei, Franz 76, 172, 226
Bloch, Iwan 284
Bloch-Bauer, Adele 206f.
Böcklin, Arnold 29, 223
Boldini, Giovanni 208
Bonnard, Pierre 215f., 226, 261
Botticelli, Sandro 20
Boucher, François 29
Bouguereau, Adolphe-William 205, 262
Browning, Robert 103
Brozík, Václav 158
Bruant, Aristide 69

Burne-Jones, Sir Edward Coley 104, 207, 273

Cabanel, Alexandre 23, 29f.
Carrière, Eugène 172
Carus, Carl Gustav 123
Cauer, Minna 148
Cézanne, Paul 30
Charcot, Jean-Martin 218
Chardin, Jean-Baptiste-Siméon 24
Chéret, Jules 33, 260
Chesterton, Gilbert Keith 172
Clairin, Georges 158
Claudel, Paul 172
Condorcet, Antoine Caritat Marquis de 27, 145
Constant, Benjamin 58
Corday, Charlotte 27
Corinth, Lovis 209, 222
Courbet, Gustave 29, 73f., 126, 161, 210
Cranach, Lukas d. Ä. 101

Dante Alighieri 31
Daumier, Honoré 32f., 146
David, Jacques-Louis 28, 31
Debucourt, Louis 143
Degas, Edgar Hilaire Germain 30, 176
Delacroix, Ferdinand Victor Eugène 25, 29, 31, 157
Delaunay, Robert Victor Felix 231
Demokrit 139
Denis, Maurice 226, 262
Devéria, Achille 74
Diderot, Denis 24
Dix, Otto 177, 204
Dörmann, Felix (Felix Biedermann) 109, 275
Druskowitz, Helene von 283
Dumas, Alexandre 62, 69
Duncan, Isadora 161
Durand, Marguerite 142
Dürer, Albrecht 21, 64
Durieux, Tilla 173

Ebner-Eschenbach, Marie von 72

Eichendorff, Josef von 77
Eisler, Max 205
Engelhart, Josef 263, 270
Epstein, Jehudo 260
Ewers, Hanns Heinz 130
Eybl, Franz 35, 281

Faistauer, Anton 212
Fendi, Peter 73
Fénelon, François 139
Feuerbach, Anselm 179
Feure, Georges de 74
Fickert, Auguste 146
Filiger, Charles 226
Flaubert, Gustave 57, 59, 63f., 66, 129
Flöge, Emilie 212, 272
Forstner, Leopold 263
France, Anatole 103
Freud, Sigmund 17f., 62, 71, 75, 108, 123, 125–127, 129, 144f., 217f., 223, 226, 282f., 285
Friedrich, Otto 261
Fuller, Loïe 161
Furtmayr, Bertold 106
Füssli, Johann Heinrich 159

Gainsborough, Thomas 34
Gauguin, Paul 30, 32, 226
Gause, Wilhelm 175, 271
Gautier, Théophile 67
Gautier d'Agoty, Jacques Fabien 123
Geller, Johann Nepomuk 262
Gérard, François Pascal Simon 31
Géricault, Théodore 31, 218
Gerlach, Martin 208
Gérôme, Jean-Léon 129, 205
Gerstl, Richard 59, 162, 213–217, 259, 282, 284
Gide, André 172
Goes, Hugo van der 103
Goethe, Johann Wolfgang von 31, 103
Gogh, Vincent van 32, 181, 213, 216
Gouges, Olympe de 25f., 148
Goya y Lucientes, Francisco José de 107, 223
Grasset, Eugène 33
Greuze, Jean-Baptiste 24
Griepenkerl, Christian 262
Grillparzer, Franz 70f., 270
Grosz, George 285
Gutheil-Schoder, Marie 159

Hampel, Walter Sigmund 160f., 263
Hawthorne, Nathaniel 172
Hébert, Ernest 181
Hegel, Georg Friedrich Wilhelm 139f.

Heine, Heinrich 78f., 103
Hesiod 105
Hess, Heinrich Maria von 31
Hevesi, Ludwig 18, 161, 181, 184, 201f., 206, 208–210, 219, 259, 283
Hodler, Ferdinand 126, 227, 259
Hofmann, Vlastimil 262
Hofmannsthal, Hugo von 159f.
Holz, Arno 260
Hugo, Victor 142
Hunt, William Holman 122, 273
Huysmans, Joris-Karl 65, 67f., 272

Ibsen, Henrik 61f., 79, 163, 217, 282
Ingres, Jean Auguste Dominique 29, 79, 126
Institoris, Heinrich 107

Jaeckel, Willy 285
Janet, Pierre 125
Jeritza, Maria 159
Jollain, Nicolas-René 29
Jordaens, Jacob 21
Jung, Carl Gustav 17, 62, 129

Kalmar, Annie 200
Kandinsky, Wassily 184
Keats, John 77
Kenner, Anton von 263
Khalil-Bey 73
Khnopff, Fernand 30, 65, 78f., 163, 175, 207
Kirchner, Ernst Ludwig 176f., 285
Klaus, Reinhold 260
Kley, Heinrich 147
Klimt, Gustav 18, 64, 72, 74, 76f., 101, 105, 108, 121, 128, 148, 160, 162f., 171, 174, 177, 180, 200–203, 205–215, 217–220, 228, 232, 259, 261–263, 270f., 274f., 282, 284–286
Kling, Anton 11
Klinger, Julius 126
Klinger, Max 129, 204, 221, 226, 259
Kokoschka, Oskar 32, 61 f, 72, 78, 163, 178, 184, 207f., 213, 217f. 227–232, 259, 262, 282, 284f.
Krafft-Ebing, Richard Freiherr von 128
Kraus, Karl 108, 147, 172, 175f., 201, 203f., 283
Krenek, Carl 260
Kubin, Alfred 31, 72f., 80, 106, 148, 215, 217, 223–227, 230, 232, 275, 282, 284
Kupka, Frank 29
Kurz, Selma 159

La Fontaine, Jean de 27
Labille-Guiard, Adélaïde 26
Lacombe, Georges 128, 221

Laforgue, Jules 172
Lang, Marie 146
Larche, Raoul 161
Laube, Iduna 146
Lawrence, Sir Thomas 35
Lecomte de Noüy, Jules Jean Antoine 274
Lefler, Heinrich 225
Leibl, Wilhelm Maria Hubertus 32
Leighton, Sir Frederic 205, 208
Leonardo da Vinci 231
Lévy-Dhurmer, Lucien 105, 209
Liebenwein, Maximilian 262
Liebermann, Max 101
Liotard, Jean-Étienne 269
List, Wilhelm 263, 275
Loos, Adolf 227
Lorentz, Alcide 149
Lukian 76f.

Mahler, Alma 78, 174, 230f.
Mahler, Gustav 174, 230
Maillol, Aristide 29
Maistre, Joseph de 146
Makart, Hans 35, 158, 177–180, 208, 281
Mallina, Erich 263
Manet, Édouard 30, 68, 213
Mann, Thomas 62, 78, 159
Marat, Jean Paul 26
Marc, Franz 184, 231
Martin, Henri 206
Martini, Simone 19
Marx, Karl 32, 229
Mata Hari 161
Matisse, Henri 30
Matsch, Franz von 262
Maupassant, Guy de 59f.
Max, Gabriel von 123
Mayreder, Rosa 146
Mencken, Henry Louis 172
Meredith, George 172
Méricourt, Théroigne de 26f.
Mérimée, Prosper 70, 77
Meunier, Constantin 33
Michelet, Jules 25–27
Mildenburg, Anna von 159
Mill, John Stuart 145
Millais, Sir John Everett 31
Millet, Jean-François 33
Mirbeau, Octave 73, 79f.
Moa 162
Möbius, Paul 61, 123, 282
Modersohn, Otto 144
Modersohn-Becker, Paula 144
Molière (Jean-Baptiste Poquelin) 145
Moll, Carl 230

Mondrian, Piet 128
Monet, Claude Oscar 32
Moreau, Gustave 67, 79, 101, 207, 272f.
Morris, William 122
Moser, Koloman (Kolo) 230, 259f., 262
Mossa, Gustav-Adolf 274
Mozart, Wolfgang Amadeus 163
Mucha, Alfons Maria 33, 157, 260
Munch, Edvard 27, 62, 213, 215, 219, 221–224, 262, 282, 285
Musset, Alfred de 74
Myrbach, Felician Freiherr von 270, 272

Napoleon I. Bonaparte 25, 27f.
Nattier, Jean-Marc 21
Nietzsche, Friedrich 23, 141f., 163, 220, 222, 224

Offenbach, Jacques 163

Paulus 102f., 121
Perronneau, Jean Baptiste 22
Picasso, Pablo 282, 285
Piles, Roger de 22
Plato 128
Poiret, Paul 148
Poulain de La Barre, François 28, 144f., 283
Prévost, Marcel 69, 175
Proudhon, Pierre Joseph 140f.
Puccini, Giacomo 62
Puchinger, Erwin 263
Puech, Denis 143
Puvis de Chavannes, Pierre Cécile 30

Raab, Georg 183
Récamier, Mme Jeanne Françoise Julie Adélaïde 31
Redon, Odilon 79, 105, 226
Reinhardt, Heinrich 271
Renoir, Pierre-Auguste 78
Reynolds, Sir Joshua 34f., 157
Richter, Adrian Ludwig 32, 142
Rilke, Rainer Maria 144, 228
Ripa, Cesare 20
Rivière, Théodore 66
Robespierre, Maximilien de 26
Rodin, Auguste François René 17, 65f., 73, 80, 105, 128, 143, 161, 172, 202, 207, 210f., 220, 228, 230
Roessler, Arthur 162, 210, 219f., 227
Roland, (Manon Phlipon, Mme Roland de la Platière, gen. Mme) 26
Roller, Alfred 159
Romako, Anton 35, 180–184, 208, 216, 281
Rops, Félicien 22, 64f., 104, 222, 226, 230

Rossetti, Dante Gabriel 103, 122, 207, 273f.
Rouault, Georges 204
Rousseau, Jean-Jacques 23f., 28, 139–141
Roussel, Ker-Xavier 263
Rubens, Peter Paul 21
Runge, Philipp Otto 30
Ruß, Franz 183
Rysselberghe, Théodore van 163

Saar, Ferdinand von 72
Sacher-Masoch, Leopold Ritter von 72, 78f., 128
Sade, Donatien Alphonse François Marquis de 72f., 76f., 79, 141
Saint-Denis, Ruth 162, 219
Sainte-Beuve, Charles Augustin 31
Saliger, Ivo 122
Salten, Felix (Sigmund Salzmann) 75, 101, 175, 209
Samberk, Julia 158
Sand, George 74, 148f.
Schiele, Egon 31, 66, 74, 128, 162, 178, 184, 208, 212f., 217–222, 259, 262, 282, 284f.
Schnitzler, Arthur 70, 72, 127, 176, 225, 269, 270f., 282, 285
Schoeller, Johann Christian 122
Schönberg, Arnold 59, 162, 214–217
Schönberg, Mathilde 59, 162, 214–217
Schönthan, Paul von 148
Schopenhauer, Arthur 141, 163, 224
Schuré, Édouard 78
Schwob, Marcel 64
Scott, Sir Walter 74
Segantini, Giovanni 221
Sérusier, Paul 226
Servaes, Franz 76
Shakespeare, William 31, 74
Simmel, Georg 227
Slevogt, Max 65
Sokrates 139
Sorolla, Joaquim 221
Speidel, Ludwig 177, 200, 284
Sprenger, Jakob 107
Steiner, Rudolf 143
Stendhal (Marie-Henri-Beyle) 58
Stifter, Adalbert 70f.
Stöhr, Ernst 261, 263
Stonborough-Wittgenstein, Margaret 206
Strauss, Richard 159f., 163, 174
Strindberg, August 61, 127, 224
Stuck, Franz von 79, 101, 105

Stur, Carl von 159
Suarès, André 172
Swinburne, Algernon 77

Thoma, Ludwig 60
Thurn, Fritz (Fritz von Foregger) 76
Tietze, Hans 212, 228
Tizian (Tiziano Vecellio) 30, 178
Toch, Ernst 216
Tolstoi, Leo 57, 59
Toorop, Jan 210, 259
Toulouse-Lautrec, Henri-Marie-Raymond de 33, 68f., 161, 176, 260
Tour, Maurice-Quentin de la 22

Urban, Joseph 225

Verdi, Giuseppe 69
Verkade, Jan (Willbrord Verkade) 226
Verlaine, Paul 77
Veronese, Paolo (Paolo Caliari) 178
Villiers de L'Isle Adam, Jean-Marie Matthias Philippe-Auguste Comte de 129
Vischer, Friedrich Theodor 220
Vogeler, Heinrich 108
Vuillard, Édouard 125, 215, 261

Wagner, Richard 65, 77, 159
Waldmüller, Ferdinand Georg 32, 35, 181, 270, 281
Waterhouse, John William 105, 205
Wedekind, Frank 63, 68f., 105, 147, 174, 217, 282
Weininger, Otto 125, 129, 200, 212, 217, 224, 275, 282, 284f.
Whistler, James Abbott Mc Neill 202, 207
Whitman, Walt 172
Wibmer, Karl 221
Wiesenthal, Grete 161
Wilbrandt, Adolf 158
Wilde, Oscar 63, 66, 159, 172, 274
Wilke, Alexander 108
Winterhalter, Franz-Xaver 32, 183
Wollstonecraft, Mary 145
Wolter, Charlotte 158

Zemlinsky, Alexander von 216
Ziegler, Johannes 271
Zola, Émile 29f., 63, 68f., 172, 178, 283
Zuckerkandl, Berta 172, 207
Zweig, Stefan 59f.

Susanne Deicher (Hg.)
Die weibliche und die männliche Linie
Das imaginäre Geschlecht der modernen Kunst
von Klimt bis Mondrian
259 Seiten mit 118 Abbildungen
Broschiert / ISBN 3-496-01108-4

Susanne Meyer-Büser
»Das schönste deutsche Frauenporträt«
Tendenzen der Bildnismalerei
in der Weimarer Republik
248 Seiten mit 70 Abbildungen
Broschiert / ISBN 3-496-01124-6

Silvia Eiblmayr
Die Frau als Bild
Der weibliche Körper in der Kunst
des 20. Jahrhunderts
300 Seiten mit 9 farbigen und 122 s/w-Abbildungen
Broschiert / ISBN 3-496-01104-1

Eva Neumeier
Schmuck und Weiblichkeit
in der Kaiserzeit
325 Seiten mit 103 s/w Abbildungen
Gebunden / ISBN 3-496-01216-1

Auf's Ohr geschaut
Ohrringe aus Stadt und Land vom Klassizismus
bis zur neuen Jugendkultur
Hg. vom Museum für Deutsche Volkskunde,
Staatliche Museen zu Berlin, Preußischer Kulturbesitz
248 Seiten mit 28 farbigen und 378 s/w-Abbildungen
Broschiert / ISBN 3-496-01068-1

Maike Christadler
Kreativität und Geschlecht
Giorgio Vasaris „Vite" und
Sofonisba Anguissolas Selbst-Bilder
284 Seiten mit 56 s/w-Abbildungen und Register
Broschiert / ISBN 3-496-01221-8